新倉修先生古稀祝賀論文集

国境を超える市民社会と刑事人権

編集委員

酒井安行
中野正剛
山口直也
山下幸夫

現代人文社

新倉修先生
（2019年7月撮影）

古稀をお祝いして、本書を新倉修先生に捧げます

執筆者一同

献呈の言葉

　新倉修先生は、2019年1月1日、めでたく古稀をお迎えになりました。

　そこで、とくに新倉先生と親交が深く、何かとお世話になり、ご指導を戴いてきた4人が中心となり、主として、新倉先生が共同代表を務めておられる「現代刑事法研究会」のメンバーにおいて、祝賀論文集を編集、献呈し、敬愛してやまない新倉先生のご慶事を寿ぎたいと考えました。

　周知のように、新倉先生のご業績は、刑法や刑事訴訟法のいわゆる解釈学は言うに及ばず、少年法、司法問題、刑事政策、フランス法、国際刑事法、さらには、国際問題、平和問題等、実に広範囲に及び、現存する刑事法学者の中でも、文字通り、「全刑法学」研究者と呼ぶにふさわしい随一の存在であると言っても過言ではないでしょう。

　そのような広範な問題関心、飽くなき表現意欲のルーツを探れば、遠く学生時代に遡る圧倒的な読書量にそれを見出すことができると思われます。実際、小田急線の千歳船橋駅近くにある新倉先生のお宅には、コンクリートで床を補強した可動式の本格的な書庫があり、文字通り、万巻の書物で埋め尽くされています。

　新倉先生のご著作に接すればすぐに気づくことですが、その文章には、ギリシャ、ローマの神話から、古今東西の碩学の至言、はては、最新の流行語までが、決して「ドヤ顔」ではなく、さりげなく、しかも絶妙な文脈で組み込まれ、作品全体に深みと滋味、ときには得も言われぬ諧謔味を醸し出しており、学問の徒としての新倉先生の蓄積の分厚さを如実に表しています。

　また、新倉先生は、様々な情報の中から、本質的なもの、重要なものを瞬時に発見し、ご自身の思考の中に組み込み、自らの論理を組み立ててしまう才能においても、まことに卓抜なものをお持ちになっています。

　私たちは、このような天賦の才に恵まれ、かつ、真摯な努力家として研究を続けてこられた新倉先生と、長きにわたり研究会等で相まみえ、その博識、鋭い本質直観に基づく鋭利な分析力・総合力に接するなかで、ときには羨みつつも先生を慕い、なかなか近づかないその背中を追ってきました。

　このように、新倉修先生は、間違いなく一級の刑事法研究者であります。

　しかし、他面において、新倉先生は、書斎に閉じこもるタイプの研究者ではなく、熱心な市民運動家でもありました。その活動範囲は、様々の刑事法の立

法問題、刑事司法への市民参加、犯罪被害者支援等、実に多岐に渡り、また、国内にとどまらず、これも人並み外れて優れた語学力を生かして、国際的な学会活動はもとより、フレンドリーなお人柄を遺憾なく発揮し、国際的な市民運動にも積極的に参加され、リードしてこられました。

　私たちは、このような新倉先生が、これからも一層精力的に、研究活動、市民活動を展開され、益々お元気で、ご著作はもちろん、あの人懐っこい微笑みと皮肉交じりの箴言で、そしてその背中で、私たちを温かく導いて下さることをお願いし、祈念して、ささやかではありますが、ここに祝賀論文集を献呈させていただきます。

　文末になってしまいましたが、本論文集の編集作業が遅れたため、早期に脱稿してくださった執筆者の方々には多大なご迷惑をおかけしてしまったことを深くお詫び申し上げます。

　また、このような、苦労の多い割りには採算の合わない出版を引き受けて下さった現代人文社、そして、終始、熱心に編集作業を担当してくださった北井大輔氏に、心より御礼申し上げます。

2019年9月14日

編集委員

酒井安行

中野正剛

山口直也

山下幸夫

目次

献呈の言葉　2

忖度土壌の法　解釈・適用・立法
日本の三権
································· 五十嵐 二葉　8

刑法解釈における要件思考法についての一考察
································· 関 哲夫　37

敵刑法についての序論的考察
································· 中村悠人　57

正当防衛における第三者侵害
································· 甘利航司　77

「実行の着手」の規範論的構造
最高裁平成30年判決をめぐって
································· 高橋則夫　96

不能犯論
客観的危険説を基点とした多元的不能犯論
································· 中野正剛　111

国際刑法における幇助犯成立要件・概観
································· 小野上 真也　136

わいせつ物頒布等罪の再構成
人権の観点から見直すわいせつ物規制の基本に関する一考察

.... 岡上雅美　156

有形偽造についての原理的・総論的検討

.... 酒井安行　175

未決拘禁と身体不拘束の原則

.... 安部祥太　200

公訴時効廃止の遡及適用について

.... 山下幸夫　217

自己の供述を内容とする供述と伝聞法則

.... 後藤　昭　225

死刑量刑手続と「残虐な刑罰の禁止」条項
日本における死刑量刑手続について(続)

.... 四宮　啓　237

裁判官と裁判員との役割分担に関する一考察
アメリカ証拠法における裁判官の予備的事実調査手続の研究

.... 岡田悦典　259

変革期の自由刑における刑務作業の意義

.... 本庄　武　283

刑事施設医療の改革と行刑の二つのパラダイム

.... 赤池一将　307

日本における死刑制度の廃止について
·· 小川原 優之　337

死刑と正義
死刑制度から法と社会変動を展望する共益的正義の可能性について
·· 鄭 裕靜　358

欧州人権条約3条と終身刑
·· 田鎖 麻衣子　382

犯罪をした人が「立ち直りやすい地域」をめぐる試論
·· 髙橋有紀　402

明治期における社会刑罰権論
·· 安藤泰子　420

国際刑事法における基本原理
国際刑事司法と罪刑法定主義
·· 竹村仁美　434

人道に対する犯罪
·· 東澤 靖　449

若年者事件における検察官の権限とその限界
「若年者に対する新たな処分」の検討を中心として
·· 山口直也　470

保護処分の要件たる要保護性について
上位規範に照らした再検討を通して
·· 岡田行雄　487

フランス少年司法における権利保障

………………………………………… 吉中信人　506

新倉修先生履歴・主要業績（2019年8月15日現在）　524
執筆者一覧　547

忖度土壌の法　解釈・適用・立法
日本の三権

五十嵐 二葉

1 「忖度」土壌
2 行政
3 裁判所
あとがき——忖度は権力違法のランドマーク

1 「忖度」土壌

⑴ 「忖度」の意味が変わった？

　「マスコミから日常会話に至るまでのあらゆる場面で忖度の登場機会が増え
た」と『現代用語の基礎知識2018年版』(自由国民社)は「流行観測」章の「こ
の１年注目されたこと/もの」欄(1005頁)に「忖度」を取り上げ、「本来は他
人の心中をおしはかること（広辞苑）。その意味は善悪いずれのニュアンスも
含まない」「しかしこの言葉は、権力者による言外の私利的意向に自主的に従
う場面で登場する」「(後記する)森友学園への国有地売却について、安倍晋三
首相による口利きの有無が問われた問題で財務官僚が首相へ忖度を働かせた
(自主的に値下げした)可能性が指摘された」と例に挙げ、財務官僚(おしはかる
者)と安倍晋三首相(おしはかられる相手)の関係が、タテ社会の「上・下」の関
係にあること、「おしはかった結果したこと」が「権力者による言外の私利的
意向に従うこと(自主的に値下げした)」で、良くないことだ、という意味で使
われるのが、現代用語としての「忖度」だと示した。

　注意すべきなのはこの「おしはかり」は、「上」だけに向いて、「下」には向
かないことだ。力のないもの、弱いものへの「おしはかり」は「おもいやり」
と呼ばれて、美徳ではあるが、しなくとも社会的不都合にはつながらない。

　この意味の「忖度」はますます流行語になり、18年が半ばを過ぎても、メ
ディアのどこかで使われない日はないのではという状態が続いている。ほぼ1

年後の本稿初校時、19年5月20日付の朝日新聞は「忖度の空気　官から社会へ」と題する1頁全面の記事で、金沢市が市庁舎前の広場を護憲集会に使うことを禁止、さいたま市が「憲法9条」の文字の入った俳句の「公民館だより」への掲載拒否等多くの実例をあげて「政権が直接介入」しなくとも、社会的な忖度が働く実態を書いている(以下、西暦は下2桁のみで表記し、18年は月日のみで表記)。

　「忖度」には外国語への訳語が無い。英フィナンシャル・タイムズ紙などは「sontaku」と表記している。忖度は日本社会に固有の社会現象なのだ。

　「日本の社会は『お上』に極めて弱い。『お上に逆らえない』のが日本の社会の心理的束縛だと臨床心理学のアーノルド・ミンデルに指摘されている。組織による不祥事隠蔽も様々な忖度も上下関係から生じる心理的束縛からおこっている」(心療内科医海原純子『『お上』の発言」6月3日付毎日新聞)。

　「『忖度』も『KY』も相手の心を読み取ってそれに合わせてこちらの行動を変えること」、特に「前者は、過剰にそうする行為」「後者はそれができない状態を指す」と、忖度の要素として「過剰」を指摘し、KYとの通底性を見るのは行動生態学者長谷川真理子氏だ(「時代の風　他者の心を読む」4月1日付毎日新聞)。「空気を読む」とは、いわば自分が存在する「場」への忖度だと言える。無謀な戦争への突入から、日常の細部まで、日本人が「空気」に支配されて生きていることは、すでに1983年に山本七平が『空気の研究』(文藝春秋)で書いている。「場」(周囲・横)と「上」の空気を、どちらも欠かさず読んで、明示的には示されなくとも、その要求を「おしはかって」従うことが求められる社会。「日本は会社や隣近所、クラスなど、狭い『世間』の集合体だ。……人々は『世間』の同調圧力を自然災害のように耐えた。……他方『世間』を裏切らない限り、個人は守ってもらえ、依存できる」(鴻上尚史「暴走止めない同調圧力」6月20日付朝日新聞　論点「日大アメフット部問題」)。そう、今に始まったことではない。この認識は、実はこの国では昔から民心に深く共有されていて、この国のいわば社会的土壌なのだが、「モリ・カケ事件」で忖度が流行語になってみれば、例えば多くの人がモリ・カケとの類似を言う、日大アメフット選手の

1　中根千枝氏が『タテ社会の人間関係』(講談社現代新書、1967年) でいうように、個人が属する地域、所属機関、職業集団などの「場」を強調するのが日本社会の特徴だ。
2　当初「安倍晋三記念」を校名にしていた小学校建設用地で国有地を破格の割引で売却したモリトモ問題=本稿後記。安倍首相の「腹心の友」加計学園の加計孝太郎理事長が望んだ獣医学部新設を文科省の長年の方針に反して、安倍政権が、国家戦略特別区域を新設する手段で認可、17年に学部が新設された。ともに総理の意向に沿う違法な行政として19年に至っても「モリ・カケ追及！　緊急デモ」(19年2月) など反対運動が絶えない。

忖度土壌の法　解釈・適用・立法　| 9

相手チーム選手への暴行事件[3]等々の事件ごとに認識され、今改めて社会的に確認されているのだろう。

それが権力の中枢付近で、これほどまでに「過剰」に行われていて、その「暴走を誰も止めない」のだと、メディアを含めて社会的に認識したことが、「忖度」が、ここまで流行語になっている理由だろう。

(2) 忖度が「違法」と意識された年

「1990年代に新時代を開くような発展があった。頻発する汚職事件のために、1993年についに(一時的であるが)自由民主党が38年続いた政権の座から降りた。……政党への支持は急落し、初めて官僚への信頼も急落した。……官僚は、硬直性や無能力を示したり、時には完全な不正行為をすることで……(薬害エイズ……)などの政策の失敗を引き起こした」(フランク・シュワルツほか「日本におけるシビル・ソサエティ」曽根泰教ほか編著『日本の民主主義』〔慶應義塾大学出版会、2008年〕93頁)。

30年の時を経て日本社会は「政党への支持」も「硬直性や無能力」「完全な不正行為」をする「官僚への信頼」もさらに急落した時代にある。

しかし90年代と違うこともある。安倍首相は「金はもらってない。汚職ではない」と胸を張り、モリ・カケで大きな賄賂が動いたという報道も、少なくとも今はない。当初鴻池祥肇議員が籠池側から「紙に入ったものを渡された」「金なのかコンニャクなのか」という話題もあったが、メインはもっぱら「総理案件」つまり「金」を使わなくとも、総理夫妻の意向なら、8,770㎡の国有地のタダ以下(下記参照)の払い下げ、総理の「お友達」へなら設置基準の法律を変えての学部新設認可もできるという、「過剰な」権力行使、政治権力 Power そのものによる涜職がむき出しで行われる時代になったのだ。この「身びいきのスキャンダル」(英タイムズ紙)、つまり前近代的な権力者の身内への過剰な利益供与は英・米・仏・露・中・韓の各国で報道されたという(3月13日ウエブ朝日)。

「後ろめたい決定は命じる側もつらいので『そんたくしろ』とにおわすのだ」とは上記鴻上論稿の第二次大戦末期の特攻作戦についてのくだりだが、平成の忖度は「つらい」からではなく「悪いことだと知っているから」だ。

3　18年5月日本大学と関西学院とのアメリカンフットボールの試合で、日大側の監督から練習を外されていた選手が、関西学院チームのクオーターバックを「つぶしてこい」といわれ、命令に従えばチームに復帰させてもらえると信じて、違法なタックルで怪我をさせたが、監督は指示を否定している。

金の動くところ忖度も働き、具体的な「結果」になるのが政治の「当たり前」として歴史の中に音もなく積み重なってきたのがこの国だが、今回は「金も動かない」のに？　桁が違う「結果」が明るみに出て、いくら「お上」のやることでも、ここまで「過剰」にやっていいのか、われわれは千円の違いでも税務署から責められるのに、という庶民の政治への目——漠然としてはいるが違法性認識——が、モリ・カケ問題の新聞切り抜きを段ボール箱一杯にしたのが2017〜18年だ。

⑶　おしはかりと命令のアマルガム

　昔からの国語辞典では「おしはかり」とされている忖度だが、今様の違法な結果につながる忖度は、「お上」「上」が全く何も意思表示しないのに「下」だけがおしはかるのではない。組織の中で「上」がした指示を隠し、「下」の「場」でも個人の責任を隠して、誰も違法行為の責めを負わずに「上」のための結果を実現する複雑な土壌だ。しかしその結果の違法性があまりにも大きく、隠そうとした「指示」を社会が「発見」せざるを得ない事例も出てきたのが17〜18年の新忖度だ。

　日大アメフト部問題で、暴行選手に「相手を潰すんで試合に出してください」と頼ませて「やらなきゃ意味ないよ」と応じた監督の対応を、関東学生アメリカンフットボール連盟の調査報告書は「立派な指示」と認定してこの監督らを除名処分にした。

　森友事件の忖度は、疑惑がメディアに載り始めた17年2月9日から、隠蔽と改ざんで何とか乗り切ろうとした政府だが、国会とメディアの追及の前に、少しずつ隠していた情報を出すほかなくなり、18年3月12日に財務省名で「森友学園案件に係る決裁文書の改ざん等に関する調査報告書」（以下「財務省報告書」）を国会に提出した。その26頁には「理財局長は、このままでは外に出せないと反応したところから、配下の職員の間では、記載を直すことになるとの認識が改めて共有された」とある。この時点で認めただけでも14の公文書を変造するという犯罪行為を行ったのは理財局長の「反応」という「下」にはそれで十分意味が分かる指示と、その結果を受けた「職員の間」という「場」の「認識の共有」→実行という忖度メカニズムだった事実を認めたのだ。

　ここまで認めたのは、佐川宣寿理財局長以下、森友に関与した公務員のある部分を行政処分して、国有地の違法処分という最高権力者（公務員からは「もっと上」）への追及をここで断ち切ろうというトカゲのしっぽ切りのためだ。

忖度土壌の法　解釈・適用・立法　11

その「もっと上」のために、莫大な国有地のタダ以下の払い下げ(次項)等々の甚大な違法をしてしまう忖度はどのようなメカニズムで行われたのか。

　財務省はその後5月26日、森友との交渉記録217文書を「資料」として公表した。

　交渉記録がこれで全てだとは思われないのは、財務本省と近畿財務局、国土交通省大阪航空局など忖度とその結果の違法行政のキイになる官僚内部のやりとりの記録が欠けているからだ。ここにこそ「上」がどこなのか、どういう「指示」で違法行政が行われたのかが記録されているはずなのだが。

　ただ、公表された文書だけからでも、それが多様な方向から来る「意向」と多くの「上・下」レベル(近畿財務局・大阪航空局だけでなく国土交通省、国有財産審議会近畿地方審議会、大坂府、豊中市、一般社団法人木を活かす建築推進協議会等々)を場とした、おしはかり、「認識の共有」が混然と渦を巻くアマルガムの中で作られていったことが歴然と見える。

　安倍晋三記念小学校という名称は、途中で変えられても本質は意識され続ける。安倍昭恵名誉校長との写真や「いい土地だから進めてください」との発言、谷「総理夫人付」からの見当違いの例を出しての「同様の便宜は計れないのか」との「問い合わせ」、鴻池、鳩山邦夫、柳本卓治、平沼赳夫ら有力議員、北川一成国交省副大臣からの担当職員への度重なる電話(平成30年5月財務省「資料」＝近畿財務局の森友関係の面会電話等の記録)は、籠池の人格の特異性をあげたり「日参に近い状態なんだ」などと「こぼしている」体裁をとってはいても「籠池を怒らせたら大変だ」という空気を読み取らせる。これらを背景に、対応する職員を怒鳴りつけ、コースターを投げつけるなどの暴行までして、不当な要求をエスカレートしていく籠池夫婦とその弁護士。費用を出させて自らゴミを撤去した後にゴミが残っているとして、このままでは工事が間に合わない、「上棟式には総理夫人も来られる」「遅れたら大変なことになる」と脅し、その解決策が、「今後訴訟を起こしませんといった条件で土地を買い受けるのであれば、金額は限りなくゼロに近いものであるべき」という。なぜ買取なら工事が間に合わなくても「大変なことに」ならないのか。理屈にもならない籠池側の要求に、通常の国有地払い下げで買受申請者がこんなことを言ったら怒鳴りつけるだろう近畿財務局の職員、指示を求められたであろう本省財務局員、日本の官僚の中でも超エリートの彼らが、唯々諾々と従ってタダ以下での国有地払い下げを行ってしまう。おどろおどろしいアマルガムだ。

　「人々は自分が少数者にならないように」「何事もあまり異を唱えないように

『萎縮』せざるを得ない」。日本は「異端者排除型統制」の社会だという浜辺陽一郎が「日本に本当の自由はあるのか」と問う記述だ（『アメリカ司法戦略』毎日新聞社1999年172頁）。特に、こういう立場に置かれた官僚には、自由は全くないのだろう。

　忖度土壌の日本では、巡査が警部補の交通違反を不問に付したなど、よくある下の方での一個人が一個人のために行う忖度は、違法が小さい。上は総理大臣という最大級の忖度アマルガム。その大きさの中で攪拌され続ける官僚たち。彼らの皆が置かれた「場」の中で「異端者」にならないように振舞った結果が、大きな「違法」となって実現した。

⑷　片面的「法の支配」

　近代法治国家。権力的作用はすべて国家の基本法・最高法規である憲法と憲法の「条規に反」しない（日本国憲法98条１項）下位法規である法律・命令などによって行われなければならない。

　しかし日本ではごく一部の近代感覚を持つ人を除いては、この当然の法意識がない。読売新聞は、18年の憲法記念日に向けて実施した世論調査の結果を４月30日に公表した。「あなたが考える憲法の役割」について「Ⓐ国のかたちや理想の姿を語るもの」「Ⓑ国家権力を制限するルール」の２択での政党支持別クロス分析で、自民支持層ではⒶ68％、Ⓑ29％、立憲民主支持層でもⒶ47％、Ⓑ51％だった。権力者の、自分やお友達のための権力行使を「自然災害のように耐える」ことに慣れているこの国の国民には、憲法や法律を国家権力を制約するもの、権力者の違法を問うツールだと見る発想は異質だ。

　憲法や法に対する軽視は、国家権力の側にある者にさらに深く根付いている。モリ・カケはその実態が誰の目にも明らかになった事件だ。ただしその軽視は、自らと「上」そして「場」が、自らやその係累のために行う権力行使の場面だけで行われる。そこでは、法規範は消えて、忖度や空気が行動を決める羅針盤だ。逆に、自分らが権力行使する対象である被統治者を相手にする場面では、統治・統率のためにつくった「法律」を駆使し、目いっぱいに拡大「解釈」して「適用」「執行」して政治を動かしていく（下記「a『下』への非情」26頁以下参照）。

　特に最近、首相や官房長官等々の権力者がその場面で「法の支配」を連発するようになった。Rule of law は、本来「法の従うべきルール」つまり形式的「法律」を人倫や正義に反する内容につくってはならないという意味だ。「『法の支配』という訳語は誤解され、濫用されるおそれがある。Rule を『支配』と訳

すことは、日本語の語感からして、問題を含んでいる」(井上茂『司法権の理論』
〔有斐閣、1960年〕12頁)。 その「濫用のおそれ」を具現しているのが、現在の
日本の政権者だ。

　法の解釈・適用・立法を忖度土壌の日本の三権はどう実行しているか。紙数
も限られているのでもっとも露骨な森友問題を例に行政権から見ていこう。

2　行政

(1)　モリトモ問題の違法行政

a　違法行政

　「安倍晋三記念小学校」「安倍昭恵名誉校長」の名のもと、違法を通り越して
無法ともいうべき行政が行われた森友事件。必要な情報が隠される中、それな
りに事実の解明に努めた跡が見える会計検査院報告書と明るみに出た改ざん前
の公文書をもってしても、末端の職員に至る指揮系統、「上」の誰がそれを命
じたかの核心部分は依然として闇の中だ。

　結果として行われた違法・無法な行政の主なものを挙げることしかできない。
○　「マイナス1883万円で8,770㎡の国有地を売った」

　中心は、この財政法9条1項「国の財産は、法律に基づく場合を除く外、適
正な対価なくしてこれを譲渡し又は貸し付けてはならない」違反だ。

　違法行政のからくりを会計検査院「学校法人森友学園に対する国有地の売
却等に関する会計検査の結果について」(平成29年11月)によって見よう。問
題の土地は「公用地または公共用地」として売り出されていた国有地のうち、
2010年に豊中市に公共用地(公園)として9,492余㎡を「瑕疵を明示した国有
財産売買契約」(つまり埋まっているゴミの撤去費用込み)で14億2386万余円で
売却した残地8,770㎡だ。

　1割ほど少ない面積だが、売却は2016年だから、同じ「瑕疵を明示した売
却」なら14億は下らないと言われている。売却前に賃借したいという森友の
要求を容れた国(管理者は大阪航空局、窓口はその代理＝近畿財務局)は、ゴミの撤
去費用として1億3176万円を森友に支払っているので「瑕疵のない土地」な
のだが、国は約3分の1にあたる4〜5億円を値引きした「言い出し値」9億
5600万円で売買交渉を始め、そこからさらにほぼ85％にあたる8億円を値引
きして1億3400万円で国有地を売却した。その理由が書き換え前の16年6月
14日付「普通財産売払決議書」に記載されていた。「学園の代理人弁護士からは、

本地は小学校を運営するという目的を達成できない土地であるとして、工期が遅延しないようゴミの撤去が要請されたが、大阪航空局が予算が確保できない等の理由から即座の対応は困難」としたことに対して、森友の弁護士から「本来は国に対して損害賠償請求を行うべきものと考えているが、現実的な問題解決策として早期の土地買受による処理案が提案され」「学園は、その金額が納得できれば」「損害賠償請求等を行わない」と言ったという記載だ。ゴミの撤去は、すでに14年に森友が借り受ける土地として、森友が撤去工事を実行し、ボーリング工事で地下3.1m以下は沖積層、それ以深は洪積層つまり人手の入っていない地層との結果を報告し、国が1億3176万円を森友に支払っている（森友は工事業者からの領収書を近畿財務局に出したが、うち2106万円を業者から受け取っている。いわゆるキックバック）。実は「いったん撤去したゴミを半分埋め戻した」と処理業者が証言している（17年2月26日付南日本新聞）。そうしておいてゴミを理由に土地代金の値引きを迫るのは、詐欺であり、損害賠償請求で脅すのは恐喝だ。例え埋め戻しを知らなくとも、ゴミが残っていれば森友の責任なのだが、近畿財務局はそんなことは一言も言わず、「大阪航空局から地下埋蔵物撤去概算等を反映願いたいとする依頼文書」を付けた不動産価格評価鑑定に出した。

　森友側と国が16年3月に協議した際の音声データでは「値引きをするために両者が地中ごみが見つかった深さに関する認識をすり合わせた内容」で国側は「『（地下3メートルよりも）下にあるごみは国が知らなかった事実なんできっちりやる必要はあるというストーリーはイメージしている』と発言した」（毎日新聞2月16日付）当時森友側は買取価格1600万円を希望していたとされ、差額をゼロに近づけるよう努力すると言ったという報道もある。

　検査院報告書は「大阪航空局は、同月30日に近畿財務局から地下埋設物の撤去・処分費用の見積りを行うよう口頭による依頼を受けて、地下埋設物撤去・処分概算額を8億1974万余円と算定し、近畿財務局へ提出した」とし、ゴミの状態などについて詳細な調査結果で批判をした上で「近畿財務局は、9億5600万円が鑑定評価額であること、地下埋設物撤去・処分概算額を反映した場合の意見価格が1億3400万円であることの審査を了したが、評価調書の作成を失念したとし、評定価格を定めないまま、1億3400万円を予定価格として決定していた」とこの価格での売却過程を批判している。9億5600万円の鑑定評価額自体が、取引価格ではない相続税用の路線価から出した価格なのだ。ただ「森友が納得できる額」「ゼロに近い額」を出すための国側の操作だ

った。

　もしゴミが残っていたというなら、森友はゴミの撤去費用として受け取っている1億3176万円は返却しなければならない。1億3400万円から差し引くと、223万円。「200万円ほどで国有地8,770㎡を売った」とネット上で言われているゆえんだ。このブロガーは検査院報告書を読んでいない。ゴミの処理業者から森友が受けたキックバック1100万円の事実を知れば、「マイナス1883万円で8,770㎡の国有地を売った」と書くはずだ。

　しかも即納金（頭金）2787万円（2年分滞納している土地賃借料の1年分2730万円とほぼ同額）で所有権移転登記し、残金1億円あまりを地代の2分の1以下の毎年1100万円の10年間分割払い延納利息1％とされた。

　これ以外でも森友との交渉経過の全てが、財務本省と近畿財務局によるあきれるほどただただ森友の利益に沿う違法な処分だった事実は、検査院報告書にも挙げられている。いくつか項目だけあげても異常さがわかる。

○　森友が買取希望申し込みをしながら、買い取り費用を用意できないとして、借地で契約をするまで1年5カ月――「国有地処分は買取希望の受付から2カ月以内」に違反

○　その貸付を期間10年で契約――「真にやむを得ないと財務局長が認める、公用等の場合は、売払いなどを前提とした貸付ができるが、期間は3年以内」とする「貸付要領」に違反。

○　「事例比較法」で算出する地代の正常賃料は4204万3千円のところを、森友が支払うべき公租公課の課税を差し引くほか様々な理屈をつけて減額していき、年間わずか2730万円とした。

○　その地代を2年分滞納していたが事実上不問に付していた。

○　木造建築ではないのに「平成27年度サステナブル建築物等先導事業（木造先導型）補助金交付規程」による補助金56,448,000円を与えた。最終的に可否及び補助限度額を承認したのは国土交通大臣だ。

○　学校認可をした（大阪府知事）――学生数を満たさず、財政上も債務超過の森友には認可できないはずだったが、2012年松井一郎知事が小学校参入設置基準を緩和して認可。

　以上の違法行政は、様々な行政機関の様々なレベルの職員らの忖度によって行われた。その彼らに残ったのは、政権の末端にぶらさがる極く一部の上級官僚を除けば、無念さと失意ではなかったか。

b　会計検査院の無念

　17年11月に発表された会計検査院報告書(学校法人森友学園に対する国有地の売却等に関する会計検査の結果について)は、18年2月に公表されたれた森友文書改ざんを知らされず、改ざん後の文書とそれに沿う関係職員らの「口頭等による説明」では、真相は解明できず、これでは会計検査の義務を果たせないという無念さに満ちている。

　報告書は、冒頭で事件の経緯を項目的に述べた上「 国有財産制度の概要」として「国の財産は、法律に基づく場合を除く外、適正な対価なくしてこれを譲渡し又は貸し付けてはならない」と国有財産法を引用して管理の在り方を確認し、検査結果の記述に入っていくのだが、「公文書等の管理に関する法律」を長文引用して行政文書とは何か、その管理の目的は「国等の有するその諸活動を現在及び将来の国民に説明する責務が全うされるようにすることを目的として」いるのだと原理原則を述べるのは、その後の各項目ごとに、文書の隠匿や廃棄を指摘する無念な記述の前触れだ。

　いくつか引用すれば、まず文書がないとする「28年10月以前に保存期間の満了に伴い、又は、1年未満の保存期間とされ旧システムのファイルサーバから削除された行政文書の電子ファイルのデータについては、復元することはできないとしている」「削除された特定のファイルのデータを復元することは困難であり、現実的ではないとしている」。出された文書には検査すべき事実が書かれていない。「保存期間が30年となっている本件土地の取得に係る決裁文書等は保存されていたものの、保存されていた文書には、土地取得時における地下構造物の取扱いに関する記載は見受けられなかった」「協議を行ったとする記録等はなく、事実関係を確認することができなかった」。

　文書には記載せず、聞き取り調査にも実質応じない「会計経理の妥当性について検証を行うために必要な事実が確認できず、口頭等による説明によっても、会計経理の妥当性について検証を十分に行えない状況となっていた」「本件土地に係る決裁文書等の行政文書では、本件土地の売却に至る森友学園側との具体的なやり取りなどの内容を確認することができず、また、有益費の確認、支払等に関する責任の所在が明確となっていなかった」。

　会計検査院は憲法によって設置され、内閣に対し独立の地位をもつ。国の財政執行を監視し検査して、国及び政府関係機関等の会計の適正を期すため、違法不当な経理を発見した場合には、その是正を要求する権限、担当職員の懲戒処分を求めるなどの権限をもつ国権機関だ。2カ月後にメディアの追及によっ

忖度土壌の法　解釈・適用・立法

て政府が改ざんを認め、公表される改ざん前の文書を行政の一機関に過ぎない財務省が、会計検査官には見せなかった上、嘘もついていた。憲法上の機関の地位をないがしろにした政府に対して、どうすることもできなかった。

　6月19日、会計検査院は、改ざん公表を受けた追加検査の中間報告を、本審査要請者である参議院に提出した。財務省が検査に改ざん文書を出した行為を違法だと認定したが、関わった職員らの懲戒処分を求めるかは「検討中」とした。その後懲戒処分を求めたとの報道はない。憲法上の義務を果たすことができない無念さが加わったことだろう。

c　財務関係職員の無念

　改ざん前の14文書を見た「有識者」らは、一様にこれらの文書が異例に「詳し過ぎる」と論評した。改ざん後の文書ではその「詳し過ぎる」部分が削られて処分結果だけの記載になった。担当職員らはなぜ通例に反して「詳し過ぎる」記述をしたのか。

　削られた部分は違法行政の理由となった事実記載だ。職員らの立場に身を置いてみれば分かることだ。通常業務ならあり得ない違法処分。あまり異様な処分なので、何故そうなったのか理由なしには書けなかったからだ。それともう一つ、違法な要求を次々と通させる籠池側の理不尽な振舞いを甘受しなければならない無念さをごく僅かにでも文書に込めたろう。

　その記述をすべて削る改ざんという違法行為を、今度は本省佐川局長の「反応」によって命じられる。二重の無念さは、一職員の自殺に至るほどだった。その上、自身が望んだわけでもない改ざんの責めを負って懲戒処分を受ける。これでは日本の公務員はだめになってしまうのではないか。

d　森友事件の幕引き・検察の無念

　もう一つ、ダメになるのが検察だ。

　テレビのコメンテーターなどで検察のしたことを「司法は」と言う人がいる。後に書くように、検察と裁判所があまりにも一体化している日本では、検察は司法だと見えるのだろう。しかし検察は警察と共に行政の一部なのであって、内閣の「下」にある機関なのだ。そのことを露骨に見せたのが森友事件でもあった。

　豊中市議の告発を受けて、大坂地検特捜部が「総理案件」と言われるこの事件に手を付けた当初は、マスコミもうまく使って、権力の違法にメスを入れられると期待されたが、起訴は①小学校建設の工事費を偽って国から補助金5644万円、②幼稚園で勤務実態のない教員名を虚偽申告するなどして府と市

から補助金約1億2千万円を詐取したという2件だけで、地裁が5月25日、籠池夫妻の保釈を決定すると、型どおりの準抗告はしたが、特別抗告まではしない検察と裁判所の間に、森友事件にはもう追起訴はないとの暗黙の合意が見て取れる。5月23日財務省が廃棄したはずの交渉記録があったとして公表した直後のタイミングだ。

籠池側からの「国策勾留だ」との抗議(18年3月27日付朝日新聞夕刊)の中10カ月続けた勾留は、森友事件の中心である国有地の異常な低額払い下げの立件に向けていると思われたが、その立件はしないことが明らかになった。市民や市民団体からの告訴・告発の「主なもの」だけでも、籠池理事長への補助金適正化法違反、近畿財務局職員への背任容疑、安倍晋三夫妻への背任容疑、迫田前理財局長への背任容疑があり(17年6月22日付毎日新聞)その後には佐川前理財局長・美並近畿財務局長への証拠隠滅と背任容疑の告発等もあったが、すべて不起訴とされた。

森友事件の捜査について当初「大阪地検のOBは『問題の本質は官僚による政権へのそんたく。そこにメスを入れられなければ特捜部の存在意義はない』と強調する」(17年6月20日付毎日新聞)と言われていた。特捜部は忖度の立証ができなかったのか。しかし政治日程との相互関連は、別の事実も示している。続けて31日、特捜部は、国有地払い下げの背任、膨大な公文書改ざんについて、改ざんを指示したとされた佐川理財局長と、捜査対象としていた38人の公務員全員を不起訴とした。「当時財務省理財局長だった佐川氏は、大阪地検の事情聴取に「『事前に部下から報告を受け、了承していた』と関与を認めている」が、地検は「佐川氏らの立件を見送る方針」(18年4月25日付毎日新聞)という。不起訴裁定書は非公開だが、理由は「嫌疑不十分」(つまり証拠がそろわない)と「嫌疑なし」(いわば検察による無罪認定で、めったにしない処分＝実質無罪と認めても処分名目は嫌疑不十分とするのが通例)だとのネット情報だ。

公文書改ざんについては「契約金額や方法など根幹に変更がないから公文書偽変造にはあたらない」が不起訴理由と報道された。しかし「既存の文書を改ざんした場合には、本質的部分に変更を加えれば偽造となり、そうでない場合には変造となる」(前田雅英ほか編著『条解刑法』〔弘文堂、2002年〕396頁。前田編集代表以外の編著者・著者はすべて現職または元職の裁判官と検察官)。

国有地売却について背任罪に問わなかった理由は「学園側がごみによる開校の遅れを理由に国に損害賠償を求める意向を伝えていたことなどを重視。国に損害を与える目的はなかったと判断したという」(6月1日付毎日新聞)。この

点も不起訴裁定書にどう書かれているのかを知ることはできないが、これでは籠池側の虚偽と脅しの値引き交渉の口実をそのまま不起訴の理由としたもので、これもおよそ法律家の判断と言えない「理由」だ。背任罪の構成要件は「他人のためにその事務を処理する者が、自己若しくは第三者の利益を図り又は本人に損害を加える目的で、その任務に背く行為をし、本人に財産上の損害を加えた」ことであり、「第三者の利益を図り」「本人に損害を加える目的」は選択的で、どちらかを充足すればよいこと、図利も加害も「認識」で足り「意欲ないし積極的認容は要しない」は通説（同上書718頁）・判例（最決昭63・11・21刑集12巻9号1251頁）でもある。検察が通常、背任罪の事件を判例・通説と違った解釈で不起訴にするはずはない。

　それに籠池側の上記した損害賠償請求が虚偽に基づく違法なものであることは、素人にもわかるほどではないか。籠池側は、平成16年2月18日に、ゴミの撤去費用として近畿財務局及び大阪航空局に131,760,000円の領収書を提出して請求し、財務局等はその額を「有益費」として支払っている。この「工事期間中、近畿財務局及び大阪航空局は、8月27日、10月19日、11月24日の3回現地に赴き、汚染土壌や地下埋設物の撤去の状況等を確認したとしている」（検査院報告書）はずなのだが、事実は「いったん撤去したゴミを半分埋め戻した」と処理業者が証言していることは前記の通りだ。しかも埋め戻したのは、人手の入っている地下3メートルより上の部分であり、その事実は「学園側の弁護士や設計業者のやりとり」のメールに存在する（17年5月17日付朝日新聞）のだが、籠池は近畿財務局を「このままでは開校できない」と脅す際に「地下9.9メートルにゴミがあった」と言い、それを根拠に財務局は「8億円の値引き」で売却した。大阪地検が、籠池保釈時点までの10カ月に取調べた膨大な数の対象者の中には、当然これらの業者も入っていたはずで、特捜部はこうした事実をすべて知りながら「学園側がごみによる開校の遅れを理由に国に損害賠償を求める」ことを適法な前提として、国有地の払い下げをはじめ、上記「a　違法行政」であげた籠池側への違法な優遇措置をすべて免罪した。

　理由は、これらのうち一つでも起訴すれば、佐川ら公務員の起訴もしないわけにいかず、それらの裁判の中でなぜその違法処分が行われたのか、安倍夫妻の関与までが追及される恐れがあるからにほかならない。「6日大阪市内で報道各社の取材に応じた籠池被告は、取引に安倍晋三首相の妻昭恵氏が大きく影響し、文書改ざんにも夫妻への忖度（そんたく）があったと改めて強調。学園と財務省の交渉記録がまだ全て公表されていないとも訴えた」（6月6日ウエブ版

毎日）と言っているにもかかわらず。

検察が通常の事件処理からはあり得ない、違法な事件処理を行う。検察組織をあげての忖度の結果だ。

森友・加計とこれだけ大きな「政治スキャンダルをいくら重ねても政権が崩れない現状」それは「有権者はかつて、倫理を備えたリーダーか、そういうふりをする指導者を求めてきましたが、最近は政治にとり倫理は大事なものではなくなった」（「ドイツの哲学ガブリエルさんが語る広がる『21世紀型ファシズム』」7月6日夕刊毎日新聞）。世論調査ではどの社のものも、大多数が、モリ・カケについての疑惑は晴れていないと答えながら、内閣支持率はじりじりと回復していく。その政権の「崩れない」権力は、検察をも支配して法に反する露骨な事件処理をさせるまでに至っている。

一般の国有地払い下げ案件で、これだけの不正な値引きが発覚すれば、またこれだけの文書偽変造の事実があれば、不起訴で終わることはあり得ない。安倍総理夫妻の関与疑惑に幕引きをする捜査の「国策終了」は誰の目にも明らかだ。これだけの異常な事件処理が現場の特捜部だけで決断されるはずはない。大阪地検は、この不起訴裁定を急かされていたという。裁定から4日後の6月4日、財務省は森友関連の幹部ら20人を懲戒等の処分にしたと発表した（3月9日付で依願退職していた佐川元長官は「懲戒処分相当」）。先に行政処分を発表しては、検察の不起訴を政権が決定している事実が露骨に見えてしまう。内閣→法務省→検事総長→大阪地検。検事総長以下の内部では「指揮権発動」などは不要の「検察官同一体の原則」で十分だったろう。それ以前に、検察一家の中にも、忖度つまり「上」からの「命令」とは言わない「反応」や同僚という「場」の空気はある。

不起訴裁定は、森友問題に着手して脚光を浴びた(浴び過ぎた)女性特捜部長の「反省」の表示なのか？　しかし「国有地問題は一連の疑惑の発端であり、解明に向けた社会の要請は強い。捜査関係者は『手ぬるい捜査をするつもりはない』と話す。捜査が尽くされなかった印象が伴えば、今度は検察に批判が向けられかねない」（17年6月20日付朝日新聞）として出発した森友事件。この終わり方に担当検察官らの内心の無念さは計り知れない。

「秋霜烈日」のバッジを着け「巨悪を眠らせない」はずの検察は、実は「お上」の守護兵としてしか存在できないことを、国民の前に明らかにした。「検察は司法的香りの機関」行政内部で正義を実現する機関だ、と言った検察官がいた(筆者の研修所教官だ)。そんな理想を持った検察官がダメになる忖度の時代に

忖度土壌の法　解釈・適用・立法

なったということか。

e　違法性の認識と公文書・公情報隠匿

　森友事件で大量の公文書・公情報が隠匿・廃棄されたことは、それに関与した官僚らが、違法行政の証拠だと認識していたからにほかならない。

　2017年から18年の「忖度」語流行時代は、同様に「総理案件」だった加計学園大学不正認可事件、防衛省南スーダン国連平和維持活動(PKO)のイラク日報隠し事件ほか、公文書・公情報の隠匿事例がつぎつぎと明るみに出た時代だった。

　公文書・公情報の正しい作成と管理・保存、公開は、法による行政の基幹となる制度、公務の公正の担保制度だ。森友ほかの事件は、日本がこれまでこの基幹制度をいかにネグレクトしてきたかを明らかにした事件でもあった。この際にと必要な法制化を求める意見が、マスコミ上に溢れた。しかし忖度による違法行政によって権力を維持するには障碍である公文書管理制度を、現政権者が法制化するはずはない。

　17年12月の公文書管理のガイドライン改訂で済まそうとしていた政府だが、財務省森友決裁文書改ざんを公表せざるを得なくなった直後の3月23日には、首相が「閣僚懇談会で『行政全体の信頼が損なわれたことは痛恨の極み。問題点を洗い出し、公文書管理のあり方について政府を挙げて見直したい』と強調した」。しかし「首相官邸幹部は23日、『財務省の調査や司法判断が出た上で、抜本的な対策を取る』と語るにとどめた」(18年3月23日毎日電子版)。政権の言う「司法判断」とは、この時点ですでに予定されていた大阪地検の不起訴処分の事で、モリ・カケの幕引きとともに、公文書管理法の改訂も幕引きされた。

　あるキャリア官僚が「職場の上司から公文書管理の『徹底』が指示されたという。その肝は『機微に触れるものは記録に残さず、頭の中にメモせよ。報告する際は口頭で』。首相官邸で首相秘書官らと打ち合わせる際は『メモ厳禁。録音不可』の徹底が言い渡されたという」(西日本新聞2018年7月13日付)。

f　忖度の跡は水に流す

　モリ・カケ問題で内閣支持率は低迷した。最低になったのはおそらく17年7月7〜10日に時事通信が実施した世論調査で、前月比15.2ポイント減の29.9%、不支持率も同14.7ポイント増の48.6%で最高となった。しかしその後支持率は微増して1年後の18年6月15〜17日に読売新聞が行った調査では不支持率は44%とさほど下がらないのに、支持率45%、それは「世論がこ

れらの問題を、政権の責任を問うほど重大ではない『小さなうそ』とみなしているということだろう」という人がいる(中西寛「大うそと統計の悪用」毎日新聞18年6月10日付)。忖度土壌の官僚組織と政治家の関係はこんなものだという「民意」の達観ということか。

朝日新聞が7月14、15日に実施した全国アンケート調査で加計問題の「疑惑は晴れた」8％、「晴れていない」83％なのに、「森友学園や加計学園を巡る問題について、国会が引き続き解明に取り組むべきだと思いますか」に対して「取り組むべきだ」50％(前回57％)、「その必要はない」41％(前回32％)と「民意」は忖度による違法行政の追求からこれほど早くも離れていく。そう。忖度で世の中を動かすこの国の国民性は、その違法結果を素早く水に流してきた。そうでなければ、次の忖度が始まる土壌にはならないのだから。

(2) さらに「上」への忖度＝従属

a 何人もいる支店長の一人

忖度は「下」に向けた美徳としての「思いやり」ではない。従わなければならない「上」であるからこそ、忖度して明示されなくともその意向を実現しなければならない。

日本で「上」の最高にある政権のさらに上にあるものは何か。もちろんアメリカの政権だ。

「対米従属は、国益追及の手段としてではなく自己目的化した」「『アメリカの日本』という構造は、占領期を超えて無制限に維持されることとなった。それは、日本の側が自発的に主権を放棄することによってである」(白井聡『国体論——菊と星条旗』〔集英社、2018年〕48頁、158頁)。世界中で最も先にトランプ詣でをする安倍政権の下、従属はさらに深化している。

「安倍政権は北朝鮮への強硬姿勢を効果的に使って権力の階段を上がってきた」(伊藤智永「安倍政権にモノ申す気概」18年7月7日付毎日新聞)。

18年に始まった北朝鮮とトランプ米国との「直接対話」の蚊帳の外に置かれた日本は「米国という西側のボスのもとで自らを東アジアの番頭であるかのように位置付ける意識」でいたが「いまや東アジアに何人もいる支店長の一人に過ぎないかもしれないという現実」(木村幹『日本は番頭』今や変化」朝日新聞18年4月28日付「耕論　沖縄」)は、ただただアメリカの言いなりになり、忖度までするだけの外交無能力の当然の帰結だ。

忖度土壌の法　解釈・適用・立法　23

b　世界一不利な地位協定

　日米地位協定が「事実上日本国憲法より上位にあるのは、戦争に負けた以上しかたがないのだろうか」。同じ第二次世界大戦の敗戦国でありながら「日本の米軍は日本の航空法の埒外にある。いつでもどこでも飛び放題。ドイツでは自国の航空法が適用され」「米軍の訓練・演習についてはドイツの許可・承認の権限がある。イタリアでは米軍基地はイタリア軍が管理し、イタリア軍司令官が常駐している。自治体の要請で飛行ルートが変更されることもあるという」「日本では二〇〇四年の沖縄国際大学ヘリ墜落事件の際、消防や警察でさえ現場に入れなかった」（池澤夏樹「終わりと始まりと　米国への『異様なる隷属』主体的な思想なき政府」18年5月1日付夕刊朝日新聞）。

c　米軍による国民への被害

○　危険物投棄

　基地返還後のサッカー場には枯葉剤入りのドラム缶10本が埋められているし、サリンとVXは海洋投棄されたなどの事実が、ジョン・ミッチェル『日米地位協定と基地公害——太平洋のゴミ捨て場と呼ばれて』（岩波書店、2018年）に収録されている。ドイツでは浄化費用の25％のみをドイツが負担する。

　日米地位協定4条1では将来米軍が日本に基地を返還する際に、原状回復義務を負わないとなっている。基地跡地にヒ素、ダイオキシン等々の有害物質が残されていた6例をあげている毎日新聞17年11月16日付記事は、「環境省が米軍基地の環境汚染を防止するため実施している『在日米軍施設・区域環境調査』で、2014年度から基地内への立ち入り調査ができなくなっている」と報じている。在日米軍用地の使用料は、国際的に異例な日米地位協定によって、すべて日本国（政府）が支払っているにもかかわらず。

○　落下物

　基地による危険は、異物廃棄だけではない。

米軍ヘリの重さ8キロの窓が体育の授業中だった普天間第二小学校の校庭に落下した事故は、2007年に日米政府間で定めた病院や学校の上空を避ける飛行ルートを米軍が守らなかったためだが、事故後も相変わらず同小学校の上空を飛び続け、小学校は校舎上空と校庭に職員6人が監視に立ち、米軍機が近づくと児童を避難させている。同様の危険にさらされている緑が丘保育園が上空の飛行停止を求めて署名約12万7千筆を集めて日本政府に出したが、政府の返事は「米側の調査結果を待ちたい」だけだった（18年5月10日付朝日新聞）。米軍ヘリの窓がなぜか落下する事故は18年7月27日厚木基地でも起こっている。

○　配備・運行

米軍三沢基地の戦闘機が、最低基準の高度150メートルを下回る飛行を続けていた青森県は18年5月1日再発防止を申し入れた（18年5月2日付朝日新聞）が、変更されてはいない。

既に18年1月15日付読売新聞は「沖縄でトラブル続出　米軍機事故悩む政府」と見出しする長文の記事を掲げている。ただし政府が悩んでいるのは「迫る名護市長選」に不利となるからだ、と。

在日米軍は、18年夏に予定されていた横田基地へのオスプレイ配備を勝手に前倒しして4月5日に、陸揚げされた5機すべてを横田基地に配備した。オスプレイは、沖縄で不時着大破する事故を起こしており、横田基地周辺の住民から反対の声が上がり、東京弁護士会も4月9日「配備の撤回を求める会長声明」を出したが、日本の防衛・外務両省は「『安全面に最大限の考慮をし、地元に与える影響を最小限にとどめる』などとコメント」した（18年4月5日付毎日新聞）だけで、米軍への抗議などはしないままだ。

d　米軍犯罪

米軍人・軍属の犯罪は96年から16年までだけでも1,100件に上るが「日米両政府が定めた補償の仕組みは、手続きが複雑なうえ、米政府が拒否しないことが前提」だから06年に横須賀市で起きた強盗殺人事件では「米側が決めた補償額は民事裁判で確定した額の4割で、加害米兵の『永久免責』も条件」などの例を多数あげている18年5月15日付朝日新聞は「日本政府が米軍より住民を大切にしているとは思えない」との被害者の声を載せている。

e　軍用装備買取

日本政府は「再軍備」以来アメリカから軍用装備を買い続けているのだが、現在買取が進められている「陸上イージスショア」2基は、当初説明された予定額から7割増しの4664億円だという（18年7月31日付読売新聞）。「政府は米政府が主導権を握る対外有償軍事援助に基づく契約(FMS契約)で」こうした買取をしているのだが、その契約は「2011年度に432億円だったが、18年度予算で4102億円に増えた。FMS契約では米国が見積もるため『言い値』になりやすいとされ、追加負担の発生もしばしばだ」「18年度の防衛予算は過去最大の5兆1911億円」配備候補地である秋田市と山口県萩市では被害による「地元自治体の反発が強まっている」（18年8月2日付読売新聞）。国民の被害にはお構いなしで「上」に忖度するばかりの日本政府は、アメリカ政府にとってこれ以上望めない従属国だ。

「憲法改正の議論があるが、主権や人権を回復するために日米地位協定を改定することが優先されるべきではないでしょうか」（「復帰46年　本土移住の川平さん」5月15日付朝日新聞）。

f　国際社会での対米従属

日本政府のお構いなしは、なんと国際社会に対しても同様だ。17年7月に国連総会で採択された核兵器禁止条約に、唯一の被爆国日本が、アメリカに追随して反対した。政府の言い訳は「核保有国と非核保有国の橋渡しをしたい」だが、国際非核NGOは『『日本は米国側に立ってその橋を焼き払っているように見える』と非難した」（17年10月12日付毎日新聞）。

トランプ政権が駐イスラエル大使館をエルサレムに移したことにはEUをはじめ、ロシア、中国はもとより、世界世論が批判する中で日本が「何も言えずフリーズしてしまうのは仕方がない」のは反イスラエルの中東に石油依存しているからだが「近いうちに国際社会から態度を鮮明にするように求められるだろう」（元外務省課長補佐の原田武夫。「口ごもる日本」17年12月15日付毎日新聞）。

同様に米軍基地を抱えている韓国は、日本より有利な地位協定を認めさせてきたが、言うべきことは言って、さらに北朝鮮問題でむしろアメリカを主導した。従属と忖度しか知らない日本は、国際社会で負け犬になっていく道しかないのかもしれない。

g　F35A戦闘機墜落　原因解明なく買い入れ継続

アメリカから総額15兆円以上で買い入れたF35A戦闘機が19年4月、空自の運用試験中に墜落し、機体も発見できず原因解明もないとされたまま、「米監査院『F35深刻な欠陥』」と報じられても「日本政府は大量購入を継続」するという（19年5月23日付東京新聞）。空自隊員の生命より米政府が大事なのか。

⑶　「忖度」は「下」には向かない

a　「下」への非情

「忖度」は「上」だけに向いて「下」には向かない日本社会だが、それが政治権力の直接行使の場である行政ではひときわ露骨に現れる。米軍からの被害を受けている国民の訴えを放置するのは、米軍にものが言えない日本政府の弱さ故とも見えるが、政府の判断だけで処理できる国内問題での「下」への非情さ（以下は18年に報道された事例のみ）を見れば、これは忖度で日本の政権を動かす者たちの通癖と見るしかない。

○　生活扶助費引き下げ

　厚生労働省は、18年6月22日、5年前の削減に続いて、生活扶助費引き下げを発表した。18年から20年の毎年10月に段階的に行い年間160億円削減する。

　減額されるのは受給世帯の67％で、最も減額者が多いのは、受給世帯の約8割を占める単身世帯、65歳未満の81％、65歳以上で76％が引き下げになる。子どものいる世帯では、高校生にも月1万円支給などから、57％が増え、43％が減る。一人親世帯に限ると、母子加算は平均で月約4千円下がるが、生活扶助費全体で見ると61％で増え、38％で減る。

　この情報を受けた国連の人権専門家は、貧困層、特に障害者、一人親世帯、また高齢者の最低限の社会保障を脅かすものとして「国際人権法で要求される適切な生活水準と合致しない。このような欠陥のある方式に基づく受給額減額によって、日本はますます多くの人々を貧困に陥れることになる」と一般低所得世帯(年収の低い方から10％層)の消費支出に合わせて生活保護基準を決める手法でを批判し「日本のような豊かな先進国におけるこのような措置は、貧困層が尊厳を持って生きる権利を踏みにじる意図的な政治的決定を反映している」「日本は緊縮政策が必要な時においても、差別を撤廃し、すべての人に基本的な社会的保護を保証する義務がある。貧困層の人権への影響を慎重に考慮せずに採択されたこのような緊縮政策は、日本の負っている国際義務に違反している」と批判し、負の影響を緩和するために必要な対策を講じるように日本政府に文書で要請した。すると政府は「大変遺憾であり、国連人権高等弁務官事務所に対して抗議を行った」（加藤厚労相の5月29日参院厚生労働委員会での答弁）。

　生活保護受給者には原則後発医薬品を処方、不正受給返還金の非免責債権化などの生活保護法改定案が196国会で成立した。

○　障碍者年金打ち切り

　「日本年金機構が障害基礎年金の受給者約1,000人余りに対し、障害の程度が軽いと判断して支給打ち切りを検討していることが判明した」（5月29日付毎日新聞）。実際に約1,000人に支給打ち切りの可能性を予告した。「日本は人口に占める受給者の割合が他の先進国に比べ非常に低く、判定が厳しい」「2級が3級に下がると月約6万5,000円が一気にゼロになる」（百瀬優准教授の談話。6月6日付毎日新聞）。「毎日新聞が対象者の『生活実態は変わらず打ち切りは困る』との声を報道すると18年6月に撤回した。しかし今後はこの基準を

適用するので、受給のレベルは厳しくされる（18年6月26日付毎日新聞）。

○　難病十数万人助成外れ

　難病患者への医療費助成制度が18年1月に変更され「助成継続が認められなかった軽症の人が少なくとも39府県で約5万6,000人に上る」「全国では8万人前後」「患者側が断念するなど未申請のケースも合わせると十数万人が対象から外れたとみられる」（6月18日付毎日新聞）。

○　原爆症被爆者更新却下

　「原爆症と認定された被爆者が3年毎の更新を行う際、約2割の人が『医療の必要性がなくなった』として申請を却下されている。2014年に国が『適切な運用』を各自治体に通知した後、それまで数％とされた更新却下率がはねあがった」。14年度17％、16年度21％、原爆被災地広島では13年度2％が14年度20％、長崎では13年度0％が17年度25％になっているという（8月2日付毎日新聞）。

○　水俣病患者認定と「救済策」

　水俣病が公式確認されてから18年5月で62年。患者認定を求めて未だに認定されずにいる人は熊本・鹿児島両県で1,933人。患者認定はしないが一時金などを支給する「救済策」を申請しても却下されて「死ぬのを待たれているのか」と言っている患者もいる（5月1日付毎日新聞夕刊）。チッソ社長は「救済は終わっている」と述べた（5月2日付朝日新聞）。イタイイタイ病、カネミ油症など「四大公害病」の患者らの救済は不十分なまま幕引きされている。

○　強制不妊手術

　旧優生保護法によって国自体が広範な傷害を行った強制不妊手術は、「8割手術記録なし」（5月18日付読売新聞）で被害の全貌すらまだわかっていない。各地で提起され始めている国賠訴訟の中で、国は裁判所が求める違憲性の認否をせず（8月1日付朝日新聞）、原告らが求める救済立法について、18年6月6日付の準備書面で「立法の義務はない」「国家賠償法で救済は担保されていた」と答弁した（6月8日付毎日新聞）。

○　福島原発事故

　2011年に発生した福島原発事故に対して国と東電は必要な被害回復措置をせず、多くの訴訟が提起されている。「四大公害病」訴訟に携わってきた豊田誠弁護士は「日本がいま直面する最も大きな問題は原発だ」と言う（3月5日付毎日新聞）が。

⑷ 闘争しない　支援しない　忖度土壌

　日本では、国連から批判と要請を受けるような、こうした政府の仕打ちに対して、被害者が抗議デモなどを起こすことも少なく、これを支援する運動もほとんど当事者以外に広がらない。アメリカでは、黒人が警察官に殺害されるなどの事件には、白人も参加してデモが起こる。人種差別をする国が自分の国であり、自分の国の政治をただすのは自らの問題だと考えるからだ。トランプ就任式の翌日ホワイトハウス周辺の歩道にずらっと並べられたメッセージの数々（17年1月23日付夕刊朝日新聞刊の写真から）の一つに protest is patriotic（異議申し立ては愛国的なのだ）とあった。自国の不正義をただすことを愛国的と考える民主主義は、忖度土壌には根付かないということか。

3　裁判所

⑴　民主主義と日本の裁判所

　イスラム圏7カ国からの入国規制などについてワシントン州が提起した大統領令の差し止め請求に対し、2017年2月3日、ワシントン州連邦地裁が出した差し止め決定は「当法廷の基礎である仕事は、三権分立の一翼を担っているということを常に忘れないことである」「裁判所というもの、そして当法廷の仕事（The work of the Judiciary, and this court）は、議会、大統領の行動が我が国の法律、その中でもとりわけ重要な合衆国憲法に合致することを担保することである」と言う。ハワイ州、ニューヨーク州、オレゴン州等の連邦地裁も同様に宣言して差し止め命令を出し、第4、第6巡回連邦控訴裁判所がいずれもその地裁命令を支持する決定を出した。他にも通信会社AT&Tが大統領が報道姿勢を嫌っているCNNを持つタイム・ワーナーを買収する計画を撤回させようと司法省がした訴えを首都の連邦地裁が棄却するなど、裁判所が行政をチェックする「仕事」を、アメリカでは日常的に見ることができる。

　18年6月25日、トランプ任命の保守派判事が加わっている連邦最高裁は、5対4で高裁決定を覆して、トランプ大統領令を合憲とする判決を出した。しかしその3日前の22日には、保守派のロバーツ首席裁判官も法廷意見に加わった5対4で、被疑者の携帯電話の位置情報を無令状で捜査に用いるのは、不法な捜索や押収を禁じた憲法修正4条に反するとの判決をしている（CARPENTER v. UNITED STATES）。

　裁判官の任命権によって、行政が司法を支配することは「司法国家」の常

忖度土壌の法　解釈・適用・立法　29

態だ。2015年に右派が政権を取ったポーランドで18年7月、最高裁判事の定年を70歳から65歳に引き下げる改定法を実施した。3分の1以上の判事を入れ替えるためだ。EUは「司法介入」としてヨーロッパ司法裁判所に提訴するという(7月6日付読売新聞)。行政国家で司法の独立を守るために、国内外のセーフガードが必要だ。

大統領の判事指名に議会の承認が要るアメリカでは1987年にレーガン大統領が指名した強い保守派の最高裁判事候補に与党の共和党からも反対が出て、保守でも穏健派のケネディ判事(上記携帯電話判決で違憲側に加わった)が議会の承認を得た。下級審判事は選挙で選ばれる地域がほとんどだ。何よりも裁判官の独立意識が強く、忖度で判決をする精神的土壌にない。

ハーバード大のスティーブン・レビツキー教授(民主主義論)は、トランプの様々な民主主義の基本ルール違反を挙げた上で「それでも、米国の民主主義がまだ破綻しない理由」として、「民主主義を支える強力な司法やメディアの存在」を挙げる(「トランプの時代 就任1年 専門家に聞く」1月23日付朝日新聞)。

日本では裁判機能を「司法」と訳すが、「司る」を漢和辞典で引けば、法を「管理する・支配する」。そういう性格づけは欧米、そして国際的にはない。米司法省と日本で訳されているのはDepartment of Justice、正義省だ。フランス語、英語圏ではすべてJustice、伊藤博文らが旧憲法の範としたドイツ・プロイセンでもJustiz＝「正義」だ。裁判は、正義を実現するシステムだから、行政、立法に対して、その国家の正義の規範として約束された憲法「に合致することを担保」し、民主主義を維持する役割を果たしている。

日本では、世間(つまり国民)も裁判を「正義にかなっているか」という基準で見ることがない。裁判所の側も判決の中で正義という言葉を使うことは絶えて無い。何を基準にして仕事をしているかをあえて言えば、期待されている通りに法を「司って」いるかだろう。特に世間の注目を集める個々の裁判で、それが「誰の」「どんな」期待か、を見ていくと、日本の「司法」の実像が浮かび上がる。

「日本の最高裁が『保守的』なのは、それがあまりに消極的あるいは慎重すぎて、政府に刃向かうことはまずないからだ」(デイヴィッド・S・ロー〔西川伸一訳〕『日本の最高裁を解剖する』〔現代人文社、2013年〕4頁)、「日本の最高裁ほど違憲立法審査権の行使をためらう裁判所を世界中で見出すことは困難である」(同上書ⅴ頁)、「1947年に発足して以来、日本の最高裁判所が違憲無効とした法令はわずか8件にすぎない」「ドイツの連邦憲法裁判所は、600件以上の法律を

違憲無効としている」(同上書4頁)。

　なぜ「消極的あるいは慎重すぎ」る判決しかしないのか。日本の最高裁判事は内閣が単独で任命する。議会の承認は要しない。下級審の裁判所の裁判官は，最高裁判所が提出する指名名簿に基づいて内閣が任命する。最高裁(事務総局)の意向に沿わない裁判官は、10年毎の再任から外される。最高裁から自分の属する裁判体の「部長」、先輩ら「上」の意向ばかりを見る「ヒラメ」裁判官たちの忖度が、日本の「司法」を形成している。

　任命権による形式的な統制をも超えるこの体質はなぜ、どこから来たのか。日本「司法」の歴史から見よう。

(2)　歴史——司法省・検事の下の裁判官

　日本では、明治3年12月末、全国統一の刑法典「新律綱領」により法令上は最初の「国家規模で行われる刑事裁判」の体裁ができたが、刑事裁判権は同4年行われた廃藩置県で作られた「府・県」の専権事項だった。明治政府は、早くも翌明治4年の官制改革で「司法省」を設置。「司る」を漢和辞典で引けば「管理する　支配する」で、法律を作ること変えることから、その強制力による執行までの全ての権限を中央政府が掌握するための官公署で、今で言う検察庁もその一部局。翌5年「司法職務定制」により裁判所がつくられたが、司法省の長・司法卿が「各裁判所ヲ統括」する形から始まった。

　そのシステムは司法省内の部局として「明法寮」を設け、府県の裁判実務担当者・府県裁判所の裁判官に、法の解釈運用について「伺」をさせて「指令」を返すことで、判決を統括していた（霞信彦『明治初期伺・指令裁判体制の一掬』〔慶應義塾大学出版会、2016年〕1～3頁。本書は現在法務省に残されていた明治6年以来の記録「司法省日誌」の収録と解説をしたもの）。裁判担当者等が「誤判」を犯したとされれば「新律令断獄律出入人罪条」に定められた刑事罰の対象とされた(同上書184頁)ので、「伺」をして「指令」に従うことは絶対だったという。「伺」では事件の認定事実を記して適用罰条と量刑を書き、それで良いかを伺って「指令」に従って判決をしていた。「処刑後獄則ヲ守リ別紙ノ如ク屡々奇特ノ者ニ付キ放免スベキカノ件」と現在でいう仮釈放つまり行刑についての伺も含めていた(同上書174頁)

　明治6年「断獄則例」は法廷の配置も定めているが、最上段「判事」の右斜め後ろに座る「検事」は「裁判ノ当否ヲ監スル」者であり、問題があれば本省に連絡した。最近まで判決書の冒頭に「当裁判所は検察官○○立会いのもと審

理を遂げ」と書いていたのはその蒙古斑なのだろう。

　裁判所が行政権力・司法省の下に置かれる制度は太平洋戦争の敗戦まで続き、戦時下では特に実体的には治安維持法等をはじめとする治安刑法、手続的には戦時特例法によって政府の思うままの国民支配のために「裁判制度は被告人を有罪、それも簡易迅速に有罪にするための通過儀礼」で「検察官の主張通りに判決されたと言った方が正しかった」（内田博文「第2部第7章　裁判所の役割」同『刑法と戦争』〔みすず書房、2015年〕150頁）。

　司法史の詳細を書く字数はないが、終戦によって変えられたはずの現行憲法6章Judiciary を日本政府は明治用語のまま「司法」と訳した。[4]

(3)　裁判所の上にあるもの

a　検事・検察庁

　上記の歴史を負う日本の裁判所のまず「上」が検察であることは、世界的に悪名高く、現在もなお恒常的な刑事裁判の有罪率99％以上、控訴事件の破棄（申立ての容認）率で検察官が被告人側の数倍という統計が事実として物語っている。

b　政権・行政

　国が被告、あるいは国が保護する大企業などが一般国民に与えた被害の賠償や、加害行為の差し止め訴訟を国民側の敗訴に終わらせるのは、この国の裁判所の伝統的なあり方で、原爆、水俣、その他の多数の公害、食品や薬害訴訟の無数の原告が、裁判所の不当な事実認定や、法の適用で敗訴の憂き目を見てきた。

　自民1強、特に安倍政権になってから、この傾向は特に露骨になっている。紙数が無いので少数を項目的に上げるにとどめるが。

○　一票の格差訴訟

　選挙のたびに全国で繰り返されているこの訴訟で、最高裁は「違憲状態」という造語で、違憲無効判断を避けている。危篤なのに「危篤状態」と名付ければ死の危険性が無いということになるという、選挙無効を避けるための漫画のような現多数党への忠誠心。下級審の中に違憲を明言する僅かな判決があっても、最高裁で破られることの繰り返しだ。

4　ヨーロッパ・英米共通の Judge はもともと「物事をわきまえた、目利き」の意味で、もめごとの判断を任される人は Judge でありその判断を Judgement と言い、Judiciary はその集合名詞なのだが日本ではまず、集合体としての judiciary 裁判所の独立が危うく、個々の裁判官の独立はさらに危うい実態がある。

○　脱原発訴訟

　脱原発の裁判所へのアクション（稼働差し止めやその仮処分、慰謝料請求など大別して５タイプ）はこれまでに少なくとも54件起こされているが、裁判所が住民側の請求を認めたのは、僅かに３件に過ぎない。

　他のすべての裁判所は、現政権の原発依存・推進の国策に沿って出された原子力規制委員会の「新規制基準」を盾に最高裁の「原子力規制委員会の科学的、専門技術的知見に基づく意見を尊重して行う内閣総理大臣の合理的な判断にゆだねる」という「判例」（平成４年10月29日第一小法廷判決）に従って住民敗訴の判決をしている（脱原発弁護団全国連絡会「全国脱原発訴訟一覧」による）。

○　安保法制違憲訴訟

　日米安保に関連して、平和的生存権・人格権の侵害に対する国家賠償、自衛隊の行動への制限などを求めて、市民や法律家、有識者などが、全国22地裁に訴えを起こしている。いくつかの裁判所で、原告側立証への制限などが行われていて、うち札幌地裁では19年１月18日全国に先駆けて、国家賠償については棄却、自衛隊の行動制限については却下の判決をした。

○　政府の行政行為による国民の被害国家賠償訴訟

　紙数の関係で最近のものに止めるが、「強制不妊手術訴訟」では、旧法の違憲性を認めながら国の賠償責任は否定し、他方で「ハンセン病家族訴訟」では、19年７月の参院選の減票を恐れた安倍首相の意向で、除斥期間などの裁判所の判断を批判しながら、上訴しないという異例の発表をした。裁判の結果に従うのではないと明示したことは、司法など問題にせず、政権がしたいことをするという意思表示でもある。

c　アメリカ

　アメリカへの従属は、現在は政府の意向というフィルターを通じて行われることが多いが、まずは露骨に行われた例として、米軍駐留を違憲とした砂川事件から見よう。

　以下は、米国立公文館の解禁文書マッカーサー駐日大使の本国への報告打電を収録した布川玲子ほか編著『砂川事件と田中最高裁長官──米解禁文書が明らかにした日本の司法』（日本評論社、2013年）による。政府だけでなく、当該事件の裁判長が、アメリカに裁判の情報を漏らし、方針を協議しながら裁判していた事実だ。1959年３月30日伊達判決の当日、日本政府は駐日米大使館に「上訴するつもり」と語る。翌31日早朝マッカーサー大使が藤山外相を訪ね「日本政府が迅速な行動をとり東京地裁判決を正すことの重要性を強調して最高裁

への跳躍上告を勧め、藤山は完全に同意」、４月３日東京地検が跳躍上告「政府幹部は案件の迅速な処理に向けて圧力をかけようとしている」。４月24日には大使との「内密の話し合いで田中最高裁長官が本件には最優先権が与えられている」と語り、その後も田中と米大使との緊密な連絡が報告され、最高裁の14裁判官らの事件への考え方なども逐一報告されていた。12月15日の判決の翌日には全員一致の判決は「田中裁判長の手腕と政治力に負うところすこぶる大きい」と打電している。その原判決廃棄差戻し審東京地裁で有罪判決、同高裁控訴棄却で砂川事件は確定した。

さらにその上のアメリカ政府に忖度する伝統は、新憲法によって三権分立が制度化され、形式的には司法権が独立する制度となってからも、伏流水のように「行政・立法に対するチェック機能」の低さ、その結果としての国民・弱者への過酷な判決の歴史となって残っている。

あとがき——忖度は権力違法のランドマーク

18年に本書の原稿を出してからほぼ１年の間も「忖度」がメディアから消えることはなかった。

「そんたく強まる恐れ」と見出しした毎日新聞の記事(19年６月21日付)は「老後資金2000万円必要」とした金融庁の金融審議会市場ワーキンググループの報告書を、求めておきながら、麻生金融担当相が受け取り拒否した事件に「『政権の意にそわない報告書は受け取らない』との考えがまかり通れば、官僚の政権への『そんたく』が強まり専門家の知見が国の政策に反映されなくなる恐れ」を書いた。

「専門家の知見」だけではない。

2014年に関西電力大飯原発３、４号機の運転差止をした樋口英明裁判長は、大飯原発の耐震基準400ガルが、通常の建築業者が通常に施工した自宅の耐震基準よりほぼ１桁も低いことに驚いたという。しかもその想定する震度以上の地震は「来ない」とする想定によって危険な原発が建設・稼働されていた。

ふつうの人が、ふつうに考えて危険を感じる、その普通の感覚で起こされた裁判を裁判所は「危険ではない」と却下・棄却する。最高裁伊方判決(福島事故以前の平成４年10月29日第一小法廷判決)の示す「看過しがたい過誤・欠陥」さえなければ安全とみなす、政権・国策への忖度による。

忖度はふつうの考え方では許されない違法な権力行使の手段なのだというこ

とが、実例の中からはっきり立ち上ってくる「忖度」効だ。

でもそれは考えてみれば当然だ。法的に許される、人倫的に許されることなら、権力者だって、忖度など待たずに単純に命令、あるいは依頼すればいいことだからだ。

本稿では、日本の行政から司法の「そんたく」の驚くべき浸食を見てきた。

実は立法にも忖度は蔓延している。その実態を詳述したかったのだが、紙数が許さない。一つだけ例をあげたい。

「司法取引」などいくつもの検察の武器を合法化した2016年の刑訴法改正は、法制審議会——新時代の刑事司法制度特別部会でまず原案が作られた。その部会で、刑事手続きのあるべき未来を語ることを求められた非官僚委員たちは、当初は審議の先行きに希望を見ていたのであるが、第18回会議でそれまでの議論をまとめたはずの「時代に即した新たな刑事司法制度の基本構想(部会長試案)」が出された時に、大きなショックを受けることになった。そのショックについて述べた、日弁連元会長の冒頭発言の冒頭部分だけ引用する。

「この内容につきましては、一言で言えば大変失望した、こういうことに尽きると思います。特別部会がなぜ設置されたのかという多くの委員の基本的な問題意識からも大きくずれていると言わざるを得ません」。このあと延々と続いた批判。しかし部会長は何の変更もなく議事を進め、「基本構想」をさらに上回る検察の便宜のための「結果案」が事務局によってまとめられ30回の全体会で部会の「全員一致」で決められた。この時はもう誰も抵抗しなかった。そういう「場の空気」だったようだ。

「結果案」は、事務局によって添付された「『要綱(骨子)』に従って法整備を行うべきである」となっていて、国会にかけられる法案の原案だ。

国会は結果案に危惧を述べる有識者の参考人聴取なども行い、ある程度問題点を浮かび上がらせながら、最後は、与野党の合意で成立。党の方針として賛成討論に立った民進党と与党自民党の議員までもが、実質反対の討論をした上で国会通過だった。

法律もこのように、政党という忖度の器のような場で決まっていくものなのだという最近の見本だ。もちろん憲法、国会法、政党法、などはこんな国会のあり方を容認してはいないはずだ。

忖度は日本の三権を深く侵している。その根源は政権与党が思いのままに違法に使う行政権の踰越だ。

忖度土壌の法　解釈・適用・立法　35

本稿は、「忖度土壌の法　解釈・適用・立法」と銘打ちながら、特に立法の部分がほとんど欠けている。立法をタイトルから外すべきだが、忖度土壌は立法府も覆っていることを見てほしいという思いで、残すことにした。

　「忖度」は日本を覆っている。忖度があるところには違法がある。忖度は日本の違法社会のランドマークだ。

〔献呈の言葉〕
　新倉修先生は博識の人である。フランス刑事法の大著をはじめその該博な知識にはしばしば驚かせられる。しかし先生は謙虚で、それを自ら進んで会議の場などで披瀝したり、書き物を多発したりされることもない。たまたま会議で隣に座って私語するときなどに感心させられるだけなので、多くの人には知られていないかもしれない。
　先生と知遇を得たのは刑法学会なのだが、最初のきっかけは忘れてしまっている。最も古い記憶は、学会の帰り道、山の中のような道だったから、中央大学？　神奈川大学？　と何十年も前のことでおぼろげなのだが「新倉先生はシノーポリに似てる」と、世界的な指揮者にして精神医学者になぞらえてあげたのに、先生が反応を示されなかったので、学会の悪童どもと「あーあ、シノーポリ知らないんだ」とはやし立てたことだ。
　今にして思えば博識の先生が知らないはずなどなく、ただ「そうだよ。似てるでしょう」などと反応しない謙虚さの故だったのかと気が付く次第だ。
　そんな先生の古希に、フランス西部ヴァンデ地方の民謡のリフレーンを献呈の言葉としたい。
　Va mon ami va la lune se léve , va mon ami va la lune s' en va.

（いがらし・ふたば／弁護士・東京弁護士会）

刑法解釈における
要件思考法についての一考察

関　哲夫

はじめに——本稿の課題

1　用語について

2　特別要件思考法の限界とその克服について

3　緊急避難における「相当性」要件について

おわりに

はじめに——本稿の課題

　刑法解釈においては、犯罪・犯罪者の成否は、当該犯罪・犯罪者の各別の成立要件に即して判断されるのが通常である。例えば、殺人罪(刑法199条)では、①人が客体であること〔客体〕、②その客体を殺すこと〔行為・結果〕、③殺人につき故意があること〔故意〕という成立要件に即して判断される。

　行為の犯罪性及び行為者の犯罪者性を積極的に根拠づける成立要件を「法律要件」[1]と称し、法律要件を軸とした解釈方法を「法律要件思考法」、略して「要件思考法」と称するとき、要件思考法は、犯罪性・犯罪者性を積極的に構成する法律要件の充足の有無を判断する「法律要件該当性」、略して、「要件該当性」の段階[2]だけでなく、要件該当性が認められた行為・行為者について、例えば、行為の正当化事由である正当防衛(刑法36条1項)の肯否を判断する「違法性」

1　行為の違法性及び行為者の有責性を積極的に根拠づける個々の法律要件は、構成要件理論の影響のもと、一般に「構成要件」と呼ばれる。しかし、本稿では、あえて「法律要件」の語を用いる。

2　「法律要件該当性」は、一般に「構成要件該当性」といわれる。その意味で、刑法解釈学においては、「要件思考法」よりも、むしろ「定型思考法」が採られる傾向が強いといえる。構成要件の理論による定型思考法については、紙幅の関係で、本稿では立ち入らない。

の段階や、行為者の有責性阻却事由である期待不可能性の肯否を判断する「有責性」の段階においても用いられている。しかも、要件思考法は、刑法解釈において妥当しているにとどまらず、広く法一般の解釈においても妥当しているのである。

　刑法解釈において要件思考法が用いられるのは、当該問題を個別の成立要件に分解することによって、冷静で、分析的な判断を担保し、同種問題や類似事案について、その結論に大きな差異が生じるのを避けることにある。

　ところが、犯罪・犯罪者に関する既存の法律要件や、正当化事由・有責性阻却事由に関する既存の成立要件では事案を適切に処理できず、妥当な結論を得られない場合がある。その場合に採りうる方法として、大別すると、既存の要件を一部修正・補充する方法と、既存の要件を廃棄して、新たに要件を設定し直す方法とがあり、前者を「一部改訂法」と称し、後者を「全部改訂法」と称しておく。一部改訂法も全部改訂法もいずれも個々の要件に即して判断する方法であり、依然として要件思考法を採るものといえる。

　本稿は、前者の「一部改訂法」に焦点を当てて考察を加えるものである。

1　用語について

　本論に入る前に、本稿で使用する用語の意義を明らかにしておきたい。

(1)　法律要件・成立要件

　行為の犯罪性、行為者の犯罪者性に関する要件は、広く犯罪・犯罪者に関わる成立要件として「広義の法律要件」と称するなら、これには、まず、行為の犯罪性、行為者の犯罪者性を構成するものがある。この法律要件を充足すると、行為の違法性、行為者の有責性が事実上推定されるという意味で、この法律要件は、行為の犯罪性、行為者の犯罪者性を構成し、それらを積極的に根拠づける要件であり、主として(法律)要件該当性の段階で機能する。例えば、窃盗罪(刑法235条)の法律要件として、①他人の占有する他人の財物を客体とすること〔客体〕、②その客体を窃取すること〔行為・結果〕という客観要件と、③窃盗について故意があること〔故意〕という主観要件[3]があげられるが、これらは窃盗罪の成立を積極的に根拠づける要件である。

3　(不法)領得意思の要否及びその内容について、周知の議論があるが、私見は不要説を妥当と考える。

広義の法律要件には、さらに、行為の犯罪性、行為者の犯罪者性を消極的に構成するものがある。この法律要件を充足すると、事実上推定された行為の違法性や行為者の有責性が排除されるという意味で、この法律要件は、その不存在が行為の犯罪性、行為者の犯罪者性を根拠づける要件であり、主として、行為の違法性の段階における正当化事由、行為者の有責性の段階における有責性阻却事由において機能する。例えば、正当防衛(刑法36条1項)の成立要件として、①急迫不正の侵害が存在すること、②自己又は他人の権利を防衛するための行為であること[4]、及び、③やむを得ずにした行為であることという成立要件があげられるが、これらは、その不存在が行為の違法性を根拠づける法律要件であるといえる。この点は、例えば、行為者の有責性を消滅させてしまう責任無能力(刑法39条1項)や期待不可能性という有責性阻却事由にも妥当する。

　本稿では、広義の法律要件のうち、前者の、行為の違法性、行為者の有責性を構成し、それらを積極的に根拠づける要件は、これを「法律要件」と称し、消極的に根拠づける要件は、「法律要件」と区別するために、これを「成立要件」と称し、前者の「法律要件」と後者の「成立要件」の双方を指すときは、「要件」と称することにする。

(2)　一般要件思考法・特別要件思考法

　なお、要件(法律要件・成立要件)は、その性質・内容に応じて、一般要件と特別要件に分けることができる。一般要件とは、ある問題について設定された単一又は複数の抽象的・一般的な要件をいい、本稿では、一般要件に即して当該問題を認定・判断していく解釈方法を「一般要件思考法」と称する。一般要件思考法は、それを用いる判断者の裁量の余地を広く認めるもので、厳格解釈の要請が妥当する刑法解釈では適切な解釈方法ではないと考えられているため、一般要件思考法が正面から用いられることは多くない。むしろ、一般要件は、例えば、正当防衛の正当化原理のように、ある問題項目の一般原理として提示されることが多いといえよう。ある概念が一般原理として提示されているのか、要件の中の一般要件として提示されているのかは、無視できない重要な違いがある。というのは、ある概念が一般原理として提示されている場合には、それは問題項目の帰結に一定の方向性を与えるにとどまるので、その影響はいわば間接的といえる場合が多いのに対し、それが一般要件として提示されてい

4　防衛意思の要否及びその内容について、周知の議論があるが、私見は不要説を妥当と考える。

る場合には、それは当該問題項目の帰結に決定的な方向性を与えることになるので、その影響は直接的で大きいといえるからである。しかも、一般要件は抽象的・一般的な性質を強く持っているため、要件思考法の利点を減弱させ、分析的な思考を軽視ないし無視する傾向があり、問題である。

これに対し、特別要件とは、ある問題について設定された複数の個別の具体的な法律要件・成立要件をいい、本稿では、特別要件に即して当該問題を認定・判断していく解釈方法を「特別要件思考法」と称する。特別要件思考法は、既に指摘したように、刑法解釈においては一般的であり、重要な機能を果たしている。例えば、ある行為者の行為が犯罪であるか否かを判断する場合、まず、成立するであろう犯罪・犯罪者を想定し、次に、その犯罪・犯罪者に関する具体的な個別の法律要件を摘示し、当該行為・行為者がそれらの要件を充足するかを検討して法律要件該当性を認定し、次に、違法性・有責性を排除する事由に関する具体的な個別の成立要件を摘示し、当該行為・行為者がそれらの要件を充足するかを検討して違法性・有責性を確定するのが一般的な解釈方法と思われる。これらは、まさに特別要件思考法を採るものである。

一般要件思考法で検討するのか、それとも特別要件思考法で検討するのかが、重要な問題となることがある。例えば、自招侵害に対する正当防衛の肯否の問題について、権限濫用説が「正当防衛権の濫用といえるか」を規準とし、社会的相当性説が「社会的相当性を欠くといえるか」を規準として提示するのは、「正当防衛権の濫用」・「社会的相当性の範囲外」という一般要件を軸にして判断しているのであって、一般要件思考法を採るものといえる。これに対し、自招侵害の問題を正当防衛の成立要件における「侵害の急迫性」要件、「防衛行為の必要性・相当性」要件、「防衛意思」要件などの個別の要件に還元して判断するのは、特別要件思考法を採るものといえる。

なお、当該要件(法律要件・成立要件)が特別要件なのか一般要件なのかは、論者の評価に依存することは否定できない。例えば、ある論者が、ある要件を「特別要件」として提示したとしても、別の論者が、「いや、その要件は実質において『一般要件』だ」と評することもあるのであって、個別要件の種類分けは論者によって異なりうることになる。

2　特別要件思考法の限界とその克服について

⑴　特別要件思考法の限界

　上述したように、刑法解釈においては、法律要件該当性の段階においてだけでなく、行為の違法性及び行為者の有責性の段階においても、複数の具体的な特別要件(法律要件・成立要件)に分解し、分析的に判断する特別要件思考法が採られるのが通常である。

　ところが、問題によっては、既存の特別要件によっては妥当な結論を得られない場合が生じる。これは、当該特別要件による要件思考法がその限界を露呈したといえる事態であり、その限界を克服する必要がある。

⑵　限界克服の方法

　当該特別要件による要件思考法の限界を克服し、妥当な結論を得るための方法は、私見によれば、その採られる段階の「浅・深」に応じて、法文言の語義におけるもの、要件思考法におけるもの、新たな解釈方法によるもの、及び、根本的な再構築によるものに分けることができるように思われる。

ア　法文言の語義におけるもの

　既存の特別要件思考法の限界を克服し、妥当な結論を得るための解釈方法として、まず思いつくのは、当該問題に適用される条文の法文言の語義そのものを改変することである。

　例えば、窃盗罪(刑法235条)における「財物」の意義に関し、民法85条の定義規定によるならば有体物を意味すると考えられるところ、電気窃盗事件に関する大審院の明治36年判決が、「可動性及び管理可能性の有無を以て窃盗罪の目的たることを得べき物と否らざる物とを区別するの唯一の標準となすべきもの」とすべきであり、したがって、「電流は有体物にあらざるも、五官の作用に依りて其存在を認識することを得べきものにして、之を容器に収容して独立の存在を有せしむることを得るは勿論、容器に蓄積して之を所持し、一の場所より他の場所に移転する等人力を以て任意に支配することを得べく可動性と管理可能性とを有する」とし、電気は財物であると解釈したのは、旧刑法366条にいう「所有物」の意義を改変する解釈方法を採ったものと評することができる。

5　電気窃盗事件・大判明治36・5・21刑録9号874頁（引用にあたって、原文をひらがなに直し、濁点を付け、読点を補った）。

しかし、法文言の語義を改変することによって問題を処理しようとする解釈方法は、いうまでもなく、罪刑法定原則における類推解釈の禁止に抵触するという批判を覚悟しなければならない。

イ　要件思考法におけるもの

①　特別要件思考法におけるもの

既存の特別要件思考法の限界を克服し、妥当な結論を得るための解釈方法として、次に、特別要件思考法の範疇において、既存の特別要件(法律要件・成立要件)の一部を削除し、あるいは新たな特別要件を付加する方法が考えられる。

前者の、既存の特別要件の一部を削除する解釈方法を採ったものとして、例えば、強制猥褻罪(176条)の成否と行為者の性的意図の要否に関する判例を変更した最高裁大法廷の平成29年判決[6]をあげることができる。本判決は、「行為者の目的等の主観的事情を判断要素として考慮すべき場合」があるとしても、「故意以外の行為者の性的意図を一律に強制わいせつ罪の成立要件とすることは相当でなく、昭和45年判例[7]の解釈は変更されるべきである」と判示し、強制猥褻罪の成立要件から行為者の性的意図を削除したのである。

後者の、新たな特別要件を付加する解釈方法を採ったものとして、例えば、財産罪のうちの領得罪について、刑法の条文にはない領得意思をその成立要件に加える解釈方法をあげることができる。ここでは、領得意思によって、財物の一時借用行為を不可罰の使用窃盗とするとともに、毀棄・隠匿罪と区別して領得罪の重い法定刑を根拠づけようという解釈が採られている。領得意思必要説の妥当性については一応措くとして、この解釈方法は、領得意思という特別要件を付加することによって妥当な結論を得ようとしているわけである。

しかし、既存の特別要件の一部を削除し、あるいは新たな特別要件を付加することによってもなお妥当な結論が得られない場合は、既存の特別要件はそもそも適当ではなかったと考え、より根本的に、新たな観点から特別要件を設定し直すという解釈方法が考えられる。

以上のような、特別要件の削除・付加や特別要件の改設は、いずれも特別要件を改訂するという方法にとどまっており、依然として特別要件思考法が採られているといえる。

②　特別・一般要件思考法

既存の特別要件(法律要件・成立要件)の一部を削除し、新たな特別要件を付加

6　最大判平成29・11・29刑集71巻9号467頁。

7　最判昭和45・1・29刑集24巻1号1頁。

する解釈方法、あるいは特別要件を根本から設定し直す解釈方法によっても妥当な結論が得られず、問題を適切に解決することができない場合、次に採りうる解釈方法としては、既存の特別要件に新たに一般的な要件を付加することが考えられる。これは、特別要件思考法の範疇を部分的に超えるものであり、その意味で、特別要件思考法と一般要件思考法とに跨がる方法といえる。本稿では、これを「特別・一般要件思考法」と称しておきたい。

ウ　新たな解釈方法によるもの

以上のような、特別要件思考法、一般要件思考法、そして、特別・一般要件思考法は、いずれも個別の特別要件・一般要件を軸にして判断する思考法であり、要件思考法の範疇に属する。しかし、これらの思考法によっても妥当な結論が得られない場合は、要件思考法を断念し、新たな解釈方法を模索せざるをえないことになる。

その方法として、しばしば提唱されるのは、問題状況を類型化することによって問題解決の糸口を探り、判断の明確化・容易化を実現しようとする方法であり、本稿では、これを「類型思考法」と称する[8]。例えば、ある論者は、刑法上の作為義務の発生根拠に関し、「何らかの法令違背があれば、それだけで常に作為義務が生じるわけではない。また、子どもを助けなかった親が常に不作為の殺人になるわけではない。これらの事情(法令、契約・事務管理等、慣習・条理──括弧内引用者)の組み合わせにより、『積極的に殺した』と同視し得る場合に作為義務が認められる。この『殺したと同視できる』という規範的評価は、国により異なり、時代によって動くものであり、判例の類型化を通して基準を明確化する必要がある[9]」と論述するのは、類型思考法を提唱するものといえる。

また、要件思考法に変えて、問題状況の諸事情・諸要素を総合的に考慮することによって問題解決の糸口を探ろうとする解釈方法が提唱されることがあり、本稿では、これを「総合考量法」と称する[10]。例えば、ある論者は、間接正犯の正犯性の判断に関し、「犯罪の関与形態の区別の問題は、個別事例の事

8　類型思考法は、要件思考法の範疇において提唱されることもあれば、判断規準の設定が困難であるため、判断規準に代わる方法として提唱されることもある。本文で紹介する論者の論述は、後者である。

9　前田雅英『刑法総論講義〔7版〕』(東京大学出版会、2019年) 100頁。ここでは、「『積極的に殺した』と同視することができれば作為義務が認められる」という思考法が採られており、明らかに思考の順序が逆転しているといわざるをえない。

10　総合考量法も、要件思考法の範疇において提唱されることもあれば、判断規準の設定が困難であるため、判断規準に換わる方法として提唱されることもある。本文で紹介する論者の論述は、後者である。

刑法解釈における要件思考法についての一考察　43

情に応じて決定されるべき『開かれた評価問題』と解するならば、ケースバイケースの判断はむしろ当然の結果ともいえよう。すなわち、間接正犯と教唆犯の区別、共同正犯と幇助犯の区別、さらに間接正犯と共同正犯の区別などの正犯・共犯論においては、当該犯罪における客観的要素、主観的要素、規範的要素をすべて同等に考慮して決定されるべきであり、この問題は、行為規範から構成される規範的判断に関わるのではなく、刑罰目的から派生する可罰性判断（可罰的違法性・可罰的責任）から構成される『制裁規範』に属する事柄である」[11]と論述するのは、総合考量法を提唱するものといえよう[12]。

エ　根本的な再構築によるもの

以上のような、特別要件思考法、一般要件思考法、特別要件・一般要件思考法、類型思考法、及び総合考量法によっても、なお問題を適切に処理できないと考えられる場合は、当該問題をその本質・法的性質から根本的に見直し、要件（法律要件・成立要件）を再構築するという方法を採ることが考えられる。本稿では、これを「再構成法」と称する。再構成法は、論者に対して、要件（法律要件・成立要件）の再構築という大きな課題を要求し、また、支配的見解に対し強く異論を唱えることになるため、この方法が採られるのはきわめて稀である。

(3)　小括

以上、概観した浅・深の様々な解釈方法のうちどれを採るか、ほかに妥当な方法はないかという問いへの対応が、各論者の考え方によって大きく影響を受けるのはいうまでもない。

以下では、既存の個別の特別要件（法律要件・成立要件）によって問題を処理するのが困難ないし不可能であるため、新たな一般要件を付加して妥当な結論を得ようとする「特別・一般要件思考法」について考察する。その際、具体的な検討素材として、緊急避難における「相当性」要件を取り上げる。

11　高橋則夫『刑法総論〔4版〕』（成文堂、2016年）436頁。但し、ケースバイケースの判断が直ちに総合考量法と結びつくわけではないことは、いうまでもない。それは、要件思考法を採っても、各犯罪の特殊性を考慮したケースバイケースの判断を容れる余地が排除されるわけではないことを想起すれば明らかである。換言すれば、確かに、総合考量法はケースバイケースの判断と親和的ではあるが、要件思考法とケースバイケースの判断とは二者択一の排他的関係にあるわけではないということである。

12　先に引用した前田・前掲注9書100頁以下において、論者は続けて、具体的に、①行為者が結果発生に原因となる影響を与えた場合（先行行為）、②危険をコントロールし得る地位（危険の引き受け）、③他に当該結果防止可能な者が存在したのか、④作為が容易か、⑤法令・契約等に基づく、行為者と被害者の関係、さらに、⑥行為者が結果発生をどの程度確定的に認識していたかが影響するとする。ここでは、類型思考法を前提にしつつも総合考量法も採られていることは明らかである。ちなみに、総合考量法は前田雅英氏の解釈方法論を特徴づける方法論である。

3 緊急避難における「相当性」要件について

(1) 具体例

さて、「特別・一般要件思考法」について考察するための素材として、緊急避難における「相当性」要件を検討するが、そのための具体的な事例をあらかじめ提示しておきたい。

【事例1】天気予報に反する突然の豪雨によって、Xは、自分の高級スーツがずぶ濡れになるのを防ぐため、前を歩いているAが差している百円傘を奪って、同人の粗末で安価な洋服をずぶ濡れにした〔豪雨傘事例〕。

【事例2】医師Yは、重症患者の生命を救う唯一の方法である緊急輸血をするために、通常の採血で行われる量を通行人Bから無理矢理に採血し、輸血して重症患者を救命した〔強制採血事例〕。

【事例3】緊急に各別の臓器の移植を必要とする5人の重病患者のために、医師Zは、健康なCを殺害してその各別の臓器を摘出し、5人の重病患者に移植して救命した〔臓器移植事例〕。

(2) 相当性説の内容

ア 「相当性」要件の要否・意義

佐伯千仞氏は、緊急避難(刑法37条)の法的性質について、「緊急状態を理由とする正当化事由を主とし、若干の責任阻却事由を含有している」[13]とし、大きな法益を保全するために小さな法益を犠牲にした場合は違法性阻却事由であるが、法益の大きさが同一であって大小の比較ができない場合は違法性阻却ではなく責任阻却事由であるとする二分説に立脚する。そのうえで、同氏は、緊急避難の成立要件として、①自己又は他人の生命・身体・自由・財産に対する現在の危難を避けるための行為であること、②避難行為より生ずる害がその避けんとした害の程度を超えないこと(均衡性)、及び、③やむことをえざるに出でた行為であること、という3要件を提示する。そして、③要件に関して相当性要件を要求することについて、「やむをえないというためには、単に右の補充性があるだけでは足りない。そのためには、さらに、その際の事情に照らして、

---

13 佐伯千仞『刑法講義（総論）〔3訂版〕』（有斐閣、1977年）199頁参照。

刑法解釈における要件思考法についての一考察 | 45

そのような避難行為をなすことが無理もないと認められることという要件が加わらなければならぬ。けだし、補充性・均衡性を具備するにもかかわらず、なお、緊急避難としてその損害を第三者に転嫁することが相当でないと見られる場合が、必ずしもまれでないからである。『人は、自分が雨に濡れるからといって、他人の住居権をみだりに侵害することはできないし、また、自分が良い着物を着ているからといって、粗末な服を着ている貧乏人の傘を奪ってはならないのである』。危難の発生が、自己の責に帰すべき場合における緊急避難の可否も、また、この相当性の見地から、具体的に判断されるべきである」[14]と論述する。佐伯千仞氏においては、緊急避難の成立要件として「相当性」要件が補充性・法益権衡性とは別に設定されており、「相当性」要件の設定にあたって、上記【事例1】〔豪雨傘事例〕及び自招危難の事例が念頭に置かれていること[15]に注目したい。

　また、大谷實氏は、「緊急状態に直面した者が、その危難を避けるために他に採るべき方法がないので、やむをえず他人の法益を侵害した場合において、侵害した法益が保全しようとした法益よりも大きくない限り、社会全体の見地から社会的相当性を有するものとして当該行為を法が許容するものと解する」[16]とし、緊急避難の法的性質について一元的な正当化事由説を支持する。そのうえで、同氏は、緊急避難の成立要件として、①現在の危難、②避難行為の相当性（補充性・法益権衡性）、③避難意思、及び④避難行為の社会的相当性の4要件を提示し、「社会的相当性」要件が必要であることを明示する。同氏にあっては、④要件に係る「社会的相当性」要件の意義について、それは実質的違法性の内実、その裏面としての正当化の一般原理としての社会的相当性と同義と考えられるとすると、社会的相当性とは、「行為が社会秩序ないし社会倫理秩序の枠内にあるという性質をいい、具体的には、結果の法益侵害性を含めて当該

14　佐伯千仞・前掲注13書207～208頁参照。なお、米田泰邦『緊急避難における相当性の研究』（司法研究報告書19輯2号、1967年）108頁以下参照。相当性の意義について、佐伯千仞氏と同様、「無理もない」とする論者は多い。例えば、斎藤信治『刑法総論〔6版〕』（有斐閣、2008年）191頁（「事情に照らし無理もないこと」）。

15　佐伯千仞・前掲注13書208頁参照。なお、「相当性」要件を要求する見解は、現在、有力となりつつある。例えば、正当化事由中心の三分説から浅田和茂『刑法総論〔2版〕』（成文堂、2019年）262頁、（可罰的）違法性阻却事由と（可罰的）責任阻却事由の説から斎藤・前掲注14書191頁、木村光江『刑法〔4版〕』（東京大学出版会、2018年）105頁、佐伯仁志『刑法総論の考え方・楽しみ方』（有斐閣、2013年）191頁、前田・前掲注9書288頁、高橋・前掲注11書320頁、松宮孝明『刑法総論講義〔5版補訂版〕』（成文堂、2018年）159頁以下など。

16　大谷實『刑法講義総論〔新版5版〕』（成文堂、2019年）296頁。大谷氏においては、補充性と法益権衡性を統括する要件として「相当性」要件が設定され、さらに、これとは別に「避難行為の社会的相当性」要件が設定されている。

行為が個々の生活領域において日常性または通常性を有しているため、健全な社会通念によって許容されるという性質[17]をいうことになる。大谷實氏においては、緊急避難の成立要件として「社会的相当性」要件が「相当性(補充性・法益権衡性)」要件とは別に設定されており、「社会的相当性」要件の設定にあたって、上記【事例1】〔豪雨傘事例〕及び自招危難の事例が念頭に置かれていることに注目したい[18]。

佐伯千仭氏の「相当性」要件と大谷實氏の「社会的相当性」要件とは、両論者の基本的視座が結果無価値論と行為無価値論との相違もあって、「社会的」の語の付加にとどまらない相違があると考えられる。すなわち、佐伯氏にあっては、その結果無価値的な思考傾向により、「相当性」要件は侵害法益・保全法益に結びつけて判断することになるのに対し、大谷實氏にあっては、その行為無価値的な思考傾向により、「社会的相当性」要件は、行為に係る主観要素・客観要素を含めて「当該行為が個々の生活領域において日常性・通常性を有しているため、健全な社会通念によって許容されるか否か」として判断されるため、侵害法益・保全法益という法益侵害性だけでなく、全体考量的な判断がなされるものと考えられる。

イ 「相当性」要件の位置

緊急避難の成立要件として「相当性」要件・「社会的相当性」要件を要求する見解を、本稿では「相当性説」と称するが、相当性説は、「相当性」・「社会的相当性」の要件をどのように位置づけているのであろうか。

① 内在制約説

この点、ある論者は、「法益衝突」は「補充性」要件に内在する制約であって、「相当性」はそれを「別の言葉で表現したもの」にすぎない、「法益衝突」状態は、純粋自然科学的な方法で判定されるものでも、行為者の個人的な世界観で判定されるものでもなく、「社会的な判定基準」を必要とするものである、「晴れ着の例」(上記【事例1】〔豪雨傘事例〕と類似事案)では、「他人の家の軒先に無断で雨宿りをさせてもらうぐらいが、せいぜいのところ」であり、「雨宿りをする場所がなかったとすれば、これはもはや転嫁すべき対象がないのであって、晴れ着が濡れるのを我慢するしかない」と論述する[19]。

---

17 大谷・前掲注16書241頁。

18 大谷・前掲注16書300頁参照。大谷氏は、【事例1】〔豪雨傘事例〕につき、「社会的相当性の要件を欠くものとして緊急避難の成立を認めるべきではない」とする。

19 松宮・前掲注15書160頁、さらに、佐伯仁志・前掲注15書191頁参照。なお、佐伯仁志氏は、【事例3】臓器移植事例について、「人の生命を手段として利用している」ので、「違法性阻却を認め

ここでは、「相当性」要件が「補充性」要件に内在する制約として、「犠牲にされる法益と救済される法益との二律背反の関係」、つまり双方の法益が両立しえない関係にあるという「法益衝突」状態にあることを「社会的な判例基準」をもって確定するための概念道具として用いられている。本稿では、この見解を「内在制約説」と称する。

② 別要件説

他方、先の佐伯千仞氏、大谷實氏の見解のように、「相当性」要件は「補充性」要件・「法益権衡性」要件とは別の要件とする見解を「別要件説」と称するならば、相当性説においては、この別要件説が支配的見解である。

例えば、ある論者は、「補充性および法益均衡の要件を充足したとしても、相当性が存しないとして、緊急避難が否定される場合があることを認めるべき」であり、上記【事例1】〔豪雨傘事例〕ないし【事例3】〔臓器移植事例〕の場合、「補充性、法益均衡が認められたとしても、侵害される法益の所有者の『人格の尊厳性』という視点から、相当性は認められないこととなろう。放任行為としての緊急避難は利益衝突を共同体内の自律的な解決に委ねるものであるから、基本的人権の侵害がある場合には、他律的な解決をせざるを得ないからである」[20]と論述する。ここでは、「相当性」要件が「補充性」要件・「法益権衡性」要件とは別に設定されているとともに、「相当性」要件の根拠について、「人格の尊厳性」、「基本的人権の侵害に伴う他律的な解決」が提示されていることが注目される。

また、別の論者は、相当性とは、「危難との関係で避難行為が相当と認められること(さらに避難行為が全体として相当であったこと)を意味する」ところ、相当性は、「補充性が認められる場合であっても、かつ、法益均衡の要件を充たしたうえでの判断」であるとしたうえで、上記【事例1】〔豪雨傘事例〕と類似の事案について、「法益均衡の問題(自己決定権の問題)として処理することにすると、それ以外に相当性の問題として残るものは少ない」[21]と論述する。ここでは、「相当性」要件が「補充性」要件・「法益権衡性」要件とは別に設定されているが、「相当性」要件の機能する場面はそう広くないことが承認され

るべきではない」(同書186頁)とする。

20 高橋・前掲注11書320頁。論者によると、「放任行為としての緊急避難」とは、対立する法益が同等で利益衡量が困難な場合をいい、この場合は、「共同体内における自律的解決に委ねざるを得ないのであり、一種の放任行為として緊急避難の成立を認めるべきであろう」(同書320頁)とする。

21 浅田・前掲注15書262頁。

ているのである[22]。

(3) 相当性説の検討

既に指摘したように、緊急避難が成立するためには、「相当性」・「社会的相当性」の要件が必要であるとする相当性説、特に、補充性・法益権衡性の要件とは別に相当性・社会的相当性の要件を設定する別要件説が、近時、有力となりつつある。

しかし、相当性説については、幾つか疑問を抱かざるをえない。

ア　内在制約説について

まず、相当性の要件を補充性に内在する制約と解する内在制約説についてであるが、私見によれば、この見解は、純粋自然科学的な法益衝突状態を、「社会的な判定基準」によって絞り込むために「相当性」要件を設定する。すなわち、「自然科学的な事実上の法益衝突」状態を、「社会的な意味での真の法益衝突」状態に変転させるための要件としての役割が「相当性」要件に担わされており、しかも、「相当性」要件は「補充性」要件の内在的な制約要件として位置づけられているのである。要するに、この見解は、「社会的な判定基準」によって「補充性」要件を検討し、「事実上の法益衝突状態」を「刑法上の真の法益衝突状態」として確定するための概念道具として「相当性」要件を用いており、この要件により「補充性」要件を内容的に制約しようと意図しているのである。

しかし、「補充性」要件を内在的に制約するために「社会的な判定基準」を「相当性」要件として導入したとしても、なぜそのような「相当性」要件が必要とされるのかの実質的な根拠・理由が明らかにされない限り、また、その具体的な内容が明確にされない限り、「結論先取り」の見解だと批判されても致し方ないであろう。その意味で、内在制約説のいう「相当性」要件は、「緊急避難とすべきでないと思われる行為を除くための要件であるという以上の意味はないことになる」、「その他の要件が備わっているのに当該事案について緊急避難が成立しない理由」を具体的に示さずに、「相当性」要件が「緊急避難の成立を直感で否定するためだけの安易な隠れ蓑に堕することが危惧される[23]」との批判が加えられるのも当然といえよう。

イ　別要件説について

次に、「相当性」要件・「社会的相当性」要件を「補充性」要件・「法益権衡性」

22　浅田・前掲注15書261〜262頁参照。
23　山口厚『刑法総論〔3版〕』(有斐閣、2016年) 154頁。

要件とは別に設定する別要件説についてであるが、私見によれば、やはり、先の内在制約説と同じく、「相当性」要件・「社会的相当性」要件がなぜ特別に必要とされるのかの実質的な根拠・理由が明らかにされていないし[24]、その要件の意義も一般抽象的で曖昧のままである。

　また、【事例 3 】〔臓器移植事例〕類似の事案について、別要件説によると、「補充性」要件・「法益権衡性」要件を充たしたとしても、避難行為の（社会的）相当性が否定されるため緊急避難の成立は認められないことになるが、「ある人の生命を救うために第三者を殺害することさえ許している37条の下において、この種の限定を加えることはできないはずである」[25]し、「本当に他の救命手段がないときには、この医師の行為にも緊急避難の余地を認めるべきである」[26]という批判が加えられている。

ウ　相当性説について

　いずれにしても、相当性説の設定する「相当性」・「社会的相当性」の要件が、その性質上、一般的・抽象的な一般要件であることは否定できない。それは、「相当性」・「社会的相当性」の要件が、「避難行為をなすことが当該事情に照らし無理もないと認められること」と定義され、あるいは、実質的違法性、その裏面としての正当化の一般原理として用いられているものと同義であることからも明らかである。また、【事例 1 】〔豪雨傘事例〕ないし【事例 3 】〔臓器移植事例〕について、とりたてて具体的な根拠・理由も示さずに緊急避難の成立が否定されていることからもうかがい知ることができよう。その限りで、相当性説は、既存の特別要件に新たな「一般要件」を付け加える「特別・一般要件思考法」を採るものといえる。

　しかし、相当性説の設定する「相当性」・「社会的相当性」の要件は、その一般的な意義・性質のゆえに、既存の「補充性」要件・「法益権衡性」要件を飲み込んでしまい、緊急避難の成立要件としては、「相当性」・「社会的相当性」の要件の 1 つでこと足りることになりかねないほどに包括的な射程範囲を有している。これでは、緊急避難の成否が、「当該事案については緊急避難を認めるべきでないが、それは、『相当性』要件ないし『社会的相当性』要件を充たしていないからである」という、「結論先取り」の逆転した思考法を容認し、

24　林幹人『刑法総論〔2版〕』（東京大学出版会、2008年）212頁、山口・前掲注23書154頁参照。

25　井田良『講義刑法学・総論〔2版〕』（有斐閣、2018年）333頁注19参照。

26　西田典之（橋爪隆補訂）『刑法総論〔3版〕』（弘文堂、2019年）151頁参照。西田氏は、「ただ、そのような場合に、殺人が唯一の手段であること（補充性）が認められることは99.9％ないであろう」（同書151頁）と付言する。

直観的・直感的な判断を容れる余地を広く認めることになってしまいかねない。

このような批判に対して、相当性説を主張する論者からは、例えば、正当防衛における相当性、過失犯における信頼の相当性、相当因果関係における相当性など、刑法解釈において相当性の要件・概念はしばしば用いられており、緊急避難における相当性の要件についてのみ論難するのは妥当でないという反論が予想される。

しかし、私見によると、この反論は根拠がないと考える。例えば、正当防衛における相当性の要件は、一方で、防衛行為が急迫不正の侵害を排除するために必要な範囲の合理的な手段の１つであるという「防衛行為の相当性」、すなわち、防衛手段の必要最小限度性という防衛行為の合理性と、他方で、自己・他人の権利を防衛するための反撃行為によって侵害・危殆化された法益が、反撃行為によって保全された法益との比較衡量において相対的に均衡がとれているという「防衛結果の相当性」、すなわち、防衛結果の相対的均衡性という防衛結果の妥当性とに分析することができる。しかも、防衛行為の相当性と防衛結果の相当性とに分析できる「防衛の相当性」は、「可能的最小利益犠牲による可能的最大利益保全の行為」の趣旨のものと総括することができ、その限りで、正当防衛における相当性の要件はかなり分析的に規定されている。これに対し、相当性説の要求する「相当性」・「社会的相当性」の要件は、せいぜいのところ、「個々の生活領域において日常性または通常性を有しているため、健全な社会通念によって許容される性質」[27]、「侵害される法益の所有者の『人格の尊厳性』という視点」[28]、あるいは、「社会的な判定基準」「条理・慣習」[29]が用意されているにすぎず、それはむしろ、実質的違法性の本質を規定する一般原理に当たるほどの一般的性質を強く持った要件といわざるをえないのである。

⑷　緊急避難の本質の再構成

ア　類型思考法・総合考量法の限界

緊急避難において「相当性」・「社会的相当性」の要件が設定される契機となったのは、佐伯千仞氏の論述からも明らかなように、上記【事例１】〔豪雨傘事例〕、【事例２】〔強制採血事例〕及び【事例３】〔臓器移植事例〕などの事例、及び自招危難の事例である。すなわち、これらの事例を考察したとき、補充性・

27　大谷・前掲注16書241頁参照。
28　高橋・前掲注11書320頁参照。
29　松宮・前掲注15書160頁参照。

法益権衡性の要件が充足されているため、緊急避難の成立を肯定せざるをえなくなる。そこで、緊急避難の成立を否定したいがために、新たに「相当性」・「社会的相当性」の要件を付加したのではないかと考えられる。まさに、「相当性」・「社会的相当性」の要件は、「緊急避難としたくない行為を緊急避難から排除するための要件」という役割を担わされたのがその出自と考えられるのである。

しかし、そのような一般要件を要求する解釈方法は、【事例1】〔豪雨傘事例〕ないし【事例3】〔臓器移植事例〕につき妥当な結論を得るためとはいっても、刑法解釈への理論的影響があまりにも大きいため、直ちに受け入れることはできない。

他方、この問題に対処する方法として、問題状況を類型化することによって判断の明確化・容易化に資するようにする類型思考法や、諸事情・諸要素を総合的に考慮して判断する総合考量法を採ることも考えられる。しかし、それらの方法も充分ではない。というのは、類型思考法も総合考量法も、いずれも刑法解釈のための個別の(特別・一般)要件(法律要件・成立要件)を提示するものでないことは明らかであるし、刑法解釈のための規準を提供するものでもなく、単に刑法解釈の方法を提供するものにすぎないからである。つまり、類型思考法も総合考量法も、いずれも刑法解釈のための方法論、あるいは刑法解釈のための補助的な方法論にすぎないのであって、それによって結論を出すことができる規準論ではないのである。

イ　根本的な再構成

そうであれば、向かうべきは、問題の本質・法的性質から根本的に見直して再構成する解釈方法であろう。すなわち、緊急避難の本質・法的性質を根本的に見直し、それを再構成することによって、妥当な結論を得ることを探求すべきなのである。

緊急避難の法的性質については、周知のように、一元的な正当化事由説が通説であり、正当化事由説を基軸としながらも、可罰的違法性阻却事由を加える見解も主張されている。相当性説を主張する論者の多くも、こうした支配的な見解を支持している。

そして、もし論者が、【事例1】〔豪雨傘事例〕ないし【事例3】〔臓器移植事例〕について妥当な結論が得られないと考えるのであれば、それは、正当化事由説を基調とする見解の妥当性を疑ってみるべきである。すなわち、緊急避難に関する既存の成立要件の段階で処理することではもはや不充分なのであり、むしろ、緊急避難の本質・法的性質から根本的に検討し直し、それを再構成すべき

ではないかと考えるべきなのである。

　緊急避難の本質・法的性質について、一方で、刑法が第三者のための緊急避難をも許容し、かつ補充性・法益権衡性(害権衡性)という厳格な要件を要求していることを考慮すると、正当化事由であることを軸に考えるべきかもしれない。しかし、他方で、刑法が法益の平和的共存を志向していることを考慮すると、緊急避難は正当化事由とはいっても、それは積極的に正当化される事態ではなく、むしろ、社会功利的な観点から消極的に忍受せざるをえない事態と解すべきである。そうであるだけに、緊急避難の法的性質については、きわめて微妙かつ精妙な判断が求められることになるのである。

　私見によれば、緊急避難は、２つの形態に分けるのが合理的である。

　①　危難共同体型

　例えば、カルネアデスの板事例のように、複数の正当利益が共存できない危難場が既に存在し、行為者が自己の法益を保全するには、同じ危難場にいる他人の正当利益を犠牲にせざるをえない場合があり、これを「危難共同体型」と称する。

　ここでは、例えば、危難場に置かれたＡ・Ｂ両名が危難に遭遇し、ともに危難共同体の内で「ホットな状況」に置かれ、既に利益葛藤状況が先鋭化しているため、一方の者は同じ危難場にいる他方の者を犠牲にすることでしか、そこから脱して自己の正当利益を保全することができないだけでなく、両名が避難行為をしなければ両名ともに犠牲になり、一方が何ら避難行為を行わなくとも、他方に対する危難が直ちに解消されるわけではないなどの特徴がある。

　すなわち、危難共同体型の場合、いずれの正当利益も既に危難に遭遇して利益葛藤状況にあり、避難行為がなされれば、いずれかの正当利益が保全されるが、避難行為がなされなければ、いずれの正当利益も犠牲とならざるをえない状況にあるのである。

　それゆえ、社会功利的な観点からは、危難場にいる者の避難行為について、消極的ではあっても、その正当化を肯定することに合理性があるのである。

　②　危難引き込み型

　他方、例えば、帰宅途中の暗い道で突然猛犬に襲われたＡがやむなく第三者Ｂの住家に逃げ込む場合のように、Ａにだけ危難が降りかかっており、複数の正当利益が共存できない危難場が生じているわけではなく、Ａが危難から逃れて自己の正当利益を保全するには、無関係の第三者Ｂの正当利益を危難場に引きずり込み、その正当利益を犠牲にせざるをえない場合があり、これを「危

難引き込み型」と称する。

　ここでは、Aだけが危難に遭遇しており、Bは危難の外にあって平和な利益状態にあり、両名が危難共同体の内で「ホットな状況」に置かれているわけではないし、また、利益葛藤状況が既に顕在化しているわけでもない。しかし、Aは平和な利益状態にあるBを危難状況に引き込むことでしかその危難から脱して自己の正当利益を保全することができないが、Aが何ら避難行為を行わなければ、Bの正当利益との間で利益葛藤状況が顕在化することはないのであって、Aのみが犠牲になり、Bの正当利益は依然として平和な利益状態のうちにあるなどの特徴がある。

　すなわち、危難引き込み型の場合、一方の者(A)の正当利益のみが危難に遭遇しているという意味で、利益葛藤状況はいわば潜在化しているにすぎず、避難行為がなされれば、無関係の第三者(B)の正当利益が利益葛藤状況に引き込まれて犠牲となるが、避難行為がなされなければ、危難に遭遇した正当利益は犠牲になるが、第三者の正当利益は依然として平和な利益状況にあるのである。

　それゆえ、社会功利的な観点からは、危難場にいる避難行為について、消極的であっても、その正当化を肯定することに合理性がないのである。確かに、この場合、避難行為は、それが補充性・法益権衡性を充たしている限りにおいて、「無理もない・やむをえない」といえる。しかし、平和な利益状態にある無関係の第三者の正当利益を無理矢理に危難場に引きずり込み、犠牲にする行為を正当化することはできないのであり、それは、むしろ刑法的非難を控えるべき有責性阻却事由にふさわしい事態である。そうはいっても、刑法は、避難行為者(A)に「犠牲になれ」と命じているわけではない。やむをえずに避難行為を行う者に対する刑法的非難を控えることによって、その者を刑事責任から解放することにしたのである。

ウ　事例の処理

　以上の私見により、【事例1】〔豪雨傘事例〕[30]ないし【事例3】〔臓器移植事例〕を検討すると、X、Y、Zの避難行為はいずれも危難引き込み型における避難行為であり、違法である[31]。したがって、X、Y、Zの違法な行為に対して、A、B、Cあるいは第三者は正当防衛が可能である。

30　【事例1】〔豪雨傘事例〕の場合、侵害法益は百円傘と安価な服（洗濯代）で、保全法益は高級スーツ（洗濯代）であり、法益権衡性は充たされている。

31　期待可能性の欠如・低減により法的な非難可能性の否定・減少が認められ、有責性の消滅・減少が肯定される余地はある。

私見の立場から強調しておきたいのは、【事例３】〔臓器移植事例〕[32]における医師Ｚの行為は、危難引き込み型における行為であり、たとい補充性・法益権衡性を充足していたとしても違法である。しかし、それは、（社会的）相当性を欠如することを根拠とするものではないし、生命・身体は比較衡量になじまない一身専属的な人格法益であるとか、生命・身体は特別の尊貴な法益であるとか、あるいは、人格の尊厳性を基盤とする基本的人権を侵害するものとかを根拠とするものでもない。危難引き込み型における緊急避難の行為は、当該危難に何の関係もない第三者の正当利益を危難場に引きずり込み、その正当利益を犠牲にしているからであり、刑法の立場からは、無関係な第三者の正当利益が犠牲を強いられ、忍受させられるべき根拠・理由を見出しがたいからである。[33]

おわりに

以上、緊急避難の成立要件として、「相当性」・「社会的相当性」の要件を要求する見解を相当性説とし、これを批判的に検討してきた。

実は、この問題は、刑法解釈における要件思考法に関して、個別の特別要件に一般要件を付け加えて事案を処理する解釈方法の問題性を検討する問題領域の１つにすぎず、より広くは、刑法解釈の方法そのものを問う問題でもある。例えば、自招侵害に対する正当防衛の成否の問題について、この点が争点となった事案につき最高裁判所の平成20年決定[34]は、「本件事実関係の下においては、被告人の本件傷害行為は、被告人において何らかの反撃行為に出ることが正当とされる状況における行為とはいえないというべきである」と判示した。これは、正当防衛における個別の成立要件、具体的には、急迫不正の侵害、防衛の必要性、防衛の相当性（防衛行為・防衛結果の相当性）などの特別な成立

---

32 【事例３】〔臓器移植事例〕の場合、侵害法益は１人の生命で、保全法益は５人の生命であり、法益権衡性は充たされている。なお、西田・前掲注26書151頁参照。

33 この点の詳細については、関哲夫「緊急避難の法的性質について」早法87巻３号（2012年）189頁以下、関哲夫『講義刑法総論〔２版〕』（成文堂、2018年）214頁以下参照。

34 最決平成20・５・20刑集62巻６号1786頁、判時2024号159頁、判タ1283号71頁。本決定の主な評釈文献として、吉田宣之・判時2025号（2009年）３〜14頁、照沼亮介・刑ジャ16号（2009年）13〜20頁、橋爪隆『平成20年度重要判例解説』（有斐閣、2009年）174〜175頁、林幹人・刑ジャ19号（2009年）45〜52頁、明照博章・判評611号〔判時2057号〕（2010年）197〜201頁、明照博章・松山大学法学部20周年『法と政治の現代的諸相』（ぎょうせい、2010年）355〜380頁、川瀬雅彦・慶應ロー20号（2011年）293〜308頁、木崎峻輔・早研141号（2012年）53〜79頁、橋田久・名法244号（2012年）131〜150頁、三浦透・法曹会編『最高裁判所判例解説刑事篇〔平成20年度〕』（法曹会、2012年）404〜443頁、高山佳奈子・山口厚ほか編『刑法判例百選(I)総論〔７版〕』（有斐閣、2014年）54〜55頁など。

刑法解釈における要件思考法についての一考察　55

要件に還元する特別要件思考法ではなく、「反撃行為に出ることが正当とされる状況における行為といえるか」という一般要件(あるいは一般規準)を設定する一般要件思考法を採ったと評することもできる。そうだとすると、それは、「裁判員裁判にふさわしい妥当な判断方法である」と積極的に評価して終わらせるには、検討すべき多くの課題を提起する解釈方法と考えるべきであり、「歓迎すべき解釈方法」として両手を挙げて肯定すべきなのか再考してみる必要があるのである。

(せき・てつお／國學院大学法学部教授)

敵刑法についての序論的考察

中村悠人

1　はじめに

2　敵刑法の展開

3　敵刑法に対する批判とその検討

4　記述的概念と規範的概念

5　人格と敵

1　はじめに

　1985年に敵刑法(Feindstrafrecht)という概念がギュンター・ヤコブスにより提唱されて以降[1]、ドイツをはじめ多くの国で[2]、そして日本でもその適否を[3]

1　*Günther Jakobs*, Kriminalisierung im Vorfeld einer Rechtsgutsverletzung, ZStW 97 (1985), S. 751-785. 以下、Kriminalisierung と略す。

2　後述の文献のほかに、*Cornelius Prittwitz*, Krieg als Strafe – Strafrecht als Krieg, in: Cornelius Prittwitz u.a. (Hrsg.), Festschrift für Lüderssen zum 70. Geburtstag am 2. Mai 2002, 2002, S. 499-514; *Lasha-Giorgi Kutalia*, „Feindstrafrecht" – Naturzustand vs. Rechtsbeziehung?, 2007; *Francisco Muñoz Conde*, Über das „Feindstrafrecht", 2007; *Massimo Donini*, Das Strafrecht und der „Feind", 2007; *Katrin Gierhake*, Feindbehandlung im Recht? Eine Kritik des so genannten „Feindstrafrechts" und zugleich eine Auseinandersetzung mit der Straftheorie Günther Jakobs', ARSP 94 (2008), S. 337-361; *Geraldine Louisa Morguet*, Feindstrafrecht - Eine kritische Analyse, 2009; *Thomas Vormbaum* (Hrsg.), Kritik des Feindstrafrechts, 2010 (同書所収の各論文も) を参照。さらに、ミゲル・ポライノ－オルツ（森永真綱訳）「敵に対する刑法――ある概念の機能的な脱神話化」ノモス29号（2011年）123～141頁、クリスチャン・イェーガー（野澤充訳）「法におけるパラダイム転換としての敵――法治国家防衛のための手段としての敵味方刑法の存在と有用性について」法政79巻4号（2013年）1086～1052頁、フランシスコ・ムニョス・コンデ（飯島暢訳）「現代的なものと対敵刑法の狭間にある刑法改正」ノモス36号（2015年）1～7頁も参照。

3　川口浩一「敵に対する刑法と刑罰論」法時78巻3号（2006年）12～16頁、松宮孝明「今日の日本刑法学とその課題」立命304号（2006年）295～315頁、櫻庭聡「新たな刑法正当化戦略の問題点とその「市民」像――ヤコブスの積極的一般予防論の検討をてがかりに」九法95号(2007年) 1～91頁、髙山佳奈子「『国民感覚』と刑事責任」棚瀬孝雄編『市民社会と責任』（有斐閣、2007年）85～110頁、玄守達「近時の刑事立法に対する批判的検討――何が問われているのか？」立命327・328号（2009年）646～667頁、同「いわゆる安全刑法をめぐる日独の議論状況について」金尚均＝ヘニング・ローゼナウ編『刑罰論と刑罰正義――日本-ドイツ刑事法に関する対話」（成文堂、2012年）192～214頁、小林憲太郎「刑罰に関する小講義（改）」立教78巻（2010年）31～86頁、長尾龍一「『敵対刑法』論とトマス・ホッブズ」ノモス27号（2010年）1～15頁、飯島暢「刑法における敵としての例外的な取扱い（特集:例外状態と刑法）」刑法53巻1号（2013

巡って議論が行われてきている。もっとも、その概念自体の複雑さからか、その批判の文脈は、以下で扱うように、その概念を用いることへの批判から、分析概念として用いた上で肯定的に用いることへの批判、敵刑法における人間観や敵刑法の「刑法」性を批判するものまで、極めて多様なレベルに及んでいる。日本においては、その訳語についての統一もなされておらず、敵刑法、敵に対する刑法(敵対刑法、対敵刑法)、敵味方刑法が当てられている。本稿では、その内容の把握に際して予断を生じさせないように、直訳的に敵刑法という訳語を用いることにする。

　以下で示すように、敵刑法は既存の刑罰法規を批判的に検討するなかで持ち出された概念である。その意味では、刑事立法の限界を探る上でも、敵刑法の明確化および課題を明らかにすることは有意義であろう[4]。本稿は、敵刑法の内容を明らかにするために、まずこの概念が提唱されてからの展開を追う(2)。次に、敵刑法に対してなされている批判をさらい、その検討を行う(3)。そして、ヤコブスにおける記述と規範の関係を整理し(4)、人格と敵の関係に若干の考察を加えることで今後の課題を明らかにする。

2　敵刑法の展開

(1)　市民刑法と敵刑法の区別

　敵刑法は、ヤコブスにより、自由主義的で人々を市民とする刑法との対置によって、すなわち市民刑法と区別されるべきものが市民刑法の名の下で用いられ、市民刑法を浸食しているという分析によって導入がなされた。ヤコブスの1985年の論文「法益侵害の前段階における犯罪化」では、犯罪の早期化を支える法益保護原理からは行為者が法益の敵に過ぎなくなることを、つまり「行・為・者の権利領域はそもそも視野に入っていない……行為者は法益を危殆化する可能性のある者としてしか定義されず、そしてそうなると、危険の始まりは潜在的に限界なく前倒しされる可能性が出てくる[5]」ことを指摘している。そして、そのような行為者を法益の敵とする定義に対して行為者を市民(Bürger)とする定義を対置する。「行為者は、被害者の財を危険にする可能性を有する者

　　　年) 109〜123頁、福田直樹「刑罰の正当化根拠についての一考察——コミュニケーション・改善・市民的制約」北大法政ジャーナル23巻 (2016年) 81〜114頁などを参照されたい。

4　特に2017年に創設された「テロ等準備罪」においても、広く可罰性の前倒しが行われたところである。市民刑法と敵刑法の区別は、この解釈論にとっての基礎にもなり得よう。

5　*Jakobs*, Kriminalisierung, S. 753. 傍点は原点強調。

として知覚されるばかりではなく、はじめから、コントロールから自由な領域をもつ権利があるものとしても定義[6]」される。

　ヤコブスによれば、人々は基本法に従って存在しているような秩序の中では市民であり、「服装、合意に基づく社会的コンタクト、住居および所有物（金銭、道具など）から成る私的領域を自由に処分できる主体[7]」であり、この私的領域を「内部的市民領域」と呼び、外部的領域と対置する[8]。内部的市民領域は、市民と国家との関係においては主体としての市民の一部であり、私的領域なくしては、市民はそもそも存在しない[9]。可罰性の早期化においては、逸脱主体の内部領域は、思想ばかりでなく私的領域全体を含んでおり、私事性を充たす条件のもとで行われた共謀（Verabredung）も、ドイツ刑法30条（関与の未遂）によって犯罪行為たる共謀と定義されるならば、「その限りで、その関与者からはその私的領域が奪われるのであり、そして関与者らは、市民という地位にはふさわしくない敵として扱われる」ことになる。しかし、このことは、確かに法益保護には役立つが、この保護のために行為者は自分の内部領域の一部を譲渡しなければならず、そのような主体の縮小化（Diminuierung）は、市民刑法とは明らかに異なった類の刑法となる。これが敵刑法であり、「敵刑法は法益保護を最大化し、市民刑法は自由な領域を最大化する[10]」のである。

　このように、ヤコブスにとって敵刑法は、自由主義的国家やその刑法にとって異質なものであって、「敵刑法の存在は、自由主義国家の強さの徴ではなくて、その限度で自由主義国家が存在しないことの徴である[11]」。もっとも、前倒しされた法益の侵害を理由とする犯罪化が全て敵刑法になるわけではない。侵害犯の規範としての主要規範ではなく、その任務が主要規範の妥当条件を保障することになる側防規範が違反される場合には、関与の未遂とは異なり、（主要規範の侵害という不法との関係で部分的な）不法が存在するからである[12]。ヤコ

6　*Jakobs*, Kriminalisierung, S. 753.

7　*Jakobs*, Kriminalisierung, S. 755.

8　ヤコブスにとって、この内部的市民領域は思想に限られないので、「何人も思想を処罰されない」という命題は私的領域に対する市民の権利の特別なケースとの位置づけになる。他方で、外部的領域には、「公共の関心事項について共同する権利ばかりでなく、合意に基づかない社会的コンタクトや、さらには公共物を使用する権利（Gemeingebrauch）、出国・入国の権利といったものが属する」ことになる（*Jakobs*, Kriminalisierung, S. 755）。そのため、犯罪を準備するような社会関係もなお私的な内部領域に留まり得ることになる。

9　*Jakobs*, Kriminalisierung, S. 755. さらに、「国家が私的領域に介入するなら、市民の私事性、それによってまた主体の地位は終わる」とされる。

10　*Jakobs*, Kriminalisierung, S. 756.

11　*Jakobs*, Kriminalisierung, S. 783.

12　*Jakobs*, Kriminalisierung, S. 779.

ブスによれば、規範は、それが給付すべきものを、つまり予期の安定化を給付しているときに妥当し[13]、規範への信頼は認知的な基礎なしには不可能なものである[14]。この規範妥当の認知的基礎形成を僭越している場合には、市民刑法の登場の余地があり得る[15]。しかし、市民の自由領域の確保ではなく、むしろ起こり得る将来の損害の危険から特定の法益の保全目的に資するような刑罰法規は（ここでは、特にドイツ刑法30条や同129条a、129条bのテロ結社等が想定されている）、それも、可罰性の前倒しに対応した刑の引き下げがない場合には、外的には既に害悪的態度に至っていなくとも、当該市民からその内部領域を取りあげるものであって、行為者を市民ではなく敵として扱うものである。

　他方で、ヤコブスはこのような敵刑法をまったく正当化不可能なものと考えていたわけでもなかった。もっとも、その場合でも「敵刑法は、例外的に妥当する緊急避難的刑法としてしか正当化できない」ものとされ、「これに属する規定は、市民刑法から厳格に分離されなければならないのであり、外見的にも分けられることが最善である」とされていた[16]。

(2)　敵刑法の不可避性

　ヤコブスの敵刑法に対するスタンスは、基本的には維持されているのであるが、1999年の国際コロキウムでの報告「現代の挑戦に晒される刑法学の自己理解[17]」から、敵刑法の不可避性もまた強調している。他方で、2001年9月11日のテロやそれに対する（立法を含む）国際的対応、イラク戦争やグアンタナ

13　*Jakobs*, Kriminalisierung, S. 775. そして、「規範は、その潜在的な関係者に事前的に見て安定的だと認識できることが必要である。つまり、規範妥当は規範と潜在的な行為者、通常は単に規範の名宛人と呼ばれている人物との関係に尽きるのではなく、規範と潜在的な関係者との間の関係でもある」(S. 775)。

14　「規範的な保障は、たしかに抗事実的に作用するが、それは偏在的なリスクよりも明らかに大きいリスクがない場合に限られる」(*Jakobs*, Kriminalisierung, S. 775.)。

15　「行為者は、実際には、規範妥当の認知的基礎形成を僭越しているのである。『公共の平穏』ないし『治安』その他の平穏がこのような法的平穏の同義語でない限りでは、そのような平穏に対する攻撃は、行為原理を侵害し行為者の私的領域を無視して、後で初めて外部的となる態度を理由にその者を処罰する場合にだけ、すなわちその行為者を敵と定義する場合にだけ、認定し得るのである。これが回避されるべきであるならば、ここで犯罪化された態度に対する刑罰は、主要規範の侵害を理由とする早期化された刑罰ではなくて、側防規範の侵害を理由とする刑罰が問題となっているという状況に適したものでなければならない」(*Jakobs*, Kriminalisierung, S. 778 f.)。

16　*Jakobs*, Kriminalisierung, S. 784.

17　*Günther Jakobs*, Das Selbstverständnis der Strafrechtswissenschaft vor den Herausforderungen der Gegenwart, in: Albin Eser, Winfried Hassemer, Björn Burkhardt (Herg.), Die Deutsche Strafrechtswissenschaft vor der Jahrtausendwende Rückbesinnung und Ausblick, 2000, S.47-56. 以下、Selbstverständnis と略す。

モでの事件を経て、敵刑法には(その主張者のヤコブスに対しても)後述のように様々な批判がなされるようになった。そして、ヤコブスはそれらの批判に対して、論文「市民刑法と敵刑法[18]」にて敵刑法の哲学的基礎について、また、論文「敵刑法？——法・権利性の諸条件についての一考察[19]」にて法・権利が成り立ち行使し得る諸条件を検討することで、応答しようとした。

まず、1999年の報告では、法における人格は、「第一次的には、彼の財の最大限の安全によって特徴づけられるものではなく、義務と権利の担い手として一般に承認されることによって、つまりそれに応じた地位を示すことによって特徴づけられる」。これとパラレルに、犯罪は、「財侵害によって特徴づけられるものではなく、法・権利性(Rechtlichkeit)の侵害によってのみ特徴づけられる」ことになる[20]。そして、規範と同様に人格もまた認知的な裏づけを必要とし、「人格として扱われたいと思う者は、自分が人格として行動するであろうということの認知的な保障を、自らの側で提供しなければならない。この保障がない、あるいは明示的に拒絶されるときには、刑法は、社会の構成員の犯罪に対するその反作用ではなくて、敵に対する反作用に転化する」とされる[21]。もちろん、敵にも潜在的な人格性は認められてよいが、そして比例性も働き得るが、敵刑法は法治国家的な内部刑法(Binnenstrafrecht)とは異なったルールに従うとして[22]、敵刑法の特徴を4つにまとめている。すなわち、①可罰性の広範な前倒し、つまり行われた犯罪から行われる前の犯罪に視点を移すこと、②可罰性の前倒しに対応した刑の引き下げがないこと、③刑法の立法から闘争の立法へ移っていること、そして、④手続き的保障の解体である[23]。

ここで、国家による威嚇の対象となる敵は、「その犯罪的傾向が一時的でない(性犯罪、廃止された刑法20a条による「危険な」常習犯罪者も)、もしくはその生計が犯罪である(経済犯罪、組織犯罪、とりわけ麻薬犯罪も)、または主として組織へのコミットメントによって(テロリズム、組織犯罪、再び麻薬犯罪、すでに古典的

---

18 *Günther Jakobs*, Bürgerstrafrecht und Feindstrafrecht, HRRS 3 (2004), S. 88-95. 以下、Bürgerstrafrecht と略す。なお、同趣旨の講演を2003年11月1日に立命館大学にて行っている(この翻訳については、ギュンター・ヤコブス〔平山幹子訳〕「市民刑法と敵味方刑法」立命291号〔2004年〕459頁以下を参照)。

19 *Günther Jakobs*, Feindstrafrecht? – Eine Untersuchung zu den Bedingungen von Rechtlichkeit, HRRS 8-9 (2006), S. 289-297. 以下、Feindstrafrecht? と略す。

20 *Jakobs*, Selbstverständnis, S. 50.

21 *Jakobs*, Selbstverständnis, S. 50.

22 *Jakobs*, Selbstverständnis, S. 50 f.「そもそもまだ、それ自体は法として立ち現れていない」とする(同箇所)。

23 *Jakobs*, Selbstverständnis, S. 51.

敵刑法についての序論的考察 | 61

な「謀殺共謀」）、つまり、継続的に法から逸脱してきたと推定され、そしてその
点で、その人物の潜在的行動の認知的な最低限度の保障がなく、その保障の欠
如が当該人物の行動によって例証されている個人」とされる[24]。そして、「危険
を意識した社会は、このような認知的な安全性の欠如という問題性を単純に脇
に片付けたりはしない。また、社会はこの問題を警察的な手段だけで解決する
こともできない。それ故に、敵刑法に対しては、今日見受けることのできる対
案はない」として敵刑法の不可避性を主張する[25]。刑法学は刑法という名の下
に行われていることを区別し、敵と闘争する法によって刑法が補完されている
ことを明言しなければならないとするのである[26]。

　さらに、法の国際化に際して、国際法廷による処罰であれ国内裁判所による
処罰であれ、人権侵害を理由とした、他国におけるその国の市民に対する刑法
によるリアクションの領域では、罪刑法定原則との間の緊張関係があるとし、
行為時に行為地において国内法化されていない国際的規則への依拠、その国で
親和的に扱われていれば従われていたかもしれない行為地規則、自然法を援用
することは、現実の妥当が要請された妥当に置き換えられており、罪刑法定原
則にとって不十分であるとする[27]。ここでは、「逸脱者によって違背されその者
の処罰によって確証される既存の秩序を前提とする」国家における「刑罰」と、
「他人によって期待された秩序に従わない者に対する強制手段」である自然状
態における「刑罰」とが混淆してしまっているという[28]。そして、法の刑罰と
力の刑罰(Machtstrafe)を区別することを強調する[29]。

24　*Jakobs*, Selbstverständnis, S. 51.「国家に同調的な宗教や家族制度による支援を失い国籍もま
　　た偶然的な性格のものと解されるようになった社会は、個人に対し、法を無視してアイデンティ
　　ティーを確立する夥しい可能性を開いている」とされる (S. 51)。

25　*Jakobs*, Selbstverständnis, S. 52.「認知的な安全性は、市民刑法でも並列的に重視はできるが、
　　敵刑法では主たる目標となる。換言すれば、もはや社会内在的な苛立ち (Irritation) に応じた人
　　格の秩序維持ではなく、人々が実際に人格として扱われることができるために必要な認知的な最
　　低限度の保障を提供しない全ての人物を——不適切な表現かもしれないが——冷遇することによ
　　って、受忍できる環境的条件を確立することが重要なのである」(S. 52.)。

26　*Jakobs*, Selbstverständnis, S. 52.

27　*Jakobs*, Selbstverständnis, S. 54. その意味で、罪刑法定原則は「現に機能している秩序、現実
　　に存在している形態の社会に反する犯罪に刑罰を限定するという機能を有する」(S. 54) (傍点
　　は原典強調)。

28　*Jakobs*, Selbstverständnis, S. 55. 後者は賢明さ (Klugheit) に従って賦課され、刑法と区別さ
　　れる「むき出しの刑罰権力」が問題となっている (S. 55 を参照)。

29　*Jakobs*, Selbstverständnis, S. 56 を参照。

(3) 敵刑法の哲学的基礎

　ヤコブスは2004年の論文で敵刑法の哲学的基礎を検討している。そこでは、国家を社会契約で説明するルソーやフィヒテの構想とホッブズの構想、そしてカントの構想を検討することで、犯罪行為者を敵とするか市民とするかの相違を描いている。例えば、フィヒテは、「市民契約から絶え間なく逸脱する者は、意思によるにせよ、契約においてその者の慎重さが予定されているところでは不注意によるにせよ、市民としての、また人間としてのあらゆる権利を情け容赦なく失い、完全に法的権利をなくすことになる」とし、犯罪者の処刑は「刑罰ではなくて保安手段に過ぎない」とする。ここでは、犯罪は社会契約の解約を意味し、それによって犯罪行為者は社会契約による利益を得ることはできず、他者と共に法関係において生活することはできないことになる。

　これに対して、ホッブズは、犯罪行為者にその臣民としての役割を認め、臣民はその地位を勝手に放棄できないとする。もっとも、反乱、すなわち国家に対する犯罪の場合は、その本質が闘争状態への逆戻りを意味するような服従の解約にあるが故に事情が異なり、「このような方法で罪を犯す者は、臣民ではなく敵として処罰される」ことになる。このように、ホッブズにとって敵は犯罪行為者一般ではなかったわけだが、カントもまた犯罪行為者を敵とはみなしていなかった。もっとも、ヤコブスは、カントも原理的な逸脱者については敵としていたという理解を示している。すなわち、所有権の保全を可能とするために、どの人格も他人を市民的憲法体制に服させる権限を持っていなければならないが、「人間もしくは人民が生のままの自然状態で私から安全を奪い、実際には何もしていなくてもその者が私の隣にいるという状態によって、

30　筆者のフランス語の能力不足から、ここでは邦語訳のルソー『社会契約論』（岩波文庫、1954年）のみを参照した。特に、第2篇第5章を参照されたい。ルソーによれば「罪人は市民（citoyen）としてではなく、敵（ennemi）として殺される」。

31　*Johann Gottlieb Fichte*, Grundlage des Naturrechts nach den Prinzipien der Wissenschaftslehre, in: Sämtliche Werke, hrsg. von J. H Fichte, Zweite Abtheilung, A. Zurrecht- und Sittenlehre, Erster Band, o. J., S. 260. なお、贖罪契約の構想により原則的に緩和している（S. 260 ff.）。

32　*Fichte*, a. a. O. (Fn. 31), S. 280.

33　Thomas Hobbes, *Leviathan*, 1651, Chapter XXVIII を参照。

34　*Ibid.* さらに、Thomas Hobbes, *De cive（"On the citizen"）*, 1651, Chapter XIV, para. XXII を参照。

35　詳細は、拙稿「刑罰の正当化根拠に関する一考察(3)――日本とドイツにおける刑罰理論の展開」立命343号（2012年）134頁以下を参照。

36　*Immanuel Kant*, Die Metaphysik der Sitten. Erster Theil. Metaphysische Anfangsgründe der Rechtslehre, in: Kant's Werke, Akademie-Ausgabe, Band 6, 1907, S. 255 f. (1. Theil, 1. Hauptstück, § 8).

しかし絶え間なく私が脅かされる可能性があるような無法則性の状態というまさにそのことによって既に私を傷つける場合、私はその者に私と共通の法則的状態に足を踏み入れるか、それとも私の近隣から立ち去るかのいずれかを強要しうる[37]」。このように、自らを自然状態から国家的な状態へと向かわせようとしない者は原理的な逸脱者を、カントは敵としているとヤコブスは理解するのである[38]。

ホッブズとカントにおいて既に、強固に法に違反するわけではない人格、つまり原理的に法を破るのではない人格に対する市民刑法と、原理的な逸脱者(ホッブズの場合の国事犯、カントの場合の常習犯罪者)に対する敵刑法の二つが存在していたことを指摘し、「市民刑法は全ての者の法であるが、敵刑法は敵と対立する者の法であり、敵に対してそれは、究極的には戦争にまで至る物理的強制でしかありえない」とする[39]。もちろん、現代の国家は、通常の犯罪の行為者を殲滅すべき敵としてみるのではなく、その振る舞いによって規範妥当を攻撃し、それ故に強制的にではあるが規範妥当の動揺を回復するために、市民として引き出される人格としてみている。もっとも、犯罪行為者が、犯罪行為はしたけれども大筋においては市民として、つまり法に誠実に行動する人格として振る舞うという担保を提供しない場合には、規範妥当が事実に抗して完全には徹底されることはできないとする[40]。規範が社会の形態を規定するとすれば、規範に従った態度が大筋において現実に期待可能でなければならず、このような認知的保障がなければ、規範妥当は徐々に浸蝕され、現実の生きた社会の形態にはもはや何の効果も及ぼさない空虚な約束事になるからである[41]。

同様に、人格性もまた、認知的保障が全くないまま純然と事実に抗して維持されることはあり得ず、「他人が個人、つまり快と不快にしたがって行動する存在として考慮されるだけでなく、人格として受けとめられる場合、すなわち、法と不法に方向づけられることを前提にすべき場合には、その規範的な期待も大筋において認知によって支えられていなければならない」のである[42]。そして、市民の状態にない個人は、人格という概念の恩恵を受けることはできず、

---

[37] *Immanuel Kant*, Zum ewigen Frieden. Ein philosophischer Entwurf, in: Kant's Werke, Akademie-Ausgabe, Band 8, S. 341 ff., 349.

[38] *Jakobs*, Bürgerstrafrecht, S. 90.

[39] *Jakobs*, Bürgerstrafrecht, S. 90.（傍点は原典強調）。

[40] *Jakobs*, Bürgerstrafrecht, S. 91.

[41] *Jakobs*, Bürgerstrafrecht, S. 91 を参照。

[42] *Jakobs*, Bürgerstrafrecht, S. 91. ヤコブスはここで保安監置を引き合いに出す（S. 92を参照）。

このことが手続き的保障の場面でも妥当する[43]。

　さらに、旧ユーゴスラヴィア国際刑事法廷(ICTY)のような場合は、「刑罰は規範妥当の保持の手段から規範妥当を基礎づける手段へと変貌して」おり、これは必ずしも不適切なものではないが、その指摘はされなければならないとする[44]。人権のグローバルな妥当に関しては、法が世界規模で現実的に妥当している状態ではなく、法妥当を現実化せよという要請が問題になっており、「共通の法則を有する状態」を維持することではなく確立することが問題となっている。ここでも秩序を維持するための法と秩序を創設する強制とを区別し、後者を敵刑法と呼ぶべきであるとされる[45]。

(4)　脱人格化

　保安監置のように、刑罰執行の後に行為者を治安の目的のために犯罪者として「他者によって管理させる」ために行為原則から隔離する場面[46]や、処罰の早期化により犯罪行為の前に治安の目的のために処罰する場合[47]、未決の場合の接見禁止に至り得る手続き的保障の解体の場面[48]では、自由の領域ではなく法益保護のみを最適化すべき敵刑法が問題になっている。ここでは「規範妥当を維持する刑法、つまり通常は責任刑法と呼ばれるものから、切迫する危険の際の処分法(Maßnahmenrecht)への移行」があり[49]、責任原理や行為原理が、危殆化の克服のために放棄される[50]。

　市民刑法においては、規範の社会的妥当の現実性は、刑法上の異議がなされ

43　国家は、人格的に振舞うことの十分な認知的担保を提供しない者を「もはや人格として扱ってはならない。そうでなければ、国家は他の人格のもつ安全を求める権利を侵害することになるからである」(Jakobs, Bürgerstrafrecht, S. 93)(傍点は原典強調)。

44　*Jakobs*, Bürgerstrafrecht, S. 94.

45　*Jakobs*, Bürgerstrafrecht, S. 95.

46　*Jakobs*, Feindstrafrecht?, S. 293.

47　早期化に相応して刑罰を下げることだけが、犯罪の事前準備の処罰の目的が犯罪の危険性にあるのではなく、公共の安全に対してなされた攻撃を処罰することにあるという旨を示し得る。*Günther Jakobs*, Terroristen als Personen im Recht?, ZStW 117 (2005), S. 839 ff., 840 を参照。以下、Terroristen と略す。

48　「法の外側で為されたのではないが、被疑者はその措置において侵害される限りで、それらの法によって排除される。国家は法律上規定された方法で諸権利を廃棄しているのである」(*Jakobs*, Feindstrafrecht?, S. 296.)。

49　*Jakobs*, Feindstrafrecht?, S. 295.

50　*Winfried Hassemer*, Sicherheit durch Strafrecht, HRRS 7 (2006), S. 130-143 は、「抽象的危殆化の刑法においては、刑法にとって重要な不法は消え去り、責任つまり刑法が応答する行為する人格のそれについての可能性は消滅する」とする (S. 136)。

ることで犯罪が行なわれた状態に抗事実的に貫徹され、この規範に行為者の処罰を通じて妥当性が裏打ちされる限りにおいて、無効となることはない。そのため(潜在的)行為者に対しても被害者に対しても規範の方向づけを導く機能が保持される。そして、犯罪行為と刑罰が象徴的相互作用の手段であり、規範違反に対する異議およびそれによる抗事実的な規範確証として、刑罰は「規範違反的意味における犯行のマージナル化」を意味することになる。ここでは、その者の犯行に異議が唱えられる限りで、犯罪行為者は人格として承認されており、「法における人格にとどまる」のである。

　もっとも、この市民の法・権利性の条件は、その限界も示している。強制は、何らかの精神的な事柄(威嚇)や何らかの身体的な事柄(安全)を惹起することもある。この作用を刑罰という強制で達成しようとする際に、犯罪行為者の「脱人格化」が行われる。そこでは、人間が、規範的な要求がなされ、洞察に基づく承認を期待し得るような人格としてではなく、杖を振りかざされる犬のように扱われることになる。

　ただし、この脱人格化について、ヤコブスは人格に対する法的強制の関連でも言及をしている。ヤコブスは、人格に対する強制が当該人格との関係で、概念上いかなるものであるのかという問いを立て、フォイエルバッハを引用しつつ、被強制者は理性的な存在であるにもかかわらず、自然法則に応じて規定されていると主張する。人々は人格として権利や義務の担い手であり、

51　*Jakobs*, Feindstrafrecht?, S. 291.

52　*Jakobs*, Terroristen, S. 844 を参照。

53　*Jakobs*, Bürgerstrafrecht, S. 88.

54　*Jakobs*, Selbstverständnis, S 49.

55　*Jakobs*, Feindstrafrecht?, S. 292.

56　*Jakobs*, Feindstrafrecht?, S. 289 を参照。

57　*Georg Wilhelm Friedrich Hegel*, Grundlinien der Philosophie des Rechtsoder Naturrecht und Staatswissenschaft im Grundrisse, § 99, Zusatz Gans, S. 190.

58　*Günther Jakobs*, Zur Theorie des Feindstrafrechts, in: Henning Rosenau/ Sangyun Kim (Hrsg.), Straftheorie und Strafgerechtigkeit. Deutsch-Japanischer Strafrechtsdialog, 2010, S. 167-182. 以下、Zur Theorie と略す（なお、翻訳として、ギュンター・ヤコブス〔玄守道訳〕「敵味方刑法の理論について」金尚均＝ヘニング・ローゼナウ編著『刑罰論と刑罰正義──日本─ドイツ 刑事法に関する対話』（成文堂、2012年）215〜234頁がある）.

59　*Jakobs*, Zur Theorie, S. 167. 既に、*ders.*, Rechtszwang und Personalität, 2008, S. 9 ff.（翻訳として、ギュンター・ヤコブス〔川口浩一＝飯島暢訳〕『法的強制と人格性』〔関西大学出版部、2012年〕を参照）で詳細に検討されている。

60　*Paul Johann Anselm von Feuerbach*, Kritik des natürlichen Rechts als Propädeutik zu einer Wissenschaft der natürlichen Rechte, 1796, S. 296.

61　*Jakobs*, Zur Theorie, S. 168.「法違反者にその者の行為を断念するように強制すること、あるいはその者を処罰することは理性の法則であるが、強制それ自体は自然に本質がある」（同箇所）.

その人格性から強制の許容性、あるいは命令が引き出されるが、法的強制において法は被強制者を自然の一部として脱人格化しているとする。それは他者管理であり、（部分的にせよ）被強制者の人格領域の縮減となる[62]。もっとも、それが人間の尊厳に反しないのは、完全な地位への復帰が留保されているからであり、そして、あくまで自らが為した不法によって招来される、つまり地位の喪失者自身がその責めを負う地位喪失が問題になっているのであって[63]、有責でない者の脱人格化は法的強制としては理解され得ない[64]。

　これに対して、敵刑法の領域では、刑法の顕在的なあるいは偽装された警察化(Verpolizeilichung)が起こっており[65]、将来の犯行の阻止のために強制が行われ、そして、そこでは通常は部分的な排除が問題となっている[66]。そして、その点で排除された者との関係においては戦争[67]が問題となっている[68]。もっとも、排除は法と無関係であるわけではなく、排除されるべき者に復帰への手続きをも用意する限り、そのような観点において依然として包摂されているとする[69]。そして、人が生活を送ることができるようにするためには、法的制度が現実的なものでなければならず、人格性が十分に認知的に保障されていなければならないが[70]、この点で保安監置は、当該行為者が将来の合法的な態度の保障を与えないために行われるものとされる。行為者は、その他の全ての者と同様に、ある程度信頼のおける形で自己を示す責務を有しており、それに違反することで自ら不適格性を示している[71]。法が方向づけを有するものであるためには、統合の例外が認識されなければならないというのである[72]。

　以上のように、ヤコブスは、刑法の中に、行われた犯罪ではなく将来の犯罪

62　*Jakobs*, Zur Theorie, S. 169.

63　*Jakobs*, Zur Theorie, S. 169.

64　*Jakobs*, Zur Theorie, S. 169, Anm. 15 を参照。

65　*Jakobs*, Zur Theorie, S. 172 ff., 175 f.

66　*Jakobs*, Zur Theorie, S. 179.

67　*Jakobs*, Bürgerstrafrecht, S.92 では、「連合戦争（gebändigter Krieg）」とされる。

68　*Jakobs*, Zur Theorie, S. 179.

69　*Jakobs*, Zur Theorie, S. 179 f.

70　規範的予期のみで法的状況を把握することはできるが、生活もまた送るということはできず、自己の幸福を考慮する主体にとっては十分ではないとされる。「劇的に言えば、抽象的に想定された人格にとっては殺されてはならないという認識で十分であるだろうが、主体は特に、蓋然的にも殺されないという確信を必要とする」（*Jakobs*, Zur Theorie, S. 170）。

71　*Jakobs*, Zur Theorie, S. 180 を参照。その意味では、「自由な社会においては、疎外は常に自己疎外（Selbstexklusion）である」（*Jakobs*, Feindstrafrecht?, S. 293）。

72　*Jakobs*, Zur Theorie, S. 181. 飯島暢『自由の普遍的保障と哲学的刑法理論』（成文堂、2016年）223〜246頁、235頁以下も参照。

敵刑法についての序論的考察 | 67

の危険に向けられ、行為原理や責任原理に抵触するものが存在し、手続法上も保障の縮減がなされていることを敵刑法と評することで炙り出そうとしていた。すなわち、刑法は人々の私的領域(内部的市民領域)を保障するもの(市民刑法)として理解されてきたところ、市民刑法の名の下で、人々(刑法の名宛人)を市民ではなく私的領域が奪われる敵として扱うもの(敵刑法)が存在しており、これを峻別することが肝要であるとしている。この点は当初から一貫している。もっとも、時代を経ると、市民刑法のコントラストとしての敵刑法が、法が認知的な保障を有した現実的なものであるために、市民刑法とは異なるものとして登場する必要がある場合があり得ることを論証しようとしている。以下では、このヤコブスの構想への批判とその当否を検討することで、議論の方向性を明確にしたい。

3 　敵刑法に対する批判とその検討

(1)　ナチス的思想やカール・シュミットとの近似性?

　敵刑法に対する批判としては、まずカール・シュミットの敵概念との近似性が指摘されることがある。[73]さらに、全体主義的思想の表れとの批判もされることがある。[74]もっとも、ヤコブス自身は人種イデオロギー的な立場で論証をしているわけではない。[75]ナチス期においては、エトカーが述べていたように、ワイマール時代には要求されていた保安法と刑法の区別は、国家社会主義時代にはもはや必要ではなく、両形態を結びつけることが国家社会主義的な法によって正当化されるものとされる。[76]これによれば、犯罪者は法益の敵であり、刑罰は「応報それ自体のためではなく、国家の権威を維持するために法益保護を目的として」行うものとなる。[77]これに対して、前述のようにヤコブスは、ナチス期になされたような刑法典と治安法規の混同を指摘し、厳格な区別をすべきことを主張している。

---

[73] *Dirk Sauer*, Das Strafrecht und die Feinde der offenen Gesellschaft, MJW 2005, S. 1703, 1705; *Bernd Schünemann*, Feindstrafrecht ist kein Strafrecht!, in: Thomas Vormbaum (Hrsg.), Kritik des Feindstrafrechts, 2009, S.11-20, 17.

[74] *Kai Ambos*, Feindstrafrecht, in: Thomas Vormbaum (Hrsg.), Kritik des Feindstrafrechts, 2009, S. 345-383, 372.

[75] *Luís Greco*, Feindstrafrecht, 2010, S. 27 ff.

[76] *Friedlich Oetker,* Grundprobleme, in: Hans Frank (Hrsg.), Nationalsozialistisches Handbuch für Recht und Gesetzgebung, 2. Aufl., 1935, S. 1319, 1364.

[77] *Oetker*, a. a. O. (Fn. 76), S. 1322.

それでは、シュミットの友・敵の区別とヤコブスの市民・敵の区別は同様のものなのであろうか。シュミットにとって、友と敵は人間の結合と分離の極限的な終点であり[78]、法的な区別ではなく純粋政治的な区別であり、政治的なもの全般を初めて構成する基本的な区別である[79]。そして、シュミットにとっての敵は、善と悪の道徳的区別によるものではないため、犯罪者ではない[80]。そして、他方、ヤコブスにとっての敵は、あくまで法的な区別であるが、犯罪行為者である。シュミットにとっては犯罪者ではないから処罰はされ得ず、他者として排除されるのみであるが、ヤコブスにとっては、他者は敵ではない[81]。宗教や国籍といった他異性があっても、市民的態度の最低限の安全を保障する者は決して敵ではないのである[82]。そして、敵も常に部分的な敵であり、完全に法の外部に存在するわけではなく、犯罪的な危険性に関連する市民的諸権利について(大幅な)制限・減少が行われる[83]。このようにシュミットの敵とヤコブスの敵は異なる概念である。

　さらに、シュミットの「例外」との関係でも整理を要する。周知のようにシュミットは、例外状態を想定していた。シュミットによれば、通常の法状態は、例外状態から規定されているが、法はそこで適用されるべき正常な状態を前提としており、そのような状態にない例外状態において法は適用されないとしていた[84]。そして、例外状態を規定するのは主権者である[85]。通常の状態と例外の状態を区別するという点では、ヤコブスとの相似性もあるが、しかし、ヤコブスは例外状態から通常の状態を規定するのではなく、市民刑法からみてそれと

---

78 *Carl Schmitt*, Der Begriff des Politischen, 1963, S. 38.

79 *Schmitt*, a. a. O. (Fn. 78), S. 26.

80 *Schmitt*, a. a. O. (Fn. 78), S. 27. 公敵（hostis）と私仇（inimicus）が区別されている（S. 11 f.）。

81 *Stefan Schick*, Feindstrafrecht als regulative Idee, ZIS 2012, S. 46-60, 55. 翻訳として、シュテファン・シック（山下裕樹＝森川智晶訳）「統制的理念としての敵刑法」関法64巻2号521～556頁も参照。

82 敵は自己の態度によって永続的に法に背くことを表明しており（*Jakobs*, Selbstverständnis, S. 52）、犯罪的態度を通じてのみ敵となり得る。

83 *Jesús María Silva Sánchez*, Die Unerwünschten als Feinde. Die Exklusion von Menschen aus dem status personae, ZStW 118 (2006), S. 547-573, 549.

84 *Carl Schmitt,* Politische Theologie, 9, Aufl., 2009, S. 13 ff. を参照（翻訳として、カール・シュミット（田中浩＝原田武雄訳）『政治神学』〔未來社、1971年〕も参照）。「いかなる一般的な規範も、生活関係の正常な形成を要求するのであって、一般的規範は、事実上それに適用されるべきであり、かつそれを規範的規制に従わせるのである。規範は、同質的媒体を必要とする。この事実上の正常性は、単に『外的前提』として、法律学者の無視しうるものではなく、それはむしろ、規範の内在的有効性の一部を構成するのである。混乱状態に適用しうるような規範などは存在しない。法秩序が意味をもちうるためには、秩序が作りだされていなければならないのである」。

85 *Ibid.*

異なる敵刑法を規定している。さらに、ヤコブスにとっては、敵刑法は法であり、国家およびその制度や機関を拘束する法律上の手続きを要請している。[86]その意味で、シュミットの例外状態論とヤコブスの敵刑法は異なっている。そのため、ヤコブスがシュミット的であるとの批判は、的を射たものではない。[87]

(2) 敵刑法は人権を否定し、法治国家と矛盾する?

行為者を敵として扱うことは、非人格化であり、敵刑法は人権の普遍主義的構想との決別[89]を意味し、法治国家的に許されないとの批判がある。[88]確かに、ヤコブスはその構想において普遍主義的な形での人権保障は試みていない。[91]ヤコブスにとっては、規範は現実的なものでなければならず、その意味での法的安定性が保障されなければならないものである。現実的なものでなければ、潜在的被害者や潜在的行為者に方向づけを与えることができず、自由の行使もままならないことになる。

この点は、法の国際化、特に国際刑事裁判との関係で問題となる。国際的で普遍的な人権の主張は、それ自体では正しいものでありその要請も適切であるが、国際刑事法廷で問題になるものは、その行為が行われた国においてその行為当時に人権が現実的に保障されていなかった場合である。それ故、行為者が処罰されることによって、求められる(刑)法秩序に移行することになる。そこでは、刑罰は「人権の普遍的妥当というフィクションを維持し得るために」科され、[92]行為者は事後的に人権の承認という法的義務の担い手として宣言される。つまり、処罰される行為者は、法秩序を前提として法的な意味で有罪とな

---

86 *Jakobs*, Bürgerstrafrecht, S. 88 では「自然的・情動的行為ではなく、規則によって導かれた行為」が問題にされている。

87 *Greco*, a. a. O. (Fn. 75), S. 26 f. も参照。グレコは単に表面的な用語の一致が存在するにすぎず、シュミットとヤコブスそれぞれにおいて「独創性と思考システムが体系的に閉じられている」ことを過小評価すべきではないとする (S. 27. 傍点は原典強調)。

88 *Ambos*, a. a. O. (Fn. 74), S. 369.

89 *Domenico Pulitanò*, Das Problem des Feindstrafrechts zwischen Beschreibung und Ideologie, in: Thomas Vormbaum (Hrsg.), Kritik des Feindstrafrechts, 2009, S. 269-277, 270.

90 さらに、*Antonio Cavaliere*, „Feindstrafrecht" und „Bekämpfungsstrafrecht" – Zwei unhaltbare Rechtfertigungen für eine Differenzierung von Verfassungsgrundsätzen nach Tätertypen, in: Thomas Vormbaum (Hrsg.), Kritik des Feindstrafrechts, 2009, S. 315-343, 326 も参照。

91 前述の箇所ならびに *Martin Heger*, Diskussionsbericht der Strafrechtslehrertagung 2005 in Frankfurt a. O., ZStW 117 (2005), S. 865-888, 887 を参照。

92 *Jakobs*, Bürgerstrafrecht, S. 95.

る諸人格ではなく、危険な敵として闘争の対象となっている。[93]このような場面においても刑法が登場すべきとしても、そこでの刑法が通常の(市民)刑法とは異なることは留意すべきであろう。敵との闘争によって、人権の保障が確立される(されていく)という敵刑法の一側面がここにはある。

(3)　敵刑法は無制約なものか？

　敵刑法が敵との闘争手段であるならば、敵を殲滅するまで貫徹され得ることになり、「刑罰権のあらゆる絶対的な制約を無効にすることに至る構想」[94]となるのではないかという批判がある。そこでは、グアンタナモやアブグレイブ[95]で行われたことを正当化することになるのではないかという懸念がある。[96]もっとも、ヤコブス自身は、敵刑法にも比例性が働くといった制限があることを認めている。すなわち、敵刑法を必要なものに制限すること、存在している敵刑法的な諸規定の縮減をすることを要求している。[97]

　敵刑法においては、最終手段たる刑法の例外が問題となっているが、それが市民刑法の名の下で行われることで通常化されてしまうことに、ヤコブスは警鐘を鳴らしている。そのためにも、刑法という最終手段の最終手段として、[98]「敵刑法はまさに際限のない撲滅のための規則の総体ではなく、賢明に管理された法治国家においては、意識的に例外として、つまり永続的な使用に適してはいないものとして適用される最終手段」[99]でなければならない。「行き過ぎた措置も含めて何をしても許されるということを、必ずしも意味するものではない。むしろ、敵であっても潜在的な人格性は認められてよいのであって、その結果、

93　*Schick*, a. a. O. (Fn. 81), S. 54.

94　*Greco*, a. a. O. (Fn. 75), S. 53.

95　*Ambos*, a. a. O. (Fn. 74), S. 357. さらに *Jochen Bung*, Feindstrafrecht als Theorie der Normgeltung und der Person, HRRS 2006, S. 63-71, 69 も参照。

96　*Klaus Malek*, Feindstrafrecht. Einige Anmerkungen zur Arbeitsgruppe „Feindstrafrecht - Ein Gespenst geht um im Rechtsstaat"auf dem 30. Strafverteidigertag 2006, HRRS 2006, S. 316-317, 316; *Francesco Palazzo*, Feindstrafrecht, Strafrecht und Verfassung, in: Ulrich Sieber u. a. (Hrsg.), Strafrecht und Wirtschaftsstrafrecht –Dogmatik, Rechtsvergleich, Rechtstatsachen-. Festschrift für Klaus Tiedemann zum 70. Geburtstag, 2008, S. 15-28, 25 ff.; *Frank Saliger*, Feindstrafrecht: Kritisches oder totalitäres Strafkonzept?, in: Thomas Vormbaum (Hrsg.), Kritik des Feindstrafrechts, 2009, S. 203-219, 218 f.

97　*Jakobs*, Feindstrafrecht?, S. 297.

98　*Miguel Polaino-Orts*, Grenzen vorverlagerter Strafbarkeit: Feindstrafrecht, in: Manfred Heinrich u. a. (Hrsg.), Strafrecht als Scientia Universalis. Festschrift für Claus Roxin zum 80. Geburtstag am 15. Mai 2011, 2011, S. 91-112, 111.

99　*Jakobs*, Feindstrafrecht?, S. 294.

それとの闘争の際には必要なものを上回ってはならないのである[100]」。したがって、グアンタナモやアブグレイブで行われたことが正当化されることにはならない。

(4) 敵刑法は刑法か？

　敵刑法では敵が専ら危険として闘争の対象となっていることから、むしろそこでは刑法ではなく保安法や戦争法が問題となっているのではないかという指摘がある[101]。例えば、パヴリクは、テロリストに対する法は「戦争法的諸要素を伴う予防法」であるとする[102]。すなわち、パヴリクは、テロリストについては戦争と平和、戦闘員と非戦闘員、戦争と犯罪といった古典的区別はもはや当てはまらず、戦時国際法と刑法という区別も適合し得ないとする[103]。そのうえで、「一方では、テロリズムは伝統的な国家間の戦争と機能的に同等である以上は、攻撃をされる側がテロの撲滅に当たり、戦時国際法あるいは少なくともこれに類する評価を指針としなければならず、これを避けることはできない。もっとも、他方で、対称性を持った戦争の遂行という形態からはおよそかけ離れている点にテロリズムの特徴が認められる以上は、伝統的な戦時国際法、さらには国際的な(そして近時では非国際的な)武力紛争に関する現代的な法に見られるような、対称性や互恵主義といった諸原理を基礎とする規律体系が追及されるべきではない[104]」。そして、テロリズムによる危殆化との闘争においては、戦争法からの特別予防的な目的設定が、刑法規範の形態で実現される。もっとも、戦争法的な意味における無害化ないしラディカルな特別予防は、通常の刑法の範囲内においてはラディカルな特別予防が脱人格化的なものになるのに対して、脱人格化を意味せず、テロリストが準戦争法的な意味における敵と宣[105]

---

100 *Jakobs*, Selbstverständnis, S. 51.

101 *Claus Kreß*, Völkerstrafrecht der dritten Generation gegen transnationale Gewalt Privater?, in: Gerd Hankel (Hrsg.), Die Macht und das Recht. Völkerrecht und Völkerstrafrecht am Beginn des 21. Jahrhunderts, 2008, S. 395 ff. では、「紛争法的要素を具備した新しい越境的な警察法」と位置づける。さらに、*Josef Isensee*, Der Terror, der Staat und das Recht, 2004, S. 91; *Gerd Roellecke*, Der Rechtsstaat im Kampf gegen den Terror, JZ 2006, S. 265-270, 268 f. も参照。

102 *Michael Pawlik*, Der Terrorist und sein Recht. Zur rechtstheoretischen Einordnung des modernen Terrorismus, 2008, 47. 以下、Terrorist と略す。翻訳として、ミヒャエル・パヴリック（小島秀夫ほか訳）『テロリストとその法（権利）（一〜四・完）』関法59巻1号（2009年）87頁以下〜60巻1号（2010年）39頁以下を参照。

103 *Pawlik*, Terrorist, S. 22.

104 *Pawlik*, Terrorist, S. 22.

105 *Pawlik*, Terrorist, S. 40 は「ある法体制の諸基準に照らせば非人格化を意味する事柄が、他の法体制の諸基準に照らしてもそのような意味を必ずしも有するわけではない」とする（傍点は原典

言される限りで、その者はまさに承認されることになる。[106]

　パヴリクは、敵を当該秩序に応じた人格の展開として承認するのではなく、[107]敵がその者の秩序においては人格であろうが、いずれにせよ当該秩序は、刑法上の手段ではなく、新たに創出された処分で自らを防衛するという推察をして、敵に敬意を表しかつ承認している。[108]このように、テロリストは国家の内側（社会の内側）にではなく、国家の外側（社会の外側）で把握されている。もっとも、同時に、司法上の法的保護は与えられなければならない。[109]

　これに対して、ヤコブスは、パヴリクにとってもテロリストは既に実現された不法に対して刑法上責任を負わなければならない以上、刑罰から離れた戦争行為とはいえないとする。[110]そして、戦争行為ではなく犯罪が阻止されるべき場面で登場する保安監置では、犯罪危険故になされるものであって、敬意を表することとは反対のものであるとして、脱人格化がなされているとする。[111]パヴリクのいう戦争法的諸要素を伴う予防法において脱人格化されていない保安監置の被監置者も、脱人格化されているというのである。

4　記述的概念と規範的概念

　以上の批判は、ヤコブスの市民刑法と敵刑法の区別自体を受け入れないものから、その区別は受け入れたうえで刑法を記述的に分析するための批判的道具としてのみ受容するもの、[112]そして、敵刑法の主張自体も規範的に受容可能で

強調）。

106 *Pawlik*, Terrorist, S. 40 f.

107 *Michael Pawlik*, Strafe oder Gefahrenbekämpfung? Die Prinzipien des deutschen Internationalen Strafrechts vor dem Forum der Straftheorie, in: Andreas Hoyer u. a. (Hrsg.), Festschrift für Friedrich-Christian Schroeder zum 70. Geburtstag, 2006, S. 357-386, 385 も参照。

108 *Pawlik*, Terrorist, S. 41. レレッケは「敵を敬いながら殲滅する」と表現する（*Roellecke*, a. a. O. (Fn. 101), S. 265）。

109 *Pawlik*, Terrorist, S. 43. テロリストは可視的な形で行動する兵士とは異なり隠れ蓑を着て活動するが、テロリストとしての地位確認を法治国家において行うことができるのは最終的には裁判所に限られるからであり、その際、他の場合に妥当する手続きの基準を少しも下げることなく処理されなければならないとされる（同箇所）。なお、この点で、*Hans-Ullrich Paeffgen*, Bürgerstrafrecht, Vorbeugungsrecht, Feindstrafrecht?, in: Martin Böse u. a. (Hrsg.), Grundlagen des Straf- und Strafverfahrensrechts. Festschrift für Knut Amelung zum 70. Geburtstag, 2009, S. 93-136, 95 も参照。

110 *Jakobs*, Zur Theorie, S. 174.

111 *Jakobs*, Zur Theorie, S. 174.

112 敵刑法の記述的な機能自体も認めない見解もある。*Karl Heinz Gössel*, Widerrede zum Feindstrafrecht. Über Menschen, Individuen und Rechtspersonen, in: Thomas Vormbaum

あるが、刑法から区別をして刑法以外の法で整序すべきとするものまで多様である。敵刑法に対する批判の多くは、記述的な分析概念を超えて規範的、指令的なものとして理解することへの批判である[113]。ヤコブス自身正当化しているのか記述に留まるのか明確ではないところもあるが、敵刑法的規定をヤコブスは正当化をしていると理解する見解が多いように思われる[115]。もっとも、敵刑法を規範的理由から拒絶しながら、結局は敵刑法と特徴づけられた措置を支持する場合、概念のタブー化だけが問題とされることになる[116]。

　この問題は、ヤコブスが規範を単なる要請ではなく、現実性の諸条件も必要とするというところに存する。もっとも、現実的であることも規範に属するため、あらゆる手段を用いる法秩序は形容矛盾となり、法秩序ではもはやなくなる[117]。そのため、法規範が現実的に妥当するための諸条件の形式的な記述は法理論の領域であるが、具体的諸条件の確定は政治的な問いになる[118]。したがって、現実には法秩序において敵刑法的な規定は存在し得ることになる。もちろん、市民刑法と敵刑法は「純粋に実現された形ではほとんど見いだされ得ない二つの理想型[119]」ではあるが、敵刑法的な規定が発見されるためには、市民刑法と敵刑法という区別を用いることは有用である。ここでは、敵刑法的な規定を通常の刑法から分離するという統制的な機能が認められることになる[120]。

　もっとも、現実に存し得る敵刑法的な諸規定が市民刑法から区別されたとしても、それが規範的に刑法あるいはその他の法で正当化され得るかという問題は残る。ただ刑法の領域から外しただけではレッテルの張替えであり、その内

(Hrsg.), Kritik des Feindstrafrechts, 2009, S. 43-62, 45 を参照。

113 *Tatjana Hörnle*, Deskriptive und normative Dimensionen des Begriffs „Feindstrafrecht", in: Thomas Vormbaum (Hrsg.), Kritik des Feindstrafrechts, 2009, S. 85-105 は、記述的分析の道具として用いているが、規範的要求としての敵刑法は批判する。さらに、*Manuel Cancio Meliá*, Feind„strafrecht"?, ZStW 117 (2005), S. 267-289, 268 は、敵刑法の構想は刑法における特定の展開を批判的に記述するための有用な道具であるが、肯定的に理解すれば形容矛盾となるとする。

114 *Greco*, a. a. O. (Fn. 75), S. 19.

115 *Cavaliere*, a. a. O. (Fn. 90), S. 323 を参照。

116 *Manuel Cancio Meliá*, Feindstrafrecht: Kriminalpolitischer Kontext und theoretischer Begriff. Thesen zu Günther Jakobs' Konstruktion, in: Thomas Vormbaum (Hrsg.), Kritik des Feindstrafrechts, 2009, S. 1-10, 9. この点について、*Cornelius Prittwitz*, „Feindstrafrecht" als Konsequenz des „Risikostrafrechts", in: Thomas Vormbaum (Hrsg.), Kritik des Feindstrafrechts, 2009, S. 169-180, 179 は批判的である。

117 *Günther Jakobs*, Norm, Person, Gesellschaft, 3, Aufl., 2008, S. 41 ff. を参照。

118 *Schick*, a. a. O. (Fn. 81), S. 53.

119 *Jakobs*, Bürgerstrafrecht, S. 88.

120 *Schick*, a. a. O. (Fn. 81), S.59.

実が問われなければならない。それは刑法に必要な敵刑法として残された場合でも同様である。

5　人格と敵

　市民刑法のコントラストとしての敵刑法の概念を採用し、その二つを区別するとしても、人格と敵の区別がさらに検討される必要があろう。前述のように、ヤコブスは、通常の市民刑法における不法は、法に誠実に行動する人格として振る舞わなかったことに関連づけられている。他方で、敵刑法的な保安監置でも行為者が将来の合法的な態度の保障を与える為の危険責務から基礎づけようとしている。ここでは、既に行われた犯罪か将来の犯罪の危険かという相違はあるが、自身の給付によって、いかなる地位が各人に付与されるかが決定されるという思考を徹底している。[121] そして、この思考から、強制の下に置かれることを基礎づけ、その際に脱人格化が行われる、つまり他者管理の下に置かれることを明確にする。この点は、全体主義的で非人道的と批判されるところである。[122]

　もっとも、この脱人格化は、言葉のイメージとは異なり、部分的な市民的地位の縮減であり、完全な権利剥奪ではなかった。そして、敵も常に部分的に敵であるだけであって、その市民としての地位が完全に剥奪されてはならないものであった。その意味では、批判者が批判している脱人格化がヤコブス自身の主張とは離れたものとなっており、この点は批判として筋違いの感がある。ただし、敵が部分的に市民的地位の縮減された市民であるとしても、無害化や包摂の可能性のない完全な排除を原理的に排除できない場合とすれば、問題は先鋭化する。市民的共同体の構成員からの完全な排除は(敵刑法の理念型と言えるだろう)、[123] 必要な敵刑法であると評されるのか、不必要なそれとして廃止されることになるのかは、まだ不明確である。

　さらに、ヤコブスのように脱人格化を理解しても、市民と敵の区別の基準が

---

[121] *Pawlik*, Terrorist, S. 38.

[122] *Saliger*, a. a. O. (Fn. 96), 217 は、「安全の問題に関する市民の共同管轄は、信頼で飽きる法忠誠という拡散性がある故に全体主義的である持参債務において、誤った行為の際に排除されるという帰結を伴う形で放棄されてしまう。市民はもはや国家に対して可罰的な行為の不作為だけを負うのではない。市民は危険源として排除されないようにするために——それをはるかに超える形で——信頼のできる法忠誠を表さなければならない」とする。

[123] 死刑制度が廃止された欧州諸国においても、仮釈放のない終身刑にはこの問題が生じ得る。死刑制度が存在する日本においてはなおのこと問題となろう。

適切であるかという問題もある。前述のように、ヤコブスは敵を「その人物の潜在的行動の認知的な最低限度の保障がなく、その保障の欠如が当該人物の行動によって例証されている個人」とし、例えば、犯罪的傾向が一時的ではない人やその生計が犯罪である人、または主として組織への参与により継続的に法から逸脱してきた人がそれに当たるとする。この「敵」に、特にテロ組織に参与していない個人が科学兵器や生物兵器の製造方法をネット上で公開した場合(ドイツ刑法130条aに関連する)や、年間に何度も速度違反罪を繰り返す者の場合、公園等で何度も露出を繰り返す者の場合が含まれるのかなど、その限界が適切にひかれ得るのか疑問が残る。

　また、パヴリクの分析におけるように、現代的なテロリストの特徴からすれば、敵刑法として刑法で対応しない方が適切な場面も出てくるかもしれない。テロリズムが攻撃を受けた人々に「次はお前たちの番だ」とのメッセージを込めることで、自己の生活環境の平和的な存続に対する疑いなき信頼を揺るがす一種のシグナルとして機能するならば、そこではテロリズムはコミュニケーション戦略となる。紙幅の関係で扱えないが、このような特徴に「戦争法的諸要素を伴う予防法」が適しているかを検討する必要があろう。本稿は問題点の洗い出しを行ったに過ぎず、脱人格化をめぐっての強制と自律性の関係の検討も十分ではない。これらの検討は他日を期したい。

　　　　　　　　　　　　　(なかむら・ゆうと／関西学院大学大学院司法研究科准教授)

124　前掲注24を参照。

125　*Antje Helmerich*, Wider den Etikettenschwindel - Ein politikwissenschaftlicher Erklärungsversuch des Begriffs „Terrorismus" , in: Ellen Bos, Antje Helmerich (Hrsg.), Neue Bedrohung Terrorismus. Der 11. September 2001 und die Folgen, 2003, S. 13-32, 19; *Peter Waldmann*, Terrorismus und Bürgerkrieg. Der Staat in Bedrängnis, 2003, 16 f.

正当防衛における第三者侵害

甘利航司

1　はじめに

2　平成14年判決

3　各学説の整理と問題点の指摘

4　平成14年判決とそこでの「方法の錯誤」の議論

5　検討

1　はじめに

　正当防衛(刑法36条1項)が想定している典型的な場合とは、次のようなものであろう。例えば、Xが歩いていたところ、Aが突如Xを襲撃してきたため、Xは自らの身を守るため、殺意をもってAを殺害したというものである。Xの行為は殺人罪の構成要件に該当するが、正当防衛として違法性が否定されて無罪となる。このとき、侵害してくるAを侵害者といい、侵害されて正当防衛を行使するXを被侵害者若しくは防衛者という。

　以上のような典型的な事案を修正して、防衛者Xが正当防衛行為をしたところ、侵害者A以外の第三者Bを侵害してしまう場合が議論されてきた。これが本稿のテーマである「正当防衛における第三者侵害[1]」である。XのBに対す[2]

1　正当防衛時に、第三者の「財物」等を侵害する場合も、この名称では含まれうるが、ここでは、あくまでも、防衛行為の結果、第三者「自身」を侵害する場合を想定している。

2　非常に多くの論考が存在する。網羅することは困難であるが、例えば、奥村正雄「防衛行為と第三者の法益侵害」現刑56号（2003年）39頁以下、香川達夫「防衛行為と第三者」同『刑法解釈学の諸問題』（第一法規、1981年）124頁以下、河原俊也「正当防衛と第三者」池田修ほか編『新実例刑法（総論）』（青林書院、2014年）111頁以下、川端博「防衛行為と第三者の法益の侵害」同『正当防衛権の再生』（成文堂、1998年）199頁以下、斉藤誠二「正当防衛と第三者」『変動期の刑事法学（上）』（成文堂、1995年）219頁以下、佐久間修『刑法における事実の錯誤』（成文堂、1987年）332頁以下、西村克彦「正当防衛行為の被害者」警研48巻1号（1977年）27頁以下、樋笠尭士「正当防衛における方法の錯誤」嘉悦大学研究論集60巻1号（2017年）63頁以下、前田雅英「第三者への防衛結果と緊急避難」同『Lesson 刑法37』（立花書房、1997年）33頁以下、山口厚「正当防衛の周辺」同『新判例から見た刑法〔3版〕』（有斐閣、2015年）46頁以下、百合草浩治「防衛行為による第三者の侵害について(1)〜（3・完）」名法194号（2002年）137頁以下・197号（2003年）129頁以下・198号（2003年）155頁以下がある。そして、平成14年

る侵害行為を(単なる)殺人罪等にすべきではない——つまり違法性阻却を認めるか、何らかの軽い処罰により対処するか——ということではおおむね共通するが、学説は、いくつかの立場を示してきた。そして、大阪高判平14・9・4判タ1114号293頁(本稿では同判決を「平成14年判決」とする)が、この問題を扱うこととなった。そこでは、更に、方法の錯誤に関する議論も示したことにより、この問題は、学説上更なる盛り上がりをみることとなった。[3]

　本稿では、まず、2で正当防衛における第三者侵害に関する唯一といってよい平成14年判決を紹介する。そして、3にて、平成14年判決の議論を適宜織り交ぜながら、この問題について学説はどのように考えているかを扱い、更に、それぞれの説についての批判を示す。次いで4では、平成14年判決が示した、法定的符合説に立ちながら、意図していない客体への侵害について故意を否定した議論を扱う。そのうえで、方法の錯誤をめぐる議論が3での各説にどのように影響を与えるのか・与えないのかを見てみたい。

　そして、5では、正当防衛における第三者侵害についての本稿なりの理解を示したい。

2　平成14年判決

⑴　事案

　被告人Xは、実兄Bほか4名と共に、Aら10名とけんかをすべく対峙していたところ、Aらから木刀などで攻撃を加えられた。被告人は、その場に停車させていた被告人の普通乗用自動車に逃げ込んだ際に、同車後方にて、BがA

　　判決を担当した裁判官（当時）による論考として、水野智幸「防衛と錯誤の交錯」『日髙義博先生古稀祝賀論文集（上）』（成文堂、2018年）279頁以下がある。

[3]　評釈として、川端博『事実の錯誤の理論』（成文堂、2007年）199頁以下、齊藤彰子「判例評釈」金沢47巻1号（2004年）333頁以下、佐久間修「判例評釈」『判例セレクト2003』28頁、鈴木左斗志「判例評釈」山口厚ほか編『刑法判例百選I総論〔7版〕』（有斐閣、2014年）58頁以下、本田稔「判例評釈」法セミ588号（2003年）120頁、前田雅英『最新重要判例250刑法〔11版〕』（弘文堂、2017年）63頁、曲田統「判例評釈」札院20巻1号（2003年）75頁以下、安田拓人「判例評釈」成瀬幸典ほか編『判例プラクティス刑法I総論』（信山社、2010年）105頁、百合草浩治「判例評釈」名法205号（2004年）283頁以下がある。
　　なお、百合草・名法205号288頁は、平成14年判決について、「正当防衛における第三者侵害」の事案ではないとする。というのも、ここでの第三者（実兄B）は、Aからの侵害を受けている「被侵害者」であり、第三者が「侵害と無関係の者」ということを前提に議論してきた典型的な事案とは異なるからである。そして、この判決は「緊急救助の失敗」の事案であると述べる。しかし、第三者が「被侵害者」であるかもしくは「侵害と無関係の者」とで、議論として全く別異に扱うべきとは思われない。なにより、本判決の匿名解説も、正当防衛における第三者侵害の問題として扱っているため（判タ1114号293頁）、本稿もそのような考えを前提にして、以下論じていく。

78

と木刀を取り合っているのをみとめ、同車をＡに衝突させる暴行を加えようと決意した。被告人は、同車を運転し、ＡおよびＢの方向目掛けて、時速約20キロメートル後退進行させ、Ａの右手に同車左後部を衝突させるとともに、Ｂに同車後部を衝突させ、Ｂをその場に転倒させ轢過させ、肝臓挫滅などの傷害を負わせ、肝臓挫滅に起因する出血性ショックにより死亡させた、というものである。

⑵　第1審と第2審の判断

第１審(大阪地堺支判平13・7・19判タ1114号297頁)は、ＸはＡに対する暴行を加えたとし、「その暴行の結果、意図していなかったとしても、実兄であるＢにも本件車両を衝突させ、同人を轢過させ死亡させたのであるから……Ａに対する暴行罪のほか、Ｂに対する傷害致死罪が成立する」とした。

これに対して、第２審(平成14年判決)は、次のように述べた。まず、Ｂに対する傷害致死罪について「Ｘが本件車両を急後退させる行為は正当防衛であると認められることを前提とすると、その防衛行為の結果、全く意図していなかったＢに本件車両を衝突・轢過させてしまった行為について、どのように考えるべきか問題になる。不正の侵害を全く行っていないＢに対する侵害を客観的に正当防衛だとするのは妥当でなく、また、たまたま意外なＢに衝突し轢過した行為は客観的に緊急行為性を欠く行為であり、しかも避難に向けられたとはいえないから緊急避難だとするのも相当でないが、Ｘが主観的には正当防衛だと認識して行為している以上、Ｂに本件車両を衝突させ轢過してしまった行為については、故意非難を向け得る主観的事情は存在しないというべきであるから、いわゆる誤想防衛の一種として、過失責任を問い得ることは格別、故意責任を肯定することはできない」。

「原判決は……ＸにＡに対する暴行の故意があったことを認め、いわゆる方法の錯誤により誤ってＢを轢過したととらえ、法定的符合説にしたがってＢに対する傷害致死の刑責を問うもののようである。本件においては、上記のようにＸのＡに対する行為は正当防衛行為でありＢに対する行為は誤想防衛の一種として刑事責任を考えるべきであるが、錯誤論の観点から考察しても、Ｂに対する傷害致死の刑責を問うことはできない」。何故ならば、一般に、人(甲)に対して暴行行為を行ったが、予期せぬ別人(乙)に傷害ないし死亡の結果が発生した場合は、いわゆる方法の錯誤の場面であるとして法定的符合説を適用し、甲に対する暴行の(構成要件的)故意が、同じ「人」である乙にも及ぶとされて

正当防衛における第三者侵害　79

いる。これは、犯人にとって、甲と乙は同じ「人」であり、構成要件的評価の観点からみて法的に同価値であることを根拠にしていると解される。しかしこれを本件についてみると、「Ｘにとって Ｂ は兄であり、共に相手方の襲撃から逃げようとしていた味方同士であって、暴行の故意を向けた相手方グループ員とでは構成要件的評価の観点からみて法的に人として同価値であるとはいえず、暴行の故意を向ける相手方グループ員とは正反対の、むしろ相手方グループから救助すべき『人』であるから、自分がこの場合の『人』に含まれないのと同様に、およそ故意の符合を認める根拠に欠けると解するのが相当である。この観点からみても、本件の場合は、たとえＡに対する暴行の故意が認められても、Ｂに対する故意犯の成立を認めることはできないというべきである」。したがって、Ｂに対する傷害致死罪の成立を認めることはできない。

3　各学説の整理と問題点の指摘

　学説上は、正当防衛における第三者侵害について、平成14年判決が触れる、3つの見解がある。それぞれ、正当防衛説、緊急避難説、そして誤想防衛説である。ここでは、まず、それらの見解に触れる。その後で、期待可能性がないとする見解にふれる。それぞれ、違法説と「特殊な緊急避難」として構成する説である。[4]

(1)　正当防衛説
　第1の見解は、正当防衛説である。[5]この見解は、急迫不正の侵害に対して、それに対応するかたちで防衛行為を行えば「その防衛行為から生じた結果についても違法性を阻却することを意味する」。「行為だけは適法化しておいて、発生した結果については第三者に発生したので犯罪として処罰するとするのは一貫しない」とする。[6]つまり、Ｘの行為は、あくまでもＡに向けられているのであるから、「〔Ａ〕との関係で違法性の有無が考えられなければならない」[7]のである。以上のように述べて、正当防衛として、違法性が否定されるのだと

4　各学説については、百合草・前掲注2論文194号148頁以下が網羅的であり、かつ、分かりやすい。

5　川端博『刑法総論講義〔3版〕』(成文堂、2013年) 365頁、中野次雄『刑法総論概要〔3版補訂版〕』(成文堂、1997年) 193頁注13 (なお、第三者の法益を侵害しないように「その情況上可能な十分の配慮をして」いたならば、「許された危険」といってよいとする)。

6　川端・前掲注3書204頁。

7　川端・前掲注5書365頁。

する。

　この見解は、行為時において、正当防衛として行われているということを強調する。確かに、結果として第三者への侵害となったとしても、あくまでも行為時に着目すれば、防衛者の主観面においても、そして客観的にも正当防衛を行っているとはいえる。

　しかし、正当防衛の正当化根拠である(として挙げられる)「法確証の利益」という観点からは、侵害者Aに対する対抗行為が法確証の利益を有するとはいえるが、第三者Bへの侵害が法確証の利益を有するとはいえない。正当防衛であるとするのは、次にあげる緊急避難説と異なり、「常に」違法性阻却である。しかし、第三者Bへの侵害が適法であるなどとはできない。特に問題となるのは、「第三者Bからみると、Xの反撃行為を受忍するいわれはまったくない」[8]ことである。平成14年判決が述べるように、「不正の侵害を全く行っていないBに対する侵害を客観的に正当防衛とするのは妥当ではな」いのである。

(2)　緊急避難説

　第2の見解は、まず、第1の見解と同様に、Xの行為が緊急行為であることに着目する。しかし、第1の見解と異なり、防衛者の対抗行為が、第三者Bへの侵害となってしまったことに着目する。つまり、「正」とされる者への緊急行為であるので、緊急避難であるのだという。[9]正当防衛説が、いわば事前的

8　山中敬一『刑法総論〔3版〕』(成文堂、2015年) 507頁。
9　学説上は、最も支持を集めていると思われる。浅田和茂『刑法総論〔2版〕』(成文堂、2019年) 232頁、井田良『講義刑法学・総論〔2版〕』(有斐閣、2018年) 309頁 (但し、緊急避難が認められなくても、誤想防衛として故意が否定されるとする)、内田文昭『刑法概要 (中)』(青林書院、1999年) 112頁 (なお、期待可能性の不存在の議論も可能であるとする)、大塚仁『刑法概説総論〔4版〕』(有斐閣、2008年) 389頁、大谷實『刑法講義総論〔新版5版〕』(成文堂、2019年) 278頁、奥村・前掲注2論文41頁、齊藤・前掲注3論文345頁以下 (なお、Bの存在を認識していた、あるいは認識可能であった場合と、認識が不可能であった場合とでは異なり、前者は後者に比べて行ってよい「防衛」行為は制限される、とする)、斉藤・前掲注2論文236頁以下 (なお、緊急避難の規定を類推適用するとする)、関哲夫『講義刑法総論〔2版〕』(成文堂、2018年) 199頁 (但し、緊急避難が認められなくても、誤想防衛や期待可能性の否定・減弱という理論構成もありうるとする)、伊藤渉ほか『アクチュアル刑法総論』(弘文堂、2005年) 214頁〔成瀬幸典〕、西原春夫『刑法総論改訂版 (上)』(成文堂、1998年) 243頁、橋本正博『刑法総論』(新世社、2015年) 140頁 (但し、過剰防衛と構成する可能性も示唆する)、林幹人『刑法総論〔2版〕』(東京大学出版会、2008年) 192頁 (但し、誤想防衛の可能性もあるとする)、福田平『全訂刑法総論〔5版〕』(有斐閣、2011年) 159頁注3、山口厚『刑法総論〔3版〕』(有斐閣、2016年) 129頁、山中・前掲注8書508頁以下 (なお、防衛者が攻撃者に対して発砲したが、弾丸が「著しく」それてBに直撃した場合は、緊急避難とはすることが出来ない。その際、Bに対しては、未必の故意が認められれば故意犯が、そして、故意がないのであれば——具体的符合説に従い——過失犯が認められるとする)、百合草・前掲注2論文197号139〜140頁 (但し、第三者の法益侵害の可能性を予見していない、あるいは、行為時点において客観的にみて、第三者の法益を侵害する可能性がほとんどなかったという場合は、正当防衛であるとする)。

視点を重視するのに対し、この見解は、いわば事後的視点を重視している。また、緊急避難においては、避難意思が必要である。だが、Xが有するのは、急迫不正の侵害に対抗するという防衛意思である。そこで、この見解は、このような心理状態は、それは現在の危難を回避する意思を併せ含む、と考えている[10]。

しかし、通常、緊急避難においては、緊急状況に陥った避難行為者は、危難を受け入れるか、それとも、第三者に転嫁するかという「二者択一の状況におかれる」が、防衛に際して「第三者の法益を侵害する場合には、行為者(X)と第三者(B)との間に右の関係を認めることができない」。つまり、避難者(X)と第三者(B)との間に利益衝突の場面がないのである[11]。また、緊急避難においては、避難意思が必要であるが、防衛の意思が避難意思に転用できるか疑問である。平成14年判決も、Bへの侵害が「避難に向けられたとはいえないから緊急避難だとするのも相当ではない」としている。

(3) 誤想防衛説

以上のような緊急行為として違法性を否定するのではなく、行為者の故意を否定する見解がある。第3の見解は、誤想防衛であるとするものである[12]。この見解は、Xは事実の錯誤であり故意は否定されると考え、あとは過失犯の成否が問題となるとするのである。平成14年判決が採用した見解でもあり、同

---

10 福田平ほか『対談刑法総論（中）』（有斐閣、1986年）29頁〔大塚仁発言〕。

11 以上については、曽根威彦『刑法原論』（成文堂、2016年）219頁。内藤謙『刑法講義総論（中）』（有斐閣、1986年）387頁も同じ。もっとも、関・前掲注9書199頁は、Xの「反撃行為は第三者Bの正当利益を法益衝突状況に巻き込むもの」であるが、Xが「第三者Bの正当利益を巻き込むことでしか自分の正当利益を保存できない」場合に限定しようと企図している。同様の説明として、斉藤・前掲注2論文237頁は、Aへの侵害が、Bに対する侵害を伴ってしまうという場合は、ここでの「二者択一の状態」がみたされ、緊急避難とする。なお、そういった「二者択一の状態」とはいえない場面については、二者択一の状態より「重くはない」として、緊急避難（少なくとも、その類推適用）とする。

12 木村光江『刑法〔4版〕』（東京大学出版会、2018年）108～109頁（但し、Bの存在を認識したうえでなされた場合においては、Bに対して「正当防衛ではない侵害行為」の認識があるため、誤想防衛ではなく、また、Bを犠牲にするかもしれないが自己を守るためにやむを得ないと誤信していたのであるならば、誤想避難が問題になるとする）、斎藤信治『刑法総論〔6版〕』（有斐閣、2008年）204頁（但し、緊急避難となりうる場合も認める）、佐久間・前掲注2書371～372頁（但し、故意を否定して過失犯の成否を検討にするに際しては、更に緊急避難の成立を検討するとする）、団藤重光『刑法綱要総論〔3版〕』（創文社、1990年）242頁注29（但し、過失が認められた際には、さらに緊急避難が問題となるとする）、樋笠・前掲注2論文68頁、大塚仁ほか編『大コンメンタール刑法(2)〔3版〕』（青林書院、2016年）600頁〔堀籠幸男発言〕（但し、Bに対する「侵害の認容がある」時は緊急避難の問題であるとする）、前田雅英『刑法総論講義〔7版〕』（東京大学出版会、2019年）318頁（但し、XがBに対して、未必の故意を有していた場合は誤想避難の問題であるとする）、前田雅英ほか編『条解刑法〔3版〕』（弘文堂、2013年）117頁、松宮孝明『刑法総論講義〔5版補訂版〕』（成文堂、2018年）151頁。

判決は、「Xが正当防衛だと認識して行為しているため、故意非難を向け得る主観的事情は存在しない」としている。

　学説上も、このような立場が示されており、「防衛者は侵害者を害する可能性しか認識していなかった」、「正当防衛として適法な事実しか認識していなかったがゆえに……故意はなかった」とする[13]。

　しかし、誤想防衛とは、急迫不正の侵害がないにも関わらず、それがあると誤信して、防衛行為をなした場合をいう。それに対して、正当防衛における第三者侵害においては、急迫不正の侵害自体は存在するのであり、通常の誤想防衛とは異なる。そして、何より、「防衛行為の方向性の錯誤を正当防衛状況……の誤認と位置付けることは無理がある[14]」といえるのである。平成14年判決も、誤想防衛そのものということは出来なかったためであろう、「誤想防衛の一種」であるとする。

⑷　違法説

　学説上は、正当防衛、緊急避難、そして誤想防衛とする構成すべてに反対して、Xの行為は端的に「違法」であるとする見解がある(論者は「違法説」あるいは「違法行為説」とする)[15]。もっとも、この見解は、正当防衛における第三者侵害の事案の多くは、「故意・過失(とくに前者)が否定され、あるいは第三者の法益を侵害しないことを期待することが不可能ないし困難[16]」であり、結局、「Xの行為は違法であっても責任が阻却されるケースが大半であろう[17]」として、処罰を積極的に主張するものではない。

　しかし、ここで指摘されている期待可能性に関していえば、論者の意図とは裏腹に責任阻却を導くのは困難ではないだろうか。実務家サイドからは、期待可能性という議論が持ち出された際に、これを欠くとは言いにくいはずとされているのである[18]。そして、そもそも、期待可能性に言及している理由が不明である。何故ならば、違法説の論者は、第三者への侵害が「緊急行為」ではな

13　以上については、松宮・前掲注12書151頁。

14　高橋則夫『刑法総論〔4版〕』(成文堂、2018年) 297頁。

15　曽根・前掲注11書219頁、高橋・前掲注14書297頁。違法説の立場から、立法論的な解決方法を示唆するものとして、西村・前掲注2論文34頁。

16　曽根・前掲注11書219～220頁。論者は、一貫してこのことを指摘している。曽根威彦『刑法における正当化の理論』(成文堂、1980年) 222～223頁。

17　曽根威彦『刑法の重要問題〔総論〕〔2版〕』(成文堂、2005年) 108頁。

18　河原・前掲注2論文118頁。

いとしている。しかし、緊急行為ではないというならば、類型的に、期待可能性がない・減少すると考えるのは困難であるからである。

(5) 「特殊な緊急避難」として構成する説

　以上述べたように、違法説は責任阻却を企図する。しかし、違法説の言う、期待可能性がないという論理も、上述の通り実務的には実践的ではない。そして、期待可能性というかたちで議論することは、論者の意図とは別に、非常に不安定な議論の領域に移行してしまうことを意味する。

　それに対し、次にあげる見解は、期待可能性の議論として、責任阻却として理論構成する。だが、それを37条1項本文の解釈として、つまりあくまでも条文解釈として示すものである。

　第1の見解は、「一般緊急行為」という議論である。この見解は、「それ自体としては許された防衛行為により、違法侵害と無関係な第三者の法益侵害が生じるばあいは解決が困難である」とする。そして、まず、結果発生が偶然であり予見不可能な場合や、「予見可能であっても行為者の能力においてこれを避けうるばあい」——後者はおそらく、事前的には避けられそうであった(が結果が発生してしまった)場合といった意味であると考えられる——は、「許された危険」として違法性が阻却される。しかし、防衛が、必然的に第三者を侵害してしまう場合や、侵害者若しくは第三者のどちらかを択一的に侵害しなければならないという場合、それは「最も困難な問題」となる。その上で、この見解は、その最も困難な問題の解決策として、正当防衛説も緊急避難説も妥当ではないとし、「正当防衛として法が許さないばあいにも一般緊急行為として期待可能性的見地から免責される」。つまり、「違法ではあるが期待可能性のない防衛行為」とする。そして、論者は、「刑法37条は厳格な意味での緊急避難だけではなく緊急行為一般に適用がある」ため、同条によって処理されると述べる。[20]

　第2の見解は、「準緊急避難」とするものであり、次のように述べる。通常の緊急避難においては、避難者は、危難を甘受するか、それとも第三者の法益を犠牲にするかが「二者択一の関係」にあるとする。しかし、正当防衛における第三者侵害においては、こういった関係はない。「不正の侵害に対する防衛行為が同時に偶然または不可避的に第三者の法益の侵害をともなう」という状

19　曽根・前掲注16書222～223頁。

20　以上については、平場安治『刑法における行為概念の研究』(有信堂、1959年) 167～168頁。

態にあるが、通常の緊急避難と同様に、「危難を避けるためになされた第三者の法益への侵害という点で、共通する」。論者は、これを「準緊急避難」とし、37条の緊急避難の規定においては——一般的な緊急避難のほかに——このようなものも含まれるのだという[21]。この見解は、緊急避難を原則として責任阻却事由として考えている。そのため、ここでの議論は「やむを得ずにした行為」を期待可能性がないという趣旨で理解している[22]。

以上2つの見解は、正当防衛における第三者侵害の問題が通常の正当防衛や緊急避難とは異なるということを意識するが、同時に、緊急行為であることを認める。そして、37条1項本文の枠組みに組み入れたうえで、期待可能性についての議論としているところに特色がある。

しかし、「一般緊急行為」説と「準緊急避難」説は、条文解釈として、何故可能なのかの説明に欠けている[23]。また、後者の見解は、前者の見解に対し、「緊急避難概念の独自性が薄れてしまう」とする[24]。他方で、後者は、緊急避難の概念をいたずらに混乱させているのである[25]。

(6) 小括

以上述べてきた通り、正当防衛説、緊急避難説、そして誤想防衛説には問題があった。その意味で違法説は正当である。しかし、違法説や、違法説のもつ欠点をカバーできる、「特殊な緊急避難」として構成する説にもやはり問題があった。

次に、平成14年判決を扱うこととする。同判決においては、法定的符合説の立場に立ちながら、第三者Bへの故意を否定した。そこで、3で述べた各議論と法定的符合説を採用した場合との関係を見てみたい。つまり、法定的符合説を採用すると、ある一定の帰結を採用せざるを得ないのか・そうではないのかである。

---

21 以上については、森下忠「緊急避難の法的性質」中義勝編『論争刑法』(世界思想社、1976年) 73〜74頁。
22 森下・前掲注21論文80頁以下。
23 百合草・前掲注2論文194号159頁。
24 森下・前掲注21論文74頁。
25 山中・前掲注8書509頁。

4　平成14年判決とそこでの「方法の錯誤」の議論

(1)　従来の議論と平成14年判決の議論

　　正当防衛における第三者侵害においては、それが、防衛者たる行為者が意図していない客体に侵害が生じているという問題がある。つまり、方法の錯誤の問題がある。[26]判例・通説は、法定的符合説(抽象的法定符合説)を採用している。例えば、Ｘが、Ａを狙って銃を撃ったところ、弾がそれてＢを直撃したという場合、(意図せざる客体である)Ｂに対して故意を認める。この場合に、Ｘの行為が正当防衛でなされた場合はどうなるのだろうか。具体的符合説(具体的法定符合説)を主張する論者は、かつて次のように述べていた。

　　すなわち、法定的符合説を採用すると「侵害者Ａを傷つけた上、後にいたＢを傷つけたとき、あるいはＢだけを傷つけたときは、Ｂに対する故意が認められることとなる。そうだとすると、Ｂに対して現実に故意があった場合と同じに取り扱われるべきであるから、これを誤想防衛とすることはできない」、と。[27]

　　確かに、法定的符合説に立つ以上、第三者Ｂに対して故意犯が認められるとは考えられるかもしれない。実際に、平成14年判決の原審判決は、法定的符合説の議論に忠実に、Ｂに対する傷害致死罪の成立を認めた。しかし、平成14年判決はそのような議論をとらなかった。先述の通り、正当防衛として、攻撃の対象となる「人」か救助しようとしている「人」かという区別を行い、結局、「人」の符合を認めなかった。「敵か味方かで構成要件的評価を異にするといういわばカール・シュミットの友敵原理を錯誤論に応用したユニークな判例である」[28]といえる(本稿では、平成14年判決の採用した、「味方同士」の「人」か、「相手方グループ」の「人」かで区別する議論を、この議論の言い回しを参考にして、以下、「友敵論」とする)。

(2)　構成要件と違法性との混同という批判

　　平成14年判決に対しては、当然とはいえるが、批判がある。まず、法定的符合説を採用するならば——構成要件該当事実の故意のみならず——防衛の「故意」が、第三者に及ぶと考えることもできるだろう。そのため、例えば、「侵

26　この問題をくわしく扱った論考として、樋笠・前掲注２論文63頁以下（特に76頁以下）がある。
27　平野龍一『刑法総論Ⅱ』（有斐閣、1975年）248頁注１。
28　山中・前掲注８書508頁注31。

害者に対する防衛行為が、防衛行為者の認識した客体と異なる客体に生じている点では事実の錯誤といえる。抽象的法定符合説によるかぎり、正当防衛が認められるべきである[29]」とする見解がある。

そして、何より、「友敵論」に対しては次のような批判がある。本来、構成要件的故意においては、「人」かどうか、正確には「人」の同価値性だけが問題となるはずである。しかし、平成14年判決には、明らかに正当防衛の議論が混淆している。そのため、侵害されたBが「反撃を受ける理由があったか否かという正当防衛の要件は、違法性判断においてはじめて問題となる事柄である」るはずであるといった批判や[30]、「暴行罪の構成要件的判断の中に、違法評価(正当防衛)における侵害者・被救助者の区別を持ち込」んでいるという批判がなされている[31]。

(3) 法定的符合説の意義

しかし、平成14年判決が、「友敵論」を構築するに際して、参考にしたと思われる二つの議論があり[32]、これらはかなり説得的な議論を展開する。第1の見解は、まず、「AがBに切りかかり、これを見た甲がBを防衛するために攻撃者Aの脚を狙ってピストルを撃ったところ、被侵害者Bの脚に当たったという事例」を挙げる。そして、故意を阻却するかどうかは、行為者甲が表象した事実が「違法な事実かどうかが問題になる」。この事例においては、「客体がAであったのかBであったのかが法的に同価値でないのは明らかである」とする[33]。また、第2の見解は、法定的符合説に立った上で次のように述べる。まず、方法の錯誤において、「人質をとって立てこもっている者をねらったが、人質に当たってしまった場合や犯人を逮捕に赴いた同僚の警察官に当たってしまった場合」を挙げる。そして、このように、「結果発生があってはならないと明らかに考えられる者について結果が発生した場合」には、故意犯の成立が否定されるとする。その上で、この議論が「妻子や肉親など」の「結果発生を望

---

29 堀内捷三『刑法総論〔2版〕』(有斐閣、2004年)168頁。昔からこのようなことは言われてきており、例えば、香川達夫「防衛行為と錯誤」同『刑法解釈学の諸問題』(第一法規、1981年)149頁がある。なお、両論者とも、このような議論がありうるはずという趣旨で述べており、自らの支持する考えという趣旨で述べているわけではない。

30 齊藤・前掲注3論文350頁。

31 佐久間・前掲注3論文28頁。更に、大塚仁ほか編『大コンメンタール刑法(3)〔3版〕』(青林書院、2015年)258頁〔佐久間修〕。

32 判タ1114号(2003年)293頁〔匿名解説〕。

33 以上については、井田良「故意における客体の特定および『個数』の特定に関する一考察(2)」法研58巻10号(1985年)79～80頁。

まないことが当然に予想される者」に対しても拡張しうることを示唆する[34]。

そして、近時、法定的符合説は、具体的符合説とは「故意処罰が及ぶ範囲」の決め方がそもそも異なるとする理解が示された。例えば、XがAを狙って銃を撃ったところ、狙いが外れ、意図していなかったBにあたった、という典型的な事案においては、法定的符合説においては、A侵害の予見（と違法性阻却事由不存在の認識）を前提にして、Aに対して故意処罰が認められる。だが、そこから行っているのは、「その故意処罰が及ぶ範囲を、法定的符合の有無によって決める」ということである。そのため、Bへの故意を認めるということは、「B侵害への予見」ということを根拠にしているわけではない、というのである[35]。本稿なりの理解では、ここで示されている議論は、次のようなものである。すなわち、具体的符合説における故意犯の成立範囲は、事実的な「認識」の及ぶ範囲で決めているのに対し、法定的符合説は、「認識」の有無といった事実的なもので決しているのではなく、「法的に符合するか」という、いわば規範的とでもいうような基準によって決している、と。そうしてこのように考えれば、平成14年判決の「友敵論」も法定的符合説としては、十分可能な議論ということとなる[36][37]。

(4) 具体的符合説との関係

平成14年判決に対しては、具体的符合説との親近性があるという指摘がある[38]。それは、個別具体的な客体ごとの故意を問題にするからとされている。しかし、具体的符合説（具体的法定符合説）が故意を否定する典型的な事案と、平成14年判決の事案はかなり異なる。というのも、行為者Xにとっては、意

---

34 以上については、小出錞一「打撃の錯誤」大塚仁ほか編『新実例刑法（総論）』（青林書院、2001年）158頁。

35 以上については、鈴木・前掲注3論文59頁。

36 なお、曲田・前掲注3論文88～89頁は、平成14年判決におけるAとBが、おなじ「人」であっても「反撃を受ける理由のある人」と「ない人」であるので、「社会生活上の意味において」同一であると判断することは不当である、として同判決に賛意を示している。そして、何より、このような説明は法定的符合説でも可能な解釈であると指摘する。更に、佐伯仁志『刑法総論の考え方・楽しみ方』（有斐閣、2013年）269頁。

37 既に指摘されているように、平成14年判決は、Bに対して誤想防衛として故意を否定して過失の有無の問題にしつつ、同時に、その帰結と整合させるために、そのBに対しては、法定的符合説を採用しつつも、故意を否定して過失の有無の問題としており、たくみな理論構成である（齊藤・前掲注3論文354頁注16、曲田・前掲注3論文88頁参照。それに対し、判旨の後半部分は「蛇足」とするものとして、安田・前掲注3論文105頁）。その意味で、ここでの法定的符合説の議論が、恣意的であるのも事実であろう。更に、古くになされている内藤・前掲注11書389頁の指摘も参照。

38 例えば、佐久間・前掲注3論文28頁、松原芳博『刑法総論〔2版〕』（成文堂、2017年）257頁注63。

図せざる客体であるBの存在自体は認識しているはずだからである。また、B
への侵害を意図していないとはいえ、当該行為により、結果発生の高度な蓋然
性があることを理解したうえで、あえて行ったと評価できるならば、それは、
もはや故意であるからである。少なくとも、平成14年判決の事案においては、
切迫した状態における、「緊急」行為時の認識であることは強調されるべきで
あろう。このように考えると、具体的符合説を採用するからといって、ある一
定の帰結が出てくるわけではないこととなる。

　結局、法定的符合説と具体的符合説の両説と、平成14年判決(や類似の多く
の事案)についての故意の存否には、それぞれ必然的なつながりがあるわけで
はないと思われる。そのため、すべてではないのは事実であるが、正当防衛に
おける第三者侵害においては、原則として、方法の錯誤に関する議論と連動さ
せる必要はないのである。

5　検討

(1)　今までの議論のまとめ

　3では、正当防衛における第三者侵害に関して、学説を概観した。まず、誤
想防衛説は妥当ではないだろう。というのも、Xとしては不正の侵害に対抗し
ているのであり、急迫性を誤信しているわけではないからである。

　そして、正当防衛説が述べるように、行為としてはあくまでも正当防衛とし
てなされているという視点は正しいと思われる。しかし、第三者Bは「不正」
ではないという意味では、いわれのない侵害を受けるべきではないのであり緊
急避難説の視点は正しいと思われる。そして、両者が共に指摘するように、X
の行為が緊急行為であることは否定できない。平成14年判決は——事案に即
してではあるが——客観的に緊急性の欠く行為であるとした。学説上では、そ
れに対して、批判がなされているが[39]、そのような批判は正当であるだろう。

　正当防衛説と(多くの)緊急避難説はXの行為に違法性阻却を認める。だが、
実際上可能かどうかはとりあえず措くとして、Bには、Xの行為に対抗して正
当防衛をすることを認めるべきであろう。その意味で、Xの行為は違法である
はずであり、違法説は妥当である。

　しかし、(違法説も含めて)学説があまねく主張するように、Xに対して減軽

---

[39]　例えば、佐久間・前掲注3論文28頁、曲田・前掲注3論文86頁。なお、平成14年判決を担当し
た裁判官（当時）は、近時、前者の文献の批判を受け入れている。水野・前掲注2論文289頁。

的措置を考えている。そこで、期待可能性がないとする立場は妥当であるだろう。但し、違法説のように、緊急行為性に言及せずに、唐突に期待可能性の議論が出てくることは困難である。そして、期待可能性の議論は、法的に不安定な議論である。それに対して、条文上の根拠を有したうえでなされる立場は、ある意味で法的に安定した議論となる。しかし、「特殊な緊急避難」説は、37条1項本文の枠組みで何故扱えるのか説得的な理由づけがなかった。

4では、正当防衛における第三者侵害と方法の錯誤との関連について扱った。判例が採用する法定的符合説(抽象的法定符合説)は、平成14年判決が示したように、その符合の範囲は、いわば規範的に決められるのであり、この問題に関しては、法定的符合説を採用したからといって、特定の帰結が導かれるわけではない。また、平成14年判決をはじめとした多くの事案において、具体的符合説を採用することが、特定の帰結を導くわけでもない。

以上の議論を前提にして、以下では本稿の立場を示すこととする。

(2) 正当防衛説の基本的枠組みの妥当性

繰り返し述べてきた通り、正当防衛における第三者侵害は、まず、緊急行為として把握すべきである。しかし、緊急避難説は正しいとは思われない。緊急避難になるためには、(防衛)行為者において、侵害を甘受するか、それとも第三者を侵害するかという「二者択一の関係」が認められる必要があるが、そのような場合に限定されるのはあまりにも狭すぎる。また、仮にその限定を外すのだとすると、もはや緊急避難という理論構成ができないことを意味するだろう。そして、防衛者Xは正当防衛の前提である「急迫性」がある中で、防衛の意思をもって対抗している。そのような防衛者に、緊急避難としての対抗行為だけを認めるということは不可能であるだろう。行為規範の問題として、防衛者に行うことができるのは、正当防衛以外のなにものでもないはずだからである。その意味で、正当防衛説や誤想防衛説は正しい。

しかし、誤想防衛説を採用すると、仮に厳格責任説[40]に立つ場合、誤想防衛において故意を否定するという議論は採ることができない。責任において、相当な理由がある場合という非常に限定的な場合においてのみ、違法性の錯誤として責任が否定されることとなる。そのような形式的な批判を措くとして、より問題だと思われるのが、誤想防衛説の代表的見解が、過失犯として構成した

---

40 例えば、福田・前掲注9書213〜214頁。

後、更に緊急避難の有無の検討に移ることである。[41] つまり、誤想防衛説を採用することが、単に、故意犯の否定を導いているだけで、防衛者が——それは勿論、主観面だけなのであるが——正当防衛として行っているという観点が出てくるわけではないことである。

　以上述べたように、本稿は、正当防衛説は、その基本的な考えとして正当だと考えている。しかし、既に述べた通り、第三者Bはその侵害を甘受するいわれはない。そうだとすると、どのように考えるべきであろうか。

(3)　過剰防衛説

　上述の通り、正当防衛を基本的な枠組みとして構成し、同時に第三者への侵害を違法とする必要がある。そして、緊急避難説の多くの論者が——当然「特殊な緊急避難」説の論者も指摘するように——ここでのXには期待可能性の減少が認められると指摘している。[42] そうだとすると、Xの罪責は、過剰防衛として構成すべきなのではないだろうか。このように理解すれば、防衛者の行って良いこと・悪いことが、正当防衛・過剰防衛のルールに従うこととなる。そして、過剰防衛の減免根拠論においてなされる、行為時における心理的圧迫等や期待可能性の減少等の議論を採用することができる。何より、あくまでも、侵害者による侵害に対して生じる、責任の減少であるので、条文上の根拠があるため減免されやすく、かつ、実態に即していると思われる。

　すでに、正当防衛における第三者侵害が、過剰防衛の問題であることを指摘する見解が、やや古いものであるが存在する。次のように述べる。

　すなわち、「たとえば、刃物を持って襲いかかる強盗犯人に反撃するため、拳銃を発射し射殺した場合、行為当時の状況からそれが危険から身を護る必要やむをえない」場合には正当防衛が認められ違法性が阻却されるが、「同時にまた、惹起された結果の総合的観察においても防衛の過剰」、つまり、違法事態はない。しかし、「仮に、その際たまたま通りがかりの第三者にも弾丸が命中し死亡させたような場合であったとしたら、過剰防衛として責任を負わなければならぬであろう」、と。[43]

　そして、他説を支持しながら、過剰防衛の可能性を指摘する見解は、学説上、

41　注12参照。この議論に対し、香川・前掲注29論文151頁は「趣旨不明である」と論難する。

42　注9参照。

43　以上については、正田満三郎「刑法における錯誤の理論（下）」曹時22巻3号（1970年）52頁。もっとも、同『刑法体系総論』（良書普及会、1979年）239頁では、過剰防衛説を維持しながらも、その成立範囲が限定されているように見受けられる。

多くではないが存在する。そういった中で、緊急避難説を採用しながら、やや詳しく述べる見解があらわれた。

すなわち、「防衛結果が実現した上、これに加えて過剰結果が生じた場合には、その過剰結果については過剰防衛とすることに合理性が認められるであろう」。そして、防衛に失敗したような、典型的な第三者侵害においては、「本来の防衛が未遂となる一方、第三者の侵害という過剰結果が発生する事態に至った」のであるから、「防衛行為が過剰な結果を生じさせたと把握して、過剰防衛の一種として論ずる余地もある」、と。更に、この見解は、防衛者Xが侵害者Aに対してけん銃を発射し、Aに命中させるとともに、第三者Bにも当たったような場合、「結果的に正当防衛が成功した上で過剰な結果が生じたことになる」として、過剰防衛が「考慮に入るであろう」とする。

結局、正当防衛における第三者侵害とは、この議論が示すように、防衛行為によって、「過剰な結果」を生じさせたものに過ぎないのではないかと思われる。

(4)　正当防衛における違法性阻却の構造と過剰防衛との関係

本稿は過剰防衛説を採用する。しかし、そうすると、防衛者の行為は違法であるので、それに対して正当防衛できるということとなる。それでは、正当防衛における第三者侵害の事案、すなわち、Xが歩いていたところ、Aが突如Xを襲撃してきたため、Xは自らの身を守るため、殺意をもってAに向けてナイフを投げたが、それて第三者Bにあたったという場合、このXの行為は違法であり、このXの行為を、例えば通行人Cが事前に阻止できるということとなってしまう。

この問題に関しては、正当防衛における違法性阻却の構造を検討し、過剰防衛において違法性が認められる構造から検討してみたい。まず、正当防衛における違法性阻却を、いわば完全に事後的に考える見解がある。次のように述べる。

すなわち、「攻撃者の法益の要保護性よりも高く評価される被攻撃者の法益の要保護性を守ったという、優越利益の原理に正当防衛の違法阻却の根拠を求める立場からするなら、防衛行為の『必要性』とは、その行為に『防衛効果』

44　例えば、香川・前掲注2論文138頁、曽根・前掲注16書222頁、中野・前掲注5書193頁注13、平野龍一『犯罪論の諸問題（上）総論』（有斐閣、1981年）77頁。

45　以上については、橋本・前掲注9書141頁注23。

46　佐久間修ほか『刑法基本講義 総論・各論〔3版〕』（有斐閣、2019年）157頁〔橋本正博〕。

が存在すること、すなわち、危殆化されている利益を結果的に守るという効果があることをいうと解すべきである」[47]、と。

　しかし、この見解には批判がなされている。論者は、防衛結果が生じてはじめて違法性阻却効果があると解してしまっては、その正当防衛行為に対して、正当防衛が可能となってしまう。そのため、「正当防衛の制度趣旨を無にしないためには、法益保護を実現する可能性のある行為まで許容する」必要があると述べ、「防衛行為の段階ですでに違法性阻却」がなされていることを認めるべきとする[48]。そして、論者は——興味深いのであるが——「過剰防衛にしかなりえない行為」や「過剰防衛の意思で行われ、過剰防衛の可能性がある行為」については、違法行為ないしそれに向けられた行為であるため、「当然許されない」として、事前の違法性阻却を否定するのである[49]。

　だが、過剰防衛となりうる行為であっても、常に、事前的観点から違法とできるわけではない。例えば、次のような場合が考えられる。

　「AがXの財布を窃取したため、Xは財布を取り返そうと考え、逃げていくAに目がけて石を投げた。このとき、Xの行為は、そのままだとAの頭部を直撃するような客観的な危険性が存在し、そのため相当性を逸脱するようなものであった。ところが、Xの投げた行為により、Aが驚き転んだため、結局、石が頭部をかすめるだけであり、Xの行為は相当性の枠内でおさまった」。

　このように、事前的には過剰防衛と評価されうる行為が、事後的に見れば、正当防衛におさまることはありうる。そして、正当防衛として違法性阻却されるのだとすると、この例におけるXの行為も、やはり事前に違法性阻却されている必要があるだろう。そして、違法性阻却されているということは、当該行為に対しては、正当防衛で対抗できないということである。結局、次のように言えるのではないか。つまり、過剰防衛とされうる行為も、それが正当防衛になりうる類型であるならば、違法であるという評価を事前的に行うことは出来ない。そのため、当該防衛行為に対しては、（通行人等が）正当防衛で対抗できない、と。

　以上のように考えると、正当防衛における第三者侵害においても、それが正当防衛になりうる可能性のある行為であるならば、事前的には、当該行為に対しては正当防衛で対抗することは出来ないということである。他方で、上述の

47　山本輝之「優越利益の原理からの根拠づけと正当防衛の限界」刑法35巻2号（1996年）211頁。
48　以上については、山口・前掲注9書132～133頁。
49　山口・前掲注9書133頁。

見解の言葉を借りれば、「過剰防衛にしかなりえない行為」がなされている場合、例えば、防衛者の反撃行為において弾丸が「著しく」それているような場合[50]においては、仮に当該防衛行為が(過剰防衛の成立すら否定されるというわけではなく)過剰防衛として評価されるとしても、事前的には違法であり、(通行人等が)正当防衛として対抗できることとなると思われる。

　本稿は、以上のように、過剰防衛説の立場からも、「事前の」違法という評価を避ける(そのため、通行人Cの対抗行為を否定する)。そして、過剰防衛説であるから、「事後の」違法という評価を認める(そのため、受忍を否定し、第三者Bの対抗行為を肯定する)。

(5)　過剰防衛説からの帰結

　最後に、本稿なりの帰結を示すこととする。まず、平成14年判決であるが、Xは実兄Bの存在を認識したうえで、当該行為に出ている。そして、暴行罪の成立には、被害者への接触は不要であり、単に不法な有形力の行使とそれに対応する認識が存在すれば十分である[51]。本事案では、Bへの暴行とそれに対応する故意があるのであり、その上で、Bが負傷して死亡しているのであるから、傷害致死罪が認められるであろう(この限度で第1審判決は正しいと思われる)。そして、過剰防衛であるので、合わせて刑法36条2項が適用されるべきということとなる。

　次に、「Aが突如Xを襲撃してきたため、Xは自らの身を守るため、傷害の故意をもってAに向けてナイフを投げたが、それて第三者Bにあたり、Bを負傷させた」という場合を考えてみる。まず、Bを認識していていたのであるならば、傷害罪と過剰防衛が認められるであろう。この場合、Aを侵害すると共にBを侵害した場合と、Aを侵害せずにBだけを侵害した場合とで差はない。後者においては防衛結果が存在しないが、正当防衛において防衛結果が不要である以上、過剰防衛においても防衛結果は不要であるはずだからである[52]。

　なお、上述の事案において、Bの存在を認識していなかった場合であるが、それは過剰防衛における過剰性の誤認の事案と同じとなると思われる。それは、一般的な理解に従えば、過失の過剰防衛なのであり、すなわち誤想防衛

50　山中・前掲注8書511頁。なお、この事案は、正当防衛における第三者侵害としてありうる事案として挙げられているものである。注9も参照。

51　本事案における「暴行」の解釈については、百合草・前掲注3論文291頁以下が詳しい。

52　本稿のような考えに反対する立場として、町野朔「誤想防衛・過剰防衛」警察研究50巻9号(1979年)52頁及び53頁注10。

の問題となる(ここでは方法の錯誤に関する議論を持ち出す必要がなくなる)。そして、過失致傷罪と過剰防衛が認められることとなる。[53]

〔謝辞〕

　新倉修先生には、長きにわたり多くのことをお教え頂いてきました。本稿はつたないものではありますが、新倉先生への感謝を込めて謹んで捧げます。

(あまり・こうじ／國學院大學法学部教授)

53　但し、厳格責任説を採用する場合には、過失犯は認められない。

「実行の着手」の規範論的構造
最高裁平成30年判決をめぐって

高橋則夫

1 　はじめに
2 　規範論から見た「実行の着手」
3 　実行の着手時期と未遂犯の処罰時期
4 　本判決における「詐欺罪の実行の着手時期」判断の構造
5 　本判決における「詐欺罪の実行の着手時期」判断の分析
6 　おわりに

1　はじめに

　はるか昔、宮澤浩一先生主催のドイツ刑事法研究会による「西ドイツ刑事法事情」が判例タイムズに連載され、まだ博士課程在学中であった私は、「予備と未遂の区別について」というテーマで連邦通常裁判所第1刑事部1975年9月16日判決の評釈を書かせていただいた。[1]事案は以下のようなものであった。被告人らは、夕刻、強盗をしようと選んだガソリンスタンドに来たが、誰もいなかった。そこで、スタンド内にある住居へ向かい、ドアの前でストッキングで覆面をして、共同被告人Kがドアベルを鳴らした。Kはピストルを手に持っていた。彼らは、ドアベルが鳴れば、誰かが現れるだろうと想定し、誰かが出てきたら、直ちにその者をピストルで脅迫し、拘束して財物を奪取するつもりでいた。しかし、ドアベルを鳴らしても誰も現れず、窓をたたいても無駄であったが、その時、向かいの家から一人の婦人が外を見ていたので、自分たちも発見されると考え、計画の実現を放棄した。この事案に対して、連邦通常裁判所は、強盗未遂罪の成立を認めた。すなわち、「彼らは、主観的には、『そ

1 　拙稿「予備と未遂の区別について——BGHSt 26, 201」判タ391号（1979年）48頁参照。

れいまだ』という敷居をまたぎ、客観的には、構成要件に該当する攻撃行為を開始したのである。なぜなら、その行為は、中間行為なしに(現れた者をピストルで脅迫するという)構成要件の実現へと合流するものと解されるからである。」と。この判決の結論について、当時驚きを隠せなかった。というのは、強盗罪における暴行・脅迫の相手方が現れず、暴行・脅迫がまったくない本事案に対して、わが国では、到底、強盗の実行の着手を肯定することはできないと思ったからである。実行の着手時期につき、主観面に重点を置くドイツの判例および学説状況は、この問題については参考にならないと確信したわけである。ところが、近時、このようなドイツ的な実行の着手概念を支持する見解が有力化しつつあるのみならず、本稿で取りあげる、最判平成30・3・22刑集72巻1号82頁(以下、最高裁平成30年判決と略す)は、このような見解から支持し得るものと評価され、さらに驚きを感じた次第である。

ドイツ刑法22条は、未遂の概念規定について、「行為についての自らの表象により、直接、構成要件の実現に着手した者は、犯罪行為の未遂を行ったものである。(Eine Straftat versucht, wer nach seiner Vorstellung von der Tat zur Verwirklichung des Tatbestandes unmittelbar ansetzt.)」と規定する。この規定の特徴点は、まず、和訳では「未遂」とされているが、ドイツ語では、「versucht」とされ、まさに「試みる」のであり、未遂が行為として捉えられていること、次に、「自己の表象により」という主観面が規定されていること、「直接」という要件が「着手」とは別個に規定されていることである。

これに対して、わが刑法43条は、「犯罪の実行に着手してこれを遂げなかった(者)」と規定されており、これを独訳すれば、「Wenn jemand die Ausführung einer Straftat begonnen, aber sie nicht vollendet hat.」となり、「既遂とならなかった」という客観的な結果構成となっているのである。すなわち、わが国の未遂犯は、「試みる」も「自己の表象により」も「直接」も規定されておらず、まさに、「結果が発生しなかった」という事態、これを

---

2 佐藤拓磨『未遂犯と実行の着手』(慶應義塾大学出版会、2016年)178頁以下、二本柳誠「ドイツにおける実行の着手論」名城ロー41号(2018年)139頁以下、冨川雅満「ドイツ判例に見る詐欺未遂の開始時期——実行の着手論と欺罔概念との交錯領域」立教ロー11号(2018年)156頁以下など参照。

3 さらに、ドイツ刑法23条3項の不能未遂によれば、ドイツ刑法においては、「処罰される不能犯」という概念が存在し、主観的に未遂犯を捉えていることは明らかである。

4 これによれば、実行の着手に先行する直前行為でも未遂犯が成立する可能性が容易に導かれることになろう。

5 これに対して、Sato, Entwicklung der japanischen Versuchsdogmatik, GA 2017, S. 434は、日本刑法43条の未遂規定の独訳として、versucht を当てている。

言い換えれば、「結果としての危険」を重視しているのである。これを規範論的に分析すれば、未遂犯は、行為規範のカテゴリーではなく、制裁規範のカテゴリーに属していると解することができ、これに対して、「実行の着手」概念は、行為規範のカテゴリーに属するものと解されるのである。

本稿は、「実行の着手」の規範論的構造を明らかにすることによって、実行の着手時期と未遂犯の処罰時期を分析し、最高裁平成30年判決に対して若干の検討を加えるものである。

2　規範論から見た「実行の着手」

刑法規範は、法規範であることから、「行為規範と制裁規範の結合」から構成され、行為規範は、法益保護のために設定されているが、それは、事前的・予防的な法益保護であり、人間の行為対する禁止・命令として機能する。実行行為概念は、一定の「行為」に対する刑法的評価によって生成するのであり、行為規範は、このような行為を遂行することを事前に禁止する。そして、行為規範「違反」の存否は、行為規範が法益保護のために設定されていることから、法益に対する一定の危険の存在によって判断される。この危険は、事前的・予防的な法益保護と行為規範違反の特定という視点から、一般的・抽象的な危険で足りるのである。現在、実行行為概念が、形式的な判断ではなく、実質的な判断であり、その基礎には危険概念があることについてはほぼ一致している。問題は、その危険をどのように、どの段階で把握するかということにあり、それは、以上のように、事前的に判断される一般的・抽象的な危険と解されるのである。[6]

他方、「実行の着手」概念は、規範論的にどのように解されるべきであろうか。前述のように、禁止・命令規範である行為規範は、一定の行為に向けられており、その行為を刑法的評価である構成要件該当性判断によって、その行為は実行行為となる。一定の行為の時点に実行行為性が肯定されるわけであるから、それは、行為の開始時点でなければならない。すなわち、この「行為の開始」が「実行の着手」であり、両者が乖離することは、行為規範の対象である行為が分断され、行為規範の存在意味が没却されることになる。要するに、「実行の着手」なければ実行行為はなく、実行行為なければ「実行の着手」はない

6　以上につき、拙著『刑法総論〔4版〕』（成文堂、2018年）9頁以下、105頁以下、同『規範論と刑法解釈論』（成文堂、2007年）4頁以下、34頁以下参照。

のである[7]。

　以上に対して、実行の着手を「時間的概念」であるとする見解が、以前から主張されている[8]。この見解は、とりわけ、離隔犯や間接正犯における実行の着手時期を遅らせる法理であることに注意しなければならない。たとえば、甲が、Ｘを殺害しようと、毒まんじゅうを郵送したが、配達人が途中で品物を落とし、犬がそれを素早く食べて死亡したため、Ｘ宅に届く前に事件が発覚した場合、甲には、殺人予備罪が成立し、まんじゅうがＸ宅に到着した時点で、殺人の実行の着手(そして殺人未遂罪)の成立を肯定するのである。この見解は、実行行為と実行の着手とを分離するわけである。すなわち、実行行為＝実行の着手という等号を否定し、実行の着手＝未遂犯成立という等号を維持する考え方である。これによれば、行為者の自然的行為の後、具体的危険が発生した段階(到達時)に実行の着手が認められ(したがって未遂犯が成立し)、それによって、当初の自然的行為が実行行為に転化することになる。実行の着手という概念を単に時間を画する概念と捉え、具体的危険の発生まではいまだ予備段階とする点に意味がある。

　しかし、このような見解は、行為規範の視点から、妥当でないことは前述したとおりである。行為規範は、事前的に郵送行為それ自体に対して働きかけるわけであり、到達段階に、行為規範が働きかける行為は存在しないのである。

　問題は、この「実行行為と実行の着手の分離」という見解から、実行の着手時期を「早める」、すなわち、実行行為の前段階に「実行の着手時期」を認める法理が導かれている点にある。

3　実行の着手時期と未遂犯の処罰時期

　前述した「実行行為と実行の着手の分離」という見解は、実行の着手＝未遂犯の成立という等号についてはこれを維持するものであり、これまで、実行の着手時期の問題と未遂犯の処罰時期の問題とは表裏の関係にあるものと理解されてきた。曽根博士の分類によれば、この見解は「一体説」と称される[9]。すなわち、「実行の着手が認められれば、法益侵害の危険が発生したものとして

7　以上につき、拙著・前掲注6『刑法総論』107頁以下参照。これに対して、最高裁平成30年判決における山口補足意見は、「実行行為でなくとも実行の着手あり」というテーゼを採用している。

8　平野龍一「正犯と実行」佐伯千仭還暦『犯罪と刑罰（上）』（有斐閣、1968年）453頁以下（同『犯罪論の諸問題（上）総論』（有斐閣、1981年）127頁以下所収）参照。

9　曽根威彦『刑法原論』（成文堂、2016年）474頁以下参照。

直ちに未遂犯として処罰が可能となり、反対に、法益侵害の危険が発生しない場合には、未遂犯として処罰されないのはもとより、そもそも実行の着手が認められ」ないという見解がこれである。しかし、この見解は、「実行の着手」の危険と、未遂犯として処罰すべき危険とを同視するものであり、たしかに、両者は、多くの場合には一致するが、間接正犯や離隔犯などの場合には一致しないのであり、そもそも、「実行の着手と未遂犯成立との同時存在」を肯定することには問題がある。

　前述のように、実行行為は、行為規範違反の行為として位置づけられねばならず、行為規範は法益保護のために設定されていることから、法益との関連を検討する必要がある。行為規範は一般人に向けられた禁止・命令規範であるが、行為者の行為をその内容とするがゆえに、行為者の主観を含めた行為に対する、一般人の立場から行われる危険判断である。ここにおける危険は、行為規範違反の行為か否かを特定するための事前的な危険判断で足りる。したがって、実行行為における危険の内容は、行為の法益への抽象的危険で足りるという結論に至り、また、実行行為の開始である実行の着手も同様の判断を行うことになるわけである。これに対して、未遂犯における危険は、それが発生することにより、未遂犯の成立が肯定されるものであり、その危険の発生は制裁規範の発動条件として理解され、制裁規範の発動条件としての危険は、制裁規範の正当化根拠である刑罰目的から決定されなければならない。私見によれば、刑罰目的は、基本的に、行為者・被害者・コミュニティの３者の再生(法的平和の回復)にあると考えるが、これによれば、行為が被害者領域に介入してはじめて処罰することになり、それは、行為客体(および法益)に対する具体的危険が発生した段階で処罰することが原則とされるべきだからである。[10]

　以上によれば、実行の着手と同時に実行行為性は肯定されるが、それは法益に対する抽象的危険性によって判断され、その後、法益に対する具体的危険性が発生したときに未遂犯の成立が認められることになる。[11]

　結局、曽根博士の分類による「分離説」が妥当であり、「行為の危険性」と「結

---

[10]　拙著・前掲注６『刑法総論』12頁以下、同「不能犯における『行為規範と制裁規範の結合』」増田豊古稀『市民的自由のための市民的熟議と刑事法』(勁草書房、2018年) 189頁以下参照。

[11]　したがって、予備罪の中にも、実行行為＝実行の着手がまだ認められない事前予備罪と、実行行為＝実行の着手が認められてもまだ未遂段階に至らない実行予備罪の二類型が存在することと、予備行為の危険と実行行為＝実行の着手の危険とはどちらも法益への抽象的危険行為である点は共通であるが、後者の危険は「未遂 (具体的危険発生) に至り得る危険」である点に違いがあること、および通常の犯罪の場合、実行行為＝実行の着手が認められると同時に、未遂犯の成立も認められることになろうが、それは、両者がたまたま同時存在した結果にすぎないことに注意しなければならない。

果としての危険」は区別されなければならない。この分離説の理論構成として、「行為の危険性」を43条の「犯罪の実行に着手して」という要件に関わる問題と位置づける点では一致があるものの、「結果としての危険」をどのように位置づけるかについて争いがある。この点につき、曽根博士は、次のように述べる。すなわち、「刑法43条は、未遂犯の構成要素として実行の着手(行為の危険性)と既遂結果の不発生のみを規定し、第3の要件である具体的危険の発生(結果としての危険)は未遂犯の不文の成立要件と解するのである。43条が『具体的危険の発生』を明文化しなかったのは、実行の着手があれば通常同時に具体的危険も発生するからであり、したがって、実行の着手したにもかかわらず具体的危険の発生しないことが例外的事情であることを考えると、理論構成としては『具体的危険の不発生』を消極的に未遂犯成立阻却事由と構成することが可能であろう。」と。たしかに、43条の文言は、「実行の着手」と「既遂結果の不発生」のみを規定し、さらなる要件を包含させることにはやや困難を伴うかもしれない。しかし、具体的危険の不発生を違法阻却事由と同じレベルに位置づけることは、禁止・命令規範と許容規範との性質の差異を看過するものであり、さらに、そもそも「具体的危険の(不)発生」は、私見によれば、制裁規範のカテゴリーに属するものであることから妥当ではないだろう。「具体的危険の発生」は、43条の「これを遂げなかった」という文言に包含され、そこでは、「具体的危険は発生したが既遂結果は発生しなかった」という意味に限定解釈されるべきである。

4　本判決における「詐欺罪の実行の着手時期」判断の構造

　これまで、各犯罪類型の実行の着手時期について、窃盗罪、強制性交等罪、放火罪などが問題とされ、詐欺罪についてはあまり議論されてこなかった。それは、詐欺罪の行為が欺罔行為であり、欺罔行為が実行行為であり、欺罔行為の開始時が詐欺罪の実行の着手時期であることに争いがなく、また、欺罔行為は「交付・処分行為に向けられた行為」であるとして、窃盗罪との区別基準として機能していたことなどによるものであろう。しかし、欺罔行為が「交付・

12　曽根・前掲注9『刑法原論』478頁参照。

13　鈴木茂嗣『刑法総論〔2版〕』(成文堂、2011年) 189頁参照。この意味で、松原芳博『刑法総論〔2版〕』(日本評論社、2017年) 311頁が、「具体的危険の発生」を不文の構成要件要素と解するのは妥当である。

「実行の着手」の規範論的構造　101

処分行為に向けられた行為」であるとしても、複数回の嘘をつくような場合、一連の嘘のどの段階に、詐欺罪の実行の着手を肯定するのかは問題となる。

とにかく、従来、欺罔行為は「交付・処分行為に向けられた行為」であり、その行為の開始時が詐欺罪の実行の着手時期であることは自明であり、安定的な処理がなされていた。たとえば、保険金詐欺が問題となった、大判昭和7・6・15刑集11巻859頁は、保険金の対象である家屋に放火した時点では、詐欺罪の実行の着手は認められず、その後、失火を装って保険会社に保険金の支払いを請求した段階ではじめて詐欺未遂が肯定されると判示した。もっとも、最判昭和29・10・22刑集8巻9号1616頁は、競輪選手の被告人が他の選手と通謀して八百長レースを行った事案につき、「詐欺の実行の着手は八百長レースを通謀した選手らがスタートラインに立った時」であると判示し、欺罔行為以前に着手を肯定したようにも解されるが、本件の被欺罔者は「競輪施行者及びその実施を担当する自転車振興会の各係員」であり、錯誤の内容は「右係員らがそれぞれ本件八百長レースを公正なレースの如く誤信したこと」であり、さらに、被告人らは、レース開始前に投票券を購入しており、その行為を含めて欺罔行為が判断され、結局、レースそれ自体が欺罔行為において不可欠な要素と解されたのである[14]。

以上のように、従来、欺罔行為は交付要求行為であり、それに該当しない行為に詐欺罪の実行の着手は肯定されてこなかったのであり、欺罔行為ではないが、詐欺罪の実行の着手を肯定するという論理はとられてこなかったといえるであろう。

このような状況の中、最高裁平成30年判決は、詐欺罪の実行の着手時期について注目すべき判断を行ったわけである。

事案の概要は以下のとおりである。被害者Aは、平成28年6月8日、甥になりすました氏名不詳者からの電話で、仕事の関係で現金を至急必要としている旨の嘘を言われ、その旨誤信し、甥の勤務する会社の系列社員と称する者に現金100万円を交付した。Aは、平成28年6月9日午前11時20分頃、警察官を名乗る氏名不詳者からの電話で、「昨日、駅の所で、不審な男を捕まえたんですが、その犯人が被害者の名前を言っています。」「昨日、詐欺の被害に遭っていないですか。」「口座にはまだどのくらいの金額が残っているんですか。」「銀行に今すぐ行って全部下ろした方がいいですよ。」「前日の100万円を取り

14　寺尾正二・最判解（昭和29年度）313頁注5参照。

返すので協力してほしい。」などと言われ（1回目の電話）、さらに、同日午後1時1分頃、警察官を名乗る氏名不詳者らからの電話で、「僕、向かいますから。」「2時前には到着できるよう僕の方で態勢整えますので。」などと言われた（2回目の電話）。被告人は、平成28年6月8日夜、氏名不詳者から、警察官を装ってAから現金を受け取るよう指示され、その指示に従ってA宅に向かったが、A宅に到着する前に警察官から職務質問を受けて逮捕された。氏名不詳者らの計画は、詐欺の被害を回復するために協力するという名目で、警察官であると誤信させたAに預金口座から現金を払い戻させ、警察官を装ってA宅を訪問する予定でいた被告人にそれを交付させてだまし取るとというものであり、氏名不詳者らと被告人は、その計画に基づいて行動していた。

　1審は、詐欺未遂罪の成立を認めたが、2審は、以下のように判示して、詐欺罪の実行の着手を否定し、無罪を言い渡した。すなわち、「刑法246条1項にいう『人を欺』く行為とは、財物の交付に向けて人を錯誤に陥らせる行為をいうものと解される。」ところ、原判決が認定した犯罪事実には、「財物の交付に向けた明示的な欺罔文言が記載されたと解し得るものはな」く、「黙示的に財物の交付を求めるものであるとは解し得ない。」「被害者に対し警察官を装って預金を現金化するよう説得する行為は、氏名不詳者らにとっては財物の交付へ向けた準備行為を促す行為であるものの、それにとどまるのであって、詐欺被害の現実的・具体的な危険を発生させる行為とは認められないと解するのが相当である」と。

　これに対して、最高裁は、以下のように判示して、詐欺罪の実行の着手を肯定し、詐欺未遂罪の成立を認めた。すなわち、本件嘘を述べた行為は、「被害者をして、本件嘘が真実であると誤信させることによって、あらかじめ現金を被害者宅に移動させた上で、後に被害者宅を訪問して警察官を装って現金の交付を求める予定であった被告人に対して現金を交付させるための計画の一環として行われたものであり、本件嘘の内容は、その犯行計画上、被害者が現金を交付するか否かを判断する前提となるよう予定された事項に係る重要なものであったと認められる。そして、このように段階を踏んで嘘を重ねながら現金を交付させるための犯行計画の下において述べられた本件嘘には、預金口座から現金を下ろして被害者宅に移動させることを求める趣旨の文言や、間もなく警察官が被害者宅を訪問することを予告する文言といった、被害者に現金の交付を求める行為に直接つながる嘘が含まれており、既に100万円の詐欺被害に遭っていた被害者に対し、本件嘘を真実であると誤信させることは、被害者にお

いて、間もなく被害者宅を訪問しようとしていた被告人の求めに応じて即座に現金を交付してしまう危険性を著しく高めるものといえる。このような事実関係の下においては、本件嘘を一連のものとして被害者に対して述べた段階において、被害者に現金の交付を求める文言を述べていないとしても、詐欺罪の実行の着手があったと認められる。」と。さらに、山口厚裁判官の補足意見は、次のとおりである。すなわち、「詐欺の実行行為である『人を欺く行為』が認められるためには、財物等を交付させる目的で、交付の判断の基礎となる重要な事項について欺くことが必要である。詐欺未遂罪はこのような『人を欺く行為』に着手すれば成立し得るが、そうでなければ成立し得ないわけではない。従来の当審判例によれば、犯罪の実行行為自体ではなくとも、実行行為に密接であって、被害を生じさせる客観的な危険性が認められる行為に着手することによっても未遂罪は成立し得るのである(最高裁平成15年(あ)第1625号同16年3月22日第一小法廷決定・刑集58巻3号187頁参照)。したがって、財物の交付を求める行為が行われていないということは、詐欺の実行行為である『人を欺く行為』自体への着手がいまだ認められないとはいえても、詐欺未遂罪が成立しないということを必ずしも意味するものではない。未遂罪の成否において問題となるのは、実行行為に『密接』で『客観的な危険性』が認められる行為への着手が認められるかであり、この判断に当たっては『密接』性と『客観的な危険性』とを、相互に関連させながらも、それらが重畳的に求められている趣旨を踏まえて検討することが必要である。特に重要なのは、無限定な未遂罪処罰を避け、処罰範囲を適切かつ明確に画定するという観点から、上記『密接』性を判断することである。本件では、預金口座から現金を下ろすように求める1回目の電話があり、現金が被害者宅に移動した後に、間もなく警察官が被害者宅を訪問することを予告する2回目の電話が行われている。このように、本件では、警察官になりすました被告人が被害者宅において現金の交付を求めることが計画され、その段階で詐欺の実行行為としての『人を欺く行為』がなされることが予定されているが、警察官の訪問を予告する上記2回目の電話により、その行為に『密接』な行為が行われていると解することができる。また、前日詐欺被害にあった被害者が本件の一連の嘘により欺かれて現金を交付する危険性は、上記2回目の電話により著しく高まったものと認められる。こうして、預金口座から下ろした現金の被害者宅への移動を挟んで2回の電話が一連のものとして行われた本件事案においては、1回目の電話の時点で未遂罪が成立し得るかどうかはともかく、2回目の電話によって、詐欺の実行行為に密接な行

為がなされたと明らかにいえ、詐欺未遂罪の成立を肯定することができると解されるのである。」と。[15]

　以上のような、最高裁平成30年判決をどのように理解するかが問題となるが、いくつかの特徴点を挙げることにしたい。

　第1に、被害者に対して現金の交付を求める行為がない場合でも、詐欺罪の実行の着手を肯定し得る。

　第2に、それは、嘘の内容として、被害者に現金の交付を求める行為に「直接つながる嘘」が含まれている場合である。

　第3に、それは、現金を交付させるための「計画の一環」として行われたことが前提である。

　第4に、嘘の内容は、犯行計画上、被害者が現金を交付するか否かを判断する前提となるよう予定された事項に係る重要なものでなければならない。

　第5に、被害者に誤信させることが、間もなく被害者宅を訪問しようとしていた被告人の求めに応じて即座に現金を交付してしまう「危険性を著しく高める」ものである。

　以上のことから、本件嘘は、「一連のものとして被害者に対して述べた段階」で、「被害者に現金の交付を求める文言を述べていないとしても、詐欺罪の実行の着手があったと認められる。」とされたわけである。

　さらに、山口補足意見の特徴点は以下のとおりである。

　第1に、犯罪の実行行為自体ではなくとも、実行行為に密接であって、被害を生じさせる客観的な危険性が認められる行為に着手することによっても未遂罪は成立し得る。

　第2に、未遂罪の成否において問題となるのは、実行行為に『密接』で『客観的な危険性』が認められる行為への着手が認められるかである。

　第3に、第2の判断に当たっては『密接』性と『客観的な危険性』とを、相互に関連させながらも、それらが重畳的に求められている趣旨を踏まえて検討することが必要である。

　第4に、警察官の訪問を予告する2回目の電話により、その行為に『密接』な行為が行われていると解することができ、また、前日詐欺被害にあった被害

15　本判決につき、成瀬幸典「判批」法教454号（2018年）140頁、豊田兼彦「判批」法セミ761号（2018年）121頁、前田雅英「判批」捜査研究810号（2018年）2頁、佐藤拓磨「判批」刑ジャ57号（2018年）21頁、二本栁誠「判批」刑ジャ57号（2018年）33頁、塩見淳「判批」法教461号（2019年）49頁参照。本件2審につき、冨川雅満「判批」法時90巻3号（2018年）113頁、樋口亮介「判批」法セミ759号（2018年）50頁、矢野隆史「判批」研修830号（2017年）95頁参照。

者が本件の一連の嘘により欺かれて現金を交付する危険性は、上記2回目の電話により著しく高まったものと認められる。

5　本判決における「詐欺罪の実行の着手時期」判断の分析

以上のように、本判決は、交付要求行為がない場合でも、詐欺罪の実行の着手を肯定したが、その理論的根拠が問われなければならない。とくに、本判決が「実行行為概念」についてどのように解しているのかが問題となる。

前記4の法廷意見の特徴点第2においては、嘘の内容が交付要求行為に「直接つながる嘘」が含まれているというのは、実行行為を交付要求行為に限定し、その直前に実行の着手を認める考え方(①)に近いように思われる。これに対して、前記4の法廷意見の特徴点第3においては、嘘が交付させるための「計画の一環」として行われているというのは、複数行為における着手時期確定の問題として、行為者の計画から第1行為(嘘)と第2行為(交付要求行為)の関係から実行の着手を認める考え方(②)に近いかもしれない。さらに、前記4の法廷意見の特徴点第5においては、被害者に誤信させる行為が現金交付の「危険性」を高めるというのは、法益への危険が問題とされ、その観点から実行の着手を認める考え方(③)がとられている。

このように、本判決の考え方は、実行の着手時期に関するいくつかの学説を包含しているものと解することができる。すなわち、①は形式的客観説、②は折衷説、③は実質的客観説というのがこれである。この点につき、さらに検討を加えることにしたい。[16]

まず、形式的客観説は、構成要件の一部を実現することが実行の着手であるとする見解である。[17]この見解に対しては、以前から、基準が明確でないこと、

---

[16]　実行の着手時期については、学説上、以前の主観説か客観説かという論争から、客観説内部の論争に転換し、形式的客観説、実質的客観説、折衷説の3者の対立となり、近時では、多数説vs.有力説という対立図式が示されている。この近時の対立図式によれば、多数説は、実行行為（本来的な構成要件該当行為）を基点としてそれと密接な行為の限度で未遂処罰の前倒しを肯定するという形式的限定とともに、既遂に至る具体的な危険性による実質的限定を、重畳的に認める考え方であり、有力説は、実行の着手の判断に際して、行為者の計画をベースに、その進捗度をみるという手法を採用する考え方である。多数説と有力説の対置について、樋口亮介「実行の着手」東大ロー13号(2018年)56頁以下、佐藤拓磨「実行の着手について」研修838号(2018年)3頁以下など参照。しかし、私見によれば、この有力説は、実行の着手論において、「危険概念」を放逐することによって、行為者計画を基礎とした自動性を基準とし、構成要件該当行為という形式的限定をも放棄するものであり、それは新たな主観説であると評価でき、妥当でないだろう。以下では、この図式でいうところの多数説の立場から検討を加えていきたい。

[17]　小野清一郎『刑法講義総論〔新訂増補版〕』(有斐閣、1950年)182頁、団藤重光『刑法綱要総論〔3版〕』(創文社、1990年)354頁以下参照。

また、着手時期が遅くなることなどの批判があった。そこで、この見解からは、実行行為に「密接な行為」というものを設定し、その行為に着手時期を求めざるを得なかったのである[18]。したがって、この見解によれば、実行行為と「実行の着手」の分離が容易に認められることになる。しかし、なぜ「密接性」や「直接性」を設定し、実行の着手を前倒しするかといえば、それは「法益への危険」という実質的視点が重要であることを認めざるを得ないからである。注意すべきは、形式的客観説は、実行行為を構成要件に該当する行為というようにトートロジー的な定型に限定していることであり、そこに問題があったことを看過すべきではないだろう。

　これに対して、通説化した見解は、法益への現実的危険性との関連で実質的に「実行の着手」の有無を判断する実質的客観説であった[19]。この見解によれば、実行行為を形式的な定型に限定する必要はなく、実行の着手を前倒しすることが可能となり、「実行の着手」と実行行為を同置することができる。その意味で、実行行為概念を拡張する考え方といえよう。もっとも、実質的客観説を徹底すれば、法益侵害の具体的危険が発生した時点が未遂成立時期となり、その時点に「実行の着手」を肯定し、それによって、事後的に「実行行為性」が肯定されるというように、「実行の着手」と「実行行為」を分離することも可能である。実行の着手は、法益侵害の具体的危険の発生を確認する時間的概念とされるわけである。

　最後に、折衷説であるが、これは、行為者の犯罪計画全体に照らし、法益侵害の危険が切迫した時点に実行の着手を求める見解である[20]。故意を超えて具体的な犯罪計画を判断の基礎とする点に特色がある。私見は、実行行為を行為規範違反行為と捉え、危険概念との関係では、事前判断による「法益に対する抽象的危険」と解することから、そのような意味での折衷説を妥当と解する。判例も、折衷説を基本にしていると評価できるであろう。

　本判決においては、以上の3説が混在していると評価できる。したがって、どの説からも根拠づけ可能であるが、各説から本判決はどのように根拠づけられるであろうか。

18　塩見淳「実行の着手について（3・完）」論叢121巻6号（1987年）15頁以下参照。

19　福田平『刑法総論〔全訂5版〕』（有斐閣、2011年）229頁、大塚仁『刑法概説（総論）〔4版〕』（有斐閣、2008年）171頁、平野龍一『刑法総論(II)』（有斐閣、1976年）313頁、大谷實『刑法講義総論〔新版4版〕』（成文堂、2012年）365頁など参照。

20　西原春夫『刑法総論（上）〔改訂版〕』（成文堂、1993年）326頁、川端博『刑法総論講義〔3版〕』（成文堂、2013年）481頁、西田典之『刑法総論〔2版〕』（弘文堂、2010年）306頁、野村稔『刑法総論〔補訂版〕』（成文堂、1998年）333頁など参照。

形式的客観説によれば、実行行為を交付要求行為としつつ、実行行為に先行する行為に「密接性」あるいは「直接性」が認められれば、「実行の着手」が肯定されることになる。すなわち、交付要求行為に「直接つながる嘘」がこれである。しかし、前述したように、「密接性」あるいは「直接性」は「法益への危険」を考慮しないで判断することはできないのである。「実行行為への密接性・直接性」ではなく、「法益への危険」が問題とされなければならない。すなわち、交付要求行為の密接性・直接性ではなく、財産的損害の危険という実質的観点によって判断されなければならないだろう。

　これに対して、実質的客観説によれば、端的に、本件「一連の嘘」に財産的損害の危険が認められるか否かが問題となる。これが肯定されれば、その行為に実行の着手が認められると同時に、その行為が実行行為と認められることになる。本件では、被害者が前日に詐欺被害にあっている事情を考慮すれば、被害者が財産を交付する危険性は高かったように思われる。しかし、「一連の嘘」それ自体の危険性を判断し、その行為を欺罔行為することは、本件の行為が「複数行為による犯罪実現」の形態であることを看過するとともに、その結果、実行行為の内容を拡張する根拠が単に法益の危険だけでは不十分であるように思われる。すなわち、「複数行為による犯罪実現」の形態においては、いわゆる「一連の行為論」の展開が不可欠なのである。

　折衷説は、行為者の犯罪計画を基礎に置いた危険判断を行うことになり、「複数行為による犯罪実現」という形態の処理として最も妥当な考え方である。というのは、「複数行為による犯罪実現」という形態は、行為者の計画との関連を考慮する必要があり、「事前的な一連の行為論」の適用場面であるからである。[21]この意味で、最決平成16・3・22刑集58巻3号187頁（以下、最高裁平成16年決定と略す）における「第1行為と第2行為との連関」を考慮することが必要であり、同決定で示された3つの考慮要素によって判断されなければならない。すなわち、「複数行為による犯罪実現」形態において、実行の着手時期の前倒しを認めるためには、「第1行為と第2行為との連関」を考慮してはじめて可能となるのである。

　最高裁平成16年決定は、第1行為それ自体の危険性から実行の着手時期を肯定したのではなく、第1行為と第2行為の連関、すなわち、第1行為は第2行為を確実かつ容易に行うために必要不可欠なものであったといえること、第

21　拙著・前掲注6『刑法総論』393頁注22参照。

１行為に成功した場合にそれ以降の殺害計画を遂行する上で障害となるような特段の事情が存しなかったと認められること、第１行為と第２行為との間の時間的場所的近接性という、３つの考慮要素を指摘して、「第１行為は第２行為に密接な行為であり、……第１行為を開始した時点で既に殺人に至る客観的な危険性が明らかに認められる」として、第１行為時に実行の着手時期を肯定したのである。この３つの考慮要素についてはいくつかの問題点があるが、ここでは、第１行為の危険性の有無と程度が問題となる。第１行為にまったく危険性が存しない場合に、第２行為との連関によって、危険性を認めることは、実行の着手時期を著しく早める結果となる。たとえば、放火罪において、灯油を部屋に撒布しただけでは、放火罪の実行の着手は肯定されていない（千葉地判平成16・5・25判タ1188号347頁）。しかし、灯油を撒いたあとライターで着火させるという第２行為を引き合いに出して、灯油の撒布時に放火罪の実行の着手を認めることは妥当ではないだろう。したがって、第１行為に危険性がまったくない場合は、「第１行為と第２行為との連関」による判断を行うべきではなく、第１行為の危険性は一定程度存するが、それ単体では、着手の危険を肯定するには不十分な場合に、それを補足するものとして、第２行為との連関を考慮すべきである。すなわち、第１行為にまったく危険性が存しない場合には、実行の着手を肯定すべきではないだろう。最高裁平成16年決定においても、クロロホルムそれ自体が一定程度の危険性があることを前提としたものと解することができる。すなわち、「複数行為による犯罪実現」を処理する場合、はじめに「行為者の計画」ありきではなく、第１行為の客観的危険性の有無を判断し、第１行為単体で客観的危険性が十分に認められる場合には、そこに実行の着手を肯定し、第１行為単体では客観的危険性が不十分にしか認められない場合には、第２行為との連関を考慮してはじめて実行の着手が肯定されることになる。

　本判決が詐欺罪の実行の着手時期を肯定した論理は、明示的ではないが、以上の判断構造(第１行為と第２行為との連関)に基づくように思われる。本判決において、とくに、嘘の内容として被害者に現金の交付を求める行為に「直接つながる嘘」が含まれていること、現金を交付させるための「計画の一環」として行われていることなどが指摘されていることは、「第１行為と第２行為との連関」を考慮しているといえるであろう。

6 おわりに

　以上のように、最高裁平成30年判決における詐欺罪の実行の着手時期については、最高裁平成16年決定の判断構造を基礎としてのみ賛同できる。本判決は、この点を明らかにしなかったことから、前述のように、実行の着手時期をめぐる様々な見解が混在している結果となったのである。「一連の嘘」のみを問題とするのではなく、第1行為の「一連の嘘」と第2行為の「交付要求行為」とを「一連の行為」として、第1行為の「一連の嘘」を欺罔行為として実行行為と位置づけ、そこに詐欺罪の実行の着手時期を認めることが簡明であったように思われる[22]。もっとも、私見によれば、前述のように、第1行為に実行の着手を肯定したとしても、まだ未遂犯は成立せず、法益への具体的危険が発生したときに未遂犯が成立することになることから、本件においては、被告人がA宅に到着した段階で未遂犯が成立すると解するべきであり、まだ到着していない段階では、未遂犯の成立を認めることは困難といわざるを得ないだろう[23]。

（たかはし・のりお／早稲田大学法学部教授）

22　この点で、本判決は、冨川・前掲注15判批117頁の見解によって根拠づけられることになろう。

23　なお、詐欺罪の構造につき付言すれば、詐欺罪は「被害者を利用した間接正犯」を類型化したものと解することができる。この点につき、Kindhäuser, Betrug als vertypte mitelbare Täterschaft, in: Festschrift für Bemmann, 1997, S. 347f., 354f. 参照。そうであれば、間接正犯の実行の着手時期についての判例の立場（被利用者の行為時）によれば、未遂犯の成立は認められないことになろう。

不能犯論
客観的危険説を基点とした多元的不能犯論

中野正剛

はじめに
1　前稿の要約（補遺）と本稿の帰結
2　応答
3　私見の基本的な立場
4　具体的適用
まとめにかえて

　本稿は、わたくしにとり、ドクトル・ファーターのお一人である新倉修名誉教授に献呈される。そのため、卑見の一端をおもに報告させて頂くという性格を持ち、他説の検討は省略されており、もっぱら今後のご指導を仰ぐべき一里塚というものにすぎない。

はじめに

(1)　不能犯とは何か

　高橋則夫教授によれば、不能犯とは、「一定の行為によって結果（法益の侵害・危険）が発生しなかったことを前提として、それにもかかわらず、その行為が法益への危険を発生させる可能性があったか否かを問うものである」と指摘されており、その規範論の当否は措いて、危険発生の可能性の存否を問うという点では認識を同じくするものである。応報的視点から、不能犯についても、一定の危険の発生を問う見解が有力であるところ、わたくしは、未遂犯とし

1　高橋則夫「不能犯における『行為規範と制裁規範の結合』」伊東研祐ほか編著『市民的自由のための市民的熟議と刑事法』（勁草書房、2018年）186頁。
2　佐伯仁志『刑法総論の考え方・楽しみ方』（有斐閣、2013年）351頁。

ての処罰に必要な実害に近い高度の可能性は不要であると考えている[3]。すなわち、結論として、不能犯の判断とは、オルトラン(J. L. E. Ortolan, 1802～1873)の論法を引けば、因果関係の起点となる原因がゼロの場合となるであろうし、あるいは裁判官の思考経済上、原則として刑罰を科す必要の『全くない』ものであることが明らかな場合を実行の着手の判断に入る前に排除しておくと述べることもできるであろう[4]。

(2) 不能犯と実行の着手との関係

また、わたくしは、オルトランにならい、不能犯の成否も、実行の着手の成否の問題と同じく、ともに「実行行為」の成否の問題であるとも認識している[5]。例えば、放火の故意を持ち、古紙の山に点火したが、そこはじつはゴミ処理場に併設された焼却炉を兼ねた室内に所在しており、一般人であれば誰でも焼却室であると気がつく部屋であったところ行為者だけが焼却室であることに気がついておらず、放火を企てた事案を考えてみれば明らかであろう。我が43条の構造に鑑みて、実行の着手はあるが、事案は不能犯であるとの判断は奇妙であろう。犯罪の実行の着手の評価に入る前に、不能犯の評価を下しておけば思考経済上合理的であって、不能犯も、実行の着手とともに統一的な基準をたてて解決を図る必要があろう。

(3) 不能犯と既遂犯の関係

他方、あまり指摘されてはこなかったが次の視点もまた重要であろう。構成要件的結果が生じれば既遂罪が成立すべき行為から、たまたま結果が生じなければ未遂罪とするのは道理にかなっている。ところが、構成要件的結果が生じなければ不能犯と評価されるべき行為(迷信犯など)から、たまたま結果(呪いをかけられていることに気を病んだ被害者がそのために衰弱死した)が生じても(因果関係を欠くと評するか否かは措くとして)、殺人罪としては無罪とせねばならな

3 　同旨、佐藤拓磨『未遂犯と実行の着手』(慶應義塾大学出版会、2016年) 82頁、さらに樋口亮介「実行行為概念について」『西田典之先生献呈論文集』(有斐閣、2017年) 34頁。なお、不能犯とは、およそ不可罰とされてしまう場合であるから、実行行為に必要な危険はきわめて程度の低いものとしなければ不合理であるとするのは、柏木千秋『刑法総論』(有斐閣、1982年) 156頁。

4 　オルトランの論についての紹介は、中野正剛「オルトランの未遂犯論」刑法雑誌55巻2号42頁以下参照。同『未遂犯論の基礎』(成文堂、2014年) 55～56頁参照。こうした考えは、訴訟の煩雑さを回避する上で有用と説く、岡田侑大「不能犯と規範構造の関係について」早研150号100～101頁にも見ることができる。

5 　中野・前掲注4論文42頁以下。

112

いのが道理であろう。未遂であれば不能犯であるところ、構成要件的結果が発生すれば既遂罪が成り立つというのは深く考えると論理矛盾といわざるを得ないのではあるまいか。不能犯の問題は従来未遂犯の問題としてのみ扱われてきたかと思われる。かくなるように、じっさいには既遂罪との関係も念頭に置かなければならない問題であるとも認識しておかなければなるまい。

(4) 不能犯の判断

　先般わたくしは、日本刑法学会大会(2015年)での個別報告で、明確性の原則に即して不能犯の評価基準も策定されなければならないと、オルトランに学び研究報告をした[6]。そこで、研究報告の内容を踏まえ、自説の一端を、前稿「不能犯論・覚書」(川端博ほか『理論刑法学の探究⑩』成文堂、2017年)(以後、「前稿」と記す)で具体的に述べた。ここで注意したことは、評価基準(評価の時点と評価主体)と評価対象をめぐり時として明確さを欠く「危険」という概念をなるべく用いないようにしながら不能犯の判断基準を定立することはできないかということであった。そこで、新倉修名誉教授による分類にならい[7]、不能犯論を不能論的アプローチと危険論的アプローチとに大きく分け、オルトランによる所論を前者に位置づけた[8]。わたくしが着目したのは、絶対的不能相対的不能説(客観的危険説)のアプローチである。佐藤拓磨教授は、すでにわたくしの所説を前田説に引きつけて正当にも客観的危険説と位置づけておられる[9]。拙著『未遂犯論の基礎』(成文堂、2014年)で明らかにしたように、この絶対的不能相対的不能説(以下では今日の一般的用法に従い、客観的危険説と表記する)のア

6　中野・前掲注4論文45〜46頁。

7　新倉修「不能犯」阿部純二＝川端博『基本問題セミナー刑法(1)総論』(一粒社、1992年)279〜280頁。

8　なお、私見に対する反対説として、末道康之「フランス新古典学派の未遂犯概念に関する一考察」南山41巻3・4号293頁がある。その当否を論じるには、オルトランとボアソードが実際に掲げた用例のさらなる集積が待たれよう。また、ボアソナードが時の司法卿大木喬任らに捧げたフランス語で認められた旧刑法改正注釈書の性格は立法提案であって、彼固有の学説を認識するための刑法書と位置づけるには慎重である必要があろうかとも思われる。ともあれ、井田良教授の所説の影響を受け具体的危険説をおとりになる末道教授の不能犯理論の背景を知ることができる重要な文献であることには相違がない。
　さらに近時、東條明徳准教授による注目すべき論攷が現れた。その主眼は、実行の着手論におかれたものであるが、イタリアで法学を学び、フランスで刑法書を著したロッシこそがフランスの不能犯論の嚆矢であると原典に当たり指摘されている。東條明徳「実行の着手論の再検討(1)」法協136巻3号254頁以下、また、同「実行の着手論の再検討(2)」法学協会雑誌136巻3号196頁以下では不能犯論をフランスに先駆け行ったのはイタリーのロマニョジであることも原典に依拠し指摘をしている。なお、本稿について、木庭顕教授による評価がある。木庭顕『笑うケースメソッド(Ⅲ)現代日本刑事法の基礎を問う』(勁草書房、2019年)10、159頁など。

9　佐藤・前掲注3書73頁。なお、近時、前田雅英教授は具体的危険説に立たれることを明らかにされた。前田雅英『刑法総論講義〔7版〕』(東京大学出版会、2019年)119頁。

プローチはすでに我が国黎明期の刑法学の礎を築いた考え方でもあった。

　本稿を起こすに当たり、近時、重厚なる研究書、原口伸夫『未遂犯論の諸問題』(成文堂、2017年)、佐藤拓磨『未遂犯と実行の着手』(慶應義塾大学出版会、2016年)が立て続けに上梓されたのを目の当たりにして、今さら何を付け加えるか？の感もなきにしもあらずだが、原口説は具体的危険説、佐藤説は修正客観的危険説の立場に立ち、わたくし自身とは異なる立場にあるので、若干の異見を述べる次第である。

1　前稿の要約(補遺)と本稿の帰結

⑴　前稿で明示した不能犯の判断基準の要点

　はじめに、前稿で明示した不能犯の判断基準につき要点を述べておく。

　　オルトランの説いた考えを下敷きに、行為の中に直接結果を生じる原因が現実に含まれているかどうかという視点を中核においた、構成要件段階で機能する不能犯論の構成である[10]。法益保護を中心に置き、事後的、科学的に評価して、個別事案において保護されるべき法益がはじめから欠如している場合を不能犯と評価するべきであるとの方向性を明示した(絶対的不能)。

　　ほかに、すでに別稿で明示してある項目であるが[11]、私は定型説の立場に立ち、次の各場合も構成要件該当性の段階で定型性を欠き絶対的不能に当たるものと考えている。すなわち、犯行の手段が構成要件上限定されている、昏睡強盗罪(239条)や行為の主体が構成要件上限定されている涜職罪(193条ほか)、行為の際の状況が限定されている消火妨害罪(114条)などは他罪との関係から当該犯罪の構成要件該当性が認められず構成要件該当性がなく未遂も既遂罪も成立し得ない場合に加えて、法律・制度・慣行を理由に定型的に結果の生じ得ない場合も不能犯に加える。

10　中野正剛「不能犯論・覚書」川端博ほか『理論刑法学の探究⑽』(成文堂、2017年) 234頁、同・前掲注4論文42〜43頁。

11　中野正剛「定型説の立場からの事実の欠如における『本質的な構成要件要素』に関する一試論」東洋大学大学院紀要24号110頁以下参照。そこでは、団藤重光博士の定型説に学んで、もっぱら実行行為の類似した他の罪と識別されるべき構成要件要素や、その罪の成立にとり必須とされる構成要件要素を本質的構成要件要素と位置づけ、本質的構成要件要素の認識の仕方を述べたものにすぎない。なお、当時は不能犯論につき具体的危険説を妥当と位置づけていたが、現在は説を改めている。

114

たとえば、訴訟詐欺の事案で、借受金の利息の一部の支払いを免れるため、抵当物件の任意競売開始決定に際し、行為者が異議を申し立てるため、債務の一部履行の事実を証明するための債権者名義の変造一部弁済領収書を作成しこれを裁判所に提出したものの、民事訴訟法、競売法(いずれも当時)の規定により、異議申し立ての裁判では領収書などに基づいて弁済の事実を調査することが司法手続上はじめから予定されず、決定を下すことになっているので、裁判所に対する詐欺未遂の成否を論じる必要がないといった場合も、絶対的不能に分類される。参照判例として、大判昭2・6・20刑集6巻216頁。

　また、一般線引き小切手を銀行窓口に差し出して現金の交付を得ようとする場合、手形小切手法(当時)上あるいは銀行のとる取引慣行上、行為者が支払人の取引先を装うなどしない限り、当該小切手の換金は不能である場合も絶対的不能にあたると考えている。参考判例として、東京地判昭47・11・7刑月4巻11号1817頁がある。

　さらに、略式命令謄本の罰金額の記載を改ざん変造して検察庁徴収係事務官に提出の上、罰金額の納付を一部免れようとした事案につき詐欺未遂罪の成立を否定したが、その理由として罰金徴収手続きについて徴収事務規定に従い納付者から罰金として現金が郵送された場合は徴収係員が必ず徴収金原票により罰金額を確認した上で送付金がこれに満たない場合には調査などすることが手続き上要請されている取扱いとされている以上、罰金差額につき徴収係員を欺罔することは想定できず、不能犯に当たる。参考判例として、水戸地判昭42・6・6下刑集9巻6号836頁がある。

　他方、これ以外を一律に未遂犯(相対的不能)と位置づけるのではなく、さらに違法性の観点から、「社会秩序の紊乱」を基準に置くことで不能犯か未遂犯かを判別すべき場合のあることも述べている。

　前者は、構成要件的結果発生に必要な条件の単純な存否に関わることから形式的判断になじむ構成要件該当性レベルでのテーゼ、後者はその行為が行われた時と場所に応じて判断にグラデーションを帯びることから発展的動的過程を実質的に判断する実質的違法性レベルでのテーゼである。両者を併せて不能犯論を構成するので、多元的不能犯論の立場に立つ。[12]

12　2段階で、不能犯論を構成されている論者として、西山富夫「未遂犯の違法性と責任性」井上正治還暦『刑事法学の諸相 (上)』(有斐閣、1981年) 73頁以下、大谷實『刑法講義総論〔新版5版〕』(成文堂、2019年) 381～382頁。

```
┌─ 前稿をふまえて本稿で明らかにされる帰結のあらまし ──────

  不能犯→構成要件該当性段階　；修正定型説(保護法益の欠缺、定型説に
　　　　　　　　　　　　　　　　おける本質的構成要件要素の欠缺　＊定
　　　　　　　　　　　　　　　　型説の実質として具体的危険説に替えて
　　　　　　　　　　　　　　　　客観的危険説をおく)の立場
　　　　→違法性段階　　　　　；社会秩序無価値説(法益保護を内容と
　　　　　　　　　　　　　　　　する社会秩序無価値の立場)

└──────────────────────────────────────
```

(2)　前稿で示した不能犯の事例──保護される法益の欠如、定型性の欠如

ア　客体の不能の例

(ア)　生命身体犯(生命身体の安全の保障を法益とする)

① 　医科学的には死亡しているとの鑑定結果を裁判所が信用した死体に対する殺人行為(不能犯)。

② 　客体がその場に現に存在しないため法益侵害の危険がない場合。

たとえば、ベッドの中で死亡していた場合に加え、被害者が外出中で在室していない場合でのベッドへの射撃行為(不能犯)。

＊その部屋にほかの誰かが在室していた場合や隣のベッドに寝ていたとか、狙撃されたベッドからずり落ちて寝ていたなどの場合には、被害者などに対して弾が命中する物理的可能性が残されているので殺人未遂罪が成立する。

(イ)　財産犯(事実上の占有を法益とする)

③ 　まったく懐中に持ち合わせのない被害者だけに対する窃盗行為(不能犯)。

＊被害者の着衣の別の場所に財布が入っていた場合には、事実上の占有侵害の危険が残されており、窃盗未遂罪が成立する。

イ　方法の不能の例

① 　手段として使う物を錯誤によって取り違えた場合(不能犯)。

無毒の瓶しか並んでいない場所で、毒入り瓶と錯覚してその１つを取り出して被害者に服用させたばあい(不能犯)。

＊１つでも毒入り瓶の並んでいる場所から、毒入り瓶と錯覚して無毒

の瓶を取り出して被害者に服用させた場合は殺人未遂罪。

② 手段の作用について錯誤がある場合。

勤務中の警官の携帯していた銃を発砲したところ空砲であった場合、殺人未遂罪。

③ 手段のもつ効果について錯誤のあった場合。

人の死という結果を生じさせる原因が存在しない硫黄による毒殺事例は、迷信犯と同じく、不能犯。

致死量に満たない量の空気の注射の場合、殺人未遂罪。ただし、医科学上、人の死亡という結果が絶対に生じ得ない空気の量が定説化されている場合には、不能犯。

（補遺）

④ 法律・制度・慣行を理由に絶対に結果の生じ得ない場合も不能犯。

たとえば、訴訟詐欺の事案で、借受金の利息の一部の支払いを免れるため、抵当物件の任意競売開始決定に際し、行為者が異議を申し立てるため、債務の一部履行の事実を証明するための債権者名義の変造一部弁済領収書を作成しこれを裁判所に提出したものの、民事訴訟法、競売法（いずれも当時）の規定により、異議申し立ての裁判では領収書などに基づいて弁済の事実を調査することが司法手続上はじめから予定されず、決定を下すことになっているので、裁判所に対する詐欺未遂の成否を論じる必要がないといった場合（絶対的不能）。

一般線引き小切手を銀行窓口に差し出して現金の交付を得ようとする場合、手形小切手法（当時）上あるいは銀行のとる取引慣行上、行為者が支払人の取引先を装うなどしない限り、当該小切手の換金は不能である場合（絶対的不能）など。

ウ 主体の不能

一定の身分を欠くことにより、その罪の犯罪性を基礎づける法益を侵害できない場合、不能犯。

2 応答

さいわい、前稿につき同学の士から、その内容につき、懇切なご質問を戴いているので、了承を得て、その要旨とわたくしの回答をここに紹介して、本稿をお読みいただく読者の便宜としよう。

不能犯論 117

(1)　問い

　「Ⅴ　私見」において、「行為者の行った『行為』を放任することが社会秩序の紊乱につながるか否か」を不能犯か否かの判断基準とする見解が示されている。この判断基準が明確にされたことの反面で、却って浮き彫りになる疑問がある。それは、評価の対象として行為者の行った行為をどのように切り分けようとしているのかということである。

　すなわち、毒殺未遂事例で、中野が示す「行為者が被害者を毒殺しようとてたまたま取り出した瓶の内容が無毒であったとしても、そうした行為が社会で放任されることは、無毒の瓶しか並べられていない薬品棚から取り出した場合は別として、人が毒殺される可能性はゼロとはいえない」として、現実には薬品棚から無毒の物質が入った瓶をとり出していたとしても、当該行為の殺人未遂罪としての可罰性を肯定している。そうすると、ここでは、無毒の瓶しか並べられていない薬品棚から取り出した場合は別として、「実際に毒薬の入った瓶も存在する薬品棚から瓶を取り出して人に投与する行為」が社会で許容された場合に、社会秩序の紊乱が生じるか否かが論点とされるわけだが、現実の事案では無毒の瓶が用いられたことは、社会秩序の紊乱につながるか否かの判断に当たり、捨象されているのではないか。

　ほかにも、空気注射の事例についても、現実の被害者の健康状態を捨象しているのではないか。つまり、中野の見解では「当該行為時の当該被害者との関係で、絶対に被害者が死なない量の空気の注射」という行為が社会で放任されることを可とするかを問題にしているわけではなく、実際の事案においては絶対に被害者が死なない量であったとしても、一般に「空気を人の血管に注射する行為」が放任されることは社会秩序の紊乱につながりうるため、未遂として処罰することが必要だとしている。

　そうだとすると、中野の見解からも、社会秩序の紊乱という判断基準における判断対象となる行為は、現実の行為との関係で一定の類型化・抽象化を行ったものであるといわざるを得ず、そうであるとすれば、その類型化・抽象化の基準は何かということがさらに問われざるを得ないと考える。従来の使い古された分類法に従うと、中野の見解では、不能犯の「判断基準」は明確になったけれど、「判断基底」の方はさらなる問題として積み残されたと思う。

(2)　応答

　前稿では紙幅の関係から、「判断基底」すなわち評価の対象としての「行為論」

の説明を省略していたことから生まれた批評と考えた。

　わたくしの行為論の研究は、構成要件の想定する行為と行為者の実際にとった行為との相関関係の分析から始められた。つまり、実質的違法性の評価が、なぜ人の行為に結びつけられて行われるのかを考える。

　①「法がその時その場所で一般に命令禁止する行為とその結果」と②「その行為者が実際にその時その場所で行った行為とその結果」とが存在論的に両立し得ない意味連関をもつことが違法性の実質(社会秩序の紊乱)と考えている。未遂犯(不能犯)の違法性に結びつけて説明すれば、「法がその時その場所で一般に命令禁止する行為」と「行為者が実際にその時その場所で行った行為」とが両立しないことが、違法なのであると考えるわけである。

　無毒の瓶しか並んでいない具体的な状況下で、繰り返し行為者が毒の入った瓶を探して毒殺に使用しても、両者は両立する。無毒の瓶しか並んでいないところで、なんども毒入りの瓶を探しても、毒入りの瓶はないからである(不能犯)。ところが、毒入り瓶のある薬棚から無毒の瓶を取り違えて毒殺に使用した場合はいかがであろうか。行為者がその時その場所で行った行為(毒入り瓶の混じった場所と時間に無毒の瓶を選び取ったこと)は、法がその時その場所で命令禁止する行為と両立するであろうか。毒入り瓶の選択される可能性がゼロといえない場所で、無毒の瓶を行為者は選び取ったに過ぎない。両者は両立し得ないとなる(可罰的な未遂犯)。もっとも、毒入り瓶が棚の中にではなく、じっさいには一般人にも行為者にとっても目の届かない天井裏や行為者も気がつかなかった隠し部屋の中の棚に実在した場合も考えられる。この場合には現実世界には毒入り瓶が行為者の手の届く範囲にあったといえなくもない。しかし、行為者が犯行の際に行動した範囲のなかに実際に毒入り瓶が現在していなければ、なかったものと扱わなければならないと考えている。あくまでも、彼が行動した空間の中に毒入り瓶が現在していなければならない。行為者の行動した範囲の外にある世界の出来事まで評価対象に取り込んでしまうことは行為者のとった行動範囲内で評価されるべき刑事責任の土俵枠を無限に拡張することにつながり妥当でないと考えるからである。

　これが、わたくしの行為論である。すなわち、行為者が実際にとった「行為」だけを視野に入れ込んで評価の対象と設定するのではなくて、それと、法の想定する行為(その時その場所で人はどのように行為するべきか——例えば、毒劇物のしまってある薬品棚から薬品を取り出す行為をするな)と比較して、２つの行為は両立するかしないかを問うわけである。その薬品棚に毒入り瓶がゼロの場所と

不能犯論　119

時間に行為者が錯覚して毒入り瓶と思って取り出しても法の想定する行為と両立する。毒入り瓶のないところで瓶を探して殺人の材料に使っても、そのことによって惹起される社会秩序の紊乱はないといえるからである。ところが、1つでも毒入り瓶のある棚からという場所と時間に、行為者が取り違えて無毒の瓶を殺人の材料に使っていた場合、法の想定する行為と両立し得ず、社会秩序の紊乱があると考えるわけである。

　行為者の行為の構造だけを取り出して考えるのではなく、それと対応関係にある法(構成要件)の想定する行為の構造と両立するかしないかを常に考えるわけである。これが、わたくしの行為論である。ゆえに、不能犯か否かの評価の対象も、行為者の行為だけを取り出して論じているわけではなく、その行為が行われた場所と時間に毒入り瓶が存在したのか否か？他方、空気注射の事例に当てはめて述べれば、空気は人体に取り込まれることで血管内に空気栓塞をもたらす可能性を持つという点で有害物質であること、さらに判例(最判昭37・3・23刑集16巻3号305頁)の事案では遺伝性梅毒に罹患した健康状態にある被害者を対象にした空気注射事例であるので、その空気注射の行われた場所と時間を前提に考えれば、両者は両立せず、したがって、不能犯は成立せず可罰的な未遂犯と評価を受けるのである。けっきょく、「判断基底」すなわち、評価の対象の範囲と限界は、行為者の実際にとった行為のみならず、法の措定する行為との相関関係で決まる。行為者がその時その場所で行ったその行為の構造だけを取り出して不能犯か否かを考えているわけではないのである。

(3)　再び問い

　ある具体的な、特定の時間、場所において、社会秩序の維持のために、法が行為者に何を命じているかを問題とするわけであろう。そうすると、最初の発問で尋ねた、どのような判断基底に基づいて行為を切り出してくるかというプロセス自体が不要になるということがわかった。他方で、このような行為論を採った場合、古典的な行為無価値論との関係はどのような関係に立つのか。

(4)　応答

　最後の問い、古典的な行為無価値論との関係はどのような関係に立つのかは、不能犯の問題だけに収まりきれないので別稿で明らかにしたい。[13]

13　なお、行為論や構成要件論、有責性との関係や共犯論の構成などを概観したものとして、すでに簡単な教科書として中野正剛『刑法通論』(伊藤書店、1998年) がある。なお、私は4分法体系

3 私見の基本的な立場

まず、私見では「社会秩序の紊乱」を違法性判断の要に置くので、それがどのような基本的立場から導き出されてくるのかを、本稿で詳しく述べておこう。

(1) 問題の所在——法益侵害説と規範違反説

違法性の実質について大きく分類すると2つの流れが一般に認められる。

そのうちの一つは、個別具体的な行為が、他者の保護法益を侵害したときに、違法性があるとする考え方(法益侵害説)。いまひとつは、行為そのものの持つ性質の中に違法性の実質が含まれているとする考え方(規範違反説)がある。

前者の考え方を純化すると、違法性を純粋に客観的な(間主観的な要素を排除した)評価規範違反と理解し、評価の対象も客観的に存在したすべての事実を基礎におき、間主観性を排除した科学的知見に準拠し、事後判断に徹するという方向に赴くことにつながろう。そこでは、被害者を狙撃したところ始めから空砲であったため射殺し損なった場合には、違法性評価の構造上、事案を不能犯として処理せざるを得ない場合が生まれる。その理解が妥当とすれば、未遂処罰規定が形骸化することを懸念せざるを得なくなる。法益という観念を知らなかったものの、オルトランが、客体の不能を不能犯とした論理に通じる。すなわち、結果発生につながる直接的危険源が欠如し、その結果として不能犯が成立するという論理である。[14] そこで、たとえば不能犯の成立範囲を制限し未遂犯が成立する範囲を拡張しようと工夫を凝らせば、「個別具体的なその事案」に即して、結果が生じるための科学的不確実性を考察したり(村井敏邦、林陽一)[15]、仮定的事実の存在可能性(山口厚、松原芳博)[16]、あるいは行為時から結果不発生へとつながる因果系列の切り分け(宗岡嗣郎)[17]や「事実関係の抽象化類型

を採り、構成要件論では定型説に与する。

14 中野・前掲注4書53頁。

15 村井敏邦「不能犯」芝原邦爾ほか編『刑法理論の現代的展開総論(II)』(日本評論社、1990年) 182頁以下、林陽一「不能犯について」『松尾浩也先生古稀祝賀論文集（上）』(有斐閣、1998年) 388頁。

16 山口厚『刑法総論〔3版〕』(有斐閣、2016年) 290頁、松原芳博『刑法総論〔2版〕』(日本評論社、2017年) 336頁。ほかに、小林憲太郎『刑法総論の理論と実務』(判例時報社、2018年) 468頁以下、佐伯仁志『刑法総論の考え方・楽しみ方』(有斐閣、2013年) 350頁以下、西田典之『刑法総論〔2版〕』(弘文堂、2010年) 311頁など。

17 宗岡嗣郎『客観的未遂論の基本構造』(成文堂、1990年) 22頁以下。

化」といった作業工程(前田雅英ら[18])を通じて未遂犯として処罰する間隙をもうける方向(アクセル)に赴かざるを得ないであろう。つまり、未遂処罰の拡張へと向かう解釈論的トレンドである。客観的危険説や修正客観的危険説に連なる一連の所説がその代表であろう。

　後者の考え方をとると、確かに結果の生じないケースであっても当該行為の持つ結果惹起へと向かう潜在的な危険性を取り上げれば、その危険性を中核にして、たとえ何らの結果が生じていなくても未遂犯として処罰することが可能になるだろう。たとえば、行為の主観面を尊重して理論構築すれば抽象的危険説(木村亀二[19])に、また行為の客観面を尊重して理論構築すれば具体的危険説(井田良、大塚仁、大谷實、川端博、団藤重光、野村稔、原口伸夫らの主張されるもので通説[20]などにつながるだろう。構成要件的結果の発生へと向けられた「危険性」の現実化に関して主観面を重要視するのか、客観面を重要視するのかの使い分けの是非は置くとして、「危険」という観念に含みを持たせることで柔軟に未遂犯・不能犯を構成できるので、一元的な法益侵害説とは異なり、未遂処罰の間隙を設定するためフィクションを用い工夫する困難を免れるが、むしろ処罰範囲の拡散・拡張へと向かう解釈論的トレンドをいかにセーブしブレーキを掛けうるのかが鍵となろう。間主観的な処罰感情や印象を持ち込んでしまう(斉藤信治[21])と、公判廷での被告弁護人の自由な弁論(反証)の機会を封殺してしまうことになりかねず、現行刑事裁判制度の下では「危険」如何とは専ら法解釈に関わる議論なので職業裁判官のもつそれに一任とされてしまうことになりかねない[22]。ただし、実際に行われる結論付けとして見れば、迷信犯に該当すべき場合を排除すれば基本的にわれわれの法感情が一般予防の視座から行為者の行為を評価して処罰するべきだと感じるものについては学理上もれなく処罰することを可能にするので、具体的危険説の立場は実務にとっては使い勝手がよいのではないかと推察される[23]。

18　前田雅英『刑法総論講義〔6版〕』(東京大学出版会、2015年) 113頁以下。

19　木村亀二 (阿部純二増補)『刑法総論』(有斐閣、1978年) 354頁。

20　井田良『講義刑法学・総論〔2版〕』(有斐閣、2018年) 412頁、大塚仁『刑法概説総論〔4版〕』(有斐閣、2008年) 270頁以下、大谷・前掲注12書376頁以下、川端博『刑法総論講義〔3版〕』(成文堂、2013年) 511頁、葛原力三ほか『テキストブック刑法総論』(有斐閣、2009年) 241頁〔塩見淳〕、団藤重光『刑法綱要総論〔3版〕』(創文社、1990年) 168頁、野村稔『刑法総論〔補訂版〕』(成文堂、1998年) 344頁、原口伸夫『未遂犯論の諸問題』(成文堂、2018年) 361頁以下など。

21　斉藤信治『刑法総論〔6版〕』(有斐閣、2008年) 236頁。

22　中野・前掲注4論文34頁。

23　例えば、石川弘ほか編『刑事裁判実務大系(9)』(青林書院、1992年) 59頁以下〔中山隆夫〕、池田修ほか編『新実例刑法総論』(青林書院、2014年) 289頁〔中川綾子〕など参照。

ただし、実際にはこの2つの立場が独立して議論されているわけではなく、それぞれが他方と組み合わされ、下される結論の妥当性をはかるため微妙なバランスをはかりながら論じられていると言えよう。たとえば、法益侵害説の立場から平野龍一博士が具体的危険説を主張されたり[24]、規範違反説に立つ高橋則夫教授が修正客観的危険説を採ること[25]などに現れている[26]。

(2)　法益侵害説と規範違反説とは万能か？

　わたくしは、こうした立場の持つ理論的かつ実践的な意義を決して等閑視するものではない。が、若干の違和感を持たざるを得ないのである。すなわち、誤解を恐れずに述べれば、法益侵害説も規範違反説もいずれも、そしてそれらを組み合わせた所説も、まずは、実際に行われた個別具体的な行為、個別具体的な結果を取り出して違法性評価の対象下に置いているのではないかと思われてならないからである。

　たとえば次の事例を考えてみよう。甲が乙を殺害しようとして、最近よく飛行機が墜落することからあわよくばと願い、乙に対して世界一周旅行を勧め、ついては飛行機のチケットを譲渡したとする。甲の予想通り、乙は飛行機に搭乗し、何らかの原因から飛行機は墜落し、乙は当初甲の期待したとおりの死に方をしたとしよう。乙は飛行機の墜落によって死亡したので、甲の行為と乙の死との間には因果関係(条件関係)があり、甲には殺人既遂罪が適用されそうである。だが、大方の見解に従うと、さらに相当性判断が加えられることで、甲の行為と乙の死との間でいったん認められた因果関係が否定され、結果として甲に殺人未遂罪が適用されることになるのであろうか。乙に対して世界一周旅行を勧めて、そのためのチケットを譲渡したに過ぎない甲の行為に殺人未遂罪を適用せよと考える論者は皆無ではなかろうか。それは、客観的に観察すれば、甲の一連の行為は殺人犯でなくても、孝行息子が老親やその家族に施している日常行為と同じともとれ、異なるのは、相手の幸せを願っていたか、死を願っていたかの違いに過ぎないということになる。かかる、行為者の心情そのものを取り出して殺人罪を適用せよ／適用するなと思考することは、刑法の禁じる思想処罰に他ならないであろう。

24　平野龍一『刑法総論(II)』(有斐閣、1975年) 322頁以下。ほかに、日高義博『刑法総論』(成文堂、2015年) 420頁、同『違法性の基礎理論』(イウス出版、2005年) 174頁以下、森住信人『未遂処罰の理論的基礎』(専修大学出版局、2007年) 147頁など。

25　高橋則夫『刑法総論〔4版〕』(成文堂、2018年) 411頁。佐藤・前掲注3書83頁以下など。

26　こうした指摘を初めてしたのは、佐藤・前掲注3書50頁。

趣を異にするものの、平野龍一博士はかつて空ベッドへの射殺未遂事例につき次のように述べられていたことも我々は思い起こさなくてはならない。

「あとになってex post、ベッドがカラであったことがわかったときの『なーんだ』という安堵感が、犯罪の成否に全然影響がないとはいえないように思われる[27]」。

こうしたいったんは違法と評価を下されたにもかかわらず——明文規定の置かれた違法性阻却事由に当たらないにも拘わらず——、あとからそれが打ち消されるといった違法性評価の手続きが生まれるということは、違法性評価の対象下に、実際におこなわれた「その行為」、そこから惹起された「その結果」とを置いた議論の仕方をしてくることに起因する違法性の評価のゆがみではなかろうかと思う。法益侵害説の根底には、個別の行為から現実に生じた法益侵害結果ないし危険と理解していることから生じるゆがみなのである。こうした論のゆがみを紅すにはどのような構えをとればよいであろうか。

(3) 私見の立場

わたくしの考えはこうである。

社会秩序無価値説の構想

　ア　刑法規範による行為の違法性評価の手続とは、そのときその場所で、①その行為と同種の行為が**適法**とされるのであれば、その種の行為を放任することから当該構成要件毎に規定されている各法益が保全される社会秩序の実現にとり価値的にいかなる結果(効用:utilité)が生じるか、②逆に、その行為と同種の行為がなされることを禁止命令、すなわち**違法**としたのならば、その種の行為が禁止命令されることから当該構成要件によって規定される各法益が保全される社会秩序の実現にとり如何なる結果(効用:utilité)が生じるかを考察し、もし①の方が②よりプラス効果が大きいかまたはマイナス効果が低いと裁判所が評価するのであれば、その種の行為全般は一般に**適法**、それゆえに当該事案につき評価の対象下に置かれている個々の具体的な行為についても**適法**と評価を下し、他方、①と②のプ

27　平野龍一「刑法の基礎⑳未遂犯」法セミ139号49頁。また、かつて佐伯千仭博士が、他人の窓ガラスを割るつもりで投石したところ、ガス漏れで中毒死寸前の幼児の命を救ったといった結果として善をなした事例について、「法規範によれば笑ってすませるものは、すますべきであって、神経質にそれらのものにまで刑事制裁をもって臨む必要はない」と述べておられたことも想起される。佐伯千仭『刑法講義総論〔4訂版〕』(有斐閣、1981年) 319頁。

ラス効果とマイナス効果とが真逆、すなわち、②の方が①よりプラス効果
が大きいかまたはマイナス効果が低いと裁判所が評価するのであれば、そ
の種の行為全般は一般に**違法**、それゆえに当該事案につき評価の対象下に
置かれている個々の具体的な行為についても**違法**と評価を下すべきであ
る、との理論構成[28]を構想[29]している。

　イ　違法評価において準拠すべき価値とは、実定法上、最高法規として
の憲法規範に求められなければならない。すなわち、包括的基本権を定め
た憲法13条と12条の法意である(最大判昭23・3・24裁時9号8頁)。刑法
は法益の保護された状態を社会秩序と称すると考えるが、社会秩序の維持
といっても「誰」にとってのそれかという課題から離れて論じることは許
されない。時の政府の意向に左右されない、個人的法益がもっともよく保
全されている状態を指すといわざるを得ないであろう。その詳細は、別稿
に譲らざるを得ないが、社会的法益もとりわけ国家的法益もそれ自体が価
値を持つのではなく、すべからく個人的法益に還元されて価値を持つので
ある[30]。具体的には各構成要件毎に行われている解釈論上の課題であって、
刑法各論の任務である。総論的に一概に決められるものではない。

　ウ　評価時点は、客観的事後予測。すなわち、裁判時までに解明された
事実を元に、行為時に立って上記の違法性評価を行い、不能犯に該当する
か否かを判断する。

　エ　評価主体は当該犯罪における法益保護の性質によって決まる。原則
として、科学的一般人であって、専門家による科学的鑑定結果を基本とす
る[31]。ただし、財産犯や公共危険犯など、占有侵害の危険を保護法益とし
たり領罪にみられる一般予防目的を重視した犯罪類型とか、一般人のも
つ治安感情を保護する犯罪であれば、一般人の経験則に準拠する(その根
拠につき後述)。

28　立場は異なるが、井田良教授の比例原則からアイデアを得ている。井田・前掲注20書26頁以下。
29　私見は、一見するとかつて西山富夫博士の説かれた法秩序の危険性説に接近するように見えるが
　　異なる。博士のお考えは当該行為の持つ危険性に着眼する非常に秀逸なお考えであるが、私見は
　　危険性をその種の行為を許容した場合と禁止命令した場合の社会秩序の有り様を比較衡量してみ
　　せることを通じて違法性評価の手続きを可視化しようと試みる点で異なるのであった。西山富夫
　　「不能犯」藤木英雄編『刑法(1)総論』(日本評論社、1977年) 268頁。
30　原田保『刑法における超個人的法益の保護』(成文堂、1991年) 参照。
31　文脈は異なるが、山口教授による指摘は正鵠を得ている。ある化学物質が人の生命に危険をもた
　　らすものかが問題となる場合、科学的知識をもたない一般人には危険と感じられなくても、結果
　　が現実に発生すれば、結果へと現実化した危険がそこにあったことになり、これを否定すること
　　は出来ないという指摘である。山口・前掲注16書289頁。

オ 評価対象は、不能犯の場合には構成要件的結果やその危険がゼロであるところ、行為者の行為であるものの、誰が、いつ認識した「行為」内容を違法評価の対象に置くかにより、不能犯に当たるか否かの評価の結果が左右される。私見によれば、違法評価の基礎は、裁判時までに解明された事実の枠の中で行われるが、さらに、行為者が行為時に認識予見していた事実のうち、その時・その場所で実在していない事実を排除した残りの、実際に存在した事実のすべてを評価対象に置く。つまり、行為者が行為時に正確に認識予見していたすべての客観的事実を評価対象に置く。なぜならば、人の行為を評価する場合にはまずその自由意志に根ざす行為のみが「行為」と規定されていなければなるまい。自由意志に根ざす行為のみが人の行為なのであり、またそうした行為のみが刑事責任評価の基礎にも置かれる。自由意志に根ざす行為(行為者の認識予見していた事実)の枠の中で、客観的に違法性評価も行われなければならないからである。また、実行に移されていない部分の所為計画を違法性評価にそのまま含ませることには慎重でなければならない。なぜならば、現実化していない事情を評価に含ませてしまうことは部分的に心情刑法の肯定につながるからでもある。また、誤って認識していた事情を違法性評価に含ませてしまうことにも慎重でなければならない。法の評価は客観的でなければならず、行為者が誤解していた事情までも評価対象に含ませることは結局行為者ごとに違法評価は異なってよいのだとする行為者刑法に陥らざるを得なくなってしまうからである。

そもそも違法性に関わる評価とは、その行為を行った行為者自身にだけ下されるのではなく、すべての人々に平等に適用される、すぐれて一般化的規範的評価に他ならないのであって、行為者の実際にとったその行為を取り上げて違法と評価するのであれば、ほかの人々が同じことを行っても平等に違法と評価してやらなければならないであろう(法の下での**平等な法令適用**)。しかし、その事件でとられた全く同じ行為、行為の状況下で、全く同じ結果(外界の物理的変動)が再び惹起されることは実際にはあり得ない。そこで、違法性評価が加えられる対象とは何かが明らかにされなくてはならない。客観主義刑法が尊重する行為主義の立場をとれば、行為者によって行われた行為とそこから惹起された結果とが違法性評価の対象とされなければならない。しかし、行われた行為と結果は再び全く同じ行為と結果としてこの世界に現れることはないので、

一般化せざるを得ない。すなわち、その行為と同種の行為を禁止命令するものが違法評価にほかならない。

その根拠はこうである。行為者のとった行為あるいはそこから惹起された結果の２つあるいは１つを違法評価の対象として取り出して、そこからダイレクトに違法性の実質を見いだそうと努めて、違法性を評価しようとしてもそこから獲得される成果は少ないのではあるまいかということがわたくしの問題意識なのである。本稿の冒頭に紹介した高橋教授による不能犯論の位置づけに賛成であるのだが、それは不能犯とは未遂犯と異なって、行為から惹起された結果が、その危険も含めて事実上はゼロなのであることを出発点として認めておかなければならない。ゆえに、こと不能犯を論じるに当たっては、違法評価の対象とは行為者のとった行為を基点として、その種の行為一般が対象とされなければならないであろう。

⑷　不能犯の評価

そこで、たとえば、迷信犯が私の考えによるとなぜ不能犯になるのかを例として取り上げて考えてみよう。

【事例：迷信犯】

行為者が特定の人を殺害しようと企てて丑の刻参りを企てたとしよう。その結果、重篤な精神病の被害者がその事実に気がついて、不安になり自殺したとしよう。自殺と丑の刻参りとの間には条件関係があるとしても丑の刻参りを殺人の実行行為として評価することは妥当であろうか。誰もこの結果（殺人既遂罪）を妥当とは理解しまい。法益侵害説の立場をとれば、じっさいに狙った被害者を殺害している以上、殺人既遂罪を認めざるを得ないのではあるまいか。だが、かりに、丑の刻参りを一般に現実社会で許容したとしてどれほど自殺するに至る被害者が生まれるであろうか。逆に丑の刻参りを禁止したとしてどれほどの効果が生まれるであろうか。呪術者たちを殺人未遂あるいは殺人既遂として処罰の対象に置くことは、いささかノイローゼじみているとはいえないであろうか。両者を比較衡量して丑の刻参りを禁圧することで得られる効果（効用：utilité）はほとんどないに等しいであろう。ゆえに、丑の刻参りに代表される迷信犯一般は不能犯として違法性がないのである。

すなわち、違法性の評価の段階では、ある具体的な、特定の時間、場所において、各特別構成要件の想定する行為一般と行為者の実際に行った具体的な行為との矛盾対立を違法性の実質と理解する立場をとる（**社会秩序無価値説**と名づ

けておく)。すなわち、その行為を放任／禁止命令することが各構成要件の規定する法益を保全するためにもっともよく均衡のとれる社会秩序の維持安定上許容できるか否かを衡量して、可罰的未遂の範疇に入れるかどうかを最終的に決める。違法性評価の段階においては、実際になされた個別具体的な行為とそこから惹起される実際の結果(その危険)の両方あるいは片方だけを分析し、そこから違法性評価にとり何らかの意味のある価値あるいは無価値性を見いだすことに努力を払い、それに基づいてその行為あるいは結果を違法と評価する立場に立つのではない。違法性とは、行為が特定の構成要件に該当するとの評価を得た後、その時その場所で、その行為と同種の行為を一般に放任し、あるいは逆に禁圧した場合に生じるであろう社会秩序の比較衡量に基づいて下される評価なのであると考えている。

　なお、ここで「一般に」という語を使用したが、これは当該行為についての評価でなく、法の平等な保障の下にある全ての人々のとる行為について普遍的に同じ評価が下されることを意味する点に注意を要する。

【事例：空拳銃】

　たとえば、人を射殺しようとして、実弾が籠められていると錯覚して、実弾の装填されていない拳銃を使って人を射殺しようとして未遂に終わった事例を考えてみよう。もともと実弾が籠められていない以上、結果の発生は絶対に不能である。だからといって、同種の行為一般を許容することは合理的であろうか。勤務時間外に私服で町の居酒屋にいた警官が手にしていた拳銃を拝借した行為者が人を射殺するために利用した場合はどうであろうか。あるいはまた陸上勤務中の海上保安官が携帯している拳銃(通常空砲)を奪って射殺に使用した場合ではどうであろうか。園庭で園児たちが精巧に模造された拳銃とBB弾で撃ちあっている場面ではいかがであろうか。勤務時間中に制服を着用した警官の携帯していた拳銃というのが、不能犯ではなく未遂犯に当たるという評価に大きな影響を与えているとはいえないであろうか。拳銃を使用する射殺行為のほかに、それが使用された客観的状況により、不能犯に該当するかどうかの評価にぶれが生じるであろう。この銃が使用された際の客観的状況(勤務中の制服警官)こそは、かつて団藤博士が一貫して熱心に説かれた評価の資料にあたり、評価の対象ではないが、不能犯の評価を排斥して殺人未遂罪を認めるファクターの一つとなるだろう。[32] 評価の対象は拳銃で撃つということであるが、その

32　団藤重光『刑法綱要総論』(創文社、1957年) 64頁以下。

拳銃の使用された際の客観的な状況(時と場所)とあいまって、不能犯の抗弁を排除するのであると考えることも不合理とはいえまい。園庭で園児が使用した模造銃がいかに実弾入りに見えようとも、また海の警察官が陸上勤務中も拳銃に実弾を装填しているように見えようとも、居酒屋で同僚と酒を飲み交わしていた非番の警官の拳銃に実弾が籠められているように見えようとも、そうした際の拳銃を奪取して人を狙撃する行為を放任したとしても、園児の母親が、飲み仲間が、通行人が『危ない』と感じる間主観的な懸念を超えて、誰かが殺害されるということに向けられた客観的な法秩序は動揺しないのではあるまいか。逆に、法が、こうした殺意を持った園児などの行為を一律に(有責か否かは措くとして)違法であるとして禁圧したらどのようであろうか。

つぎに、ここでは紙幅の関係から、いくつかの具体的な事例をあげて、私見を当てはめた場合にどのような判断になるのか、みてみよう。[33]

なお、すでに紙幅を超えており、以下では要点のみを示すにとどまる点に容赦願いたい。

4　具体的適用

判例(たとえば、不能犯の意義について判示したとされる最判昭25・8・31刑集4巻9号1593頁)は、原則としては客観的危険説の立場に立つとされているが、事案により区々としたところが見受けられる。山口厚教授の言葉を借りれば、方法の不能の事案では結果発生の可能性が科学的な根拠を問題としてかなり客観的に判断されている場合が多いが、その一部の判決や客体の不能に関する判決

---

[33]　なお、本稿では判例分析は与えられた紙幅の関係から行われない。私は、浅田和茂教授の指摘(浅田和茂『刑法総論〔2版〕』〔成文堂、2019年〕396頁)するように、まず判例はないがゆえに結果が発生しなかったのかを科学的に解明した上で判断しており客観的危険説を無視するものとはいえないとの評価に基本的に与するが、私は判断枠組みとして客観的危険説によるスキームを用いながら、事案に応じ実質的には具体的危険説によるとみられる判断を明示していると考えている。判例では、不能犯が認められた事例はきわめて少ないのは、内山良雄「判例に現れた不能犯肯定事例の検討」佐々木史朗喜寿『刑事法の理論と実践』(第一法規出版、2002年) 207頁の指摘するとおりであるし、原口・前掲注20書410頁も指摘するように検察官の準司法官として下す不起訴裁量の及ぼす影響が少なくないであろう。ただ、かつて検察官の職歴もお持ちの青柳文雄博士によって指摘されていたことが注意を引くのである。いわく「論争が激しいのにもかかわらず僅少の判例しかないということは、私見によれば不能犯といわれるような種類の客観的行為では、犯意は勿論のことその行為そのものさえも証明ができないことが多いために起訴されないからであると考える」とされ、注記の中で、さらに大審院のイオウ殺人未遂事件を例に引いて絞殺がなければイオウ粉末を被害者に服用させた件での捜査の対象にはならなかったであろうし、仮に捜査対象になり自白が獲得されてもその裏付けとなる証拠も得られないし、公判でイオウ粉末服用の意図についての自白を翻されば公判を維持できないと指摘されている (同『刑法通論(I)総論』〔泉文堂、1970年〕135頁、134頁注4)。

では具体的危険説に近い基準で未遂犯が肯定されていると指摘されている通りである。[34] たとえば財産犯などでは行為の向けられた対象がその場に存在していなくても、不能犯ではなく未遂犯として処理されている。懐中無一物の通行人に対する窃取・騙取行為など、不能犯を認めたものは少なくとも、大審院、最高裁の判例にはない。こうした実情をいかに説明しうるか、学説に課せられた課題は重い。

　私見は、各特別構成要件が予定する法益の性質によって、学理上、不能犯の評価を異にすることを予定するアプローチである。つまり、各構成要件で規定された法益保護を中心に置いて、そのときその場所で、その種の行為を刑法で命令禁止することと放任することとを比較衡量して、どちらが当該構成要件の規定する法益の保護にとりメリットがあるか逆にデメリットかを考察して、不能犯か未遂犯かを決める手続きをとるものである。

　さて、生命身体犯、財産犯、公共危険犯などで保護法益の性質を異にする場合があり、それに応じて不能犯に当たるか未遂犯に当たるかの評価が異なる場合がある。①生命身体犯では一身専属的法益であるから法益の主体である「人」、すなわち被害者の実在(この世に存在すること)が重要となり、②財産犯では遺失物横領罪との関係から所有権・占有の主体としての人の存在が重要になり、さらに領得罪の場合には毀棄罪との法定刑の比較から現実の占有移転の危険結果よりも一般予防が尊重される結果、行為の客体としての財物の実在はほとんど重要ではなくなるだろう。さいごに、③公共危険犯、放火罪では公共の危険が物理客観的見地から決まるのではなく社会心理的に一般人をして不安感を生じさせる程度で足りるという立場(通説・判例)をとれば一般人の抱く社会通念が重要となる。これら諸事情は、上掲3(3)「社会秩序無価値説の構想」エの評価主体に関わる論点として反映される。

　さらに、上記の場合と異なって、保護法益がそのときその場所に存在していたとされるばあいには、社会秩序無価値による実質的違法評価に入ることで違法性阻却される不能犯か通常の未遂犯かが区別される。

34　山口・前掲注16書288頁。

(1) ①について——殺人罪

ア　方法の不能

【毒殺事例】当該行為の被害者に対する意味でも、平均人に対する意味でも
なく、いかなる人に対しても「絶対」に結果発生の不能のばあいが不能犯に位
置づけられる。その場合、用いられた毒物の量を問わず、およそ人の死をもた
らす質をもっているかによって決まる。毒殺に施用された物質が致死の結果を
もたらすとは科学法則上思考できない「イオウ」などに限り不能犯に位置づけ
られる（大判大6・9・10刑録23巻999頁）。

【それ以外の殺人事例】人工皮革を材料にしたバンドを利用した扼殺事例で
あれば、その利用の仕方如何で扼殺の効果が上がるものであれば、実際にはそ
のバンドで被害者の首を締め付けている最中に切れたとしても不能犯に当たら
ない（最判昭23・9・18裁判集［刑事］4巻111頁）。

【被害者がすでに行為者の殺害計画を知っていた場合】殺害に使用される方
法に一般に殺人効果があるということが重要なのであり、事前に被害者が計画
を知り難を逃れたとしても殺人未遂であるとの評価に影響を与えない（最判昭
25・8・31刑集4巻9号1593頁）。

イ　客体の不能

【刺殺事例】医科学上明らかに死亡していると評価される場合にはその客体
がいかにも生存しているように観察できたとしても殺人罪の不能犯。ただ、全
脳死を待って人の死とする定義をとるのであれば、それに至る直前までは生き
ている人として扱わなければならず、伝統的な三兆候説に立つのであれば、3
点の兆候が客体に現れるまで生きている人として扱わなければならない。ゆえ
に、判例に現れた、すでに銃撃を受け、直後に日本刀で刺殺された事件では不
能犯ではなく、殺人未遂罪が適用される場合も原審認定の通りとすれば認めら
れる（広島高判昭36・7・10高刑集14巻5号310頁）。

(2) ②について——強窃盗罪、詐欺罪

ア　方法の不能

【詐欺事例】人を錯誤に陥らせる行為を終了したが、その行為の性質上およ
そ人を欺罔させるにたらない稚拙な内容であったばあい、不能犯である。たと
えば、取引慣行・法律制度上の理由から被害者が欺罔される可能性のない場合
をいう（制度上、裁判所が欺罔される可能性を否定した、大判昭和2・6・20刑集
6巻216頁もこの中に入れることができる）。このばあい、被害者が行為者の欺罔

不能犯論　131

行為に気がついていたか否かは問われない(大判昭 3・9・17 刑集 7 巻 578 頁)。

イ　客体の不能

【強窃盗罪】領得罪では、財物を不法に領得する意思を持ち自分の物として支配利用することが、財産犯としての毀棄隠匿罪と異なるとする一般予防優位型の犯罪類型であると位置づけられるのであれば、被害者が懐中無一物であったとしても、他人の懐中から財物を窃取する行為一般を禁止しなければならず、不能犯は認められない。領得の意思を不要あるいは緩和し一般予防優位型の犯罪類型に当たらないと位置づけるのであれば、全くの懐中無一物の被害者であれば保全される法益が存在しないことになり不能犯となるが、たとえ空の給料袋であったとしても財産的価値のある物を帯同していたとすれば、金銭を目的とした窃盗行為であっても、窃盗未遂罪が成立しうる。いずれの解釈が妥当かはもっぱら領得罪の本質理解に関わる。塩見淳教授が提起した侵入強盗の意図で住居内に立ち入ったところ異変を察知した家人が全員逃げ出した後であったというケース[35]であっても強盗未遂罪を是認するにやぶさかでないことになる。

ウ　オレオレ詐欺における騙されたふり作戦

なお、オレオレ詐欺に伴うだまされた振り作戦[36]の事例について最近判例(最決平 29・12・11 刑集 71 巻 10 号 535 頁：現金送付型)が出されたことにより議論にいとまがない[37]。本判例は現金送付型に関する事例判決であるとみられる。私は、承継的共犯論について一定の結論を固めているものではない。もし、本事案につき、承継的共犯を否定するのであれば、騙されたふり作戦開始後にはじめて犯行に加担した受け子について、現金の取得がはじめから見込めない以上、掛け子の詐欺未遂罪の罪責の継承を肯定することはできないので、受け子につき詐欺未遂罪を認めることはできないのは、学理を異にするものの、二本栁誠教授と帰結を同じくする[38]。もっとも、本判例は、詐欺罪を遂行する上で受け子の受領行為と掛け子の欺罔行為とは不可分一体として観念するものとすれば受

35　塩見淳「時の問題　特殊詐欺事案で見えてきた解釈問題——２つの最高裁判例を手がかりに」法教 461 号 54 頁。

36　その発祥とその犯罪捜査における実践的意義については、中川正浩「特殊詐欺対策としてのいわゆる『だまされた振り作戦』に関する法的問題と捜査手法の正当性について——受け子の犯罪を素材に」警論 71 巻 12 号 63 頁以下が貴重な指摘を含んでいる。

37　川田宏一「判批」最高裁時の判例 IX (2019 年) 359 頁、小林・前掲注 16 書 482 頁、佐藤拓磨「判批」刑ジャ 55 号 99 頁、濱克彦「判批」研修 836 号 21 頁、原口・前掲注 20 書 387 頁注 155、松宮孝明「判批」法セミ 759 号 123 頁、安田拓人「判批」法教 451 号 143 頁ほか。

38　二本栁誠「騙されたふり作戦と受け子の罪責」名城 67 巻 1 号 236 頁。

け子の罪責(現金送付型)を論じる際に不能犯論を持ち込む余地はなくなったといいえよう。

(3) ③について──建造物放火罪

ア・イ　方法の不能・客体の不能

和田俊憲教授が説くように「抽象的危険説について、万が一結果が発生した場合のその重大性に鑑みて、一般予防の必要性によりその処罰を説明する見解に依拠したとすると、上の領得罪と同様の説明となりうる[39]」として、当該事件における危険ではなく、同様の行為が、その現場で繰り返されることに基づく将来に向けた危険であるとみることができる。もっとも、和田教授は、不燃性建造物に対しても放火未遂罪を是認されるが、そもそも独立燃焼しない建造物に対する放火は建造物放火罪としてみた場合には不能犯とするべきであろう。私見によれば、その時その場所でその行為が繰り返された場合に結果が発生する可能性の有無を問うのだから、その時その場所に設置されていた建造物が不燃物であれば、燃焼結果が発生する可能性はないことを理由にする。なお、公共の危険の判断を通説判例に従い一般人の危険感に置くのが放火罪の解釈として妥当であるとするのであれば、不燃性建造物に対する放火であるとしても放火未遂罪が成立しうることになろう。

まとめにかえて

私見は、各構成要件ごとにそれぞれ保護されている法益を中核にして各論的アプローチに立脚しながら不能犯論を構成する。構成要件該当性の段階と実質的違法性の段階とでおのおの不能犯を論じるので多元的不能犯論である。基本的に、佐藤拓磨教授が指摘してくださった通り、私見は客観的危険説(絶対的相対的不能説)の立場に立つ。構成要件ごとに保護される法益は異なるし、保護法益の性格によって、不能犯の評価主体や方法を可変的に構成するので、結局は、不能犯の判断は統一的になされるべきではなく、各論の解釈課題であるという帰結に結びつくのである。構成要件該当性の段階では、オルトランそして和田俊憲教授の見解からアイデアを拝借し、当該構成要件の保護する法益が欠如している場合(和田教授の表現を借り受ければ「この世に存在しない場合」)を不

---

[39]　和田俊憲「不能犯の各論的分析・試論の覚書」岩瀬徹ほか編集代表『刑事法・医事法の新たな展開（上）』(信山社、2014年) 239頁。

能犯(絶対的不能)に位置づけ、その余の相対的不能に位置づけられる場合につき、さらに実質的違法性の段階で真に処罰すべき未遂犯(相対的不能)に該当するのか否か検証を加える意味で、社会秩序無価値説の立場から2段目の評価を加えるという構図を描かせていただいた(本稿では「迷信犯」に当たる場合と「空気銃」を例に説明した)。ごらんの通り、導かれる帰結について、その詳細は別稿に譲らざるをえないが従来の判例の動向にほとんどインパクトを与えるものとはなっていないかと思われる。ところで、社会秩序無価値説とは、沢登佳人教授とその影響を受けた澤登俊雄教授とが提唱されている社会状態無価値説、および井田良教授の比例原則というお考えからヒントのみを受けたものにすぎない。問題となる事案ごとに適用される各構成要件の規定する諸法益を適正に保護するために、その行為(厳密にはその種の行為)を禁圧することによって獲得されるメリット・デメリットと放任することによって獲得されるメリット・デメリットとを比較衡量する。が、構成要件毎に評価主体を科学的一般人に置くのか、通常の一般人に置くのかいずれか1つに統一させるのではなく、殺人罪であれば専門家による鑑定結果を尊重しそこから裁判所が規範を導いたり、領得罪や放火罪などであれば一般人の視点から裁判所が規範を導くことを通じて、各構成要件毎に妥当な帰結を導くという考えで、さらなる検討を要するアプローチの一つに過ぎない。このアプローチのヒントは和田俊憲教授からいただいたものに過ぎないが、もともとは新倉修教授から筆者が院生時代、フランス刑法書を講読していたときに教示をえた。現行刑法典に至る基となったフランス刑法典(1810年)では総則に違法性論に関わる一般規定が置かれておらず、あげて各犯罪類型を定めた各本条に規定が配置されている(現行法では、総則規定が整備され122-5条や122-7条などがある)。これは違法性の本質は各犯罪類型ごとに異なってよいのだということを我らに示してくれていることに他ならない。また、本稿は社会秩序無価値という上位観念をたてることで、行為無価値、結果無価値とはやや異質な着眼点の提案を綱領として提示したにすぎない。他方で新たな課題も承知している。刑法において保護されている社会秩序とは何かということである。社会秩序の定立をいかに行うかにある。これにつ

40　中野・前掲注10論文233頁以下も参照。

41　沢登佳人「違法性は行為無価値でも結果無価値でもなく体制関係的無価値である」平場安治還暦『現代の刑事法学(上)』(有斐閣、1977年)182頁以下、澤登俊雄『刑法概論』(法律文化社、1976年)121頁以下、井田・前掲注20書26頁、同『刑法総論の理論構造』(成文堂、2005年)8頁以下。

42　和田・前掲注39論文238頁以下。

いては、現在、我が憲法の規定する個人主義、個々人の享有する諸利益がもっともよく保障されている状態、すなわち、「社会秩序は社会生活における個人的利益の安全が確保されている状態」をいうと述べるにとどまる。江湖のご批判を得、さらに思索を深めて、近い将来、論究の機会が与えられることを念願している。

　本稿が、同学の士の研究の参考にしていただけるのであれば幸いである。

（なかの・せいご／沖縄国際大学法学部教授）

国際刑法における幇助犯成立要件・概観

小野上 真也

- -

はじめに
1 客観的要件
2 主観的要件
おわりに

- -

はじめに

　国際刑事裁判所に関するローマ規程(Rome Statute of International Criminal Court)(以下、「ICC規程」とする) 5 条は、常設裁判所である国際刑事裁判所(International Criminal Court)(以下、「ICC」とする)の管轄権を、「国際社会全体の関心事である最も重大な犯罪」(以下、「中核犯罪」とする)に限定し、中核犯罪に「集団殺害犯罪」「人道に対する犯罪」「戦争犯罪」「侵略犯罪」という4つのカテゴリーを予定する。そして、25条が個人の刑事責任を規定し、同3項(c)が「当該犯罪の実行を容易にするため、既遂又は未遂となる当該犯罪の実行をほう助し、唆し、又はその他の方法で援助すること(実行のための手段を提供することを含む。)」を中核犯罪の幇助犯として処罰の対象としている。[1]同項は特段、幇助犯の成立範囲や幇助行為主体を限定していない。

　そのため、〔事例1〕有名な武装集団を率いるAが、Xの販売した携帯電話を用いて集団構成員を募った後、構成員と共に民間輸送会社所属の運転手Yの運転する大型バスで集落まで向かい、構成員のうち補助的な地位にあるZから当該集落において15歳未満の児童の居場所情報の提供を受け、その結果Aが、その率いる武装集団に15歳未満の児童を強制的に徴集することが容易になった場合、Xの販売行為、Yの輸送行為、Zの情報提供はいずれも、戦争犯罪の一種である子ども兵徴集罪(ICC規程8条2項8(b)(xxvi))[2]の幇助犯となる可能性

1　ICC 規程の邦訳は、外務省公定訳に依った。

2　ICC 規程8条1項が「裁判所は、戦争犯罪、特に、計画若しくは政策の一部として又は大規模に

がある。しかし、XやYの行為まで直ちに幇助犯とするには疑問がある。

　ICCは、軍事組織を率いるリーダーThomas Lubanga Dyiloらによる子ども兵徴集・編入・使用の共同正犯の成否が主たる争点の１つとなったLubanga事件で、Claus Roxinの主唱する機能的行為支配論[3]に依拠してICC規程25条の共同正犯概念を画する一方[4]、その対比から幇助概念にも言及した。このほか、特設(ad hoc)法廷である旧ユーゴスラビア国際刑事法廷(International Criminal Tribunal for the former Yugoslavia)(以下、「ICTY」とする)や、ルワンダ国際刑事法廷(International Criminal Tribunal for Rwanda)(以下、「ICTR」とする)で幇助概念が展開されており、これらもICCの解釈に一定の影響を及ぼしたといえる。

　他方、学説にも国際刑法における幇助犯に関する一定の議論の蓄積がある。各国内法の共犯論学説や判例には、一般刑法典における幇助犯に関しより多くの議論の蓄積がある。そこで、後者が国際刑法の幇助犯論にいかに反映するかを検討することには、一定の意義があると解される[5]。また、幇助の主観的要件についても、ICC規程30条に関し幇助の故意をいかに解するか、ICC規程25条３項(c)に規定される「容易にするため」を故意とは別途の主観的要件と解するかにつき争いがある。

　そこで以下では、一般刑法典に関して展開される幇助犯の議論から国際刑法における幇助犯概念を眺めたときに、いかなる理論的問題が生じ得るかの整理を試みる[6]。なお、ICC規程の文言は「当該犯罪の実行をほう助し、唆し、又はその他の方法で援助すること」となっていることからすると、「ほう助」「唆し」を包括する上位概念は「援助」であって、同25条３項(c)の罪を「援助犯」と表記するのがより精確ではある。ただ、後掲のICTY規程やICTR規程にはこのような「援助」の文言が無いことや、比較検討の対象であるのが「幇助犯」(従犯)であることもあり、本稿では「援助犯」の意味も含めて「幇助犯」と表

　　行われたそのような犯罪の一部として行われるものについて管轄権を有する」とし、同２項(b)[26]号が「15歳未満の児童を自国の軍隊に強制的に徴集し若しくは志願に基づいて編入すること又は敵対行為に積極的に参加させるために使用すること」を処罰の対象としている。

3　本件決定当時の文献として、Claus Roxin, Täterschaft und Tatherrschaft, 8 Aufl., 2006, S. 275.

4　ICC2007・1・29予審裁判部第一法廷決定(ICC-01/04-01/06-803-tEN)(以下、「Lubanga PTC Ⅰ」とする), para. 330.

5　ICCにおける幇助犯に特化した近時の邦語文献として、増田隆「ローマ規程と幇助犯──カタンガ事件第一審判決」帝京30巻２号（2016年）251頁以下。

6　多谷千香子『戦争犯罪と法』(岩波書店、2006年) 101頁は、幇助は「日本の刑法の考え方と同じ」としている。

記することにした（したがって、「幇助犯」は、その一類型である「ほう助犯」とは区別して表現される）。

なお、ICC 規程には幇助の減軽処罰を基礎付ける規定がない。したがって、国際刑法における幇助概念には統一的正犯体系が妥当する余地もある。ただ、本稿はあくまで幇助犯の成立要件に特化して分析するため、幇助犯と正犯概念との関係を扱わない。

1　客観的要件

(1)　幇助の意義と因果性の要否

まず、国際刑法における幇助概念がいかに解されてきたか確認しておこう。国際刑法における個人の刑事責任については、第一次大戦後のドイツ皇帝の責任追及等を萌芽とし、その後のニュルンベルク戦犯法廷や極東軍事裁判所（東京裁判）の頃から意識されていた。しかし、幇助概念が国際刑事法廷で詳細に展開されるようになったのは、ICTY や ICTR の両特設法廷においてであったといって良い。

ICTY 規程 7 条 1 項は、「本規程 2 条ないし 5 条に規定される犯罪の計画、準備、実行段階で、〔犯罪の〕計画、教唆、命令、遂行、もしくはその他のほう助および唆しをなした者は、犯罪の個人的責任を負う」とし、ICTR 規程 6 条 1 項も、「本規程 2 条ないし 4 条に規定される犯罪の計画、準備、実行段階で、〔犯罪の〕計画、教唆、命令、遂行、もしくはその他のほう助および唆しをなした者は、犯罪の個人的責任を負う」とする。ICTY や ICTR 各規程の「幇助」

7　個人の共犯責任を包括的に研究する近時の外国文献として、Neha Jain, Perpetrators and Accessories in International Criminal Law-Individual Modes of Responsibility for Collective Crimes, 2014.

8　安藤泰子『個人責任と国家責任』（成文堂、2012 年）227 頁以下、古谷修一「個人の国際責任と組織支配の構造」国際 109 巻 4 号（2011 年）34 頁以下。

9　Page Wilson, Aggression, Crime and International Security, 2009, pp 45., pp 59., 田中利幸＝ティム・マコーマック＝ゲリー・シンプソン編著（田中利幸監訳）『再論　東京裁判』（大月書店、2013 年）34 頁等参照。なお、増田隆「国際刑法における正犯処罰の系譜と判例理論の継受——共同謀議から共同犯罪企図を経てローマ規程へ」『曽根威彦先生・田口守一先生古稀祝賀論文集（上）』（成文堂、2014 年）903 頁以下。

10　Gerhard Werle, Individual Criminal Responsibility in Article 25 ICC Statute, 5 JICJ (2007), p.954.

11　ICTY 規程は、1949 年ジュネーブ諸条約の重大な違反（2 条）、戦争の法規・慣例の違反（3 条）、集団殺害犯罪（ジェノサイド）（4 条）、人道に対する犯罪（5 条）を対象犯罪としている。

12　ICTR 規程は、集団殺害犯罪（ジェノサイド）（2 条）、人道に対する犯罪（3 条）、ジュネーブ条約共通 3 条および第 2 追加議定書（4 条）を対象犯罪としている。

138

には、「ほう助」(aid)と「唆し」(abet)とが予定されている。

ICTYのFrundžija事件第一審裁判部判決（1998年）〔＝判例１〕は、「ほう助」「唆し」という幇助の態様は、物理的・有形的なもの(tangible)に限定される必要はなく、精神的支援でも良いとする。[13]さらにICTRのAkayesu事件第一審裁判部判決（1998年）が、「ほう助」とは「ある者に対する援助の提供」であるのに対し、「唆し」とは正犯に「共感することにより行為の実行を促進することに関与すること」であると定義する。[14]これらの理解からは、「ほう助」が「物理的幇助」に、「唆し」が「精神的幇助」にそれぞれ対応すると考えられる。他方、ICTY・ICTR両規程では、「教唆」「唆し」という表現上類似する両犯罪が同一条文中に規定されている。上記２判決は「唆し」を「精神的幇助」と解し、これと「教唆」との違いを述べたものとみることができよう。

「ほう助」「唆し」について、判例１をはじめとする一連のICTY判例は、幇助行為と正犯との間の因果的影響を不要とする傾向にある。しかも同判決は「援助とは、必要不可欠の要素、すなわち、正犯行為とのあれなければこれなしの関係が認められる必要の無いもの」とし、[15]「正犯行為」との「あれなければこれなし」（以下、「csqn」とする。また、このような関係を「csqn条件」と表記することがある）の関係も不要としている。

この点、我が国の従犯理論における通説・判例は促進関係説を採り、[16]幇助概念にcsqn条件を要求しない。この限りで、国際刑法における因果性理解の動向は、国内法のそれに親和的である。ただ、「正犯行為」との間でのcsqn条件を不要と解する以上の理解からは、幇助犯の成立には幇助行為による正犯行為惹起の危険で足りることになり、幇助犯一般が危険犯であるという理解につながる可能性もある。幇助犯の危険犯構成に対しては、結果犯構成に比べ因果性の証明が不要となることで幇助犯成立要件が緩和され、ひいては、処罰範囲が拡張するとの批判が成り立つ。ICTYの幇助理解でも、危険犯構成に依るならば、処罰範囲の拡張に至るおそれはあり得る。

ドイツで幇助を抽象的危険犯と解したRolf Dietlich Herzbergは、Aの金庫

---

13 ICTY1998・12・10第一審裁判部判決（IT-95-17/1-T）（以下、「FrundžijaTC」とする）, para. 199.

14 ICTR1998・9・2第一審裁判部判決（ICTR-96-4-T）（以下、「AkayesuTC」とする), para. 484.

15 FrundžijaTC para. 209.

16 大判大２・７・９刑録19輯771頁、最判昭24・10・１刑集３巻10号1629頁。また、ドイツ判例でも、伝統的には促進関係説が採られてきたといえる。その重要な判例として、RGSt 58, 113 (114f.).

破りの際にXがコーラを提供しAが気分爽快に金庫破りをしたが、時間的に被害が早期化したとか、被害範囲が拡大したのでもない場合にさえ、Xに対する窃盗幇助の成立を認める。[17] 我が国でも、抽象的危険犯構成に親和的と評価される「板橋宝石商殺害事件」第一審判決（東京地判平元・3・27判タ708号270頁）が、実際には正犯の犯行に全く役立たなかった目張りの貼付を殺人幇助とした。しかし、正犯行為に対してさえ具体的に奏功しない寄与であっても、関与行為時の類型的な危険が認められるだけで幇助犯の成立が認められるなら、たとえば、〔事例2〕集団内で情報収集の補助的役割を果たすに過ぎない兵士Zが、α集落における15歳未満の児童の徴集のため、当該児童の居住地情報を収集し、集団指導者Aに提供したが、Zの知らぬ間に計画がβ集落での児童徴集に変更されており、Zの提供時にはすでにβ集落で児童徴集が行われていた場合、Zの寄与は全く重要でなく、実際に使用されなかった情報を提供したに過ぎないのに、子ども兵徴集等罪の幇助犯となる、という帰結を否定できなくなってしまう。もっとも、周知の通り、上記「板橋宝石商殺害事件」控訴審判決（東京高判平2・2・27判タ733号232頁）では、「本件強盗殺人の行為に対する幇助行為に該当するものということはできず……」として、目張りの貼付部分の幇助行為性が否定されている。我が国の通説も、一審判決の帰結まで許容するものではないだろう。

(2) 「直接かつ重要な影響(direct and substantial effect)」要件

　以上のように、正犯行為とのcsqn条件まで不要と解すると、幇助犯の成立を限界づけ得ず、広範な幇助処罰につながるおそれがある。もっとも、国際刑事法廷では、これに加え、「直接かつ重要な影響」という要件が提示されたことがある。

　この要件には、ICC規程起草に関する1996年の国際法委員会草案が、一定の影響を与えている。同2条3項は、「個人は、以下の場合に17条ないし20条に規定される犯罪につき責任を負う」とし、同(d)が「当該犯罪の実行中に、実行のための方法を提供することを含め、直接かつ重要に(directly and substantially)、知りながら、ほう助し、唆し、又はその他の方法で援助すること」という条文案を提案した。同規定に関する注釈によれば、「共犯者は、犯罪の実行に対し直接かつ重要に寄与するような援助をなすのでなければなら

17　Rolf Dietlich Herzberg, Anstiftung und Beihilfe als Straftatbestände, GA 1971, S. 6 f.

ず、たとえば、実行者が犯罪を遂行しやすくする方法を提供する場合がこれに当たる。それゆえ、共犯者の関与形態は、ある重要な方法で犯罪の遂行を容易にする援助を含意するのでなければならない」。もっともこれは、「直接かつ重要」な援助を「ある重要な方法で犯罪の遂行を容易にする援助」と言い換えるにとどまるものであり、「直接」の援助が何を意味するか、また、その意義が幇助犯の成立範囲の限定にあるか否かは明らかでない。

　しかし、Tadić事件第一審裁判部判決(1997年)は、1996年草案と同様、幇助には直接かつ重要な影響が必要であることを前提としつつも、被告人の関与が「直接かつ重要に、実際の実行以前・実行中・事後の支援により犯罪の実行に影響したと判断される場合のあらゆる行為につき、刑事責任が認められる」[19]とした。さらに同裁判部は、「直接に(directly)」の意義を明らかにしていないが、「重要に(substantially)」とは、「犯罪の実行に実際に影響を与える寄与」と解している。[20]同裁判部は、「実際」の影響を要求している。そこで、これには、(以下にみる諸判例とややスタンスを異にし)何らかの方法で「結果に対し因果関係を有すること」を意味したものだ、との指摘がある。[21]

　これに対し判例1は、直接かつ重要な影響要件のうち、重要な影響だけを重視する。というのも判例1は、仮に直接性を要求するならば、あたかも、幇助を物理的・有形的な関与に限定する必要があるとか、実行者に対する因果的影響が必要であるかの如くに誤解される可能性があり、このような誤解を招き得る直接性要件に懐疑的であるためである。[22]この理解を基に同裁判部は、幇助とは、精神的支援を含むもので良く、またcsqn条件も不要であって、事前・実行中・事後の援助も幇助とされるか否かは明示していないが、以上の諸点を担保し得る重要な影響要件だけを残した。Tadić事件上訴裁判部判決(1999年)〔＝判例2〕も、判例1に依拠して、重要な影響のみを重視した要件を展開している。[23]

18　Yearbook of the International Law Commission 1996 Volume II Part Two. Report of the Commission to the General Assembly on the work of its forty-eighth session, United Nations pp. 21.

19　ICTY1997・5・7第一審裁判部判決 (IT-94-1-T) (以下、「TadićTC」とする), para. 691, 692.

20　TadićTC para. 688.

21　Kai Ambos, in Otto Triffterer, et. Al., Commentary on the Rome Statute of the International Criminal Court -observer's Notes, Article by Article-, 2nd ed., 2008., pp. 754-5.

22　FrundžijaTC, para .232.

23　ICTY1999・7・15上訴裁判部判決 (IT-94-1-A) (以下、「TadićAC」とする), para. 229.

国際刑法における幇助犯成立要件・概観　｜　141

その後のICTY判例も、重要な影響要件のみに言及する立場を採った。たとえばVasiljević事件上訴裁判部判決(2004年)でも要件化され[24]、Blaškić事件上訴裁判部判決(2004年)[25]も、Vasiljević事件上訴裁判部判決を引用して賛意を示した上、因果的影響の証明が不要であることが認められた。しかも、それにくわえて、「ほう助し唆す者の犯罪行為は正犯の犯罪が実行される前、実行中、実行後に生じるものでも良く、当該犯罪行為が行なわれる場所は正犯の犯罪行為の場所から離れているものでも良い」として[26]、関与の時点が正犯の実行後でも良いことまでも認めた[27]。これについて、裁判所が「直接に」という要件を採ると実際に結果を変更させ得ない関与を幫助に組み込むことができなくなると考え、その結果、事後の関与を幫助に組み込むに当たり「直接に」という要件を外したと見る余地もあるかもしれない。

「事後」ないし「実行後」の関与が具体的に何を指すかは、必ずしも明らかでない。我が国の幫助犯立法でBoissonadeは、証拠隠滅や盗品関与のような事後的関与も「幫助」に組み込もうとして断念した。「事後」「実行後」の関与をこのような意味に解するなら、たとえば、Aによる子ども兵徴集が完了した後、Zが徴集に関する証拠書類を独断で焼却処分した場合も、子ども兵徴集罪の「幫助」とすることになる。しかし、事前の幫助行為から結果・危険発生に実際の影響を与え得ていないものを「ほう助」と解するのは困難であろうし、心理的幫助の場合、事後段階での心理面への働きかけを「唆し」とするのも困難ではないだろうか。少なくとも、我が国の幫助概念に関しては、(Boissonadeの試みにもかかわらず)旧刑法109条から現行刑法62条に改正するその過程で、事後の関与を含めないことが立案担当者により明示的に確認されている[28]。我が国のこのような「幫助」概念から、国際刑法における「ほう助」「唆し」「援助」の概念を捉え直す余地はある。そもそも、ICTYやICTRの両規程は「犯罪の計画、準備、実行段階で」の関与を明文で規定しているから、事後の関与をも幫助に含む解釈は、条文解釈としても困難である。

24　ICTY2004・2・25上訴裁判部判決 (IT-98-32-A) (以下、「BlaškićAC」とする), para. 102.

25　ICTY2004・7・29上訴裁判部判決 (IT-95-14-A) (以下、「VasiljevićAC」とする), para. 45.

26　ICTY2004・7・29上訴裁判部判決 (IT-95-14-A), para. 48.

27　なお、Semanza事件 (ICTR2003・5・15第一審裁判部判決〔ICTR-97-20-T〕) では、ほう助・唆しにつき、事後のほう助・唆しが除外され定義された一方 (para. 385.)、「重要な影響」のみが重視された (para. 379.)。

28　明治33年草案79条の理由書以降、一貫して明示されている。小野上真也「刑法62条の法意」清和20巻1号 (2013年度・2015年刊) 104頁以下も参照。Boissonadeが事後の関与も「幫助」に含めようとした立法経緯についても、同論文参照。

他方、Ａがある集落で子どもたちを強制的に連行して車に乗せ、Ｚがその車で武装集団のアジトまで運搬したような場合、Ｚの運搬行為を、Ａによる徴集(連行)行為よりも「事後」になされた関与と解し、こうした場合をも想定して事後の関与と表現したと解する余地もある。しかし、アジトに運搬するまで「徴集」は完了していないと解するなら、Ｚの運搬行為は「徴集」の実行行為が継続している段階の関与(実行中の関与)となる。これは、幇助犯に事後の関与まで含むべきか否かでなく、徴集罪各論の問題であろう。上記諸判例がこのような場合を、その狭義の行為を捉えてそれに対する「事後」「実行後」の関与を問題にしたというだけであるならば、その内容に異存は無く、また、ICTY や ICTR の両規程の文言とも乖離しないが、実行中の関与の一事例を事後の幇助と表現するのは、やや紛らわしい。

　もっとも、Orić 事件第一審裁判部判決(2006年)は、判例１に言及し重要な影響要件に依拠するものの、「ほう助・唆しの寄与というのは、その援助するという性格に照らして、犯罪の実行を進展させるとか、少なくとも、促進させるものでなければならない」としている[29]。これを、実行従属性を意味するものと解するなら、ICTY の判例内部でも、重要な影響要件の理解が事後の関与の可能性を排除しないという意味でも用いられるものと一律に定まっているとは言い難いであろう。

　他方ICTR の諸判例には、Ndindabahizin 事件第一審裁判部判決(2001年)[30]や、Kayishema 事件上訴裁判部判決(2001年)[31]のように、直接かつ重要な影響要件を採るものが散見される。前者では正犯の実行段階での現在性が指摘され、後者でも被告人の大量殺戮各現場での現在性が認定されている。犯行現場で現在することは、たしかに関与の直接性を推認させ得る。これに対し判例１は、現在性を重視していないように思われる[32]。したがって、「直接性」を要求することで、「現在性」を重視するという違いが生じるようにも考えられる。

　ところで、判例１以降のICTY 判例は、正犯行為との間でのcsqn 条件を不要とするものの、OrićTC のように正犯の実行以前ないし実行中の関与を要求すると解される判例の場合には、「重要な影響」の意義について、単なる因果的影響を超える程度の影響を読み込むものと解する余地がある。これに対し、

29　ICTY2006・6・30第一審裁判部判決（IT-03-68-T）（以下、「OrićTC」とする）, para. 284-5.
30　ICTR2004・7・15第一審裁判部判決（ICTR-2001-71-I）, para. 457.
31　ICTR2001・6・1上訴裁判部判決（ICTR-95-1）, para. 198. 同判決は、TadićTC を引用する。
32　Ambos, supra note 21, 754-5.

TadićTC や BlaškićAC、VasiljevićAC が、事後になされた証拠隠滅の関与を
も「幇助」に含めるものと解するなら、実行行為に因果的影響を及ぼし得ない
事後的関与が当の実行行為に及ぼす「重要な影響」の実態が何であるかは、必
ずしも明らかではない。また、因果的影響を不要とすることで、実際には、さ
まざまなタイプの幇助を処罰の対象に取り込むことが可能となっているように
考えられる。かくして、ICTY のレベルにおける重要な影響要件は、幇助犯の
適切な限界を基礎づけるものとはいえない。

(3) ICCにおける重要な影響要件とその評価

　その後、重要な影響要件はICC でも採られた。しかし、ICTY と同旨の解
釈を採ったとはいえない。ICC は、25条3項(a)の正犯概念との対比で、幇助
犯特有の要件として重要な影響を要求した。Lubanga 事件第一審裁判部判決
(2012年)〔＝判例3〕は、同予審裁判部判決(2007年)がClaus Roxin の主唱する
機能的行為支配論に基づく共同正犯論を前提にしたことを踏襲し、共同正犯に
は「本質的な(essential)」関与が要求される一方、幇助には「重要な(substantial)」
影響が必要である、と整理した。[33]同判決は、機能的行為支配論の採用に際し、
正犯・共犯区別に関する形式的客観説も否定している。[34]したがって、正犯概
念は「自手実行」では決まらず、その関係から、従犯の範囲も「自手実行の不
存在」からは直ちに導かれない。

　機能的行為支配論とは関与行為を仮定的に除去した結果として事象が頓挫す
る場合に当該関与行為の行為支配性を肯定し、そこに共同正犯性を見出す見解
であるから、[35]同判決は、このような意味での「本質性」から正犯性を基礎づ
けているといえる。これに対し、幇助の場合、本質的寄与とまではいいがたい
重要な影響を要件とするものと整理することができる。判例3はこのことに関
し、「正犯責任には、客観的に幇助犯(accessory)の責任よりも大なる寄与が要
求される。幇助犯の責任を肯定するにあたり、もし『犯罪の実行に向けられた
重要な(substantial)影響が認められるべし』とするなら、同規定の体系的な解
釈として、共同正犯には、重要な影響というよりも大なるものが認められるの

---

33 ICC2012・3・14第一審裁判部第一法廷判決 (ICC-01/04-01/06)(以下、「LubangaTC Ⅰ」とする),
para. 997, 999.

34 LubangaTC Ⅰ, para. 1003.

35 橋本正博『「行為支配論」と正犯理論』(有斐閣、2000年) 80頁、フィリップ・オステン「正犯
概念再考——ルバンガ事件判決と国際刑法における共同正犯論の展開を素材に」法研87巻5号
(2014年) 11頁。

でなければならない」と述べている[36]。

　もっとも、同裁判部の本質的(essential)寄与要件を、機能的行為支配論の意義に照らし、仮にcsqnと同義(=「必要不可欠性」)と解すると、これに対しては、csqn条件があくまで行為と結果との間の事実関係を検証するためのものと解する余地がある以上、正犯性の十分条件とはならない、と批判可能である。促進関係説もcsqn条件が幇助の因果関係にとり不要だと述べるにとどまるので、csqn条件を有する幇助もあり得る(その合鍵が無ければ、他の侵入手段が全く存在しなかったので、その時点で窃盗が遂行され得なかったというような場合)。そうすると、「必要不可欠性」の観点では、正犯と幇助を的確に区別し得ない。したがって、essentialには本質的なとか必須ないし必要不可欠という語感もいずれもあるが、この文脈におけるessentialとは、幇助犯の場合にも要求され得るcsqn(=必要不可欠性)とは異なり、「本質的」という意味で理解される必要がある[37]。

　その対比で、重要な影響をICTY同様に「結果」との因果関係を全く不要のものと解すると、「重要」性判断に結果との関係性を考慮できなくなるおそれもある。その帰結として、せいぜい結果発生の危険までしか考慮できず、ひいては幇助犯が(抽象的)危険犯であるとして、処罰拡張的に解される可能性を払拭できない。他方、判例3は、第二次的責任たる共犯責任には主たる行為者が犯罪の実行に着手したことを必要だとし、正犯行為との因果性を前提にする点でICTY判例と異なる[38]。

　ただ、仮に「結果」との間の因果性まで不要だと解する趣旨なら、正犯行為に対する重要な影響だけで足りることになる。そうすると、〔事例3〕事例1のZが情報提供をしたが、集落に移動する段階で、すでに先着していた他の構成員Wが、Zの情報とは別に情報収集をし、それに基づいてZ情報に列挙されたのと同一の子どもをすでに集合させており、Aらが当該集落に到着した段階でAらは当該子ども兵の徴集がすでに容易になっていた、という場合、ZがAに対して情報を提供した段階ではWによる徴集援助は行われていなかったから、正犯行為に対しては重要な影響を及ぼしていたとも考えられるが、結果に対しては影響を及ぼしていない。正犯行為説によるならば、このような場合も

36　LubangaTC I , para. 997.

37　オステン・前掲注35論文31頁注40も、本稿とは異なる視点からではあるが、essentialを「不可欠」と訳すことに疑義を呈している。

38　LubangaTC I , para. 998.

国際刑法における幇助犯成立要件・概観　145

幇助犯が問題なく成立することになりはしまいか。

　もっとも、この点、ICC規程25条3項は、既遂又は未遂の犯罪の幇助等を規定していることから、既遂に対する幇助と未遂に対する幇助とを概念上区別していると考えられる。既遂犯に対する幇助と未遂犯に対する幇助とは、正犯による最終結果を考察しないでは区別され得ない。したがって、ICCは結果に対する因果性を要求することを前提にしていると解する余地もある。

(4)　「重要な影響」要件の具体化

　それでは、ICCにおける重要な影響要件は、いかに具体化されるべきか。たとえば、Mbarushimana事件予審裁判部判決(2011年)は、ICC規程25条3項(d)の「共通の目的をもって行動する人の集団による既遂又は未遂となる当該犯罪の実行に対し、その他の方法で寄与すること」に関してではあるが、あらゆる関与が処罰の対象となることに懸念を示し、重要な影響要件を処罰限定のための客観的要件と捉える。[39]同判決は、25条3項(c)との関連性にも言及している。

　同判決は、①集団が有する共通の目的の犯罪性につき認識を得た後の当該関与の持続的性格、②犯罪活動を回避するため又は集団の犯罪の効率的機能を防止するために行われたあらゆる努力、③行為者が犯罪計画を作り出したのか又は単に遂行したに過ぎないのか、④集団内における行為者の地位ないし集団との関係性、⑤(おそらくこれが一番重要であると同判決は指摘するが)犯罪の重大性・範囲との関係で果たされた被告人の役割、を重視して具体化したうえで、[40]犯罪の既遂または未遂に対して重要な寄与をなすものでなければならないとしている。[41]

　以上について、①は共犯関係が維持されているかに焦点をあてるものといえる。そのうえで、②では当該努力が行なわれたこと、③では犯罪計画を単に遂行したに過ぎないこと、④では地位・関係性の軽微性、⑤では役割の軽微性が認められると、正犯性の欠如が認められやすいと考えられる。しかしそれだけでは、単なる寄与として処罰の対象から外される寄与よりも重要な影響をいかに捉えるかが、明らかではない。もっとも、③④⑤は正犯・共犯の区別に比重

39　ICC2011・12・16予審裁判部第一法廷決定 (ICC-01/04-01/10) (以下、「MbarushimanaPTCⅠ」とする)，para. 277.

40　MbarushimanaPTCⅠ, para. 284.

41　MbarushimanaPTCⅠ,para. 285.

を置くものと考えられるが、⑤はさらに、幇助寄与の「程度」にも関連するものように思われる。そこで、不可罰の関与と可罰的幇助を区別し得る基準としては、とくに上記⑤をいかに解するかが肝心となるように思われる。

　この点、国内刑法における「中立的行為による幇助」論が、不可罰の関与と可罰的幇助を区別し得る基準を提示しようとしている。そして国際刑法においても、重要な影響要件を、「客観的帰属論」に依拠し、許されないリスクの創出・増加を基準として限定的に理解すべき、との指摘がある[42]。ドイツ連邦通常裁判所は、「中立的行為による幇助」に関連し、ドイツ刑法27条の解釈として、客観的帰属論による幇助行為の判断基準を次のように具体化している[43]。すなわち、①正犯が専ら可罰的行為を遂行することを目的とし、関与行為者がそれを知っている場合、当該関与行為は幇助行為と評価されるべきである。これに対し、②関与行為者の寄与がいかに正犯に利用されるかについて関与行為者が知らなかった場合、関与行為者は自己の行為が犯罪の遂行に用いられることも「あり得る」と考えたに過ぎず、その関与行為は可罰的な幇助行為とは判断されない。③ただ、②の場合も、関与行為者によって認識されている正犯の可罰的態度のリスクが、関与行為者によって「認識可能な所為傾向のある正犯の促進」というほどに高められた場合には別である、と。

　これはClaus Roxinの「一義的犯罪的意味連関」という考えに依っている。Roxinは、因果的な危険増加が認められる関与行為のうちで、「一義的犯罪的意味連関」がある場合に限定して「許されない危険」と解し、幇助の客観的要件を認めるが、関与行為者が①正犯の犯罪決意を確定的に認識している場合と、②単に正犯の犯罪的態度を不確定的に認識しているに過ぎない場合とに分け[44]、①では一義的犯罪的意味連関を認め、幇助行為性を肯定する一方[45]、②では（通常は過失犯で問題となる）「信頼の原則」を、故意犯を問題とする「中立的行為による幇助」にも適用することができるとし、未必の故意で行なわれた関与行為の可罰性も「信頼の原則」によって否定されるという結論を採る[46]。

　この基準からすると、事例1のXとYも、Aらの子ども兵徴集の目的を確定的に認識していたか否かで、幇助行為になるか否かが区別されることになる。

42　Ambos, supra note 21, pp. 756.
43　BGHSt 46, 107, 113.
44　Claus Roxin, Was ist Beihilfe, in Festschrift für Koichi Miyazawa, 1995, S. 512ff.
45　Roxin, a.a.O., (Anm. 43), S. 513.
46　Roxin, a.a.O., (Anm. 43), S. 514.

国際刑法における幇助犯成立要件・概観　147

これは、幇助行為該当性判断を、決定的に、関与行為者の認識の程度に関係させている。たしかに、後述の通り、判例3は、主観的要件のレベルで、未必の故意による幇助犯の成立を否定しているから、上記基準を用いた場合の結論とさほど異ならないかもしれない。しかし、故意が確定的か未必的かで、「許されたリスク」であるか否かが区別されるというのは、説得的ではないし、[47]客観的指標としてリスクが「許された」ものであるか否かが個人の主観に依拠するのも、妥当でないように思われる。そうすると、客観的要件レベルでは、認識対象として主観面に依拠しない基準を定立する方が、より良いのではないだろうか。

　そこで、「重要な影響」要件について、因果性に還元され得る要素から判断するという方策も一考に値する。国際刑法で採られるような幇助のactus reus解釈の一部としても、ⓐ当該関与行為が結果を間接惹起させるに相当な行為であったか(幇助行為性)、ⓑ幇助行為と結果との間に相当性連関が認められるか(幇助の相当因果関係)、[48]を精査することも可能ではないだろうか。具体的にはたとえば、事例1のXの販売行為時点で、その携帯電話が子ども兵徴集に使用される蓋然性が無ければ、幇助行為性が否定される。これに対し、事例1のYの輸送行為時点では、当該運転が子ども兵徴集に利用される蓋然性を否定し得ず幇助行為性を否定し難い。さらに、徴集利用への蓋然性が高い状況での輸送行為であって、当該輸送行為が実際に徴集に用いられたなら、物理的幇助の場合、幇助の相当因果関係も否定し難いだろう。

　もっともその場合も、幇助行為に発生結果に優越する利益が認められるなら、幇助の違法阻却[49]、ないし、(コモン・ロー上の)正当化の抗弁が可能と考えることもできるのではないだろうか。たとえば、当該輸送行為が公共交通機関のそれである場合、Yの運転により、Aらに対するだけでなく、他の実際の乗客に対する輸送の利益のほか、誰しもがその交通機関を適時に利用できる利益も認められるであろう。これら諸利益を総合した保全利益と、子ども兵の徴集に係る侵害法益を衡量し、前者に優越的利益を認めYの輸送行為の違法性が阻却される余地はあり得る。これは客観的な正当化事情に関する問題であるから、YがAらの利用目的を確実に知っていたとしても、違法性が阻却され得る。

---

[47]　島田聡一郎『正犯・共犯の基礎理論』(東京大学出版会、2002年) 385頁注46。

[48]　幇助行為性・相当因果関係に関する私見につき詳しくは、小野上真也「従犯における客観的成立要件の具体化」早誌60巻2号 (2010年) 180頁以下。

[49]　幇助の違法阻却に関する私見につき詳しくは、小野上真也「弁護士の職務行為による従犯の成否」千葉26巻3号 (2011年) 23頁以下。

これに対し、貸し切りバスのように、ＡらとＹとの間に個別の輸送契約が締結されていた場合、保全利益は輸送行為によってＡらが得る輸送の利益のみであり、それ単体では子ども兵徴集に係る侵害法益に優越する利益を認め難い。かくして輸送行為の違法性阻却は困難であろう。このような考えに対しては、たしかに、客観的要件レベルで幇助犯の成立範囲を十分に限定し得ないとの批判があり得る。しかし幇助犯の成立範囲は、その全てが客観的要件(actus reus)のレベルで決せられねばならないわけではなく、主観的要件(mens rea)の判断にゆだねられるべき場合があるはずである。この場合のＹの輸送行為に関する幇助犯の成否は、主観的要件レベルで決せられるべきもののように思われる。

2　主観的要件

⑴　ICTYにおける幇助の故意論

　そこで次に、幇助犯の主観的要件に目を転じよう。この領域でも、まず、ICTY 判例の蓄積が興味深い。[50] ICTY(およびICTR)規程には主観的要素に関する一般的規定が設けられず、主観的要素をいかに解するかは多くの場合、裁判官に委ねられていたとされる。[51]

　判例２は、幇助犯の心理的要素を「ほう助者や唆す者によって行われる行為が正犯による一定の犯罪の遂行を援助することの認識」であると判示した。判例２は、続けて「これに比して、共通目的や共通計画の事案では、上記で述べたこと以上のものが要求される(すなわち、犯罪を実行することの目的であったり、共通の犯罪計画を追求する目的であったりすることに加え、それら犯罪が共通の犯罪目的を超えて実行されるであろうことの予見である)」としている。[52] 共通目的・共通計画事案とは異なる幇助犯一般の場合、以上の判示を、幇助行為者に「幇助すること」の認識があれば足り、正犯が幇助内容を実行に移すことの認識は不要と解する趣旨とみる余地はある。

　判例１も、「共犯者が自己の行為が犯罪の実行段階で実行者を援助するであろうことの認識を有していた」ことが幇助の故意の内容だとした。[53] ただし、

50　本稿におけるICTY 判例の主観的要件の記述は、Revised by Antonio Cassese et al., Cassese's International Criminal Law, 3rd ed., 2013, pp. 193-4. に多くを依っている。

51　横濱和弥「国際刑法における犯罪の主観的成立要件について」法政論究109号（2016年）68頁。

52　TadićAC, para. 229.

53　FrundžijaTC, para. 245.

これは共犯者が正犯の犯罪実行について積極的「意図」（intent）まで必要ではなく、「認識」（knowledge）で足りるとする文脈で述べられたものであったから、判例 1 でも、認識の対象が犯罪事実のいかなる要素に及ぶべきかにつき、さほど明確に述べているようにも思われない。ただ、ここで「犯罪の実行段階で実行者を援助するであろうことの認識」とするのは、判例 2 とややスタンスを異にし、正犯行為への加担の認識が必要だと解したものとみる余地もあろう。

そうすると判例 1 は、正犯に関する認識を要件としているものと解されるが、他方、幇助者が意図され実行に移された犯罪を特定して認識している必要はなく、「複数の犯罪のうち 1 つでもおそらく実行されるだろうと意識」したことで足りるとした（犯罪特定性不要説）。Antonio Cassese らの分析によれば、判例 1 のような理解によると、〔事例 4〕X が、有名な武装強盗犯 A に対し拳銃を貸与したところ、その際に X は A が特定の犯罪を遂行しようと意図していることまでは認識していなかったものの、A が「殺人」「武装強盗」「重大な傷害」等の犯罪行為をなすに当たりその拳銃を使うだろうとの認識はあったという場合に、幇助の故意が認められることになる。

我が国では、「故意」とは犯罪事実の認識と解されている。そして、故意の認識対象には、あくまで特定犯罪の構成要件関連性が要求されるというのが、暗黙の通説ではないかと考えられる。一方、上記判決は、故意の認識対象が異なる犯罪事実・構成要件該当事実にまたがるもので良いことを認めるものかのようである。それがたとえば、ⓐX が「殺人」「武装強盗」「重大な傷害」のいずれかが生じるであろうと概括的に認識していた場合であれば、概括的故意を認めることに異論は生じない。他方、ⓑX には当該拳銃が「重大な傷害」に用いられることの認識しかなかったが、A は殺意をもって当該拳銃を O の殺害に用いた抽象的事実の錯誤の場合、判例 1 が「重要な重なり合い」から「符合の論理」を提供し傷害致死幇助の範囲で処罰する趣旨でも、なお首肯し得る。これに対し、ⓒ構成要件関連性が無くとも「何らかの犯罪に従事する意図があれば良い」とし、抽象的認識だけで異なる発生結果に対応する幇助の故意およびその犯罪成立を認め、しかもそれが集団殺害に亘る場合に、集団殺害犯罪幇助までも成立させる趣旨であるならば、行為者の認識し得る対象以上の負責を

---

54 FrundžijaTC, para. 246.

55 Revised by Antonio Cassese et al., supra note 50, pp. 194.

56 幇助の故意の認識対象の問題に関する私見について、詳しくは、小野上真也「従犯における故意の認識・予見対象の具体化」千葉30巻 1・2 号（2015年）227頁以下。

認めることになってしまう。ⓒのような帰結をも認めるものであれば、特定性不要説には疑問がある。

(2) ICCにおける幇助の故意論

　ICC規程30条1項は、基本的に「故意に及び認識して客観的な要素を実行する場合にのみ」処罰の対象となると規定し、同2項(a)が「行為に関しては、当該個人がその行為を行うことを意図している場合」に、同(b)が「結果に関しては、当該個人がその結果を生じさせることを意図しており、又は通常の成り行きにおいてその結果が生ずることを意識している場合」に、それぞれ故意が認められるとしている。また、同3項が本規程の適用上、「認識」につき、「ある状況が存在し、又は通常の成り行きにおいてある結果が生ずることを意識していることをいう。『知っている』及び『知って』は、この意味に従って解釈するものとする」としている。ICC規程25条3項(c)の幇助犯の故意も、30条所定の要件にしたがって決定される。

　第一に、故意の認識対象から考察しよう。上述の通り、ICTY判例は、犯罪事実のいかなる要素に対し認識が及ぶ必要があるかにつき、さほど明確にしていないと考えられる。これに対し、ICC規程30条は、1項が故意・認識の必要性を規定し、2項が①行為の意図((a))、②結果の意図((b)前段)、③行為と結果の間の相当因果関係の意識((b)後段)、の3形態を規定する。故意とは「犯罪事実の認識」であるとの理解の下、幇助の犯罪事実が、「幇助行為」、「加担対象である正犯行為」、「発生結果」、「幇助行為と結果との間の因果性」から成るものと解せば、幇助犯の故意は以上の①が幇助行為性の意図、②が正犯行為を通じた間接惹起結果の意図、③が幇助行為→正犯行為→間接惹起結果の経過の相当性の意識に対応すると考えられる。さらに、25条3項(c)自体が「当該犯罪の」幇助を予定しているのであるから、自ずと幇助の故意の認識対象は、個別の犯罪事実関連性(構成要件論を採る理解からは、構成要件関連性)が要求されることになろう。したがって、さきの事例4の処理としては、複数犯罪を概括的に認識したのではなしに、ただ漠然と「この関与が何らかの罪に当たるかもしれない」と抽象的に認識しただけでは実際に発生した犯罪の故意が否定されるといえる。このことからすれば、ICC規程では、犯罪要素のうちいかなる部分に認識が及ぶ必要があるかを、ICTY判例に比べ、相当程度具体化していると考えられる。

　第二に、故意の認識「対象」のほかに、認識の「程度」も争点たり得る。

国際刑法における幇助犯成立要件・概観　151

Lubanga 事件予審裁判部第一法廷判決と判例３とでは、客観的要件について機能的行為支配論を前提にしているという点で違いがないが、故意に関し、ICC 規程30条の解釈として、予審裁判部第一法廷が未必の故意を含むと解した[57]のに対し、判例３はこれを含まない[58]と解した点で違いがある[59]。ICC 規程30条を犯罪の関与形態を問わず妥当する故意の一般規定と解するならば、この理解の差異は、ICC 規程25条３項(c)における幇助の故意解釈にも影響する。Lubanga 事件の機能的行為支配論を前提にする限り、仮にそれに関連して導かれる幇助の重要な影響要件が必ずしも客観的成立要件レベルで適切な限定を基礎づけ得ないと解するなら、第一審裁判部による故意の制限には、幇助犯の成否に関する制御弁というような意義もあろう。未必の故意を除外することについて、ICC 規程30条の制定経緯で未必の故意と考えられる規定が削除されたことや[60]、ICC 規程30条２項(b)が「通常の成り行きにおいてその結果」が「生ずること」(will occur)の意識を要求し、「生じうること」(may occur)の意識ではないことに照らすと、結果発生が「ほぼ確実であること」の意識を要求している、と指摘されることがある[61]。

　しかし、故意の構造に照らすと、確定的故意にせよ未必の故意にせよ、行為時における侵害・危険の将来予測であることに違いは無い[62]。「生ずること」(will occur)の意識に、将来予測としての確定的故意が含まれるならば、同じく将来予測であるが確定的故意に比べてその確実性が量的に否定されるに過ぎない未必の故意も「生ずること」(will occur)の意識に含まれるはずである。したがって、この文言が未必の故意を除外する根拠にはならない。実質的にも、未必の故意を一律に不可罰とすべき理由はない。未必の故意には、結果発生の蓋然性を十分に予測しているが、その態様が確定的ではないというものが含まれるのであるから、責任非難を認めることは妥当であろう。未必の故意に該当し得る事案を一律に処罰の対象から除外する、というのは行き過ぎである。仮にmens rea を認め難い場合があるとしても、それは「未必の故意だから」という理由からではなく、そもそも故意自体を認め難いという理由から結論される

57　LubangaPTC Ⅰ, para. 352.

58　LubangaTC Ⅰ, para. 1011.

59　規程30条に関する一連の解釈論状況と立法経緯につき、横濱・前掲注51論文67頁以下参照。

60　Lubanga PTC Ⅱ para. 363-369.

61　一連の指摘について、横濱・前掲注51論文76頁以下参照。

62　原田保孝「殺意」小林充＝植村立郎編『刑事事実認定重要判決50選（上）〔２版〕』（立花書房、2013年）383頁参照。

べきであろう。事例１のＹの輸送行為がＡらとの個別の輸送契約であった場合に不可罰とされるとすれば、それは、子ども兵徴集に当該輸送行為が利用される蓋然性が客観的には認められるにもかかわらず、その認識を欠いたことにより故意自体が認められないからである。このような判断方法は、Winny 提供事件最高裁決定（最決平23・12・19刑集65巻９号1380頁）でも採用されていると考えられる。この判断方法によると、Ｙが結果発生の蓋然性を未必的に認識している場合には、mens rea が認められることになる。

(3) 「容易にするため（For the purpose of facilitating）」要件の意義

他方、ICC 規程25条３項(c)は「当該犯罪の実行を容易にするため（For the purpose of facilitating the commission of such a crime）」と規定する。

学説には、これを幇助の故意とは別途の主観的要件と解し、幇助の認識がある場合でも purpose を欠くため幇助犯の成立が否定されるとする見解がある。たとえば Albin Eser は、25条３項(c)の容易にする「ため（purpose）」とは「共犯者が犯罪の実行をほう助することの単なる認識を超えるもの」を意味し、共犯者は「自己の援助が犯罪の実行を促進するであろうことを認識していることに加え、意欲する（wish）ものでなければならない」とし、客観的要件で限定できないものを主観的要件で限定するものだとしている。

このような理解は、第一の読み方としては、25条３項(c)の幇助犯を目的犯として構成するものと考えられる。すなわち、「容易にする（facilitating）」ことから生じる促進効果を得る目的を、「ほう助（aid）」「唆し（abet）」といった「援助（assist）」から生じる結果を超える事態を対象とした超過的内心傾向と捉え、これを欠くときには「当該犯罪の実行を容易にするため」という purpose（＝目的）が無く、幇助犯の成立が否定されるとする理解といえるであろう。同条

---

63 矢野直邦「判解」『平成23年度最高裁判所判例解説（刑事篇）』（法曹会、2015年）390頁以下参照。

64 Albin Eser, Individual criminal responsibility, in The Rome Statute of the International Criminal Court: A Commentary Volume I, Edited by Antonio Cassese et al., 2002, pp. 801. このことから、ケースによっては、Eser の理解を未必の故意をめぐる「認容説」に親和的な見解として分析する視角もあり得るだろう。

65 Eser, supra note 64, pp. 801 は、幇助者に自己の寄与と寄与の相手方（正犯）への「二重の意図（double intent）」も必要であると述べた上で、「ほう助」「唆し」「援助」の客観的要件は相対的に低いものが予定されている一方、主観的要件をより高度に設定することで幇助の成立が限定されると解している。Ambos, supra note 21, pp. 757. も同旨である。

66 Helmut Satzger, International and European Criminal Law, 2012, pp. 240 (para. 62) は、25条３項(c)に依拠して自己の寄与の促進効果（faciitating effect）に関し目的的でなければならないが、犯罪のその他の要素については30条の要件通りにそれら要素の認識で足りるとし、また、未必の故意でも十分であるとしている。

国際刑法における幇助犯成立要件・概観 　153

の条文構造からは、たしかに目的犯として読むことが素直かもしれない。

　しかし他方、第二の読み方として、「ほう助」「唆し」を含む「援助」の実質が、犯罪を容易にすることにあると解するならば、容易にする認識は援助（＝幇助）の故意そのものだという解釈も、あるいは可能ではないだろうか。その場合、「容易にするため」という文言は、故意の内容を確認的に明示したものであり、特別の主観的要件ではないことになる。もっとも、本来そのような方策は不要であるから、あえて「容易にするため」と規定する当該条文の素直な解釈とはいいにくいが、１つの解釈方法ではあり得る。

　Antonio Cassese らによると、特別の主観的要件とする見解は、「ほう助」「唆し」その他「援助」の成立範囲を狭めるものである。たとえば、有名な殺人犯(known thug)が殺人を実行しようとしていることを知りながら拳銃を提供した者は幇助犯として処罰されるべきであるから、これと異なり、犯罪を容易にする「ため(purpose)」ではなしに利益を得るためであったら処罰を免れるなどとすべきではない、としている。[67]こうした分析の依って立つところについても、提供によって犯罪は容易になっており、そのことについての認識をもって「容易にするため」と解し、もって幇助の「故意」が認められたと解することはできる。このように、Cassese らの見解を、第二の読み方から根拠づけることも可能ではないだろうか。

　これに対し、Eser がこのような場合にも容易にする目的(purpose)を欠くというのであれば、容易にする目的は、幇助の故意を超える主観的要素を意味しているものでなければならない。ただ、すでに言及したように、ICC 規程25条３項(c)の制定には、「共犯者は、犯罪の実行に対し直接かつ重要に寄与するような援助をなすのでなければならず、たとえば、実行者が犯罪を遂行しやすくする方法を提供する場合がこれに当たる。それゆえ、共犯者の関与形態は、ある重要な方法で犯罪の遂行を容易にする援助を含意するのでなければならない」とする1996年国際法委員会草案の影響もある。「実行者が犯罪を遂行しやすくする方法」とは、実行者が犯罪の遂行を「容易にする」方法と言い換えることができるであろう。そうすると、この草案に一定の影響を受けてできた幇助犯規定でも「援助」の実質には、犯罪を「容易にする」ことが予定されているのではないだろうか。とすれば、「容易にする」ことは援助の内容そのものであって、これに対し第一の読み方のように援助の認識を超える超過的内心

67　Revised by Antonio Cassese et al., supra note 50, pp. 195.

傾向を基礎づけるファクターとはなし難いように思われる。

この視点からあらためて25条3項(c)を眺めなおしたときに、目的犯構成を採る見解に対しては、①この意味での「容易にする」を超える事態を対象とした「容易にするため」が具体的に何を指すものであるのかは必ずしも自明ではないという批判や、あるいはその反面で、②「容易にするため」を犯罪ないしその実行を容易にするためと読むのであるとすると、翻って「援助」とは内容空虚な概念となってしまうのではないかという懸念が生ずるようにも思われる。かくして、「容易にするため」というのが、条文構造上は目的犯構成になじむ形式ではあっても、それが実質的な根拠に支えられるものであるか、故意を超える主観的要件として実質的な意味を持ちうるものであるのか、といったことの、より詳細な検証はなお必要なのではないだろうか。

おわりに

以上、国際刑法における幇助犯の成立要件を、ドイツや日本の幇助犯論を基にいかに精緻化できるかを試みた。国際刑法とドイツ・日本の刑法とでは、前者が対象犯罪を中核犯罪に限定していることや、構成要件概念を中心とした体系論を前提にするものではない、という点で、たしかに事情の違いがある。しかし、本稿での検討によって、可罰的な幇助とは何かをめぐる客観的要件・主観的要件の精緻化において、ドイツや日本における幇助犯の知見が全く無関係のものではないであろうことが確認されたように思われる。また、本稿で扱わなかった、正犯概念との関係においても、国際刑法における幇助がいかなる態様のものであるか、さらなる分析を要しよう。これについては、他日を期したい。

（おのがみ・しんや／清和大学法学部准教授）

わいせつ物頒布等罪の再構成
人権の観点から見直すわいせつ物規制の基本に関する一考察

岡上雅美

1　問題の所在

2　わいせつ物頒布等罪の保護法益およびわいせつ概念を
　めぐる判例の状況

3　わいせつ物頒布等罪の保護法益およびわいせつ概念を
　めぐる従来の議論

4　ドイツにおける「ポルノ文書頒布罪」の規定と法益論

5　若干の考察——人権の観点から行う私見の展開

6　結びに代えて

1　問題の所在

　刑法175条(以下,刑法については法令名を省略する)に規定されるわいせつ物頒布等罪については、社会法益に対する罪と解する点では一般的に一致があるものの、その法益の内実については、後述のように、判例は確立している一方で、かつて盛んであった解釈学上の基本問題は新たに顧みられることもなくなった状況にあるように思われる。しかしながら、同条をめぐっては、その処罰根拠を始めとして、表現の自由(憲法21条)、学問の自由(憲法23条)、プライバシーの権利(憲法13条)、罪刑法定主義および実体的デュープロセス(憲法31条)との関連でその合憲性についてさえ多くの問題が提起されてきた。

　以下では、古くから実務上および解釈学上問題とされてきたわいせつ物頒布等罪の法益および「わいせつ」概念について、今一度、考察を行うこととしたい。なぜなら、175条にいう「わいせつ」とは、裁判官の解釈を必要とする規範的構成要件要素の典型例であり、しかも、最高裁判所自身も「性一般に関する

社会通念が時と所とによって同一でなく、同一の社会においても変遷がある」[1]
と述べており、何が「わいせつ」にあたるのかは、その時々の時代的背景や
社会通念において不断に見直されてしかるべきものだからである。現代では、
現代での見直しが必要である。新倉修先生に献呈させていただく、この古稀祝
賀論文集『国境を超える市民社会と刑事人権』の共通テーマである「人権」の
観点、とりわけ表現の自由をめぐる最近の議論状況をも取り入れつつ、これら
の基本問題を明らかにする試みを展開してみようと思う。なお、本稿で検討お
よび考察の対象とするのは、175条のわいせつ物頒布等罪に限定し、いわゆる
児童ポルノ(「児童買春、児童ポルノに係る行為等の処罰及び児童の保護等に関する法
律」)は、児童が被写体とされること自体から生じる、児童への被害の防止が最
優先の課題であるということから、まったく別個の考慮を必要とするものであ
るため、——論証の必要上、若干言及するところはあるが——本稿の直接の考
察対象から除外しておくことにしたい[2]。

2 わいせつ物頒布等罪の保護法益およびわいせつ概念をめぐる判例の状況

(1) わいせつ物頒布等罪の保護法益について、最高裁判所によれば、わいせつ
文書が「人間の性に関する良心を麻痺させ、理性による制限を度外視し、奔放、
無制限に振舞い、性道徳、性秩序を無視することを誘発する危険を包蔵してい
る」ということから、同罪の法益は「性的秩序を守り、最少限度の性道徳を維
持すること[3]」や「性生活に関する秩序及び健全な性風俗の維持[4]」などと表さ
れ、一貫して性道徳・性秩序・性風俗(以下では、「性道徳等」と称する)であると
解されている。かつては文芸裁判と呼ばれたいくつかの裁判で、激しい論戦

1　最大判昭32・3・13刑集11巻3号997頁（いわゆる「チャタレー事件」判決。以下、この名称で呼ぶ）。

2　ただし、わいせつ物は関税法との関連でも規制されており、関税法69条の11第1項7号は、輸入禁制品の中に「公安又は風俗を害すべき書籍、図画、彫刻物その他の物品」を含めている。「風俗を害すべき書籍」の中で考えられる「わいせつ物」とは、基本的に175条と同一の考え方がなされており、輸入禁止の根拠はわいせつ物が犯罪組成物件であることに鑑みれば、それで妥当であるように思われる。したがって、本稿の議論は、関税法にも基本的に適用可能である。

3　以上、「チャタレー事件」判決より。

4　最大判昭44・10・15刑集23巻10号1239頁（いわゆる「悪徳の栄え事件」判決。以下、この名称で呼ぶ）。

5　最近のものだけでも、東京地判平29・4・13裁判所ウェブサイト、最判平26・10・7集刑315号1頁、最判平21・12・11集刑299号1043頁、東京高判平17・6・16LEX/DB28135240など多数ある。

わいせつ物頒布等罪の再構成　157

が繰り広げられ、判決にも様々な立場からの意見[6]が付されていたのに比して、現在の実務では、わいせつ物頒布罪の法益をめぐるこの安定傾向は、見直しの気配も感じられないほど揺るぎないものとなっている。

　判例によるこのような法益の理解には、法益論として問題があることが明らかである。いわゆる法益概念の精神化(抽象化)の問題性である。法益保護原則は、少なくともその歴史性を鑑みるとき、違法性の実質を条理・道徳・倫理に求める見解に対するアンチテーゼとして表れたものである[7]。道徳や倫理は、判断者により恣意的な内容を盛り込むことが可能な、曖昧な概念であり、これに対して、法益は、——むしろこれに実質的内容を与えるべく——より客観的、具体的で事実的な基礎をもつ概念といえ、これを導入することで犯罪概念の不当な拡張を防止するという自由主義的な要請に基づくものであった。したがって、判例のように、法益を性道徳等に求めることは、方法論的な誤謬を犯すものであり、法益保護原則の長所を没却する矛盾をはらむものである。

(2)　他方、わいせつ概念についても同じ問題が呼応する。実務は、わいせつを①「徒に性欲を興奮又は刺激せしめ」、かつ②「普通人の正常な性的羞恥心を害し」、③「善良な性的道義観念に反するもの[8]」とし(以下ではこれらを総称して「わいせつ三要件」と呼ぶ)、その後の判例も一貫してこの要件を引用しており、これについても見直しの動きはない[9]。

　しかしながら、この「わいせつ三要件」に対しても、批判が向けられている[10]。すなわち、①の性欲の興奮または刺激これ自体は、食欲と同様、生理的な「自然・本能・反射現象[11]」であって、何らの違法行為ではない。また「徒に」の意味は必ずしもつまびらかではないが、仮に「無駄に、成果なく」という文字通りの意味に解すると、この段階はつねに起こることであって、「侵害」されても公共危険に結び付くわけではない。①に連動して、②も同様である。不

6　とりわけ最判昭58・10・27刑集37巻8号1294頁における団藤重光裁判官、田中二郎裁判官の補足意見が著名である。

7　法益概念の歴史的意義、自由主義的性格については、内藤謙『刑法講義総論(中)』(有斐閣、1986年)300頁以下。

8　以上、最判昭26・5・10刑集5巻6号1026頁(いわゆるサンデー娯楽事件)。その後、チャタレー判決でもこの定義が踏襲され、定着した。

9　それは、平成23年改正により、頒布の客体に「電磁的記録その他の記録」が含められて以降も変わらなかった。後述の注12の平成28年判決、平成29年判決を参照。

10　前田信次郎「猥褻の意義」日本刑法学会編『刑法講座(5)』(有斐閣、1964年)174頁以下、曽根威彦『表現の自由と刑事規制』(一粒社、1985年)178頁以下。

11　前田・前掲注10論文174頁。

特定多数人の性的羞恥心とは、誰がどのように判断するのか。羞恥心は、性交渉を行うときに多かれ少なかれ生じるものであって、これを害することがなぜ禁じられるのか。結局、「わいせつ三要件」は、何が性道徳等という法益を侵害しうる「わいせつ」なのかという問題に対して、「善良な性的道義観念に反するもの」と答えるにすぎず、トートロジーであるがゆえに、判断基準として機能しえない。

　かくして、戦後間もなくの時代に定立された、この「わいせつ三要件」という基準は、長きにわたり見直されることもなく、そのままの形で維持されている。それは、とりもなおさず、これがどのような内容をも盛り込める形になっており、もっぱら判断者にとっての使い勝手の良さゆえに生き永らえていることの証左に過ぎない。現に、近時の裁判例のいくつか[12]を見れば、その判断手法は、「わいせつ三要件」に言及し(大前提)、当該事案の具体的客体の特徴を掲げ(小前提)、「社会通念に照らして」あるいは性的羞恥心や好色的興味への影響力の大小を判断して当該客体はわいせつ物にあたる・あたらない(結論)とする典型的な法的三段論法をとっているが、小前提の提示から結論に至るまでの判断過程に対する異論が極めて加えにくい、いわゆる水掛け論となることが不可避な構造をとっている。すなわち、一見「わいせつ三要件」という分析的手法の概観を呈しながら、わいせつ物が社会的法益たる性道徳等をどのように危殆化しうるのかの具体性が欠けているために、小前提と結論の間に飛躍が生じ、そこに裁判官が自らの倫理観や直感的な「わいせつ」観を結論において押し付ける虞がある。

(3)　以上のように、判例実務における「わいせつ物頒布罪」の保護法益およびわいせつ概念の理解は、可罰性限定機能をほとんど有しえないものとなっている。それにもかかわらず、これらの手法が実務上すっかり定着していることから、裁判所は——そして、判例に対する批判的観点を弱めている近時の学説——それらの問題性を新たに検討の対象とする機会を逸しているように思われるのである。

12　例えば、東京地判平28・5・9判タ1442号235頁（ただし、客体である造形物の一部についてはわいせつ性を否定した）、その控訴審である東京高判平29・4・13裁判所ウェブサイト登載（原判決維持）。

3 わいせつ物頒布等罪の保護法益およびわいせつ概念をめぐる従来の議論

(1) 以上の問題は、わいせつ物頒布罪の処罰根拠それ自体、すなわち、性という、それ自体は完全に禁圧すべきでもなく、プライバシー性の高い領域に対する刑法的介入の是非を問うものであるだけに、学説においても、これらについては一時期の激しい論争が見られるほどではないとしても、意見の相違はなお大きいものがある。

わいせつ物頒布罪の処罰根拠およびわいせつ概念についてはどのように考えるべきなのだろうか。その方向性として、大別して３つの可能性が考えられよう。①現行法および判例の現状を全面的に肯定することである（全面肯定説）。「社会法益としての性秩序[13]」を法益と解する立場である。それでも、判例の立場を無限定に全面的に肯定するのか、消去法の末、本説をやむなく受容するのかは、論者により、かなりニュアンスの違いがあるにせよ、これが今なお通説的見解といってよい[14]。本質的には判例と同旨といえるヴァリエーションとして、「社会環境としての性風俗」すなわち美観風致保持のための広告制限や建築制限と同じく「風俗的にいかがわしい商品等が世上に氾濫することのないように」「いわば精神的社会環境ともいうべきもの」と表す見解もある[15]。

しかしながら、本稿では、175条をめぐる判例理論についてすでに批判的な検討を行った。そしてさらに、「なぜ性的行為は当然に非公然でなければならないのか」、「ただ一定の限度を違反したというだけで何故処罰されなければならないのか」という批判[16]は、なお依然として正当であるように思われる。表現の自由に関わる憲法上の問題点を考慮したとき、やはり、性道徳等の維持という抽象的な対向利益だけでは、表現内容の規制根拠としては不十分であると思われる。

---

13 団藤重光編『注釈刑法(4)』（有斐閣、1965年）277頁〔団藤重光執筆〕。

14 大谷實『刑法講義各論〔新版４版補訂版〕』（成文堂、2015年）516～517頁、現行法の解釈としては反対説には無理があるとするものとして、西田典之（橋爪隆補訂）『刑法各論〔７版〕』（弘文堂、2018年）395頁、山口厚『刑法各論〔２版〕』（有斐閣、2010年）502頁以下、山中敬一『刑法各論〔３版〕』（成文堂、2015年）684～685頁など。

15 最判昭58・10・27刑集37巻８号1294頁。

16 以上、平野龍一『刑法概説』（東京大学出版会、1977年）268頁。そのほか、「少なくとも見ようという意思がある成人の場合は、とくに害を受けることはない」という批判も挙げられているが、これについての私見は後述5(4)を参照。

(2)　②これとは真逆に、憲法21条および31条との関係で違憲説がある。違憲説には、さらに細分化が可能であり、②-1.性表現はおよそ自由化されるべきであり、表現の自由により保障されるべきものであるから、これを規制すること自体が違憲であるとする考え方と、②-2.わいせつ物規制は完全に自由化することはできず、何らかの保護法益性[17]は認められるが、「わいせつ」という文言では、法益侵害性のない行為にまで処罰が拡大される虞があり広範に過ぎる、または、明確性に欠けるなどの理由から175条を違憲とする考え方がある[18]。

(3)　最後に、③わいせつ物規制に性道徳等以外の処罰根拠があることを認め（その限度では、②-2と同旨）、「わいせつ」概念の解釈にもそれを反映させることで限定を加えたようとする立場がある。有力な見解は、アメリカ合衆国またはドイツ連邦共和国の議論状況を参照しつつ、一方では「見たくない者の見ない自由（以下では、「見たくない者の自由」と呼ぶ）」、他方では未成年者の保護を保護法益にするという見解である[19]。

　しかしながら、この見解には次のような疑問がある。この2つの基準——見たくない者の自由および未成年者保護——を併存させることの意味である。これらの両者の基準から導き出される各結論は一致するのかそうでないのか。また、論者によれば、見たくない者の自由が主たる法益であり、未成年者の保護が副次的な法益とされるが、この優劣関係にはどのような意味——未成年者の保護が「従」でなければならない理由——があるのだろうか。

　「見たくない者の自由」を主たる法益と解する場合、それがなぜ「わいせつ物」に限定されるのか。暴力表現その他の不快な表現を見ない自由は刑法上保護されず、性表現を見ない自由だけが保護される理由は何なのだろうか。また、とくに性的自己決定権を重視し、各個人がどのような性表現から保護されたいかをも自己決定権の一部だと考えるならば、その範囲は個人により千差万別と

17　これについては、明確性の原則および過度の広範性の理論の観点から「わいせつ」概念の不明確さゆえに違憲性を導き出すという同一の結論でありながらも、保護法益について、通説判例と同様に性道徳等と捉える立論と、これとは別の法益、例えば青少年の保護や見たくない者の自由などを考える見解の2つの方向が論理的にありうる。

18　曽根威彦『刑法各論〔5版〕』（弘文堂、2012年）273頁、山中・前掲注14書691頁。

19　内田文昭＝長井圓「性表現と刑法」石原一彦ほか編『現代刑罰法大系(4)社会生活と刑罰』（日本評論社、1982年）271頁、林美月子「第5章　性的自由・性犯罪に関する罪」芝原邦爾ほか編『刑法理論の現代的展開（各論）』（日本評論社、1996年）60〜61頁。なお、アメリカ法について性表現に関する判例を検討したものとして、三島聡『性表現の刑事規制——アメリカ合衆国における規制の歴史的考察』（有斐閣、2008年）がある。

わいせつ物頒布等罪の再構成　161

なり、もっとも繊細な感覚の人にあわせると、規制の対象は相当広くなりうるものである。それでも、明確性の原則、過度の広範性の理論のために「わいせつ物」を、例えば「端的な春本」に限定するとすれば、およそ「性的なもの」は受け付けないという繊細な人の性的自己決定権の保護は不十分になってしまう。この場合、「見たくない者の自由」は、およそ性的自己決定権ということではなく、端的な春本の限度での「見たくない者の自由」だけが保護されることになるが、その根拠づけは困難である。

　他方、未成年者の保護が法益だと解した場合、これももっとも繊細な年代の青少年が基準となることになろう。そうなると、これもかなり広範囲な規制につながる可能性がある。さらに、これについても、上記と同様の疑問、すなわち、なぜ、「性的なもの」からのみ、青少年は保護されるべきなのかという問題があろう。

　また別の見解として、「わいせつ三要件」のうち、重視すべきは、公衆の性的感情に対する罪と理解する見解がある。上記③性道徳の維持は、法と道徳との峻別から法益とはしえないが、①および②は保護すべきであり、法益は「公衆の性的感情に対する罪」として理解されるというのである。[20]

　しかしながら、わいせつ物頒布等罪の法益を性欲ないし性的羞恥心を内容とする性的感情と捉える見解にも疑問がある。これらの「性欲」ないし「性的羞恥心」の判定方法は、もっぱら男性パースペクティヴで判断されていないだろうか。例えば、男性器がもっぱら好色に訴える形で提示されたときでも、男性裁判官はこれを「性欲」を媒介にして判断するのだろうか。たとえ、汚物や身体改造などで一般には性欲を減退させるようなものであっても、なお「わいせつ物」として規制すべきものはあるのではないか。ここでは、すでに存在すると考えられる男性目線だけではなく、現在では、社会的にも承認されつつある「性の多様性」を意識しつつ、女性の目線あるいは性的少数者の目線からも「法益侵害」をとらえ直す必要があるように思われる。

(4)　以上、従来の学説および判例による「わいせつ物頒布等罪」の保護法益に関する諸見解を批判的に検討してきた。学説・判例の現状では、必ずしもその説明にうまく行っていないようにも思われる。そこで、次章では、ドイツの法状況に目を向けて、さらなる考察の一助にすることとしたい。

20　林幹人『刑法各論〔2版〕』（東京大学出版会、2007年）397頁。また、町野朔『犯罪各論の現在』（有斐閣、1996年）253頁以下、262〜263頁も同旨。

4 ドイツにおける「ポルノ文書頒布罪」の規定と法益論

(1)　ドイツにおいて、わが国の「わいせつ物頒布等罪」に匹敵するのは、ドイツ刑法典184条「ポルノ文書頒布罪(Verbreitung pornographischer Schriften)」である(以下、本章における条文表記はドイツ刑法典のものを指す)。もちろん、現行法との比較でいえば、わいせつ物とポルノ文書とは完全一致する概念ではないが、以下で述べる沿革から言っても、ドイツ法はその後、性刑法の脱倫理化の方向へと独自の展開をみせるのであるが、同罪は改正前には「わいせつな文書」を客体としていたこともあり、同規定を我が国の175条に相応する規定として位置づけることは許されよう。同条は、第13章「性的自己決定権に対する罪」に含まれている。日本刑法とは異なり、ドイツ刑法は、同罪の保護法益を主として青少年の保護と解していることがその文言(「18歳未満の者」に対する犯罪であることの明示)から直ちに明らかである。

(2)　同条の沿革について、若干触れておくことにする。[21] ドイツ刑法では、この分野について3つの段階を区別することができる。第1段階(1923年〜1973年[22])は「わいせつ文書」を包括的に(pauschal)禁止し、第2段階(1973年〜2003年)はポルノグラフィーを絶対的に禁止されるものと、それ以外の単純なものとを分け、[23] 成人が後者へ近づくことを可能とした。第3段階(2003年〜現在)では、技術的な年齢確認の発展により、成人向けのソフト・ポルノグラフィーの購入および閲覧が容易となり、刑事訴追や刑事政策は、主として児童・

---

21 *Fischer*, Strafgesetzbuch mit Nebengesetzen, 65. Aufl., 2018, § 184, Rn. 1; によった。本文中には、とくに重要だと思われる改正のみを記載した。本文中に述べたもののほか、1985年の公共における青少年保護の新規制のための法律 (Gesetz zur Neuregelung des Jugendschutzes in der Öffentlichkeit vom 25.02.1985, BGBl. I S. 425) 〔184条1項3a項および2項2文追加〕、1994年の刑法典、刑事訴訟法典及びその他の諸法律を改正するための法律 (Gesetz zur Änderung des Strafgesetzbuches, der Strafprozeßordnung und anderer Gesetze v. 28.10.1994, BGBl. I S. 3186. 略称として「犯罪対策法 (Verbrechensbekämpfungsgesetz)」とも呼ばれる)〔184条1項4号及び8号の改正〕、2015年の第49次刑法改正法 (Neunundvierzigstes Gesetz zur Änderung des Strafgesetzbuches vom 21. Januar 2015, BGBl. I S. 10)〔字句の修正〕がある。

22 旧184条は、1923年9月12日のわいせつな出版物対策のためのジュネーブ条約 (Genfer Konvention zur Bekämpfung unzüchtiger Veröffentlichungen vom 12.9.1923) を国内法化したものである。

23 これが、ハードコア・ポルノ (harte Pornographie) とソフト・ポルノ (weiche oder einfache Pornographie) の区別に対応して呼称されている。わが国でいう「端的な春本」のみを規制しうるという見解に対しては、それでも同概念が不明確であるという批判が向けられるが、ドイツでハードコア・ポルノすなわち絶対的に禁止されるものは、184a条以下に例示列挙されている。

わいせつ物頒布等罪の再構成　**163**

青少年ポルノの禁止に集中することとなっている。[24]

184条が新たな起草により現在の形になったのは、1974年の第4次刑法典改正法律(Viertes Gesetz zur Reform des Strafrechts)であった。この改正により、184条以下が属する第13章は、倫理(Sittlichkeit)に対する罪ではなく、性的自己決定権に対する罪であることが明示された。184条の保護法益も、主として青少年保護(Jurgendschutz)であることが明文化され、その客体「わいせつな文書(unzüchtige Schriften)」から「ポルノ文書」の語に代えられた。[26]

その後、2003年の性的自己決定権に対する犯罪に関する諸規定の改正およびその他の諸規定の改正のための法律 (Gesetz zur Änderung der Vorschriften über die Straftaten gegen die sexuelle Sebstbestimmung und zur Änderung anderer Vorschrften vom 27.12.2003) は、それまで184条にさまざまな犯罪類型が含められ、全体像が見渡しにくくなっていたものを3つ(184条、184a条、184b条)に分割して規定した。

(3)　ドイツのポルノグラフィー刑法(Pornographiestrafrecht)の全体的な条文構成は、184条〔ポルノ文書の頒布〕に基本構成要件があり、184a条〔暴力的又は動物のポルノ文書の頒布〕が加重構成要件となっている。加重構成要件のさらに別の類型は、児童・青少年のポルノ文書に関する処罰であり、184b条〔児童ポルノ文書の頒布、取得及び所持〕、184c条〔青少年ポルノ文書の頒布、取得及び所持〕、184d条〔放送又はテレメディアを手段とするポルノグラフィー的内容にアクセスさせる罪；児童及び青少年のポルノグラフィックな内容の取得〕は、紙媒体や造形物のような古典的なわいせつ物以上に、現代社会における青少年保護にとって大きな意味をもっている。そのほか、184e条〔児童及び青少年ポルノ・ショーの開催及び来場〕がある。

以下に、成人ポルノ文書に関する184条および184a条を訳出しておく(2018年7月現在の正文)。

184条(ポルノ文書の頒布)
①　ポルノ文書(11条3項)[27]を

24　MüKoStGB-*Hörnle*, 3. Aufl. 2017, StGB § 184 Rn. 11.

25　BGBl. I 1973 S. 1725.

26　その他の改正点として、法定刑の見直し等がある。

27　11条3項は、Schrift (本稿で「文書」と訳した語。原文では複数形) の擬制規定である。それ

164

1 18歳未満の者に提供し、譲渡し、若しくは、これらの者の目に触れ得る状態にし．

2 18歳未満の者が接近し得る場所若しくはこれらの者の目に触れ得る場所で、目に触れ得る状態にし

3 店舗外での小売において、売店若しくは顧客が立ち入らないことを常態とするその他の販売所において、通信販売において、若しくは、業としての貸出文庫若しくは読書サークルにおいて、他人に提供し若しくは譲渡し

3a 18歳未満の者が接近し得ず、目に触れ得ない店舗を除き、業としての賃貸借若しくはこれに匹敵する業としての利用許可という方法で他人に提供し若しくは譲渡し

4 通信販売の方法で輸入を行い若しくは行おうとし

5 18歳未満の者が接近し得る場所若しくはこれらの者の目に触れ得る場所で、公然と若しくは業者との取引以外での文書頒布によって、提供し若しくは広告し

6 他人からこれを要求されることなく、他人に獲得させ

7 公開の映画上映において、その全部若しくは大部分について要求される対価と引換えに見せ

8 ポルノ文書若しくはそれから得られた一部を、1号から7号の意味において、利用するため若しくは他人の利用を可能にするために、作成し、調達し、交付し、保管し若しくは輸入し若しくは輸入しようとし、又は

9 外国において、そこで効力のある処罰規定に違反して、ポルノ文書若しくはそれから得られた一部を頒布し若しくは公然と目に触れ得る状態にし、若しくは、このような利用を可能にするために輸出し若しくは輸出しようとした

者は、1年以下の自由刑又は罰金に処する。

② 1項1号は、その者に監護権をもつ者が行為したときには、適用されないものとする。監護権者が、提供、譲渡又は目に触れさせることによって、その教育義務に著しく違反したときは、この限りでない。行為が営業的な借用を伴う取引において生じたとき、1項3号は妥当しない。

によれば、「本項を掲げる規定において、音響及び映像の記録媒体、電磁的記録録音機及び画像記憶装置、写像並びにその他の記述は、文書とみなす」。

わいせつ物頒布等罪の再構成 | 165

184a条(暴力的又は動物のポルノ文書の頒布)

① ポルノ文書又はそこから得られる一部を1号若しくは184d条1項1号の意味で利用し、又は、他の者にそのような利用を可能にするために、暴力行為又は動物と人間の性行為を対象とするポルノ文書(11条3項)を

1　頒布し、もしくは公衆の目に触れさせ、又は

2　作成し、調達し、交付し、保管し、提供し、広告し若しくはこの文書の輸出入を行い若しくは行おうとした

者は、3年以下の自由刑又は罰金刑に処する。

② 1項1号の場合、未遂は罰せられる。

(4)　ドイツ刑法典のポルノグラフィー規定は、現在では、わが国の規定とは大きく異なるものとなっている。しかしながら、かつては性道徳等を保護法益とする共通の経験を経ていることから、その問題意識を共有することは可能である。我々がドイツ刑法学から得ることのできる示唆として、以下の4点に着目することができよう。

第1は、保護法益の理解についてである。わが国でも、アメリカ法やドイツ法から着想を得て、性道徳等よりも具体的、ないし個人志向的に、見たくない者の自由および未成年者の保護を保護法益だと理解する立場がある[28]。しかしながら、ドイツ法は、規定上の表現から、184条の法益を統一的には考えておらず、1項1号、2号、3a号、5号は直接的に(「18歳未満の者」が構成要件要素になっている)、3号、4号、6号、7号は間接的に(構成要件上、すべての者を保護しており、「18歳未満の者」も含まれる)、青少年の保護(Jugendschutz)であるとされ[29]、ほか、6号は、「見たくない者の自由」(直訳では、「ポルノ文書との望まない対峙」)とされる[30][31]。わが国での理解のように、つねに両者が並列されるわけではない。

第2に、ドイツ刑法のように、規定上、青少年の保護が主たる法益であるこ

28　前掲注19の諸文献。

29　BVerfGE 47, 109, 119; BVerf NJW 77, 2207; *Fischer*, aaO. (Fn. 17), Rn. 3.

30　BGH 34, 97. 6号のほか、5号および7号もこの自由を法益とすると解されている。Fischer, ebenda.

31　その他、8号の法益は、1号から7号と同一であるとされ(*Fischer*, ebenda.)、9号は当該外国との関係(*Fischer*, ebenda.)または外国法益(Kindhäuser/Neumann/Paeffgen-*Frommel*, StGB, 5. Aufl., 2017, § 184e, Rn. 7)と解される。

とが明らかな場合でも、ポルノ文書との関係で、青少年の「何が」保護されるべきなのか、青少年を「何から」保護するのかは、さらに解決されるべき問題としてなお残るように思われる[32]。

これについての解答は、2つの方法がありうる。1つは、事実的基礎に基づいてポルノ文書の青少年に対する害悪を論証するやり方であり、今1つは、これを規範的に捉えるやり方である。前者は、例えば統計ないし心理学的知見を持ち出すことがありうるが[33]、しかしながら、これには異論もあり[34]、一般的に異論なく承認された法則だと考えるほどのデータは未だ現われていないように思われる。そうだとすれば、後者の規範的考察方法、すなわち、ドイツで、近時、提唱されている「人間の尊厳」に言及する見解に着目すべきである。これらの見解は、法益論ではなく、むしろポルノ文書の範囲を限定する要素として、人間の尊厳の承認によって決定される基本法の人間像に反する表現をポルノ文書とする[35]。

第3に、「わいせつ文書」か「ポルノ文書」かをめぐる用語法の問題である。ドイツ刑法典においては、2003年改正の結果、客体が「わいせつな文書」から「ポルノ文書」に代えられた。立法者意思は、もちろん概念の明確化にあった[36]。しかしながら、処罰範囲の明確化という点では、「ポルノ文書」という言葉で、何がそれにあたるかを的確に判断できるとも言えない[37]。定義規定もおかれていない。類似の表現として秩序違反法には「性的内容の表現」[38]があるが、これらはいずれにせよ、せいぜい「性行為」を対象とするという程度の意味にとどまる[39]。なお、ドイツの議論においては、わが国のわいせつ三要件の概念、例えば、性欲、性的羞恥心、性道徳等の規準はおよそ用いられていない。

---

32 この点について判断するドイツの裁判例には出会えなかった。また、「青少年をポルノ文書から保護する」という記述がよく見られるが、ここで問題とするのは、もちろん、その実質であり、ポルノ文書のどのような害悪から青少年を保護するのか、である。

33 このような実証研究を援用するものとして、MüKoStGB-*Hörnle*, aaO. (Fn. 24), R. 2.

34 *Köhne*: Jugendmedienschutz durch Alterskontrollen im Internet, NJW 2005, 794; *Fischer*, aaO. (Fn. 17), Rn. 3; SK-StGB-*Wolters*, § 184 Rn. 3.

35 *Schumann*, Festschrift für Lenckner, 1998, S. 565 ff., S. 576 ff.; Schönke/Schröder-*Eisele*, StGB, 29. Aufl., 2014, § 184 Rn. 9.

36 *Schumann*, aaO. (Fn.35), S

37 *Fischer*, aaO. (Fn. 17), Rn. 5.

38 秩序違反法119条3項。

39 *Fischer*, aaO. (Fn. 17), Rn. 6は、184 g 条〔青少年を危殆化する売春〕の意味における「性行為」とする。

第4に、処罰範囲および規定方法が、立法例として参考になりうる。絶対的禁止は、18歳未満の者のみならず何人に対しても禁止されるいわゆるハードコア・ポルノに対してであるが、何がこれにあたるかは、暴力・動物と関連するポルノ文書(184a条)および児童・青少年ポルノ文書・表現(184b～e条)に対するものであることが構成要件上明らかである。これらは、法定刑も重く、実行行為もより多様である(単純所持、輸出も含む)。他方、それにあたらないソフト・ポルノについては、6号で明らかに性的自己決定権の保護がなされているが、その他は、直接、青少年に触れさせないこと、あるいは、青少年に触れさせる虞のある行為を広く処罰するものとなっており、「見たい」成人の「見る自由」については、非常に寛容な態度であると思われる。この意味では、一律に広く処罰を行う日本の規定とは異なり、ドイツ刑法は、極めてメリハリの利いた規制になっているということができよう。

5 若干の考察——人権の観点から行う私見の展開

(1) わいせつ物の規制は、表現の自由(憲法21条)との関係で、法益の要保護性以上の正当化根拠を必要とする。表現の自由は、一方では個人的価値をも含んだ意味での自己実現のために、他方では民主主義にとって不可欠の政治的重要性を有するがゆえに、基本的人権の中でもとりわけ重要な権利とされ、経済的自由に比して「優越的地位」を有する。この表現の自由のもつ優越的地位は「二重の基準論」に結び付くこととなり、表現の自由の規制には厳格な要件を要請する。

憲法学説によれば、さらに、表現の自由の規制は、「表現内容規制」と「内容中立的規制」とに分けられる。[41]後者は、騒音規制やビラ張りの禁止など、表現の内容の如何には立ち入らず、その表現方法等が行われたことをもって規制を行うものであるが、他方、前者の「表現内容規制」は、その表現の内容自体を根拠とする規制であるため、自由に対するもっとも直接的な介入である。175条の「わいせつ物」規制は、まさにこの「表現内容規制」にあたるが、[42]

---

40 芦部信喜(高橋和之補訂)『憲法〔6版〕』(岩波書店、2015年)175頁。

41 芦部信喜『憲法学(II)人権総論』(有斐閣、1994年)229頁以下。

42 憲法学者による文献で目にしたものはすべて、175条は表現内容規制の例とされていたが、「見たくない者の自由」を法益だと考える立場からは、同意獲得を欠いた手続が侵害の根拠なのであって、内容の如何を問わないのではないか、むしろ内容中立規制に分類されるべきではないかの疑問がある。ここでは、憲法上の論争にこれ以上立ち入ることはせず、疑問を呈するにとどめる。

しかしながら、わいせつ表現は、犯罪の扇動その他と共に、より保護の薄くてよい「低価値言語」に含められ、その際、当該表現規制は、利益衡量によって決することができるとされる[43]。

　以下、この枠組みに沿って、判断を試みることにする。

⑵　では、利益衡量を行うにあたり、わいせつ物を表現し、頒布等させる自由を禁止することで生じる対抗利益ないし保全法益は何だと考えるべきであろうか。従来の判例学説を検討することにする。

　第1に、わいせつ物は端的に自由化されるべきであるとする見解がある[44]。すなわち、わいせつ物規制はそれ自体が規制に根拠をもたず、したがって、より高次の対向利益はないということになる。1970年代には盛んであった「性の解放」の動きである。これは、日本でも、戦時中も含めた前時代からの古い価値観、家制度時代の固定的な社会通念によって不当に抑圧されていた人間の本能である性を象徴的に自由に解き放つという意味を持ち、ひいては人間解放までも志向する。性の抑圧こそが、逆に、性に対する異常な好奇心や不健全さ、劣等感の原因となっているというのである。確かに、裁判所すなわち裁判官が「性秩序の維持」のための番人を自認し、保守的な価値観と権力をもって個人の創作的な表現活動を抑圧しているのであれば、それは不当であり憲法の許すところではない。しかしながら、同様に抽象的な「人間性の解放・性の解放」を優越的利益と考え、そこから直ちにわいせつ物の規制によって保護される利益はない、したがって、175条は削除されるべきであると結論づけられるかは、いっそう慎重な検討を必要とする。

　第2に、今述べた理由から、「性道徳等の保護」は、あまりに曖昧であり、例えば、1個のわいせつ物が頒布されることで社会の性道徳等がどのように危殆化されるのかは明らかではない。「対抗利益または保護利益」をより明確にすべきことが指摘される所以である[45]。

　第3に、アメリカ法やドイツ法などの外国法から着想を得て、見たくない者の自由と未成年者の保護を挙げる反対説が憲法学上も刑法学上も有力である。

43　これに対して、高価値な言論については、いっそう慎重かつ厳格な基準によってその規制の是非が考えられるべきことから、その基準は「明白かつ現在の危険」だとされる。芦部・前掲注40書195頁。

44　このような時代背景の下で執筆された諸論稿として、宮澤浩一＝中山研一編『性と法律』（成文堂、1972年）所収のものがある。

45　渋谷秀樹『憲法〔3版〕』（有斐閣、2017年）372頁。同書では、その対抗利益とされるべきは、未成年者に対する保護者の教育の自由と見たくない者の自由とする。

わいせつ物頒布等罪の再構成　169

この見解は、性道徳等よりも具体的で、より個人志向的な法益を考えるものであり、何よりも法益の精神化を回避しうる点で高く評価すべき利点を有すると言ってよいだろう。わいせつ物規制の対抗利益も明確である。しかし、この見解についても、その問題点をすでに検討した。見たくない者の自由を保護するために、「わいせつ物」の範囲まで各個人の性的自己決定権に委ねるとすれば、概念の不明確さに直結し、過度の広範性の理論に照らして妥当でない結論にも至りかねないというジレンマがある。

　逆に、性的自己決定権の保護を限定することにはなっても、判断の明確性を優先させて「端的な春本」のみにわいせつ性を肯定するとしても、それが、未成年者の保護という目的にとって妥当な線引きとは言えない場合が多いであろう。もし、未成年者の保護目的の方が、「わいせつ物」の範囲が広いとすれば、保護法益の中に見たくない者の自由を入れることにはあまり意味がない。その意味でも、ドイツ法制が18歳未満の者の保護を中心にしていることの方にむしろ合理性があるように思われる。

　さらに私見によれば、未成年者保護は、各都道府県の青少年保護育成条例等を主たる手段とする方が妥当であるように思われる[46]。筆者が関与する茨城県青少年健全育成事業に関して言えば、「茨城県青少年の健全育成等に関する条例」において、性表現に限定せずに多角的に青少年の健全育成を図り、青少年に手厚い保護が目指されているため、刑法で重ねて保護するのは屋上屋を架すものであること、条例[47]では、場所的適用範囲との関係で表現者処罰はあまり意味がなく、そのような規定は含まず、県が発する一定の命令に反した図書等販売等業者に対する罰則はあるものの、通常の規制手段としては有害図書の陳列、掲示などの「より制限的でない他の選びうる手段」が実践され、青少年が有害文書にアクセスしにくい環境を作ることに主眼を置いている。それゆえ、175条による表現者の処罰よりも表現の自由に対する介入の度合いが低く、このような対応が本来の青少年保護にも適しており、規制の方向性として妥当だと思われるからである。青少年保護は、青少年保護に特化して判断した方が、より目的に適合することが可能となる。

　このように考えれば、わいせつ物頒布等罪の保護法益は、もっぱら成人につ

---

[46]　同旨、山口・前掲注14書499頁脚注5。ただし、青少年保護育成条例による規制の問題点も存在しないわけではなく、条例を中心とした現行法制は別途、検討の余地がある。加藤隆之『性表現規制の限界』（ミネルヴァ書房、2008年）233頁以下。

[47]　同条例16条、17条、罰則は46条に規定されており、図書等の販売業者は、30万円以下の罰金で処罰しうる。

いての利益を考えればよいということになるが、それは「見たくない者の自由」の保護でも「性的感情」の保護でもないことは、すでに述べた通りである。

(3) これまで、従来、主張されてきた見解には、それぞれ問題点があるものと考える。では、わいせつ物規制の保護法益は、如何に考えられるべきか。

大審院時代の中でも初期の判例の表現に、わいせつ物頒布等罪の保護法益について、「猥褻物たるには人をして羞恥嫌悪の感念を生せしむるものなるを要す(傍点筆者)[48]」という表現がある。この「嫌悪」という表現は、その後直ちに姿を消し、戦後には「羞恥心[49]」のみが残るのだが、これは、性的なものを侮蔑する表現と捉えられ、学説からも、このような表現が用いられなくなったことはまったく関心の対象とならなかったのであるが、それでよいのだろうか。もとより大審院判決の当時の意図をくみ取ることは困難であるとしても、性的な表現物の中に嫌悪感を抱かせるものとそうでないものがあり、前者だけがわいせつ物足りうるという判断方法は、我々の経験にも合致するところでもあり、再評価に値するように思われる。問題は、嫌悪感の源泉である。

この点、フェミニズムの観点から、アメリカ合衆国の法学者キャサリン・マッキノンの大きな影響の下、ポルノグラフィーを女性に対する暴力と捉える主張が参考になる[50]。それによれば、ポルノグラフィーは、女性を性的にモノ化し、男女観のステレオタイプを増強するものであり、①制作過程の被害(強制出演など)と②消費過程の被害(性暴力の惹起、女性の地位の低下など)とに分けら

48　大判大7・6・10新聞1443号2184頁。

49　前田・前掲注10論文175頁。

50　ただし、その批判の矛先はポルノグラフィーであって、直接的に「わいせつ物」ではない。マッキノンの視点は、刑法学ないしわいせつ物規制に限定されるものではなく、ずっと広範にフェミニズムであって、そこからポルノグラフィーの有害性を説くものであり、この点で本稿とは別個の問題関心である。本稿の関心は、マッキノンの見方を刑法学に正確に応用することにあるわけではない。ただ、ジェンダーや人権の観点から、いわゆる「わいせつ物」が社会において性的な認知の歪みを助長し、定着させる側面があるという着想を得るにあたり大きな示唆を得た。若尾典子「第2章　『ポルノ』を批判する視点の登場」浅倉むつ子＝戒能民江＝若尾典子『フェミニズム法学』(明石書店、2004年) 263頁以下、中里見博「7　ポルノグラフィ」上田純子ほか『フロンティア法学〔2版〕』(法律文化社、2006年) 57頁以下、森田成也「第12章　ポルノグラフィと性被害」戒能民江ほか編『講座ジェンダーと法(3)暴力からの解放』(日本加除出版、2012年) 201頁以下。マッキノンと1960年代以降のアメリカ合衆国のポルノ反対運動については、マッキノン＝ドウォーキン(中里見博＝森田成也訳)『ポルノグラフィと性差別』(青木書店、2002年)、辻村みよ子『概説ジェンダーと法〔2版〕』(信山社、2016年)。これらに対する批判的な憲法学的考察として、紙谷雅子「第6章　性的表現と繊細な神経」長谷部恭男編『リーディングズ現代の憲法』(日本評論社、1995年) 115頁以下。

れるという。わいせつ物頒布等罪との関連で、本稿は後者に着目するが、ポルノグラフィーから男性は性支配構造、男性支配、性の客体としての女性……等を学び、女性は沈黙を強いられることになるという。

　さらに、わが国の刑事司法には、ジェンダー・バイアスが強固に存在するという指摘がある。とりわけその弊害が深刻なのは、強姦神話であり、これは例えば、男性は本能として能動的で抑えがたい性的欲望をもつものであり、強姦はやむを得ない、女性は暴力的に扱われることを好み、無意識に強姦願望がある、強姦は行動や服装によって挑発した女性に責任がある、強姦は夜間に見知らぬ男性によって行われるものである等々のバイアスである。これにより、加害者に不当な無罪判決が下されたり、被害者が二次的被害にあったりなど司法が大きく歪められていることが指摘されている。

　これらのバイアスは、容易に入手しうる性表現からそのような情報を得ることにより形成され助長される危険がある。一方の性あるいは性的少数者を貶める、一種のヘイト・クライムとして捉え、表現の自由を制限する反対利益としては、同じく憲法上の権利である人間の尊厳を考えることで初めてわいせつ物規制に憲法上の正当性が与えられるように思われる。これは、青少年保護に限定されるものではない。上述のような性に関わる偏見は、成人にも等しく生じうるものであり、この規制の正当性は、わいせつ物と犯罪率との相関関係といった事実にあるというよりも、人間の尊厳を大きく侵害する性表現に対して司法が否定的評価を下すことに意義がある。

　そして、私見によれば、このような人間の尊厳の侵害が、なぜわいせつ物頒布等罪という性の領域で行われるのかの説明も可能である。このような表現行為は、性表現は、民主主義その他の社会の基本的な価値を守るための政治的言論などとは異なる。性表現に問題がある場合にでも、それに対する対抗言論が

51　中里見・前掲注50論文59頁。

52　近年、前者について、アダルト・ビデオ出演女性の被害者救済が社会問題として認知されるに至っている。これらは、刑法的には、別罪――強要罪、強制性交罪他――の問題になりうる。

53　先駆的な業績として、角田由紀子『性の法律学』（有斐閣、1991年）、日本弁護士連合会『司法における性差別』（2002年）、第二東京弁護士会による『事例で学ぶ司法におけるジェンダー・バイアス』(明石書店、2003年)（2009年に改定版が出されたが、内容・執筆者共に大きく異なる）。

54　2016年、刑法改正により強姦罪の罪名は強制性交になる等の変更があった。ここでは、法律概念としての記述ではなく、強姦の語を用いた。

55　文献は数多いが、これも先駆的な業績である角田・前掲注53書33頁以下のみを挙げておく。

56　性犯罪者は、一般犯罪者や大学生と比べて、強姦神話の強い信奉者である傾向があり、認知のゆがみの生じている割合が高いことを論証するものとして、大淵憲一ほか「レイプ神話と性犯罪」犯罪心理学研究23巻2号（1985年）1頁以下。

現れることはあまり期待できない。社会においては、このような領域での低価値言論は、よほどの場合でなければ無視されるのがむしろ合理的な対応とされてきた。民主主義的な議論による正常化が極めて起こりにくい性質がある。さらに、他の犯罪に比して、性の領域では偏見が起こりやすい。暴行罪や傷害罪の場合に起こる被害者バッシングと性犯罪の場合に起こるそれとは、後者の方が頻度・程度ともに深刻な場合もあろう。

(4)　上に述べた私見から、若干の解釈学的帰結について簡略に言及しておきたい。第1に、「わいせつ」概念についてである。「わいせつ」という語義としては、辞書的には「性に関わるもの」以上の意味はもちえない。それゆえ、保護法益から導き出される合憲限定解釈として「人間の尊厳に反するもの」を付加する必要がある。[57]これは性欲ないし性的羞恥心とは必ずしも直接関係しない。第2に、「公然性」の理解については、見たい人が見る場合には被害はないという見解もあるが、私見の場合、見たい人であってもその認知の歪みを是正し、偏見を助長することが防止されなければならない。したがって、見たい人に限定して頒布する場合であっても、それが不特定又は多数人であれば、わいせつ物頒布等罪が成立することになる。

6　結びに代えて

　以上、雑駁ながら、現代的な視点における「わいせつ物頒布罪」の基本問題について考察を行った。私見の最も大きな特徴は、わいせつ物頒布等罪の保護法益に人間の尊厳を考え、同罪は表現による性別・性的少数者に対するヘイト・クライムの一種と捉える点にある。他方、私見の最大の問題点は、適用にあたっての下位基準の定立を如何に行うかにある。いわゆるヘイト・スピーチと同様に、現代社会は、これらの憎悪表現に対する規制の基準を作らなければならない時期にあるように思われる。また、実務はすでに、許される事例と処罰すべき事例との線引きについて私見と同様の結論には至っているものとも考えられるのであり、さらなる事例の集積を必要とする。

※　Schönke / Schröder, Strafgesetzbuch: StGB Kommentar, 30.neu

---

57　Schumann・前掲注35論文。

bearbeitete Auflage 2019および嘉門優『法益論——刑法における意義と役割』
(成文堂、2019年)に接した。

(おかうえ・まさみ／青山学院大学大学院法務研究科教授)

有形偽造についての原理的・総論的検討

酒井安行

はじめに
1 偽造概念をめぐるいくつかのモデル
2 偽造罪における「人格」──「個人」と「分人」
3 有形偽造と無形偽造の概念、処罰根拠と「責任追及」
4 有形偽造と無形偽造の相対化
5 各論的な問題
6 終わりに──構成要件該当性と違法性

はじめに

　現実の文書の作成方法については、従来の典型的なそれ、つまり、個人としての作成者が自らの手で作成するという形態が大きく後退する中、なお、文書偽造罪の基本テーマであり続けてきたのが、いわゆる有形偽造の概念である。

　本稿は、今でも多くの論者が取り組むこのテーマについて、主として、その背後にある、原理的、総論的な問題に重点を置いて、極めて不十分ながら、若干の検討を加えようとするものである。

　人権、国際関係の問題について常に議論をリードし続けてこられた新倉修教授の古稀をお祝いする論文集で取り上げるテーマとしては、ややふさわしくないとも思えるが、新倉先生は、いわゆる解釈論においても、極めて鋭い問題意識をお持ちであり、これまでもそれに基づく様々なご指導をいただいており、何度も、目から鱗の思いをさせていただいた。

　つまり、ふさわしくないのは、本稿のテーマではなく、その内容の貧しさであって、まことに忸怩たる思いを禁じ得ないが、敬愛する新倉先生の益々のご発展、ご多幸をお祈りしつつ、謹んで、献呈させていただくものである。

1 偽造概念をめぐるいくつかのモデル

⑴ 規範モデルと事実モデル

作成者の概念について、これを事実的に構成するか、それとも、規範的に構成するかである。いわゆる行為説、物体化説、事実的意思説は前者の系列であり、規範的意思説、法的責任説等は後者に属すると言いうる。なお、いわゆる帰属は、両者の調和ないし折衷、あるいは、このような事実か規範かというアプローチを重視しない見解であると言えよう。

事実系の見解は、基本的に、文書の機能を、専ら、少なくとも主として、意思や観念の表示の物体への固定化に求めるという理解を出発点にして、当該文書を誰が固定化したのかという主体について、事実として、正しく認識できるのであれば、換言すれば、当該記載により、実際に作成した「個人」としての「その人」に到達できれば、(有形)偽造は成立しないことを基本とする。もっとも、その「作成」については、後述するように、物理的な作成行為として捉える見解と、そのような行為の意思として理解する見解に分かれるが、いずれにせよ、事実としての作成行為、または、事実としての作成意思において偽造行為を把握する点が特徴である。

これに対して、規範系の見解は、事実として、作成者その人に到達できても、そのような事実的到達が、規範的な視点から、とくに、責任の追及の相手という観点から受け入れうるのかという観点からの考察を加えるものである。規範的意思説、法的責任説などがこれに属するものと思われる。事実としての到達の先にある規範的問題を取り込むという点に特徴があり、その規範的判断が、文書の内容との関係で行われることから、当該文書の「内容」を(有形)偽造概念に取り込むことになる点に特徴があるとも言えるであろう。

事実系の説は、(有形)偽造は作成の主体の真正だけを担保し、それ以上のことは射程外と考え、これに対して、規範系の説は、作成主体に行き当たることを求めるのは何のためかを考える結果、特に責任追及との関係で「作成主体への行き当たり」の中身が規範化するものであると思われる。

また、後述するように、事実としての到達可能性の判断と、その先にある規範的判断との関係について、いわば、積極説と消極説に分かれると言いうる。

(2) 限定モデルと拡大モデル

　(有形)偽造の判断対象を、専ら、意思や観念の表示の物体への固定化プロセス自体に限定するか、それとも、それを、固定化される対象である実体関係にまで拡大するか、である。前者は、文書の固定化機能を重視することを出発点に、対象が実体関係にまで拡大されることによって文書の内容も判断対象に取り込まれ、そこから、有形偽造の判断に「無形偽造」的要素が入り込むことで、両者の関係が不明確になることを忌避するものといえよう。これに対して、後者は、「固定化」とはその対象を含む概念であることを強調しつつ、固定化主体への到達はその者への責任追及の前提として重要なのであり、その責任追及は、実体関係との関係においてなされることを強調し、かつ、対象に実体関係まで含めることと、文書内容の真否が偽造判断の対象に含まれることとは別問題であるとし、あるいは、むしろ、文書の内容の虚偽と、そのような内容の文書作成主体に関する虚偽(有形偽造)の判断とは、必ずしも峻別し得るものでも、峻別するべきものでもないとして、有形偽造と無形偽造の相対化を、一定限度で、容認しようとするものである。

(3) 消極モデルと積極モデル

　主として、上記の限定モデル、拡大モデルに関わり(事実的アプローチと規範的アプローチにも関わる)、それらの対立と可罰範囲の拡大、縮小の関係に関するモデルである。

　限定モデルにおける消極説は、対象を固定化過程に限定することにより、有形偽造の不法内容を固定化過程に限定し、とくに、実体との関係による無形偽造要素の流入による可罰性の拡大の排除を意図する。つまり、固定化過程自体に偽りがなければ、その対象との関係において虚偽の要素があっても、有形偽造の不法内容とは無関係であるとして、偽造を直ちに否定する。すなわち、「個人」としての相手に正しく到達することが可能であれば、それが本来到達するべき相手と、「文書の性質上」重要な属性等において異なっていても(違反していない承諾者、再入国資格のない再入国申請者、資格偽称者のように)、当該個人への到達可能性を以って、偽造の成立を否定するものである。逆に、限定モデルを前提としつつ、固定化過程自体に関して偽りがあれば、それ自体で、直ちに、すなわち、実体関係への影響、とくに取引安全に対する危険を問わずに偽造を肯定する積極説ともいうべき見解がある。これは、実体関係との関係では、

徹底した抽象的危険犯とし[1]、あるいは、固定化過程で偽りを行うこと自体、いわば、「嘘をつく」こと自体を、有形偽造の不法内容として捉えるものである[2]。

　他方、拡大モデルに関しても、対象を実体との関係まで拡大することで、固定化における偽りがあってもそれだけでは可罰性を肯定せず、実体関係における取引関係への危険があって初めて偽造を肯定する消極説[3]がある。ちなみに、このような帰結が、民事法上の第三者保護規定等によって生じる場合にも、個人としての主体に責任を問うことが可能であることを理由に偽造を否定する、いわゆる民法従属説的発想による法的責任追及説もこの部類であると言ってよい。他方、逆に、可罰性を肯定する方向で実体との関係を考慮する積極説もある。すなわち、「個人」としての作成者への到達が可能で、「この文書を作成したのはこの人だ」と正しく認識できても、それだけで直ちに偽造を否定せず、固定化の対象たる実体的関係における何らかの虚偽的要素により、実体関係への危険がある場合、あるいは、そのような事実としての「正しい」認識が規範的に許されない場合には、このことを、作成した者の「人格」把握において反映させ、偽造の肯定の余地を残すのである。判例の多くにみられる傾向であるともされる。

(4)　比較(連動)モデルと独立(固有)モデル

ア　真実と外見

　近時注目されているのが、この比較のモデルと独立のモデルである。前者は、「作成者」という基底概念を設定し(広義の作成者。意思説、行為説等々の争いは、この広義の作成者の捉え方をめぐる対立である)、それについて、「実際の」、「現実の」、「真の」それ(狭義の作成者)と、「外見上の」、「表見的な」、「表示上の」それ(名義人)とを比較して、それが一致しない場合を(有形)偽造(ないし、偽造文書)とするものである。近時有力化している見解であるとされる。

　これに対して、従来の通説とされる独立モデルは、同一の「作成者」概念を

1　高橋則夫『刑法各論〔3版〕』(成文堂、2018年) 511頁は、文書偽造罪は抽象的危険犯であるとし、山中敬一「文書偽造罪における『偽造』の概念について——作成行為帰属主体説の提唱」関法50巻5号 (2000年) 55頁は、準抽象の危険犯であるとする。これに対して、松原芳博『刑法各論』(日本評論社、2016年) 433頁以下は、「文書の諸機能と文書によって保護される実体的利益とは、手段と目的の関係で結びついた中間法益と最終法益で、前者に対する具体的危険犯であり、後者に対する抽象的危険犯である」であるとする。

2　「形式主義」という概念は、このような意味で用いられることもある。

3　いわゆる「実質主義」は、このような意味で用いられることもある。

軸に作成者と名義人とを連動させるのではなく、作成者を、現実に文書の内容を表示した者とし、他方、名義人を、それとは無関係に、文書から認識される意思または観念の主体とする。[4]作成者については、「表示した」主体として把握し、他方、名義人については、「表示」した主体ではなく、表示された内容たる意思、観念の主体とされていることが重要である。そこでは、比較モデルが広義の作成者について問題とする意思説、行為説等の対立は意識されていない。つまり、意思説、行為説等の対立が顕在化したのは、ドイツ学説の影響を受けて比較のモデルが有力化する中で、「真実」と「表見」を比較するのは何についてなのか、行為についてなのか、それとも意思なのか、が焦点となったものであり、これに対して、独立モデルでは、「比較」されるのは、一方で、表示の主体であり、他方では、表示された意思等の主体である。つまり、同じものについて、「真実」と「表見」が比較されるのではなく、いわば、「比較」される対象が別のものである。そのことに注目して、「独立」「固有」のモデルと言われる。敷衍すれば、そこでは、現実の「被告人」が前提とされ、それは、物理的な作成者である場合もあれば、作成の意思を有する者である場合もあり、あえて言えば、検察官が、どのような者に注目して、被告人として起訴するかという問題に過ぎず、「作成者について、物理的作成主体と意思主体とどちらを問題とするのが正しいのか」というような対立は前提とされていない。そして、他方において、名義人については、表示の主体ではなく、表示された内容たる意思、観念の主体とされる。そこでは、被告人が、当該文書に表示された意思ないし観念の主体であるかだけが問題になり、換言すれば、問われるのは名義人が被告人と一致するかどうかだけである。[5]

イ 「外見」とはいかなることか？

　もっとも、有力化している比較アプローチには不明確な点もある。この方法は、様々な作成者概念を基礎とし、それについて「真実」と「外見」を比較するのであるが、このようなアプローチをとる場合の「外見」あるいは「表見」の含意、つまり、そのように「見える」というのは、表記それ自体を指すのか、それとも、その表記の「受け取られ方」を指すのかである。たとえば、行為説における「秘書・社長事例」の通説的理解を前提にするのであれば、そこでは、

4　島田聡一郎「代理・代表名義の冒用、資格の冒用」現代刑事法35号（2002年）48頁参照。
5　偽造罪については重要なのは作成者よりも名義人であると論じられることがあるが、それは、比較のモデルの台頭によって「作成者」概念が注目されるようになったことに対する、従来の通説的立場である独立固有のモデルからの主張であると思われる。

作成者が誰であると「見える」のかは「社長××」という記載そのものによって決まることが前提とされており、それゆえにこそ、名義人は社長となり、作成者は、行為説を採った場合、秘書であるから偽造に当たることになるとされているように思われる。しかし、この比較アプローチの基本的発想は、文書に接する者の理解するところが、真実と一致しない場合に、文書に接する者の信頼が損なわれるというものであると思われる。それゆえにこそ、そこでは、不一致があると信頼を損ねるような重要な要素は何か、それは物理的作成行為なのか、意思なのか、規範的帰属であるのかの見解が対立するのである。こう考えた場合、「外見上の」作成者、つまり、作成者と「見える」者は、真実に合わない記載がなされると文書に対する受け取り手の信頼が損なわれるところのものであるから、それは、記載そのものではなく、当該文書に接する者にとって、作成者として「受け取られる」ものがそれであると解するべきであろう。それゆえ、たとえば、大会社の社長の名義の文書の名義人は、記載された社長そのものではなく、そのような記載の社会による受け取り方であるとすれば、それはむしろ秘書である(誰も本当に社長が自分で書いたとは「受け取らない」であろう)ことになると思われ、作成者も名義人も秘書ということで一致し、偽造とはならないことになる。さらに「外見」、「見える」が、このように「記載」そのものではなく、「受け取り方」の問題であるとすると、必ずしも「事実として」どう見えるかという判断ではないことになろう。「受け取り手ないし社会からはそう受け取られる」ということは、「そう受け取られるはずだ」という判断を介するということであり、それは、「そう受け取られるべきだ」という規範的判断に接近してゆく。

　もともと、「見える」というのは、対象＝客体と「見る」側＝主体との関係であり、「見える」ということは、「見る」という営為を介してのみ可能である。そこで、この問いにおいては、「誰が見る」のかという問題が生じ、それは、文書の流通先に係るが、その問題は、誰の信頼を保護するべきかという規範的判断を抜きに結論は出せないことになると思われる。

　この点、「外見」「表見」上の「作成者」は、「現実」「真実」の作成者である「作成者」と比較されるのであるから、それと同一性質の、すなわち、事実的な概念であることが前提となるように思われる。しかし、上記のように、事実概念性を貫徹することはできないとすれば、その点において、この方法には問題が

6　もっとも、このような構成は、秘書のみが登場し、社長が出てこないという意味で、極めて不自然ではある。

あるように思われる。

　また、そもそも、この「比較」のアプローチは、「現実」「真実」を、「表見」「外見」と区別することを前提とするものであるが、そもそも、社会の信頼を保護するという前提に立つ以上、「現実」自体が社会的概念である、つまり、社会に見えるところのもの、すなわち「外見」が、それ自体、「現実」であるともいいうる。そうであるとすれば、かかる「社会」的概念としての「現実」と「外観」とを比較するというのはもともと困難があり、したがって、両者を比較し、その一致、不一致の判断によって偽造の成否を判断するという方法には、このような意味においても、限界があるのではないかとも考えられる。

(5)　意思説、行為説におけるハードとソフト

　上述のように、とくに比較・連動アプローチを前提として問題とされた意思説、行為説等の見解には、上述の、事実的アプローチと規範的アプローチの対立に関わる事実的意思説、規範的意思説といった対立のほかにも、「ハードな」それと「ソフトな」それともいうべき対立点があるように思われる。

　いわゆる行為説のうち、「ハードな」行為説は、社長・秘書事例において、物理的作成行為を行った秘書を作成者とする見解である。文書の機能を、専ら、物体への固定化との関係で把握することを徹底した見解であると思われるが、社長秘書事例が偽造となるという帰結が批判されて、「意思説」の優位が主張された。ハードな行為説は、刑法総論におけるいわゆる行為論との関係でいえば、因果的行為論を背景とする作成行為概念であるといいえよう。これに対して、「ソフトな」行為説は、作成行為を、物理的固定化自体ではなく、作成意思、固定化意思を重視して把握するものである。客観的な行為説の主観的構成ともいうべき見解であり、行為論的には、目的的行為論ないし社会的行為論に通じるともいえよう。社長秘書事例で言えば、物体化する行為の意思主体はむしろ社長であると解するものといえよう。たしかに、秘書は、物理的強制等により意思を抑圧されたり、文書の内容の欺罔等により事実認識を欠いて、社長の「道具」になっているわけではない。しかし、社長Aの指示で秘書Bが物理的に文書を作成するような場合、それがある種の確立した制度、システムにより、当然のプロセスとして行われるものであるならば、（間接）正犯論に照らしても、作成「行為」を行った者を社長と解することは可能である。[7]この点、

7　山中・前掲注1論文28頁は、行為説に立ちつつ、作成行為は自分の判断で文書の内容形式を決定できることが必要で、秘書は作成者ではないとする。

有形偽造についての原理的・総論的検討　│　181

ハードな行為説は、文書の作成の中心要素である「物体への固定化」を極めて重視し、それゆえ、それを、物理的な性格において把握することにこだわりをみせる見解であるといえよう。

他方、意思説にも、類似の「ソフト」対「ハード」の対立があるように思われる。「ソフトな」意思説は、「意思」を問題にしつつ、その意思を、「(物理的) 作成行為を行う意思」として把握するものであって、実質的な内容は、上述の「ソフトな行為説」と異ならず、ネーミングの違いに過ぎないともいいえよう。[8]

これに対して、本来的、ないし「ハードな」意思説は、そこで言う意思を、表示意思、固定化意思ではなく、文書の表示に現れた内容たる「意思」(ないし観念)として理解するものである。これは、文書の記載内容、ないし、記載の対象となる実体関係を(有形)偽造概念に取り入れているという意味で、上述の拡大モデルの立場であり、他方において、「表示する」行為・意思と、「表示された内容」たる意思を問題にして偽造を把握するという意味で、独立アプローチの立場であると言いえよう。

なお、その他にも、意思説においては、とくに、代理名義の文書において、(民法上)意思表示の主体とされる代理人の意思と解するべきか、それとも、通説判例のように、本人の意思と解するべきかも問題となる。これは、名義人を、「法的効果」において把握することの是非をめぐる議論であるが、ここでは、「意思」を直接的なものと解する(代理人の意思を問題とする)のか、それとも、間接的、究極的なものと解する(本人の意思を問題とする)かをめぐる対立でもある。[9]

2　偽造罪における「人格」——「個人」と「分人」

上述のように、有形偽造については、作成者または名義人の措定が必要であり、その基本的なアプローチや意思の意義について議論があるところ、次に検討するべきなのが、これについて、ある特定のいわば「丸ごとの個人」について把握するのか、それとも、「文書の性質」により本質的な人格要素を析出し、それを人格として論じるのかという対立である。主として、真実でない資格や肩書を付加したり、通称、偽名等を用いた場合等に問題となる。

逆に言えば、そのいずれでもない場合、つまり「自己の意思により、物理

8　もっとも、この「ネーミング」の違いは、総論的な行為論、正犯論、そして、文書機能論ないし対象論との交錯領域における、原則的なアプローチ法の相違に関係しているとも言いうる。

9　山口厚『新判例から見た刑法』(有斐閣、2006年) 247頁参照。

的に自己の手で、かつ、本名をそのまま使用して作成した」場合(本名に、虚偽の肩書、資格等を付加することなく)は、たとえば、ａが交通違反を犯した際、助手席に同乗していたｂが、「私が違反しました　ｂ(本名)」という供述書を作成したような場合であっても、「違反したｂという人格」と「違反していないｂという人格」が、当該文書の性質上本質的な要素において不一致があるとして偽造の成立を認めるところまでゆくというわけではないと思われる。これについて、融資不適格として信用機関の融資を受けられない者が、融資を受けるため、「養子縁組」をして姓を変え、その「新姓」名義で融資申込関係書類を作成した例につき、被告人が申請書に記載した姓は、縁組意思がないため縁組が無効であるゆえに、被告人の姓にはなっておらず、それは被告人を指す名義ではないとして偽造の成立を肯定した裁判例がある。本名を用いていないという点に注目したものであって、融資不適格者とされているか否かという当該文書の性質上は非常に重要である人格における齟齬を問題にしているわけではない。つまり、ａが、自らの意思で、自らの物理的行為で、ａという本名(のみ)を用いて、文書を作成した場合には、たといａに、自己の何らかの属性を隠匿する意思があり、その効果があり、かつ、その属性が当該文書の性質上本質的な人格要素であると言わざるを得ない場合でも、そのような「本質的な人格」に関する齟齬があることを理由に偽造の成立を認めるわけではない。この点、たしかに、国際運転免許証判例や、再入国許可申請判例にはそのような口吻がみられるともいいうるが、これらは、(発行権限のない)国際旅行連盟による「承諾」を介しているという前提での判断であり、あるいは、本名ではない通称が用いられた事例であって、本名、自筆の類型とは異なるものである。

　このことを留保しつつ、では、そこで一致・不一致が問題となる「人格」とはいかなるものであるかを検討する。

　この点、たとえば、殺人罪で言う「人」とは、当然ながら、「個人」あるいは個体である。個人は「individual」であり、「divide」に由来する「dividual」に否定の「in」が付加されたものであり、つまり「不可分」を意味する語である。しかし、他方、同一個人には様々な属性があり、その属性は、対人関係によって変化しうる(使い分けうる)ことも言うまでもない。このように「同一の

10　東京地判平15・1・31判時1838号158頁。

11　最決平15・10・6刑集57巻9号987頁。

12　最判昭59・2・17刑集38巻3号336頁。

有形偽造についての原理的・総論的検討　183

自己」(個人)を対人関係ごとに細分化した「分人[13]」を、人は場面に応じて使い分け、現に、その人格とともに生活している。

　そのような意味からは、むしろ、社会的存在としての人間は、本来「分人」なのではないか[14]。生命犯としての殺人における人間は人格というより、まず生命体であり、よって「個人」であって、そこにいる「その人」である[15]。しかし、人は、常に生物的・肉体的レベルで理解される理由はなく、少なくとも刑法上の概念としては、様々な侵害から保護されるべき法益との関係で、あるいは保護の客体として、あるいは侵害の主体として理解されているから、生命という法益との関係で理解される「人」と、文書偽造罪の法益との関係でのそれが一致しなければならない必然性はない。そこでの「人」は、文書の作成について、それに接する人との関係で、「外見」と「現実」が比較される人格であって、その意味で、文書に関わる「人」は、それがaという「個人」であっても、当該文書に接する人々の関心との関係で相対化を免れないというべきであり、したがって、一人の「個人」の中の諸々の「分人」について、その一致・不一致が問題になりうる。

　したがってこのことからは、「個人」＝「その人」についてのみ人格の一致不一致を把握し、したがって、その個人への到達可能性をもって、直ちに、人格の一致あり＝偽造不成立とすることには問題があると思われる。この点、分人は人格の性質、属性であり、それは、名義人の存在を特定した後で初めて問題となる[16]ことは確かであるが、このことを有形偽造の成立の限界に直結させる必然性はないと思われる。

3　有形偽造と無形偽造の概念、処罰根拠と「責任追及」

(1)　文書の機能と内容

　上述のように、文書偽造においては、その人格につき、「個人」のみでは汲

13　平野啓一郎『私とは何か──「個人」から「分人」へ』(講談社現代新書、2012年) 3頁以下参照。

14　たとえば、刑事訴訟法322条が、自白について、伝聞法則との関係で極めて緩やかに証拠能力を認めることについて、通説は、被告人が同じ被告人に反対尋問することは考えられないとする。これは、「個人」としての被告人に関してはその通りであろうが、上記のような理解からは、被疑者として取り調べの対象となっている被告人と、法廷でその供述の任意性等を争って被告人とは明らかに別の人格と解すること（別の分人）ができるのであって、「被告人が同じ被告人に反対尋問することは考えられない」とするのはあまりに形式的な理解であると思われる。

15　なお、生命体として問題となるのは、「およそ人」ではないという意味では、抽象的法定的符合説に対する、具体的法定的符合説の優位が認められる。

16　林幹人『現代の経済犯罪』(弘文堂、2014年) 166頁。

みつくしえず、「分人」を問題にすることになるが、それは他方において、有形偽造と無形偽造の区別の曖昧化という問題を生ずることになる。

そこで、この問題を考えるうえで、まず検討するべきなのが、文書の機能である。その証拠機能や責任明確化機能等が語られる[17]。もっとも、これらの諸機能は、意思表示等の一定の物体への固定化を通して生じる機能である。また、この固定化は、「何を固定化するのか」を内容とするいわば他動詞であるから、その他の機能も、何を伝達し、保証し、何についての責任を明示するのかという対象の問題を含むことになる。そして、このようなものとしての対象は、文書の内容として現れるのだから、そのような文書の偽造についても、内容を捨象して捉えるべきではない。

もっとも、文書の内容は、当該の文書がいかなる文書であるか、すなわち、文書の同一性を特定する要素として問題となるとして、その真実性とは切り離して理解することも十分に可能である。問題は、このように、内容を真実性と切り離して理解することが可能であるとして、それが必要ないし妥当であるかということである。

(2) 文書の内容と有形偽造

この点、「文書の内容の真正さを担保すべき責任主体」に対する信頼を害するのが有形偽造であるとされ[18]、その処罰は、「たしかに私はこの内容の文書を作成した」という責任主体に対する信頼の保護のためであるとされるところ、それは、「たしかに私がその内容の文書を作成した」というのが虚偽であった場合に責任追及の必要があることであり、その限りでは「虚偽」を前提にしている。もとより、作成主体についての虚偽と内容の虚偽とは別であり、それを有形偽造と無形偽造に結びつけるのが一般的理解である。しかし、このように、内容を真実性と切り離して理解することが可能であるとしても、真実性と切断された内容というものに果たしていかなる意味があるかという問題は残る。そもそも、「文書の内容の真正さを担保すべき責任主体に対する信頼」の保護が必要なのは、何らかの責任追及の必要があることを前提としているところ、そして、その「責任を追及する必要」自体、内容が真実と完全に合致していれば

---

17 松原・前掲注1書434頁は、伝達機能、固定化機能、証明機能、保証機能、責任明示機能を挙げ、このような文書の機能の保護を通じて、究極的には文書によって実現される各種の権利利益が保護されるとする。

18 高山佳奈子「文書の名義人」山口厚編『クローズアップ刑法各論』(成文堂、2007年) 229頁。

有形偽造についての原理的・総論的検討　185

問題とする必要はないとも解しうるからである。

　しかし、責任追及の必要が、内容の不真実を前提とするとしても、内容が真実か否かは、文書の記載自体からは直ちに判明するものではないのが通常であるから、文書というものは、一般的、抽象的に、その内容が真実と合致しない可能性を内包しており、真実でない場合には、そのような文書を作成したことに対する責任の追及が必要になるのであり、そのような文書について、作成の責任の所在を不明にする行為(有形偽造)は、内容の不真実について責任を追及できなくなる(抽象的)危険があると説明することは可能であろう。

　このように、有形偽造も無形偽造も、文書の内容虚偽に対する責任追及を困難にするという意味において同質性、連続性を有すると解すること、この意味で、その「責任を追及する必要」を、内容の虚偽と結びつけて理解することは不可能ではない。

　もっとも、有形偽造を、このような実際の、あるいは、ありうべき内容虚偽に対する「責任追及ができなくなる」という「結果」の発生による「取引の安全」に対する危険性(一種の実質主義的発想である)から切り離し、むしろ、偽造行為それ自体において把握することも考えられる。このことは、偽造罪の沿革が、財産犯の予備罪的なものとして、取引関係に対する危険に着目する系統と、一般的な虚偽罪としての性格を有する系譜とがあるとされることからも理解可能である。後者は、文書作成主体を偽ることそれ自体を、取引の安全との関係においては徹底した抽象的危険として、更には、取引安全に対する危険から切り離して、その反規範性ないし反倫理性を問うという考え方である。しかし、文書偽造罪のようなある意味伝統的な犯罪において、法益保護原則を緩和することは、不要かつ有害であろう。

　他方、そのような、文書に接する者の信頼、取引の安全との関係ではなく、名義を冒用された者の権利(通貨偽造罪における通貨高権に類似する構造)との関係で理解することによっても、上記の意味での責任追及と切り離して理解することができるであろう。いわゆる作成権限説は、このようなものであると思われるが、作成権限を侵害した文書作成の処罰根拠を、無権限で作られた文書に対する信頼が害されることと切り離し、専ら権限被侵害者との関係で理解することは、偽造罪の沿革に照らしても、妥当とはいえない。

　こうして、やはり有形偽造罪の処罰根拠をこのような責任追及から切り離すことは妥当ではなく、かつ、有形偽造の固有の処罰根拠を、責任追及の相手方の隠匿による責任追及の不可能化、危殆化に求める従来の考え方は基本的に維

持されうるものと考えられる。そして、この責任追及の必要という観点から考える場合は、当該文書内容の真実性という要素を捨象し、そこから切り離された処罰根拠を構想することは、やはり、適切ではないように思われる。作成主体を偽る行為(有形偽造)が社会の信頼を害するのは、やはり、「お前、こう言った(書いた)じゃないか。違うじゃないか。その通りにしろ。それができないなら損害を賠償しろ」という追及から免れるという性質を有するからであって、これと切り離して理解しようとすれば、「他人に成り済ます」「身を隠す」ことそれ自体を非難することになり、刑事不法の実体として、やはり、不適格であると言わざるを得ない。

　以上のように理解する場合、有形偽造も無形偽造も、その処罰根拠は、文書の内容の虚偽から生じる責任追及の必要性とそれができない危険性から生じるという意味において同一のルーツを有し、それゆえ、両者は、理論構造上、別次元に属するのではなく、連続性を有するグラデーション的性格を有することになると考えるべきであろう。

(3)　有形偽造と無形偽造の扱いの違いとその根拠——私文書における「虚偽」

ア　公文書と私文書

　そこで次に検討するべきなのは、そのような連続性を有するにもかかわらず、有形偽造と無形偽造では、有形偽造は、公文書、私文書の別に関わりなく、原則的に可罰性が肯定され、これに対して、無形偽造においては、公文書においては原則的に可罰的であるが、私文書では原則として不可罰であるという大きな差があるということである。具体的に言えば、有形偽造は、公文書も私文書も可罰的であり、ただ、私文書の場合は、文言上、客体が「権利義務事実証明の文書」に限定されていること、無形偽造は、公文書では、原則として可罰的であるが、私文書では、主体が医師、客体が診断書等に限定され、かつ、「公務所に提出するべき診断書等」のみが可罰的とされている。

　公文書と私文書の違いは、もとより、作成名義による区別であり、公文書の方が厚く保護されているわけである。しかし、公務員が作成する文書だから要保護性が高いという理解は、公務員に課された特別の真実義務を根拠とするとすれば、少なくとも伝統的な法益保護原則に忠実なアプローチとは言えず、ましてや、公務員名義の文書であること自体の要保護性の高さを肯定するのであれば、帝国憲法的な公務員の権威を前提とする身分刑法的理解に結びつくことになるであろう。実際、公務員作成名義の文書でも、公務と関係なく作成され

る文書は公文書として扱われない。

したがって、公文書における無形偽造の一般的処罰、したがって、公文書に対するより厚い保護の実質的根拠は、それが、一般的、類型的に、公的過程、手続きで使用されることによる高い要保護性に求められると考えられる[19]。

そうすると、反面、公務員名義ではない文書であっても、公的手続きに用いられる文書であれば、実質的に、公文書に準じた要保護性があることは否定できない。実際、公務所に提出される医療関係私文書における無形偽造の処罰は、公務所に提出され、公的過程で用いられる医療関係私文書の一般的な要保護性の高さにその根拠が求められるのであろう。

では、なぜ私文書の無形偽造は、一般的には、処罰されないのか。

上述のように、公文書の高い要保護性は、それが用いられる公的過程のそれに基づくものであり、したがって、私文書であっても、公的過程で用いられる文書の要保護性は、公文書同様に認められる[20]。この点、私文書は通常私的な手続きで用いられるものであること、その場合、内容虚偽の私文書が基本的に可罰的でないのは、私的な関係は、基本的に私的自治の原則が妥当すべきであるという思想を背景とすると考えるべきである。

イ　私文書における虚偽

これを少々敷衍すれば、「虚偽」という概念は、客観的真実との不一致を意味するが、言うまでもなく、犯罪成立の要件は「虚偽」も含めて社会的事実であると解するべきところ、それは、社会を構成する要素たる人と人との関係であることを基本とする。すなわち、最も客観的であるはずの科学知識ですら、それに関するある見方が他の見方を凌駕し、抑圧しながら、社会において採用されてゆく歴史的文化的プロセスとしてとらえられ、自然や自己についての「正確」、「客観的な」説明といえども、社会過程の産物であり、人々の間で構成されたものという性格を否定できない[21]。事実というものが、本来、そのようなものであるとすれば、「客観的真実 vs 虚偽」という2項対立を前提とする「虚偽」という概念の「客観的真実」性を強調するべきではない、少なくとも、単純な「真実 vs 虚偽」という割り切りには問題があると言うべきである。

19　公務執行妨害罪は、公務員に対する暴行脅迫を内容とする犯罪であることは明らかであるが、これが公務自体を保護するための規定であることについては争いがない。

20　酒井安行「有形偽造の概念、解釈に関する一管見」『野村稔先生古稀祝賀論文集』（成文堂、2015年）403頁以下参照。

21　たとえば、S・マクナミー＝K・J・ガーゲン（野口裕二＝野村直樹訳）『ナラティヴセラピー』（遠見書房、2014年）13頁。

そうであれば、とくに私人における当事者間の意思や認識の交換に関する事実は、「それは客観的真実に反する」として、これに対して処罰という最も強硬な介入をすることが妥当であるとは必ずしも言えないように思われる。

　こうして、私文書で虚偽文書の作成が処罰されないのは、元来、社会的事実の間主観性、ないし、「真実－虚偽の共同構築性」を背景に、そのような関係が私人間にのみ関わる場合には、私的自治の原則が優先し、少なくとも刑事介入を控えるという謙抑主義に求めるべきであろう。

　こう考えれば、私的な手続きにおける場合と異なり、名義としては私文書であっても、公的手続きで用いられる文書については、個人対個人の「間」の上記の関係は当てはまらない、少なくとも修正を要するといいうるように思われる。

4　有形偽造と無形偽造の相対化

⑴　有形偽造と無形偽造の連続性

　このように、有形偽造と無形偽造の処罰根拠に連続性があること、公文書と私文書の実質的な相違点は、名義よりも、それが用いられる手続きにあることにあるとすると、次の問題は、上記のような公的過程で用いられる私文書の公文書類似の要保護性に鑑み、そのような(明文の処罰規定のある診断書等以外の)私文書の無形偽造的行為について、有形偽造に準じた(もちろん、法適用としては、有形偽造としての)可罰性の可否である。

　この点、一定タイプの私文書については、その要保護性に鑑み、無形偽造であっても可罰性を肯定するという方法は、かつて、代理権冒用事例をめぐって、一部の論者によって提唱されたことがあったが[22]、これはあまりにも罪刑法定原則との衝突が明確であり、多くの支持を集めることはなかった。このような方法を採用することはできない。

　しかし、ここでの問題は、私文書の無形偽造の処罰の可否ではなく、私文書における有形偽造と無形偽造の区別の相対化の限界である。

　まず、前述のように、有形偽造と無形偽造との処罰根拠は連続的なものとして把握することが可能であり、また、文書偽造罪類似の性格を持つ電磁的記録不正作出罪における「不正作出」行為が、有形偽造とも、他方、明らかな無形

22　牧野英一『刑法各論（上）〔追補版〕』（有斐閣、1954年）164頁、木村亀二『刑法各論』（法文社、1957年）250頁等。

有形偽造についての原理的・総論的検討　189

偽造ともいえないものであるとされるように、両者の区別は曖昧なものになっていること[23]、従来から、判例上、文書における有形偽造と無形偽造の関係は、有価証券における偽造と虚偽記入の関係とは必ずしも対応しないものとして理解されてきたこと等に鑑みると、有形偽造と無形偽造の相対化は、理論的に考えられないことではないともいいうる。

実際、有形偽造と無形偽造が同様に処罰され、したがって、どちらに分類するかが、可罰性の有無、程度に直結しない公文書においては、従来から、内容の真否という無形偽造的要素を考慮して、有形偽造の成否を判断したと解し得る判例がある。代決者の補助者として印鑑証明書の発行事務に従事していた公務員が、所定の手続きを踏むことなく印鑑証明書を発行したという事例において、内容が正確である(真実に合致する)こと等の条件下においては、被告人が証明書を発行しても公文書偽造罪は成立しないとした[24]。

もちろん、公文書とは異なり、私文書においては、有形偽造は可罰的であり、無形偽造は原則不可罰であるから、無形偽造と有形偽造の区別の本来的相対性のみをもって、安易に有形偽造の成立の成立を肯定することはできないのは言うまでもない。しかし、他方、この問題は、逆に、無形偽造に分類すれば、公文書と同様の要保護性、当罰性のある公的手続きで用いられる文書の不正な作成行為が不可罰となることを、単に「罪刑法定主義」に言及するだけで簡単に肯定することの是非という問題でもある[25]。

(2) 内容虚偽の作成主体概念への転化

結局、問題の実質は、「虚偽の内容の文書を作成した」という無形偽造の行為の要素が、「虚偽の内容の文書を作成した者」という主体へと転換し、そのような主体が、そのようなことをしていないと思われている者すなわち名義人と一致しないという理由で、有形偽造の成立を肯定することの可否、範囲にある。

前者は、事後強盗罪における「窃盗」が、窃盗行為として実行行為の一部をなすのか、それとも、「窃盗行為をした者」として、主体、身分の問題になる

23　松宮孝明『刑法各論講義〔5版〕』(成文堂、2018年) 379頁。

24　最判昭50・5・6刑集30巻4号591頁。

25　佐伯仁志「刑法各論の考え方・楽しみ方(15)詐欺罪②」法教373号 (2011年) 119頁は、処分行為概念につき、処分行為を認めないと利益窃盗として不可罰になってしまう財産上の利益に関する場合は、処分行為を否定しても窃盗罪が成立する財物の場合とは異なった解釈をしてもよいのではないかと疑問を提起した。

のかという問題等と類似したところがあるが、そもそも、作成者概念、名義人概念という「主体」に関する概念が、元々、「作成行為をした者」として行為を基礎に構成されているのであるから、不可能ではないと思われる。

より実質的な問題は、このような構成が、無形偽造と有形偽造の概念の相対化、グラデーション化を超えて、区別そのものを根本的に失わせてしまうのではないかということである。[26] そして、これは、後述する資格、肩書の冒用、身分の隠匿等の事例において、文書の性質上本質的な人格要素を偽ったことによって別人格を指すこととなったということで偽造罪の成立を認めるものが学説にも判例にも見られるところ、上述のような「分人」概念を前提に、そのような「文書の性質上本質的な人格」アプローチ自体の可否、そして、上記のような意味での無形偽造的な要素を「本質的な人格要素」であるとして有形偽造罪の成立を認めることの可否、範囲の問題である。

このような構造の問題が生じるのが、虚偽の資格、肩書を(通常、本名に)付す類型であるので、次にそれを取り上げる。

5　各論的な問題

(1)　肩書、資格の冒用、仮名使用等による人格属性の偽り

ア　肩書等の冒用

まず、前述のように、「純粋・文書の性質上本質説」ともいうべき見解は、ほとんど主張されてはいない。すなわち、非違反者aが、違反者bに依頼されるなどして「私が違反しました。a」と記載した供述書を作成した場合、これを「供述書という文書の性質上本質的な人格要素」に齟齬があるとして有形偽造とする見解である。ここでは、本名をそのまま用いていることから、本名の有する、法的規範的な絶対的人格特定効が働くものと認められる。

しかし、他方において、本名を用いていても、非医師が医師という肩書を本名に付して診断書を作成したような場合、「診断書という文書の性質上、医師という肩書は本質的な人格特定要素である」として、あるいは、そのような文書には証拠能力がないこと等を理由に、偽造の成立を肯定する見解は少なくな

---

[26]　山口厚『問題探究刑法各論』(有斐閣、1999年) 253頁は、裁量の余地のない文書を作成する権限しかない事務職員は、内容真実の文書しか作成する権限はなく、虚偽であれば有形偽造となるという結論を留保する。作成権限アプローチをとる場合には、このような「真実である限り」という条件付きの作成権限付与、すなわち、「真実であれば有形偽造不成立」という論理はありうるのかもしれない。

い[27]。ここでは、本名は、そのままではなく、虚偽の肩書とワンセットで用いられており、そのため、本名のみを用いていた場合、その法的規範的な絶対的識別力のゆえに構成要件に該当しないため顕在化しなかった実質的違法要素の顕在化を肯定するわけである[28]。

このような見解に対立するのは、そのような虚偽の肩書が付されることで、医師か否かという、文書の性質上本質的な事項について人格の不一致が生ずるとはせず、医師であるか否かに関わりなく、当該のその人が正しく認識されれば、偽造とはならないとする見解である。いわゆる同姓同名弁護士資格詐称請求書事件に関する最高裁決定[29]について、最高裁が文書偽造を認めたのは、弁護士資格という人格要素(分人)を詐称したこと自体を重視したのか、それとも実在する同姓同名の弁護士が認識される(個人)可能性の存在が決め手なのかが議論されているのはこのことに関連する。

イ　通称、仮名の使用

次に、通称、仮名等を使用する場合は、どうか。通称、仮名も、当該文書の推定的流通先における定着の程度によっては、事実上の識別力、すなわち、個人としての「その人」に正しく到達し得るという意味での識別力は認められる。しかし、ここでも、通称、仮名を用いることにより、文書の性質上、本質的な人格要素について齟齬が生じる場合には、それを理由として偽造を認める見解が唱えられる[30]。ここでは、本名＝戸籍名のような公権的な法的規範的な絶対的識別力を有する名称は用いられていないため、識別力の捉え方により結論が異なり、「個人」への事実的到達可能性と、上述のような「分人」についての到達可能性の一致・不一致が問題となる[31]。

27　たとえば山口厚＝井田良＝佐伯仁志『理論刑法学の最前線Ⅱ』(岩波書店、2006年) 177頁〔井田良執筆〕、塩見淳『刑法の道しるべ』(有斐閣、2015年) 218頁、今井猛嘉「文書偽造罪の一考察 (6・完)」法協116巻8号 (1999年) 1345頁等。島田総一郎「代理・代表名義の冒用、資格の冒用」現代刑事法35号 (2002年) 54頁も証拠能力という概念に結びつけて、それのない文書の作成は偽造になるとする。

28　もっとも、医師であることが診断書という文書の性質上本質的な人格要素であるとしても、「医師aが医師bの名義で診断書を作成した」場合に、「文書の性質上本質的な人格要素に不一致はない」として偽造の成立を否定する見解はないと思われる。ここでも、本名の絶対的人格特定力が優先することが見て取れる。

29　最決平5・10・5刑集47巻8号7頁。

30　いわゆる再入国許可申請書事件(最判昭59・2・17刑集38巻3号336頁)、仮名就職履歴書事件(最決平11・12・20刑集53巻6号1495頁) 等。

31　人格同一性識別力についてこれ以上のものは規範的に求められないため、これをそのまま用いる限り、同一性を否定することは、規範的に認められない。

(2) 到達可能性の内実

この点、「事実的」到達可能性といっても、それが「可能性」の判断である限り、それに関する規範的判断は不可避である。まず、誰にとっての到達可能性なのかが問題となるが、その「誰」の特定は、当該文書の流通先の判断が必要となるところ、その判断自体、当該文書に接する誰の信頼を保護するべきかという規範的判断を無視することはできないであろう。その意味で、ここでも、「個人」に対する事実的到達可能性のみで判断することは困難であり、「本質的な分人」要素の析出という規範的作業は不可避である。

しかし、当然ながら、判断の規範性が強ければ、判断基準を明確化することによる恣意性の排除が特に重要となる。したがって、これらの類型について、「文書の性質上本質的な人格」を問題とし、有形偽造の成立を認める見解に対しては、その基準、限界の不明確さを指摘する批判が寄せられるのは当然であり、特に、その判断において、取り入れてよいものと取り入れてはならないものの振り分けの問題が重要であり、この点を放置したままにしておくことはできない[33]。

(3) 限定の視点

上述のように、(有形)偽造の概念を、固定化過程自体に限定せず、固定化対象たる文書の内容、さらにそれを通じて実体関係も含めて捉える場合、そこで取り込まれる要素はきわめて多様、広範であり、文書偽造罪の成立範囲もきわめて無限定なものとなる。そこで、とりわけ、諸々の違反の有無、一定の公的資格の有無等の要素を、文書の性質上本質的な人格要素として、(有形)偽造の成立を肯定するとすれば、犯罪の取締り、出入国管理、交通取締り、あるいは、一定の免許制度等の、行政ないし刑事司法的取締り目的を広範に文書偽造の処罰を通じて取り込むことになり、文書偽造罪は、あらゆる取締り目的達成のスウィーパー、打ち出の小槌化してしまうことになる。

上述のように、文書偽造が、文書の内容を通じて、その対象たる一定の実体的関係を取り込まざるを得ないとしても、むしろ、そうであるからこそ、処罰範囲の無限定な拡大を避けることは、刑法の断片的性格、保護法益の可及的明

32　たとえば、島田・前掲注4論文54頁。

33　証拠能力説はこの点を解決する試みであり、かなり基準は明確になると思われるが、(民事)訴訟法的なものとしての証拠能力概念をここで基準として持ち出すことについては、なお、検討が必要であろう。

確化という法益保護原則を、近代刑法原則の中核要素としてリスペクトする限り、重要な要請である。

この点、やはり、本罪の沿革についての先行研究の示すところが手掛かりとして重要であろう。[34]本罪を純粋の虚偽罪——嘘をつく罪——起源のものと、それは文書を通じた「財産的」取引への侵害の予備罪的な性格のものに分かれるというものであるが、そうだとすると、固定化がその対象を含むことから偽造罪の保護対象に取り込まれることになる実体関係については、それを財産的な取引関係に限定することを基本にするという方向性に、沿革上、原則的な[35]根拠があることになる。すなわち、ここから、そのような内容の文書については、上記のように、文書の内容の虚偽性を「そのような文書を作成した主体」という作成者の要素として取り込み、有形偽造の成立を認めるという解釈の余地があることになると思われる。

このように、作成名義において私文書であっても、公的過程で使用されるため公文書と類似した機能があり、無形偽造を処罰する公文書と同様の高い要保護性ないし当罰性がある「私文書」については、もともと、有形偽造と無形偽造の処罰根拠は、本来、同一線上属する連続的なものであると解するべきこと、さらに、有形偽造と無形偽造の線引きも、元来、相対的であり、グラデーション的な移行関係にあることに鑑み、上記のような、沿革的な事実に基づく絞り込みを行うことで、有形偽造の処罰を通じて、無限定な取締り目的が流入することを回避できる限度で、私文書の有形偽造について、一定の相対的解釈、ないし釈論上の考慮がなされてもよいと思われる。

そしてそれは、上記のような場合、そのような私文書については、その公文書同様の要保護性を根拠として、「個人」への事実的到達可能性がある場合であっても、当該「文書の性質上本質的な人格要素」に注目し、いわゆる「分人」概念によって、その分人間の不一致を認め、有形偽造の成立を肯定することになる。なお、公的過程で使用される私文書は、そうでない通常の私文書と異なり、顔見知りではない者の間で流通することが多いと考えられ、顔による個人識別機能(同一生命体としての「あの人」)が働きにくく、そのような事実的観点による人格の特定が困難であるため、その分、規範的観点による特定が重視され

---

34 今井猛嘉「文書偽造罪の一考察(1)～(6・完)」法協112巻2号(1995年)、112巻6号(同年)、114巻7号(1997年)、116巻6号(1999年)、116巻7号(同年)、116巻8号(同年)、成瀬幸典「文書偽造罪の史的考察(1)～(3・完)」法学60巻1号、60巻2号、60巻5号(いずれも1996年)。

35 「取引」について、成瀬幸典「文書偽造罪の保護法益—有形偽造の本質」現代刑事法35号(2002年)38頁注16参照。

るとも言えよう。

　ここで問題となりうるのが、公的手続きと「財産的取引関係」とは、必ずしも親和性が強くないのではないかということである。しかし、詐欺罪における「財産」（的損害）概念に関する近時の議論の傾向が、財産を私的取引における金銭的利害から切り離そうとする方向であることに照らしても、公的であることと、「財産的取引性」とは、別段矛盾するものではない。

　最後に、やはり同様の構造を持つ問題として、「承諾」の問題にも、簡単に言及しておきたい。

⑷　承諾の問題
ア　「承諾」と作成主体

　いわゆる意思説によれば、承諾があれば、文書作成行為は承諾者が行ったことになる（承諾者に帰属する）と理解されていると思われる。

　しかし、承諾については、「（承諾した）ａが作成」したことになる（代筆ケース。いわゆる社長・秘書事例はこれに当たるように思われる）のか、それとも、ａの承諾を得て「ｂが作成」（いわゆる名義貸し。交通切符事例は、おそらく、こちらであろう）したにすぎないのかが区別されるはずである。問題は、どのようなタイプの承諾が前者の効果を導き、どのような承諾が後者であるに過ぎないのかという「振り分け」の問題である。[36]　参考になるのは、（間接、および共同）正犯をめぐる議論[37]、そして、いわゆる自傷・自殺への関与と、承諾傷害・承諾殺人の区別、いわゆる自己危殆化と承諾による他者危殆化の区別をめぐる議論[38]であろう。[39]

　正犯論、また、承諾傷害と自傷への関与の区別をめぐる問題は、それ自体極めて難解な問題であり、また、もとより、これらの議論が、それぞれ、独自の解決課題をめぐって展開されている以上、それが、そのまま、文書偽造における承諾の問題に適用できるはずもなく、ここで詳細に渡って論じることはできないが、この議論を類推するとすれば、結局、承諾者が、正犯的な立場で文書

36　今井・前掲注34論文⑷961頁、松宮孝明「文書偽造罪における作成者と名義人について」立命264号（1999年）12頁、幾代聡「有形偽造の一考察（2・完）」東京都立大学法学会誌33巻1号（1992年）197頁参照。

37　実際は、事実認定の問題に帰することが多いように思われる。

38　島田聡一郎『正犯・共犯論の基礎理論』（東京大学出版会、2002年）、亀井源太郎『正犯と共犯を区別するということ』（弘文堂、2005年）。

39　塩谷毅『被害者の承諾と自己答責性』（法律文化社、2004年）。

有形偽造についての原理的・総論的検討　195

を作成したのか(社長秘書事例)、それとも、正犯的な立場で文書を作成したのはあくまで受承諾者で、承諾者は、承諾を与えることで、それに対して共犯的に関与したに過ぎない(おそらく、交通切符事例)のかということになる。

イ　「『誰が』文書を作成したか」と「『誰の』文書を作成したか」

　次に、この問題を検討するうえで、もう一つ着目しておくべき点があるように思われる。すなわち、承諾に関して、このような、「『誰が』文書を作成したのか」というアプローチのほかに、「『誰の』文書を作成したのか」というアプローチがありうるということである。承諾による文書偽造の問題の解決の手がかりとなる正犯論、とりわけ「共同正犯論」において、その正犯性につき、いわゆる主観説は、「誰の犯罪か」、つまり、「自己の犯罪」を犯したのかあるいは「他人の犯罪」に加担したにすぎないのかという枠組みで解決を図るが、文書偽造罪においても、承諾者が、承諾を与えて作成させたのは、「自己の文書」なのか、それとも、受承諾者の、つまり、「他人の文書」なのかという問題の立て方が考えられる。この点、文書偽造論においては、「偽造行為」から出発し、その結果産出されるものとして偽造文書を捉える行為無価値的偽造論と、反対に、「偽造文書」から出発し、それを存在させる行為として偽造行為を把握する結果無価値的偽造論とがあるとされるところ、結果無価値的偽造概念[40]は、このように、「文書」を出発点とし、それに従属する形で偽造行為を構成するのであるから、ここでも、「誰が文書を作成したのか」よりも「誰の文書が作成されたのか」を問うことは、基本的に「結果無価値論的偽造論」と親近性があり、その意味で、このような問題の立て方には、理由があると思われる。もっとも、(共同)正犯論において「誰の犯罪か」を基準とするいわゆる主観説は、判例にその流れのものがみられるとされる一方、その判断の直感性が批判されているところであり、また、具体的な適用の差がどのような形で生ずるのかは必ずしも明確ではない。しかし、文書偽造の不法内容を、偽造行為ではなく、偽造文書との関係で、とくにその対社会的な有害性において把握する結果無価値的偽造概念の基本発想には十分な理由があることも否定できない。いわゆる実質主義的(名義を偽った行為の反規範性ないし抽象的危険性のみで直ちに偽造罪の可罰性を肯定するのではなく、文書偽造罪が究極的に保護しようとしている取引関係への実質的な危険を要求する謙抑主義的傾向という意味でのそれ)との結びつきという意味でも、更には、責任追及説との親和性も含めて、結果無価値的偽造概

40　町野朔『刑法各論の現在』(有斐閣、1996年) 311頁以下。

念の給付能力については、なお、検討の必要があるように思われる。

　上記のような議論によって、承諾者が、被承諾者の物理的行為を通じて、自ら、あるいは、自らの、文書を作成したと解しうる場合は、偽造の構成要件該当性が否定され、「承諾」を論じるまでもない。

　これに対して、文書作成はあくまでも受承諾者であり、承諾は、受承諾者による文書作成について、承諾者の名前を使用することに対するものでしかない場合は、偽造の構成要件該当性が肯定され、承諾があること自体は、違法阻却を検討することになると思われる。

ウ　承諾と違法阻却

　ただ、この場合、文書偽造罪の保護法益はやはり社会法益である(詳細はともかく)と考えられることから、承諾は、通常の被害者の承諾というよりも、いわゆる「社会の承諾」[41]という枠組みとなり、一般に、被害者の承諾として論じられる場合とは異なるから、一層、包括的な議論枠組みで展開されることが考えられ、とくに、承諾による文書作成事実、ないし、それによる責任の引き受けを社会が許容するか否かという枠組みで論じられることになるだろう。そして、繰り返しになるが、判例は、違法阻却論において、法秩序全体の見地論という、構成要件によって類型化された法益とは無関係な要素を、違法阻却を否定する方向で考慮することを許容しており、このことに鑑みれば、その判断は、極めて包括的直観的なことになりかねない。つまり、判例の結論が、しばしば文書偽造罪の保護法益とは、少なくとも直接の関係のない交通・出入国管理の取締り目的等を保護しようとしていると批判されるのは、前述したように「肩書等なしの本名使用」かつ「自署」というケースを除き、基本的に構成要件該当性を肯定したうえ、問題を、実質上、違法性の領域でとらえ、かつそこにおいて構成要件的な制約から解放された「法秩序全体の見地」による判断をしていることとして説明することができよう。その意味では、文書偽造罪の議論においても、実質的に、最も問題なのは、「法秩序全体の見地」アプローチにあるのかもしれない。

6　終わりに──構成要件該当性と違法性

　上述のように、本名使用、自筆の場合は、それが作成者と名義人の一致を示

41　高山・前掲注18論文253頁以下。

有形偽造についての原理的・総論的検討 ｜ 197

すことにつき、規範的な見地から、疑いをはさむことのできない行為であるがゆえに、形式的に、初めから「偽造」の構成要件に該当する余地がなく、したがって、作成者と名義人との間に実質的に内在する「当該文書の性質上」重要な人格におけるある種の不一致——上述したような、不正入国者、違反者、国際条約による運転免許証の発行権限の欠缺という人格に関する要素の不一致——は顕在化することなく、偽造罪の不成立が確定する。

　偽造の成立要件について、従来、さまざまに論じられてきたが、構成湯件該当性と違法阻却論への振り分けの問題が不明確であったように思われる。構成要件と違法性の関係という総論的、体系的問題とも関わるが、この点を意識し、構成要件該当の問題を基本的に行為説で処理し、様々の規範的問題を違法阻却の問題とする見解が唱えられているところ[42]、とくに、作成者概念ひいては偽造概念を規範的に構成する場合には、そこにおける構成要素と違法要素との切り分けが重要であるように思われる。

　上述した事実系の見解は、偽造概念を、したがって、構成要件該当性の問題を、「文書の性質上」重要な人格(分人)という規範的要素によって構成せず、「個人」への到達可能性で判断する。しかし、それは文書偽造罪における「人」が、殺人罪等における「人」とは異なり「人格」であり、「分人」であるという性格を有することを軽視するという点で、したがって、その「分人」的要素を構成要件該当の類型的判断から解放してしまうという点で、基本的なアプローチとしてやはり問題があると言えよう。すなわち、多くの規範的問題を、構成要件該当性という基本的に形式的な枠組み、そして、違法類型としての構成要件概念に基づく、偽造罪の保護法益との類型的関係による検討を軽視してしまうという問題性が否定できない。

　そこで、文書偽造罪における「人」が「分人」であること、他方、「個人」から「分人」を析出する作業が明らかに規範的判断であることから、それを構成要件該当の問題として可及的に類型化することが求められる。とくに、上述したように、外務省沖縄秘密漏洩事件において明らかな最高裁判例の発想に[43]鑑みると、判例が、文書偽造罪の成立範囲を、犯罪取締り、出入国管理等の保護のために広く認めようとする傾向があるように思われるのは、問題解決の主戦場を、類型的法益侵害である構成要件該当の領域では十分な絞りを掛けず、実質上、違法阻却の平面で行い、かつ、「法秩序全体」の見地から、違法性を

42　高山・前掲注18論文252頁。

43　西山記者事件。最決昭53・5・31刑集32巻3号457頁。

肯定する方向での評価を行っていることによると言いうるかもしれない。

　繰り返しになるが、文書偽造罪の保護対象を、固定化過程のみでとらえることには無理があり、固定化の対象の流入を認めざるを得ないが、それは判断の対象の拡大ないし不明確化の契機を内包するがゆえに、それを無限定な違法阻却論に委ねてしまうことには一層問題があり、構成要件論での限定が重要である。

　その意味で、従来、偽造罪の成否をめぐって論じられてきた、承諾類型、通称、仮名類型、そして、資格、肩書類型においても、できるだけ、その一致・不一致という点から偽造の成否を左右する「人格」要素の解釈によって、構成要件該当性段階において行うべきであるように思われる。[44]

（さかい・やすゆき／青山学院大学名誉教授）

44　当然ながら、これは違法性の阻却という方向において「法秩序全体の見地」を考慮することを否定するものではない。

未決拘禁と身体不拘束の原則

安部祥太

はじめに

1　勾留請求却下率の変化とその背景

2　身体不拘束の原則

3　韓国における身体不拘束の原則

おわりに——「身体不拘束の原則」の意義

はじめに

　被疑者勾留は、代用刑事施設の活用や取調べ受忍義務の肯定と相まって、身体拘束と取調べを結合させる機能を果たしてきた[1]。また、被告人勾留も、在宅か勾留かという二択しか存在しない中で、「罪証を隠滅すると疑うに足りる相当な理由」があれば保釈を制限し得るため、身体拘束されるとなかなか解放されないという問題がある。これらを改善するため、法制審特別部会は「被疑者・被告人の身柄拘束の在り方」を検討した。しかし、2016年改正法では、いわゆる中間処分は導入されなかった。

　ところで、近時の勾留実務は、これまでとは異なる特徴を見せている。勾留請求却下率が大きく上昇しているのである[2]。しかし、同時に、勾留請求却下率に地域格差があることも指摘されている[3]。

　この点と関連して、韓国では、2007年刑訴法改正によって、「身体不拘束捜査原則」が明文化された。この規定の影響もあり、韓国では、在宅のまま刑事手続に臨む者が増加している。日本でも、憲法や国際人権法の観点から「身体不拘束の原則」を導く見解が散見される。そこで、本稿では、日本における上

1　新倉修「未決拘禁法案のゆくえ」法時78巻5号（2006年）3頁、葛野尋之「未決拘禁の司法的コントロールと代用監獄」刑事立法研究会編『代用監獄・拘置所改革のゆくえ』（現代人文社、2005年）61頁など。

2　産経新聞2016年3月28日付「容疑者の勾留請求却下率が急増している」。

3　産経新聞2016年10月31日付「容疑者の身柄拘束にナゾの地域格差」。

記勾留実務の変化や「身体不拘束の原則」に関する議論を踏まえつつ、韓国の議論を紹介し、「身体不拘束の原則」明文化の意義を改めて確認する。

1 勾留請求却下率の変化とその背景

(1) 勾留請求却下率の変化

　勾留請求却下率は、戦後徐々に上昇した後、1969年を境に低下し続け、2005年から再び上昇するという傾向を見せている。すなわち、1959年に1.28％であった勾留請求却下率は、1969年にピークの4.99％に達した後、1979年に0.86％、1989年に0.32％となり、1997年に戦後最低の0.26％を記録した。その後、徐々に上昇し、2008年に再び1％を超え(1.10％)、その後も一貫して上昇し続けている。2013年から2014年にかけては、1.99％から2.71％と大きく上昇し、2015年は3.36％であった。[4]

(2) 勾留請求に対する考え方の変化と「地域格差」

　勾留請求却下率の上昇は、各種事件の動向、弁護人等の活動との関係、検察官による勾留請求の厳選の程度(不適正な勾留請求の増加[5])など、容易に分析できない様々な要因が影響しているため、その変化の理由を示すことは難しい。しかし、一般的には、裁判官の意識の変化や[6]、法曹三者全体の意識の変化が指摘されている。[7]このうち、裁判官の意識の変化については、裁判員制度の導入に伴う連日的開廷と関連して、大阪地裁判事であった松本芳希の論文が[8]影響していると言われる。[9]松本論文は、通常第一審における保釈率が低下傾向にあり、特に保釈基準のうち法89条4号の「罪証を隠滅すると疑うに足りる相当な理由」に関する判断基準が類型化・抽象化しているおそれがあることを指摘した上で、裁判員制度の導入を見据え、被告人の防禦権保障のために、同号を具体的・実質的に判断すべきであると主張した。この松本論文が、法

4　以上は、各年の司法統計年報刑事編「15　令状事件の結果区分及び令状の種類別既済人員　全裁判所及び全高等・地方・簡易裁判所」を参照した。

5　寺西和史「近頃の裁判官の令状審査」指宿信ほか編『刑事司法への問い──シリーズ刑事司法を考える〔第0巻〕』(岩波書店、2017年) 56頁が示唆する。

6　安藤範樹「勾留請求に対する判断の在り方について」刑ジャ40号 (2014年) 12頁。

7　是木誠「勾留・保釈の運用──検察の立場から」刑ジャ52号 (2017年) 33頁。なお、梶山太郎「勾留・保釈の運用──裁判の立場から」刑ジャ52号 (2017年) 22頁注4。

8　松本芳希「裁判員裁判と保釈の運用について」ジュリ1312号 (2006年) 128頁以下。

9　田岡直博「勾留・保釈の運用──弁護の立場から」刑ジャ52号 (2017年) 37頁。

未決拘禁と身体不拘束の原則　201

60条1項2号の判断基準に影響を与えたというのである。[10]

　他方で、裁判所は、勾留請求に対する裁判所の従前の判断について、特に問題意識を持っている訳ではなさそうである。[11]また、勾留・保釈について、身体拘束を解く方向で原決定を取り消した近時の最高裁判例群も、最高裁が従前の立場や基準を変えた訳ではないと解説されている。[12]さらに、報道によれば、勾留請求却下率には「地域格差」がみられる。[13]さいたま地裁では、「昨秋(2013年秋:筆者注)から活発化した若手裁判官の勉強会」が、勾留請求却下率の上昇に影響を与えているという。[14]勉強会は「裁判員裁判の導入で……、裁判官が今まで当然と思っていたことも市民からは批判の対象になり得る」という「危機感」によって開始された。そうであれば、近時の勾留請求却下率の上昇は、裁判官個々の意識に大きく依存している。身体拘束の不利益や防禦権保障を考慮すれば、不必要な勾留が減ることは好ましい(上記報道は、さいたま地検次席検事であった千葉雄一郎の「実務に影響が出ているとは思わない」という発言を紹介している)。しかし、勾留請求却下率に地域差がみられ、不必要な勾留が未だに存在するのであれば、その規律を行う必要が生じる。

2　身体不拘束の原則

　これまでの未決拘禁を巡る議論は、未決拘禁が被疑者・被告人の人身の自由を大きく制約することを問題視し、その執行を最小限度にとどめるべきであるという主張が中心であった。これらの見解は、基本的には、捜査手続の目的や起訴前後の未決拘禁の差異に着目して、その例外性を指摘するものが多い。[15]

(1)　国際基準としての無罪推定と身体不拘束の原則

　これに対して、近時、国際人権法に基づいて「身体不拘束の原則」を導く見

10　前田裕司「身体拘束に関する現状と制度改革の課題」自正66巻3号（2015年）36頁。

11　法制審特別部会第17回会議議事録（2012年12月25日開催）34〜35頁〔髙橋康明発言〕など。寺西・前掲注5論文57〜58頁も参照。

12　伊藤雅人＝細谷泰暢「判解」最判解刑平成26年度325頁。同調査官解説が挙げる判例群は、最一決平26・11・17集刑315号183頁と最一決平26・11・18刑集68巻9号1020頁である。

13　産経・前掲注3記事。他に、河北新聞2017年8月6日付「＜仙台地裁＞刑事事件の容疑者や被告の勾留『認めず』10年前の6.6倍」など。

14　朝日新聞2014年6月15日付「脱・人質司法へ、変化の兆し　さいたま地裁の勾留却下率、上昇　若手裁判官らが勉強会」記事中の地裁裁判官発言。

15　斎藤司「未決拘禁期間を規制する原理としての『身体不拘束の原則』」福井厚古稀『改革期の刑事法理論』（法律文化社、2013年）68〜72頁を参照。

解が見られる。すなわち、無罪推定原則に基づく未決拘禁の例外化である。世界人権宣言11条1項は、「犯罪の訴追を受けた者は、すべて、自己の弁護に必要なすべての保障を与えられた公開の裁判において法律に従って有罪の立証があるまでは、無罪と推定される権利を有する」と規定している。自由権規約14条2項も、「刑事上の罪に問われているすべての者は、法律に基づいて有罪とされるまでは、無罪と推定される権利を有する」と規定している。被疑者・被告人は、無罪推定の権利を有するのである。これを受けて、自由権規約9条3項も、「裁判に付される者を抑留することが原則であってはなら」ないことを確認している。この規定に基づいて、未決拘禁は例外的かつ可能な限り短期間であることが求められる。[16]

このように、身体不拘束の原則は、無罪推定原則が起訴前や事件係属中の被疑者・被告人の取扱いを含む刑事司法全体を貫く原理であることを前提に、[17]未決拘禁を「理論的正当性のない『悪』」ないしは「制度論として……(の)『必要悪』」と捉え、未決拘禁の例外化・極小化を導く考え方である。[18]この考え方は、フランス[19]やドイツ[20]でも見られる。アメリカでも、マグナカルタ39条のデュー・プロセス条項を淵源とし、身体拘束された者に保釈の権利を認めた修正8条について、[21]合衆国最高裁が「有罪判決の前は自由であるという伝統的な権利は、妨げられない防禦準備を可能にし、刑の先取りを防ぐものである。そのため、保釈に関する権利が審理に先立って保障されない限り、何世紀に亘る闘争の末に獲得された無罪推定は、その意味を失う」と述べている。[22]このように、身体拘束の例外化・極小化や起訴前保釈は、無罪推定の観点から基礎づけられるものである。

---

16 UN HRC, CCPR General Comment No. 8: Article 9 (Right to Liberty and Security of Persons), 30 June 1982, No. 8, para 3.

17 自由権規約10条2項、同14条3項以下などを参照。*See also* Joseph L. Lester, *Presumed Innocent, Feared Dangerous: The Eighth Amendment's Right to Bail*, 32 N. Ky. L. Rev. 1, 11 (2005).

18 豊崎七絵「未決拘禁は何のためにあるか」刑事立法研究会編『代用監獄・拘置所改革のゆくえ』(現代人文社、2005年) 7～8頁、葛野尋之『刑事手続と刑事拘禁』(現代人文社、2007年) 2頁以下、豊崎七絵「『身体不拘束の原則』の意義」福井厚編『未決拘禁改革の課題と展望』(日本評論社、2009年) 19頁以下など。

19 水谷規男『未決拘禁とその代替処分』(日本評論社、2017年) 8頁。白取祐司『刑事訴訟の理論と実務』(日本評論社、2012年) 128頁以下も参照。

20 斎藤・前掲注15論文68～72頁、斎藤司「ドイツにおける身体拘束制度と保釈制度とその現状」丹治初彦編『保釈 理論と実務』(法律文化社、2013年) 46～47頁。

21 *See e.g.* Ronald K. Chen, *Magna Carta As the Source for the Bill of Rights and Civil Liberties*, 294-Jun N.J. Law. 15, 18 (2015).

22 Stack v. Boyle, 342 U.S. 1, 4 (1951).

(2)　日本における無罪推定と身体不拘束の原則

　日本において、無罪推定原則を明示した憲法上・刑訴法上の規定はない。しかし、日本は1979年に自由権規約を批准している。また、憲法の制定過程を確認すれば、憲法31条が無罪推定原則を内包していることに争いはない。[23]もっとも、日本における無罪推定原則の機能や実体、手続的効果に関する研究は、必ずしも充分ではないように思われる。[24]そのため、その適用範囲や性格付けを巡り、争いが生じることがある。[25]しかし、無罪推定原則が未決拘禁にも及ぶ原理であることは、少なくとも学説上の一致を見ているように思われる。[26]そうであれば、憲法31条及び自由権規約等によって、日本においても身体不拘束の原則が要求され、未決拘禁を規制・指導する原理として具体的に機能させるべきことが導かれる。[27]

3　韓国における身体不拘束の原則

(1)　韓国の身体拘束制度

　韓国における身体不拘束の原則を概観する前に、身体拘束制度を確認する必要がある。[28]基本的な枠組みは日本と類似している。しかし、韓国独自の制度もある。以下では、その違いを示しつつ、韓国の身体拘束制度が分かる範囲で記述する。[29]

ア　逮捕制度

　逮捕は、通常逮捕(法200条の2)、緊急逮捕(法200条の3)、現行犯逮捕(法

23　村井敏邦「無罪推定原則の意義」『光藤景皎先生古稀祝賀論文集(上)』(成文堂、2001年) 5〜7頁。

24　ドイツにおいても、無罪推定原則は完全に明らかにされていないようである (松倉治代「刑事手続におけるNemo tenetur原則 (4・完)」立命館338号 (2011年) 213頁)。この点について、公文孝佳「無罪推定法理について(1)」北法53巻6号 (2003年) 27頁以下は、事実認定論との関係で無罪推定原則を検討している。

25　たとえば、「被疑者・被告人の処遇の原理」としての無罪推定を訓示的規範として位置づける見解として、松尾浩也『刑事訴訟法 (上)〔新版〕』(弘文堂、1999年) 227頁。川出敏裕「無罪の推定」法教268号 (2003年) 34頁も、無罪推定によって被疑者・被告人の自由制約の必要最小限度性が要請された場合、これは比例原則に他ならないとした上で、「あえて無罪の推定の原則の一内容とするまでもない」と整理する点では、松尾の見解と通底する。その他、無罪推定原則を証拠法上の問題に留めて理解するものとして、渥美東洋「逮捕・勾留と無罪推定」法セ376号 (1986年) 97頁以下。

26　川出・前掲注25論文31頁以下、白取・前掲注19書130頁などを参照。

27　政府は、無罪推定を証拠法上の法則であると理解しているようである (第164回国会参議院法務委員会議録19号〔2006年5月23日開催〕22頁〔小貫芳信発言〕)。

28　詳細は、安部祥太「被疑者取調べの憲法的規制」青山学院大学審査学位論文 (2016年) 251頁以下。

29　韓国刑訴法の邦訳は、安部祥太「韓国刑事訴訟法試訳」青山ローフォーラム4巻1号 (2015年) 85頁以下を参照。

212条)が設けられている点で、日本と同じである。他方で、逮捕令状の請求[30]権者は検事に限定されている(法200条の2第1項)。憲法12条3項が「逮捕・拘束・押収又は捜索をするときは、適法な手続により検事の請求により法官が発付した令状を提示しなければならない……」と規定しているためである。そのため、司法警察官が令状に基づいて被疑者を逮捕するときは、検事に申請し、検事が判事に令状を請求し、その発付を受けなければならない。いずれの逮捕も、その期間は48時間である。

イ　拘束制度

拘束は、日本の勾留に相当する強制処分である。もっとも、「拘束」という概念は、勾引と拘禁を含むものである(法69条)。韓国刑訴法は、拘束に先立って逮捕を要求する規定を設けておらず、いわゆる「逮捕前置主義」は採られていない。

拘束要件は、日本と同様である。すなわち、「罪を犯したことを疑うに足りる相当な理由」があり、①一定の住居を有しないか、②証拠を隠滅するおそれがあるか、③逃亡し、又は逃亡するおそれがあるときのいずれか1つに該当することを要する(法201条1項及び法70条1項)[31]。日本と比較したときの違いの1つは、「警察段階の拘束」が存在することである。外形的には、日本の代用監獄と同趣旨であると誤解されるかもしれない。しかし、日本における警察留置場での勾留とは異なり、制度としての「警察段階の拘束」である。もっとも、拘束令状の請求権者は、検事に限られる(法201条1項)。したがって、司法警察官が被疑者を拘束するときは、検事に申請し、検事の請求により、拘束令状の発付を受けなければならない。警察段階の拘束の後、10日以内に被疑者を検事に引致しない場合は、被疑者を釈放しなければならない(法202条)。逮捕に引き続き被疑者を拘束するときは、逮捕期間の48時間は、この10日間に含まれる(法203条の2)。警察段階の拘束は、延長することができない。したがって、司法警察官の拘束期間は、最長で10日間である。

司法警察官から被疑者の引致を受けた検事も、引き続き被疑者を拘束できる。この場合、被疑者の引致を受けたときから10日以内に公訴を提起しない

30　逮捕制度の導入経緯は、安部祥太「韓国における被疑者取調べとその適正化——日本の被疑者取調べ適正化への示唆(1)」青山ローフォーラム創刊号（2012年）78頁。

31　拘束事由のうち、最も考慮されている点は、「逃亡し、又は逃亡するおそれ」の有無であるという（閔永盛「韓国における人身拘束制度をめぐる議論情況」北法61巻6号〔2011年〕159頁）。同稿によると、2007年2月21日から2007年4月30日までの間に、大田地方法院において発付された被疑者100名に対する拘束令状のうち、93%が「逃亡し、又は逃亡するおそれ」を認めたものであったという（同178頁注(1)）。

ときは、被疑者を釈放しなければならない(法203条)。もっとも、検事による拘束は、検事の請求により地方法院判事が認めたときは、10日を超過しない限り、延長できる(法205条1項)。したがって、検事の拘束期間は、最長で20日間となる。

多くの事件では、警察による捜査を経る。その場合、拘束期間は、最大で合計30日間になる。既に述べたように、逮捕期間は拘束期間に算入されるため、逮捕の有無は拘束期間に影響しない。

ウ　拘束前被疑者審問制度

拘束前被疑者審問制度は、拘束令状審査のために、判事が遅滞なく被疑者と直接に対面し、その供述を聴取する手続である(法201条の2第1項)。拘束前被疑者審問は、被疑者を拘束するか否かを判断するときは必要的に行われ、令状主義の核心的内容と位置づけられるとともに、憲法上の法治国家原理や適法手続の理念から派生した権利としての聴聞権を保障するものとされている。[32]

日本の勾留質問との最大の違いは、拘束前被疑者審問が対審構造を採っていることである。検事及び弁護人は、審問期日に出席し、判事による審問が終了した後で意見を述べることができる(法201条の2第4項)。もっとも、重大事件を除き、検事が拘束前被疑者審問に立ち会うことは稀であるという。[33]拘束前被疑者審問に立ち会う弁護人は、地方法院に提出された拘束令状請求書、添付された告訴・告発状、被疑者の陳述を記載した書類及び被疑者が提出した書類を閲覧することができる(刑訴規則96条の21第1項)。被疑者を審問する際には、法院事務官等は、審問の要旨等を記載した調書を作成しなければならない(法201条の2第6項)。この調書は、法315条3号の「その他、特に信用するに足りる情況の下に作成された文書」に該当し、拘束前被疑者審問手続の適法性を証明する証拠として用い得る(供述代用書面として使用することはできない)。[34]

被疑者に弁護人がいないときは、判事が職権で国選弁護人を必要的に選任する(法201条の2第8項)。ここで選任された国選弁護人は、拘束令状請求が却下

32　이재상・저균석『형사소송법［제10판보정판］』(박영사 , 2016년) 265쪽 .

33　村中貴之「韓国における拘束前被疑者審問手続の実情と弁護人の立会い」刑弁69号 (2012年) 133頁。

34　拘束前被疑者審問調書は、いわゆる裁面調書には該当しない (이재상ほか・前掲注32書269～270頁)。これは、「法院又は法官の調書」という見出しの法311条が、「公判準備又は公判期日に被告人又は被告人でない者の陳述を記載した調書、法院又は法官の検証の結果を記載した調書は、証拠とすることができる」と規定しているためである。拘束前被疑者審問は、「公判準備又は公判期日」に該当しない。したがって、供述代用書面として使用することはできない。なお、法315条3号は、日本の刑訴法323条3号に相当する。

された場合を除き、第一審まで効力を有する(同条同項)。そのため、被拘束被疑者のすべてに国選弁護人が選任される。なお、拘束令状を発付する決定や拘束令状の発付請求を棄却する決定に対しては、抗告又は準抗告することができない[35]。

エ　逮捕・拘束適否審査制度

　韓国では、拘束前被疑者審問制度の他に、逮捕・拘束適否審査制度が設けられている。これは、請求により、逮捕・拘束時点での適法性及び請求時点の拘束の必要性を審査し、当該逮捕・拘束の適法性又は必要性が否定された場合に、被疑者を釈放する制度である(法214条の2)。1948年米軍政令第176号によって導入されたものであり、被疑者・被告人の憲法上の権利である(憲法12条6項[36])[37]。

　日本では、勾留に関する裁判に対して準抗告が可能である(法429条1項2号)。これに対して、韓国では、既に述べた通り、拘束前被疑者審問の結果に対して準抗告ができない。そのため、逮捕・拘束適否審査制度について、日本における勾留に関する裁判に対する準抗告と同旨であるとの印象を受けるかもしれない。しかし、逮捕・拘束適否審査は、逮捕・拘束時点における当該逮捕・拘束の適法性のみならず、請求時点における身体拘束の必要性も判断する。そして、適法性あるいは必要性が否定されれば被疑者を釈放する点で、実質的な起訴前保釈制度として機能している(2016年度の逮捕・拘束適否審査処理人員は2,406人であり、このうち367人〔15.3％〕が釈放されている)[38]。この点で、日本の勾留に関する裁判に対する準抗告や勾留理由開示制度とは異なる。

　逮捕・拘束適否審査の請求を受けた法院は、請求書を受けたときから48時間以内に被疑者を審問し、捜査関係書類及び証拠物を調査し、当該逮捕・拘束が違法又は不必要であると認めたときは、被疑者を釈放しなければならない(法214条の2第4項)。このとき、釈放後に被疑者が公判廷へ出席することを確実にするために、保証金の納入を条件として釈放を命ずることができる(同条5項)。また、住居の制限や、法院又は検事が指定した日時・場所へ出席する義務その他の条件を付することができる(同条6項)。拘束適否審査の請求を棄

35　대법원 1958. 3.14선고, 4290형항 9 결정, 대법원 2006.12.18선고, 2006모646결정.

36　逮捕・拘束適否審査制度の導入経緯は、安部祥太「韓国における国選弁護制度──被疑者の国選弁護を中心に」青社41巻1号（2012年）133～135頁。

37　憲法12条6項は、「何人も、逮捕又は拘束されたときは、その適否の審査を法院に請求する権利を有する」と規定している。

38　법원행정처편「2017사법연감」（2017년）618쪽표124.

却する決定や、被疑者を釈放する決定に対しては、抗告することができない(同条8項)。

拘束前被疑者審問制度と同様に、逮捕・拘束適否審査においても、検事、弁護人、請求人が立ち会い、意見を述べることができる(同条9項)。もっとも、逮捕・拘束適否審査も、検事が立ち会うことは稀であるという[39]。被疑者に弁護人がいないときは、被告人国選弁護制度に関する法33条が準用される(同条10項)[40]。但し、貧困等により自ら弁護人を選任することができない被疑者が、拘束令状によって拘束されている場合は、拘束前被疑者審問の際に既に国選弁護人が付されている。したがって、同規定が実質的な意味を有するのは、被逮捕者が逮捕適否審査を請求した場合である[41]。

(2) 身体不拘束の原則

ア 判例にみる「身体不拘束の原則」

民主化以前の韓国では、刑事手続が濫用され、不法な身体拘束と拷問がたびたび行われた[42]。そのため、1987年の民主化以後は、身体拘束を慎重に運用しなければならないという意識が特に鋭敏であった[43]。このような観点は、民主化直後の判例にも見られる。接見交通権の制限不可能性を確認した憲法裁判所1992年決定は、「憲法27条4項は『刑事被告人は、有罪の判決が確定するまでは無罪と推定される。』として、無罪推定の原則を宣言している……無罪推定原則は、常に不利な立場に置かれて人権が蹂躙されやすい被疑者・被告人の地位を擁護し、刑事手続における不利益を必要最小限にとどめるようにするものであり、人間の尊厳性の尊重を究極目標とする憲法理念から導かれるものである。無罪推定原則により、不拘束捜査・不拘束裁判が原則とされ、被疑者・被告人が逃亡する恐れがあったり、証拠を隠滅する恐れがあるときに限り、例外的に拘束捜査・拘束裁判が認められる」と判示している[44]。

---

39 贄田健二郎「韓国における拘束適否審手続の実情」刑弁69号(2012年)137頁。なお、贄田健二郎「韓国視察の報告と今後の課題——勾留質問への立会・勾留適否審査の実情」LIBRA11巻3号(2011年)34〜35頁を併せて参照。

40 韓国における国選弁護制度については、安部・前掲注36論文123〜154頁を参照。

41 이재상ほか・前掲注32書138頁。

42 権威主義政権期における刑事手続の濫用などについては、安部祥太「刑事再審の比較法研究——大韓民国」九州再審弁護団連絡会出版委員会編『緊急提言!刑事再審法改正と国会の責任』(日本評論社、2017年)143頁など。過去事清算については、安部祥太「過去事清算とは何か?」青木清ほか編『コリアの法と社会』(日本評論社、2019年発刊予定)を参照。

43 배종대・이상돈・정승환・이주원『신형사소송법[제5판]』(홍문사, 2013년)6〜7쪽.

44 헌법재판소1992.1.28선고, 91헌마111결정.

208

このような考え方は、大法院によっても確認されている。身体拘束被疑者が取調べに弁護人を立ち会わせる権利を認めた大法院2003年決定は、上記憲法裁判所決定を引用して「不拘束捜査・裁判原則」を確認した上で、韓国憲法の刑事人権規定である12条について、「身体の自由と証拠能力に関する憲法12条の冒頭で……適法手続原則を宣言した趣旨は、裁判官が、身体拘束に関する憲法と法律の規定を解釈・適用するにあたり、国家刑罰権よりも個人の人権擁護を優位させ、身体拘束に慎重を期するためである」と判示している。[45]

　これらの判断の前提には、無罪推定原則の存在がある。韓国憲法27条4項は、無罪推定原則を明文で規定している。憲法裁判所は、無罪推定原則について、捜査から公判に至るまでの刑事手続の全過程を支配する指導原理であり、身体拘束自体を制限する原理として作用すると理解し[46]、「不拘束捜査・裁判原則」を確認しているのである。その結果、民主化以後の拘束率は減少傾向を辿っている(後述)。

イ　2007年刑訴法改正による明文化

　このような中で、2007年改正刑訴法は、「不拘束捜査原則」を明文で宣言した。「遵守事項」という見出しの法198条1項は、「被疑者に対する捜査は、不拘束状態で行うことを原則とする」と規定したのである。この規定は、①身体拘束の例外性(拘束以外の方法によっては犯罪に対する効果的な統制が不可能であり、刑事訴訟の目的を達成できないと認められる場合に限り、最終手段としてのみ、身体拘束を使用しなければならない)と、②拘束期間の必要最小限性を宣言したものである[47]。ここには、身体拘束は刑事手続の進行において不可欠な必要悪であり、特別な犠牲であるという考え方がある。そして、身体拘束された者が不起訴処分や無罪判決を受けた場合に、憲法が刑事補償請求権を認めていることも、同じ文脈で理解されるとする[48]。

ウ　不拘束捜査・裁判原則の現状

　韓国における身体拘束率等の数値を正しく把握することは、容易ではない。それは、いかなる数値を母数とするかによって拘束率等が変化するという統計

45　대법원 2003.11.11선고, 2003모402결정. 同決定の邦訳は、安部祥太「韓国における被疑者取調べへの弁護人立会い」青山ローフォーラム創刊号（2012年）227頁以下を参照。

46　헌법재판소 1992.1.28선고,91헌마111결정,헌법재판소 2003.11.27선고,2002헌마193결정,헌법재판소 2005.5.26선고,2001헌마728결정,헌법재판소 2010.11.25선고,2009헌바8결정.

47　헌법재판소 2003.11.27선고, 2002헌마193결정,신동운『신형사소송법〔제5판〕』(법문사, 20174년) 815쪽.

48　以上、신동운・前掲注47書815〜816頁。

未決拘禁と身体不拘束の原則　│　209

固有の問題の他に、詳細な説明・凡例を欠く統計資料が多いことに起因する。本稿が取り扱う公式統計も、どの段階での処理人員であるか等が不明確なものが少なくない。それゆえ、統計によって異なる数字があった場合に、その差異の原因を把握することは難しい。以下では、その点に留意した上で、参考資料として、不拘束捜査・裁判原則の現状を探る。

表1　拘束人員・拘束率一覧表（1974〜2006年）[49]

	処理人員	拘束人員	拘束率
1974年	358,034人	87,653人	24.5%
1979年	680,191人	89,569人	13.2%
1984年	1,003,035人	101,435人	10.1%
1989年	1,341,923人	115,988人	8.6%
1994年	1,230,945人	85,662人	7.0%
1999年	1,699,617人	94,660人	5.6%
2004年	1,791,584人	73,113人	4.1%
2005年	1,450,551人	50,953人	3.5%
2006年	1,358,789人	39,648人	2.9%

　表1は、民主化以前から2007年刑訴法改正までの間の拘束人員及び拘束率の一覧である。法務研修院は、1990年代における拘束率の低下について、1995年改正によって新設された拘束前被疑者審問制度により、拘束の必要性を厳格に判断した結果であると分析している。[50] また、1994年時点で拘束率が低下傾向にある理由を「検察が……不拘束捜査原則の具現を念頭に置いて人身拘束に慎重を期している結果」と分析していた。[51] これらのことは、裁判所のみならず、捜査機関も不拘束捜査を意識してきたことを示唆している。

　次に、2007年改正刑訴法に「不拘束捜査原則」が明文化された後の拘束人員及び拘束率の推移を見る。

49　1999年までは、法務研修院ウェブサイトに掲載されている1984年以降の『犯罪白書』から、5年間隔で数値を抽出・訳出した。2004年から2006年にかけては、법무연수원편『범죄백서2014』(법무연수원，2015년) 246쪽표Ⅱ-11を参照した。

50　법무연수원편『범죄백서2004』(법무연수원，2005년) 185쪽.

51　법무연수원편『범죄백서1994』(법무연수원，1995년) 167쪽.

表2　拘束人員・拘束率一覧表（2007〜2015年）[52]

	処理人員	拘束人員	拘束率
2007年	1,442,228人	35,202人	2.4%
2008年	1,787,657人	39,987人	2.2%
2009年	1,750,661人	41,180人	2.4%
2010年	1,384,690人	27,676人	2.0%
2011年	1,259,096人	24,431人	1.9%
2012年	1,320,630人	24,410人	1.8%
2013年	1,310,546人	23,229人	1.8%
2014年	1,269,507人	23,418人	1.8%
2015年	1,264,762人	26,800人	2.1%

　2015年は、５年ぶりに拘束率が２％を超えたものの、概ね２％前後で推移している。この理由として、法務研修院は、捜査機関が不拘束捜査を強調し、身体拘束に慎重を期したことが相当な役割を果たしていると指摘している[53]。

　また、大検察庁『犯罪分析』によれば、2015年に送致を受けた1,948,966人のうち、拘束送致が28,992人(1.5%)、不拘束送致が1,919,974人(98.5%)であった。このうち、刑法犯993,932人の内訳は、拘束送致が22,066人(2.2%)、不拘束送致が971,866人(97.8%)であった。また、特別法犯955,032人の内訳は、拘束送致が6,926人(0.7%)、不拘束送致が948,108%(99.3%)であった[54]。2015年における拘束・不拘束状況の内訳を確認すると、次の通りである。

表3　2015年における拘束・不拘束状況の内訳[55]

	合計	拘束	不拘束					
			小計	不拘束立件	令状請求		適否審釈放	検事拘束取消し
					検事棄却	判事棄却		
刑法犯	632,980 (100)	20,863 (3.3)	612,117 (96.7)	609,176 (96.2)	808 (0.1)	2,021 (0.3)	75 (0.0)	37 (0.0)
特別法犯	632,782 (100)	5,937 (0.9)	625,845 (99.1)	624,987 (98.9)	303 (0.0)	470 (0.1)	53 (0.0)	32 (0.0)
計	1,264762 (100)	26,800 (2.1)	1,237,962 (97.9)	1,234,163 (97.6)	1,111 (0.1)	2,491 (0.2)	128 (0.0)	69 (0.0)

＊　数字は人数である。また、括弧内は全体合計に占める比率を示す。

52　법무연수원편『범죄백서2016』(법무연수원，2017년) 274쪽표Ⅱ‐9.

53　법무연수원・前揭注52書273頁。

54　以上、대검찰청편『2016범죄분석』(대검찰청，2016년) 220〜221쪽표 1-4-1-A및 B「범죄자 조치 상황」。

55　대검찰청편・前揭注54書223〜224頁표 1-4-2-A및 B「범죄자 구속・불구속 상황」。

表3は、検察段階の被疑者の大部分が不拘束状態のまま立件されていることを示している。上記犯罪白書の指摘の通り、検察が拘束令状請求を抑制・厳選していることを窺わせる。実際に、検事による令状請求状況を確認すると、そのことが明確に分かる。2016年検察庁受理人員2,589,311人のうち、40,083人(1.55%)に対して令状請求があり、その80.8%にあたる32,369人に対して拘束令状が発付された。7,187人については令状が却下された(令状請求人員に占める却下率は17.9%であった)。ここで留意すべきは、令状却下率自体が上昇傾向にある訳ではないことである。すなわち、2009年は、検察庁受理人員2,891,156人のうち、57,014人(1.97%)に対して令状請求があり、その74.9%にあたる42,727人に対して拘束令状が発付された。令状請求が却下された者は14,159人であり、却下率は24.8%である。その後の経過を辿ると、2010年が2.0%、23.7%、2011年が1.8%、23.1%、2012年が1.5%、20.5%、2013年が1.4%、17.9%、2014年が1.5%、20.1%、2015年が1.5%、17.8%と推移している(いずれも、受理人員に占める令状請求率、請求却下率の順である)。このことからも、検察による拘束令状請求の抑制・厳選が読み取れる。

　さらに、過去10年間の第一審公判事件受理人員の拘束状況は、次の通りである。

表4　第一審公判事件受理人員現況（2006〜2015年）[58]

	合計	拘束	
		人員	構成比
2006年	227,696人	46,275人	20.3%
2007年	250,172人	42,159人	16.9%
2008年	274,955人	39,693人	14.4%
2009年	287,465人	40,214人	14.0%
2010年	263,425人	31,015人	11.8%
2011年	277,744人	28,326人	10.2%
2012年	282,707人	27,169人	9.3%
2013年	270,469人	27,233人	10.1%
2014年	268,823人	28,543人	10.6%
2015年	259,424人	33,224人	12.8%
2016年	276,074人	33,272人	12.1%

56　以下は、대검찰청「구속영장 청구 발부 현황」(2017년 7월 24일갱신) を参照した。

57　司法年鑑によれば、2016年度は、拘束請求人員39,624人のうち32,395人に令状が発付され(81.8%)、7,242人に対する請求が却下された（却下率18.3%）(법원행정처편・前掲注38書617頁表122)。

58　법무연수원편・前掲注52書265頁表Ⅱ-3。2016年のみ、법원행정처편・前掲注38書688頁を参照した。

ちなみに、司法年鑑で控訴審及び上告審の状況を見ると、2016年度の控訴審受理人員87,487人中、身体拘束状された被告人は32,392人(37.0%)、不拘束状態であった被告人は55,095人(63.0%)であった。また、同年度の上告審受理人員25,088人中、身体拘束された被告人は11,261人(44.9%)、不拘束状態であった被告人は13,827人(55.1%)であった。仮に、有罪判決後の上訴審における身体拘束目的として刑の執行確保が認められるとしても[60]、不拘束状態のまま上訴審に臨む被告人の数が多いことが分かる。[59]

おわりに──「身体不拘束の原則」の意義

　韓国では、民主化以前に刑事手続が濫用されたことへの反省(過去事清算)を踏まえ、拘束前被疑者審問と、逮捕・拘束適否審査を通じて身体拘束を規制している。また、令状請求自体も抑制・厳選されている。その中で、身体不拘束捜査・裁判原則が単なるスローガンに留まらず、未決拘禁を例外化する指導理念として機能している。

　韓国における「身体不拘束の原則」の意義を踏まえると、日本においても「身体不拘束の原則」を明文で確認する必要がある。同時に、憲法上も明文規定を欠く無罪推定原則についても、刑訴法上で規定すべきであろう。振り返ると、法制審特別部会でも、青木和子委員などを通じて、身体不拘束原則の明文化や、それに基づいた未決拘禁の在り方の再検討が主張されていた[61]。しかし、特に身体不拘束原則の明文化については、井上正仁委員が「任意捜査の原則、あるいは、身柄不拘束の原則と言われたのですけれども、それは刑事訴訟法197条1項但書自体から、読めることですし、身柄拘束については厳格な要件が法定されており、手続も定められているのですから……それに加えて一般原則を規定する必要があるのか、私にはまだピンと来ない」と反論した。椎橋隆幸委員も、憲法33条と法197条を挙げた上で、逮捕要件や権利保釈に言及し、「身柄不拘束が原則であり、身柄拘束は例外であるということは、法律上ははっきりとしている」と述べた。

　上記対立の要因は、身体拘束の運用実態をどう評価するかによって生じる。

59　以上、법원행정처편・前掲注38書603頁表90。

60　未決拘禁の目的に関する筆者の考え方は、安部祥太「第1審の無罪判決と控訴審における再勾留の可否」青社43巻1号 (2014年) 166頁以下。

61　法制審・前掲注11会議録34頁以下。日弁連「新たな刑事司法制度の構築に関する意見書(その1)」(2012年6月14日) 等も、同趣旨である。

裁判官の論稿は、厳格な勾留審査を紹介するものが少なくない。[62]そのような観点からは、未決拘禁を巡る運用は厳格かつ適切になされているということになる。他方で、未決拘禁が供述の実質的強要に繋がっていたり、防禦準備の障害や外部との孤立を生んでいる点を強調すれば、身体不拘束原則を明文化する意義は大きいということになる。比例原則を超えて「身体不拘束の原則」を明文化する必要性をいかに捉えるかも、同原則の明文化への評価を分ける。身体不拘束の原則を強調しつつ、未決拘禁廃止論を採用しないのであれば、結局は比例原則に基づいて未決拘禁の可否を判断する以上、比例原則に基づいた具体的な検討で足りると考えることもできる。[63]他方で、比例原則に基づいたこれまでの議論を経ても問題が改善されなかったという意識を強調すれば、令状請求や令状発付を規制する原理として身体不拘束原則を明文化する意義は認められよう。[64]

　韓国における身体不拘束原則は、未決拘禁の例外化や未決拘禁期間の規制のほか、身体拘束中の処遇環境改善や、外部交通の充実、保釈の運用などの指導原理としても用いられている。[65]日本の議論との関係で特に重要なのは、①未決拘禁日数の算入に関する憲法裁判所決定であろう。[66][67]かつての刑法57条1項は、「判決宣告前の拘禁日数は、その全部又は一部を有期懲役、有期禁錮、罰金、科料に関する留置又は拘留に算入する」と規定し、未決拘禁日数の「一部」のみの本刑算入を認めていた。[68]ところが、2009年憲法裁判所決定は、同規定は無罪推定原則や適法手続原則などに反して違憲であり、未決拘禁日数の全期間を本刑に算入させなければならないと判示した。[69]さらに、被告人が意図的に訴訟を遅延させたためにやむを得ず拘禁期間が延びた場合であっても、本刑への全部算入が妥当するとした。これは、日本におけるいわゆる「全部算入説」

62　新しいものとして、梶山・前掲注7論文21頁以下。法制審・前掲注11会議録37頁〔龍岡資晃発言〕も同旨であろう。

63　緑大輔「『被疑者・被告人の身柄拘束の在り方』をめぐって」法教398号（2013年）6～7頁。

64　法制審特別部会第14回会議議事録（2012年10月30日開催）31～33頁〔青木和子・村木厚子発言〕

65　韓国における身体不拘束と保釈については、美奈川成章「韓国・日本の保釈保証制度の現状と課題」美奈川成章・上田國廣古稀『刑事弁護の原理と実践』（現代人文社、2016年）218頁以下。

66　신동운・前掲注47書816～818頁。

67　日本における議論について、渕野貴生「未決拘禁の清算」『浅田和茂先生古稀祝賀論文集（下）』（成文堂、2016年）427頁以下など。

68　同条項は2014年末に改正され、「又は一部」という部分が削除された。

69　헌법재판소2009. 6 .25선고, 2007헌바25결정. なお、本決定の論理は、石田倫識「未決勾留日数の全部算入――韓国憲法裁判所の違憲決定を手がかりに」刑弁61号（2010年）113頁以下を参照。

を超えた、未決拘禁の目的を純化した判断といえる[70]。また、②拘束前被疑者審問制度も、勾留審査手続の対審化と関連して示唆的である。欧州人権裁判所は、欧州人権条約５条３項及び４項に基づいて、被疑者の防禦権保障の観点から、身体拘束審査手続の対審化や種々の手続保障を求めている[71]。欧州人権条約５条３項及び４項は、自由権規約９条３項及び４項とほぼ同じ条文である。日本においても、自由権規約に基づいた勾留審査の対審化や手続保障が導かれる。勾留の適法性を効果的に争う上で、韓国における拘束前被疑者審問は１つのロールモデルとなり得る。さらに、逮捕に対する刑訴法上の不服申立が設けられていないことに照らせば、③逮捕・拘束適否審査のうち、逮捕適否審査も、逮捕期間の規制などに有効かもしれない(仮に韓国と同じ手続を設けたとすれば、逮捕段階で国選弁護人が付される点も重要である)。

　2016年改正法では、身体拘束に関する中間処分等は導入されなかった。法90条に、裁量保釈に関する考慮事項が明記されただけである。その他、法89条４号の削除も実現しなかった。つまり、未決拘禁の規制は、勾留の必要性判断について慎重な姿勢(身体拘束を可能な限り回避する姿勢)を見せた平成26年決定及び平成27年決定を前提として[72]、厳格かつ適正な運用が可能な裁判官に委ねられたままである。確かに、身体不拘束の原則がスローガンに留まるのであれば、現行法の比例原則に関する規定で充分であって、敢えてこれを明文化する必要はなさそうである。しかし、この原則がスローガンに留まらず、未決拘禁を巡る指導原理となるなら、明文化には一定の意義が認められる。その適用範囲や解釈の幅を考えると、いかなる文言の条文を設けるかは、立法技術としては難しい。しかし、法制審特別部会以降、議論が立ち消えとなっている現状を踏まえれば、身体不拘束原則とそれに基づいた未決拘禁の在り方をもう一度考える必要があるのではなかろうか[73]。

(原稿受領日　2017年11月30日)

70　石田・前掲注69論文117頁。
71　Garcia Alva v Germany (2001) 37 EHRR 373. 葛野尋之『未決拘禁法と人権』(現代人文社、2012年) 47頁以下を参照。証拠開示との関連について、斎藤司『公正な刑事手続と証拠開示請求権』(法律文化社、2015年) 343頁。
72　最一決平26・11・17集刑315号183頁、最二決平27・11・22集刑318号11頁。
73　本稿と同じ問題意識に立つ文献として、前田裕司「捜査段階における弁護活動」三井誠ほか編『刑事手続の新展開 (上)』(成文堂、2017年) 497頁以下がある。

〔付記〕

　新倉修先生には、観念論に留まらず現実に立った議論をすること、原理・原則を大切にすること、大局的な視野を忘れないことを教えて頂いた。そのご恩に報いるには甚だ拙いが、新倉先生の教えを意識した本稿を、古稀を迎えられた先生に献呈したい。

（あべ・しょうた／青山学院大学法学部助教）

公訴時効廃止の遡及適用について

山下幸夫

1　はじめに

2　公訴時効廃止の遡及適用について

3　公訴時効制度の法的性格と憲法39条ないし31条違反
　　性について

4　遡及処罰違憲論の展開

5　終わりに

1　はじめに

　公訴時効に関する現行の刑事訴訟法250条の規定は、2度にわたって大きな改正がなされている。

　まず、凶悪・重大な犯罪に対処するための「刑法等の一部を改正する法律」(平成16年法律第156号。平成17年1月1日施行)により、①死刑に当たる罪については15年から25年に、②無期の懲役又は禁錮に当たる罪については10年から15年に、③長期15年以上の懲役又は禁錮に当たる罪については7年から10年に、それぞれ公訴時効期間を延長するものとされ、その附則3条2項において、「この法律の施行前に犯した罪の公訴時効の期間については、第2条の規定による改正後の刑事訴訟法第250条の規定にかかわらず、なお従前の例による」との経過規定を置いていた。

　その後、平成22年4月27日に成立し、同日に施行された刑法及び刑事訴訟法の一部を改正する法律により、①人を死亡させた罪であって死刑に当たるもの(殺人罪、強盗殺人罪等)については、公訴時効が廃止され、②人を死亡させた罪であって懲役又は禁錮の刑に当たるものについて、無期の懲役又は禁錮に当たる罪は15年から30年に、長期20年以上の懲役又は禁錮に当たる罪は10年から20年に、それ以外の懲役又は禁錮に当たる罪は3年又は5年が10年に、

それぞれ公訴時効が延長された。

　筆者は、この２つの改正に関し、前者に関して設置された法制審議会刑事法(凶悪・重大犯罪関係)部会、後者に関して設置された法制審議会刑事法(公訴時効関係) 部会に、それぞれ日本弁護士連合会推薦の幹事として出席した。死刑に当たる罪については、一旦、公訴期間が延長された後、それからわずか５年後に公訴時効が廃止されるというドラスティックな改正がされた点については疑問もあるが、その点はさておき、本稿では、その経験も踏まえて、公訴時効の廃止の遡及適用について検討することとしたい。

2　公訴時効廃止の遡及適用について

　刑法及び刑事訴訟法の一部を改正する法律により、人を死亡させた罪であって死刑に当たるものについては公訴時効が廃止されたが、この法律の施行の際既にその公訴時効が完成している罪については適用しないものとされ(同法附則３条１項)、同法の施行前に犯した人を死亡させた罪であった禁錮以上の刑に当たるもので、同法の施行の際公訴時効が完成していないものに適用するとされた(同２条２項)。

　この結果、人を死亡させた罪であって死刑に当たるものについての公訴時効の廃止が遡及することになった。

　従来から、罪刑法定主義の要請により、事後法の禁止ないし遡及処罰の禁止が認められており、憲法39条は、「何人も、実行の時に適法であった行為……については、刑事上の責任を問われない」と規定している。

　そこで、公訴時効の廃止の遡及適用が、この事後法の禁止ないし遡及処罰の禁止に該当しないかどうかが問題となる。

　従来から、訴訟法上の規定については、事後法の禁止ないし遡及処罰の禁止の適用はないと解されていたことから（憲法39条の適用についても、従来、手続

1　平成16年４月19日から同年７月30日まで開催。

2　平成21年11月16日から平成22年２月８日まで開催。

3　筆者は、法制審議会刑事法（公訴時効関係）部会において、再三にわたって公訴時効の廃止に反対する意見を述べた（但し、当時は顕名の議事録ではなかったため、現在では具体的にその箇所は特定するのが困難となっている）。

4　新倉修先生は、法制審議会刑事法（公訴時効関係）部会の議事録を詳細に分析する「公訴時効論（１～６）：公訴時効の廃止・再延長と遡及適用」を執筆されているが(青山法学論集52巻１号〔2010年〕33頁以下、同52巻２号〔2010年〕１頁以下、同３号〔2010年〕１頁以下、同４号〔2011年〕35頁以下、同53巻２号〔2011年〕１頁以下、同５号〔2012年〕、同６号〔2012年〕)、諸般の事情により未完であるのが残念である。

規定は対象としないという見解と手続規定にも適用されるとの見解があったとされている）、結局、公訴時効制度の法的性格を実体法として捉えるか訴訟法として捉えるかによって異なりうることになる。

3　公訴時効制度の法的性格と憲法39条ないし31条違反性について

　公訴時効制度の法的性格については、従来、実体法説と訴訟法説があるとされたが、最近では、その２つの性格を併有するとする競合説[5]、一定期間訴追されていないという事実状態を尊重し、国家の訴追権を制約することによって個人を保護する制度であるとする新訴訟法説[6]が主張されている[7]。

　もっとも、最近では、公訴時効制度の法的性格を一義的に捉えるのは困難であり、多義的に捉えるべきであるとの見解が有力である。

　そこで、これらの理由のどれか一つでその存在理由を説明し尽くせるものではなく、処罰の必要性と法的安定性の比較衡量により、立法政策上の制度として定められるべきであると解される傾向にある[8]。

　最１判平27・12・3は[9]、「公訴時効制度の趣旨は、時の経過に応じて公訴権を制限する訴訟法規を通じて処罰の必要性と法的安定性の調和を図ることにある。本法は、その趣旨を実現するため、人を死亡させた罪であって、死刑に当たるものについて公訴時効を廃止し、懲役又は禁錮の刑に当たるものについて公訴時効期間を延長したにすぎず、行為時点における違法性の評価や責任の重さを遡って変更するものではない。そして、本法附則３条２項は、本法施行の際公訴時効が完成していない罪について本法による改正後の刑訴法250条１項を適用するとしたものであるから、被疑者・被告人となり得る者につき既に生じていた法律上の地位を著しく不安定にするようなものでもない。したがって、刑訴法を改正して公訴時効を廃止又は公訴時効期間を延長した本法の適

5　団藤重光『新刑事訴訟法綱要〔7訂版〕』（創文社、1967年）376頁、平野龍一『刑事訴訟法』（有斐閣、1958年）。

6　田宮裕「公訴時効についての二、三の問題」ジュリ206号（1960年）、阪口裕英「公訴時効についての一混合説の批判」法政26巻4号（1960年）、佐々木史朗「公訴の時効についての覚書」司法研修所編『創立十五周年記念論文集（下）』（司法研修所、1963年）395頁。

7　最近の教科書では、例えば、田口守一『刑事訴訟法〔第7版〕』（弘文堂、2017年）204頁が新訴訟法説をとっている。

8　松尾浩也「公訴時効の本質」同『刑事訴訟の原理』（東京大学出版会、1974年）99頁以下、特に同106頁以下参照。

9　刑集69巻8号815頁、判タ1440号126頁等。

用範囲に関する経過措置として、平成16年改正法附則3条2項の規定にかかわらず、同法施行前に犯した人を死亡させた罪であって禁錮以上の刑に当たるもので、本法施行の際その公訴時効が完成していないものについて、本法による改正後の刑訴法250条1項を適用するとした本法附則3条2項は、憲法39条、31条に違反せず、それらの趣旨に反するとも認められない」と判示している。同判決の調査官解説によると、同最高裁判例は、まさに、この流れの中で公訴時効制度を理解したものであるとされ、公訴時効制度は訴訟法規であり、事後法の禁止や遡及処罰の禁止を定めた憲法39条や罪刑法定主義を定めた憲法31条に違反しないと判断したものとされている。[10]

　もっとも、公訴時効廃止の遡及適用が、憲法39条ないし憲法31条に抵触し違憲であるとの見解も有力である。

　すなわち、①公訴時効制度は、訴訟法上の根拠だけでなく、刑罰を科す必要が時間とともに消滅・減少するという実体法上の根拠も有するから、公訴時効期間の経過前にその期間を延長して処罰することは憲法39条に反するとする見解[11]、②公訴時効期間は、国家刑罰権を時間的に制約する性格を有しているから、公訴時効期間の遡及的変更は憲法31条の適正手続の保障に反する見解[12]、③憲法39条の自由保障機能は、当該規定をあてにして行動する者の主観的な予測可能性だけでなく、より客観的な意味での処罰の公正さをも保障しており、刑罰権の恣意的行使が容易になることを広く予防することにあり、公訴時効の廃止・延長は、当該犯罪に対する処罰の必要性を再評価するもので、可罰的評価の変更としての意味合いを有する等として、時効が進行中の事件に改正法を適用することは憲法39条の類推適用により禁止されるとする見解[13]などがあり、注目される。[14]

10　『最高裁判例解説刑事篇平成27年度』292頁〔馬渡香津子執筆〕。

11　内藤謙『刑法講義総論（上）』（有斐閣、1983年）31頁。なお、平野龍一『刑法総論(I)』（有斐閣、1972年）69頁も同じ意見と考えられる。

12　西田典之（橋詰隆補訂）『刑法総論〔3版〕』（弘文堂、2019年）53頁。なお、西田典之教授は、法制審議会刑事法（公訴時効関係）部会の委員であった。

13　小池信太郎「人を死亡させた罪の公訴時効の廃止・延長と遡及処罰禁止の妥当範囲」刑ジャ26号（2010年）25頁。

14　これに対して、法制審議会刑事法（公訴時効関係）部会の委員であった酒巻匡教授は、「公訴時効の廃止や時効期間の延長を内容とする手続法の適用は……可罰的行為の創設または可罰性の加重とその遡及ではない。また、憲法39条及び31条は、犯罪に該当する行為とこれに対する刑罰を事前告知して行為者の予測可能性を保障する趣旨を含むと解されるが、時効期間を経過すれば処罰を免れ得るとの予測や、処罰が予告されていた犯罪の実行後に時効完成を待つ犯人の期待は、憲法39条及び31条により憲法上保護された基本権とは認めがたい。訴訟手続法適用の一般原則に従って、公訴時効の取扱いを不利益に変更する新法を、その施行時において公訴時効未完成の事件に適用することに、違憲の問題は生じない」として合憲説を主張している（酒巻匡『刑事訴

4　遡及処罰違憲論の展開

　これまでも指摘されているように、公訴時効の法的性格を多元的に説明すべきであるとしても、そこには、時間の経過とともに、処罰の必要性が減少するという面があることは否定できないのであるから、公訴時効の不利益変更を単なる訴訟法の規定であり手続規定に過ぎないと評価するのは不当である[15]。

　また、「時効期間を経過すれば処罰を免れ得るとの予測や、処罰が予告されていた犯罪の実行後に時効完成を待つ犯人の期待」[16]が憲法39条ないし31条の保護に値しないとの見解も、一見すると一般人の常識的な感覚に合致するようには見えるが、ここでは、冤罪なのに犯人として指名手配されている被疑者なども含まれていることが見落とされている。

　前記平成27年の最高裁判決の調査官解説は、この点を適切に指摘している。すなわち、「『事実状態の尊重』という趣旨の中には、いわゆる真犯人だけではなく、様々な理由で被疑者・被告人の立場に立つ危険にさらされている者(例えば正当防衛状況があった者、犯罪を行ったと疑われるような状況に置かれたものの実際には犯行を行っていない者等の法的地位の安定という観点も含まれているものと思われ」ると述べ、「そうであるとすると、『本来処罰されるべきである犯人』という前提自体が、必ずしも妥当しないし、そのような前提を立てた上で訴訟手続に関する議論をすること自体に問題があるように思われる」と述べているが、その指摘は誠に正当である[17]。

　また、最大判昭25・4・26は[18]、「単に上告理由の一部を制限したに過ぎない訴訟手続に関する前記措置法の規定を適用して、その制定前の行為を審判することは、たといそれが行為時の手続法よりも多少被告人に不利益であるとしても、憲法三九条にいわゆる『何人も、実行の時に適法であつた行為……については、刑事上の責任を問はれない』との法則の趣旨を類推すべき場合と認む

　　訟法』〔有斐閣、2015年〕243頁)。

[15]　松宮孝明『刑法総論講義〔5版補訂版〕』(成文堂、2018年) 22頁も、「公訴時効の本質は、単なる訴訟法上のものではなくて、当該犯罪に対する恣意的な刑罰権行使の抑制と、一般予防および特別予防上の処罰の必要性と有効性の減少に求められるべきである。そうだとすれば、それは刑事実体法上の制度、とくに犯罪行為の処罰可能性に関する制度であるから、事後法の禁止が当てはまると考えるべきである」と述べている。

[16]　酒巻・前掲注14書243頁。

[17]　これは、川出敏裕「公訴時効制度の見直し論について」刑ジャ18号 (2009年) 20頁に対する反論として述べられたものである。

[18]　刑集4巻4号700頁。

べきではない」と述べているが、被告人の不利益について、「多少……不利益」と述べている。[19]

　先に紹介した最1判平27・12・3も、「法附則3条2項は、本法施行の際公訴時効が完成していない罪について本法による改正後の刑訴法250条1項を適用するとしたものであるから、被疑者・被告人となり得る者につき既に生じていた法律上の地位を著しく不安定にするようなものでもない」と述べており、「著しく……不安定にするようなものではない」と述べている。

　ここで最高裁判例が「多少」とか「著しく」と述べているのは、その限度を超えるような不利益を被告人にもたらすような場合には憲法39条違反になる可能性があることを示唆しているとみるべきではないだろうか。

　そして、公訴時効の廃止というのは、まさにここでいう「著しく」被疑者・被告人の地位を不安定にするものであると考えられる。

　その理由としては、凶悪・重大犯罪の公訴時効の在り方等に関する諮問第89号に関し、同部会において法整備を行うのが相当と決定された要綱(骨子)案が法制審議会総会で報告された際の水野武夫委員(弁護士)の意見を引用して紹介したい。

　水野委員は、「現行の公訴時効の範囲内の事件であっても、あるいは何十年か先の事件であっても、同じ証拠によって処罰ができるという前提であります。つまり、様々な供述調書によって、そしてそれだけで有罪にできるというのは、公訴時効を廃止した後も同じなのです。果たしてそれでいいのかどうか。刑事訴訟法第321条第1項第2号、第3号という証拠能力の規定がありますが、これは要するに、供述者が死亡、精神・身体の故障、所在不明、国外にいる、そういった場合には調書が出せるという規定になっているのです。そうしますと、公訴時効が廃止されますと、何十年も先にそういった事態が生ずる、つまり、事件直後に検察官によって供述調書をとられていた人が死亡する、あるいは老人になって痴呆になっているとか、あるいは日本にはいないとか、そういった場合には刑事訴訟法の規定に従ってその調書が裁判所に出せるということになります。防御する方はそれに対して反対尋問する機会はないわけです。そういうことでますます冤罪の危険が高まるのではないのかと思うわけであります。あるいは故意ということ。やったことは仮に間違いないとしても、故意なのか過失だったのかという、いわば主観的な要件については物的な証拠という

19　この判例は、手続規定に対して憲法39条が類推適用される場合があり得ると解する余地を残した表現と解されている（馬渡・前掲注10調査官解説301頁）。

のは基本的にはないわけでありまして、そういったものについて反証するのは非常に困難になるだろうと。あるいはアリバイがあったのかどうか。何十年も前のことをどうだと言われても、これはなかなか立証は困難であると言わざるを得ないわけです」と述べている[20]。

公訴時効の廃止によって、将来、事件発生から数十年後に起訴される場合を想定すると、まさに水野委員が指摘するように、被告人としては、既に証拠も散逸し、自らの記憶や記録も消失していると考えられることから、その防禦活動が極めて困難となることが強く予想される。これは、まさに、「被疑者・被告人となり得る者につき既に生じていた法律上の地位を著しく不安定にする」ものと言わなければならない。

そうであるとしたら、少なくとも、公訴時効の廃止については、憲法39条により、その遡及適用は許されないというべきであり、違憲となると解さなければならない。

なお、最1判平27・12・3の事案は、公訴時効の廃止の事案ではなく、公訴時効の延長の事案であり、それ故に「被疑者・被告人となり得る者につき既に生じていた法律上の地位を著しく不安定にするようなのではない」と判断されたと考えられるのである。この意味においては、公訴時効の廃止との関係では平成27年判決の射程が及んでいないと解するのが相当である。

これに対して、少なくとも、公訴時効の廃止の遡及適用については、別に考える余地があり、否、むしろ別に考えなければならないのである。

このようにして、公訴時効の廃止の遡及適用については、憲法39条に違反するもので違憲であり、無効であると解さなければならない。

5　終わりに

前述したように、筆者は、公訴時効の変更に関する2回の法制審議会刑事法部会に幹事として出席したが、死刑に当たる罪について、一旦、公訴期間が延長された後、それからわずか5年後に公訴時効が廃止されるというドラスティックな改正がされた点については強い違和感を覚え、疑問もあるが、その点はさておき、法制審議会刑事法（公訴時効関係）部会において、私は公訴時効廃止

20　法制審議会第162回会議（平成22年2月24日開催）の議事録のPDF版20頁〈http://www.moj.go.jp/content/000036301.pdf〉。法制審議会刑事法（公訴時効関係）部会において、弁護士の委員・幹事から同様の意見が述べられた。

に反対する意見を述べたが、同部会や総会において、賛成多数により公訴時効の廃止とその遡及適用が実現している。

しかしながら、当時は、「あすの会」[21]などの犯罪被害者遺族を中心とする活動や政治家の活動によって拙速に議論が進められ[22]、冷静な議論が十分になされないまま、公訴時効の廃止とその遡及適用が決められてしまったと感じている。

そして、前述したとおり、最1判平27・12・3は、公訴時効の再延長の遡及適用が問題となった事案であり、公訴時効の廃止の遡及適用の合憲性を判断したものではないから、この問題が司法において既に決着が付いているという訳ではない。

今後、死刑に当たるような犯罪について、事件発生から何十年も経ってから逮捕・起訴される事件が起きる際には、改めてこの問題が最高裁判所で判断される機会が訪れる可能性がある。

本稿がそれに向けた冷静な議論の一助となれば幸いである。

なお、遡及適用という点では、性犯罪規定の見直しの改正の際にも、性犯罪規定を非親告罪化した上で、改正規定の施行時点で既に法律上告訴される可能性がなくなっている事件を除いて遡及適用されている(平成29年6月16日成立、同月23日〔法律第72号〕の刑法の一部を改正する法律附則2条)。

これについても、公訴時効の廃止・延長の遡及適用と同じ問題があると考えられるが[23]、それに対する考察は他日を期したい。

最後に、新倉修先生には、日本弁護士連合会や東京弁護士会での様々な活動において助言をいただき、大変にお世話になっており、はなはだ拙い論文ではあるが献呈させていただき、先生の益々のご健康とご活躍を願う次第である。

(やました・ゆきお/弁護士・東京弁護士会)

---

21 全国犯罪被害者の会〈http://www.navs.jp/index.html〉。なお、同会は、2018年6月3日にその目的を達成したとして解散した。同会が推進したものとして、公訴時効の廃止のほか、被害者参加制度がある(法制審議会刑事法〔犯罪被害者関係〕部会において審議され、その後、刑事訴訟法が改正され、平成20年12月1日から適用されている)。なお、同会の岡村勲弁護士は、法制審議会刑事法(公訴時効関係)部会に委員として出席した。

22 公訴時効の廃止の遡及適用を認める刑事訴訟法改正は、その当時、民主党政権であり、千葉景子法務大臣による「なるべくすき間が生まれないように」との観点から、即日公布を決める持ち回り閣議を実施して施行し、その結果、1995年に発生し、翌日の4月28日に時効を迎える見込みだった岡山県の夫婦殺害放火事件の公訴時効が撤廃されたと報道されている(日本経済新聞2010年4月27日付〈https://www.nikkei.com/article/DGXNASDG2706M_X20C10A4CR8000/〉)。これでは、この改正が政治利用だったと言われても仕方がない。

23 この問題については、辻本典央「強姦罪等の非親告罪化」犯刑26号(2017年)81頁以下、特に同98頁以下。但し、辻本教授は遡及の点も含めて肯定している。

自己の供述を内容とする供述と伝聞法則

後藤 昭

はじめに

1　これまでの理解

2　条文の立法過程

3　自己の供述を内容とする供述の伝聞性

4　伝聞例外要件

5　まとめ

はじめに

　刑事訴訟法320条1項は、供述代用書面と伝聞供述の証拠利用を禁じる原則である。条文は、そのうちの伝聞供述を「公判期日外における他の者の供述を内容とする供述」と表現する。そのため、法廷での供述者が自身の以前の供述を語る「自己の供述を内容とする供述」は、伝聞証拠かどうかという疑問が生じる。これは、日本の伝聞法則の難問の一つである。

　裁判員制度の導入に伴って直接主義と公判中心主義がより強く意識され、その結果、伝聞法則の運用もより厳格になる傾向がある。自己の供述を内容とする供述の扱いも、そこで浮上した論点の一つである。また、取調べの録音録画制度の2019年からの実施を控えて、録音録画記録を実質証拠とするべきかどうかという問題に議論が集まっている。その議論の前提として、被告人が自身の以前の自白を語る供述が実質証拠になるかどうかを確定する必要が生じた。

　そこで本稿では、自己の供述を内容とする供述の伝聞法則上の扱いを考える。

1　これまでの理解

(1)　日本での議論

　これまで、自己の供述を内容とする供述が伝聞証拠かどうかという問題を正面から議論することは少なかった。それは、法廷で同じ供述が得られる限り以

前の供述を証拠とする必要が感じられないからであろう。しかし、これまでの議論では、自白の供述を内容とする供述も伝聞証拠に含まれるという理解が暗黙の前提になっていたと考えられる。たとえば、証人Wが趣旨Aの証言をしたうえで、検察官に対する供述調書の中ではそれと異なる趣旨Bの供述をしたことを認めたとする。この場合、趣旨Bの供述が直ちに実質証拠になることはなく、そのためには検面調書の証拠採用が必要だというのが、刑訴法321条1項2号後段に関する議論の前提であった。また、証人Wが趣旨Aの証言をしたうえで、以前に趣旨反Aの供述をしたことを認めても、それは自己矛盾供述として弾劾証拠になるだけで、実質証拠にはならないというのが、刑訴法328条に関する議論の前提であった。

　自己の供述を内容とする供述が伝聞証拠になるかどうかを明示的に述べた論者の多くは、法廷供述者の以前の供述も、供述時の反対尋問はできないので、やはり伝聞証拠になるという立場をとっている。[1]それに対して、近時、刑訴法320条1項の文言を根拠に、自己の供述を内容とする供述は伝聞証拠として禁じられる伝聞供述ではないとい理解も現れている。[2]

(2)　連邦証拠規則の立場

　連邦証拠規則801条(a)〜(c)の定義によれば、法廷外の供述をその供述が語るとおりの事実の存在を証明するために用いるのは伝聞証拠である。この定義からは、自己の供述を内容とする供述を伝聞証拠から除く理由はない。そして、証人の以前の供述を一定の例外によって非伝聞とする同条(d)項(1)号などは、法廷供述者が自身の以前の供述を語る供述も原則的には伝聞証拠になることを当然の前提としているとみることができる。

2　条文の立法過程

　そもそも、刑訴法の立法過程で、この点についてどのような議論があったのかを知ることができれば、参考になるはずである。

　現行刑訴法は、第二次世界大戦後の連合国による日本占領の下で成立した。[3]

---

[1]　長井秀典＝福島直之「二号書面の採否が問題となる事案の審理」判タ1412号（2015年）105、113頁、小幡雅二「裁判員裁判に残された課題——2号書面問題を中心に」筑波ロー5号（2009年）75、92頁。

[2]　岡慎一「取調べの録音録画記録媒体の証拠利用」刑弁91号（2017年）48、50頁。

[3]　昭和刑訴の制定過程の全体について、小田中聰樹『現代刑事訴訟法論』（勁草書房、1977年）

現在320条以下に表現される伝聞証拠禁止原則が入ったのは、日本政府が最終案として作った法律案（第9次案）[4]を基に、それに対して連合国軍総指令部民政局（GHQ、GS）の法律家たちが示した修正提案を1948年4月から5月にかけて議論した、刑事訴訟法改正協議会の議論の過程である[5]。それに伴って、起訴状一本主義や控訴審のいわゆる事後審化がこの段階で生じた[6]。

第9次案258条では、被告人以外の者の公訴提起以前の「供述を録取した書類又はこれに代わるべき書類」は、被告人に「当該事件について判決する裁判官の面前で尋問する機会」を与えれば、証拠にできるという原則をとっていた。その機会を与えることが著しく困難な場合は、「これらの書類についての制限及び被告人の憲法上の権利を適当に考慮して」供述代用書面を証拠とすることを認めていた。これは、日本国憲法の施行に伴う刑事訴訟法の応急的措置に関する法律12条の定めをほぼ引き継ごうとした規定である[7]。この段階では伝聞法則の採用は想定しておらず、供述者に対する事後的な反対尋問の機会を設ければ、供述代用書面も一般的に採用できるようになっていた。また、伝聞供述の証拠能力を制限する条文もなかった。

それに対して、総指令部のブレークモアが提出した「協議問題（第10）」[8]は、検察官または司法警察職員が作成した訊問調書は、供述をした証人が裁判所に出頭できない場合以外、証拠として提出できないという提案だった。また、「ブレークモア氏提出協議問題（第5）（昭和23年4月16日）」[9]は、供述者を証人として利用できる限り、供述録取書を証拠として使うべきではないという方向を示した。これらは、「ブレークモア氏提出協議問題（第5問及び第10問修正1）（昭和

　45〜128頁、勝田成治ほか座談会「刑事訴訟法の制定過程」ジュリ551号（1974年）30頁以下参照。
4　井上正仁ほか編『刑事訴訟法制定資料全集　昭和刑事訴訟法編(10)』（信山社、2015年）資料14。以下の資料については、漢数字をアラビア数字に置き換えて表記する。
5　この協議会の性格について、渡辺咲子「現行刑事訴訟法の立案過程」井上ほか・前掲注4書1頁参照。伝聞規定の成立経過の全体について、同「現行刑事訴訟法中の証拠法の制定過程と解釈——伝聞法則を中心として」『河上和雄先生古稀祝賀論文集』（青林書院、2003年）293頁以下。
6　控訴審の事後審化が、伝聞証拠禁止原則の採用に伴う裁判所の負担増加を想定した控訴審の簡素化のための構想であったことについて、後藤昭「立法史からみた控訴審構造論の意義」刑法26巻3＝4号（1985年）452〜470頁、同『刑事控訴立法史の研究』（成文堂、1987年）292〜293頁。
7　ただし、「当該事件について判決する裁判官の面前で」という文言は、応急措置法にはなかった。この挿入は、公判手続更新後、あるいは控訴審で再度尋問の機会を与えるべきかどうかという、応急措置法の解釈上の問題点を解消するためだったと考えられる。後藤・前掲注6書270〜274頁参照。
8　井上正仁ほか編『刑事訴訟法制定資料全集　昭和刑事訴訟法編(11)』（信山社、2015年）資料44。
9　井上ほか・前掲注8書資料59。

23年4月22日)」[10]にまとめられた。そこでは、裁判官面前供述の記録と検察官の尋問調書について証拠能力の要件を区別し、一般的な供述述不能の場合の供述代用書面の証拠能力を認めるための例外要件を示し、同意書面、合意書面の採用可能性や自己矛盾供述の補助証拠としての利用を認めていた。つまり、現行刑訴法の伝聞法則の骨格がこの段階で現れた。さらに、「ブレークモア氏提出協議問題(第5問・第10問修正2)(昭和23年4月27日)」[11]中の項目Dは、「被告人以外の者で証人ではない者が或証人の面前でなしたことのある供述に関するその証人の口頭の証言」も、原則的に証拠能力を否定する方針を示した。これは、伝聞供述の禁止を意味する。この部分の英文は、「……the oral testimony of a witness regarding a statement made in his presence by a person other than the defendant who is not a witness, may be used as evidence at the time of trail only in the following cases:」(下線、後藤)となっていた。この下線部分は、現行法320条1項の「公判期日外における」という文言に当たる部分である。この部分が、「who is not *the* witness」となっていれば、「person」は当該証人以外の者であり、自己の供述を内容とする供述は伝聞証拠としない趣旨が明確である。しかし、原文では、「a person」は以前の証人自身を含み、自己の供述を内容とする供述も伝聞証拠に含まれると解釈する余地があった。

ともあれ、この提案によって、伝聞供述も原則として禁止する方針が決まった。これらの協議問題について議論した刑事訴訟法改正協議会の議事録は、完全には残っていない。残っている部分を見る限り、この伝聞供述禁止の趣旨について、具体的な議論を交した形跡はない。その後、この堤案を条文化するための案が2次にわたって作られる。「第5問及び10問に関する修正案(横井)(2)(昭和23年5月6日)」[12]と「第5問及び10問に関する修正案(横井)(3)(昭和23年5月9日)」[13]である。これらの条文案は、供述代用書面が例外的に採用できる要件を示しているものの、供述代用書面禁止の原則規定がないのは、ブレークモア提案を基にしたからであろう。ただし、伝聞供述の証拠能力要件を示す条文もないので、ブレークモア提案を正確に反映した内容ではなかった。

しかし、同年5月24日にまとまり、26日に国会に提出された刑訴改正法案

10　井上ほか・前掲注8書資料78。
11　井上ほか・前掲注8書資料99。
12　井上正仁ほか編『刑事訴訟法制定資料全集　昭和刑事訴訟法編⑿』(信山社、2016年) 資料72。
13　井上ほか・前掲注12書資料89。

は、その320条に供述代用書面禁止の原則を明示した[14]。また、324条は、現行法と同じ伝聞供述の証拠能力要件を示していた。すなわち、「被告人以外の者の……供述で被告人の供述をその内容とするもの」には322条を、「被告人以外の者の……供述で被告人以外の者の供述をその内容とするもの」には、321条1項3号を準用している。ただし、320条が伝聞供述を禁止する原則を明示していないので、伝聞供述の扱いについては原則的禁止規定なしに例外的許容規定だけがあるという変則的な形になっていた。1948(昭和23)年5月29日の参議院司法委員会と同月31日の衆議院司法委員会で、木内曾益政府委員は、324条の説明として、「人が被告人又は第三者の供述を聴いてその内容を述べることは、文字通り伝聞であって、前述の聴取書を提出する場合と異ならない」と説明している[15]。

伝聞供述禁止の原則が320条に入るのは、その後の「刑事訴訟法を改正する法律案印刷物中正誤(昭和23年6月21日)[16]」という文書による。この正誤表によって、320条の「公判期日における供述に代えて、書面を証拠とすることができない」という表現が「公判期日における供述に代えて書面を証拠とし、又は公判期日外における他の者の供述を内容とする供述を証拠とすることはできない」と改められて、現行法となった。つまり、本稿の問題関心にとって重要な「他の者の」という文言は、法案でも、その修正案でもなく、法案の正誤表によってもたらされた。この正誤表を作るときに、その含意について、どのような検討があったのかは分からない。1948(昭和23)年6月23日の参議院司法委員会において、宮下明義政府委員は、この文言訂正は条文の趣旨を変えるものではないと説明している[17]。すなわち、324条等が「供述を内容とする、供述の証拠の能力をも」制限しているので、その趣旨を明らかにしたという説明である。また、324条2項は「証人が……供述する場合に、他の証人がこれゝのことを言っておったということを聴いたという(ママ)証言をする場合」の規定であると説明している[18]。

国会での審議過程で、この「他の者の」という文言の意味を明確に議論した

14　井上ほか・前掲注12書資料185（436頁）。

15　議事録は、井上正仁ほか編『刑事訴訟法制定資料全集　昭和刑事訴訟法編(13)』（信山社、2016年）資料2（36頁）および資料3（67頁）。

16　井上ほか・前掲注15書資料36（481頁）。

17　井上正仁ほか編『刑事訴訟法制定資料全集　昭和刑事訴訟法編(14)』（信山社、2016年）資料4（105頁）。

18　井上ほか・前掲注17書資料4（109頁）。この宮下の説明は、再伝聞供述を指すように見えるので、正確な表現ではなかった。

という記録は見つからない。たしかに伝聞供述の典型は、法廷供述者が他人の供述を語る供述であるから、それを例にして条文の意味を説明するのは自然である。しかし、制定過程の記録からは、法案の起草者や議員たちが、自己の供述を内容とする供述を原則禁止の対象である伝聞証拠から除くことを明確に意識して、この「他の者の」という文言を選んだのかどうかは分からないというのが、正確であろう。条文の理解は、我々の解釈に委ねられる。

3　自己の供述を内容とする供述の伝聞性

　法廷外の発言を供述証拠すなわち供述内容どおりの事実の存否を推認するための証拠として用いるのが伝聞証拠である。伝聞証拠禁止原則は、供述証拠にありがちな、観察、記憶、表現などの過程での誤りの有無を反対尋問で吟味する必要性、および供述過程を事実認定者が直接に観察する必要性に基づいている。自己の以前の供述を内容とする供述も、その以前の供述を供述証拠として用いるなら、他者の供述を内容とする供述と同様に、事実認定者がその証明力を過大評価する危険を生じさせる。

　自己の供述を内容とする供述が他者の供述を内容とする供述と異なるのは、原供述者自身が法廷にいるために事後的な反対尋問が可能であることである。しかし、事後的な反対尋問は、供述時の反対尋問の完全な代替手段にはならないというのが、現行法の立場である。それは、刑訴法321条3項のような特則があることにも現れている。刑訴応急措置法12条が採用したような、事後的な反対尋問を条件に供述代用書面一般に証拠能力を認めるという立場を、現行法は採っていない。そうすると、自己の供述を内容とする供述には事後的な反対尋問ができるとしても、他者の供述を内容とする供述と同様に伝聞証拠としての性質をもつ。

　供述を録音、録画した記録は、それを供述証拠として利用する場合は、刑訴法320条1項に明文規定がないにも拘わらず、その性質上、伝聞証拠になるというのが一般的な理解である。それと同様に、自己の供述を内容とする供述も、明文規定はないものの、その性質上、原則的に禁止される伝聞証拠として扱うべきである。

　自己の供述を内容とする供述は禁止される伝聞供述ではないという近時の議論は、被疑者取調べの録音録画記録を実質証拠として採用する必要性を否定する目的をもって登場した。つまり、被告人が以前自白したことを認める供述を

法廷ですれば、それだけで自白が実質証拠となるというための根拠である。しかし、後に確認するとおり、これを非伝聞と考えなくても、伝聞例外の適用によって、以前の自白を実質証拠とすることは可能である。したがって、この目的のためであれば、伝聞証拠の一般的な定義に反して、自己の供述を内容とする供述を非伝聞とする必要はない。

4 伝聞例外要件

公判期日外における自己の供述を内容とする供述も刑訴法320条1項が禁止する伝聞供述に当たるとすれば、どのような場合に伝聞例外になるかが次の問題となる。

(1) 被告人以外の者の供述

被告人以外の者の自己の供述を内容とする供述を伝聞例外とするための要件は、刑訴法324条2項に従う。その結果、321条1項3号という伝聞例外の基本条文が基準となるのが、自然な理解である。

しかし、同一人の検面調書と法廷供述とが相反する場合の扱いについて、近時複雑な議論がある。証人がいったんは自身の検面調書と相反する証言をしても、尋問の結果、検面供述すなわち検察官に対する供述の方が正しいと認めた場合、法廷で検面供述と同趣旨の供述があるので、2号後段書面を採用する必要がないことは、異論がない。[19]それに対して、証人が自身の検面供述とは異なることを認めながら、法廷で述べている方が真実であるとして動かない場合、証人は供述不能ではないから、321条1項3号の要件はない。そこで、相対的特信情況の立証を条件に、2号後段に拠って検面調書を採用するというのがふつうの考え方である。

これに対して、近時二つの方向から、異なる議論が生じている。それらはいずれも321条1項2号後段による検面調書の証拠採用をなるべく避けようとする議論の中で現れた。

ア 供述「取り込み」論

そのような議論の一つは、自己の供述を内容とする供述によって、以前の供述が法廷での供述に取り込まれるから、法廷での供述の一部となるという清野

---

19 伊藤雅人「刑訴法321条1項2号書面の請求と訴訟活動」松尾浩也＝岩瀬徹編『実例刑事訴訟法Ⅲ』（青林書院、2012年）41、48頁。

憲一による理解である。清野は、証人が捜査官に対する供述調書の内容どおりの供述をしたことを法廷で認めた場合、その以前の供述が正しかったと認めない場合でも、証言に「引用された限度において」捜査段階での供述が証言の一部となるから、それを事実認定の根拠にできるという[20]。

清野は、このような理解の根拠として、最1決平23・9・14刑集65巻6号949頁と最3決平25・2・26刑集67巻2号143頁を援用する。前者は、刑訴規則199条の12に拠り証人自身による被害再現写真を示した尋問を適法とした判例で、「証言に引用された限度において」再現写真の内容は証言の一部となるとした。後者は、被告人が受け取って転送した電子メールを印字したものを被告人に示して質問した事例で、「本件電子メールは、被告人の供述に引用された限度においてその内容が供述の一部となる」ことを認めている。

しかし、前者の判例は、再現写真に現れる状況が現在の記憶に照らして正しいと証人が証言しているからこそ、写真の内容を証言の理解の手がかりとして参照することが許される事案である。だから、法廷供述者が、正しくないという以前の供述が法廷供述に取り込まれるとした判例ではない。また後者の判例は、そのような内容のメールを受け取って他に転送したという被告人の行為が、共犯者との共謀の証拠とされた事案である。これは、メールの内容を供述証拠として使うことを認めた事案ではない。したがって、これらの判例は、証人が「以前○○と供述したがそれは正しくなかった」述べた場合に、以前の供述が実質証拠なることを認める趣旨を含まない。

清野の示す理解の実質的な意味は、自己の以前の供述を内容とする供述を非伝聞とするのと同じである。そうであれば、端的に刑訴法320条1項の解釈として主張する方が簡明である。しかし、その解釈が妥当でないことは、上に述べたとおりである。

イ　2号後段適用論

証人が自身の以前の検面供述を認めながら、それが正しかったと認めない場合に、2号後段書面の採用に拠らずに、検面供述を実質証拠にできるという議論がもう一つある。それは、調書ではなく、証言に顕れた以前の検察官に対する供述自体に刑訴法321条1項2号後段を類推適用できるという理解である。

長井秀典と福島直之は、尋問の中で証人の法廷供述と異なる同人の検面供述

20　清野憲一「捜査段階の供述立証に関する問題経解決に向けた一考察」判時2312号（2017年）14、25〜27頁。清野の議論では、以前の捜査官に対する供述は検察官に対するものに限られない。なお、ここで清野は、被告人の供述についても同じ趣旨の理解を示している。

の存在とその相対的特信情況が明らかになった場合には、検面調書を証拠採用する必要はなく、以前の供述に拠って事実認定ができるという。特に、証人が「確かに、検察官にはそのように言ったし、当時は記憶が新鮮だったのでその供述の方が正しいと思うが、今は記憶がないのでそのようには証言できない」と述べる場合に、検面調書を採用しなければ前の供述に基づく認定ができないのは、不合理だという。[21] この例のような証言の趣旨をどう受け取るべきかは、難しい問題である。しかし、証人が「そのように証言はできない」という以上、検面供述は法廷では再現されていないと見なければならないのは、長井らの言うとおりである。

同種の問題状況を考察した小幡雅二も、これと同じ趣旨を述べている。すなわち、自己の検面供述の存在を認める法廷での証言と検面調書とを証拠能力において区別する理由がないとして、検面調書ではなく、法廷での証言から、検面供述を実質証拠とすることができるという。[22] このような議論は、2号後段書面の採用を必要最小限に止めたいという目的から考案された解釈論であり、その目的は正当である。

しかし、現行法の解釈としては、大きな無理がある。現行法は、321条1項2号により、検面調書に特別に緩やかな伝聞例外を認める。立法者は、人が検察官の前では自ずと真実を語るはずだと考えたわけではないであろう。また、検察官自身が嘘の供述だと思いながら、供述経過を保存するために供述調書に残すこともあり得る。さらに、訴追当事者である検察官に客観性を期待することが妥当かという疑問はある。それでもこの2号に根拠があるとすれば、それは公益の代表者である検察官(検察庁法4条)は、参考人から供述を聴くとき、反対質問的な確認をした上で、信用できる供述を録取するだろうという立法者の期待である。

そのような期待が成り立つのは、検察官に対する断片的な供述ではなく、調書にまとめられた供述だけである。だから現行法は、検察官に対する供述を内容とする伝聞供述には特則である2号ではなく本則である3号の要件を要求している。もし、この区別が不要だとすれば、被告人以外の者を取り調べた検察官が取調べ時の供述を語る証言も、2号の要件で伝聞例外としなければ整合しない。

検察官に対する自己の供述を内容とする供述に刑訴法321条1項2号後段

21　長井＝福島・前掲注1論文113〜114頁。

22　小幡・前掲注1論文91〜94頁。

を適用できるという解釈は、証人が自らの捜査官に対する供述を認め、かつ以前の供述の方が法廷証言より信用できることが確認できたら、その以前の供述を実質証拠として使えるという意味になる。そうだとすると、なぜ検察官に対する供述だけが特別扱いを受けるのか、その実質的理由は説明できない。そのため、この解釈を突き詰めると、先に見た清野説と同じように、検察官に対する供述と司法警察員に対する供述を区別しない考え方にまで至るのが自然である。それは、現行法が定める伝聞例外の体系に反する。

それでも、検察官に対する自己の供述を内容とする供述と同一人の検面調書の証拠能力を区別することが合理的かどうかという疑問を持つ人は、いるかもしれない。そうであれば、人はその疑問を伝聞例外の体系のなかで検面調書を特別扱いする2号の存在自体の合理性に向けるべきである。

けっきょく、検察官など捜査官に対する自己の供述を内容とする被告人以外の者の法廷供述は、伝聞供述であり、その例外要件は刑訴法324条2項を通じて、321条1項3号の条件となる。原供述者は法廷にいるので、ふつうは供述不能ではない。3号の要件が当てはまる可能性があるのは、供述者が自己の以前の供述だけは認めながら、要証事実については記憶喪失を理由に一切供述しないような特殊な状況に限られる。

(2) 被告人の供述

刑訴法320条1項の文言が禁止する伝聞供述には、被告人が法廷でする伝聞供述も入る。他方で、現行法には被告人がする伝聞供述について伝聞例外要件を定める明文規定がない。しかし、刑訴法324条で被告人以外の者(その中には、共同被告人も入る)の伝聞供述に伝聞例外を認めながら、被告人の伝聞供述について例外的許容を一切認めないのは、つり合いが取れない。また、被告人の証人適格を認めない制度の下では被告人の証拠提出権に対する過剰な制約となる。そこで多数説は、被告人の伝聞供述にも、324条を準用することを認めている。ただし、それらの文献は、被告人が他の者の供述を内容とする供述をする場合だけを論じている。自己の供述を内容とする供述も伝聞供述である

---

23 伊丹俊彦ほか編『逐条実務刑事訴訟法』(立花書房、2018年) 905頁〔辛島明〕、松尾浩也監修『条解刑事訴訟法〔4版増補版〕』(弘文堂、2016年) 886頁、河上和雄ほか編『注釈刑事訴訟法〔3版〕6巻』(2015年) 546頁〔香城敏麿=朝山芳史〕、三井誠ほか編『基本法コンメンタール刑事訴訟法』(日本評論社、2011年) 477頁〔河原俊也〕など。詳細な学説の分岐について、河上和雄ほか編『大コンメンタール刑事訴訟法(7)〔2版〕』(青林書院、2012年) 708～710頁〔阿部信也=中川博之〕参照。

ことを認めるなら、被告人が自己の供述を内容とする供述をする場合の扱いも確認しなければならない。また、多くの論者は、被告人が自己に不利な伝聞供述を任意にする場合、その証拠採用に326条1項の同意をしたとみなすことができるという。しかし、被告人が、ある発言の存在を認めながら、その内容は真実に反すると述べる場合もある。そのような場合に、その発言を供述証拠として使うことに同意しているとみるのは、合理的でない。その典型は、被告人が「Wから『俺は、お前の犯行を見た』と言われて驚きました。そんなはずはありません」と述べるような場合である。自己が捜査官に対して自白したことを認めながら、それは虚偽供述であったと述べるような場面も同じである。

　被告人が自身にとって不利な他者の供述を内容とする供述をしたときは、刑訴法322条1項の承認と同旨できるという見解もある[24]。しかし、当事者による不利益事実の承認は、自己の発言であるからこそ本人が説明する責任を負うのであって、他人の発言についてそのような責任を負わせることはできない[25]。したがって、その場面では、324条2項を準用するべきある。

　被告人が自己の供述を内容とする供述をした場合、引用される原供述は被告人の供述だから、刑訴法324条1項の準用を通じて、322条1項が伝聞例外の基準となる。したがって、不利益な事実の承認を内容とする供述であるか、または特に信用すべき情況でした供述であることが必要である。法廷外供述が自白またはその他の不利益事実の承認であれば、319条1項の任意性要件も必要である。

　被告人が捜査官に対して自白したことを認めながら、それが虚偽であったと述べる場合、自白の任意性に疑いがないことを条件に、自白は不利益事実の承認として実質証拠になる。この要件は、被告人以外の者が、被告人の自白を証言する場合と同じになる。

　被告人の自白調書あるいは取調べの録音録画記録媒体を実質証拠すなわち伝聞例外として採用する必要性は、これを前提にして考えるべきである。刑訴法322条1項は、伝聞例外の必要性について規定していない。しかし、これも伝聞例外である以上、供述が得られないか、または異なる供述をしたという必要性要件があると考えるべきである[26]。近時のいわゆる被告人質問先行方式の運用もそれによって説明できる。

24　平野龍一『刑事訴訟法』(有斐閣、1958年) 225頁。
25　後藤昭「被告人の公判外供述」法セ766号 (2018年) 116、118頁。
26　堀江慎司「伝聞法則と供述調書」法時84巻9号 (2012年) 29、31〜32頁参照。

公判で否認する被告人が、捜査官に対して自白をしたことを認めつつ、その
ときは認めた方が有利になると考えたための虚偽自白であったと述べる場合、
322条1項により、自白は実質証拠となる。法廷では否認という異なる供述を
しているので、その限りでは伝聞例外の必要性もある。しかし、この状況でさ
らに自白調書あるいは取調べの録音録画を見ても、自白の動機は分からない。
そればかりか、調書内容の迫真性やビデオに写った供述態度の印象から、自白
の証明力を不当に高く評価するおそれがある。したがって、それらの伝聞証拠
は採用する必要性がない。これと似た状況で被告人の取調べビデオ記録を証拠
調べする必要性を否定した東京高判平28・8・10高刑集69巻1号4頁も、こ
のような理解に基づいて説明することができる。

5　まとめ

自己の供述を内容とする供述も、刑訴法320条1項が原則的に禁止する伝聞
供述の一種である。その例外的許容のための要件は、供述者が被告人以外の者
であれば、324条2項を通じて321条1項3号に従う。また、供述者が被告人
であれば、324条1項の準用を通じて、322条1項に従う。

(ごとう・あきら／一橋大学名誉教授)

死刑量刑手続と「残虐な刑罰の禁止」条項

日本における死刑量刑手続について(続)

四宮 啓

はじめに

1　合衆国における死刑量刑手続と第8修正

2　死刑判断者の「責任感」と第8修正

3　考察

4　結論

　「刑罰権の行使は、国家統治権の作用により強制的に被告人の法益を剥奪するものであり、その中でも、死刑は、懲役、禁錮、罰金等の他の刑罰とは異なり被告人の生命そのものを永遠に奪い去るという点で、あらゆる刑罰のうちで最も冷厳で誠にやむを得ない場合に行われる究極の刑罰であるから、昭和58年判決で判示され、その後も当裁判所の同種の判示が重ねられているとおり、その適用は慎重に行われなければならない」(最二決2015・2・3刑集69巻1号4頁103〜104頁)

　「死刑は、程度においてではなく、質において他のすべての刑罰と異なっている。完全に不可逆的である点が特異である。また刑事司法の基本的な目的である有罪者の矯正を拒絶する点でも特異である。最後にそれは、われわれの人間性の観念の中に具体化されるすべてを絶対的に拒絶する点で特異である」(Furman vs. Georgia, 408 U.S. 238, 306, (Stewart, Concurring) (1972))

はじめに

　上記は死刑判決が他の刑罰と異なる特異性について、日本とアメリカ合衆国

(以下「合衆国」)のそれぞれの最高裁判決に顕れた見解である。合衆国では上記のような理解に基づいて、(死刑制度自体については別として)死刑量刑手続の在り方について、合衆国憲法第8修正(以下「第8修正」:残虐で異常な刑罰の禁止条項)との関係で議論と実践が積み重ねられてきた。私はかつて、その過程を辿り、日本においては死刑が、本質的にも法的にも他の刑罰とは異なると認識されながら、その量刑手続、とくに死刑か無期刑かを判断する手続規範がないに等しいこと、とりわけ量刑審理にあたり被告人がどのような行為を行ったかという行為特性のみならず、被告人がどのような人間であるかという行為者特性の証拠調べが足りないのではないかという疑問を、日本国憲法の個人尊重の理念(13条)の観点から提起したことがある[2]。

最近、合衆国最高裁において、死刑判断者(陪審)の責任感の在り方が第8修正との関係について議論されたケースがあった。本稿では以下、(1)合衆国における死刑量刑手続と第8修正の関係を巡るこれまでの議論を概観し、次いで(2)死刑陪審の責任感の在り方と第8修正の関係が問題となった2017年10月16日の *Truehill v. Florida* と *Oliver v. Florida* 判決、及び同判決が前提とした1985年6月11日の *Caldwell v. Mississippi* 判決を紹介する。そして最後に(3) *Truehill* や *Caldwell* が日本の死刑量刑手続の在り方に与える示唆について検討する。

1　合衆国における死刑量刑手続と第8修正

合衆国では、現在も死刑制度を維持している法域があり[3]、それらの法域では、死刑判決を可能にする加重事由の認定は(裁判官ではなく)陪審が行っている[4]。合衆国と日本は、先進工業国としては特異であるが、憲法で残虐な刑罰を否定しつつ死刑制度を存続させ、かつ死刑判断を市民に委ねている点で共通する。

しかし合衆国では、合衆国最高裁によって、死刑の特異性に鑑みて第8修正

1　合衆国で死刑制度そのものが違憲と判断されたことはこれまでの歴史上ない (*Gregg v. Georgia*, 428 U.S. 153 (1976), at 177-178)。

2　四宮啓「日本における死刑量刑手続について――その公正性・倫理性そして憲法適合性」『曽根威彦先生・田口守一先生古稀祝賀論文集 (下)』(成文堂、2014年) 771頁以下

3　2019年8月5日現在、29の州、連邦、及び連邦軍の法域で死刑制度が存置されている (Death Penalty Information Center 〈https://deathpenaltyinfo.org/state-and-federal-info/state-by-state〉)。

4　*Ring v. Arizona*, 536 U.S. 584 (2002)

の下での死刑量刑手続に種々の手続的制約が構築され続けてきたのに対し、日本ではこのような努力はほとんど行われてこなかったという点で大きく異なる。ここでは、合衆国最高裁が第8修正の下で、いかなる場合に死刑判断を行うことができるかについて構築してきた手続的制約を概観する。[5]

(1) 第8修正違反とされた死刑量刑手続(*Furman v. Georgia*)[6]

Furman では、当時のジョージア州などの死刑量刑手続について、恣意的な判断の余地があることを理由に、残虐で異常(cruel and unusual)な刑罰を禁止する第8修正に違反するとされた。*Furman* で問題となったジョージア州などの制度では、当時、死刑かより軽い刑罰かの選択は、州法によって、裁判官もしくは陪審の「裁量」に委ねられていた。[7]*Furman* の法廷意見は、「当該ケースにおいて死刑を言い渡すことは第8修正に違反し、残虐で異常な刑罰に当たる」[8]とだけ述べた。死刑判断の裁量がガイダンスもなく恣意的に行われていることへの警告であった。

Furman 以降、合衆国における死刑を巡る関心は、したがって死刑制度そのものではなく、死刑量刑手続の在り方へと移っていった。

(2) 第8修正に違反しないとされた死刑量刑手続(*Gregg v. Georgia*)[9]

Furman 後、死刑存置州は、死刑廃止に進むのではなく、*Furman* の恣意性排除の要請に合致するよう死刑制度を改めていった。1976年までには、連邦と35州が何らかの形で新しい死刑制度に改めた。その方向性は二つあり、一つは量刑判断者の「裁量」をなくす絶対的死刑制度であり、いま一つは罪責判断と量刑判断の手続を二分する手続二分制度(bifurcated trials)を採用したうえで、「裁量」に指針を与える指針付き裁量制(guided discretion)の死刑制度であった。[10]

このように *Furman* 後に改められた死刑制度について合衆国最高裁が判断

5　詳しくは、四宮・前掲注2論文795頁以下。本章は同部分を要約したものである。

6　408 U.S. 238 (1972), hereinafter *Furman*

7　*Ibid.*, at 240 (Douglas, concurring)

8　*Ibid.,* at 239-240

9　428 U.S. 153 (1976), hereinafter *Gregg*

10　*Gregg*, at 179-180, *Lockett v. Ohio*, 438 U.S. 586 (1978), at 600, 岩田太『陪審と死刑』(信山社、2009年) 154～155頁

を下したのが、1976年の *Gregg* をはじめとする一連の判決である。[11] これらの判決は、*Furman* 以降、ジョージア州をはじめとする改正された5州の死刑量刑手続について、指針付き裁量制を採用したジョージア、テキサス、フロリダの新しい州法は恣意的な判断を避ける手続になっているとして第8修正に反しないとし、絶対的死刑制度を採用したノース・キャロライナとルイジアナについては第8修正に反するとした。

ア *Gregg* と死刑制度

Gregg では、第8修正は、死刑制度が現代社会において受け入れうるかに止まらず、第8修正の核心である個人の尊厳の基本理念と調和するかを問わなければならないとした。[12] しかし *Gregg* は、犯罪には人間性を辱める最悪のものがある以上、これに対する唯一の相当な応答は死刑制度であろうとする。[13] そして *Gregg* は、死刑は、いかなる情状の犯罪であっても、いかなる性格の被告人であっても、いかなる手続によってであっても、宣告されてはならないというものではないとして、死刑制度そのものは肯定する。[14] しかし *Gregg* は、死刑は峻厳さと不可逆性において特異な刑罰であり、被告人の生命が危機に瀕しているときには、裁判所は、あらゆる安全装置が用意されることを確保すべく、とりわけ慎重でなければならないとした。

イ *Gregg* がジョージア州法を違憲ではないとした理由

Furman では、量刑判断者に付与された裁量は、人間の生命を奪うか救うかの決定という厳粛なものであるから、全体として恣意的で気まぐれ(arbitrary and capricious)な行動の危険を最小限にするよう、その裁量は、指示され、限定されたものでなければならないとされていた。[15] *Gregg* は、ジョージア州の新しい制度はこの *Furman* の要請を満たすか、との観点から以下の手続について評価した。

㈎ 手続二分制度——適正な罪体判断と量刑判断を行うために

Gregg によれば、量刑判断のためには、正義は、犯情とともに、犯人の性格、傾向を共に考慮することを要求する。さもなければ、制度は一貫した冷静

---

11 *Gregg, Proffitte v. Florida*, 428 U.S. 242 (1976), *Jurek v. Texas*, 428 U.S. 262 (1976), *Woodson v. North Carolina*, 428 U.S. 280 (1976), *Roberts v. Louisiana*, 428 U.S. 325 (1978). 岩田・前掲注10書155頁

12 *Ibid.*, at 182

13 *Ibid.*, at 184

14 *Ibid.*, at 187

15 *Ibid.*, at 189

な方法で機能することができないからである。陪審による量刑は、現代社会の価値と刑罰制度の結び付きを維持するために、死刑事件においては望ましいものと考えられてきた。しかし、特別の課題も提起する。それは量刑判断に関連するほとんどの証拠は、有罪無罪の問題に関連性がないかもしれず、あるいは有罪・無罪の公平な決定に非常に予断を与えるかもしれない、という問題である。しかしこの問題は克服できないものではない。手続二分制度(bifurcated procedure)——量刑問題は有罪が決定されるまで考慮されない——が最良の答である。人間の生命が危機にある場面で、陪審が、有罪・無罪の問題には予断を与えるが合理的な量刑を行う量刑問題には関連性がある情報を必要とする場合、Furman において指摘された憲法的欠陥を確実に除去する制度にするべきであるとしてジョージア州の手続二分制度を評価する。

(イ) 判断事由の法定化

陪審員は、量刑判断の経験はこれまでにないか、あってもわずかであるから、与えられる情報の扱い方に慣れていない。しかしこの問題は、秩序ある社会を代表する検察官が、量刑判断に特に関連すると考える犯罪と被告人に関する要素について、陪審にガイダンスを与えることによって緩和できる。ジョージア州ではそのような規準として、刑罰加重事由と刑罰減軽事由が定められており、これらの規準は、量刑判断者にガイダンスを与え、それゆえ恣意的で気まぐれと呼ばれるような量刑を行う可能性を低減させる。

(ウ) 死刑判決に対する州最高裁への自動上訴制度

さらなる安全装置としてジョージア州では、死刑判決が、恣意的あるいは気まぐれな方法で判断されたのではないことを確保するための有意義な上訴制度が用意されている。

ウ Greggの結論

Gregg はジョージア州の以上のような新しい手続について、次のように結論づける。Furman によって表明された恣意的又は気まぐれに死刑が言い渡されてはならないという懸念は、量刑判断者が十分な情報とガイダンスを与えられることを確保するよう注意深く立法することによって対応できる。これらの

---

16 *Ibid.*, at 189
17 *Ibid.*, at 190-191
18 *Ibid.*, at 191-192
19 *Ibid.*, at 192
20 *Ibid.*, at 194-195
21 *Ibid.*, at 196

死刑量刑手続と「残虐な刑罰の禁止」条項 241

懸念への最良の対応としての一般的な提案は、①手続二分制度の下で、②量刑判断者が量刑判断に関連する情報を与えられ、その情報の利用をガイドする規準を与えられることである。[22]「新しいジョージア州の量刑手続は、Furmanの懸念とは対照的に、陪審の注意を、当該犯罪の特性(particularized nature of the crime)と1人ひとりの被告人の特性(particularized characteristics of the individual defendant)に向けさせる」[23]。さらに、③死刑判決に対して自動的に州最高裁への上訴制度が設けられた。Gregg は、「(他の死刑判決との)均衡規準の下で州における同様のケースで一般的に死刑が言い渡されていない限り、死刑は言い渡されないことを確保することは、われわれの義務である」と述べた新制度下のジョージア州最高裁判例を引用している。[24]

(3) 刑罰減軽事由の考慮範囲と第8修正(Lockett v. Ohio[25])

Furman の恣意的・気まぐれな裁量への懸念への対策の一つとしてGreggが肯定した量刑判断者のためのガイドラインは、Lockett v. Ohio によってさらに進展する。Lockett は、死刑判断を行うためには、行為及び行為者について関連性を有するあらゆる刑罰減軽事由が考慮されなければならないとした。

Lockett では、犯罪行為の情状及び、被告人の記録や性格を減軽事由として考慮する裁量を制限していたオハイオ州法が第8修正に違反しないかが争われた。バーガー長官によって書かれた法廷意見は、Furman, Gregg などの先例から論ずる。

「Furman はすべての量刑裁量を否定することを求めたわけではなく、死刑がより一貫した理性的な方法で判断され、また死刑が言い渡されるケースが、そうでないケースと区別されるための意味ある基礎が存在するようにするため、(量刑裁量が)『指示されかつ限定された(directed and limited)』ものであるべきであると述べただけである」[26]。Woodson[27] において法廷意見は「量刑手続においては個々の被告人の性格と記録、そして当該犯罪の情状が、死刑判決を言い渡すプロセスの憲法上不可欠の部分として、考慮することが許されなけれ

---

22 *Ibid.*, at 195. なお、*Gregg* は、この手続だけが*Furman* 下で認められるとしているわけではない点が注意される。*Ibid.*

23 *Ibid.*, at 206

24 *Ibid.*, at 205

25 438 U.S. 586 (1978), hereinafter *Lockett*

26 *Lockett*, at 601, *Gregg*, at 188

27 *Woodson v. North Carolina*, 428 U.S. 280 (1976), hereinafter *Woodson*

ばならないと判断した[28]」。

そしてバーガー主席判事は、自らも関与した*Woodson*の次の意見を引用している。

「死刑事件においては、第8修正の基本にある根源的な人間性尊重(fundamental respect for humanity)の理念は、死刑を科す手続において憲法上省くことができない部分(as a constitutionally indispensable part)として、個々の被告人の性格及び記録(the character and record of the individual offender)と特定の犯罪の情状(the circumstances of the particular offence)を検討することを要求している[29]」。「非死刑事件においては、実務となっている特性に応じた量刑(individualized sentences)[30]は、憲法上の要請に基づくものではなく、法律で実現される公共政策である」。「これに対して、公的機関による死刑の宣告は、すべての他の刑罰とは著しく異なっており、死刑事件においては特性に応じた決定(individualized decision)は絶対不可欠なもの(essential)であると結論せざるを得ない」。「死刑事件における1人ひとりの被告人を、個人の個性に対する相応の敬意をもって処遇する必要性は、非死刑事件とはくらべものにならぬほど重要である」。「執行されてしまった死刑判決については、訂正や制度の変更をすることができないのであって、このことは、死刑判決を行う上での憲法上の要求として、特性に応じた量刑判断の必要性を際立たせる」。「すべての死刑事件において、量刑判断者が、被告人の性格、記録、そして犯罪行為の情状について独立に減軽を考慮することを妨げる立法は、より軽い刑罰が言い渡される要素があるにもかかわらず死刑が言い渡される危険を作り出す。選択が生か死かである場合、その危険は、第8修正及び第14修正の要求からは受け入れられず、かつこれと矛盾するものである[31]」。

28　*Lockett*, at 601, *Woodson*, at 304

29　*Lockett*, at 604, *Woodson*, at 304

30　「特性」との訳語は、岩田・前掲注10書155頁の訳によった。

31　*Lockett*, at 604-605. ABAの「死刑事件弁護人の選任及び任務のためのガイドライン」4.1(弁護団及びサポート・サービス)A1は、弁護チームは、ガイドライン5.1にのっとった資格のある2人以上の弁護士、調査担当者、量刑(減軽)専門家からなるものとするとし、量刑(減軽)専門家については「死刑事件弁護チームが果たす減軽機能のための補足的ガイドライン」5.1Bが次のように規定している。「弁護チームには、依頼者の生活歴に関連するすべての文書及びエピソード的な情報を入手し、理解し、分析する訓練を受け、かつ、その能力を有する者が含まれていなければならない。生活歴には、次のものが含まれるが、それに限定されるものではない。すなわち、診療歴、胎児期、児童期、成人後の完全な健康に関する情報、妊娠中の有害物質の被曝及び環境による有害物質の被曝、薬物乱用の履歴、精神状態の病歴、不十分な看護や育児放棄の履歴、トラウマの症歴、教育歴、雇用・訓練歴、軍務経験、数世代にわたる家族の歴史、遺伝子異常及び気質的脆弱性、同様に、数世代にわたって見られる行動パターン、成人になる前の青年期と少年期の非行による保護歴、宗教的、ジェンダー的、性的指向、民族的、人種

減軽事由についてはその後さらに、伝聞証拠も減軽事由として採用されるとする *Green v. Georgia*[32]、減軽事由の認定は全員一致である必要はないとする *Mills v. Maryland*[33]、*McKoy v. North Carolina*[34] などによって手続について一層配慮する方向が見て取れる。

⑷　憲法的要請としての死刑決定過程における公正性の手続的保障

　以上概観したように、合衆国における死刑量刑手続の在り方の検討は、①残虐な刑罰禁止条項である第8修正の基本には、根源的な人間性尊重 (fundamental respect for humanity) の理念があること、②その理念は死刑を科す手続において憲法上省くことができない部分(as a constitutionally indispensable part)であること、という基本的な考え方がある。それは、冒頭で引用した Stewart 判事が *Furman* で述べた意見のように、「死刑は、程度においてではなく、質において他のすべての刑罰と異なっている。完全に不可逆的である点が特異である。また刑事司法の基本的な目的である有罪者の矯正を拒絶する点でも特異である。最後にそれは、われわれの人間性の観念の中に具体化されるすべてを絶対的に拒絶する点で特異である」からである。[35]

　そして合衆国最高裁の、死刑量刑が第8修正に矛盾しないか否かの判断においては、第8修正の核である根源的な人間性尊重の理念を損なっていないかが検討されてきたのであり、損なっているとは言えないとされた手続としては、①適正な罪体認定と量刑認定が行われる必要があり、そのためには手続二分制度であること、②量刑判断者が死刑判断に到達するためには刑罰加重事由と刑罰減軽事由の認定が指針として事前に示されていること、③量刑判断者は犯罪行為の情状のみならず、被告人の性格、記録の情状について独立に減軽を考慮

的、文化的、及び地域的影響、社会経済的、歴史的、及び政治的要因などである」。(日本弁護士連合会「死刑事件弁護セミナー——アメリカの実務と理論に学ぶ」2013年〔田鎖麻衣子訳〕)。同セミナーの講師を務めたデイビッド・ブラック教授は、自身が担当したスーザン・スミス事件 (自分の2人の子どもを溺死させ死刑が求刑された事件。1995年) において、チームの量刑 (減軽) 専門家は被告人の三代前まで遡って調査し、被告人の父親にも自殺の経験があったことを突き止め、殺害動機は自殺 (心中) であったとの被告人の弁解を補強し、死刑を回避できたと述べた。American Bar Association, Guidelines for the Appointment and Performance of Defense Counsel in Death Penalty Cases 〈http://www.americanbar.org/content/dam/aba/migrated/2011_build/death_penalty_representation/2003guidelines.authcheckdam.pdf#search='ABA+guidlines%2C+capital+case'〉

32　442 U.S. 95 (1979)

33　486 U.S. 367 (1988)

34　494 U.S. 433 (1990)

35　*Furman, at 306 (Stewart, concurring)*

することが妨げられてはならないこと、④必要的上訴制度があること、等が確認されてきたのである。

2　死刑判断者の「責任感」と第8修正

死刑と第8修正の関係について、近時合衆国において「死刑判断を行う陪審の責任感の重さ」が問題になったケースがある。これを紹介し、日本への示唆を考えてみたい。

(1) *Truehill v. Florida; Oliver v. Florida*
ア　事件の経緯
㈠　*Truehill v. Florida*

Truehill は、ルイジアナ州 Avoyelles 郡の保安官事務所(刑務所)で服役中、2人の同房者とともに職員を人質に取って脱走し、職員に対する殺人と誘拐で起訴され、St. Johns 郡の第1審州裁判所において陪審によって有罪と判断された後、死刑が言い渡された。[36] フロリダ州では死刑判決は州最高裁に自動的に上訴される。Truehill は6点の上訴理由を提起し、6番目の上訴理由が、本件死刑判決は、裁判官が死刑加重事由を認定するとされていたフロリダ州のかつての死刑手続が合衆国憲法第6修正(公平な陪審による迅速な公開の裁判を受ける権利)に違反するとした2016年の *Hurst v. Florida*[37] に違反するというものであった。その中で、Truehill は、彼の公判においては陪審の死刑評決は裁判官に対する拘束力はないことが繰り返し説示されており、[38] 陪審の死刑勧告が全員一致であったとしても、*Hurst* 違反であると主張した。[39] しかし州最高裁は「*Hurst* 以後、当裁判所は、陪審が死刑を判断するために必要なすべての事実を全員一致で認定し、全員一致で死刑を勧告することが必要であるとしたのであるから、陪審が全員一致で、他の判断なしに死刑の勧告のみをした Truehill の量刑判断手続においては、*Hurst* 違反があるかどうかは問題にならない。」と判断した。[40] Truehill は、合衆国最高裁に対して裁量上訴受理令状(certiorari)

36　*Truehill v. State, 211 So. 3d 930, at 936-942*
37　136 S. Ct. 616 (2016), hereinafter *Hurst*
38　なお、*Truehill v. State, 211 So. 3d 930* の判決文からは説示の具体的内容は不明である。
39　なお同判決文からは、後掲合衆国最高裁 *Truehill* と *Oliver* の反対意見が問題とする説示の違憲性について Truehill が具体的にどのような主張をしたのかは不明である。
40　*Truehill v. State, ibid., 955*

の発付を求めた。

　(イ)　*Oliver v. Florida*

　Oliverはフロリダ州Brevard郡の第1審州裁判所において、2名に対する第1級殺人罪で有罪とされ、いずれも死刑判決を受けた[41]。Oliverのケースは州最高裁に自動上訴され、Oliverは4つの上訴理由を掲げたが、4つ目の理由が*Hurst*違反であった[42]。州最高裁は「*Hurst*による差戻しを受けて、私たちは、合衆国最高裁の*Hurst*判決は、事実審裁判所が死刑判決を行うために必要な重要な(事実の)認定は、陪審によって全員一致で認定されるべきことを求めていると判断した」。「さらに私たちは、フロリダ州憲法第1条第22項の陪審裁判をうける権利に基づき、『フロリダ州の陪審評決における全員一致の要求、及び合衆国憲法第8修正に基づき、事実審裁判所が死刑判決を言い渡すためには陪審が勧告した死刑判決は全員一致でなければならない』と判断した。したがって、ここでの問題はOliverの量刑判断手続における*Hurst*違反が合理的疑いを残さない程度に無害と言えるかにある」。「検察官は、Oliverの量刑手続における*Hurst*違反は合理的疑いを残さない程度に無害であることを示す責任を果たした」と判断した[43]。Oliverは、合衆国最高裁に対して裁量上訴受理令状(certiorari)の発付を求めた。

イ　合衆国最高裁の判断

　合衆国最高裁は、*Truehill v. Florida; Oliver v. Florida*の2つのケースについて、2017年10月16日、裁量上訴受理令状(certiorari)の発付を拒絶したが、3名の判事の反対意見が付された[44]。

　ギンズバーグ判事とブレヤー判事が賛成したソトマイヤー判事の反対意見は、短いが次のようなものであった。

　TruehillとOliverの2人の被告人はフロリダ州裁判所においてそれぞれ死刑判決を受け、被告人らは、州最高裁が正さなかった彼らの死刑判決に対して第8修正違反の重要な主張をしている。

　「特に、上訴人らは、彼らの陪審裁判における陪審説示が、陪審の評決は単なる勧告に過ぎないと繰り返し強調することにより、死刑の最終的な決定に関する陪審員の責任感を不適法に減少させたと主張している。『当裁判所の死刑

41　*Oliver v. State, 214 So. 3d 606, 609*

42　なお、同判決文からは後掲合衆国最高裁*Truehill*と*Oliver*の反対意見が問題とする説示の違憲性についてOliverがどのような主張をしたのかは不明である。

43　*Ibid., at 616-618*

44　*Truehill v. Florida; Oliver v. Florida, 2017 U.S. Lexis 6360, hereinafter Truehill and Oliver*

に関する判断は、常に、死刑の判断を行う陪審が、その任務の重要性を認識していることを前提としてきた』。それゆえ私たちは『死刑の相当性の判断に対する陪審の責任感を減少させる』という理由で第8修正違反を認定してきたのである(*Caldwell v. Mississippi, 472 U.S. 320*（その他の出典略）*(1985)*)。

　フロリダ州最高裁はかつて、死刑事件の陪審説示に対する *Caldwell* 判決に基づく異議申立を退けたことがあるとしても、それは、『裁判官が——陪審ではなく——最終的な事実認定者かつ量刑判断者である』という従前の量刑制度の文脈で示されたものに過ぎない(*Hurst v. Florida, 136 S. Ct. 616* (その他の出典略) *(2016)*)。しかしながら私たちは、『裁判官のみが刑罰加重事由の存在の認定者である』という手続を違憲であると判断したのである。

　上訴人らは、今や当裁判所の *Hurst* 判決によってその意義を失ったフロリダ州最高裁の、*Caldwell* 判決に基づく異議申立棄却決定の理論的根拠とともに、フロリダ州最高裁に再考を促している。しなしながら、フロリダ州最高裁はこの第8修正の異議申立に応答しなかった。

　当裁判所は、これまで、裁判所が重要な主張に対して応答しなかった場合に、破棄し、ケースを差し戻すことを躊躇わなかった。（判例略）本件の上訴人らは第8修正に基づく実体的な異議の可能性を示しているのであり、死刑事件においては、このような憲法上の異議申立を無視することはあまりに危険が高すぎる。私は、このような誤りを正すことを拒否する法廷意見に反対する」[45]。

　Truehill and Oliver の反対意見で注目されるのは、残虐で異常な刑罰の禁止に関する第8修正の議論において、「死刑の相当性の判断に対する陪審の責任感を減少させる説示」が問題とされている点である。このような説示の問題点については、反対意見が *Caldwell v. Mississippi* をリーディング・ケースとしているので、*Caldwell* について見ていこう[46]。

⑵　*Caldwell v. Mississippi*

ア　事件の経緯

　上訴人の Caldwell は、小さな食料品店に強盗に入り、オーナーを射殺した。上訴人は州裁判所において陪審裁判によって有罪とされ、陪審による量刑手続によって死刑が言い渡された。量刑手続において弁護人は、上訴人の一般性格の証拠とともに、幼少期、家族関係、貧困などの証拠を提出し、陪審に寛大な

45　*Truehill* and Oliver, at 1-3
46　*472 U.S. 320 (1985), hereinafter Caldwell*

死刑量刑手続と「残虐な刑罰の禁止」条項　| 247

判断を求めた。弁護人は、陪審が直面している、他人の死を招来する重大性と責任について弁論した。

　その後検察官は反論弁論を行い、弁護人の弁論はフェアーでないとして、陪審の決定は最終でなく再審査されると弁論し、陪審任務の重要性の認識を減少させようとした。弁護人は異議を申立てたが、裁判官は、陪審が、死刑判決については自動上訴制度によって再審査されることを認識することは適切であり必要であると述べて異議を棄却した。陪審の判断は死刑であった。自動的上訴を受けた州最高裁は全員一致で有罪判決を支持したが、死刑判決の相当性については４対４と意見が分かれた。支配的意見は、合衆国最高裁の*California v. Ramos* [47] の「陪審に対し、上訴審の再審査について説示することが誤りかどうかは、州が判断することができる」とする判断に基づいている。[48]

イ　法廷意見

　マーシャル判事による法廷意見は、「死刑判決を、本件の陪審のように、被告人を死刑にすることの相当性の判断の責任は別の者にある、と信じるよう導かれた量刑判断者の判断に基づかせることは憲法上許されない」と判断した。[49] 理由を要約すると次のとおりである。

　(ｱ)　当裁判所は、繰り返し、第８修正の下では、「死刑と他のすべての刑罰の質的相違は、その相違に相応して、死刑判決の判断についてより厳格な精査を要求する」と述べてきた(*California v. Ramos, 463 U.S., at 998-999*)。したがって、死刑判決を宣告する場合について当裁判所が設けてきた多くの制約は、量刑手続は、責任がありかつ信頼しうる量刑裁量の行使を促進させるものでなければならないという配慮に根ざしているのである。

　各州が死刑判決の相当性を判断するために改革してきた様々な手続を評価するに当たっては、当裁判所の第８修正に関する法理は、死刑判断者は自らの任務を、特定の人間が政府の手によって死すべきかを判断する深刻なものと受け止めていることを当然の前提としてきた。だからこそ、*Furman*以前のケースである*McGautha v. California, 402 U.S. 183 (1971)*においてハーラン判事は、法廷意見において、陪審の裁量にゆだねる死刑量刑制度を支持したのである。ハーラン判事が当然とみなしたのは、この量刑制度の前提には、「仲間の

47　*463 U.S. 992 (1983)*

48　*Caldwell, at 326*

49　本判決にはレーンキスト判事、バーガー主席判事、ホワイト判事の、本件検察官の弁論は、全体として見れば、陪審の責任感を不適切に低減させるものとは言えないとする反対意見がある。

人間に死を命じる真に荘厳な責任と直面する陪審は、彼らの決定の結果に対して当然払うべき敬意をもって行動するであろう」ということがある、ということである。この、量刑判断者は死刑判断の相当性を決断する権力を「荘厳な責任」として執り行うという前提が真実であるとの信念があるからこそ、当裁判所が、量刑判断者の裁量に委ねるということは、第8修正の、個々のケースにおいて死刑が相当な刑罰であるとの判断が信頼できることという要求と一致し、かつ第8修正にとって不可欠なものとみなすことが許されてきたのである[50]。

(イ) 死刑量刑手続の文脈では、量刑陪審は上訴審に責任感をシフトさせうるとの政府の説得がある場合、相当の信頼性の欠如と死刑判決に傾斜するバイアス(が生じるおそれ)を危惧すべきいくつかの特別の理由がある。

(a) 被告人に対するバイアスは、上訴審には何ができるかという制度的限界——その限界を陪審は理解していないであろう——から明らかに生ずる。本件で検察官が勧めた量刑判断責任の「委託」は、単に被告人の、死刑の相当性を公正に判断してもらうという権利を後回しにするだけでなく、この権利を奪うものである。なぜなら、上訴審は、死刑量刑陪審と異なり、死刑相当性を評価する第一審としては全く不適当だからである[51]。

(b) 仮に量刑陪審が、死刑が相当であると説得されなかった場合でも、陪審は被告人の行為が全く受け入れられないという「メッセージを送る」ということを考えるかもしれない。この欲求は陪審を、「陪審は間違えることができる、なぜなら間違いは上訴によって正されるから」、という検察官の約束を受け入れやすくするかもしれない。そうすると、量刑判断者の誰一人として死刑が相当であると考えなかったのに被告人が執行されてしまうかもしれない[52]。

(c) もし陪審が、無期判決ではなく死刑判決のみが再審査されると理解したとすると、陪審は、死刑評決をすることによってのみ量刑責任の「委託」が達成できると理解するであろう。これは無関係な要素によって死刑判決を行うおそれを示すことになり、死刑が相当な刑罰であるとの判断なしに被告人が執行される危険を作り出す[53]。

(d) 検察官の弁論が予断を与える効果について評価する際には、当該弁論が

---

50 *Caldwell*, at 328-330

51 *Ibid.* at 330

52 *Ibid.* at 331

53 *Ibid.* at 332

陪審の役割についてしばしば非常に魅力的な見解を示すことを認識しなければならない。死刑量刑陪審は、未経験の状況に置かれた個人から成り、極めて困難で居心地の悪い選択をするよう求められる。彼らは、他人が死すべきかという論点について証拠と弁論に向き合い、コミュニティーのために判断するよう求められる。さらには、彼らの決定がどのように行われるべきかについて部分的なガイダンスのみを与えられ、彼らには相当な裁量が残される。（判例略）。このような状況において、「死刑に関する陪審の最終的責任は他人にある」という誤った弁論は、陪審が実際に自らの役割の重要性を最小化する耐え難い危険を作り出す。実際、容易に想像できるのは、相当な量刑について陪審の意見が分かれた場合、上訴審による再審査の存在が、死刑判決をためらう陪審員も（死刑を）受け入れよという意見に効果的に利用されうることである。

この問題は、本件におけるように、陪審に代わる判断権者が州最高裁判所の判事たちであると陪審が告げられた場合にとりわけ深刻である。多くの陪審員たちが、これらの尊敬すべき法律の権威たちが、そのような重要な決定を行う権利以上のものを自分たちよりも持っていると考えたくなると信じるのは、確かにありうることである。自分たちの判決が、死刑判決を出した場合にのみ上訴審の再審理に付されるのであれば、当該再審査に頼りたくなる機会は、死刑判決を出す方向へのバイアスを作り出すであろう。[54]

3 考察

(1) 死刑量刑手続に関する合衆国最高裁判例の憲法的理性と日本

上記に概観したように、合衆国最高裁は、死刑判決の言渡に対して様々な制度的・手続的制約を課してきた。その結果、合衆国では死刑事件の審理には超適正手続(Super Due Process)が要求されると解されている。[55]なぜなら、合衆国では死刑量刑問題は、残虐で異常な刑罰を禁止する第8修正の憲法問題だからである。その内容としては、有罪・無罪の審理手続と量刑手続を分ける二段階審理手続が採られること、死刑判断を行う陪審員には指針となる加重要素と減軽要素のガイドラインが与えられること、死刑判決には多くの州で自動的上

---

54 *Ibid.* at 332-333

55 デビッド・T・ジョンソン「死刑は特別か？──アメリカの失敗から得られる教訓」世界2011年11月号280頁、282頁、小早川義則『デュー・プロセスと合衆国最高裁Ⅲ──弁護人依頼権・スーパー・デュー・プロセス』（成文堂、2013年）

訴が認められ上訴審の審査を受けなければならないことなどがある。[56] このほかにも死刑事件の弁護に関しても、たとえばアメリカ法曹協会(ABA)の「死刑弁護ガイドライン」[57]などがあり、効果的な弁護を受けることができなかったと認められた場合には死刑判決が破棄されることもある。[58]

　これに対し、日本では死刑事件に特別の手続保障措置はほとんど存在しない。[59] 日本における死刑量刑手続への関心は、刑法理論から演繹される「解釈論的」な専門的知見に基づいて統一的な解釈から与えられるべき「専門的判断事項」とされているようであり、憲法問題として観察されることはほとんどないようである。[60] その結果、「死刑も量刑問題の一つであるから、一般の量刑についての審理・評議の進め方と基本的には異ならない」とされてきたのである。[61]彼我の憲法的・倫理的理性の懸隔には驚くべきものがある。

(2)　日本の裁判員裁判における死刑判断の手続と裁判員の「責任感」

　上述のように合衆国最高裁は、繰り返し、第8修正の下では、「死刑と他のすべての刑罰の質的相違は、その相違に相応して、死刑判決の判断についてより厳格な精査を要求する」との観点から種々の制約を設けてきたが、それは、死刑判決を宣告する場合の量刑手続は、責任がありかつ信頼しうる量刑裁量の行使を促進させるものでなければならない、という配慮が根底にあるからである。[62]

　死刑判決の判断に種々の制約を課してきた合衆国最高裁の一連の判決に鑑みると、日本の死刑量刑手続において見直されるべき点が数多くあることについては、拙稿で指摘したところである。[63] 本章では、*Truehill and Oliver* の少数意見と少数意見が拠って立つ *Caldwell* が注目している「死刑の相当性の判断

56　全員一致であることは憲法上の要請であるとする合衆国最高裁判決は見当たらないが、死刑存置のほぼすべての法域において死刑判決は全員一致制で行われている。岩田・前掲注10書219、358頁、ジョンソン・前掲注55論文

57　前掲注31

58　たとえば *Strickland v. Washington,* 466 U.S. 668 (1984)

59　ジョンソン・前掲注55論文、本庄武「裁判員時代における死刑事件のデュープロセス」刑弁64号（2010年）70頁

60　たとえば、小池信太郎「裁判員裁判における量刑評議について——法律専門家としての裁判官の役割」法研82巻1号（2009年）618〜619頁、624頁、司法研修所編『裁判員裁判における量刑評議の在り方について』（法曹会、2012年）15頁

61　司法研修所・前掲注60書104頁

62　*Caldwell*, at 328-329

63　四宮・前掲注2論文814頁以下

に対する陪審の責任感の減少」という視点に焦点を合わせて、日本の裁判員制度における死刑量刑判断の在り方について考えてみたい。

(3) *Caldwell*の危惧

　Caldwell では、検察官が、陪審の死刑決定は州最高裁において再審査されるので、最終的なものではない旨を弁論した。この弁論が、死刑の相当性の判断に対する陪審の責任感を減少させるという理由で第8修正違反が認定された。*Caldwell* は、「死刑判決を、本件の陪審のように、被告人を死刑にすることの相当性の判断の責任は別の者にある、と信じるよう導かれた量刑判断者の判断に基づかせることは憲法上許されない」と判断した。*Caldwell* によれば、量刑判断者は死刑判断の相当性を決断する権力を「荘厳な責任」として執り行うという前提が真実である、との信念があるからこそ、合衆国最高裁が、(死刑判断を)量刑判断者の裁量に委ねることは、個々のケースにおいて死刑が相当な刑罰であるとの判断が信頼できることという第8修正の要求と一致し、かつ第8修正にとって不可欠なものとみなすことが許されてきたことは先に見たとおりである。

　日本の裁判員制度では、裁判員の判断は、合衆国の自動上訴制度とは異なり、上訴されうる判断に過ぎない。また日本の検察官が、裁判員に対して、第1審の判断は上訴されるから最終的は判断ではない、などと弁論することもないであろう。また死刑事件に参加する裁判員は、皆、死刑判断を「荘厳な責任」として受け止めているであろう。

　ただ、裁判員が自らの責任について、「委託」することまではしないとしても、死刑判決へと傾斜するバイアスが裁判員に生じるおそれは全くないと言えるだろうか。死刑判断にあたり、法と証拠と良心以外に寄り掛かるもの(それは「死刑相当性の判断に対する責任感を減少させるもの」とも評価しうるものであろう)が絶対にないと言いきれるだろうか。

　Caldwell が示した危惧の中で、日本の裁判員制度にも参考になるのは次の危惧であろう。今一度引用する。

　「(d)(前略)死刑量刑陪審は、未経験の状況に置かれた個人から成り、極めて困難で居心地の悪い選択をするよう求められる。彼らは、他人が死すべきかと

64　本判決には、本件検察官の弁論は、全体として見れば、陪審の責任感を不適切に低減させるものとは言えないとする反対意見があることは前掲注49のとおりである。

65　*Caldwell*, at 330, *Woodson*, at 305

いう論点について証拠と弁論に向き合い、コミュニティーのために判断するよう求められる。さらには、彼らの決定がどのように行われるべきかについて部分的なガイダンスのみを与えられ、彼らには相当な裁量が残される。(判例略)。このような状況において、『死刑に関する陪審の最終的責任は他人にある』という誤った弁論は、陪審が実際に自らの役割の重要性を最小化する耐え難い危険を作り出す。実際、容易に想像できるのは、相当な量刑について陪審の意見が分かれた場合、上訴審による再審査の存在が、死刑判決をためらう陪審員も(死刑を)受け入れよという意見に効果的に利用されうることである。

この問題は、本件におけるように、陪審に代わる判断権者が州最高裁判所の判事たちであると陪審が告げられた場合にとりわけ深刻である。多くの陪審員たちが、これらの尊敬すべき法律の権威たちが、そのような重要な決定を行う権利以上のものを自分たちよりも持っていると考えたくなると信じるのは、確かにありうることである。自分たちの判決が、死刑判決を出した場合にのみ上訴審の再審理に付されるのであれば、当該再審査に頼りたくなる機会は、死刑判決を出す方向へのバイアスを作り出すであろう[66]。

以上の危惧のうち、合衆国の死刑判断を行う陪審が置かれている状況は、死刑事件における日本の裁判員にも当てはまるであろう。これに対して「死刑に関する陪審の最終的責任は他にある」という明確なメッセージが検察官から伝えられることは日本ではないであろう(ただ、上訴の可能性に言及する弁論が行われる可能性がないとは言えない)。むしろ日本の裁判員裁判においても懸念されるのは、「多くの陪審員たちが、これらの尊敬すべき法律の権威たちが、そのような重要な決定を行う権利以上のものを自分たちよりも持っていると考えたくなると信じる」ことであろう。その懸念は日本の死刑量刑手続の理論とプラクティスの中にあるように思われる。

⑷　日本の死刑量刑手続のどこにバイアスの危険があるか

日本の量刑判断においては、「量刑の本質は、被告人の犯罪行為に相応しい刑事責任の分量を明らかにするところにあ」るとされ(傍点は筆者)[67]、「一定の刑量として数量化をはかる前提として、動機・行為態様・結果等の主要な犯罪事実に着目して当該事件をある程度類型化して捉え、裁判員に犯罪行為の重さ(責任の枠)についてある程度のイメージをもってもらうことが有益」とされ

66　*Ibid.* at 332-333

67　司法研修所・前掲注60書6頁

死刑量刑手続と「残虐な刑罰の禁止」条項　│　253

る。そしてこのような「犯罪類型ごとの刑の大枠を考え、当事者の主張する科刑意見等を正確に理解するためにも、刑の数量化のための何らかの資料は必要不可欠」とされ、量刑検索システムに基づく量刑分布グラフが用いられる。「裁判員量刑検索システムに基づく量刑資料は、量刑の本質を踏まえ、主として犯情に関する基本的な因子を検索項目として作成され、その事件の属する社会的類型(刑事学的類型)におけるおおまかな量刑傾向を表すものである。したがって(中略)量刑資料に示される量刑傾向は、一定程度は量刑(責任の枠)の目安として尊重されるべきものということになろう。量刑資料が量刑の本質に基礎を置くものであることからしても、裁判官としては、裁判員から抵抗感を示されたとしても、評議に於いて、量刑資料を示すことをちゅうちょする必要はない」とされるのである。

　このような考え方を明示したのが最一判2014年7月24日である。同判決は、このように述べる。

　「裁判員裁判といえども、他の裁判の結果との公平性が保持された適正なものでなければならないことはいうまでもなく、評議に当たっては、これまでのおおまかな量刑の傾向を裁判体の共通認識とした上で、これを出発点として当該事案にふさわしい評議を深めていくことが求められているというべきである」。

　このような、犯情に関する基本的因子を重視する量刑の理論と、それらを検索項目として作成した量刑傾向を示すプラクティスは、*Lockett* が述べたように、「非死刑事件においては、実務として確立している特性に応じた量刑(individualized sentences)は、憲法上の要請に基づくものではなく、法律で実現される公共政策」としては相応の妥当性を持つかもしれない。重要なことは、このような量刑に関する理論とプラクティスが、「死刑も量刑問題の一つであるから、一般の量刑についての審理・評議の進め方と基本的には異ならない」とされてきたことである。

　最二決2015年2月3日は2014年7月24日判決の考え方を死刑量刑に当て

68　司法研修所・前掲注60書18頁

69　司法研修所・前掲注60書25頁

70　司法研修所・前掲注60書26頁

71　刑集68巻6号925頁

72　*Lockett*, at 604-605

73　司法研修所・前掲注60書104頁

74　刑集69巻1号1頁、99頁

はめたものと考えられる。

「死刑が究極の刑罰であり、その適用は慎重に行われなければならないという観点及び公平性の確保の観点からすると、同様の観点で慎重な検討を行った結果である裁判例の集積から死刑の選択上考慮されるべき要素及び各要素に与えられた重みの程度・根拠を検討しておくこと、また、評議に際しては、その検討結果を裁判体の共通認識とし、それを出発点として議論することが不可欠である。このことは、裁判官のみで構成される合議体によって行われる裁判であろうと、裁判員の参加する合議体によって行われる裁判であろうと、変わるものではない。

そして、評議の中では、前記のような裁判例の集積から見いだされる考慮要素として、犯行の罪質、動機、計画性、態様殊に殺害の手段方法の執よう性・残虐性、結果の重大性殊に殺害された被害者の数、遺族の被害感情、社会的影響、犯人の年齢、前科、犯行後の情状等が取り上げられることとなろうが、結論を出すに当たっては、各要素に与えられた重みの程度・根拠を踏まえて、総合的な評価を行い、死刑を選択することが真にやむを得ないと認められるかどうかについて、前記の慎重に行われなければならないという観点及び公平性の確保の観点をも踏まえて議論を深める必要がある」[75]。

しかし、死刑は、刑の数量化の先にはないはずである。なぜなら、死刑だけは他の刑罰とは量ではなく、質が異なるからである[76]。死刑事件においては、「死刑の宣告は、すべての他の刑罰とは著しく異なっており、死刑事件においては特性に応じた決定(individualized decision)は絶対不可欠なもの(essential)であると結論せざるを得ない」はずであり、「死刑事件における1人ひとりの被告人を、個人の個性に対する相応の敬意をもって処遇する必要性は、非死刑事件とはくらべものにならぬほど重要」[77]と言うべきである。

今一度繰り返せば、*Lockett*は、このような視点から、「死刑事件においては、第8修正の基本にある根源的な人間性尊重(fundamental respect for humanity)の理念は、死刑を科す手続において憲法上省くことができない部分(as a constitutionally indispensable part)として、個々の被告人の性格及び記録(the character and record of the individual offender)と特定の犯罪の情状(the

---

[75] 最高裁・前掲注74決定5頁、104〜105頁

[76] 死刑が他の刑罰と質を異にする点については争いはないであろう。司法研修所・前掲注60書「はしがき」も無期懲役刑から死刑へは「いわば刑の質的な転換がもたらされる」と述べている。

[77] *Lockett*, at 605

circumstances of the particular offence)を検討することを要求している」[78]とし、「死刑事件において、減軽事由として提出される被告人の性格と記録、そして当該犯罪の情状について、それぞれ減軽判断を行うことを妨げる立法は、より軽い罰が相応しいとする要素があるにもかかわらず死刑が言い渡されるリスクを作り出す。選択が生きるか死ぬかであるとき、このようなリスクは第8修正及び第14修正(適正手続条項)の要請から受け入れられず、また両立しない。」と判断したのである。[79]この「リスク」は、日本の死刑量刑手続の中にも埋もれてはいまいか。

(5) 死刑量刑手続における裁判員量刑検索システムの示し方の問題点

死刑事件においても、「裁判員量刑検索システムに基づく量刑資料は、量刑の本質を踏まえ、主として犯情に関する基本的な因子を検索項目として作成され、その事件の属する社会的類型(刑事学的類型)におけるおおまかな量刑傾向を表すものであ」り、被告人の性格、記録等は基本的因子とはされていない。また「量刑資料に示される量刑傾向は、一定程度は量刑(責任の枠)の目安として尊重されるべきものということになろう。量刑資料が量刑の本質に基礎を置くものであることからしても、裁判官としては、裁判員から抵抗感を示されたとしても、評議に於いて、量刑資料を示すことをちゅうちょする必要はない」[80]ともされている。

量刑検索システムのデータベースは、2008年4月以降の裁判員対象罪名事件に関するデータを集積したものであり、現在は多くの裁判員裁判の量刑データが登載されているとはいえ、裁判員裁判施行時(2009年5月)に参照されたデータは裁判官裁判のものである。「量刑の本質」を踏まえたとされる、これまでの「裁判所の判断」が「傾向」として「ちゅうちょなく」示され、「評議の出発点」であると裁判官から指示されたとき、Caldwell の危惧、就中、次のバイアスに類似したバイアスが起こる危惧はないといいきれるだろうか──「陪審に代わる判断権者が州最高裁判所の判事たちであると陪審が告げられた場合にとりわけ深刻である。多くの陪審員たちが、これらの尊敬すべき法律の権威たちが、そのような重要な決定を行う権利以上のものを自分たちよりも持

---

78 *Lockett,* at 604, *Woodson,* at 304

79 *Lockett,* at 605

80 司法研修所・前掲注60書26頁

っていると考えたくなると信じるのは、確かにありうることである」[81]――。評議の冒頭、仮に、自分たちが評議・判決すべき事件に類似する「犯情」のケースの量刑傾向が「死刑」であると裁判官から示され、審理において被告人の性格・記録等の減軽方向の証拠が十分に提出されていなかったとき、そこには[82]「量刑傾向」によって「死刑相当」の蓋然性が示唆され、裁判員には死刑判決を出す方向へのバイアスが生まれ、「責任感の減少」が起こるリスクは全くないと言い切れるであろうか。[83]

(6) 死刑事件における「量刑傾向」の利用の在り方

では、死刑の相当性の判断に対する裁判員の責任感を減少させることなく、個人の尊厳確保のために裁判員の「冷厳な責任感」を維持するためには、死刑事件においては「量刑傾向」をどのように利用すべきであろうか。具体的には次のようなプラクティスが必要になるであろう。

すなわち、死刑量刑手続は非死刑事件の量刑手続とは異なる特別の手続とした上で、①行為要素を中心とした量刑検索システムによる量刑傾向は評議の冒頭には示さない。②死刑適用事由(加重事由)と死刑回避事由(減軽事由)を等価で考慮する。[84]③その上で裁判体が死刑を選択した場合、その後で、同種のケースで死刑が選択されたものがあるかを検討するために、量刑データベースを検討する、というプラクティスである。[85]

81　*Caldwell,* at 332-333

82　このようなことは、被告人の性格・記録などについて「一般予防、特別予防という刑罰の目的は量刑を考えるに当たっての(少なくとも第1次的な)基準となるものではないから、これらの目的は、犯情によって決められる責任の枠を基本として刑量を調整する要素として位置付けられることになり、2次的に考慮されるべきものである」(司法研修所・前掲注60書7頁)とされており、また死刑の適否が公判前整理手続において争点化されない現在のプラクティスにおいては、十分にありうることである。

83　死刑事件ではないが、量刑データベースを示され「まっさらな状態でグラフを見せられたので頭にインプットされてしまいました」と感想を述べる裁判員経験者もいる(田口真義『裁判員のあたまの中』〔現代人文社、2013年〕28頁)。

84　原田國男は、死刑については「犯情により死刑を選択し、一般情状により死刑を回避する」という考え方を示していて参考になる(原田國男『裁判員裁判と量刑法』〔成文堂、2011年〕141～142頁、237～238頁)。

85　*Gregg,* at 205が引用している、改正された制度下におけるジョージア州最高裁の判例が示した判断、すなわち「(他の死刑判決との)均衡規準の下で州における同様のケースで一般的に死刑が言い渡されていない限り、死刑は言い渡されないことを確保することは、われわれの義務である」が参考になる。

4 結論

合衆国最高裁による死刑量刑手続に対する種々の制限は、残虐かつ異常な刑罰を禁止する第8修正の根底にある人間性尊重の理念に基づいている。合衆国最高裁は、死刑と死刑以外の刑罰の質的違いを正面から見据えた上で、その違いは憲法的関心の相違をもたらすとして、種々の制限を構築してきたのである。「人間性尊重の理念」を貫いたとき、果たして死刑制度そのものと両立しうるのかは、本稿とは別の重要な問題であるが、当面死刑制度を存置するのであれば、徳の主体としての国家は、より誠実に、現行の死刑制度と憲法13条(個人の尊重)及び36条(残虐な刑罰の絶対的禁止)との適合性を検討すべきである。

その際、重要な一つの改めるべき点は、死刑量刑手続を非死刑事件の量刑手続から区別して、特別化することである。それは憲法36条の根底にある個人の尊厳の維持のためである。

死刑量刑手続を特別化する方策としては、すでに拙稿で、①死刑事件においては、検察官は公判前整理手続において死刑求刑を告知し争点化すること、②罪責認定手続と量刑手続が二分されること、③死刑量刑証拠として犯情のみならず、被告人特性に関する証拠がひろく取調べられること、④死刑量刑ガイドライン(規準)を構築すること、を提案した。[86]そして本稿では、死刑量刑傾向の取り扱い方として、合衆国最高裁の近時のケースを参考に、個人の尊厳確保のために判断者の「冷厳な責任感」の維持が必要であることとそのための方策を述べた。

合衆国は陪審だからこれらの手続的配慮が必要だったのだろうか。日本は陪審制度ではないから手続の公正性に問題はなく、合衆国のような手続的配慮は不要なのだろうか。そうではあるまい。手続的公正性が必要なのは、その手続によって決定しなければならないことが死刑か否かだからである。そして死刑が不可逆的に生命を奪う刑罰である以上、個人の尊厳と不可避的に対立するのであり、必然的に憲法的関心に直面せざるを得ないはずである。

国家は誠実に死刑と憲法について向き合うべきである。

(しのみや・さとる/國學院大學法学部教授、弁護士・東京弁護士会)

---

[86] 四宮・前掲注2論文814頁以下

裁判官と裁判員との役割分担に関する一考察
アメリカ証拠法における裁判官の予備的事実調査手続の研究

岡田悦典

1 はじめに

2 アメリカ合衆国における「予備的事実調査手続」の成立

3 アメリカ合衆国における二分論の展開

4 わが国の裁判員制度における裁判官と裁判員との役割
分担について

5 結語——今後の方向性

1 はじめに

　わが国では裁判員制度の創設をきっかけに、公判審理の充実化など、一連の手続改革が進行していると言ってよい。また、被疑者取調べの録音・録画制度の導入など、捜査手続も変化しつつある。その中で、証拠法に関する判例展開もあり、英米法的な証拠法則へさらに進展する兆しがあると言える。

　証拠法の中で、最近関心を集めていることが、証拠能力(関連性)に関する事柄である。法律の素人である裁判員が裁判に参加し、事実認定を行うわけであるから、その権限は裁判官と同等である。しかしその前提として、証拠能力の判断については専門家である裁判官に権限があるとするのが、わが国でも一般的な理解であると言えよう。当初は、この点の区別についてかなり議論されていた。しかし制度導入後は、このような明確な区分けには、どちらかというとやや消極的である。実際に、このような区分けが、手続上、明確に担保されているわけではない。

　一方、陪審制を採用する英米法に目を転じると、事実と法の区別に関して、厳格に議論される傾向にある。一般には、証拠能力判断については裁判官が行うこととして知られている。もっとも、その判断に当たっては、少なからず事

実を調査することが裁判官には求められる。そのため、裁判官と陪審のそれぞれの役割についての議論が、これまで行われてきた。中でも、証拠能力に関する裁判官による予備的事実調査手続については、アメリカ法独自のものとして展開してきたという歴史がある。

そこで、本稿はこの手続について取り上げ、その展開の歴史を明らかにしようと思う。その検討を踏まえ、わが国の議論を整理して示唆を得つつ、今後の展望を明らかにしたいと考える。

2 アメリカ合衆国における「予備的事実調査手続」の成立

(1) 二分論の法理の登場

英米法においては、コモンローの伝統として、訴訟上の問題については裁判官が解決するというものがあった。当初アメリカにおいても、イングランドの伝統を受け継いでこのことを厳格に維持していた。したがって、証拠能力の問題は、まさに裁判官が判断をするということであった。結果として裁判官は、そのための予備的事実(preliminary fact)の存在をすべて判断し、このことが重要なコモンロー上のルールだった。[1] しかし、そもそも事実認定は陪審の領分であることから、コモンローのルールについては批判があった。そのため、陪審の前で、証拠能力の判断を委ねる「2回目の機会(second chance)」を与えるべきであるという法理が提唱されたりした。[2] しかしもう一つの方向性が、この厳格な法理から離れることであった。こうした考え方の背景として、事実問題については陪審に委譲していくことが民主的理念に適うという発想があったと思われる。

しかし、20世紀初頭に、モーガン(Morgan)を初めとする論稿が登場した。モーガンの学説は、すべてを裁判官の領分とすることの危険性を提言するようになった。というのも、裁判官がこのような証拠能力のための予備的事実を判断するということとなれば、事実を判断する陪審の権限を奪うことにつながるし、予断・偏見を持った裁判官が被告人に有利な証拠を排除し、有罪へと誤導

1　Edward J. Imwinkelried et. al., Courtroom Criminal Evidence, Vol.1, 69 (LexisNexis, 5th ed., 2011).

2　Edward J. Imwinkelried, *Judge Versus Jury: Who should decide Questions of Preliminary Facts Conditioning the Admissibility of Scientific Evidence?*, 25 Wm. & Mary L. Rev. 577, 584-85 (1984).

する危険性があるとされたのである[3]。

ところで、二つの証拠がそれぞれ単体では関連性がないと判断される場合に、一方の証拠が証明されれば、他方の証拠が関連性を有するという場合であっても、どちらか一方の証拠から、まずは当事者は証拠の吟味を始めなければならない。そのような場合に、一方の証拠が提出されるだろうという説明に基づいて、他方の証拠が提出されれば、ひとまず裁判官は他方の証拠を条件付きで許容することができる。2番目の証拠の十分な証明に当事者が失敗すれば、1番目の証拠を無視するように裁判官は陪審に説示する。こうした考え方は、条件付関連性(conditional relevancy)として、わが国でも知られている[4]。モーガンは、この条件付関連性の議論を元に、著名な論文で次のように主張した。

「問題となった物事の関連性（relevancy）あるいは適格性（competency）は、他の争点となる事実の存在、不存在に依存しない場合には、裁判官と陪審の機能区分について深刻な問題を生じさせない。裁判官は、陪審が証拠を得るかどうか判断すべきである、そして、陪審によってそれが適切に考慮される目的のために、陪審に指示すべきであると、一般に承認されている。陪審は、裁判官の説示に従って、それを評価すべきこととなる。しかし、事実が、それ自体関連性がないものの、その他の事実と結びついて重大な証明上の価値を持つということが、時々発生する。例えば、争点は、PがTに対して、Pの車がTをひいたことによる怪我について、有責であるかどうかという場合がある。その場合、AがTに向かって自動車を運転していたという事実は、それ自身、またそれだけでは、まったく関連性がない。しかし、AがPの被用者として雇用されている過程で行動していたという事実が伴うと、重要性を作用する様になる。同様に、それ自体不適格な事実であっても、別の事実と結合することによって、その不適格性を失うものがある」[5]。

3　*Id.* at 70.

4　条件付許容性として紹介するものとして、江家義男『刑事証拠法の基礎理論』（有斐閣、訂正版、1952年）226頁、モーガンの理論を紹介したものとして、エドムンド・M・モーガン『証拠法の基本問題（上）』刑事裁判資料第125号（最高裁判所事務総局、1958年）48～55頁がある。

5　Edmund M. Morgan, Functions of Judge and Jury in the Determination of Preliminary Questions of Fact, 43 Harv. L. Rev. 165, 166 (1929). その他、この時代の論文として、See John M. Maguire & Charles S.S. Epstein, Preliminary Questions of Fact in Determining the Admissibility of Evidence, 40 Harv. L. Rev. 392 (1927).

このように例示を挙げて、モーガンはさらに問題を証拠能力の判断問題へと
敷衍させていく。

「かくして、致命的な怪我を負わせたとしてDを非難している、怪我を負
わされた男による臨終の供述は、それ以上のものがないと、Dの殺人罪に関
する法廷で、Dの負罪となるものとしては、受け入れられないだろう。それ
は伝聞として不適格である。しかし供述者が供述するときに、死がすぐに差
し迫っていたと認識したことが示されれば、十分に認識されている伝聞例外
として、それは適格性を有することとなる。一般的にあてはめれば、A事実
の関連性あるいは適格性は、B事実の存在に依拠するという場合が、しばし
ば起こる。そのような状況のもとでは、Bが存在するか否かを、裁判官が判
断すべきであろうか。それとも陪審が判断すべきであろうか」[6]。

このように問題提起をして、モーガンは証拠能力の問題を次のように整理す
る。すなわち、「Aの関連性がBの存在に依拠しているということは、その主
張の関連要素を生み出すためには、AとBとの結びつきをそれは必要とする、
と言うことに尽きる」とする。一方、「Aの適格性がBの存在に依拠している
場合、Bの存在を判断することは、陪審にとって微塵も難しいものではない」
という。つまり、「被告人の意図、動機として、臨終の供述者の精神状態を判
断することは容易であろう。同じことは、そのほかの不適格な証拠の許容性が、
例えば自白がなされた状況、原本が利用可能かどうか、証人と当事者との間に
ある結婚している、結婚していないという地位、証人とその他の証人との間に
ある依頼者および弁護人の関係という事実の存在に依拠している場合、その事
実についても同様である」とする。その結果として、「そのような質問が陪審
から取り除かれるのだとすれば、それは、事実認定という陪審の能力というよ
りも、別の理由に基づかなければならない」[7]とする。
　また、適格性に関する証拠について、陪審にAおよびBともその領分を陪審
にあて、Bの存在がないと判断した場合には、それをAに関して捨て去るよ
うに陪審に指示するとすれば、いくつか問題があるとする。第一に、「陪審の
仕事を複雑にする」というものである。また第二に、「問題となる証言から自
己の心を綺麗に拭えることができる能力があるものとして、陪審を信頼できる

6　*Id*. at 166-67.
7　*Id*. at 167.

262

か」という問題である。第三に、「排除法則の主要目的は崩壊するであろう」という。つまり、排除法則は利益保護の政策的要請に基づいており、そのことを陪審に説明することは難しいという。[8]

そこでモーガンは結論として、「理論的には、Aの関連性(relevancy)がBの存在に依存している場合、Bの存在は、通常、陪審のためのものであろう。一方、Aの適格性(competency)がBの存在に依存する場合には、Bの存在は常に裁判官に適当である」[9]とするのである。

(2) アメリカ証拠法における現在の枠組み

現在のアメリカ証拠法においては、このモーガンの理論に影響を受け、証拠能力の審査手続を、証拠の適格性(competence)と証拠の論理的関連性(logical relevance)の二つに分け、前者を条件付ける予備的事実についての存否は裁判官が行い、後者の事実の存否については陪審に委ねるとする二分法が成立した。ここでは、その枠組みをインウィンケルリード(Imwinkelried)等による著書『刑事法廷証拠法(Courtroom Criminal Evidence)(第5版)』(74～75頁)に基づいて以下に要約し、紹介する。

ア　適格性(competence)

論理的関連性(logically relevant evidence)を除くものが対象となる。すなわち、伝聞法則、ベスト・エビデンス・ルール、意見ルール、特権が含まれる。裁判官は予備的事実の問題が証拠の適格性を条件付けると判断される場合には、公判裁判官が予備的事実の存在に関して両者から基盤となる証明を聞く。証人が、対立当事者が異議を唱えた質問に回答する前に、対立当事者は陪審がいない予備尋問(voir dire)で証人を尋問することができる。対立当事者は、証人の予備尋問を行うことに、異議を唱えることも、同意することもできる。予備尋問の対象は争点となっている基盤的事実の存在に厳格に限定される。予備尋問を行い、さらには対立当事者が提出を望んだ付随的証拠を審理した後、公判裁判官は異議についての最終判断をし、これが陪審を拘束する。裁判官は事実認定者として振る舞い、両当事者から提出された基盤的証言の信頼性(credibility)を検討する。裁判官は通常「証拠の優越性(preponderance of the evidence)基準」を採用し、証拠の許容性の争点を再

8　*Id.* at 168-69.

9　*Id.* at 169.

び陪審には提示しない。そして、当事者が陪審に再評価を求めることは侮辱罪の制裁の対象となる。裁判官は、予備的事実が存在しないと判断したときには、証拠を無視するよう陪審に説示することはない。[10]

イ　条件付論理的関連性(conditional logical relevance)

　多くの予備的事実は、証拠の関連性のみを条件付けるものとするのが、典型的であるとされている。このような場合は、適格性の審査とは対照的になる。すなわち、予備的事実が論理的関連性を条件付ける場合には、裁判官は、予備的事実の存在の問題を判断するために、両当事者の証拠について聴取する。そして、主張者の基盤的証拠が信頼できるかどうか判断する。しかし、予備的事実が論理的関連性を条件づけるとき、裁判官の役割はより狭くなる。裁判官の役割は事実認定者ではなく法律問題のみ扱うという、より狭い役割となる。すなわち、もし陪審が主張者の基盤的証拠を信頼すると判断する場合だとすれば、予備的事実が存在することを理性的陪審が調査できるための証明上の十分な価値を証拠が持っているかどうかという問題を、裁判官は扱うのである。事実が論理的関連性を条件づけるとき、陪審は基盤的証拠の信頼性を判断する。裁判官は額面通り証拠を受け入れるのみであり、法律問題として証拠が不合理(preposterous)でない限りは、裁判官が基盤的証拠の信頼性を調査することはできない。主張者が、一応の基盤的証拠あるいはその他理性的陪審による調査を支持するに十分な基盤的証拠を提出すれば、裁判官は、裁判官自身が基盤的証明を信頼できると考えるか否かに関わらず、証拠を認めなければならない。[11]

　したがって、適格性審査の場合には、裁判官は基盤的証拠の信頼性を判断し、予備的事実の存在の問題を解決する。しかし、裁判官は、条件付論理的関連性の審査の場合には、法的問題として、理性的陪審による予備的事実の存在の調査を支援するために、十分な証明上の価値を基盤的証拠が有しているかどうかのみを解決することとなる。また、条件付関連性の手続では、裁判官は主張当事者の基盤的証拠のみを聞くことになるが、適格性審査の場合には、両者の基盤的証拠について聞かなければならない。最終的に、裁判官の判断は、適格性の事実については陪審を拘束するが、論理的関連性を条件づける事実については、裁判官の要請に基づいて、陪審が予備的事実の存在を判断しなければなら

10　Imwinkelried et. al., *supra* note 1, at 72-3.
11　*Id.* at 74-5.

ない。そして裁判官は、陪審が予備的事実が存在しないと判断した場合には、その証拠を無視することを陪審に委ねることとなる。[12]

この枠組みは、アメリカ連邦証拠規則の中で次のように枠づけられている。

104条
- (a) 裁判所は証人が適格であるか、特権が存在するか、または証拠が許容されるかについての予備的問題を決定しなければならない。その決定に際し、裁判所は、特権に関するものを除いて、証拠準則に拘束されない。
- (b) 証拠の関連性が、ある事実が存在するかどうかに依拠する場合、当該事実が現に存在するという認定を支持するに足る証拠が提出されなければならない。裁判所は、その証拠が後日提出されるという条件で、申し出られた証拠を許容することができる。
- (c) 次に掲げる場合、裁判所は、予備的問題についての審理を、陪審がそれを聞くことができないように指揮しなければならない。
  - (1) 審理が自白の許容性を含む。
  - (2) 刑事事件の被告人が証人であり、それを要求している。
  - (3) 正義がそれを要請している。
- (d) 予備的問題について証言を行うことにより、刑事事件の被告人は、当該事件の他の争点に関して反対尋問に服するものではない。
- (e) 本条は、当事者が、他の証拠の重要性や信用性に関連する証拠を審理に提示する権利を制限するものではない。[13]

すなわち、104条(a)項は上記許容性審査に関連し、同(b)項は、関連性に関する条項である。したがってここで、学説による適格性(competence、モーガン論文によればcompetencyという語)に関する議論は、(a)項の許容性(admissibility)を意味するとされている。(a)項は裁判官の領分、(b)項は陪審の領分となる。このように、伝統的なコモンローによるルールから乖離して、陪審による判断を関連性に対して導入したことには、事実問題についての陪審の領分を確保すべきである、という理想が影響したものである。もっとも、上記連邦証拠規則に

12　*Id.* at 77.
13　訳出に当たっては、田邉昌敏『アメリカ連邦証拠規則』(LexisNexis、2013年) 9～10頁に依拠した。ただし、先決的問題を、本論文では、preliminary に即して、予備的問題あるいは予備的質問などと訳出している。

よる(a)と(b)との間を厳密に区分するのは難しい。また、モーガンの論理に連邦証拠規則は厳格に対応しているわけではなく、モーガンの述べる適格性がどのような範疇となるのかも、厳密に言えば、明確とまでは言えない。

　もっとも、ここではこの両者の区分の意義について、まずは確認しておこう。陪審の領分であるという場合は、証拠によって提供される事実の関連性、あるいは証明上の価値が、明らかに予備的事実に依拠する場合であるとされる。一例として挙げられるのは、殺人罪におけるラブレターの設例である。被告人が殺人罪で起訴されていたとしよう。この被告人が被害者女性にラブレターを書いたという事実が問題となっていて、そのことが犯行の動機を論理的に推認させる間接事実であったとする。この場合に、犯行動機を論理的に推認するラブレターというＡ事実と、ラブレターを被告人が書いたというＢ事実においては、ラブレターはまさに関連性の問題である。そして、Ｂの事実の存否が問題となる場合であるので、これは、関連性に関する範疇ということで、陪審の領域ということになる。確かに、本人が書いたかどうかが問題となることから、その事実を判断することは陪審には難しいとは言えない。また、仮に被告人がラブレターを書いたという事実の存否を判断した上であっても、動機についての論理的推認を適切に判断できるであろうと理解される。[14]

　一方、法律問題として関連している場合には、裁判官が判断する領分となる。典型的な例示としては、自白の任意性、違法収集証拠排除法則の場合である。[15] その他には、証人の適格性(competency)と特権(privilege)についても、裁判官の領分であるとされている。[16] また、伝聞法則についても、議論のあるところではあるが、信頼性のある証拠を排除する法政策を進めるものであるがゆえに、裁判官の領分となると言われる。[17] これら、いわゆる関連性以外の証拠法則が付随する予備的事実については、証拠法則の政策を陪審が理解し、適用していくことは難しいはずであるというのが、その区分の大きな理由である。[18]

　また、条件付関連性に区分される場合は、事実の存否が問題となる。しかし、

---

14 Norman M. Garland & Jay A. Schmitz, *Of Judges and Juries: A Proposed Revision of Federal Rule of Evidence 104*, 23 U.C. Davis L. Rev. 77, 89-92 (1989).

15 Michael S. Greger, *Preliminary Questions of Fact for the Judge: The Standard of Proof for Pretrial Admissibility Problems*, 20 Sw. U. L. Rev. 453, 457 (1991).

16 *Ibid.*

17 Garland & Schmitz, *supra* note 14, at 92-3.

18 *Id.* at 457-58.

証拠法則などによる許容性の問題はそうではなく、社会的、法的政策の問題が加味されることとなる。したがって、例えば違法捜査の存否が問題となったとすると、その事実の存否自体は、おそらく陪審に委ねたとしても、さほど問題とはならないであろう。しかし、陪審に委ねるとすると、手続上いくつかの問題を生じさせるという。すなわち、一般的な評決をすることが陪審には求められるのみであるので、それ以外の判断の部分がその中に組み込まれることはないのが通常である。したがって予備的調査のための記録が、事後審査(review)のためには必要となるが、その手続的担保が十分にないというのである。加えて、証拠を許容しないとした場合には、本来その証拠を心証形成に利用してはならない。しかし、陪審がそのような状況を確保することは難しく、陪審がこれらを混同しないように予防することは、不可能であるというのである。[19]

3　アメリカ合衆国における二分論の展開

(1)　刑事訴訟における主な証拠について

　このような二分論の枠組みのなかでも、裁判官と陪審との領分の区分について、微妙は事例が生じてくる。ただし、ここではまず、わが国の関心事からいくつかの重要な証拠法則について判例法を確認したい。

ア　自白の任意性(voluntariness)

　わが国において、関心のある領域は自白の任意性に関する議論であろう。ミランダ判決が登場する前までは、いくつかの州が自白の任意性について陪審に判断を委ねていたとされる。[20]しかし、Jackson v. Denno 事件判決において、[21]厳格に区分する判断をするに至り、自白の任意性については一律に裁判官の領分とされるようになった。

　この事案は、謀殺(murder)などが起訴され、死刑が争われた事案であった。当時、ニューヨーク州の実務では、自白の任意性が問題となるときは、陪審にこれを委ねていた。そして、陪審が自白に任意性がないと判断した場合、その自白を無視すること、有罪・無罪をその他の証拠から判断すること、任意性があると判断した場合には、その事実あるいは信頼性を判断し、その自白を評価

19　*Id.* at 94-5.

20　Russell L. Weabber et al., Criminal Procedure: A Contemporary Approach 709 (West Academic Pub., 2015).

21　Jackson v. Denno, 378 U.S. 368 (1964).

裁判官と裁判員との役割分担に関する一考察　267

することを、裁判官が陪審に説示していた[22]。このように自白の任意性を陪審に委ねることにつき、判例は次のように述べた。すなわち、「この手続は、被告人の修正14条の権利に重大な衝撃を与えるもの」[23]であり、裁判官に委ねることは「記録からも明確になる」[24]という。そして、「拡大する自白を獲得する上での公正さの概念は、被告人の意思が打ち勝ったかどうかを判断する上で、相応に、より複雑さを増してきている。事実はしばしば争われ、信頼性の問題はしばしば決定的で、主張された事実からなされる推論は、しばしば決定力がある。総じて自白の任意性の判断は、かなりの程度、神経質な仕事であり、独立して光が当てられ、その他の争点、無関係で偏見のある証拠の効果によって曇らされることなく、正面から問題に向き合うことを必要としている」[25]。このように主張し「通常の事案ではよくあるように、純粋な事実上の考慮が重要要素である場合、この裁判所の上級審は、実際問題として、事実審の任意性の問題を十分信頼できるよう判断するには、不十分な代替である」[26]と断じた。そして、事実審によって任意性の問題を結論付けるという手続は被告人の修正14条にもとづく重要な保護を提供するものであるとした。そして、そのような権利を確保する手続は、「信頼性のある、明確に分断された(clear-cut)自白の任意性の判断を確保する」[27]ものでなければならない、としたのである。

　このような結論を導く実質的な論理としては、陪審が、自白の任意性を判断した場合でも、犯人を野放しにしてしまうのではないかといった懸念から、自白法則の理念を十分に反映させることができないのではないかというものがある[28]。あるいは、不任意の自白を排除することは、重要な人間の価値が犠牲となるということについての社会的姿勢であり、警察は法を遵守しなければならないという根深い感覚が故の「複雑な価値」からなるものである[29]、という理由もある。これらのことは、もちろん、陪審にとって理解できるものであろう。しかし単純に委ねるべき問題ではなく、また、その価値はより複雑化していることが背景としてあるものと言えよう。もっとも、陪審に価値を置くブラック

22　*Id.* at 374-75.
23　*Id.* at 378.
24　*Id.* at 379.
25　*Id.* at 390.
26　*Id.* at 391.
27　*Ibid.*
28　*Id.* at 382.
29　*Id.* at 921.

(Black)裁判官、クラーク(Clark)裁判官の反対意見もあり、明確な区分けをすることになお逡巡する議論もあったことも注視すべきであろう。

イ　目撃供述(同一性識別証拠)の許容性(admissibility)

　一方、目撃供述については、連邦最高裁は自白とは一線を画し、憲法上の権利として陪審とは区分された法廷審理を要求していない。このことは、Watkins v. Sowders 事件判決で明らかにされている。[30]この事件は、被告人が強盗に押し入って、被害者複数に発砲して大けがを負わせたとする事案である。2人の目撃者が、犯人であるとして被告人を同定したというものである。ここで被告人側は、上訴において、同定のための目撃供述の許容性を判断する上で、裁判所は、陪審がいないところで審問を行い、事実審が判断する憲法上の義務があると主張した。[31]

　そこで、同一性識別証拠(identification evidence)の許容性を判断する際に、陪審のいない独立した聴聞を開催すべきかどうか、特に、そのことが修正14条の適正手続条項によって求められるのかが問われた。被告人側は、前述のJackson v. Denno 事件判決を持ち出して、そのことを主張したが、連邦最高裁は否定した。すなわち、Jackson v. Denno 事件判決とこの事案とは類似していないというのである。Jackson v. Denno 事件では、自白の任意性という争点が持つ特別の問題のために結論付けたのであり、陪審は、強要された自白に依拠することを禁ずる政策を理解することは難しいことを理由づけている、と指摘する。つまり、裁判官によるその種の説示があったとしても、陪審はこれに従うことができるという前提を、連邦最高裁は否定したのである、とする。しかし、同一性識別証拠が問題となる場合には、それとは異なり、「陪審が説示に従うという前提から離れることを正当化させる特別の考慮などない」という。すなわち、同一性識別証拠は、その信頼性(reliability)を判断する場合には、まずはその許容性(admissibility)を判断しなければならない。このとき、裁判官の説示の下で証拠を適切に評価することを、まさに、アメリカ司法によって、陪審が遂行できるように確保しなければならないことこそ、裁判官の重要な仕事であるという。そして、弁護人は同一性識別証拠を反対尋問し、同一性識別証拠の正確性に関して疑いを生じさせる原因について最終弁論で論ずることができる、とする。[32]さらに、そのような反対尋問は、最も効果的な手法である

30　Watkins v. Sowders, 449 U.S. 341 (1981).

31　*Id*. at 342-43.

32　*Id*. at 347-48.

ので、別に聴聞を開催することが必要なこともあるが、一律にそのような手続を別個に必要とすることを、憲法は保障しているわけではないと結論付けている[33]。

この多数意見に対しては、ブレナン(Brennan)判事による反対意見がある。その論拠は次の通りである。すなわち、この反対意見では、①同一性識別証拠は誤った証拠であることが多数議論されているところであり、陪審の判断プロセスを捻じ曲げることを防ぐことが肝要である。②また、そのような信頼できない証拠であるにもかかわらず、陪審に対する影響は大きく、陪審にとっては受け入れやすいものとなってしまっている。③さらに、多数意見は自白との区別を述べるが、同一性識別証拠についても、自白と同様に潜在的に信頼できない性格のものである、という[34]。

このように、陪審にその証拠能力の問題についてまで委ねるかどうか、議論が分かれていた。もっとも、同一性識別証拠の許容性については、誤判の原因として注目され、心理学研究の知見を取り込みながら、その許容性判断を促進させようという動きがある[35]。その動きの中心は、目撃供述についての個別の審理を要求しようという要求でもある。したがって、これらの動向は、目撃供述の評価に対する陪審の能力への不信感から生じているものでは必ずしもなく、複雑、高度化する目撃供述の証拠能力判断を、より徹底していこうと指向するものであることに、注意すべきであろう。

ウ 科学的証拠の関連性

科学的証拠は、近年の科学技術の発展によって、裁判所に多様なものとしてもたらされつつある。なかには、ジャンクサイエンス(junk science、いわゆる「えせ科学」と呼ばれる)として法廷から証拠排除されるものもあり、その基準は現代の刑事裁判の重大な関心事である。周知の通りアメリカでは、いわゆるFrye 基準を排除して、Daubert 基準を連邦最高裁が明らかにした[36]。つまり、科学的証拠が裁判所に証拠として許容される基準を、「その所属する特定分野における一般的承認(general acceptance)を得ているかどうか」から、「関連性(relevancy)とともに信頼性(reliability)が必要であるとする基準」に変更され、裁判官の門番的役割(a gatekeeping role for the judge)が求められることとなっ

33　*Id.* at 349.

34　*Id.* at 350-56.

35　最近の動向につき、岡田悦典「目撃供述の許容性とその収集の手続化――アメリカ法の新動向を中心として」福井厚古稀『改革期の刑事法理論』(法律文化社、2013年) 347頁以下参照。

36　Daubert v. Merrell Dow Pharmaceuticals, Inc, 509 U.S. 579 (1993).

たのである[37]。

　連邦最高裁は、この科学的証拠の基盤的質問(foundational questions)の判断
を、裁判官による連邦証拠規則104条(a)の中に組み込んでいるとされる[38]。す
なわち判例は、裁判官の門番的役割を強調していることから、その信頼性の基
盤については、裁判官に割り当てていると指摘されるところである[39]。Daubert
v. Merrell Dow Pharmaceuticals, Inc 事件判決の示す意図については、①典
型的な科学的証拠の基盤(foundation)については時間を要すること、②また手
続的にその内容の深さがあるということ、③その証言の確率論的性格があるこ
とから、陪審に付託することは重大なリスクがあるという。つまり、陪審が意
識的にジャンクサイエンスを許容できないと判断したとしても、陪審の評議を
捻じ曲げるのではないか、と懸念されるのである[40]。

(2)　区分が曖昧な場合

　技術的問題ではあるが、これら区分について、著名な最高裁判例が連邦証拠
規則の制定後に出されているので、ここで取り上げることとしたい。すなわち、
Huddleston v. U.S 事件判決[41]である。

　被告人が、盗品であるビデオカセットテープを売買していたこと、所持して
いたことで起訴され、有罪となった。この物品を被告人は別の者から契約して
受け取り、配送したということである。しかし、テープが盗品であることに争
いはなく、被告人が盗品であることを知っていたかどうかが重要な争点であっ
た。事実審では、裁判所は検察が連邦刑事訴訟規則404条(b)項に基づく「類似
事実」の立証を許可した。そこで検察は、被告人から盗品であるテレビを購入
したとする証人を証言させた。もっとも、このテレビが盗品であるかどうかが、
ここで争われた。連邦最高裁では、被告人側から、連邦証拠規則104(a)条によ
って類似行為の証拠を公判裁判所が審理し、被告人が類似行為を行ったと判断
するまで、その証拠は、陪審には晒されるべきではなかったと主張され、問題
となった。

37　*Daubert*, 509 U.S., at 592.

38　*Id.* at 597.

39　Edward J. Imwinkelried, *Trail Judges: Gatekeepers or Usurpers? Can the Trial Judge
　　Critically Assess the Admissibility of Expert Testimony Without Invading the Jury's
　　Province to Evaluate the Credibility and Weight of the Testimony?* 84 MARQ. L. REV 1, 5
　　(2000).

40　*Id.* at 19.

41　Huddleston v. U.S, 108 S.Ct. 1496 (1988).

すなわち、類似行為は「テレビを盗んだこと」であるが、「テレビが盗品か否か」を裁判官が予備的に審理すべきであったのかが、問題となったのである。被告人側は、類似事実から陪審が処罰を判断する危険があり、悪性格を推論する危険性もあるとした。しかし、連邦最高裁は、104条(a)項によって裁判所が予備的事実調査を要求されることはないと結論付けた。そして、類似事実は、陪審がテレビは盗まれたと合理的に判断できた場合にのみ、テレビを売買したという証拠は関連性を有するとしたのである。[42] そして、検察が104条(b)項に合致する十分な証拠を提出するかどうか判断する上で、事実審は信用性(credibility)を評価することもせず、また条件付事実を証拠の優越の程度に証明していることを審査することもせず、裁判所は単純に事案の全証拠を評価し、陪審が条件付きの事実——ここではテレビが盗まれたという事実——を証拠の優越の程度に合理的に認定できるかどうかを審査すればよい、とした。[43]

このように、類似事実の前提となる事実については、事実の存否が問題となっている事案では陪審の領域であることを明らかにしたところに、本判決の意義がある。また、Huddleston v. U.S 事件判決は、連邦証拠規則104条(a)および(b)の解釈に一定の指針を提供したことに意義がある。すなわち、(b)項については、裁判官の役割を限定したとともに、(a)項による裁判官の広い権限が、証拠の許容性については存在することを確認したのである。[44] こうした考え方は、Bourjaily v. United States 事件判決[45]でも、基本的に踏襲されていく。この判決は、伝聞例外の要件を判断することが問題となった事例であって、調査する事実が、裁判官の領分と陪審の領分が重なりあっていると思われるような事案であった。[46] もっとも連邦最高裁は、104条(a)項の裁判官の領分として事実審が判断したことに異論を差し挟まなかった。そして、このことを「証拠は、

42　*Id.* at 1501.

43　*Ibid.*

44　Imwinkelried, *supra* note 38, at 4.

45　Bourjaily v. Unites States, 483 U.S. 171 (1987). なお、この事案は、次の通りである。すなわち、FBI の情報提供者が、レオナルドなる人物にコカインを売却するよう調整した。売買期日が近づいてきた時、レオナルドは、電話にて（記録されている）、コカインについて質問してきている「紳士な友達（gentleman friend）」がいる、と情報提供者に述べた。次の電話で、情報提供者は、「友達」に薬物の量と値段を話した。そして情報提供者とレオナルドは調整し、売買場所を合意した。そして、FBI は、レオナルドがコカインをホテルの合意場所で被告人の車に搭載した後に、2名を逮捕した。被告人は、コカイン流通の共謀とその意図でコカインを所持した事実で起訴された。検察は、取引における「友達」の参加に関するレオナルドによる電話述述を証拠として提出した。検察は共謀が存在していると主張したところ、裁判所はこの供述は連邦証拠規則801条(d)(2)(E)を満たし、伝聞ではないとした。最終的に被告人は有罪となった。*Id.* at 174.

46　Garland & Schmitz, *supra* note 14, at 106.

その証拠が、一定の『法的および政策的判断(legal and policy determination)』を具体化する証拠法則の技術上の要求を満たした場合に、陪審の前に提出されるのである。これらの事柄に関連する裁判所によってなされた調査は、証拠の提出者がその主張を通すことができるかできないかではなく、証拠法則が満たされているかどうか、なのである」と指摘したのである。つまり、証拠法則が関連する場合には、陪審の積極的役割が否定されることを、連邦最高裁は示唆したのである。[48]

区分に何らかの解釈問題が発生することから、学説上、区分の基準の明確が主張されたりしている。[49] このように議論はあるものの、これらの問題の背後には、陪審に対する権限を民主主義の統治というアメリカの政治理念から確保ないしは実現していこうという発想が根底に常にあることを窺い知ることができる。したがって、陪審の事実認定に関する領分を確保しようとしてコモンローの伝統に挑戦するとともに、連邦証拠規則104条(a)項による裁判官の権限をどの程度付与するのかが、一個の関心事なのである。

(3) 予備的事実の証明基準

予備的事実の証明基準についても、連邦証拠規則は沈黙している。論者の中には、また特に刑事訴訟の場合には、民事訴訟と異なり予備的事実の証明基準については重要であり、合理的疑いを超える証明がなされなければ有罪とすることはできないという憲法上の保障があるという理由から、証拠の優越基準よりもより高い基準である合理的疑いを超える証明基準(beyond a reasonable doubt)とすべきとする主張もある。[50] もっとも、連邦最高裁は、そこまで高い基準を求めていない。すなわち、証拠の優越基準(a preponderance of evidence)が妥当するものとされてきた。

グリーガー(Greger)の論文によると、刑事訴訟に関する判例法理は、次の通りである。[51] 例えば、被告人の自白の任意性につき、Lego v. Twomey 事件判決において、連邦最高裁は証拠の優越基準を採用した。[52] その論理は、自白の任意性聴聞の目的が陪審評決の信頼性を改善するということではないので、有

---

47 Bourjaily, 483 U.S. at 175.

48 Garland & Schmitz, *supra* note 14, at 107.

49 *Id*. at 84.

50 Greger, *supra* note 15, at 463.

51 *Id*. at 462-70. 以下の判例分析は、同論文を参照している。

52 Lego v. Twomey, 404 U.S. 477, 484 (1972).

罪評決は予備的事実の証明基準が厳格ではないという理由だけで信頼されなくなってしまうことにはならない、とする。[53] またこうした結論は、刑事訴訟における連邦最高裁の合理的疑いを超える証明基準の要請[54]とも反することはない、とするのである。[55]

こうした方針は、その他の判例でも固まっている。ミランダ警告違反が問題となった事例で、権利放棄が争われた事件がある。この放棄の証明には、証拠の優越によって証明されればよいことを、連邦最高裁は判示している。[56] また、同意捜索が問題となり、証拠の排除が争われた事案についても、同様の判断を示している。[57] いわゆる違法収集証拠排除に関しては、被告人の権利もあるものの連邦証拠規則との均衡の上に成り立っていると指摘されるところである。[58] また、伝聞法則の適用についても、連邦最高裁は、証拠の優越基準が妥当するとしている。[59]

こうした判断は、アメリカ連邦証拠規則104条(a)項による裁判官の予備的事実に関する審理を妥当としたことになる。しかし、104条(b)項の条件付関連性が妥当する場合には、すでに指摘した通り、裁判官による調査は、陪審が判断することができる十分な証拠かどうかである。そのような証拠を示すことで、予備的事実については、陪審によって判断され、許容される。[60]

証明基準の議論は、基本的に陪審の尊重を前提としているといってよいであろう。すなわち、証明基準を低く設定することにより、「証拠が、究極の事実認定者である陪審に提出されることを確保すること」[61]であるとされている。このような考え方の下地には、予備的事実について判断されるべきことは、証拠に関するルールが満たされていたかどうかであるという根拠がある。そしてこのことは、必ずしも被告人の憲法上の権利を疎かにするわけではない、という認識があるからであろう。[62]

---

53 *Id.* at 486.

54 In re Winship, 397 U.S. 358 (1970).

55 *Lego*, 404 U.S. at 486-87.

56 Colorado v. Connelly, 479 U.S. 157, 168-69 (1986).

57 United States v. Matlock, 415 U.S. 164, 177-78 (1973).

58 Greger, *supra* note 15, at 466.

59 *Bourjaily*, 483 U.S. at 175-76.

60 *Huddleston,* 485 U.S. 681.

61 Greger, *supra* note 15, at 470.

62 なお刑事訴訟においては、この問題につき、合理的疑いを超える証明が有力に主張されていることを分析しつつも、個別に基準を検討すべきであるとし、自白、臨終の供述（dying declarations）及び利益に反する供述（declarations against interest）という伝聞例外について

4　わが国の裁判員制度における裁判官と裁判員との役割分担について

⑴　立法過程

　わが国の裁判員制度において、裁判員は裁判官と同様に、事実認定、法令の適用、刑の量定において同等の権限を持つ(裁判員法 6 条 1 項)。ゆえに、裁判員は裁判官と同様に、評決および刑の量定にてそれぞれ一票を持つ。評決は、「構成裁判官および裁判員の双方の意見を含む合議体の員数の過半数の意見による」こととなり(同67条 1 項)、刑の量定は意見が分かれた場合に「構成裁判官および裁判員の双方の意見を含む合議体の員数の過半数の意見になるまで、被告人に最も不利な意見の数を順次利益な意見の数に加え、その中で最も利益な意見による」(同67条 2 項)。

　このように、わが国の裁判員には、裁判官と同様に重要な権限が割り振られたが、①法令の解釈に係る判断、②訴訟手続に関する判断(少年法55条の決定を除く)、③その他裁判員の関与する判断以外の判断は、構成裁判官の合議によるとされている(同 6 条 2 項)。②と③の「厳密な区分は困難である」[63]とされている。ただし、ひとまず③は包括的な規定とされ、②については、訴因変更の許否、証拠の採否、弁論の併合・分離、勾留・保釈、裁判員の選任・解任等が想定される。そして、③については、免訴・公訴棄却等の終局裁判や、証人の証言拒否に対する制裁の裁判等が想定されている[64]。これらの事項については、法的専門性・技術性が高く、その判断主体としてはやはり専門家である裁判官が行うことこそ相応しいとされるのである。また、必ずしも一般の社会常識を反映させるほどまでもない、という理由から裁判官に割り当てられている。

　陪審制とは異なり裁判員制度では、裁判官と裁判員が協働して事実認定、量刑を行うのであるから、裁判官固有の権限をどこまで措定するのかは重要課題であるとともに、裁判員に上記権限を超えて認めていくのかも、重要課題である[65]。法的専門性・技術性が高まれば高まるほど、一般の素人である裁判員は

は合理的疑いを超える証明を要求するべきであるとするものとして、*See* Stephen A. Salzburg, *Standards of Proof and Preliminary Questions of Fact*, 27 Stan. L. Rev. 271, 305 (1975).

63　池田修ほか『解説・裁判員法〔3 版〕』(弘文堂、2016年) 48頁。

64　池田ほか・前掲注63書48頁。

65　この点で、裁判員法68条 1 項は、構成裁判官の合議によるべき判断のための評議は、構成裁判官のみが行うとするものの、同 3 項で、構成裁判官は、その合議により、裁判員に第 1 項の評議の傍聴を許し、6 条 2 項各号に掲げる判断について裁判員の意見を聴くことができるとする。

裁判官と裁判員との役割分担に関する一考察 | 275

刑事訴訟の過程から排除されていくことになろう。しかし、それに反省を促し、国民の社会常識を反映させることが裁判員制度の趣旨であるから、可能であれば、裁判員が関与する方向を目指すことも、一つのあるべき姿である。

　この観点から検討すべき事項は、証拠の採否である。証拠の採否は、具体的には裁判員の権限である事実認定、刑の量定に、少なからず影響を与え得るからである。この点で上述したように、証拠の採否を、ひとまず裁判員法6条2項2号に厳格に含めて考えれば、裁判官の専権事項であると言えそうである。しかし、裁判員法では、必ずしも明確に区分しているわけではなく、このことは、立法過程の議論からも窺い知ることができる。

　立法過程では、裁判官と裁判員の役割区分について、詳細に議論された経緯がある。2001年6月12日に、司法制度改革審議会意見書が提出され、裁判員制度の導入とともに、新たな準備手続の創設が指摘された。この段階では、裁判官と裁判員との役割の区別については十分な指摘がなく、その議論はその後の検討会と立法に委ねられたと言ってよいであろう。[66]そこで、これを受けた裁判員制度・刑事検討会で、両者の区別についてかなりの意見が出されたのである。

　まず第4回検討会(2002年6月11日)では、「裁判官と裁判員との役割分担の在り方」が議題とされた。そして、法律問題については、裁判官に委ねるべきであるという意見が大勢を占めた。しかし、訴訟手続上の問題については、意見が分かれたといってよい。基本的には裁判員は関与すべきではないとの意見が大方であったものの、証拠の採否については賛否が分かれたのである。裁判員の負担の問題や専門性の欠如からの能力上の問題から、裁判官に委ねるべきであるとの意見とともに、どちらかというと一刀両断して、厳格に区分することには裁判員制度の理念からしても慎重であるべきであるとする消極的意見があった。また、場合によっては裁判員に意見を求めることはあってもよいし、証拠物の証拠能力判断の重要な前提事実には、むしろ裁判員も関与することを検討してよいのではないか、あるいは、証拠能力の争い自体が重要な争点となり、それでほぼ事案の勝負は決まってしまう事件では、むしろ裁判員が関与す

66　意見書については、http://www.kantei.go.jp/jp/singi/sihou/index.html にて参照可能である（参照日：2018年1月31日）。同報告書は、新たな準備手続において、「予断排除の原則との関係にも配慮しつつ、当該手続における裁判所の役割・権限（証拠の採否等裁判所の判断の対象範囲や訴訟指揮の実効性担保のための措置等を含む。）や当事者の権利・義務の在り方についても検討されるべきである」とする。

べきではないのか、といった意見も見られたのである[67]。

　その後、第19回検討会(2003年5月30日)では、準備手続の主宰者を受訴裁判所の裁判官が担うべきかどうか、あるいは別の裁判官にすべきかどうかが議論された。しかし、区分については大きく取り上げられることはなかった。第26回検討会(2003年9月22日)でも同様の議題が議論された。そして、受訴裁判所の裁判官が準備手続も担うとすると、裁判官と裁判員との間に情報格差が生じる可能性があるのではないかという点について議論された。

　この結果として、証拠採否について、裁判員の権限は明確に規律されたとは言い難かったと言える。すなわち、最終的に出された骨格案においても「裁判官は、適当と認めるときには、裁判員を、専ら訴訟手続に関する判断又は法令の解釈に関する審理に立ち会わせて、その意見を聴くことができるものとする」[68]という提案が実現した。そして、専ら証拠能力の判断のための事実の取調べと、証拠調べ決定又は証拠調べ請求の却下が、準備手続の内容の中に組み込まれたのである[69]。その後、公判手続での裁判員の権限について、特に証拠の採否の問題については、明確に整理されることはなかったと言える。

(2)　学説

　したがって、学説上は、実質的に重要な証拠と思われるものについては、裁判員もその判断に参与する解釈がなされている。すなわち、明確な基準が十分に定立されているわけでは必ずしもないが、概要は、裁判の実体判断にとって重要と思われるものについては、公判前整理手続ではなくて、公判で裁判官と裁判員が協働して審理するという区分けがなされていると言えよう。例えば、「証拠能力の有無を判断するための事実の取調も可能である。ただし、事実の取調べを行なうにあたっては、事案の真相は公判廷における証拠調によって明らかにされるべきであるという公判中心主義に基づく要請があることを考慮して、その当否を判断することになる」[70]とされる。結果として、単純な事案、例えば、321条1項2号の伝聞例外要件における供述者の死亡の事実、検証調書、

67　議事録については、http://www.kantei.go.jp/jp/singi/sihou/kentoukai/06saibanin.html 参照(参照日：2018年1月31日)。

68　骨格案については、「裁判員制度の概要について（骨格案）」http://www.kantei.go.jp/jp/singi/sihou/kentoukai/saibanin/dai31/31siryou_list.html（参照日：2018年8月28日）参照。

69　「刑事裁判の充実・迅速化のための方策の概要について（骨格案）」http://www.kantei.go.jp/jp/singi/sihou/kentoukai/saibanin/dai31/31siryou_list.html（参照日：2018年8月28日）参照。

70　松尾浩也監修『条解刑事訴訟法〔4版増補版〕』(弘文堂、2016年) 729頁。

鑑定書作成の真正が争われた場合のように事案の実体と関係がなく、判断も容易な場合、あるいは、323条書面の要件が明白な場合などでは、公判前整理手続の段階で決定すべきであるとする。[71]

　また、裁判員とともに公判で審理するという範疇のものとして、自白の任意性が挙げられる。すなわち、具体的には、「自白の任意性が争われて取調官の証人尋問等が必要な場合は、任意性の判断が信用性の判断と密接に関連するのが通例であることなどから、公判前整理手続では採否が留保され、公判での証人尋問の後に判断されるのが一般的な運用である」[72]と指摘されている。[73]また、証拠物の押収手続の違法性が争われ、違法収集証拠が争点となった場合も同様である。薬物犯罪のような事例では、証拠物の証拠能力の存否が、有罪・無罪に繋がる重要な争点であると考えられるので、公判期日に扱うのが相当であるとする見解が主張されている。[74]このように、自白、違法収集証拠のうち重要な証拠については、裁判官と裁判員が協働して判断していこうという考え方が一般的である。

　科学的証拠の採否についても、同様の傾向にある。例えば、裁判官の執筆による報告書『科学的証拠とこれを用いた裁判の在り方』は、わが国において科学的証拠について、証拠能力(自然的関連性)の議論はアメリカ法ほど、重厚には展開されてこなかった理由を詳細に検討し、裁判員制度と陪審制度との違いを次のように展開する。

　　「……職業裁判官は、法律家として科学的証拠の持つ特殊性、危険性について認識があり、個々の裁判において、科学的証拠の意義と限界の双方を審理で明らかにすることが重要であることを知っていることである。そして、評議においても、その双方を意識して議論することが重要であり、それが科学的証拠の持つ危険性を現実化させない方法であることを知っているということである。……(略)……
　　……(略)……。そして、科学的証拠の意義と限界を意識することが重要で

71　松尾監修・前掲注70書729～30頁。

72　池田ほか・前掲注63書149頁。

73　その他、同旨として、松尾監修・前掲注70書729頁。

74　池田ほか・前掲注63書149頁。その他、同旨として、松尾監修・前掲注70書730頁、島田一＝蛯原意「裁判員裁判における証拠の関連性、必要性判断の在り方」判タ1401号（2014年）123頁以下。ただし、消極説もある。例えば、公判前整理手続において、できる限り判断すべきとする見解として、吉村典晃「裁判員裁判における証拠調べ」松尾浩也＝岩瀬徹編『実例刑事訴訟法Ⅲ』（青林書院、2012年）180頁。

あることを認識している裁判官からは、証拠法の解釈としていえること、例えば、証拠裁判主義を逸脱しないようにとの指摘は裁判員法66条5項に基づいて、個別具体的な証拠評価に関する意見は裁判官個人の意見として、評議に提供されることになる。このような点は、やはり市民のみが事実認定者である陪審制度と比べると、科学的証拠の持つ危険性が現実化しない防波堤があるという点で、大きな違いというべきではないだろうか」[75]。

このように報告書は、陪審制度と裁判員制度との違いを強調する。そして、職業裁判官の科学的証拠に関する知見を強調して、科学的証拠の関連性判断を、アメリカ法のように厳格に考える必要性はなく、むしろ証明力の判断に委ねるべきことを指摘する。

こうした考え方には、同報告書によれば、現行の公判前整理手続の考え方も影響していると思われる。そもそも同報告書は、公判前整理手続については次のような性格付けをしている。

「公判前整理手続は、審理途中で審理計画が変更されないよう双方の主張や立証方法を明らかにしつつ審理計画を策定することが目的であり、その限度で争点および証拠の整理を行うものである。したがって、あくまでも公判準備として行われるものであり、当該裁判の帰すうを決してしまうような本格的審査を、公判前整理手続において事実の取調べとして行うのは、公判前整理手続の目的を逸脱したものというべきであろう。特に、科学的証拠の信頼性に関する事実は、科学的根拠の信用性や証拠価値といった本来裁判員と裁判官との評議で判断すべき事項と密接不可分であるから、なおさら、それを公判前整理手続で審査し尽くしてしまうのは妥当でない。
したがって、公判前整理手続において、科学的証拠の信頼性を一から検討し、その信頼性の有無、程度を実質的に判断してしまうような本格的審査は妥当ではないと考えられる」[76]。

このように、公判前整理手続の位置づけを把握しつつ、自然的関連性の判断基準を「検査・判定方法の信頼性に重大な欠陥や大きな疑問があるとはいえな

---

75 司法研修所編『科学的証拠とこれを用いた裁判の在り方』(法曹会、2013年) 34〜35頁。
76 司法研修所編・前掲注75書36頁。

いこと」[77]とし、証拠調べの必要性の判断を公判前整理手続で行いつつ、「科学的証拠の信頼性そのものについて、余り細かなところまで立ち入って審査することは予定されていない」[78]とする。

5　結語——今後の方向性

アメリカ証拠法における裁判官と陪審との役割分担についての法律、判例に関する議論を歴史的に概観し、裁判員制度の導入にかかわるわが国の裁判官と裁判員との役割分担についての立法過程、学説を検討してきた。両国において、一般の素人が刑事裁判に関わることの意義を最大限に見出し、それを尊重する理念のもとに、議論されていることを、本検討から窺うことができる。もっとも、具体的な結論については、より詳細に当てはめて考えていかなければならず、ここで早急に体系的な提案ができるわけではないと言わざるを得ない。その検討は他日を期すことをここで明らかにするとともに、ここでは今後の方向性について考えていることを明らかにし、本稿を閉じたいと思う。

さて、わが国の議論を概観すると、制定法があるにも関わらず、証拠能力の判断にあたって裁判官と裁判員とを厳格に区分けして裁判官の領分とすることなく、裁判員制度の趣旨を最大限取り入れて、運用していこうとする趣旨を窺い知ることができる。アメリカにおける陪審の権限確保と、そのための学説の展開、そして1975年連邦証拠規則の制定と判例法の生成という歴史的展開を見る限りでは、一般の素人が参加するという理念を尊重するとするのであれば、わが国の学説はもっぱら妥当な指摘であるというべきかもしれない。しかし、証拠能力の問題について、裁判官と裁判員の領分を曖昧にすることは、逆に、自白法則などの証拠法則の豊かな展開と、目撃供述の証拠能力論や科学的証拠の関連性の議論を停滞させるという危険が大いにあることも忘れてはならないように思われる。

特に、自白法則の判例法理は、近年わが国ではあまり進展はなく、違法収集証拠排除法則についても、その適用はアメリカ法ほど華やかではない。それには、専門の裁判官による裁量を厚くし、公判において事実上対応するという考慮があったのかもしれない。しかし一方で、自白、目撃供述、科学的証拠などについては、それぞれ、現代的に重い課題を背負っている。例えば、自白につ

77　司法研修所編・前掲注75書37頁。
78　司法研修所編・前掲注75書40頁。

いては、古典的に念頭に置かれていた、強制による自白や、虚偽・約束に基づくような自白という問題よりも、より複雑な状況がある。すなわち、最近の虚偽自白で明らかにされていることとして、捜査官が何らかの圧力をかけていなくても、虚偽自白に至る事例が散見される。したがって、自白の問題は単純ではなく、さらなる心理的かつ経験的な知見を必要としている。また、目撃供述についても、同様である。例えば、目撃者が確信を持って断定していたとしても、それは往々にして、誤認の可能性があるということも、心理学的知見から常識になりつつある。科学的証拠については、その複雑、高度化は、言わずもがなであろう。その具体的な判断には、忍耐と熟慮が必要とされる。また、違法収集証拠排除法則についても、社会の成熟とともに、適正な捜査の在り方への関心も高まっている。

　これらの中には、科学的証拠のように、裁判官についても未知の世界である可能性は高いものもある。このような状況の中、区分を曖昧なままにすると、科学技術の進展、そして時代に合致した法廷の実現を困難にするばかりか、裁判員裁判に無用の混乱を招きかねないであろう。また、より充実した裁判員制度と公正かつ透明な刑事手続を発展させていく上で、証拠法則を豊かにしていくことが求められるとすれば、区分を曖昧にすることは適当な方策とは言えまい。そうであるならば、これら証拠に関わる法理念、政策を十分に発展させること、証拠の関連性の議論を進めることを前提に、証拠能力の判断を裁判員から区分していくことが、やはり目指されるべきと思われる。また、そのための手続的枠組みが現状の公判前整理手続では想定されていないとすれば、新たな手続的措置も検討しなければならない。そして基本的には、アメリカ証拠法と同様の区分が参考になるものと考える。

　なお、陪審制とは異なり、裁判官については、事実認定者と準備手続の主宰者が区分されていないことにも、着目しなければならない。つまり、アメリカにおける証拠能力の問題に陪審が関与することについての懸念、すなわち、排除した証拠に引きずられ、評議を歪められるといった懸念は、裁判官が公判前に関与するということをも意味していることを考慮すれば、わが国の場合には裁判官にも当てはまるものとも言えなくはないであろう。そうだとすれば、そもそも、公判前整理手続を主宰する裁判官と公判を主宰する裁判官を区分することも、検討すべきであろう。

　現状では、実務上、証拠がその事件の核となる証拠である場合には、裁判官と裁判員の両者が判断し、証拠が事件の核ではない場合には、重要な証拠法則

（自白法則、違法収集証拠排除法則、伝聞法則）が関係する証拠は、裁判官が判断するといった区分があるように思われるところである。裁判員による、証拠法則への考え方は未知数であり、このことは一見適当であるようにも見えなくはない。しかし、なぜ事件の核となるものが、裁判官と裁判員との協働によって可能となるのか、明確な理論的根拠を見出すことは難しいであろう。また、わが国の特質上、事件の核となる証拠は、なお裁判官と裁判員が協働して判断するとすれば、少なくとも、証拠法則に関する裁判官による説明は、必要的になされるべきである。そしてその評価については、判決文に明確に示すことが求められねばならないであろう。

（おかだ・よしのり／南山大学法学部教授）

変革期の自由刑における刑務作業の意義

本庄 武

1　はじめに
2　刑務作業の意義
3　作業が刑罰内容でもあることの問題性
4　処遇としての刑務作業
5　おわりに

1　はじめに

　長い間沈黙を続けていた自由刑の改革が進行中である。

　日本の行刑では、1つの工場に50名以上にも及ぶ多数の受刑者を集め、武器を携帯しない1名から2名の少人数の工場担当の刑務官が管理する、というやり方を採っているにもかかわらず、逃走や暴動などの保安事故が極めて少ない。その背景には、受刑者が刑務官を「おやじ」と呼ぶことに象徴される疑似家父長制の下で、相互に信頼関係が築かれていることがあるとされた。こうした「日本型行刑」は、戦後の混乱期を脱したころに確立したものと思われ、1980年代以降は自覚的に世界に誇るべき行刑スタイルとして喧伝された。この体制下で秩序ある所内生活を維持したうえで、受刑者に社会復帰に向けた働きかけを行っていくという行刑理念は、欧米において、受刑者処遇についてのペシミズムが蔓延した1970年代以降も変わることはなかった。学説の多くも、日本型行刑の名の下で、規律秩序の維持を過度に重視することには批判的であったものの、社会復帰行刑の理念を維持すること自体の重要性は認めていたため、大きな方向性として、日本の行刑は盤石に思われた。

　しかし、21世紀に入ったころから行刑において積極的な改革が行われるに至っている。刑務官が受刑者を虐待したとされる名古屋刑務所暴行事件を契機として、2005年に、明治の終わり以降100年以上にわたり命脈を保っていた

監獄法が全面改正された。新法(以下、処遇法と略称する)では、受刑者処遇は改善更生を旨として実施することが法律上に明記された。それに伴い、旧監獄法下では根拠規定を欠いていたため、任意に受講を促すしかなかった処遇類型別指導が、改善指導・教科指導として法制化されるとともに、受刑者に受講が義務付けられた。改善指導としては、性犯罪再犯防止指導(R2)や薬物依存者指導(R3)など特定の問題性に働きかける体系化され実績のある本格的なプログラムも導入された。改善更生は、辛い受刑者生活を耐えることにより忍耐力を養うことにより成し遂げるものに加えて、具体的に抱えている問題性に働きかけることによって達成することをも意味することになった。[2]

その後、居場所と出番を確保することにより再犯防止を達成することが重視されるようになった。高齢者や知的障害者といった福祉の支援を要する受刑者は特別調整の対象となり、刑事施設入所中から出所後に福祉につなげる支援が提供されるようになってきている。帰住先がなく出所する受刑者を減らさなければならないが、更生保護施設はキャパシティが限られているし、入所者に制限が設けられている例が多く、集団生活に適応できる出所者でなければ利用できないという限界があった。さらに、入所中に就労して資金を積み立てたうえで自立していくというモデルになじむ出所者でなければならなかった。そうしたところ、自立準備ホームが設けられ、様々な居住施設が提供されるようになった。このことは自立モデルの多様化を指し示している。そして、出所後に就労し自立した生活を目指す受刑者には入所中から就労支援が実施されるようになっている。ハローワークと連携するなどにより、入所中に採用面接を受験し、内定を獲得してから出所する受刑者も極めて稀な存在ではなくなっている。これらの諸施策は社会復帰支援と総称され、改善指導とは異なり、受刑者本人の希望に応じて実施することとされている。社会復帰支援に力を入れるということは、社会復帰を施設内での処遇を受けるだけで成し遂げることは難しいことであり、手助けが必要であることが公的に承認されたことを意味する。

そして、2017年3月からは法務大臣からの諮問を受けて、法制審議会少年法・刑事法(少年年齢及び犯罪者処遇関係)部会が開催され、刑罰として一律に刑務作業を義務付ける懲役刑を廃止して、作業に代えて矯正のためのその他の処

---

1 制定当時は「刑事施設及び受刑者の処遇等に関する法律」という名称であったが、翌年に、先送りしていた未決拘禁者および死刑確定者に関する規定を統合して、「刑事収容施設及び被収容者等の処遇に関する法律」という名称となった。

2 監獄法改正直後の時点での筆者の認識については、本庄武「日本における受刑者処遇理念の変遷と今後の展望」龍谷大学矯正・保護研究センター研究年報6号(2009年)31頁。

遇を実施することも可能とする「新自由刑」の導入に向けた議論がなされている。検討の基礎となった、法務省『「若年者の刑事法制の在り方に関する検討会」取りまとめ報告書』(2016年)は、若年受刑者の改善更生を図るためには、例えば、学力の不足により社会生活に支障がある者に対しては教科指導に重点を置いた矯正処遇を行うことが重要であり、また現在その数が増えている高齢受刑者や障害を有する受刑者への対応をも柔軟化する必要があるが、現在の懲役刑の規定では、他の矯正処遇が適している場合にも一定の時間を作業に割かなければならない点で、限界があるとの認識を表明していた。報告書は、他方で、禁錮刑受刑者についても、受刑者によっては本人の改善更生にとって作業が有用な場合がある、との認識を示すから、刑務作業について一概に否定的な評価を行っているわけではない。[3]しかし、破廉恥な罪を犯したと評価される大部分の受刑者に対し、受刑生活の大部分において画一的に強制されてきた刑務作業について、それが社会復帰に有害な場合があることが公的に認められたことの意義は大きい。部会の議論の方向性はいまだ定まっていないものの、今後は、処遇の個別化がより徹底されていくこと自体は確かなように思われる。

　このように、社会復帰ないし改善更生に向けて行われる施設内処遇の内容は、近時大きく変容を遂げつつある。本稿は、この問題状況を受け、この変革の時代にあって、刑務作業は今後いかなる意義を有していくべきかを展望するものである。なお、刑務作業を巡っては作業報酬のあり方等他にも重要な問題があるが、本稿は、刑務作業は何のために、どのように行われるべきかという問題に焦点を絞りたい。

2　刑務作業の意義

(1)　伝統的な整理

　刑務作業の意義ないし本質に関しては、歴史的に種々の見解が主張されてきた。一般的には、①受刑者労働力の国家的利用、②専ら刑罰的害悪を賦課するためのもの、③行刑に要する国家の支出を償うもの、④刑事施設内の規律秩序を維持するための手段、⑤受刑者の社会復帰の手段、⑥一般社会での労働と同

---

[3]　もっとも、『取りまとめ報告書』が、禁錮刑受刑者の改善更生にとって作業が有用な場合があるということから、禁錮刑をも廃止して、作業その他の矯正処遇を義務付ける新自由刑を導入しようという提案につなげていることには、論理の飛躍があると言わざるをえない。

質のものに分類される[4]。

しかしこれらはあくまでも歴史的に刑務作業が果たしてきた役割の一面を捉えたものであり、現時点で刑務作業の本質としていずれかを自由に選び取るような性質のものではない。①は、ガレー船での苦役や北海道開拓などに受刑者を使役したことを示しているが、現時点では、国家の一方的な都合により、受刑者の労働力を搾取することを正当だと考える見解は存在しないであろう。また、国家が必要とする労働力が、高度な技術を要しないものから、一定の習熟や経験を必要とするものへと変化し、受刑者を即戦力として用いることは難しくなってきたこともあり、この見解は支持を失っている。

また、②は、踏み車のように何の価値も生み出さず、単に苦痛を賦課することを指しているが、これについても、現代においてはもはや存在を許容されない。既に、1957年の国連被拘禁者処遇最低基準規則(UN Standard Minimum Rules for the Treatment of Prisoners。以下、SMRと略)が、「刑務作業は苦痛を与える性質のものであってはならない」(71条1項)と規定していたところである。日本の法令上も、「作業は、できる限り、受刑者の勤労意欲を高め、これに職業上有用な知識及び技能を習得させるように実施する」(処遇法94条1項)と規定されている。作業が有用性を実感できるようなものであればあるほど、作業に従事することの魅力は高まっていき、その分だけ作業において苦痛を賦課するという要素は減退していくでろう。殊更に苦痛を感じさせることを目的として、作業を実施することは、この規定に抵触してもはや許されなくなっていると理解される。

③は、日本でも自給自足原則として、長らく意識されていた[5]。しかしながら、有用作業確保が困難になる中で、近時は刑務作業による収入が、40億円前後であるのに対して、収容費は470億円前後となっている。もはや自給自足の実態は存在していない。

また、それ自体は収益性のない職業訓練は、社会復帰にとっての有用性から伝統的に刑務作業の一種として扱われてきており、処遇法94条2項も免許・資格取得や職業上有用な知識・技術の習得の必要性があり、相当と認めるときは訓練を作業として実施する、と規定している。しかしながら、収益性確保が至上命題である限り、職業訓練は一部の限られた受刑者にしか実施できないこ

---

[4]　藤本哲也『刑事政策概論〔全訂7版〕』(青林書院、2015年) 254頁。

[5]　矯正の基本原理を表明したとされる1946年1月4日の司法次官通牒は、行刑の運用に当たり準拠すべき3個の原理として、人権の尊重、更生復帰とならび、自給自足を掲げていた。

表1　刑務作業収入費と収容費

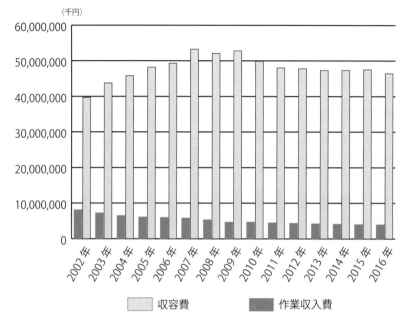

各年の『法務年鑑』より作成
収容費は、都道府県警察実費弁償金を含む

とになり、その状況が長く続いてきた。ところが近年は、2006年以降毎年のように職業訓練種目の新設が行われるなどして、2016年度の職業訓練定員総数は7,519人と10年前の約2.7倍となっている。さらにそれ以外に、2007年より多様な職業訓練種目を用意するPFI方式で運営される施設（社会復帰促進センター）が運営を開始し、さらに2010年からは「競争の導入による公共サービスの改革に関する法律」（公サ法）に基づき、3つの既存施設の作業・職業訓練・教育・分類業務が民間委託されたことにより、これらの施設では、既存施設に比べて高い比率で職業訓練が実施されている。これらにより、職業訓練人員は飛躍的に増加している。職業訓練修了人員は平均就業人員の2割を超えるに至っており、もはやごくわずかな例外とは言えない状況になっている。

　加えて2011年には、賃金の収支を伴わないボランティア的な労務提供作業である社会貢献作業が導入されるに至っている。社会貢献作業に従事している受刑者は、2016年で296人と未だ少数にとどまるが、収益を上げることを目

表2 職業訓練

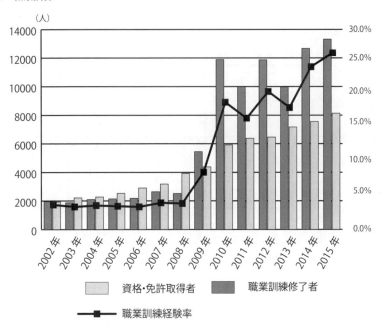

各年の『犯罪白書』より作成
職業訓練経験率は、近似値として、職業訓練修了者を一日平均就業人員で除して計算

指さない作業が導入されたことは、収益至上主義を採らないことが公的に宣言されたことを意味する。その意義は、決して小さくはない。現状において、自給自足原則を明記した法令は存在せず、処遇法94条1項が、2項の職業訓練を含む作業全体について、収益性があることではなく、社会復帰に有用であることを求めていることからしても、法令上も自給自足はそれ自体として追求されるべき目的とは言い難い。自給自足原則は、伝統的に重視されてきた行刑にとっての倫理規範のようなものと捉えられていると考えられるが、そのような倫理規範としても、自給自足原則はもはや重視されていないように思える。[6]

---

6 局面は異なるものの、自給自足の原則からは、受刑者自らが自分たちの食事を作り、住む場所の掃除を行い、自分たちの衣類についても洗濯をし、刑務所の建物・設備の修繕・修復等についても受刑者自身でできることはすべて自分たちで行うことが要請されていた。しかし、PFI刑務所は効率化を優先してこれらの民間委託に踏み切っている。そして、既存の刑務所でも、炊事等を民間委託するところが出始めている現状にある。PFI構想が、伝統的な行刑を重んじる立場から

④については、日本の刑務作業が規律秩序維持の重要な手段となっていることは否定できない事実である。刑務作業は、一人の担当が50人前後の受刑者を１つの作業場で監視ないし管理監督する体制で行われている。担当職員は高台に立ち、全体を一望できる体制にある。作業の指導者は担当職員とは別に配置されている。受刑者は許可なく、離席したり、他の受刑者と交談することが禁じられている。受刑者が少しでも不穏な動きをすれば、たちどころに担当職員に察知され、保安事故の未然防止が効率的かつ大幅に達成できる。こうした体制は、まさにミシェル・フーコーが描写した一望監視システムであり、受刑者は自ら規律を内面化させ、整然かつ黙々と作業に従事する体制が構築されている。[7] しかし、規律秩序の維持はあくまでも実際上の副次的な効果にとどまるというべきであろう。この効果は全員が同種の活動を整然と行っていることにより得られるものであるから、必ずしも作業を実施していなければならないものではない。同様の効果は、例えば、パーソナルコンピュータを用いた活動（製図のような商品を生み出す作業、職業訓練だけでなく、学習を行う場合、さらに余暇活動に興じている場合も含まれる）や、講義形式の授業、ワークブックを用いた自主学習などでも獲得できる。さらにそもそも、日本の刑務所の規律維持の水準は、厳格すぎるのではないかとかねてから批判されている。例えば、運動時間においては、各人が走ったり球技をしたり座って寛いだりと好きな活動をすることが許容されている。その場合、不穏な動きを察知できる水準は、工場での作業中よりも低下すると考えられるものの、それにより直ちに規律維持が脅かされるとは考えられない。自主的な活動の余地を広げることができれば、いわゆる「工場」型の斉一な作業ではない類型の作業を実施することも容易になり、施設内で実施可能な活動の幅が拡大する。結局、理論的な説明として、規律秩序維持のために作業に従事させるという説明を維持することはできないと考えられる。

の抵抗を押し切って進められたことについては、西田博『新しい刑務所のかたち——未来を切り拓くPFI刑務所の挑戦』（小学館集英社プロダクション、2012年）44頁参照。こうした事情も、自給自足原則がもはや矯正において重視されていないことを窺わせるものである。

[7] フーコーは、近代においては監獄類似のシステムが、一般の生産工場や学校などにもみられることを指摘した。ミシェル・フーコー（田村俶訳）『監獄の誕生』（新潮社、1977年）。しかし、興味深いことに、日本の刑務所は、いわゆる「工場」の概念には当てはまらない、高齢受刑者等を集めて養護的処遇として軽作業を行わせている作業場も養護「工場」と呼び、それどころか、集団での作業が難しい受刑者や規律違反の調査を受けている受刑者が昼夜間独居処遇として居室内で作業を行う居室棟も「工場」と称されることがある。こうしたことは、フーコーの指摘とは逆に、日本の刑務所が一般社会に由来する工場という概念に拘り、それを処遇の基本としていることを示唆しているように思われる。

そこで現在では、⑤刑務作業の本質を社会復帰のための手段と理解する見解が通説化しているが、これに対して、⑥一般社会における労働と同質のものである、との見解からの批判が向けられている。そこで、項を改めて、⑥について検討を加える。

(2) 自由労働としての刑務作業の構想

⑥の立場からすれば、主流である⑤の考え方は、第1に、刑務作業により勤労意欲を養うというとするが、あらゆる労働に共通して有効な勤労意欲なるものが存在するか疑わしいし、仮に存在するとしても、どうすればそれを身に着け得るかは現在のところ、十分に解明されていない。またそのような態度は他人から押し付けられるものではなく、個人が選択し得るあり方の一つに過ぎない。第2に、職業的技能の付与を作業目的としているが、これを実現するためには、莫大な予算を投じて全国の刑務所を職業訓練所に変えなければならないが、定職の有無と犯罪実行の可能性は直結せず、また刑務所内での職業訓練を外界での就職に生かす者は少ない[8]。

そのため、受刑者の改善・社会復帰にとって刑務作業にはあまり多くを期待できないのが現状であるとされ、そこから刑務作業を一般労働と同じものと理解するとの構想が示される。すなわち、受刑の開始時に職場を有する者にはそこへの通勤を継続させ、新たに職を見つける必要のある者も自分で探してきた職場へ通うことを原則とするが、自己の責任において外部での仕事を見い出し得ない者に対しては、国が一定の職を与えることも、一般的な失業対策、福祉的な授産活動の一つとしてその必要性が肯定される、とされるが、これもまた国が開発した外部の職場に働きに出ることを原則とする、とされる。それに対して、拘禁確保の必要上、閉鎖施設への24時間にわたる収容を余儀なくされる者には、刑務所工場での作業や、施設維持に必要な経理作業あるいは、営繕作業などが与えられる。そして、❶どの程度の職種を揃えるべきかは、外界での失業対策事業と同じレベルで判断されるべきことがらであるが、理由はどうあれ国の制度の一つとして身柄拘束を強制されている人びとに対しては一般よりも手厚い保護が与えられるべきことも主張しうる、❷不景気で仕事探しも難しくなる場合には、国が企業主として職を確保するために、製品の販路を確保するべく、（一般の授産施設を含めて）、当該製品の購入を国の諸機関に義務付

8　吉岡一男「監獄法改正と刑務作業」同『自由刑論の新展開』（成文堂、1997年）143頁。

ける官用主義の採用なども考慮されてよい、❸受刑者には、当然、通常的な意味での報酬＝賃金が支払われるべきであり、賃金額は受刑者以外の就労者と同じものあるいは外界の類似産業における同等のものが望ましい。賃金の使用についても受刑者の自由が認められる、❹収容中の諸費用のどこまでを被収容者の負担とするか次第によっては、多くの者にとって賃金の大部分が生活費にあてられることになるかもしれないが、その場合でも、自己の生活責任を自分で負うことはそれなりに意味があろうし、また釈放後の社会復帰は、多少の貯えの存在によってよりも、職業生活の安定をもたらす就労によってこそ図られるべきである、❺失業保険、労災補償といった作業関連分野においても同様の自由化傾向が及ぼされるべきである、❻失業対策、福祉事業の一環として、職業安定所の刑務所内出張所や、厚生省系の授産施設の一つとしての刑務所工場という構想も十分に成り立ちうる、と制度構想が具体的に語られている[9]。

　この構想について、まず❸以下の具体案に関しては、刑務作業を一般労働としなくても同様の帰結を導くことは可能であり、必然的な帰結とは言い難いことを確認しておく必要がある。賃金とは労働の対価であり、刑務作業を労働とみなしたりあるいは労働に類似する性質のものであると考えることができれば、⑤のように、作業を社会復帰に向けた処遇の一環として位置づけた場合であっても、受刑者に賃金請求権の存在を基礎づけることは可能である。このことは、海外に実際にそのような法制度が実在していることからも明らかであろう[10][11]。❻については、既に2015年からハローワーク職員が刑事施設に相談員として駐在している。

　反対に、❸によれば、職業訓練受講者にも作業報奨金を支払っている現行制度は維持できなくなるという問題も生じる。❹についても、純粋な一般労働として観念すると、費用を控除する際に、円滑な社会復帰を阻害しない程度といった配慮を加える余地がなくなり、人によっては全額が控除されてしまうおそれがあるが、他方で、刑事施設への拘禁が国家側の都合によるものであると観念すれば、作業報酬の性格が賃金なのか否かにかかわらず、生活費は国家が支

9　吉岡・前掲注8論文149頁。

10　例えば、オーストリアの制度について、本庄武「オーストリアの刑務作業」矯正講座22号（2001年）151頁。

11　これに対して、現行法のように刑罰の内容として作業を強制している場合は、一方的に賦課されるという性質が強くなるため、そこで行われている作業が労働であると観念することは難しいと思われる。

給すべきという考え方を採用することも不可能ではない。[12]❷については、官公庁であっても、物品を購入する際は、適正な価格のものを購入せざるを得ない。刑務作業製品が市場に流通している一般の製品よりも安価でない限り、刑務作業製品のみを優先的に購入する体制を採ることは難しいと思われる。反対に刑務作業製品を一般製品よりも安価に設定すれば、官用主義を採用しなくても十分な売り上げは見込まれるであろう。[13]

そもそも、社会復帰処遇を一般福祉に解消することが妥当であるかも問題である。既に、受刑者は単なる物的経済的援助だけでは解決できない個人的な悩み、対人関係上の悩みを抱えている場合があり、一般福祉のみで対応すると、自立のために援助を求めている者をも切り捨てることになる、との批判がある。[14]さらにより具体的に、第1に、社会復帰の見地から本人に必要な活動を判断する主体から施設が排除され、本人にとって必ずしも適切でない活動に参加することも止めることができない、第2に、一般社会で需要がなく刑務所の特殊性に由来して必要となる援助活動が手薄になるおそれがある、第3に、国家の側に求められる援助活動の水準が明らかにならない、第4に、自己発達の機会を国家の側が阻害している拘禁状況下では一般福祉による援助を本人が望んだとしても受けられない可能性が高い、という批判もなされている。[15]

こうした批判を刑務作業に即して具体化してみると、例えば、同じ賃金水準の2つの作業があるとして、一方の方がより社会内での労働需要がある職種であるが、導入に要するコストはより大きいといった場合、社会復帰の視点からは、より需要が高く、出所後もその経験が活きる作業の導入を優先的に検討すべきことになるだろうが、一般社会と同様に作業を提供すればよいのであれば、よりコストの小さな方を導入すればよい、ないしそうすべきである、ということになるように思われる。この見解の提唱者自身も、こうした帰結は受け入れがたいと感じたのであろう。❶においては、身体を拘束されているという特殊性から、一般より手厚い保護を加える余地が認められている。しかしこの

---

12 吉岡一男「自由刑と刑務作業」同『刑事制度の基本理念を求めて』(成文堂、1984年) 45頁注5は、その可能性を示唆していた。

13 ただし、安価な刑務作業製品が市場を席巻するようになると、独占禁止法上の問題が生じうると考えられる。アメリカ合衆国においては、安価な刑務作業製品が市場に流通することが公正な競争を阻害するとされ、刑務作業では官公庁用の製品を製造するか、民間事業者と契約する際は外部社会の一般労働者と同等の報酬を支払わなければならない、とされている。簡潔な紹介として、本庄武「アメリカの自由刑」比較法研究80号 (2019年) 243頁。

14 土井政和「社会的援助としての行刑 (序説)」法政51巻1号 (1984年) 79頁。

15 大谷彬矩「『行刑の社会化』論の再検討」法政84巻2号 (2017年) 324頁。

修正は、この見解の出発点からすれば、理論の貫徹可能性を疑わせる重大な修正であると言わざるを得ない。やはり、刑務作業を、⑥一般社会におけるのと同質なものとしての労働として観念することには問題があるように思われる。

　ただし念のために付言すれば、刑務作業を社会復帰の手段として位置付けることは、一部の能力ある受刑者に対し外部社会におけるのと同等の自由労働を保障することとは矛盾しない。受刑者のうち可能な者には施設内外での自由労働を保障し、またそうでない者に対しては失業対策の一つとして、あるいは社会復帰のために自己の意思で施設の提供する処遇プログラムに参加した者は社会復帰処遇の一環として、労働の機会を保障する、という構想や、受刑者に対する有益労働の提供は、再犯防止効果の有無にかかわらず、勤労の権利の保障と考えるべきである一方で、受刑者の刑務作業の多くは、拘禁されることにより失業した国民に対する就労支援であり、労働の機会の保障であるが、それは自由刑の弊害を除去する国家の義務である、との見解[17]は、⑥からはみ出す部分について、社会復帰の手段としての刑務作業の存在を認めており、⑤に分類されることに注意を要する。

⑶　社会復帰の手段としての刑務作業の課題

　こうして、⑥の立場からの批判を真摯に受け止めつつも、通説とともに、依然として、刑務作業は⑤社会復帰の手段である、と解すべきことになる。しかし、これはあくまでも理論上の意義づけである。

　日本の現行法では、刑務作業は矯正処遇の１つと位置付けられている(処遇法84条１項)。そして、矯正処遇とは、改善更生の意欲の喚起、社会生活に適応する能力の育成を図るという受刑者処遇の目的(処遇法30条)を達成するための積極的な働きかけとされる[18]。そのため、実定法上も、刑務作業は社会復帰の手段とされている。しかしながら、現行法は同時に、刑務作業を懲役刑受刑者に刑罰として義務付けている(刑法12条)。刑務作業は、純粋な社会復帰の手段とはされていない。このことが持つ意味を次に検討する。

16　福田雅章「国際人権基準からみた受刑者の権利」同『日本の社会文化構造と人権』(明石書店、2002年) 244頁。

17　土井政和「自由刑の純化と刑務作業」本庄武＝武内謙治編『刑罰制度改革の前に考えておくべきこと』(日本評論社、2017年) 36頁。

18　林眞琴ほか『逐条解説・刑事収容施設法〔３版〕』(有斐閣、2017年) 395頁。

3 作業が刑罰内容でもあることの問題性

⑴ 刑罰内容と刑罰目的の関係

　現行刑法は短期間の拘束である拘留を除けば、作業義務を賦科した懲役と賦科しない禁錮という２種類の自由刑を規定している。懲役は原則として禁錮よりも重い刑であるが、無期禁錮は有期懲役より重く、有期禁錮の長期が有期懲役の長期の２倍を超える場合は、禁錮の方が重い刑となる(刑法10条１項)。無期禁錮が有期懲役より重いのは、無期限の自由拘束の過酷さは期限があるものとは比べものにならない以上、当然である。注目すべきは、懲役１年は禁錮２年よりも重いとされることである。作業義務が賦科されると、なぜこれほどまでに刑が重くなると考えられているのであろうか。

　懲役刑と禁錮刑の区別は、元々破廉恥罪と非破廉恥罪の区別に対応しているとされている。国家が介入すべき悪しき心情を有する破廉恥犯には道徳的な非難が加えられるべきであるという理由で、作業が強制されていた。道徳的非難を体現する苦痛を賦課することが作業強制の目的であったことになる。それが、刑を重くする要素としての作業強制の実質である。

　これに対して、現在では、作業は受刑者の矯正のために課されるのであって苦痛としての刑罰の内容ではないとされるようになってきている、といわれる。作業にも苦痛を伴うことは否定できないが、目的は苦痛賦課ではなく、受刑者の改善、少なくとも悪化させないことである、というのである[19]。これは、刑罰論として相対的応報刑論を前提として[20]、同じく刑罰内容でありながらも、自由の拘束は苦痛賦課による応報に、作業は特別予防目的にそれぞれ対応するという構想である。

　しかしながら、このような刑罰目的と刑罰内容の一対一対応を貫徹できるかには疑問がある。実際問題として作業を強制することで苦痛が生じる以上、それを目的として作業が課されることを排除することは難しい。このことは、現在の懲役刑のように作業だけが刑罰内容になっており、かつ禁錮刑と懲役刑が選択刑となっている場合には特に妥当する。犯情の悪質さに応じて懲役刑を選択することは、交通事故に係る過失犯において現に行われていることである。

19　平野龍一「懲役と禁錮」同『犯罪者処遇法の諸問題〔増補版〕』(有斐閣、1982年) 77頁。

20　平野説は抑止刑論であるが、苦痛を賦課することによる一般予防と改善更生による特別予防を目的としており（平野龍一『刑法総論Ⅰ』〔有斐閣、1972年〕20頁）、通説である相対的応報刑論との差異はこの場面では重要ではない。

さらに、こうした事態は、「新自由刑」構想のように、自由刑を単一化した上で、作業を含む矯正処遇一般を刑罰として義務付ける場合にも生じ得る。新自由刑構想での実際の処遇内容を行刑当局が決定するのだとすると、そこで犯罪の悪質さを考慮し、より苦痛の大きな処遇として作業が選択されない保証はないと言わざるを得ないためである。

しかも法制審議会の議論では、刑罰の本質が、犯罪行為に対する法的非難や否定的評価を本人及び社会に対して明示した上で、その範囲内において、一般予防と特別予防を図るところにあるという理解からは、刑務作業や各種指導について、本人の意思に反してでも、一定の義務付けが行われており、かつ、そのような義務付けに法的非難としての否定的な評価が備わっているのであれば、刑罰の内容として十分に理解できる、という意見が表明されている[21]。さらに、指導を含む処遇については、主として特別予防を目的として行われているものであり、懲らしめを目的とするものではないが、意に反して行うことが義務付けられるものであって、そういう自由の制約は、それ自体として、犯罪に対する応報であるともいえるし、さらに受刑者がそのような自由の制約を科される状態に置かれることを社会に示すという意味で、一般予防効果も伴う、という意見も表明されている[22]。すなわち、改善更生と非難、応報は併存し得るのであり、あえて刑罰の内容を限定的に捉え、専ら苦役やデメリットの要素が刑罰の内容を構成すると限定的に捉える必然性はない、というのである[23]。

こうした理解は、刑罰内容を法的な義務付けという抽象的なレベルのものに縮減することにより、苦痛という事実的な要素を除去しつつ、応報と特別予防という二つの刑罰目的の要請に同時に応えるものとして、作業を位置づけるものである。

しかしこうした理論構成は、理論と実態を敢えて乖離させるものと言わざるを得ない。刑罰目的を達成するためには、観念的に義務付けるだけでなく、実際に処遇を実施しなければならないはずである。応報なり一般予防なりが機能するのは、実際の処遇を通じてでしかあり得ない。にもかかわらず、実際の処遇に苦痛の要素が伴う場合に、それは刑罰内容ではないというのであれば、その実際上の苦痛を生じさせることの正当化根拠が別途必要になるはずである。

21　法制審議会少年法・刑事法（少年年齢・犯罪者処遇関係）部会第1分科会「第6回会議議事録」（2018年）14頁〔橋爪幹事発言〕。

22　法制審分科会・前掲注21議事録20頁〔加藤幹事発言〕。

23　法制審議会少年法・刑事法（少年年齢・犯罪者処遇関係）部会第1分科会「第7回会議議事録」（2018年）17頁〔橋爪幹事発言〕。

にもかかわらず、実際に生じる苦痛を等閑視するのであれば、刑罰の内容を適正化することにより苦痛の程度を最小限に抑制しようとしてきたこれまでの理論的営為を無に帰すことになりかねない。やはり作業を刑罰内容とする以上、それは苦痛としても利用され得ることを前提としなければならない。

　さらに、一つの刑罰内容が非難・応報と改善更生の要請を同時に果たし得るという考え方は、応報として苦痛を賦課することが、本人に反省を促すことを通じて、あるいは再度苦痛を味わうことを忌避させることを通じて、改善更生をもたらす、という古い処遇観を温存させ、強化することになってしまうおそれがある。刑務所出所者の4割が5年以内に再度入所するという行刑の現実は、刑務所での過酷な体験を更生に活かすことのできるという受刑者像が実態と大きく乖離していることを如実に示している。再犯を防ぐためには、応報の要請から切り離された社会復帰処遇を実効的に行っていくことが必要とであり、近年の改革はこの方向を志向してきた。しかし非難・応報と改善更生の同時充足という構想は、非難・応報の要請を満たさない社会復帰処遇は、社会一般が抱く刑罰についての観念を弛緩させるとして、そうした処遇に抑制的に働きかねない。しかも同時充足ができない場合、非難・応報の要請が優先するとすれば、社会復帰に向けた有効性が確認できない場合でも、作業を含む処遇を強制することが正当化されかねない。こうした帰結は、いずれも時代の流れに逆行するものである。

(2) 懲役刑と国際人権法

　作業を刑罰内容にすることについては、国際人権規約・社会権規約委員会が、2013年に日本政府の第3回政府報告に対する最終見解14において、以下のように懸念を示したことが注目される。[24]

　　「委員会は、締約国の刑法典が、本規約の強制労働の禁止に違反して、刑の一つとして刑務作業を伴う懲役を規定していることに懸念をもって留意する。(第6条)
　　委員会は、締約国に対して、矯正の手段又は刑としての強制労働を廃止し、本規約第6条の義務に沿った形で関係規定を修正又は破棄することを要求する。また、委員会は、強制労働の廃止に関するILO条約第105号

---

[24]　社会権規約委員会の最終所見及びそれに対する日本政府の意見については、外務省ウェブサイト〈https://www.mofa.go.jp/mofaj/gaiko/kiyaku/index.html〉(2018年8月アクセス) を参照。

の締結を検討することを締約国に慫慂する」。

　これに対して、日本政府は、2015年に意見を表明している。そこでは、第1に、社会権規約6条は労働の権利を規定しているが、懲役刑により課される役務は、犯罪者に対する強制の観点から行われる刑罰の一つであり、同条に規定する労働とは根本的に性質を異にすること、第2に、自由権規約8条3(b)では、権限のある裁判所による刑罰の言渡しにより強制労働をさせることは禁止されないとしているところ、2つの規約は整合的に解釈されるべきであり、自由権規約において強制労働の禁止の例外とされている懲役刑が社会権規約においては労働の権利の観点から禁止されているとの解釈は相当でないことの2点が指摘されている。[25]

　そこでまず手がかりとして、強制労働廃止に関するILO条約を見てみると、関連する条約には、1930年のILO29号条約と1957年のILO105号条約の2つがある。29号条約は、強制労働を一般的に禁止しつつ、(a)強制的な兵役、(b)通常の市民的義務、(c)裁判所における判決の結果としてある者が強要される労務、(d)緊急状態、(e)地域社会で通常の市民的義務と考えられている軽易な労働は、条約でいう強制労働には含まれない、としている。日本政府は1932年に批准している。

　105号条約は、29号条約を補完するために制定されたもので、(a)政治的な圧制若しくは教育の手段又は政治的な見解若しくは既存の政治的、社会的若しくは経済的制度に思想的に反対する見解をいだき、若しくは発表することに対する制裁、(b)経済的発展のための労働力動員・利用、(c)労働規律の手段、(d)同盟罷業に参加したことに対する制裁、(e)人種的、社会的、国民的又は宗教的差別待遇の手段としての強制労働を禁止するものであるが、日本は未批准である。[26]105号条約の意義は、強制労働の意味を広くとり、一定の行為を行った

25　なお、日本弁護士連合会「社会権規約委員会総括所見の活かし方と今後の課題——第3回日本政府報告書審査をふまえて」(2015年) 26頁では、「諸外国における刑務所では、労働が行われている場合であっても、刑罰自体の内容ではなく矯正を目的とするものであって、また義務的でもないことが多いが、日本の刑務作業は、刑事収容施設処遇法上、改善・社会復帰処遇を目的とするものとしては明記されておらず、また、一般的な懲役受刑者、労役場留置者、請願作業にある禁錮刑受刑者、職業訓練中の受刑者などといった受刑者ごとの権利体系の違いも法律上考慮されていないことから、強制労働の禁止に抵触しうるものとして、今回、勧告されるに至ったものである」と解説している 。ただし、そこでも指摘されているように、「この点について、今回の政府報告書審査では、事前審査、本審査を通して規約委員と政府代表団との間で意見交換はなされておらず、また、日本国内においても、社会権規約との関係で十分な議論がなされているとは言い難い」状況にあり、この解説の趣旨も明確とは言い難いように思われる。

26　国家公務員の政治活動が懲役刑の対象になること、国家公務員・地方公務員のストライキが懲役

ことによって懲役刑に処された時の刑務所労働も強制労働として考えていると
ころにある、とされる。[27]

　こうしてみると、社会権規約委員会が105号条約に言及したのは、懲役刑を
多種多様な犯罪に対する罰として予定する限り、不可避的に思想良心の自由や
表現の自由の行使に対する罰として強制労働を課すことになってしまい、(a)
に抵触するからだと思われる。しかし、思想や表現に関連しない犯罪に対して
であっても、懲役刑を科すのは強制労働禁止違反である、というのが社会権規
約委員会の判断である。105号条約違反は付随的に問題になるにとどまると思
われる。

　ではなぜ、社会権規約6条の労働の権利が侵害されるのか。これについてま
ず確認すべきなのは、日本政府意見の第1点である懲役刑の役務は労働ではな
いという反論は的外れだ、ということである。ILO29号条約は、強制労働の定
義から判決の結果として強要される労務を除外しているに過ぎない。しかし、
それが労働でないとは述べていないのである。日本政府の理解によれば、有罪
の結果として強制される労務を強制労働から除外する規定がなかったとして
も、懲役刑の作業は条約違反ではないことになる。それは明らかに不合理であ
ろう。

　次に、最終見解の本文は、「刑の1つとして」の刑務作業を問題視している
のに対し、注釈は、「矯正の手段又は刑としての強制労働」の廃止を要求して
いる。矯正の手段、すなわち処遇の内容としての作業義務付けを廃止すれば、
当然に刑罰として強制労働をさせることがなくなるため問題は解消するが、社
会権規約委員会はそこまでは求めていない。社会権規約委員会が問題視してい
るのはあくまでも、作業を刑罰内容として強制することである。この点が、日
本政府意見の第2点に関係する。自由権規約が、強制労働に含まないとしてい
るのは、「裁判所の合法的な命令によって抑留されている者に通常要求される
作業又は役務」である。これは刑としてではなく、矯正の手段、すなわち受刑
者の処遇内容として作業を課すことを意味していると解する余地がある。少な
くとも、自由権規約において懲役刑が強制労働の禁止の例外とされているとの
理解は、自明ではない。

　刑の対象になることが、原因であるとの指摘がある。斎藤周「現代の強制労働とその根絶に向け
　たILOの取組み」労旬1625号（2006年）25頁。

27　吾郷真一「隠された人権保障——強制労働に関するILO条約による国際人権保障」ジュリ786号
　（1983年）69頁。

そして、今回の最終意見が、あくまでも社会権規約6条の「労働の権利」ないし「自由に選択し又は承諾する労働によって生計を立てる機会を得る権利」の侵害を問題にしていることからすれば、刑罰として労働を強制する場合、不可避的に苦痛を伴い、働くことからやり甲斐や喜びといった要素を剥奪してしまうことが、実質的にこれらの権利を侵害するということではないかと思われる。その背景には、ILOが近年、ディーセント・ワーク(働き甲斐のある人間らしい仕事)という理念を打ち出していることがあるのかもしれない。[28]

　すなわち刑罰としての労働の強制は、従来、自由権規約との関係で、不当な自由の制約といえるかどうか明確ではなかったが、社会権規約における労働の権利という概念の内実が発展し、より豊富なものとなった結果、もはや許されないものになった、と解するのである。そうすれば、日本政府が指摘する通り、2つの規約はまさに整合的に解釈されていることになる。社会権規約委員会の指摘は重く受け止めなければならないだろう。

　なお、国際人権法としては、SMRにも目を向けておく必要がある。SMRは2015年に改訂され、改訂版はネルソン・マンデラ・ルールズと呼ばれている。その3条は、「犯罪者を外界から隔離する拘禁刑その他の処分は、自由の剥奪によって自主決定の権利を奪うものであり、正にこの事実の故に、犯罪者に苦痛を与えるものである。それゆえ、正当な分離または規律維持に付随する場合を除いては、拘禁制度は、右状態に固有の苦痛を増大させてはならない」と規定している。この規則は1955年SMRにはないものであった。現代において、自由刑の刑罰内容は自由の剥奪に純化されなければならないことが明確になっている。作業を刑罰内容として、付加的な苦痛を増大することは、SMRからしても許されない。

(3)　苦痛としての作業強制と憲法

　それでもなお、作業を刑罰内容として苦痛を課しても構わないとの発想が根強いのは、憲法18条が、「何人も、犯罪に因る処罰の場合を除いては、その意に反する苦役に服させられない」と規定していることに関連があるように思われる。実際に、憲法が、犯罪による処罰の場合に、意に反する苦役に服させることさえ認めている以上、受刑者に改善更生と社会復帰のための矯正処遇を受けることを義務付けることが憲法上許されないということはできない、といっ

28　ディーセント・ワークについては、西谷敏『人権としてのディーセント・ワーク』(旬報社、2011年)を参照。

変革期の自由刑における刑務作業の意義　｜　299

た言説もみられるところである[29]。

　しかし、「意に反する苦役」とは、相当の苦痛を伴う労働の強制であり、当該役務に強制の要素があるだけではなお苦役とはいえない、とされる。具体的には、①出頭・証言・申告・届出義務等は、相当の苦痛の要素があるまでとはいえない、②徴兵制は相当の苦痛を含み、許容する憲法上の明文規定がない限り、本条に違反する、③非常災害時の緊急の労役負担は、法的義務と解しても、制裁を伴わず、緊急時の一時的・応急的なもので、通常人にとって苦痛を感じられるほどの労務負担ではないため、苦役には当たらない、④裁判員制度は、職務負担が長時間におよび、人によっては相当の苦痛を感じ、義務違反に制裁があるが、判例によれば[30]、参政権と同様の権限を国民に付与するため、苦役ということは適切ではない、とされる[31]。

　このような解説を踏まえると、出頭が苦役に当たるかが問題になっていることから分かるように、苦役に該当するために、労働という要素は必須とはされていない。義務なき作為を強制されれば、あとは苦痛の程度が問題となるに過ぎない。しかも、裁判員制度が苦役でないという論理は、苦役に該当するかどうかは、苦痛の程度だけでなく、役務の性質によっても、左右されるという理解を前提としている。そうすると「犯罪に因る処罰の場合を除く」という規定を、処罰としてであれば強制労働も許される、という趣旨に解釈することは必然ではないことになる。受刑生活では、作業義務が課されていなかったとしても、不可避的に一定の作為が強制される。そのことを指して、許される苦役であると憲法が考えていると解釈する余地は十分にあると思われる。そうだとすると、刑罰としての労働強制は憲法が元々想定していることであるため、当然に許されるという論法は採れないことになる。

　そして憲法27条1項は「すべての国民は、勤労の権利を有し、義務を負ふ」と宣明する。憲法上の勤労の義務とは、働く能力がある場合に生活保護を支給しないという意味であり、働くことを法律により強制できるという意味ではない[32]。そうすると、この規定の意味は、勤労を権利として保障し、国家に拘束する客観的法規範として、安心して働くことができる環境整備を国に義務付け

29　川出敏裕「自由刑」法教451号（2018年）89頁。
30　最大判平23・11・16刑集65巻8号1285頁。
31　渡辺康行＝宍戸常寿＝松本和彦＝工藤達朗『憲法Ⅰ基本権』（日本評論社、2016年）317頁。
32　渡辺ほか・前掲注31書26頁。

ることにあることになる。権利として保障されるべき勤労とは、尊く歓びを感じることのできる自己実現の手段としての労働であるはずである。それを刑罰として用いることは元々、憲法の採用している労働観に沿わないうらみがあった。その上、前述した国際人権法の発展を踏まえると、勤労の権利とはディーセント・ワークの権利ということになる。苦痛賦課を目的に刑罰として作業を強制することは、労働からやり甲斐や喜びを失わせるため、単に憲法が採用する労働観に沿わないだけでなく、憲法上問題だということになる。

　以上のような憲法18条と27条の解釈からは、もはや刑罰として労働を強制する懲役刑は許容されないことになる。

(4) 作業の苦痛の現実

　現状において、禁錮受刑者の大半(過去10年間は80.8%から90.2%の間で推移)は自ら希望して作業に就いている。その背景には、作業以外の処遇がなお充実していないため、何もしない状態で漫然と過ごすことの方が苦痛であるという実情があるのだろう。そうすると、むしろ作業を課されない方が苦痛である場合もあることになる。他方で、作業拒否で懲罰を受ける受刑者が多いことからすれば、作業は苦痛として作用しているようにも見える。しかし、集団室での人間関係の煩わしさから、単独室に逃げ込むための手段として作業を拒否する受刑者も多いとされている。現状の作業には、少なくとも刑法が重視するほどの苦痛の実態はなさそうに見える。

　これは、刑務作業においてかつてのような奴隷的使役が許されなくなっていることと関係があると思われる。憲法18条にいう「奴隷的拘束」が、犯罪に因る処罰の場合にも許されないことは明らかである。奴隷的拘束とは、身柄の拘束一般ではなく、それを超えて個人の尊厳を侵すような身体の拘束であるとされる。作業内容がそうした劣悪な処遇を構成することはもはや許されない。

　実際、処遇法95条は、労働安全衛生法令に準じた安全衛生確保措置を施設長に義務付けている。かつての北海道開拓時代のように、生命を落としかねない劣悪な環境で受刑者を使役することはできない。また処遇法94条1項は、「作業は、できる限り、受刑者の勤労意欲を高め、これに職業上有用な知識及

33　渡辺ほか・前掲注31書396頁。

34　そうだとすると、作業を拒否しても閉居罰を科されないようになれば、当該受刑者は別の規律違反を犯すと想定されることになる。

35　渡辺ほか・前掲注31書317頁。

び技能を習得させるように実施する」と規定しており、殊更に苦痛を感じさせるような作業を実施することも許されない。作業時間についても1日8時間以内が原則とされ(刑事被収容者処遇規則47条1項)、作業を中断して入浴や運動へ行くことも多いことから、実働時間はもっと少なくなるのが一般である。そのため、長時間の使役により苦痛を味わわせることもできない。

現状で作業に苦痛の要素があるとすれば、昨今の経済状況の影響もあり、施設内で将来の社会復帰の促進につながりうる作業を必要なだけ確保することが困難であることとの関係で、紙細工等の有用性を実感できない軽作業をせざるを得ない場合であろう。処遇法はそうした実情に配慮して、「できる限り」有用作業を確保すれば施設は義務を果たしたと考えている。しかし、生産性が低く技能の向上にも結びつかない「低格作業」[36]は、現行法上好ましくない存在である。仮に、作業強制を刑罰内容から外した場合に、こうした作業が存続し得るのかを明らかにするため、次に処遇としての刑務作業のあり方を検討する

4　処遇としての刑務作業

刑罰としての作業強制が廃止された場合、素直に考えれば、刑務作業は純粋な矯正処遇となる。しかしそうではない考え方もある。

すなわち、作業は「人間としての当然の義務」として課されるというのである。一般の人々も一日8時間は働くのであり、受刑者も食住が保証されているからといって無為に過ごすことはできず、刑事施設が受刑者の社会復帰を任務とする施設である以上、そのために有益だと思われる日課に従事する義務を課することは、刑罰制度として相当だといってよい、とされる。[37]

しかしこれだけでは、この論理には不分明なところが残る。人間としての当然の義務というのであれば、刑事施設の任務とは関わりなく、作業に従事する義務が発生するはずだからである。作業を社会復帰目的と直截に結び付けない理由は、「作業は、もっぱら矯正ないし社会復帰のためのもの、少くともその特効薬ではない。それは、受刑者の身心の健康を保つという広い意味では社会復帰に役立ちまた場合によっては職業的な技能を習得させるという意味では社

36　『昭和35年版犯罪白書』は、「本人の更生にも役だち、国家収入の面からも有利な作業（たとえば木工、印刷工、洋裁工、金属工、革工など）を有用作業といい、内職的手工作業で、本人の更生上からも国家収入の面からも好ましくない作業（たとえば紙細工、藁工、メリヤス工など）を低格作業とい」うと説明している。

37　平野龍一「刑事施設法の基本問題」『法学協会百周年記念論文集(2)』（有斐閣、1983年）774頁。

会復帰に役立つであろうが、同時に、一般人と同じように労働はしなければならないという面も持っており、また、作業に従事させることが施設の保安に役立つという面も持っている」[38]との指摘に窺える。

この見解は、現状の作業を社会復帰を目的とする矯正処遇として位置づけることには無理がある一方で、作業が施設の保安に果たしている実際上の機能からすると、原則的な処遇として作業を義務付けることは放棄できないという認識を前提として、人間としての当然の義務という考え方を持ち出したものとみられる。なお、作業の義務付けについては、1957年のSMR71条2項が「すべての受刑者は、身体的精神的特性に従って作業を行うことを要請される」と規定していたことが援用されている[39]。

しかし既に検討したように、施設内の規律秩序を維持するために作業を強制することは、必然ではない。適正な規律秩序は、受刑者が他の活動に従事している場合であっても保つことは可能であるはずである。とくに新自由刑構想のように、作業を矯正処遇の原則形態としないのであれば、教科指導などでも同様の効果は得られ、この面での作業の意義に固執する必要はなくなる。「人間としての当然の義務」という考え方についても、既に指摘したように、憲法上の勤労の義務に関する議論では、働くことを法律で強制することはできないことについて広く合意がある。この義務はあくまでも倫理的義務にとどまると言わざるを得ない。そして2015年SMRにおいても、受刑者に作業を義務付ける規定は姿を消し、代わりに、「受刑者は、身体的精神的特性に従って、作業や社会復帰への積極的参加の機会を有しなければならない」(96条1項)と規定するに至っているのである。現に、受刑者に作業義務を課さない法制度も存在するに至っており[40]、受刑者に作業を義務付けることはもはや自明のことではなくなっている。

問題は、この見解が示唆していた作業の社会復帰効果の限界についてである。この点について、作業を社会復帰のための教育のためになされる義務に純化するとの見解においては、受刑者への自発的な意思を促し、かつ、受刑者の改善、更生の点において放置することのできない程度の障害が生ずる相当の蓋然性があると認められる場合に限って、強制的に刑務作業を行わせることがで

38　平野・前掲注37論文774頁。

39　平野・前掲注37論文772頁。

40　独仏での議論と法制度について、大谷彬矩「ドイツにおける処遇の位置づけの動向」本庄＝武内編・前掲注17書170頁、相澤育郎「フランスにおける作業義務の廃止と活動義務の創設」同179頁。

きる、という提案がなされている[41]。この見解は、信書の発受の制限に関する判例の法理を応用したものである[42]。しかし、刑務作業の不実施が外部交通の容認と同程度に改善・更生に障害を生じることは考え難い。この基準では、刑務作業に従事した方が改善更生に望ましいというだけでは義務付けは困難である。

それでもなお義務付けを正当化しようとすれば、目的となる社会復帰の要求水準を下げるしかなくなる。しかし、「心身の健康を保つ」ためであれば、作業よりも有効な処遇がいくらでも考えられるであろうし、「職業的な技能習得」がすべての作業において可能になるわけではない。

この点に関する、実務当局者の見解は、作業には、規則正しい勤労生活を維持させ、規律ある生活態度を習得させること、共同作業を通じて望ましい社会共同生活への順応性を養うこと、勤労意欲を養成すること、与えられた作業目標の達成を通じて忍耐力ないし集中力を養うなどの意義、効果がある、というものである。これらの意義・効果を実現するには、自発性・自主性が重要であるものの、①作業拒否の原因が作業の意義についての理解の欠如にあることは考えにくいこと、②作業中心の処遇体制の中で漫然と居室の中で生活をさせることは適切でなく、まずは継続的に作業に従事する生活習慣を身に付けさせること自体にも、その意義、効果の実現に資する面があること、③多数の受刑者で編成された集団で作業を行っている場合に懲罰を科さないことは、他の受刑者に悪影響を及ぼし、施設の規律秩序の維持に大きな支障を生ずるおそれがあることから、作業の意義を説明して復帰を働き掛けるのではなく懲罰を科すのだとされる[43]。

このうち規則正しい生活の維持、規律ある生活態度の習得、社会共同生活への順応については、作業以外の処遇によっても達成可能であり、作業を義務付けることの根拠にはならないと思われる。結局、作業の義務付けを正当化しているのは勤労意欲や忍耐力・集中力の養成といった、望ましい労働に向き合う姿勢や態度の問題だということになる。しかしこれらを身に付けるためには、まさに自発的・自主的に労働に向き合うことが重要となり、懲罰により強制することでこれらの姿勢・態度が身に付くことは想定しがたい。前述したように、国際的にもディーセント・ワークが目指され、労働のやり難いや喜びが重視さ

---

41 浜崎昌之「教育的視点から見た刑務作業」日本大学大学院法学研究年報39号（2009年）88頁。

42 最判平18・3・23判時1929号37頁。

43 法制審分科会・前掲注23議事録12頁〔大橋幹事発言〕。

れる時代である。そうしたことを実感できる体験を提供することこそが、刑務作業に求められている。生産性の低い「低格作業」は、社会復帰処遇としての刑務作業には相応しくない。そして、作業が社会復帰に有用と思われない受刑者には、作業を課すのではなく、他の処遇を優先すべきである。

また作業拒否については、単独室への転室を意図して出業を拒否する事案、工場内の人間関係に対する不満等から他の工場への転業を意図して出業を拒否する事案など、様々な背景を持つ事案がある、とされる。[44]これらの理由で作業を拒否する場合、まさに、①作業の意義について理解が欠如しているわけではない。むしろ、適切な環境にあれば働く用意がある場合である。そして、転室や転業を認めると当該受刑者が作業に復帰するのであれば、②漫然と居室の中で過ごさせることにもならない。その場合の作業は、当初分類で適切と判断された作業ではないかもしれない。しかし、人間関係のもつれで、本人の自発性・主体性が喪失した状態では、その作業への適性は失われている。そうした作業に復帰させるために懲罰を科せば、一旦作業は中断してしまう。そうではなく、懲罰を科すことなく「継続的に作業に従事」することを優先すべきではないだろうか。にもかかわらず、懲罰を科すことを優先し、転室や転業を認めるべきでないとすれば、それを安易に認めると辛い人間関係を我慢している他の受刑者からも転室、転業願いが殺到して、③施設の規律秩序の維持に支障が生じることが懸念されるからではないかと思われる。

以上の考察からは、実務において作業が義務付けられているのは、究極的には、社会復帰を目的としているからではなく、規律秩序の維持のためであると言わざるを得ない。先に検討した作業を「人間としての当然の義務」として把握する論者は、作業の持つ多面性に鑑みると、作業を矯正処遇の1つであると明言するのは、「思い切った規定」であると評していた。[45]しかし現行の処遇法は既にその思い切った規定になっているのである。作業拒否に対する懲罰賦科の現在の運用は、作業を矯正処遇の1つとして実施するという処遇法84条1項と整合していないおそれがある。[46]

---

44 法制審分科会・前掲注23議事録15頁〔大橋幹事発言〕。

45 平野・前掲注37論文775頁。

46 しかし、そもそも規律秩序の維持のために厳格な懲罰執行が必要なのかについても、検討の余地がある。折り合いの悪い他者との共同生活を強いられることのストレスの大きさからすれば、それを忌避することは決してわがままではない。転室・転業すると、新たな人間関係を作り直し、作業も新規のものを始めなければならない。熟練度が下がるため、作業報奨金の基準額となる作業等工も下がる。転室・転業には種々の不利益があることからは、安易な転室希望が殺到するとも思われない

5 おわりに

変革期の自由刑に相応しい刑務作業とは、刑罰内容から解放されることを前提に、ディーセント・ワークとしてやり甲斐や働く喜びを感じられるものである。それは、懲罰を用いて強制すべきものではない。社会復帰処遇として純化するからこそ、刑務作業の義務付けは解除されるべきではないだろうか。これを本稿の結論として、長く実践的な刑事法学を展開されてきた新倉修先生に捧げたい。

(ほんじょう・たけし／一橋大学大学院法学研究科教授)

刑事施設医療の改革と
行刑の二つのパラダイム

赤池一将

1　はじめに
2　国会審議にみる刑事施設医療の「異質性」
3　刑事施設医療の問題と二つのパラダイムによる整理
4　行刑改革会議第3分科会におけるパラダイム間の闘争
5　おわりに

1　はじめに

　行刑改革会議は、矯正行政における密航主義を排して、国民の理解と支持を
えるべくその活動を広く公開し、名古屋刑務所事件で失った信頼を回復すると
ともに、長く頓挫していた監獄法改正を再動させるなど、その成果は高く評価
されてきた。しかし、私は、刑事施設医療改革の進め方を振り返り、そうした
見解に与することができない。

　後述のとおり、名古屋刑務所事件への関心は、刑事施設での多数の不審死事
例と施設医療の問題分析を国会に促した。そして、行刑全般のあり方を再考す
べく設置された行刑改革会議は、国会審議を引き継ぎ、医療改革をその中心的
検討課題の一つに据えた。この会議に向けて、法務省と日弁連それぞれが不審
死事例の原因究明を行う。被収容者という患者の特殊性を理由に「刑事施設の
医療は一般社会の医療と別個に供給されるべき」とする「自己完結主義」によ
る既存の政策枠組の維持を図る法務省と、「刑事施設においても一般社会の医
療が供給されるべきだ」とする「社会化」政策への抜本的転換を促す日弁連の
間には明確な認識の対立があった。法務省は「常勤医官の配置と矯正局予算に
よる医療費負担」という従来の施策の補強を目指し、日弁連は「厚労省移管と
健康保険を利用した国による医療費負担」という新たな医療供給の方法を提起
した。

しかし、行刑改革会議第3分科会で、この日弁連の主張は文字どおり理不尽に退けられることになる。「行刑改革提言」で、その主張は今後検討すべき課題とされたが、その後も同じ口上が繰り返された立法作業をみると、現在の矯正局の政策指向のなかで、その主張が現実感をもって検討されることは今後も期待できないように思える。

本稿は、刑事施設医療をめぐる従来の矯正行政と日弁連による問題提起の二つの政策枠組をそれぞれ「自己完結主義」パラダイムと「社会化」パラダイムという二つのパラダイムとして捉え、政策選択をめぐる論議を「パラダイム闘争」として整理し、政策選択がいかなる議論ないしはその回避によって決したかを検討するものである。

2　国会審議にみる刑事施設医療の「異質性」

第156国会では名古屋刑務所事件の原因究明が行われた。そこでは矯正局による情報の隠蔽と矯正行政の密行性を批判する世論を背景に、全国の刑事施設における被収容者の死亡事案についての検討が要請され、過去10年間の受刑中の死亡者に関する資料の提出が求められた。法務省は、国会の要求に抗しきれず、要求された過去10年間の全国の被収容者死亡事案1,594件の死亡帳を2003年3月の衆議院法務委員会理事懇談会に提出する。その後、参議院の法務委員会が、提出された死亡帳の検討から、その死因等に不明な点があるとした238事案につき、改めて法務省にその視察表、カルテ、保護房動静記録等の各資料の提出を要求する。国会は、特に同年5月の審議に刑事施設勤務経験のある医師のほか一般の医師を参考人として招致し、提出された資料から窺える刑事施設医療の実情とその課題の検討を行った。国会で指摘された刑事施設医

1　行刑改革会議「行刑改革会議提言〜国民に理解され、支えられる刑務所へ〜」（平成15年12月22日）、42頁（以下、行刑改革会議に関する資料は、同会議HP：http://www.moj.go.jp/shingi1/kanbou_gyokei_kaigi_index.html の各リンクより参照されたい）。

2　矯正医療のあり方に関する有識者会議「矯正施設の医療の在り方に関する報告書〜国民に理解され、地域社会共生可能な共生医療を目指して〜」（平成26年1月21日）25頁（http://www.moj.go.jp/content/000118361.pdf）。

3　ここで、あえて議論の多い「パラダイム」の語を用いるのは、単に次の事情を想起していただくためである。すなわち、政策立案者が集団で共有する常識の枠組がこれを構成する概念や理論によってパラダイムとして固まると、問題を問う方法と解答する方法の体系が構築され、立案対象となる問題は限定される。その体系に収まらぬ事例が生じても、その反例を無視し、またその反例の意味を修正して体系内に吸収し、それを理由にパラダイムの補強が図られる。パラダイムは観察事実によって反証されるのではなく、それに反する観察事実があろうと維持されうる。むしろ、これを打ち倒すのは観察事実ではなく、別の認識枠組への支持である、と。

308

療の問題点を、まず簡単に振り返っておこう。

(1) 刑事施設医療の異質性とその理由

ア　すでに3月の国会において、本来、医師の書くべきカルテに日常的に医務課の刑務官等による記入があり、患者に医療を提供するための記録が、所内規律ないしは処遇部の要請にさらされている状況が批判的に指摘されていた[4]。医師法は、非医師の医業を禁止し(17条)、また、診療後の診療録への記載を医師に命じており(24条)、その趣旨からすれば刑務官等の職員による診療録の記入はそれ自体不適切であり、診療の基点となるカルテの本来的役割を歪め、個々の診療に悪影響を及ぼしかねないといえる。

　矯正局は、国会で医務部の刑務官が受刑者の健康状況と日常生活等に関する所見をカルテに記載する実務慣行の存在を認めた。その上で、多くの受刑者が懲役刑の作業義務を免れ、また必要以上の薬を得るために「詐病」による診療を要求する状況に触れ、医療を適切に実施するためには処遇部門との連携を深めて受刑者という患者の特殊性を考慮する必要があり、刑務官によるカルテ記入もそのための措置として施設運営に不可欠だとの見解を表明した。

　それは、被収容者に対して医師ではなく「刑事施設の長」が「刑事施設の職員である医師による診療を行い、その他必要な医療上の措置を執る」(刑事収容施設及び被収容者等の処遇に関する法律〔以下、刑事収容施設法と略す〕67条) 責 務を担う帰結であり、受刑者という特殊な患者への医療が一般の医療とは別に構成されていることを示す。

イ　他方、5月の衆議院法務委員会に招致された医師会の保険担当理事清水陽一医師は、提出されたカルテの記載に関して、一般の病院と比較して「内容的に非常に貧困」であり「全くカルテとは言えない内容」であり「助けようという気があるのかよくわからない」と評した。その上で、実際に通常の病院で同様の事例が起これば、これら238件のうち200件以上において医療訴訟を受け、莫大な損害賠償を支払うことになるとの認識を示した。

　また、同参考人は、提出された死亡診断書には、本来、そこへの記載が許されぬ病名である「急性心不全」と書かれたものが異常に多く、カルテも理学的所見を欠き内容的に極めて浅薄であるとした上で、これらの事情を踏まえると、被収容者が医師による診療を求めながら、医師は医療らしい医療を供給す

4　第156国会衆議院法務委員会議録第3号（平成15年3月25日）5頁（山花郁夫委員および政府参考人中井憲治の発言）。

る機会をもたぬままに死亡診断書を書く状況があるのではないかと、医療の供給体制に対する懸念を表明した。[5]

こうした238件の不審死事例のカルテ等の検討からは、刑事施設医療はこれを供給する刑事施設という医療体制の特殊性、特に、その脆弱性ゆえに一般の医療とは異質に構成されているものと理解される。

ウ 刑事施設医療が一般社会の医療から少なからず隔たった異質な存在である点に争いはないが、その「異質性」は受刑者という特殊な患者ゆえの異質性なのか、刑事施設という特殊な環境での医療の脆弱な供給体制ゆえの異質性なのか、ここには大きな認識の相違が認められる。

(2) 医療供給体制の異質性——医療へのアクセスは確保されるか

ア 刑事施設における医療が一般社会に比して「異質」であるとしても、それは「詐病」等の主張を繰り返す受刑者という特殊な患者に対応するためだとすれば、刑事施設の医師には、不便な施設立地への登庁とともに、被収容者という診療対象に対する専門的知識と配慮が求められ、その診療は被収容者の身柄確保の観点から基本的に施設内で行われなければならないことになる。それ故、こうした条件を充たすために、刑事施設における医療の供給は常勤医官を中心に編成されるべきものと考えられる。[6]医師ではなく医官である以上、前出の刑事収容施設法62条のとおり、医官は指揮権を有する施設長の下で、刑事施設の役割と被収容者に対する理解を共有して医療活動に従事することが求められる。

一般社会の医療との「異質性」は、医療へのアクセス、つまり、受刑者が医官の診療を求める段階ですでに明らかになる。その方法は大別して二つに分かれる。一つは、保健助手(大半は准看護師資格を有する刑務官)による週1〜2回程度(施設規模等により差がある)の巡回時に診療を申し出る方法である。稀に、施設により医官が同行する場合もあるが、多くは保健助手が申し出を行なった受刑者に病状を尋ね、必要に応じて備薬を配布し、医師による診療を必要と認める場合に、受刑者に正式に診療願を提出させて医師に取り継ぐ。もう一つは、多くは作業中の突然の体調の急変等により、受刑者が工場担当の刑務官に医師

5　第156国会衆議院法務委員会議事録第16号（平成15年5月21日）2頁（参考人清水陽一の発言）および15頁（木島日出夫委員の発言）。

6　第156国会参議院法務委員会議録第3号（平成15年3月26日）7頁（井上哲士委員および政府参考人中井憲治の発言）。

の診療を申し出る「特診」と呼ばれる場合である。診療の申し立ては保健助手による巡回時に行うことが原則ゆえ、この申し出には処遇部による許可が必要とされ、特別に医師の診療が認められる。[7]

　いずれの場合にも、受刑者が医師の診療にアクセスするためには、その過程で刑務官による対象者のスクリーニング(選択)が求められる。災害等の緊急時に限られた医療資源を効率的に運用するために治療の優先度・優先順を決めるトリアージュの語が用いられることもあるが、このスクリーニングはもっぱら診療を求める受刑者の「詐病」の訴えの排除と医療へのアクセスの可否を意味する。このスクリーニングを起点とする医療供給の体制は、一般社会のそれと比較すれば異質であるが、特殊な患者である被収容者に医師の診療を効率的に実施するための対応であると説明される。

イ　こうした刑務官によるスクリーニングを受刑者への医療供給の入口に置き、医師を施設長の指揮下にある医官として位置づける医療体制のなかでは、受刑者に対する施設職員の保安等の関心と医官の医療的関心との相互提供が積極的・継続的に行われ、刑事施設の役割と被収容者の特性に対する理解に即した医療活動が刑事施設医療として求められることになる。刑務官が受刑者のカルテにその動静をめぐる所見を日常的に記入する等の一般社会と「異質」な状況は、被収容者という患者の特殊性を理由に、この供給体制のなかで被収容者の医療を受ける権利や医療情報の自己コントロール権等が著しく制限された結果である。

　この医療供給体制は、現場の医官を自己の職務と医師の職業倫理との矛盾に追い込むものともなる。この点で、参議院法務委員会に招致された医官経験のある黒田治参考人は、刑事施設で医療の最終責任が施設長にある以上、医官は一般社会のように患者の治療を必ずしも最優先できず、医師としての職業倫理と施設の保安要請等との間でジレンマに陥りやすいと述べている。[8]この発言は、行刑改革会議が実施した「行刑施設に勤務する医師に対するアンケート」で、「医師として自己の見解や要望について処遇部等の他部門の職員から意見を言われた」経験について、14.1％が「しばしばある」、35.2％が「たまにある」

7　なお、刑事施設における医療へのアクセス方法については、大谷實「矯正施設における医療」石原和彦ほか編『現代刑罰法体系(7)犯罪者の社会復帰』(日本評論社、1982年) 163～164頁、荒井彰ほか「監獄改善の道をさぐる——元受刑者と考える監獄法改正問題(下)」法セミ471号(1994年) 61頁、さらには、行刑改革会議第3分科会第2回会議議事録3/16頁における村瀬尚哉(横浜刑務所医務部保健課長)の発言においても、同様の理解が示されている。

8　第156国会参議院法務委員会議録第11号(平成15年5月13日) 4頁(参考人黒田治の発言)。

とした回答結果とも符合するものである。[9]

　国会での批判を受けながらも、矯正局は刑事施設における多数の「詐病」を理由に、刑務官によるスクリーニングは刑事施設医療に不可欠であるとし、施設の保安等の要請を医療場面で具体化する医療の供給体制を維持する旨の答弁を繰り返した。刑務官のスクリーニングが、医師の診療への被収容者のアクセスを遮断するのであれば、これを不可欠とする医療の供給体制は、「診察治療の求めがある場合には、正当な理由がなければ、これを拒んではならない」とする医師法の診療義務規定(19条1項)や、「自ら診察しないで治療をし、若しくは診断書若しくは処方箋を交付」することを禁じた無診察治療禁止規定(20条)に、言わば構造的に抵触する。

　そうであれば、一般社会と比較する際の刑事施設医療の「異質性」は、この供給体制が、医官に医師としての職業倫理を損なわせ、被収容者の医療を受ける権利を著しく侵害する点に求められよう。国会でその異常性が指摘された急性心不全と書かれた多数の死亡診断書の存在は、前述のとおり、刑事施設の医官が被収容者の死亡時まで診察をせず、死体だけを見て死亡診断書を書く状況を推認させたが、それは刑事施設の医療供給体制が、その「異質」なスクリーニングによって、被収容者の医療へのアクセスを遮断したためではないのかということになる。

(3)　医療費負担方法の異質性——医療水準は確保されるか

ア　被収容者の健康保持と疾病の治療は、憲法25条の趣旨を踏まえて、もっぱら拘禁を行う国の責務とされ、これに要する費用は国が負担するものとされる。しかし、刑事施設における死亡事例の頻度が一般社会におけるよりも高く、特に外部病院への搬送当日や翌日の死亡例が異常に多いという指摘を受け、国による医療費負担の原則にしたがえば高額な外部病院での治療費も国の全額負担となることから、限られた予算のなかで、被収容者の容態がかなり切迫するまで外医治療を回避し、必要で適切な治療ができなかったのではないかとの推測が国会で取り上げられた。これに対して、矯正局は必要で適切な治療のために「国費を惜しむということはない」との答弁が繰り返された。[10]

9　矯正医療問題対策PT「行刑施設に勤務する医師に対するアンケート結果」(平成15年9月)(行刑改革会議第3分科会第1回会議(平成15年9月8日)資料(別紙)、8頁。

10　第156国会衆議院法務委員会議録第6号(平成15年4月9日)30〜31頁(保坂展人委員および横田猛雄法務委員会専門委員の発言)。

刑事施設における医療費の国による全額負担の原則は、一般社会での負担方法と比較すれば「異質」であるが、国会でその原則自体が問題にされたわけではない。刑事施設医療への健康保険適用を主張する論者も、その保険費用を国が全額負担すべきであるとする点に争いない。不審死事例についての検討を経て、国会審議で問題にされたのは、国による医療費の全額負担によって、被収容者に必要で適切な治療が与えられているとする矯正局の認識であった。それ故、国費を惜しむことなく、被収容者に対して必要で適切な治療を行なっているとする矯正局の答弁は、どのような検証から導かれているのかが問われることになる。

　イ　一般社会の医療機関については、治療費や薬剤料や検査費用の診療報酬明細書であるレセプトによる審査体制があり、厚労省の指導により社会保険診療報酬支払基金法の規定に基づき設立された保険医指導委員会において、医療機関からの毎月の請求が適正であるかが監査される。このレセプト・チェックは、本来、不必要な医療費を節減するための方策ではあるが[11]、医療機関の実施した医療が、個々の診療ガイドラインに沿った医療であったか否かを、独立した外部機関が点検し指導する機会を提供するものともなり[12]、このチェックを通して提供すべき医療水準の確保が図られている。

　これに対して、刑事施設に対して、実施された医療の適正性を実効的に外部から監視するための制度や機関は、病院、診療所等の開設・管理・整備の方法を定める医療法に基づく保健所による開設条件等の充足状況に関する外形的点検以外にはなく、行われた診療の適否が外部の専門家によってチェックされる機会は予定されていない。刑事施設医療は、その費用を国が全額負担する点で「異質」であるが、同時に、実施された診療の適否が外部機関によりチェックをまったく受けない点でも「異質」である。

　そうであれば、被収容者の医療に「国費を惜しむことはない」という矯正局の言説の妥当性を計る基準は、現場の医官の医師としての職業倫理だけだということになる。刑事施設での医官経験をもつ二村雄次参考人は、五月の衆議院法務委員会において、毎年、年度末が近づくにつれ、手術や投薬等、刑事施設医療に対する予算制約が強くなり、被収容者の求めがある場合にも十分に診療を行えず、刑事施設が供給すべき医療水準を確保できない状況を認めてい

11　矢野健次「過剰な備薬の配薬と処方薬・診察に対する適正化への取組——矯正施設の医療コスト・パフォーマンスの評価と向上の検討」刑政127巻5号（2016年）84頁。
12　衆議院法務委員会・前掲注10会議録8頁（参考人清水陽一の発言）。

る。こうした予算制約のなかでは、特に、費用負担の大きい入院、通院等の外医治療を回避する傾向が生じることも推測される。必要で適切な治療のために「国費を惜しむということはない」と言いえるのは、行われた診療が「必要で適切な」医療水準を確保しうるものであったか否か、これを公正に測定する手段も機会も用意されていないからだということにもなる。

(4) 対立する認識と収束する審議

ア これまで医療刑務所や刑事施設内の医療施設は、医療法上の病院や診療所として厚労省の監督下に置かれ、医師法による規制は刑事施設での個々の診療に及ぶとされ、また、仮に、国の負担となる医療費の不足等を理由に医療内容やその水準等、医療の供給体制に不備が認められる場合も、刑事施設医療はその制度的枠組においては一般社会の医療と同一の基盤をもつものと観念されてきた。

しかし、名古屋刑務所事件の検討を経て開示された死亡帳を起点とする刑事施設医療の実態に関する国会審議は、単に、刑事施設のなかでの医療過誤や医師の資質、あるいは、医療の内容、薬剤、医療機器の不備等、医官や設備の脆弱さを問うだけではなく、そうした刑事施設医療を構成する制度枠組自体のあり方を問い返すものとなった。すなわち、「詐病」患者に象徴される被収容者の特殊性を理由に、刑事施設医療は一般社会の医療とは異質であるべきだとする制度理解と、これを起点とした医官体制と国の矯正予算による医療費全額負担を基礎とする医療の供給体制自体が、その国会審議を通じて問い返されたといえる。それ故、この国会審議は矯正局による問題整理の範囲を大きく逸脱するものであった。

イ 法務省には、この時期、名古屋刑務所事件への対応に表れたその隠蔽体質批判を早い時点で収拾することが求められていた。法相は、前述の国会審議に先立つ2003年2月の時点で、省内に関係責任者を中心とした「行刑運営に関する調査検討委員会」を発足させ問題の整理を行い、それをベースとした改革方針を打ち出すために「民間の方を中心とする懇談会」設置の意向を表明していた。国会で「法務及び司法行政等に関する調査」として続けられてきた前述

---

13 衆議院法務委員会・前掲注5議事録4頁（参考人二村雄次の発言）。なお、他の医官経験者も「非常に予算が少なく、毎年赤字になるのが刑務所の医療費である。医師としては、けっして無駄遣いをしているわけではない。ほぼすべての薬剤はジェネリックであるし、同時に、必要最低限の先発医薬品も確保して、できるだけ外部搬送をしなくてもよいように配慮している」と記している（日向正光『塀の中の患者様――刑務所医師が見た驚きの獄中生活』〔祥伝社、2013年〕160頁）。

314

の審議は、後藤田正晴元副総理を相談役として設置されていた「行刑改革会議」での議論が本格化する前にいささか強引に閉じられている。法務委員会の議事録には、後藤田正純委員と横田矯正局長の次のやりとりが残されている。

> 後藤田委員　あともう一点ですが、今度は清水参考人という方から、行刑施設の過去十年間の死亡事例のうち二百三十八例を分析した結果として、私の病院ならこのうち二百例は医療訴訟になっただろうと指摘されたようでございますが、これについて、法務当局の御見解をお願いします。
>
> 横田政府参考人　……その二百件云々ということでございますが、これにつきましては、この二百例が医療訴訟になっただろうという御指摘が参考人からあったことは事実でありますが、それがどのような根拠によってそういう判断に至ったのかということにつきましては、特段、その参考人の御説明もございませんでしたので、現時点でコメントは差し控えさせていただきたいと思います。
>
> 後藤田委員　では、清水さんのは言いっ放しな発言として、ちょっと排除させていただきたいと思います。[14]

　当の参考人医師のいない場で、その発言の文脈を振り返ることなく、また有意義な反論を展開することもないまま、その指摘を説明不足であるとして議論から排除する矯正局長の姿勢は、刑事施設医療をめぐるこれまで検討してきた二つの立場がいわば共約不能であることを示している。第156国会での刑事施設医療をめぐる審議は、実質的には与野党の共同提案になる「矯正施設運営に関する決議」第二項への賛同をみて終わった。

> 　二　矯正施設における医療については、格段に遅れていることから、早急な医療体制の充実が求められている現況にかんがみ、緊急に改善すべき点として、医師出勤体制の強化、医療スタッフの充実、外部病院への通院及び入院を含めた緊急医療体制の確立、精神医療及び薬物医療における専門医の配置、検査医療及び予防医療の導入などについて検討し、将来的には、医療と治療の観点から、厚生労働省や文部科学省との連携体制や、各医師会等との協力体制の構築を図り、十分な人的物的措置を施した矯正医療体制を確立するよ

14　第156国会衆議院法務委員会議事録第19号（平成15年5月28日）5頁（後藤田正純委員および法務委員会専門員横田猛雄の発言）。

う努めるべきである。[15]

　ここには医師と医療スタッフ確保、外部病院との連携の確立、検査と予防医療の導入のほか、厚労省等との連携、各医師会等との協力体制の構築等の事項を刑事施設医療の重大な課題であるとする点において一致があるものの、国会審議を踏まえれば、その実現方法について相対立する二つの認識が窺われる。

　ひとつは、被収容者が特殊な患者である以上、刑事施設医療は一般社会の医療とは別個に構成されるべきであり、それ故、その「自己完結主義」[16]は刑事施設医療の大前提で、「常勤医官の配置と矯正局予算による医療費負担」による独自の医療給付体制を維持し、その欠陥の補強こそが改革の道筋であるとする指向である。国会審議において法務省矯正局の答弁にあらわれ、与党が支持した認識枠組である。

　もう一つは、刑事施設医療が特殊であるとしても、被収容者に供給される医療は一般社会における医療と同じものでなければならないとする認識である。そのためには刑事施設での医療水準を低下させないために、その管理・監督を一般社会の医療と同様に厚労省の下に置き、保険診療を導入して外部機関との医療連携を推進すべだとする指向である。対象によって医療供給の方法に差を設けず、刑事施設における医療も一般社会の医療によって構成する「社会化」政策が主張される。主に野党が主張し、日弁連等が支持する認識枠組である。

3　刑事施設医療の問題と二つのパラダイムによる整理

⑴　「刑事施設医療の自己完結主義」パラダイムによる整理

ア　2003年5月、前述のとおり、国会審議が刑事施設における医療のあり方自体に及んだ経緯を踏まえ、法務省は「行刑改革会議」での審議に備えて「矯正医療の問題点を徹底的に洗い出すため」矯正局内に医療関係事務や、人事および予算の担当者に加え、医療刑務所の医師等を構成員とする「矯正医療問題対策プロジェクトチーム」を設置した。そこでは、前述の「行刑施設に勤務する医師に対するアンケート」調査等による現状把握のほか、すでに言及した参議院法務委員会により不審死事例とされた238件等について、臨床医学的観

15　第156国会衆議院法務委員会議録第33号（平成15年7月18日）10頁。
16　自己完結主義については、赤池一将「刑務所完結主義と民営化」刑事立法研究会編『刑務所民営化のゆくえ──日本版PFI刑務所をめぐって』（現代人文社、2008年）83頁以下参照。

点から医療上の問題点を検討するために27事例を選定し、このプロジェクトチームの医師5名の検討により、問題点を9つ課題群の一覧を示した。[17]

　この整理を基礎に、前述の法務省内の関係責任者からなる「行刑運営に関する調査検討委員会」は、1.「医師の確保」、2.「医師の診療時間」、3.「医療スタッフの配置」、4.「医療の内容」、5.「夜間・休日の医療体制」、6.「外部医療機関での診療」、7.「医療刑務所への移送」、8.「刑務官の医療知識の充実」、9.「保険医療の適用」、10.「全国的な施策推進体制」の各項目を、先の事例分析による改善を要する対象事項として分類し、さらに、これを実現するための政策として、1.医療刑務所と医療少年院の新築と集約化による「矯正医療センター化構想」、2.通常の刑事施設からの受入れ能力を高めるための医療法上の診療所に過ぎなかった「医療重点施設の病院化」、3.准看護師有資格者の増員により保健衛生面での指導と生活習慣病患者の病状管理を実施する「一般施設における健康管理体制の充実」を求めるとの結論を提示している。[18]

　イ　法務省による刑事施設医療の改革案の策定は、まず国会に提出された死亡事例のうち改革の検討に資するものを「矯正医療問題対策プロジェクトチーム」の医師が選定し、次に選定した事例にみる課題を「行刑運営に関する調査検討委員会」の矯正局の担当責任者が整理し、それを課題解決のための三つの政策として提示したとされる。しかし、この一連の作業を経て策定された改革案から、国会審議での個々の死亡事例とともに紹介された刑事施設医療の惨状を想起する者は少ないはずだ。

　そもそも作業の出発点となる「矯正医療問題対策プロジェクトチーム」の医

17　その一覧は、行刑運営に関する調査検討委員会「行刑運営をめぐる問題点の整理（国会審議における指摘を踏まえて）」平成15年7月28日、行刑改革会議第5回会議（平成15年10月30日）資料（別紙4）26頁の以下の表に示された（事例の重複あり）。

	問題点の区分	死亡帳整理番号
1	外部医療機関への早期受診依頼・移送	214, 217, 289, 373, 471, 578, 1453, 1540
2	医療刑務所への早期移送	189, 288, 976, 1506
3	保護房収容中の病者の観察	554, 969
4	愁訴の適時な医師への連絡	548, 969, 1547
5	夜間・休日等医師不在時の緊急体制	215, 1453
6	精神科医師による早期診療	913, 953, 1558
7	精神科医療の充実	286, 288, 919, 942, 987, 1590
8	医療機器（パルスオキシメーター）の整備	471, 578, 976
9	拘置支所の医療体制の充実	309, 373, 388, 471, 578, 1590

18　行刑運営に関する調査検討委員会「行刑運営をめぐる問題点の整理（国会審議における指摘を踏まえて）」（平成15年7月28日）、行刑改革会議第5回会議（平成15年10月30日）資料（別紙4）26-32頁。

師が選定した27の死亡事例が示す課題は、表中の1.「外部医療機関への早期受診依頼・移送」等の9つに分類されたが、国会審議で取り上げられた刑務官が行うカルテの記入・作成やスクリーニング、また外部専門機関による医療内容に対する監督の欠如等、具体的な死亡事例から垣間見えた刑事施設医療の「異質性」を正面から扱うテーマはない。例えば、4.「愁訴の適時な医師への連絡」の項目も3事例で不適切な対応があった点を示すだけで、その原因等に関する分析は一切ない。「プロジェクト・チーム」が整理した9課題は、前述の「矯正施設運営に関する決議」における「緊急に改善すべき点」を再整理した内容であり、そのどの課題に27事例のどれが該当するかを示すにすぎない。

　この9つの課題群は、「行刑運営に関する調査検討委員会」において「矯正施設運営に関する決議」での「将来的に」検討されるべき事項をも含む形で10の改革事項に位置付け直された。しかし、例えば6.「外部医療機関での診療」の項では、特殊な疾病や夜間・休日の急患時に外部医療機関へ依存せざるをえない現状を認め、その診療を確保するために「地元医師会などの理解を得て協力病院体制のようなシステム」構築が必要であるとし、また9.「保険医療の適用」の項では、「もとより、予算の制約から、必要な医療的対応が行われないようなことはあってはならない」ことを確認しつつも、「常勤医官の配置と矯正局予算による医療費負担」を基礎とする自己完結的な刑事施設医療の供給体制自体の問題性を問うことはなかった。

ウ　ところが、その行論において国会審議で言及された刑事施設医療への保険診療の導入については、その政策主張の妥当性について「行刑運営に関する調査検討委員会」として積極的に疑問を示し、この立論を否定した点が注目される。

　　　被収容者に健康保険制度による医療を認めることについては、この制度による医療が被収容者の契約の締結を前提としているため、契約の有無によって被収容者に対する医療が異なるものとなること、契約を締結している被収容者に外部医療機関での診療の自由を保障することとすると、その戒護のために配置できるだけの職員を確保しなければならないことなどの困難な問題がある……。[19]

19　行刑運営に関する調査検討委員会・前掲18資料31頁。

ただ、行論の前半での健康保険への「契約の有無によって被収容者に対する医療が異なる」とする記述は、当該契約の費用負担を被収容者が行う前提から導かれているように思われるが、少なくとも、フランスをはじめ諸外国の刑事施設医療における健康保険の導入は、国が施設収容とともに基本的に全被収容者の健康保険加入と保険料および診療費の支払いを行うことを予定するものであり、契約の有無により被収容者を二分し、加入者のみに保険診療を適用する類のものではない。また、後段部分での「外部医療機関での診療の自由を保障することとすると、その戒護のために配置できるだけの職員を確保しなければならない」の記述も、刑事施設医療に保険診療を導入した諸外国では、刑事施設内の診療所はその管理・運営が、司法省から厚生省等への移管とともに、外部の一般病院の出張所に移される前提が理解されぬままに、保険診療であれば外部通院が求められ、戒護職員の確保が困難になるとの議論へ誤導されている。いずれの場合も、国会で言及された刑事施設医療における健康保険適用の諸外国の実施例について十分な検討を経ずにその批判が行われた点が気にかかる。

　「行刑運営に関する調査検討委員会」報告書には、「国会審議における指摘を踏まえて」という副題が付されてはいる。しかし、刑事施設医療をめぐる名古屋刑務所事件後の国会での問題提起の核心は、この報告書をみるかぎり矯正局において正面から真摯に検討された形跡はない。むしろ、ここに表明されたのは、刑事施設医療の「自己完結主義」を疑うことなく、「常勤医官の配置と矯正予算による医療費の全額負担」という枠組を墨守しようとする強い意思であり、死亡事例の原因も医官と予算が十分に確保されれば、この供給体制において克服可能であるとする認識である。そして、この政策指向が、2003年9月以降、医療問題を集中討議する行刑改革会議第3分科会での議論を主導することになる。

(2)　「刑事施設医療の社会化」パラダイムによる整理

ア　NPO団体「監獄人権センター」は、国会に矯正局から先の238の不審死事例が提出されるとその検討を行い、そのうちの64事例を死因の事件性や医療の不備等が認められる事例として指摘した。その後、法務省「死亡調査班」の中間報告において、死亡帳だけからは問題点が不明とされた事案5件と、独自調査による1件を加えた70事例を特に疑わしい事案として、その状況別に

保護房・革手錠に関連する事例29件、医療措置に問題のある事例22件、死因の特定できない事例21件（重複あり）に分類した。その上で、これらの事例を、1.「医療を受けられないまま死亡する」、2.「医療が保安に従属し、革手錠の使用や不必要な保護房収容などによる心身への傷害・悪影響が見過ごされている」、3.「医療の水準自体が極めて劣悪である」、4.「死因の確定手続がなく、部内での共有・予防対策の立案が行われていない」の４つの場合に整理した。このうち、刑務所医療のあり方が直接問題となる第１、第３について、ここでは検討を加える。[20]

　まず、第１の事例は、①「医療を受けるために刑務官のスクリーニングがあり、医師の所にたどり着けぬまま死亡した例」（准看護師である刑務官による医療類似行為が広範に認める実務も問題となる）と、②「重症であるのに専門医療機関への移送が遅れて死に至る例」の二つの項目に整理されている。①の刑務官のスクリーニングが問題となる事例としては、強い腹痛の訴えにも関わらず、保健助手の刑務官が備薬を配布したことを理由に医師の診療を認めず、さらに当番医が不在で連絡が取れぬまま医療を受けることなく死亡した事例215、[21]体が動かないため免業を求めた受刑者に医療を提供せず、作業指示への抗弁を理由に取調対象としつつ、保護房収容を行い、収容解除後も座れないほどの下痢が続き急性心不全で死亡した事例548、午後８時前、受刑者が喘息発作を知らせるために扉を叩く行動を、規律違反容疑で処遇部取調室へ連行し救急対応ができずに死亡した事例976の３事例を挙げている。また、②の重症患者の専

20　海渡雄一「刑務所医療をめぐる問題点と改革の提案」CPR News Letter No.35 (2003年) 4～6頁に掲載された刑務所医療の問題点を各事例につき、1.「医療を受けられないまま死亡する」（２つの小分類）、3.「医療の水準が極めて劣悪である」（６つの小分類）に分類すれば以下の表の通りである。

	死亡原因の区分	死亡帳整理番号
1-1	医療を受けるために刑務官のスクリーニングがあり、医師のところにたどり着けぬまま死亡	215, 548, 976
1-2	重症であるのに専門医療機関への移送が遅れて死亡	215, 1453, 288, 976, 578, 373, 1547
3-1	医療における能力に欠ける医師が存在するため死亡	546
3-2	精神科医療体制が不十分で精神科医療の対象とすべきものを安易に保護房に拘禁して急性心不全で死亡させた	987, 1558
3-3	摂食拒否者など、心情不安定なものを独房拘禁して、状態を悪化させて死亡させた	189, 286, 288, 308, 432, 969, 1506, 1540
3-4	熱中症に対する無理解が関連して死亡させた	217, 309, 388, 942
3-5	喘息発作の管理ができないで重責発作で死亡させた	471, 578, 976
3-6	心臓疾患に対する管理に失敗して死亡させた	1453

21　ここでの事例番号は、前掲注17および前掲注20の各表での「死亡帳整理番号」を指す。

門医療機関への移送の遅れが問題となる事例としては、前出の215(重複)のほか、職員の喘息治療に対する無理解が原因で拘置支所から外部医療機関への連絡が遅れて死亡した事例578、夜間、胸の苦しさを訴え、ニトロールの舌下投与を受けた受刑者がそのまま放置され死亡した事例1453等の7事例が挙げられている。

また、「医療の水準が極めて劣悪である」ことが死亡の原因と考えられる前述の第3のカテゴリーについて、①「医療における能力に欠ける医師が存在する」ものとして1事例、②「精神科医療体制が不十分で精神科医療の対象とすべきものを安易に保護房に拘禁して、急性心不全で死なせている」ものとして2事例が挙げられ、③「摂食拒否者など、心情不安定な者を独房拘禁して、状態を悪化させて死なせている」事例としては、62キロの体重が31.5キロまで低下し低体温状態となり、より早期に摂食障害の診断を下して専門的な精神科医療と栄養補給の治療を行うべきであった事例189や、低栄養状態で独居拘禁されていた者を保護房に収容し、直後に死亡した事例1506等の8事例が、④「熱中症に対する無理解が関連している死亡させた」事例としては、アルコール依存症の受刑者が脱水死した事例309や、やはりアルコール依存症の受刑者を保護房に拘禁して脱水死した事例388等の4事例が挙げられるほか、⑤「喘息発作の管理ができないで重責発作で死亡させている」ものとして3事例、⑥「心臓疾患に対する管理に失敗している」ものとして1事例の6つのカテゴリーに整理されている。

イ 「監獄人権センター」によるこうした死亡帳の調査・整理を踏まえて、日弁連は刑事施設医療の問題点を、1.「医療を受ける際の刑務官による審査の存在」、2.「治療時の刑務官立会いによる医師と患者(被収容者)の敵対関係」、3.「医官を希望する医師の不足と質低下」、4.「外部の専門医療機関への移送の遅れ(特に、緊急時、休日、夜間等)」、5.「極めて不十分な精神科医療体制」、6.「摂食拒否者や心情不安定者に対する対応の悪さ」、7.「熱中症や喘息発作に対する無理解」8.「医療的対応なく使用される保護房拘禁」の8点に整理し、その上で、刑事施設医療の改革において重視されるべき理念として、①医師の「保安からの独立」の確保、②刑務所医療と外部医療との同等性の明確な法的保障の2点を掲げた。

特に、前者については、ア)刑務官は、医師による診療の必要性について審査してはならない、イ)刑務所の医師は、患者の主治医として行動するべきである、ウ)医師は、受刑者の医療情報に関する守秘義務を負う、エ)医療の場

には、刑務官を立ち会わせてはならない、の4点を挙げ、その「保安からの独立」の意味するところを明らかにしている。

そして、こうした医療改革の理念を制度的に保障するために、①行刑医療の所管を法務省から厚生労働省に移し、「刑務所医務室」を「地域医療中核病院の出張所」へと位置づけ直し、②刑務所医療態勢の不備を補完する地域医療との緊密な連携体制を確立するための措置をとるべきであるとの主張を行っている[22]。

ウ 前述のとおり、死亡帳の検討を行った5月の国会審議では、刑事施設医療の実態について、単に、医官や医療設備・環境の質が問われたのではなく、そもそも一般医療とは異質であるべく構想された刑事施設医療は「医療の名に値する医療といえるのか」が問われていたといえる。だからこそ、あえてここで要約的に表現すれば、常勤医官の定員が埋まれば、医療へのアクセスについての被収容者の不満は消えるのか、また、国が医療費を負担することによって、一般社会と同水準の医療が確保されているのかという疑念とともに、「常勤医官の配置と矯正局予算による医療費負担」を基礎とする医療の供給体制自体の正当性が問い返された。

「監獄人権センター」の整理において注目すべきは、受刑者の不審死事例の原因区分として「医療を受けられないまま死亡する」場合を掲げ、被収容者の医療へのアクセスを阻害する二つの要因を「刑務官のスクリーニング」と「専門医療機関への移送の遅れ」に整理している点である。矯正局は、「刑務官のスクリーニング」について、「詐病」を訴える被収容者が多数存在する刑事施設の特殊性ゆえに、施設医療を効率的に運営するために必要不可欠であると説明してきたが、他ならぬその「刑務官のスクリーニング」のために医官が被収容者の死亡時までその受刑者に対する診察を行えずにいた点が指摘されている。また、「専門医療機関への移送の遅れ」についても、刑事施設医療を一般社会の医療から独立して構成すべきとの基本指向を堅持するかぎり、それは避けて通れぬ課題となる。ここでは、医師法の診療義務規定等に抵触する可能性のある「刑務官のスクリーニング」を不可欠とする医療の供給体制とともに、常勤医官の配置により一般社会の医療組織から独立して刑事施設医療を完結させる構想自体の妥当性が問い返されることになる。その全体像を考えれば、常

---

22 日本弁護士連合会「刑務所医療の抜本的改革と受刑者の死因調査制度の確立を求める日弁連の提言」(2003年7月17日)(https://www.nichibenren.or.jp/library/ja/opinion/report/data/2003_36_1.pdf) 1〜3頁。

勤医官の定員を埋めれば、それで医療へのアクセスが確保されるわけではないことが理解される。

　また、「監獄人権センター」は、「医療の水準が極めて劣悪である」ことが死亡の原因と考えられる事例について6つの類型に整理し、医師の能力のほか、精神障害、摂食障害、熱中症、喘息発作、心臓疾患に対する理解の欠落を挙げている。これらは刑事施設医療において社会一般の医療と同等の水準が確保できずに死の結果を招いた例だとされる。それは衝撃的な事実であるが、前述のとおり、刑事施設に対してそこで実施された診療の適否が外部の専門家や専門機関によってチェックされる機会が存在しないことの帰結とみなければなるまい。矯正局は、必要で適切な治療のために国費を惜しまずに、一般社会と同水準の医療を確保していると主張するが、行われた診療が「必要で適切」であったかを評価する外部専門機関が存在しないのであれば、そこに費やされた国費の多寡を論じることはできない。それ故、医療費の多寡を論ずる前に、刑事施設医療を実質的に管理する外部専門機関の組織だてを検討する必要がある。国会審議で言及のあった「厚労省移管」による外部の一般病院による刑事施設医療の運営や刑事施設医療への「保険適用」による外部監査の導入は、論者によって内容に一定の差異はあるものの、そうした検討に一つの道筋を与えるものといえる。

　日弁連は、「監獄人権センター」のこうした分析を共有する形で、刑事施設医療の改革において重視されるべき理念として、医師の「保安からの独立」の確保、「刑務所医療と外部医療との同等性」の明確な法的保障の2点を掲げ、刑事施設医療の「厚労省移管と地域医療中核病院への運営委託」、そして、「地域医療との連携体制」の確立を、そのための手段として提示している。それは「常勤医官の配置と矯正局予算による医療費負担」による医療供給を基礎とする刑事施設医療を、一般社会の医療に連結し、後者に吸収し、一体化させる「社会化」を志向する「刑事施設医療の社会化」と呼ぶべきパラダイムとして捉えられる。[23]

23　ここで「社会化」とは、刑事施設の自己完結主義を克服する「第2段階の社会化」を指す。この点については、さしあたり、赤池一将「フランス行刑からみる日本型行刑の特徴とその現在の課題」龍谷大学矯正・保護研究センター研究年報6号（2009年）59頁参照。

4 行刑改革会議第3分科会におけるパラダイム間の闘争

行刑改革会議は、第4回全体会議(7月14日)の席で、刑事施設医療に関して矯正局大橋秀夫医療分類課長から現状と問題点についての法務省側の認識が報告された後は、もっぱら第3分科会において医療問題は扱われることになるが、その第1回会議(9月8日)において、被収容者側の観点から監獄人権センター事務局長の海渡雄一弁護士が報告を行なっている。短い時間のなかで「被収容者の保険加入と刑務所医療を法務省から厚生労働省へ移管すること」を改革の柱とすべきことが述べられ、この移管により、例えば、刑務所医療を地域の医療中核病院が担うことにすれば、その病院の医師が交代で刑務所での診療を行うことになり、まず、刑務所での医師不足の解消がもたらされ、それが医療水準の向上、詐病問題の解消、被収容者の医療プライヴァシーの確立、医療の保安からの独立等、各課題へのその想定される効果が肯定的に言及された。それは、行刑改革会議に刑事施設医療の抜本的な改革を期待した「社会化」パラダイムの提示というべきものであった。当日は、時間の制約から実質的な質疑は行われずに終わった。

第2回会議(9月22日)では、これらの報告の整理が行刑改革会議の杉山治樹事務局次長より行われた。その冒頭で「被収容者による費用負担」と「矯正医療の水準」の二つの問題が「矯正医療の基本的視点」であるとして、その検討が行われている。[24]

(1) 医療の費用負担による議論の誘導

ア まず、杉山報告においては、国が刑罰の執行という形で受刑者の自由を束縛する以上、その拘束下にある受刑者の健康を守る責務が国にあるとの前提が確認される。そして、直ちに「刑事施設医療は一般社会の医療と別個に供給されるべきである」のか、「刑事施設においても一般社会の医療が供給されるべきである」のかの選択という、いわば「自己完結主義」パラダイムと「社会化」パラダイムのそれぞれの基底をなす二つの認識のどちらを選択するかが迫られる。

杉山次長は、一般社会の医療を「保険による医療」であると操作的に定義して、「社会化」論にしたがって一般社会と同じ医療を刑事施設で供給するので

---

[24] 行刑改革会議第3分科会第2回会議(平成15年9月22日)議事録1頁(杉山治樹事務局次長の発言)。

あれば、被収容者には「保険料等の自己負担」と引き換えに医師の選択が可能になり、また、差額ベッドや高度先進医療等、保険加入の有無や内容により医療供給の水準に被収容者間に格差が生じるとして、先の選択の意義を説く。外部の医療と同様に構成して「金のある受刑者については例えば保険適用外の高度な医療も受けさせて良い」とするのが保険診療による費用負担であり、これを否定するのが現行の国庫負担という方法である、と。それ故、刑事施設での「保険による医療」の導入を受容することは困難であるとして、刑事施設医療を一般社会から切り離して、被収容者に平等な医療供給を国が負担する現行の「自己完結主義」が妥当との結論に至る。

イ　それは議論の整理というよりは、「社会化」パラダイムに依拠した海渡報告への反論を「自己完結主義」の観点から行なったものである。議論の整理として、独自の主張を事務局から行うことの当否は置くとしても、この反論はフランスをはじめとする諸外国の実施例への無理解に基づいている。前述のとおり、刑事施設医療に健康保険を導入する場合、施設収容時にすべての被収容者の保険加入を確保し、少なくとも受刑中の保険料および診療費の支払いを国が全額負担するのが外国法制の基本であり、通例である。「受刑者の健康を守る責務が国にある」との前提について、二つの対立するパラダイムの間に対立はなく、刑事施設医療について、国による費用負担と健康保険導入とを概念的に対置させること自体、制度に対する基本的理解を欠いた誘導といえる。

(2)　適切な「医療水準」をいかに決めるか

ア　杉山次長の報告は、前述のとおり、一般社会の医療を「保険による医療」であると操作的に定義して、一般社会の医療を刑事施設に持ち込むことは、保険加入の有無等により被収容者間に医療格差を生み不適切であるとする。それ故、刑事施設医療を一般社会の医療から独立させ構成する必要があるとして「自己完結主義」を導く。刑事施設の医療費がすべて国の負担であり、「国費を惜しむことなく、被収容者に対して必要で適切な治療を行なっている」と矯正局が認める以上、そもそも外部社会の保険を適用する理由が理解できないものとなろう。それ故、第2回会議のヒアリングの席で、高久第3分科会長から「刑務所にいる人に健康保険を適用する」意味を質された谷修一氏(国際医療福祉大学学長)の次の発言も、多数の不審死事例をめぐる国会審議を意に留めぬのであれば、「自己完結主義」パラダイムからの自然な指摘といえる。

谷氏 今でも健康保険法なり何なりは刑務所に入っておられる方については、法律的には適用しないというふうになっているわけですね。……それは、監獄法というのか知りませんけれども、中に入られた人については国の責任においてやると。したがって保険とは切り離す。健康保険というのはそもそも何のためにあるのかといえば、いろいろな見方があるでしょうけれども、病気になったときの経済的なリスクをいかにカバーするかということで、単にお金の支払いをやってるのですよね。だから全部国がやってくれるというリスクのないところに医療保険をなぜ適用するのかと。[25]

　そして、この発言は「健康保険の適用」政策とこれを改革の柱とする「社会化」パラダイムの評価に重大な誤解を植え付け、会議の帰趨を決定づけることになる。しかし、問題は、谷氏のいう「国の責任」が果たされているかを、一般社会の医療と比較して測る手段が、多数の不審死事例の検討後も「完結主義」パラダイムには備えられない点にある。

　イ　杉山報告は、「矯正医療の基本的視点」として「被収容者による費用負担」を掲げ、「自己完結主義」パラダイムへ誘導するが、この指向において、刑事施設の医療は一般社会のそれから独立して別個に構成されることになる。それ故、別個に構想される刑事施設医療における医療の供給ないし医療の水準をどの程度に定めるかが、次に問われることになる。「基本的視点」の第二「矯正医療の水準」の検討を掲げた所以である。

　「社会化」パラダイムにおいて、「健康保険の適用」は、一般社会において実施されている外部専門機関によりレセプト・チェックやガイドラインに沿った治療方法の指導等を「保険適用」をとおして刑事施設に導入し、その医療を一般社会の水準にまで引き上げることを狙いとするものである。それ故、刑事施設での医療水準についても、「社会化」パラダイムにおいては、一般社会の医療水準、通常のガイドラインに沿った診療がそのまま刑事施設医療に導入されることになり、その水準を格別に検討する必要はない。

　これに対して「自己完結主義」パラダイムの場合、「被収容者の健康及び刑事施設内の衛生を保持するため、社会一般の保健衛生及び医療の水準に照らし適切な保健衛生上及び医療上の措置を講ずる」(刑事収容施設法56条)ために、「社会一般の医療の水準」と同等の水準の医療を、刑事施設において社会一般とは

25　行刑改革会議・前掲注24議事録7頁（高久文麿第3分科会長およびヒアリング対象者谷修一医療福祉大学学長の発言）。

別個の方法で独自に実現しなければならない。しかし、「社会一般の医療の水準」と同等であるかどうかの判断を行うのは、一般社会の医療システムから独立して構成される「自己完結主義」においては、評価対象となる医療行為を行った当の医官以外にはいない。そして、すでに検討を行った刑事施設の医療供給体制のなかで、医療の供給水準をどの程度にするか、どの程度の医療を供給するかという課題に対して、医官は改めて医師の職業倫理に直面することになろう。この問題設定には「行刑の劣等原則」が見え隠れしているからである。どの程度の医療を提供するかという課題は、受刑者に対する世論、「惜しむことなく」とはいえ常に制限的な予算、「詐病」の存在等により特殊な患者としての受刑者像を考慮すれば、自然とどの程度に抑えるべきかという課題として捉えられることになる。

ウ　「自己完結主義」パラダイムからは現に刑事施設で提供されている医療水準を判断することは容易ではない。名古屋刑務所事件後の国会での死亡帳調査を経ても、なお、被収容者に対する医療は十分に供給されていることを疑おうとせず、行刑改革の場においても刑事施設医療の水準を議論することを回避する傾向がみられる。

> **野﨑委員**　実際の矯正医療のレベルが健康保険よりも低いというわけでしょう。それはどういうところをとらえて言うんですか。
> **大橋課長**　私は、そこは言っている意味がよく分からないのですが、実際は必要な医療をやっているわけですね。受刑者が、外の病院と同じようにやってくれないと文句を言うこともありますが、外の病院が過剰診療をやっている可能性もあるわけですから。刑務所の場合は必要な医療しかやらないということであって、幾ら金がかかろうと、必要な医療に関してはかなりの額を使ってやる例もあります。1,000万円近く、一人のために使ったりすることもあるわけです。ですから、これをしちゃいけないということは基本的にないんです。[26]

　不審死事例についての国会審議を経ても、必要な医療を提供しているとする責任者の発言は、何を根拠としているのであろうか。そもそも「医療の水準」が国会審議で問題になったのは、刑事施設医療の国費負担原則とそのための予

26　行刑改革会議・前掲注24議事録8頁（野﨑幸雄委員、大橋秀夫医療分類課長の発言）。

算制約により医療水準が劣悪でありながら、これを監督する制度が欠落していたことが、不審死事例の背景にあったのでないかとの疑念からであった。健康保険の導入も、それに伴うレセプト・チェックやガイドラインに沿った診療指導に議論の中心を求めるべきだが、分科会で主に問われていたのは、端的に、刑事施設医療の水準は一般医療と比較して低いのか、という問いである。しかし、決して低くはないというのであれば客観的な根拠を示せば足りるはずである。その上で、例えば、支出した医療費等の多寡のみならず、発言中の「1,000万円近く、一人のために」の例についても、保険診療による高額療養制度等利用時との比較から支出の適切さを検討すれば足りる。

(3) 医療水準の比較

ア　一般社会の医療と刑事施設医療を比較することは難しいのか。実は、その二つの医療水準の比較は、矯正局にとってそれほど難しいことではなかったはずだ。筆者の知るかぎりでも、矯正局は、2015年の「矯正医官の兼業および勤務時間の特例等に関する法律」の国会審議において二度にわたりこの比較を自ら示している。このうち第一の試算については、同様の計算が、2003年の時点でできなかった理由はない。それは2012年時点での国民一人当たりの医療費と刑事施設における被収容者一人当たりの医療費との比較である。

> **政府参考人（小川新二君）**　予算書の項で申し上げますと、矯正収容費に計上されている医療費、すなわち被収容者への薬剤等の医療衛生資材費及び外部医療機関での通院、入院費等でございますけれども、平成二十七年度予算は先ほど申し上げましたように五十八億六千三百万円でありましたので、これを被収容者数で割りますと一人当たり約九万五千円となります。
>
> 　これは人件費が含まれておりません。人件費につきましては、予算上、医療関係の人件費だけを切り取るのが難しいという実情がございますので、実際の支給額で計算しますと、刑事施設における平成二十五年に実際に支給した常勤、非常勤の医療関係職員の給与、それから平成二十五年度に支出した医療衛生資材費又は外部医療機関での通院、入院費等の費用を合算しまして、平成二十五年度の一日平均、被収容者数で除した場合には一人当たり約十六万五千円となります。[27]

27　第189国会参議院法務委員会議事録第7号（平成27年4月16日）12頁（田中茂委員および小川新二矯正局長の発言）。

ここでは、国民一人当たりの医療費が377,500円であるのに対して、被収容者一人当たりでは165,000円との試算が示されている。人件費はもとより、通院、入院費等の考えられる限りの費用を合算しても、刑事施設の被収容者一人当たりの医療費は、国民一人当たりの医療費の半額に満たないことがわかる[28]。

ちなみに、もう一つは、医療を外部委託している刑務所と常勤医師の配置による従来型の矯正医官制度での刑務所における被収容者一人当たりの医療費の比較計算である。比較の前提となる母集団を被収容者に揃え、一般社会での医療で彼らに要する費用と刑事施設医療で必要とされる医療費が比較されている。

> **国務大臣（上川陽子君）** 国の常勤医師の確保が困難となっている一部の施設につきまして、やむを得ずということで矯正施設の医療を外部医療機関に委託をしている……。
>
> 六庁ございます。……その中で外部委託をしている主な例として月形の刑務所と、そして常勤の矯正医官が配置されている同規模の山形刑務所の状況をちょっと比較して御紹介したい……。被収容者一人当たりの医療費の試算比較ということで、月形の刑務所におきましては、これは外部委託をしている例ということでありますが、約十四万六千円ということでございました。山形につきましては内製しているということでありますが、山形の刑務所におきましては約七万七千円ということでございまして、やはり外部委託をお願いしている事例の方が……費用が高くなる傾向がある[29]。

ここでは、大まかに同数かつ同質の集団である被収容者に対して、矯正医官制度により医療を行う山形刑務所と民間医療機関に委託する月形刑務所とで比較し、山形では一人当たり年間77,000円で済む医療費が、月形では146,000円を要するとの比較が行われている。この比較においては、月形と比較する際、

---

28 医療を外部委託している刑務所と常勤医師の配置による既存の矯正医官制度での刑務所での被収容者一人当たりの医療費の比較計算としては、大まかに同数かつ同質の集団である被収容者の医療を、矯正施設内で行う矯正医官制度による山形刑務所と民間医療機関に委託する月形刑務所とで比較した例がある。山形では一人当たり年間77,000円で済む医療費が、月形では146,000円を要するとされる（第189国会参議院法務委員会議事録第7号〔平成27年4月16日〕9頁〔法務大臣上川陽子の発言〕）。

29 第189国会参議院法務委員会議事録第7号（平成27年4月16日）9頁（法務大臣上川陽子の発言）。

刑事施設医療の改革と行刑の二つのパラダイム　329

既存の医官制度を採用する山形の医療費については内訳の言及がなく、医官、看護師、薬剤師等のほか、保健助手や准看護師資格を持つ刑務官等の人件費は、その計算式に含まれていないのではないかと考えられるが、仮に、被収容者に一般社会の医療を提供すれば、月形の例からは、およそ２倍の費用を要することが示されている。これらの数字は、刑事施設において実施されている医療が一般社会の半分の費用に抑えられている事実を示すものである。

イ　「医療の水準」を語る際には、刑事施設医療で行われる医療行為の内容と一般の病院等で行われるそれの比較も不可欠のはずだ。この点、美祢市に診療所の管理委託を行なった美祢社会復帰促進センターでの診療の内容と従来型の刑事施設でのそれとの比較が、2008年の「刑事施設における業務の委託のあり方に関する研究会」において検討されている。そこでは、医療行為の内容について、被収容者数を1,000人に換算して診療内容を比較し、既存施設では投薬中心の診療が行われているのに対し、美祢センターでは、「投薬」が同規模の従来型施設とほぼ同様に行われているのに加えて、「注射」が９倍、「処置」が３倍、「検査」が４倍、「画像診断」が２倍行われており、「投薬」以外の技術提供が充実していた等の指摘が行われている。行刑改革の時点で、そうした比較に一定の困難があったにしても、従来型の刑事施設における医療が、診療内容からみてもそれだけ貧しく限定的であることは医官の共通した認識であったはずである。[30]

行刑改革会議第６回全体会議(10月20日)の席で、高久文麿第３分科会長は、医療水準をめぐる議論について、「当然のことながら一般社会の医療水準と同程度の医療を提供する必要がある。同程度の医療という事は解釈が困難な点がありますが、民間の診療所に行ったときに受けられる程度の医療というような考えであった」と述べている。[31]刑事施設では、投薬だけで医療費を通常の半分に抑えるのが常識であるならば、そこに「劣等原則」の影響を見ないわけにはいかない。

矯正局から会議に提供できたはずのこうした一般社会の医療に要する費用と刑事施設のそれとの比較は示されぬままに「医療の水準」が語られ、また、本来は議論されるべきであった一般社会での保険診療によるレセプト・チェックやガイドラインに沿った診療指導の監督体制の導入や、保険診療を導入しない

---

[30]　刑事施設における業務の委託の在り方に関する研究会「刑事施設における業務の委託の在り方について」〈http://www.moj.go.jp/kyousei1/kyousei_itaku_index.html〉参照。

[31]　行刑改革会議第６回会議（平成15年11月10日）議事録12頁（高久文麿委員の発言）。

ならば、刑事施設医療においてどのように医療水準を確保するかという課題も
まったく検討されぬままに、次のような発言で「医療の水準」の議論は閉じら
れている。

> **高久会長** ……健康保険のレベルというのはないのです。健康保険で審査を
> するのは適用外の治療をしていないかどうかとか、チェックするのは主に過
> 剰診療です。健康保険の患者には保健で決められた以上のことをしてはなら
> ないという事で最低のレベルはない。それはドクターの裁量権ということで
> す……医療水準ということと健康保険への適用ということとはマッチしない
> と思います。[32]

(4) フランスの刑事施設医療は正しく評価されたか

ア 「行刑改革会議提言～国民に理解され、支えられる刑務所へ～」が発表さ
れたのは2003年12月であるが、刑事施設医療に関するかぎり、改革の大要
は、第6回全体会議での分科会検討状況報告のために作成された文章「議論の
整理(医療体制の在り方)」においてすでに固まっていたといえる。この会議で
は、その文書に基づいて高久会長の報告が行われている。その内容は「刑事施
設医療への保険適用」については、医療費を国費で負担する以上リスクが存在
せず、保険制度を適用する意味がないとして、その妥当性を否定し、また「厚
労省移管」についても、国立病院は、少数で各施設に対応できない、また、国
立病院でも医師が不足するなどの理由から有効ではないとの判断を示した。[33]
結論の報告段階においても、外部の一般病院による刑事施設医療の運営を内容
とする「厚労省移管」の意味が誤解されている点は注意を要する。

　この点で、フランスの刑事施設医療を、行刑改革会議委員4名、事務局員4
名とともに視察して間もない久保井一匡委員は「医療水準の引上げ、医師の確
保、医療の保安からの独立などは、いずれも緊急の課題であるが、かつて同様
の問題をかかえていたフランスでは、刑務所医療の管轄を司法省から厚生省に
移すことによって大きな前進を見たときく」として、厚労省移管について、第
3分科会が「もう少し真剣に検討すべき」だとの厳しい意見を表明した点が注
目される。[34]

32　行刑改革会議第3分科会第3回会議（平成15年9月29日）議事録13頁（高久文麿会長の発言）。
33　行刑改革会議第6回会議（平成15年10月20日）資料（別紙10）1頁、3～4頁。
34　第3分科会第5回会議（平成15年10月27日）に、久保井委員から「各分科会の検討経過報告に

イ　フランスの刑事施設医療は、「社会化」パラダイムを具体的に提示するものとして国会でも、また、第3分科会での前述の海渡報告でも言及されたためか、司法省行刑局と厚生省の各担当者からの聞取りとポワシー中央刑務所での現地調査に上記のとおり多数が参加した。フランス・ドイツの調査に加わった南博方委員は、第7回全体会議(11月17日)の冒頭で総括報告を行い、「総じて、私が見てまいりました刑務所が仮に国際水準であるとすれば、EU諸国の目からしますと、日本の刑務所は国際水準に及ばないというように映るのではないかというような感想を持った次第であります」と語った。[35]同日の全体会議に配布された「海外調査視察報告書」には、以下の記述がみられる。

> すべての刑務所が国公立病院と契約を締結し、同病院のユニットとして施設内にユクサ(診療所)が設置された。ユクサは、身体疾患・精神疾患の双方に対応することとなされているが、入院や特定の検査(CTスキャン等)については、施設と契約(プロトコル)を結んだ外部の病院が実施することとされている。ユクサには、常勤の医師(総合医)、専門医(非常勤)、看護師、X線技師、理学療法士および歯科医が在籍し、医師の確保には事欠かない状況があること、職員のほか医療機器もすべて厚生省の責任で備えられること、改革の時点で90億6千万円の予算措置が必要とされ、移管完了後の2002年度予算は176億4千万円に上ること、[36]ユクサは、基本的に午前7時から午後7時まで開かれており、休日も対応していること……。[37]

　しかし、野﨑幸雄委員の当日の全体会でのフランス報告は簡単なものに過ぎなかった。

> **野﨑委員**　医療体制についてでありますが、施設内の医療につきましては、1994年以降一般社会の医療水準と同等のものにするということで、厚生省の所管になっておりまして、各施設には国公立病院のユニットとして、ユクサ

対する意見」（別紙2）が提出されている。

35　行刑改革会議第7回会議（平成15年11月17日）議事録1頁（南博方委員の発言）。

36　比較は容易ではないが、行刑改革会議では一つの目安として、同時期の日本の医療費について23億4500万円と報告されている（行刑改革会議第4回会議〔平成15年7月14日〕資料「行刑施設における医療について」6頁）。

37　行刑改革会議「海外視察結果報告書」行刑改革会議第7回会議（平成15年11月17日）別添資料1、58頁。

と呼ばれる診療所が設けられております。そしてそこで厚生省の職員が医療行為を行っておりますが、ユクサには専門的な治療、検査が行われるような医療機器は設置されてはおりませんで、簡単な診療室といったような印象を受けました。専門的な検査や治療を要する者については、施設と個別に契約した外部の病院に移送されることになっているようであります[38]。

ここには「厚生省の職員が医療行為を行っている」等、報告書と食い違う不正確な発言も見受けられるが、この日の視察の報告のみに留められ、これに対する十分な質疑は行われなかった。それ故、第3分科会報告への意見書を提出した久保井委員等の声を分科会の委員が直接聞く機会はもたれていない。野﨑委員の報告は、前述の南委員の総括や久保井委員等と大きく評価を異にしたが、その相違が何によるかも検討されぬまま、医療体制に関する議論は、第3分科会第7回会議(12月1日)に持ち帰られ、高久会長と野﨑委員の以下のやり取りで実質的に閉じられている。

> **高久会長** 菊田委員、久保井委員が意見を出しておられます。日弁連からも、厚生労働省への移管ということをもう一回考えろというふうな御意見がありました……野﨑委員はフランスで御覧になったわけですよね。かなりうまくいっているというふうな御印象を持たれていますか。
>
> **野﨑委員** よく分かりませんでしたね。まだ試行錯誤の段階だと思いますよ。ただ、フランスの刑務所で聞いた話では、例えばエイズの問題があってやったんだという話でした。だけど、フランスでは厚生省に移管されて初めて結核などのチェックをもするようになったということを言っています。つまり司法省が刑務所を監督していたときの医療というのは非常にレベルの低いものだったということは、それでうかがい知れたと思います。同時に、医療施設を見たときに、日本の刑務所と比べると医療機器などはないですね。レントゲンが1台ポンと置いてあったという感じでしたね。だから、私は、そうなってどれだけうまくいっているのかということはよく分かりませんでしたし、いろいろ質問したのですけれども、非常に公式的な答えしか返ってきませんでした。ただ、非常に高いものについたと言ったのが印象的でした[39]。

38　行刑改革会議第7回会議（平成15年11月17日）議事録4頁（野﨑幸雄委員の報告）。

39　行刑改革会議第3分科会第7回会議（平成15年12月1日）議事録6頁（高久文麿会長および野﨑幸雄委員の発言）。

刑事施設医療の改革と行刑の二つのパラダイム　｜　333

野﨑委員の意図が、日本の刑事施設医療はフランスの現状より優れており厚労省移管等の必要はないとの趣旨であることは伝わるが、その感想はいささか根拠に乏しい。「レントゲン1台」の発言も、医療を担う病院との頻繁な通院体制の理解に欠けるための評価ではないかと思われる。しかし、第3分科会で唯一視察を行い、全体会議で先の報告を行った野﨑委員によるポワシー中央刑務所の医療に関する言及は、視察現場やその後の意見交換で行われたはずの質疑内容も、移管に多大な費用を要したとの評価にほぼ尽きるが、その感想は、これまで筆者が見聞してきたフランスの刑事施設医療の状況とも、また、厳しい評価で知られる政府独立機関「拘禁施設総監督官」[40]の報告とも異なる。総監督官は、その制度設立後間もない2008年に（行刑改革会議視察の5年後、収容環境、人員とも大きな変化はない）ポワシー中央刑務所の査察を行い、次のようにその運営状況を述べている。

　　　医務部（ユクサと呼ばれる所内の診療所）は、協定によりポワシー・サン＝ジェルマン共同医療センターの一部局とされ、身体疾患および精神疾患の2部門が関与する。医務部は、被収容者が一人で直接来診できるように収容棟3階に設置され、診察室6室、処置室1室、歯科診療室1室、運動療法室に兼用されるレントゲン室1室、薬局、医療事務室1室、待合室2室がある。勤務表に従って毎日午前7時から午後7時まで開室しており（週末と祝日は午前中のみ）、その時間帯は看護師も勤務する。看護師は身体疾患・精神疾患2部門の共通当番表にしたがって当直にあたる。夜間、週末、祝日の急患には県の救急医療センターの電話コールを利用する。2008年の1年間で救急コールは29回行われ、救急車が25回呼ばれている。刑務所の医務部のカルテ収納棚の鍵は救急医療センターにも保管されている……

　　　診療には、被収容者が診療願を書いて1階の医務専用ポストに投函するか、直接自分で医務部を訪ねるか、刑務官を通して申し出る。診察の通知を受けると被収容者は一人で医務部を訪ねる。医療上の秘密は厳守される。これまで医療スタッフを巻き込んだ事故はない。…

　　　医務部の利用者数は、2007年では22,000名であり、1日あたり平均70名

40　拘禁施設総監督官（Contrôleur général des lieux de privation de liberté）については、鈴木尊紘「フランスにおける拘禁施設虐待防止法制──警察留置場から精神病院までの人権保護」外国の立法239号（2009年）4頁参照。

近い（筆者注：当時の1日あたり平均収容者数225名）。そのうち18,000件は医務部内での看護師による処置や配薬のためであり、その他が総合医による診察（2008年で1,616件）、歯科治療（2007年で958件）、運動療法（2007年で759件）、レントゲン撮影（2007年で317件）、専門医の診療（452件）であった。[41]

　フランスの制度改革の成果を否定する見解からは、移管後の人的・物的資源の目を見張る充実はどのように評価されるのであろうか。刑事施設医療に従事する総合医の数は、1990年（1日あたりの被収容者数は55,000名余）には27.5名（週40時間のフルタイム換算での人員数による。以下同じ）に過ぎなかったが、2011年（被収容者数は年末時点で65,262名）では190名に飛躍的に増加している。看護師についても1990年では275名であったが、2011年には1,239名に増加している。この他、2011年の医療スタッフ数は、専門医が28名、歯科医が90名、精神科医が178名で医師の総数は、総合医を加えて485名となる。この他に、運動療法士24名、心理専門家294名が存在し、これに看護師を加えると刑事施設医療の医療スタッフ数は、2,042名となる。[42]さらに、2014年の日弁連の調査によれば、その時点で総合医数は311名、精神科医180名で、これに上述のパラメディカルを加えると、合計職員数は2,595名にのぼる。[43]

　医療費の変化も大きい。移管前には司法省が医療費として予算化していた金額は、人件費13.7億円(79MF)を含めて約69億円（300から350MF、現在の通貨では53M€）であったが、1994年の厚生省への移管によって、人件費が厚生省の計算に従って約32.5億円(188MF、現在の通貨で25M€)と計算され、その後、2000年には130億円(100M€)にのぼる。2018年から社会保険料は司法省からではなく社会保険局(厚労省の外局)から直接支出されることになり、刑事施設医療に要する額は、保険料が130億円(199M€)、治療・入院費が39億円(39M€)の計169億円にのぼる。

41　Contrôleur général des lieux de privation de liberté, Rapport de visite : Maison centrale de Poissy (78), du 28 au 30 avril et le 5 mai 2009 (http://www.cglpl.fr/wp-content/uploads/2011/10/MC-Poissy-Visite-final.pdf)pp.34-39. ポワシー中央刑務所に対する総監督官報告書は別に2014年版も存在するが、2009年版は行刑改革会議の視察時期との時間差が比較的少なく（施設等の変更もなく）、収容現員も行刑改革会議の視察時（230名）に近い226名である。

42　フランス司法省行刑局本局社会復帰支援局（SDMI2)) Matthieu PHILIPPE 氏に対して2018年3月21日に、行刑局本局において実施した筆者のインタビュー及びその後の私信による。

43　日本弁護士連合会刑事拘禁制度改革実現本部『フランス視察報告書──刑事施設医療・刑罰制度の在り方に関して』(2015年) 31頁。

5 おわりに

　行刑改革会議が刑事施設医療について行なった選択は、「被収容者は特殊な患者ゆえ、刑事施設医療は一般社会の医療とは別個に構成されなければならない」とする「自己完結主義」パラダイムに立って、大まかに言えば、前節の各論点に対して「医療費は国がすべて負担するのだから、健康保険の適用を検討する理由はない」、「刑事施設医療の水準は適切である」、「フランスの改革はよくわからないが、費用がかさむはずだ」との結論を導くものであった。しかし、残念なことに、その行論はおよそ説得的なものではなかった。保険適用の方法と意義を誤解したままに軽んじ、刑事施設の医療は貧弱ではなく、一般社会の医療が過剰なのだと強弁し、他国の改革実績を真摯に見ようとしない。それでいて「社会化」パラダイムの主張者との論争を周到に回避し、その主張を主張者のいないところで排斥し、最後に、今後の検討課題という一行で責任を逃れる。それは「自己完結主義」パラダイムを維持するためにとられた「社会化」パラダイムに対する形振りかまわぬ「闘争」の結果ともいえよう。

　この20年の間、過剰収容の波が引いた後、急激な高齢化を経験している日本の刑務所では、一方に、医官の確保がいまも困難な状況があり、他方に、50億円前後の医療予算の維持・拡大に汲々としている現実がある。多数の不審死事例での刑事施設医療の脆弱さを国の内外から指摘されながら[44]、また、同じ20年の間のフランスでの刑事施設医療に関する人的・物的資源の拡大を知りながら、「厚労省移管をすれば国の支出は大きく膨らむ」として、改革の検討に消極的な意見が政策担当者の間に支配的であるとすれば、その視線の先にあるのは財務官僚であって受刑者ではないはずだ。

（あかいけ・かずまさ／龍谷大学法学部教授）

---

[44] 海外からの指摘として、拷問禁止委員会第1回政府報告審査最終見解（2007年）パラグラフ17「刑事施設における拘禁状況」は「委員会は受刑者への医療措置の提供が不当に遅延しているという申立て、及び行刑制度内に独立した医療職員がいないことを懸念する」とし、「締約国は、適切かつ独立した医療措置が常にすべての受刑者に迅速に提供されるよう確保すべきである。締約国は、医療設備及び医療職員を厚生労働省の管轄下に置くことを検討すべきである」との勧告を行っている（https://www.mofa.go.jp/mofaj/gaiko/gomon/pdfs/kenkai.pdf）。

日本における死刑制度の廃止について

小川原 優之

はじめに

1　諸外国における死刑廃止に至る経緯と日本の死刑廃止
　　運動の現状・課題

2　福井宣言に至る日弁連の活動と福井宣言の内容

3　弁護士会としての活動の意義

4　被害者支援と被害感情

5　世論調査と情報公開

6　代替刑

7　外交と国益

8　日本の現状と今後の活動の方向性

はじめに

　日本弁護士連合会（日弁連）は、2016年10月7日福井で開催された第59回人権擁護大会において「死刑制度の廃止を含む刑罰制度全体の改革を求める宣言」（以下「福井宣言」という。なお福井宣言も含め、以下に引用する日弁連の宣言や意見等は、すべて日弁連のホームページに掲載されている）を採択した。

　福井宣言は、刑罰制度全体の改革を求めるものであるが、死刑制度とその代替刑について、日本において国連犯罪防止刑事司法会議が開催される2020年までに死刑制度の廃止をめざすべきであること、死刑を廃止するに際して、死刑が科されてきたような凶悪犯罪に対する代替刑を検討すること、代替刑としては、刑の言渡し時には「仮釈放の可能性がない終身刑制度」、あるいは、現行の無期刑が仮釈放の開始時期を10年としている要件を加重し、仮釈放の開始期間を20年、25年等に延ばす「重無期刑制度」の導入を検討すること、ただし、終身刑を導入する場合も、時間の経過によって本人の更生が進んだとき

には、裁判所等の新たな判断による「無期刑への減刑」や恩赦等の適用による「刑の変更」を可能とする制度設計が検討されるべきであると述べている。

またこの福井宣言を受け、日弁連内には「死刑廃止及び関連する刑罰制度改革実現本部」（以下「死刑廃止等実現本部」という）が設置されたが、私は死刑廃止等実現本部の事務局長を務めており、本稿においては、私の理解している範囲で、日弁連の死刑廃止をめざす活動について説明し、日本における死刑廃止について検討する。なお意見にわたる部分は、私見であることをお断りしておく。

以下、諸外国における死刑廃止に至る経緯と日本の死刑廃止運動の現状・課題（下記1）、福井宣言に至る日弁連の活動と福井宣言の内容（下記2）、弁護士会としての活動の意義（下記3）、被害者支援と被害感情（下記4）、世論調査と情報公開（下記5）、代替刑（下記6）、外交と国益（下記7）について述べたうえで、最後に、日本の現状と今後の活動の方向性について述べる（下記8）。

1 諸外国における死刑廃止に至る経緯と日本の死刑廃止運動の現状・課題

(1) 諸外国における死刑が廃止になる経緯をみてくると、敗戦の際に廃止した例（ドイツ）、政権交代時に廃止ないしは執行を停止した例（フランス、韓国）、冤罪による死刑の誤執行が判明したことによる例（イギリス）や、アメリカのイリノイ州のように、死刑維持にかかる過大なコストやDNA鑑定による多数の冤罪の判明がきっかけとなった例等様々ではあるが、これらの例の範囲内では、①最終的には議会による死刑廃止・執行停止や大統領・州知事による死刑執行停止が必要であること、②そこに至るまでの長期間におよぶ国民各層にわたる広範な死刑反対の運動が必要であること、③何か衝撃的な出来事の発生がきっかけとなって死刑が廃止になっていることは共通しているように思われる。

これに対し、日本においては、①の点については、1994年に設立された「死刑廃止を推進する議員連盟」（会長亀井静香前衆議院議員。創設の際の状況については、団藤重光『死刑廃止論〔第6版〕』〔有斐閣、2000年〕73頁に詳しい）が活動してきたものの、活動を休止してしまっている、法務省幹部の中から、公には死刑廃止について理解のある発言は全くなされていない。②の点については、アムネスティ・インターナショナル日本支部、死刑執行停止連絡会議、死刑を考える弁護士の会、犯罪と非行に関する全国協議会の4団体の呼びかけにより1990

年に開催された「死刑廃止国際条約の批准を求めるフォーラム90」等長年にわたり死刑廃止に取り組んできた市民運動はあるものの(活動の詳細は毎年発行されている『年報・死刑廃止』〔インパクト出版会〕に詳しい)、国民各層にわたる広範な運動にはなり得ていない現状にある。③の点については、そのような中で、本来であれば死刑廃止のきっかけになり得るはずの衝撃的な出来事である袴田再審開始決定等も、死刑廃止にはつながっていっていない。

(2)　このような現状ではあるが、①の点については、諸外国においても、死刑廃止についての理解を求めるため、議員や法執行機関の幹部に対する継続的な働きかけがなされてきたようであり、日本でも、与野党を問わず国会議員や法務省幹部に働きかける必要がある。また②の点についても、諸外国では、市民運動だけではなく、著名人や学者、宗教関係者、場合によっては被害者遺族による反対運動等、広範な層にわたる多様な死刑反対の運動が長年にわたり積み重ねられてきている。むしろこの②のような積み重ねがある中で、①の議員や法執行機関の幹部の理解が深まっているようであり、そのような中で、③の敗戦や政権交代、冤罪による誤執行の判明等の衝撃的な事件がきっかけとなり死刑が廃止にいたっているようである。私は、死刑廃止への道が日本だけは特別ということはあり得ず、文化や制度の違いはあるものの、結局のところは、日本もこれらの諸外国と同様の死刑廃止に至る道筋があり得ると考える。

(3)　宮澤節生教授は、「刑事政策に厳罰志向的な犯罪被害者運動や捜査効率追求以外の観点を導入し、刑事政策の形成過程を、真に民主的な討議と言いうる広がりや深みをもったものに変容させたいと望む者にとって、何が可能であろうか」と問い、「法務官僚が政策形成過程の参加者を決定し、厳罰志向的犯罪被害者運動のメンバーが拒否する政策は採用困難であり、厳罰化に抵抗することが政治家のキャリアを破壊しうる現状では、近未来にそのような展望を描くことは困難である」としたうえで、変わるとすれば、「たとえば、被害者参加の裁判員裁判による死刑判決の後に冤罪が明らかになるとか、司法取引でもたらされた情報で逮捕・訴追された者が無実であったといった事態である。しかし、そのような悲劇を想定せざるを得ないこと自体、悲劇的と言うほかない」と述べておられる(「日本のポピュリズム刑事政策——その特色・現状・展望」浜井浩一ほか編『犯罪をどう防ぐか(シリーズ刑事司法を考える〔6〕)』〔岩波書店、2017年〕105頁)。

日本の現状についての冷静で説得力のある分析ではあるが、イギリスで死刑が廃止になる直接のきっかけは冤罪による死刑の誤執行の判明によるものであり、「悲劇」がきっかけとなっている。このような「悲劇」を想定しないで死刑が廃止になれば勿論望ましいことではあるが、イギリスでは、この「悲劇」の前に、前述した①や②の点についての活動の積み重ねがあったものと思われる。日本の場合、イギリスと同様の「悲劇」が起こったとして、死刑は廃止になるであろうか。私が会った国会議員の中には、たとえ誤執行が裁判で明らかになったとしても、それは再審制度の問題であり、死刑は存置するべきだと明言している議員もいた。日本の場合には、たとえ「悲劇」が起こっても、単なる「悲劇」で終わりかねず、死刑の廃止には至らないおそれがある。

　私は、日本においても、①の点を明確に意識した、つまり最終的には議会による死刑廃止・執行停止が必要であることを明確に意識しつつ、②の点としては、そこに至るまでの国民各層にわたる広範な死刑反対に向けた活動、例えば与野党を問わず（死刑賛成反対を問わず）国会議員に対する働きかけや連携、宗教界への働きかけや連携、マスコミに対する働きかけや連携、海外の死刑廃止勢力への働きかけや連携、市民運動への働きかけや連携等々の積み重ね、いわば死刑廃止の議論を行うための土壌を耕す活動が必要であり、そのような土壌が耕されていれば、不幸にも「悲劇」が起こった際に、それを死刑廃止に繋げ得る可能性が生まれてくると考える。勿論、「悲劇」が起こらずに、土壌を耕す活動を継続する中で、国会議員のリーダーシップにより、死刑の執行が停止され、死刑廃止となれば、それが最も望ましいことである。

　私は、日弁連の死刑廃止を目指す活動の課題は、①の点を明確に意識しながら、②の点として、国民各層にわたる死刑廃止の議論を行うための土壌を耕すことであり、死刑廃止を目指す諸活動との連携を図ることであると考えている。

2　福井宣言に至る日弁連の活動と福井宣言の内容

(1)　日弁連は、2004年10月8日に宮崎で開催された第47回人権擁護大会で、「死刑執行停止法の制定、死刑制度に関する情報の公開及び死刑問題調査会の設置を求める決議」（以下「宮崎決議」という）を採択した。

　これは、死刑存置、死刑廃止いずれの立場に立ったとしても、日本においては数多くの冤罪の問題があること等を考えると、現在の日本の「死刑に関する刑事司法制度の制度上・運用上の問題点について抜本的な改善がなされない限

り、少なくとも死刑の執行はもはや許されない状況にある」としたものである。

その後、2011年10月7日に高松で開催された第54回人権擁護大会において、「罪を犯した人の社会復帰のための施策の確立を求め、死刑廃止についての全社会的議論を呼びかける宣言」（以下「高松宣言」という）を採択した。

これは、「死刑のない社会が望ましいことを見据えて、死刑廃止についての全社会的議論を直ちに開始することを呼びかける必要がある」としたものである。理念としては、「死刑のない社会が望ましい」と、死刑廃止への価値判断をしたが、死刑制度の廃止については、代替刑の検討等、まだ検討すべき課題が残されていることから、「死刑廃止についての全社会的議論を直ちに開始することを呼びかける必要がある」としたものである。

今回の福井宣言は、「死刑制度の廃止を含む刑罰制度全体の改革を求める宣言」であり、高松宣言における理念としての「死刑のない社会が望ましい」ことを一歩進めて、刑罰制度全体を改革する中で、死刑制度とその代替刑についても検討し、「2020年までに死刑制度の廃止を目指すべきである」としたものである。

したがって、福井宣言は、これまでの日弁連の人権擁護大会における宮崎決議や高松宣言を踏まえたものなのである。

(2) 福井宣言は、冒頭で、犯罪と被害者について次のように述べている。

　「犯罪が起こったとき、我々は、これにどう向き合うべきなのか。そして、どうすれば、人は罪を悔いて、再び罪を犯さないことができるのだろうか。

　悲惨な犯罪被害者・遺族のための施策は、犯罪被害者・遺族が、被害を受けたときから、必要な支援を途切れることなく受けることができるようなものでなければならず、その支援は、社会全体の責務である。また、犯罪により命が奪われた場合、失われた命は二度と戻ってこない。このような犯罪は決して許されるものではなく、遺族が厳罰を望むことは、ごく自然なことである。

　一方で、生まれながらの犯罪者はおらず、犯罪者となってしまった人の多くは、家庭、経済、教育、地域等における様々な環境や差別が一因となって犯罪に至っている。そして、人は、時に人間性を失い残酷な罪を犯すことがあっても、適切な働き掛けと本人の気付きにより、罪を悔い、変わ

り得る存在であることも、私たちの刑事弁護の実践において、日々痛感するところである」。

その上で、福井宣言は、死刑を廃止すべき理由について、次のように続けている。

「このように考えたとき、刑罰制度は、犯罪への応報であることにとどまらず、罪を犯した人を人間として尊重することを基本とし、その人間性の回復と、自由な社会への社会復帰と社会的包摂（ソーシャル・インクルージョン）の達成に資するものでなければならない。このような考え方は、再犯の防止に役立ち、社会全体の安全に資するものであって、2003年に行刑改革会議が打ち立て、政府の犯罪対策閣僚会議においても確認されている考え方である」。

「刑罰制度全体の改革を考えるに当たっては、とりわけ、死刑制度が、基本的人権の核をなす生命に対する権利（国際人権（自由権）規約第6条）を国が剥奪する制度であり、国際人権（自由権）規約委員会や国連人権理事会から廃止を十分考慮するよう求められていることに留意しなければならない。

この間、死刑制度を廃止する国は増加の一途をたどっており、2014年12月18日、第69回国連総会において、「死刑の廃止を視野に入れた死刑執行の停止」を求める決議が、117か国の賛成により採択されているところである（日本を含む38カ国が反対し、34か国が棄権したものの、過去4回行われた同決議の採択で最も多くの国が賛成した。）。このように国際社会の大勢が死刑の廃止を志向しているのは、死刑判決にも誤判のおそれがあり、刑罰としての死刑にその目的である重大犯罪を抑止する効果が乏しく、死刑制度を維持すべき理由のないことが次第に認識されるようになったためである。また、2020年に世界の刑事司法改革について議論される国連犯罪防止刑事司法会議が、日本において開催されることとなった。

しかも、日本では過去に4件の死刑確定事件について再審無罪が確定し、2014年3月には袴田事件の再審開始決定がなされ、袴田氏は約48年ぶりに釈放された。死刑制度を存続させれば、死刑判決を下すか否かを人が判断する以上、えん罪による処刑を避けることができない。さらに、我が国の刑事司法制度は、長期の身体拘束・取調べや証拠開示等に致命的欠

陥を抱え、えん罪の危険性は重大である。えん罪で死刑となり、執行されてしまえば、二度と取り返しがつかない」。

このような立場から、日弁連は、死刑制度の廃止をめざすべきであると宣言したのである。

なお国連犯罪防止刑事司法会議(コングレス)とは、犯罪防止・刑事司法分野における国連最大の国際会議であり、各国の司法大臣、検事総長等ハイレベルの各国政府代表、国際機関、NGO関係者等が参加し、犯罪防止・刑事司法分野の対策や国際協力の在り方について検討し、政治宣言を採択するものである。

1955年以降、5年ごとに開催されており、2020年に日本で開催されることとなっている。日本では1970年に京都で開催されてから50年ぶりであり、「法務省としては、首席代表を務める大野検事総長が、法の支配や国際協力の重要性について我が国の取り組み等を紹介しつつ説明し、今後、これらを更に推進していくこと、そして、その結実として、2020年の第14回コングレスの日本開催を提案すること等を内容としたスピーチ」を行っており(法務省ホームページ「第13回コングレス」)、法務省は、「この50年の我が国のたゆまぬ努力の結実としての国家の成熟や法の支配の浸透を是非世界中の方々に体感していただきたいと考えております。また、国民の皆様にも、再犯防止や安全・安心な社会の実現、そしてこれらを支える法遵守の文化について考えていただく機会となると考えております」と述べている(法務省ホームページ「第14回コングレスの開催地について」)。

また2020年には日本でオリンピック・パラリンピックの開催も予定されており、世界中から日本への注目が集まる2020年までに、福井宣言は、死刑制度の廃止をめざすべきであるとしたのである。

3 弁護士会としての活動の意義

(1) 福井宣言については、強制加入団体である弁護士会として、死刑制度を廃止すべきであるとの宣言を行うことは、弁護士会会員の思想・良心の自由に対する重大な侵害となり得るのではないかとの意見が出された。

全国各地に設立されている弁護士会(単位会)の数は52会あり、登録している弁護士数は、2017年11月1日現在、38,843名であるが、弁護士となる資格を有する者は、弁護士会及び日本弁護士連合会に登録しなければならず、強

制加入団体であることから、このような問題が提起されたのである。

　しかし、弁護士法1条は「弁護士は、基本的人権を擁護し、社会正義を実現することを使命とする」、「弁護士は、前項の使命に基き、誠実にその職務を行い、社会秩序の維持及び法律制度の改善に努力しなければならない」と定めている。そして、その弁護士の監督等にあたる日弁連が団体として基本的人権を擁護し、法律制度の改善のために、宣言を行うことは当然できると考えられる。

　その決議内容が個々の会員の意見と一致していないとしても、宣言によって個々の会員が宣言に反対する意見表明ができなくなるわけではないのである。このような立場から、福井宣言はなされたものであり、私も、何ら問題はないと考えている。福井宣言は、人権擁護団体としての弁護士会の当然の活動なのである。

⑵　実は、この点については、既に判例があり、日弁連が、ある法案について、国会提出に反対する決議をしたところ、日弁連の決議に反対する会員が日弁連を訴えた事例である。原告とは、訴えを起こした会員であり、被告とは日弁連のことである。

　　「被告において、本件法律案の国会提出に反対するという団体としての一定の意見を表明する決議がされたからといって、当然に会員個々人がすべて右意見を遵守し、これと異なる意見を表明し活動することができなくなるという趣旨ないし効力までを有すると解することはできないというべきであるし、……これまで本件総会決議を遵守しないことを理由として会員に対し懲戒が問擬されたこともなかったこと、被告は、本件訴訟において、本件総会決議は会員個人の活動や意見を拘束するものではない旨を述べていること、また、平成2年3月2日改正された弁護士倫理の規定には、会員の遵守すべき対象として『決議』が掲げられていないことが認められるのであって、懲戒のおそれをいう原告らの右主張は失当である」、「結局、本件においては、被告が本件反対運動のために原告らに対して特別の費用負担を命じているわけではなく、一般会費による被告の運営費の中から予算に基づいて右運動のための費用を賄っているとしても（自分たちが拠出した会費が、このような費用として使用されることに対する不満ないし不快の気持は別として）、このことから原告らの拠出と右運動との間に具体的、個別的な関連性が存在しているということはできず、原告らが当然に右運動な

いしそのよって立つ意見、立場等を支持し、これに協力していると評価される余地はないのである。したがって、被告が、一方で一般会費として原告らに資金拠出を強制し、他方で会財政から費用を支出して本件反対運動を行っているからといって、原告らに対し、その意に反して右運動のよって立つ意見、立場等についての支持の表明を強制しているに等しいということはできず、原告らの思想、良心の自由を侵害することになるものではないと解するのが相当である」(東京地判平4・1・30判時1430号108頁。東京高判平4・12・21で控訴棄却)。

4　被害者支援と被害感情

(1)　前述したように福井宣言は、冒頭で、被害者支援の必要性について述べ、また日弁連は、2017年10月滋賀で開催された第60回人権擁護大会において、「犯罪被害者の誰もが等しく充実した支援を受けられる社会の実現を目指す決議」を採択し、「被害直後から公費によって弁護士の支援を受ける制度や、国による損害の補償制度といった、財政支援を必要とする施策は未だに実現されていません。また、犯罪被害者支援条例の制定や、性犯罪・性暴力被害者のためのワンストップ支援センターの設立といった施策も、地域によって大きな格差を残しています。そもそも、犯罪被害者は『個人の尊厳が重んぜられ、その尊厳にふさわしい処遇を保障される権利』の主体なのです。国や社会は、犯罪被害者の権利に対応して、たゆまず支援施策の充実を進めていく責務を負っています」と、被害者が権利の主体であることを述べている。

私も、犯罪被害者支援の必要性や、被害者が権利の主体であることについて全く異論はないが、しかしこのことと死刑制度の廃止は別の課題であると考える。福井宣言は、理由中で、「人権を尊重する民主主義社会であろうとする我々の社会においては、犯罪被害者・遺族に対する十分な支援を行うとともに、死刑制度を含む刑罰制度全体を見直す必要があるのである」と述べているが、二つはいずれも、「人権を尊重する民主主義社会であろうとする我々の社会」において重要な課題である。

ヨーロッパは、死刑を廃止し、犯罪被害者に対し手厚い支援を実行しているが、日本とヨーロッパは、人権の尊重と民主主義という基本的な価値観を共通にしているのであり、日本にとっても、死刑の廃止と被害者支援は実現しなければならない重要な課題なのである。

(2) 被害者支援の必要性とは別に、被害者遺族の被害感情を理由に、死刑の存置を求める議論がある。福井宣言も、「犯罪により命が奪われた場合、失われた命は二度と戻ってこない。このような犯罪は決して許されるものではなく、遺族が厳罰を望むことは、ごく自然なことである」と述べているが、しかしこの遺族の自然な被害感情を直ちに「死刑制度」存置の理由とすることには同意できない。

そもそもここで論じているのは、刑罰制度としての「死刑制度」なのであって、遺族の被害感情や、「人を殺した者は命をもってつぐなうべきだ」というような素朴な応報感情を論じているのではない。

元検察官の田代則春弁護士は、「私は現場検事であった時期、何回も現場検証等で、殺人あるいは強盗殺人現場に赴き、血の海の中で、被害者の何かを訴えているような、何とも形容しがたい目を忘れることはできない。そのせいもあってか、この種の事件については先ずは『もの言わぬ・ものが言えない』被害者本人の心情を汲みとることが肝要ではないかと考えている。被害者の立場、その気持ち、そこからくる報復感情を汲んであげるのが何よりも先決ではないかと考える」と述べ、それを立論の前提として、死刑存置論を述べている（田代則春「死刑制度について」法律新聞2209号〜2212号）。

しかし実際に起こる多数の殺人事件の加害者のうち、死刑判決が確定する例はごく少数である。例えば、警察庁「犯罪情勢」によれば、殺人事件の認知件数（未遂を含む）は、2010年（1,068件）、2011年（1,052件）、2012年（1,032件）、2013年（938件）、2014年（1,054件）、2015年（933件）、2016年（895件）であるが、事件発覚から刑事裁判確定までの時間差を考慮しても、確定者数は、2010年（9件）、2011年（23件）、2012年（9件）、2013年（8件）、2014年（6件）、2015年（4件）、2016年（3件）である（アムネスティ・インターナショナル日本の調査）。

圧倒的に多くの殺人事件の被害者や遺族は、加害者が死刑になっていないのであって、このことは死刑制度が、多くの被害者や遺族にとって、「報復感情を汲んであげる」ものになっていないことを意味している（「死刑は滅多に科されない」ことについては、田鎖麻衣子著「"死刑は被害者のため"なのか」菊田幸一監訳『「被害者問題」からみた死刑』〔日本評論社、2017年〕32頁に詳しい）。

また裁判官が実務において参考にしている司法研修所編『裁判員裁判における量刑評議の在り方について』（法曹会、2012年）は、「死刑が相当かどうかの判断にあたっては……多数の先例の中で比較して初めて対象としている事件の重

大さの程度が評価できるということがいえるであろう。また、この先例の集積によって、社会全体が死刑の言い渡される事件についてのある程度の認識を共有し、それによって犯罪者にとっての抑止力となり、また社会にとっては安心感のよりどころとなることが期待されるということも、一応は先例を尊重すべきことの根拠の一つと考えることができるであろう」と述べており(106頁)、裁判の実務が先例尊重の立場にあることは明らかである。このような立場だからこそ、例えば白昼繁華街において無差別に2名の通行人を包丁で突き刺す等して殺害した殺人等被告事件(心斎橋通り魔殺人事件)について、大阪高等裁判所は、平成29(2017)年3月9日、裁判員裁判による原審の死刑判決について、死刑に処することがやむを得ないとはいえないとして、原判決を破棄し、無期懲役刑を言い渡しているのであり、このような死刑判決の破棄は東京高等裁判所にも例があり、複数にのぼっている。

　この判例の傾向が改まるとは考えられず、死刑制度が、多くの被害者や遺族にとって、「報復感情を汲んであげる」ものになっていないことは、今後も変わることはないと考えられる。

　仮に個々の事件を担当する検察官や、被害者支援弁護士が、「被害者の立場、その気持ち、そこからくる報復感情を汲んであげるのが何よりも先決」だと考えるとしても、実際の法廷において、被害者の「報復感情」だけで判決が決まらないことは、十分承知しているのであり、被害者や遺族に対しても正確に伝えたうえで、その慰謝に努力せざるを得ないはずである。

　ましてや、死刑存廃論は、個々の事件の求刑や被害者支援ではなく、刑罰制度としての「死刑制度」について論ずべきものであり、制度の有用性や弊害について冷静に議論すべきものである。

　死刑制度には、誤って死刑の執行をしてしまった場合、とりかえしがつかず、また刑事司法制度をどれほど改善しようが、冤罪・誤判のない制度を実現することは世界中どこの国でもできたことはなく、今後もそのような制度は人間の運営する制度である以上あり得ないのであって、われわれ法律家としては、冤罪・誤判が起こることを前提に「制度」を検討すべきなのである。

　誤判があるからといって死刑制度を廃止すべき理由にはならないという反論として、交通事故が起こる可能性があるから自動車を廃止すべきだという議論がないことをあげる論者がいるが、自動車は社会的有用性が肯定されているから、自動車の存在を前提として、交通事故をどれだけ減らすかが議論されているのである。

他方、死刑制度は、その社会的有用性自体が疑われている(犯罪抑止力が証明されていない、他の刑罰で代替することができ死刑にこだわる必要はない)なかで、誤判の危険性を排除できないから、死刑制度の存在を前提とすることなく、制度そのものの廃止が議論されているのである。

仮に死刑制度の存廃を論じるに際し、「被害者の立場、その気持ち、そこからくる報復感情を汲んであげるのが何よりも先決」だと考えるとしても、「制度」そのものを論じている以上、そこに留まるべきではないと考える。

被害者や遺族の報復感情や被害感情を慰謝することは、死刑を求めることだけではないはずである。

(3) ただ、このような議論が、被害者遺族や一般の市民にすぐに理解を得られず、世論調査の結果としては、死刑存置が多数を占めることは、死刑を廃止した諸外国においても同様であり、日本に特有の事柄ではない。そのような状況の中で、どうやって死刑制度を廃止するかが検討すべき課題なのであり、遺族の被害感情や素朴な応報感情を理由に死刑制度を存置することはできないし、すべきではない。

被害者支援がすすめば死刑廃止になるという議論は、被害者支援を死刑廃止のための道具とするものであり、不当である。しかし、同様に、被害者支援がすすまない限り、死刑を廃止しないというのも、被害者支援の不十分さを死刑存置のための道具とするものであって、いずれも不当である。前述したように被害者支援と死刑廃止は別個独立の課題であり、それぞれについて実現されるべきものなのである。

なお犯罪被害者の権利確立に大きな役割を果たしてきた全国犯罪被害者の会(あすの会)は、2018年6月解散しているが、これは日本においても、被害者に対し一定の支援がなされるようになったことが、理由の一つとされている。

5 世論調査と情報公開

(1) 日弁連は、2013年11月22日、「死刑制度に関する政府の世論調査に対する意見書」(以下、日弁連意見書という)を発表した。これは、社会調査のデータ解析の専門家である静岡大学情報学部の山田文康教授(当時)に、死刑制度に関する政府の世論調査の問題点等の分析を依頼し、さらに日本国民の死刑に対する態度についての研究結果を発表している、オックスフォード大学犯罪学研究

所研究員・ロンドン大学バークベック校犯罪政策研究所主任研究員(当時)の佐藤舞博士からも政府の世論調査の問題点等について意見を聴取し、このような専門家の分析結果を踏まえ、政府の世論調査の内容が国民の死刑制度に関する意識をより正確に把握できるものとなり、その回答結果がより客観的に評価されるよう、取りまとめたものである。

(2)　この日弁連意見書は、世論調査の意義は、「死刑制度に関する国民の基本的な意識をできるだけ客観的に把握することにあるはずである」との観点から、死刑制度に関する主質問は、①死刑は廃止すべきである、②どちらかと言えば、死刑は廃止すべきである、③わからない・一概に言えない、④どちらかと言えば、死刑は残すべきである、⑤死刑は残すべきであるという、価値中立的な選択肢を用いるべきであると提言している。

　しかし、2014年に政府(内閣府)の実施した「基本的法制度に関する世論調査」(以下、2014年世論調査という)は、①死刑は廃止すべきである、②死刑もやむを得ない、③わからない・一概にいえないであり、「死刑もやむを得ない」という選びやすい選択肢を用いており、価値中立的な選択肢とはいえず、「死刑もやむを得ない」へと世論を誘導するものである。

　このような選択肢の問題点については、釜井景介「死刑制度存廃論の状況−−平成26年度政府世論調査結果を参考に」判時2264号(2015年) 3頁以下に詳しい分析が掲載されている。

　しかし、このような問題点はあるものの、私は2014年世論調査の結果には、今後の死刑廃止を求める活動に活かすべき内容が多く含まれていると考える。

　そこでまず、この世論調査の結果の概要を少し詳しく紹介し、次に日本にも死刑廃止派が思いのほか多くいることについて述べる。

(3)　2014年世論調査の結果は、概要以下の通りである。
　　①　「死刑制度に関して、このような意見がありますが、あなたはどちらの意見に賛成ですか」(Q2)
　　　　　死刑は廃止すべきである　　　　9.7%
　　　　　死刑もやむを得ない　　　　　　80.3%
　　　　　わからない・一概にいえない　　9.9%
　　②　「死刑もやむを得ない」と答えた方に「将来も死刑を廃止しない方がよいと思いますか、それとも、状況が変われば、将来的には、死刑を

廃止してもよいと思いますか」(SQb2)

将来も死刑を廃止しない	57.5%
状況が変われば、将来的には、死刑を廃止してもよい	40.5%
わからない	2.0%

(4)　前述したように、そもそも死刑制度に関する政府の世論調査の意義は、死刑制度に関する国民の基本的な意識をできるだけ客観的に把握し、それを今後の政府の政策に反映させることにあるはずである。だとすると、前述した調査項目①(世論調査項目Q2)だけから「死刑制度を容認80％」とする議論(以下、「死刑制度容認80％論」という)は、死刑制度に関する国民の基本的な意識をできるだけ客観的に把握したものになっていない。

　せっかく世論調査が、死刑容認派に対し将来の死刑廃止について前述した調査項目②(世論調査項目SQb2)の質問をしているのに、それを全く無視しているからである。

(5)　調査項目②(世論調査項目SQb2)を含めて考えるならば、死刑制度に関する国民の基本的な意識はどのようなものになるのか。

　「死刑もやむを得ない」(全体の80.3％)のうち「状況が変われば、将来的には、死刑を廃止してもよい」(40.5％)を全体の割合に置き直してみるには、全体80.3％に40.5％を掛け合わせればよいのであり、全体80.3％×40.5％＝全体の32.5％になる。

　つまり将来は死刑を廃止してもよいという意見が、全体の32.5％いるわけである。これに「死刑は廃止すべきである」(全体の9.7％)を加えると、全体の32.5％＋全体の9.7％＝全体の42.2％となる。現在ないし将来死刑廃止派は、全体の42.2％いるのである。

　他方、「将来も死刑を廃止しない」(57.5％)は全体の80.3％×57.5％＝全体の46.1％であるから、将来も死刑存置派は全体の46.1％になる。

　このように見てくると、将来も死刑存置派46.1％、現在ないし将来死刑廃止派42.2％であるから、その差はわずか4％しかない。

　私は、この世論調査によって示されている死刑制度に関する国民の基本的な意識は、日本も「将来」は死刑廃止があり得ることを示すものであり、この結果は極めて重要であると考える。

　したがって、死刑制度容認80％論は、あたかも日本国民は将来も死刑を求

め続けているとミスリーディング(誤導)するものであり、死刑制度を維持する働きをしている。

　残念ながらマスコミでは、私の知る限り、この点は十分には報道されていない。単純な「死刑制度を容認80％」報道は、日本国民は将来も死刑を求め続けているとミスリーディングするものであり、マスコミの責任は、極めて重大である。

　また死刑存置派の論考(例えば田代則春・前掲論文)は、「国民の約８割が死刑制度の存在を是認していること」を立論の根拠としているが、前述したような世論調査の分析を全くしておらず、前提そのものが誤っていると言わざるをえない。

(6)　さらに世論調査の対象となっている国民に対して、死刑についての情報が公開されていないことが極めて重大な問題である。とくに絞首刑がどのように執行されるのかは全く明らかにされていない。マスコミ関係者も、死刑の執行に立ち会うことはできず、絞首刑が、現在の日本国民の国民感情にてらし憲法36条の禁止する残虐な刑罰に該当するかどうか判断するための情報が、国民には全く明らかにされていない(情報公開により公開される死刑執行に関する文書の重要な部分が黒塗りされていることについては、共同通信の佐藤大介著『死刑に直面する人たち』〔岩波書店、2016年〕41頁以下に詳しい)。私の知っている限り、死刑執行に立ちあった裁判官はおらず、その裁判官が、絞首刑は憲法の禁止する残虐な刑罰にはあたらないと判断しているのである。私は、少なくともマスコミ関係者は、アメリカと同様に、死刑執行の現場に立ち会えるべきであると考える。明治時代の初めには、新聞記者が死刑執行の現場に立ち会っており、明治15(1882)年12月に執行された男性死刑確定者については、「処刑の時、どうしたことかロープが途中で切れ、……ばったりと地面に落ちて苦しんだ。看守は直ちにこれを引き上げ、ロープを取り替え、再び首を締めてやっと死に至らしめた」とか、明治16(1883)年７月に執行された女性の死刑確定者については、「死刑の執行で、吊り下がった瞬間に首が半分ほどちぎれて血があたりにほとばしった。５分間ほどで絶命」と報道されている(中川智正弁護団＝ヴァルテル・ラブル編著『絞首刑は残虐な刑罰ではないのか？』〔現代人文社、2011年〕8頁)。現在の日本における死刑執行方法は、基本的に明治時代の絞首刑を踏襲しているのであり、同様の残虐な執行のおそれがある。

　死刑についての世論調査は、国民に対して十分な情報を公開した上で行なわ

れなければならない。これまで政府の世論調査は5年毎に行なわれており、次回は2019年に行われるものと思われるが、情報は公開されないままである。

6 代替刑

(1) 日弁連意見書は、「死刑制度に関する主質問の各回答のサブクエスチョンに、死刑の代替刑として終身刑(仮釈放のない無期懲役刑)を導入することが、死刑存廃の意見に影響を与えるかどうかを把握するための質問を加えるべきである」と提言しており、2014年世論調査においては、代替刑についての次の質問が加えられた。

> 「もし、仮釈放のない『終身刑』が新たに導入されるならば、死刑を廃止する方がよいと思いますか、それとも、終身刑が導入されても、死刑を廃止しない方がよいと思いますか。」(Q4)
> 死刑を廃止する方がよい　　　37.7%
> 死刑を廃止しない方がよい　　51.5%
> わからない・一概にいえない　10.8%

　これによれば、死刑もやむを得ない80.3%が、死刑を廃止しない方がよい51.5%へと激減し、死刑は廃止すべきである9.7%が、死刑を廃止する方がよい37.7%へと激増したことになる。

　私はこれもまた、重要な結果であると考える。日本国民は、死刑に代替する刑罰があり得ること、すなわち必ず死刑でなければならないと考えているわけではないことをあらわしているからである。

　また佐藤舞=ポール・ベーコン著「世論という神話」(THE DEATH PENALTY PROJECTの出版シリーズ)によれば、2015年2月から3月にかけて行われたミラー調査(政府が実施する世論調査に対応させた意識調査)の結果、「全存置派のうちの71%が、政府主導の死刑廃止であれば政治政策として受け入れる(「政府の決めたことなら、不満だが仕方がない」)と回答している」。

　これもまた日本国民が、必ず死刑でなければならないと考えているわけではないことの裏付けである。

(2) ただこれはあくまでも死刑か仮釈放のない終身刑かを問うた世論調査の結

果であり、制度として、文字どおり仮釈放の可能性のない終身刑を導入すべきであるという意見に結びつくかどうかについては、疑問がある。

　まず現行の無期刑は、刑法の条文上は、仮釈放の開始時期を10年としているが(刑法28条)、現在約1,800人いる無期囚について、仮釈放になる人数は年にほんの数名であり、刑務所内で死亡する数の方が多い。法務省の「無期刑受刑者の仮釈放の運用状況等について」によれば、「平成10年から平成19年までの間……の無期刑仮釈放者数は、延べ104人(無期刑新仮釈放者は合計79人)であった。無期刑新仮釈放者の仮釈放時点における平均在所期間は、平成10年に20年10月であったところ、平成15年には23年4月、平成17年には27年2月と長期化しており、平成19年の無期刑新仮釈放者1人については、在所期間が31年10月となっている。また、この10年間に刑事施設内で死亡した無期刑受刑者の数は、合計120人であり、仮釈放となった無期刑受刑者の数を上回っている」。このような状況について、日弁連は、「近年、無期刑受刑者の数が著しく増加する中、無期刑受刑者の仮釈放件数は逆に減少の一途をたどり、無期刑の事実上の終身刑化が進行している。こうした中、安全な社会復帰が見込める状態となり、本来であれば仮釈放の対象となるべき受刑者までもが仮釈放とされず、ひいては刑事施設内で生涯を終える事態が生じている」として、「無期刑受刑者に対する仮釈放制度の改善を求める意見書」を出しているが、現在の無期刑は、事実上、仮釈放のない終身刑化しているのである。

　このような現状を改善することなく、制度として、さらに仮釈放のない終身刑を導入すべきであるのか疑問といわざるを得ない。

　また、現在、法制審議会に、「少年法における少年の年齢及び犯罪者処遇を充実させる刑事法の整備に関する諮問」がなされ、報道によれば、議論される内容は、少年法の保護年齢引下げにとどまらず、「刑務作業を義務としている懲役刑の代わりとして、再犯防止を主眼とする新たな刑罰の創設が法制審議会で2月以降、議論される見通しとなった。作業義務のない禁錮刑と一元化」(読売新聞2017年1月16日)である。

　これは刑罰制度全体の改革につながる重要な法制審議会であり、法務省は、2020年のコングレスの開催を意識しているのではないかと考えられ、法務省幹部は、いま「刑事政策の熱い時代」を迎えていると述べている。

　私は、刑の一元化の議論には、現在の事実上終身刑化している無期懲役刑のあり方についての検討が含まれるべきであると考える。「安全な社会復帰が見込める状態となり、本来であれば仮釈放の対象となるべき受刑者」と、そこに

至らない受刑者を分け、前者については現行の仮釈放開始期間を10年とする無期刑(いわば軽無期)とし、後者については、仮釈放のない終身刑(いわば重無期)もあり得るのではないか。法務省は、処遇困難を理由に仮釈放のない終身刑の導入には強く反対しているが、福井宣言の述べるような、「終身刑を導入する場合も、時間の経過によって本人の更生が進んだときには、裁判所等の新たな判断による『無期刑への減刑』や恩赦等の適用による『刑の変更』を可能とする制度設計が検討されるべき」なのではあるまいか。

7 外交と国益

(1) 2016年12月現在、法律上の死刑廃止国(111カ国)と10年以上死刑執行をしていない事実上の死刑廃止国(30カ国)を合わせると、世界の141カ国では死刑がなく、死刑存置国は57カ国に過ぎない。日本を含むいわゆる先進国グループであるOECD(経済協力開発機構)加盟国(34カ国)のうち、死刑を存置しているのは、日本・韓国・アメリカの3カ国だけであり、韓国は10年以上死刑執行をしていない事実上の死刑廃止国に数えられており、アメリカは2017年10月時点で18ないし19州が死刑を廃止し、4州が死刑執行モラトリアム(停止)を宣言している。アメリカの死刑執行数は減少傾向にあり、2016 年に死刑を執行した州は5州にとどまる。

(2) 日本を含む死刑存置国は、国連総会や他の国連の機関から、死刑制度の廃止に向けた行動を求める決議・勧告を受け続けている。国連総会本会議決議(2010年、2012年、2014年、2016年)「死刑存置国に対し死刑執行停止を求める」や、国際人権(自由権)規約委員会勧告(2008年、2014年)「自由権規約締約国は世論調査の結果にかかわらず、死刑の廃止を前向きに検討し、必要に応じて、国民に対し死刑廃止が望ましいことを知らせるべき」等々である。

　2017年11月、国連人権理事会の普遍的定期的審査(UPR)作業部会は、日本の人権状況についての審査を行ったが、この審査において、日本に対する死刑廃止に関連した勧告は30を超え、日弁連の福井宣言に触れた国が2カ国あった。

　このような国際的な状況において、日本政府は、「死刑制度については、国民の多数が極めて悪質、凶悪な犯罪について死刑はやむを得ないと考えており、特別に議論する場所を設けることは現在のところ考えていない」(外務省

ホームページ)と回答しており、国内において議論する場を設けることさえ拒否している。

本当にこのような状態のままでいいのか甚だしく疑問がある。

(3)　日欧間での経済連携協定(EPA)が、2018年7月に署名されているが、あわせて戦略的パートナーシップ協定(SPA)も署名されている。このSPAは、「民主主義、法の支配、人権及び基本的自由という価値及び原則を共有する日本とEU及びEU構成国が、幅広い分野における地球的規模の課題を含む共通の関心事項に関する協力を促進し、将来にわたる相互の戦略的なパートナーシップを強化していくための法的基礎となるもの」(外務省ホームページ)であり、日本の死刑制度も問題となりうる。

このように日本の死刑制度は、外交上の問題点なのであり、私は、死刑制度を維持することは国際社会における日本への評価を低下させ、国益を損ねかねないと考える。日本の外交官や法務省幹部の中には、同様の認識を持つ者がいると聞いている。

8　日本の現状と今後の活動の方向性

(1)　2018年7月、日本政府はオウム真理教関係者13人に対する死刑を執行し、さらに同年12月には2名に対する死刑を執行している。

このように日本政府は、死刑制度を維持し、執行を継続する強い意志を明確にしているが、他方、死刑廃止の議論を行うための土壌も耕されつつある。

まず、2018年12月、超党派の国会議員による「日本の死刑制度の今後を考える議員の会」(会長河村建夫・自民党)が結成された。報道によれば、河村会長は、「あらゆる角度から、これからの死刑制度はどうであったらいいか話し合いたい」と呼びかけ、議連の遠山清彦幹事長(公明党)は、「(死刑存置派も)あえて入ってもらい、議論を活発に深くしていこうという議連だ」と説明している(朝日新聞2018年12月6日)。

また2019年6月、市民団体を含め幅広い各界各層からの参加を得て「死刑をなくそう市民会議」(共同代表世話人平岡秀夫・元法務大臣)が発足した。この市民会議は、「死刑制度について疑問や違和感を持っている多くの市民に向けて積極的に情報を発信する」とのことである。

さらに日本の伝統仏教界における連合組織である全日本仏教会においては、

2018年12月、理事長から「死刑廃止について宗教者はいのちの尊厳と人権的見地からどのように捉えるか」という諮問がなされ、今後は各宗派がそれぞれに仏教の教義、各宗派の教えに則って議論がなされる見通しである。

キリスト教においても、カトリックは、これまで「合法的権威がしかるべき手続きを経た後に死刑を科すことは、ある種の犯罪の重大性に応じた適切なこたえであり、極端ではあっても、共通善を守るために容認できる手段である」という立場だったが、2018年8月、「今日、たとえ非常に重大な罪を犯した後であっても人格の尊厳は失われないという意識がますます高まっています。加えて、国家が科す刑事制裁の意義に関して、新たな理解が広まってきています。最後に、市民にしかるべき安全を保障すると同時に、犯罪者から回心の可能性を決定的に奪うことのない、より効果的な拘禁体制が整えられてきています。したがって教会は、福音の光のもとに『死刑は許容できません。それは人格の不可侵性と尊厳への攻撃だからです』と変更」し、2019年秋にはフランシスコ教皇が、日本を訪問する予定である。

そしてこのような中で、2020年には日本で国連犯罪防止刑事司法会議(コングレス)やオリンピック・パラリンピックが開催され、世界中から日本への注目が集まるのである。

(2)　いかにして死刑の執行をなくし、死刑廃止への道筋をつけていくのかが問われているが、そのためには、本稿1で述べたように、最終的には議会や政府による死刑廃止・執行停止が必要であることを明確に意識しつつ、そこに至るまでの国民各層にわたる広範な死刑反対に向けた活動(国民各層にわたる死刑廃止の議論を行うための土壌を耕すこと)や死刑廃止を目指す諸活動との連携を図ることが必要である。

具体的には、超党派の国会議員による「日本の死刑制度の今後を考える議員の会」や「死刑をなくそう市民会議」、宗教界、マスコミ、市民運動、死刑廃止を求める国際社会等への働きかけや連携強化が必要である。また再審請求を行っている弁護士や支援者の活動との連携も必要である。

生前団藤重光先生が述べておられたように「死刑廃止の問題は、単なる頭の問題ではなく本質的に心の問題であり、また、単なる机上の理論の問題ではなく実践の理論の問題であり、さらには実践そのものの問題である」(団藤・前掲『死刑廃止論』初版のはしがき9頁)。

日本だけが世界の中で特別で、死刑制度の廃止は不可能であるとか「尚早で

ある」等という議論は「神話」であり、「実践の理論」を深め、「実践そのもの」を積み重ねる中で、死刑制度の廃止は可能であると考える。

（おがわら・ゆうじ／弁護士・第二東京弁護士会）

死刑と正義
死刑制度から法と社会変動を展望する共益的正義の可能性について

鄭 裕靜

はじめに
1　先行研究「社会特質論」から考える
2　事実上死刑廃止国「韓国」から考える
3　なぜ、世界は死刑廃止に注目するのか
4　「共益的正義」に立脚した動態的分析論の可能性について

はじめに

　本稿は、最大の敬愛の念をもって、めでたく古稀を迎えられた新倉修先生に捧げるものである。新倉先生に対する尊敬するこの思いを描出することができる言葉を幾ら探そうとしても、貧弱なボキャブラリーの持ち主である私にとっては、モヤモヤする気持ちが募ってしまい、適切な言葉が浮かばない。しかしながら、今後益々のご活躍を願って新倉先生に、これから取り上げるテーマについてご教示を賜るつもりで論考を捧げたい。

　さてここで取り上げるのは、「死刑と正義」という強大なテーマに挑むために、まずは跳躍台をおくための地ならしをするようなものである。このテーマを選択した背景について若干触れることによって、拙稿の作業仮説を提示したい。

　私はこれまで「現代における刑事政策の厳罰主義的傾向と新しい刑事政策の展望」というテーマで大学院の博士後期課程において研究してきた。死刑制度は、その中において、日韓を比較する観点から少々触れてきたにすぎなかった。

　死刑制度を日韓比較という観点からみると、韓国が執行を停止しているのに対し、日本は、執行数は少ないものの相変わらず執行をしており（2018年7月にオウム真理教の元幹部13人に対し、死刑を執行したことにより、執行数は少ないとも言えなくなったが）、死刑執行の有無という点において相反する立場をとっている。興味深いことに、両国の政府はともに、死刑制度の根拠となる理由として必ず国民世論をあげており、死刑制度の本質を研究する上であやふやな根拠

が取り上げられ、とりわけ私の感覚としてはこのようなあやふやな根拠で死刑の執行の有無に差が生まれるということは理解ができなかった。まるで大海原に乗り出す船に国民が乗っているのに肝心の船頭がいないようで、行き先が示されないまま、国民の「意思」が引き合いに出されるけれど、船頭の指示も方針もはっきりとしたものがあるかないのかということすら掴めないまま彷徨い続けているように見える。

　人というのは人生のなかで、目から鱗がおちるという実感を何回経験できるだろう。少なくとも、私には、新倉先生との出会いで、人生のなかでの指折りの幸運をいくつか得たに違いない。私が死刑制度についてちょっとした疑問を持つようになった一番古い記憶をたどると、韓国で大学生活を満喫していた頃、3年次の前期に、死刑制度そのものを扱う講義ではなかったが、ある教授が、たまたま死刑の状況について触れた。講義の内容そのものに死刑に関連するつながりは全くなかったにも関わらず、自然な流れという感じで、死刑の話題が取り上げられた（なぜそのようになったのか今も不思議に思っている）。私は、勇気を振り絞って「先生は、韓国で死刑が廃止されると思いますか。先生は死刑をどのように思っていますか？」と質問したところ、教授は、少し間を置きながら顎に手を当てて、「死刑制度は、廃止の方向に向かうと思うが、少なくとも韓国が死刑を廃止することはとても難しいことであって、長い年月が必要だね」という答えを返していただいた。小生意気な学生だった私にとって、その回答は判然としなく、消化不良のように何かが引っかかるような気持ちになってしまった。それは多分、私が最も知りたかったのは、死刑に対する教授自身の意見と考えであったのに、その期待がかなえられなかったからであった。

　ある時、新倉先生にも似た質問をしたことがある。私は、新倉先生の返答を聞いて、消化不良のように引っかかっていた何かがスッと抜け落ちるような気持ちになり、自分でも驚いた。新倉先生は、1秒たりとも迷うことなく、死刑は廃止しなければならないというはっきりとした立場を述べ、さらになぜ廃止するのかについて熱心に話してくださった。また、「いつから死刑は廃止するべきだと思いましたか」という問いに対し、「死刑制度を意識するようになった学生時代から何となく廃止しなければならないと思ったよ」という迷いのないお返事があり、その当時の表情は今でもはっきり私の記憶に残っている。

　このようなエピソードはほかの人には大したものではないかもしれない。しかし、私には、天を飛べると信じて、溶けない翼で宙を羽ばたいたイカロスの姿が浮かんだような経験であった。かつて朝鮮王朝後期の大学者である崔漢綺

死刑と正義　359

(1803-1877)が、学問について成し遂げる際に何を基準にするかと問われて、天と人の大いなる道を明らかにして自ら実践し、後学のために道を開くことこそ、当の基準であると説いた。新倉先生の学問に対する姿勢と情熱、その歩みもこのエピソードを彷彿させるものがある。

　死刑制度に関する新倉先生とのエピソードはほかにも沢山あるが、本稿と直接関連する経験として、2019年2月26日から3月1日までベルギーで開かれた「第7回世界死刑廃止大会(The 7th World Congress Against the Death Penalty - Brussels 2019)」に、新倉先生とともに参加をし、貴重な体験をしたことをあげたい。この大会の特徴を私なりに総括すれば、次のような3点に要約できる。すなわち、①世界は、着々と死刑廃止に向かって動いていること、②死刑廃止国が増えていること、③世界各国の多くの人々が国境を超えて、死刑問題に多大な関心を持っていること、その熱意を全身で浴びるように感じることができた。

　死刑制度は、長らく哲学的・理論的な考察の対象とされ、刑罰の目的や効果の面から分析されてきたが、以上の特徴を踏まえて、死刑には廃止に向かう傾向性があると仮定すると、その変遷や変動を適確に分析し、人々が判断するための有用な資料を提供することが、重要かつ必要であると考えるに至った。そこで、本稿もこれを前提として議論を進めたい。

　さて、①「世界は着々と死刑廃止に向かって動いている」ということをとりあげる。このような傾向性があるのかについて、2018年、アムネスティ・インターナショナル(以下、アムネスティ)の報告によると、全ての犯罪に対し死刑制度を法律上廃止した国は106カ国であり、法的又は事実上死刑を廃止した国は142カ国に達していることが明らかになっている。

　また、2019年3月13日、アメリカ合衆国カリフォルニア州知事ギャビン・ニューサム氏は、死刑執行の一時停止を命じる文書に署名した。これによって700人以上に上る同州の死刑確定囚の執行が停止されることになった。このようなカリフォルニア州の動きは、世界の死刑反対の気運が高まるなか、人権を尊重し、よりよい司法制度に向けた重要な一歩を踏み出したという評価も受けている。

1　〈http://congres.ecpm.org/en/〉

表1　死刑執行数の推移（2009年～2018年）[2]

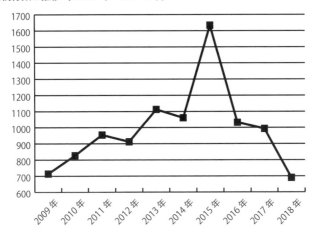

（アムネスティ日本・2019年統計より）

　表1から、死刑執行の数を2017年と比べてみると、大幅に約31％が減少しており、死刑を存置する国あるいは地域においても、死刑を廃止するための実質的努力が全世界的に広がっていることがわかる。

　しかし、このような全体的な傾向にもかかわらず、この数字を裏切るかのように、アジア太平洋地域は、日本を含めて、死刑執行数は必ずしも減少していないだけでなく、むしろ悪化しているとみられる状態にある。[3]とりわけ、2018年7月6日・26日に麻原彰晃こと松本智津夫死刑確定囚を含むオウム真理教の元幹部13人に対して死刑執行を行なった日本に対し、世界は驚愕したであろう。

表2　日本における死刑の執行・確定者[4]

	2006	2007	2008	2009	2010	2011	2012	2013	2014	2015	2016	2017	2018
執行者数	4	9	15	7	2	0	7	8	3	3	3	4	15
確定者数	21	23	10	17	9	23	9	8	6	4	3	3	4
執行前死亡	0	1	2	4	2	3	0	3	5	1	3	4	0
確定者総数	94	107	100	106	111	131	133	130	129	126	129	123	116

（アムネスティ日本・2019統計より）

2　https://www.amnesty.or.jp/human-rights/topic/death_penalty/statistics.html
3　2018年の統計では、日本、中国、シンガポール、ベトナムが死刑執行をしている。
4　https://www.amnesty.or.jp/human-rights/topic/death_penalty/statistics.html

表2にみるように、2018年、日本の死刑執行の数は15件であり、これは、2008年以降、最多を記録し、世界の死刑反対の気運が高まる潮流に対してこれに反するような日本の動きがみられるが、そのキャップはどこから生じるのかという疑問が浮かぶ。この点は、今後の問題として検討しなければならない。

　そこで、世界的な傾向と日本の動向という対比を法のグローバル化という視点で整理すると、世界の死刑廃止潮流が「普遍主義」と「グローバルスタンダード」と特徴づけることができるのに対し、日本の動向はこれに反する「固有主義」と「アンチ・グローバルスタンダード」と特徴づけることができよう。ここで想定する「普遍主義」と「グローバルスタンダード」という概念は、人類共通のものであり、地球全体の関心事であって、一元的なものとして理解されない固有の法制度や法文化をも乗り越える内容をもつものでなければならない。また、ほかの異なるものをそのまま受け入れるのではなく、むしろ同じ共通のものを発見して受け入れることであり、とりわけ、ユニバーサル的な性質を持つ制度は、その領域を固有の国民国家や主権国家を越えて、国際的な地域共同体をも視野に入れて拡大する傾向が著しくみられることから、個別性(particularity)を乗り越えたユニバーサル(Universal)な尺度に立脚した方法論が必要となる。

　また、上記にも若干触れたように、アジア太平洋地域でも日本と韓国では、法的には死刑制度を存置しながらも執行においては相反する立場をとっている。両国の比較的な分析も今後の検討において重要な材料になるだろう。

1　先行研究「社会特質論」から考える

　200年前のドイツ啓蒙哲学者であるイマヌエル・カント(Immanuel Kant, 1724-1804)は、極悪非道な行為をした者であっても、人間として生きる権利があるということは認められるのであろうかという問いに対して、人間として生きる権利などなく、そのような行為をした者に対して、極刑である死刑を科すという制度が正義であるという「絶対的応報」の議論を主張したことは、著名である。このように主張する意見は、今日でも、少なくない。

　とはいえ、韓国と日本とでは、死刑の執行という点では大きな違いがあり、その差異を解明する視点を検討すると、先行研究として王雲海博士が「社会特質論」という比較的方法によって中国、アメリカ、日本という3国を比較研究しており、たいへん魅力的な成果をあげている。

王博士の「社会特質論」という比較方法は、死刑を一つの社会現象とみて、社会現象を解明するためには、「精神・文化から社会を」解明するという手法を取り、いわばウェーバー的な分析が有効であると主張し、その方法論を「社会特質論」と呼び、中国と日本、アメリカ、そして韓国の社会にも触れている。[5]

　王博士による「社会特質論」は、３つの特徴がみられる。すなわち、①当該社会の原点として、社会関係の形成、社会秩序の創出にあたって常に中心的役割を果たし、個々人の行動や生活に最も大きな影響を及ぼすような内在的なもの(原理・力・領域)があること、②「社会特質」の所在(いい換えれば、社会の原点)となりうるものとして、機能的には権力、法律、文化を、構造的には権力者、法律家、民衆をそれぞれ挙げていること、③「社会特質」はそれぞれの社会により異なるものであるとしている。それぞれに伴って、それぞれの社会における権力、法律、文化の関係も、権力者、法律家、民衆の関係も違うという。その上で、王博士は、３つの「社会特質」によってあらゆる社会現象は説明することができ、死刑もこのような社会現象の一つとして、このような関係の状況によって大いに左右されるものであると主張している。

　王博士は、中国社会の特質は「権力あっての法律・文化・社会体制・秩序の創出と維持」にあるとみて、これを「権力社会」と特徴づけている。[6]すなわち、「正統性を強化しようとする国家権力の意思」[7]と「犯罪に対して死刑で厳しく対処してもらおうとする民衆の意思」[8]が、中国社会が死刑を多用している原因であると指摘している。これに対して、日本には、完備している法律が存在しているにもかかわらず、法律は、文化ほどの重要な役割をはたしてないと言い、日本社会は、文化が第一次的な社会であると指摘している。[9]したがって、日本は「文化社会」であるとしている。すなわち、社会現象を最も多く決定し、個々の国民の行動や生活に一番大きな影響を及ぼすのは、権力でもなければ、法律でもなく、むしろ、それら以外の「非権力的で非法律的」な常識、習慣、慣行などの、公式化されていない、民間で存在している文化的なものであるという点を重視している。[10]つまり、日本社会は文化が社会の原点であり、その文化の中心的内容の一つが正統性の追求であって、その正統性の内容には、二

5　王雲海『死刑の比較研究──中国、米国、日本』(成文堂、2005年) 167頁。

6　王・前掲注5書172～176頁参照。

7　王・前掲注5書186頁。

8　王・前掲注5書186頁。

9　王・前掲注5書203頁参照。

10　王・前掲注5書202頁。

種類のものがあり、一つは「常識的」「身内的」「日本的」といった伝来的なものであり、もう一つは「その場」または「当時のムード」から形成されたものであるとして、結局、日本社会における正統性はその両方からなるものである[11]と分析して、「法律もあくまでも文化の延長線にあるものとして文化の補強する役目を負っている[12]」とし、これが日本社会の特質であるとしている。

　王博士によれば、文化社会である日本において、死刑制度は「正統性」を維持するための道具として位置づけられ、文化のための必要な手段として予定されている。すなわち、「正統性」を確認するためには、どうしても「非正統性」の存在を前提・代価とする対象を作り出されなければならないため、文化的役目として死刑制度が必要とされていると説明している。

　また、「社会特質論」からみる韓国社会は、「文化権力社会」であると特徴づけられており、法律はあくまでも二次的なものであるとし[13]、韓国における文化は、重要ではあるものの、権力との関係では並列的な存在であって、文化または権力は法律に迎合するのではなく、むしろ、法律は文化と権力に迎合するため、法律は文化と権力に依存するところが大きいし、文化と権力は法律に干渉または浸透する場合が多いと説明している。また、「何よりも同じ民族・同じ社会の一員としての一体性を最高価値の一つとして、法律に対しても権力に対しても文化の担い手である国民・社会自身に対しても常時に強く求め続け[14]」、「同じ民族・同じ社会の一員としての『平等性』を意味するのでは決してなく、むしろ、伝統という意味での序列・等級を前提とした『一体性』である[15]」としながら、「韓国人である以上、韓国民・朝鮮民族の一員としての『一体性』を依然として有している[16]」としている。その上で、韓国が死刑を停止しているのは、「『朝鮮半島の分断と対立』という政治的事情による偶然的な出来事[17]」であるとして、「政治情勢が変わっていれば、死刑の存続を求めるという、文化と権力の結び方のもう一面が優位に立ち、死刑執行の再開もありうる[18]」と王博士は評価している。

11　王・前掲注5書212頁。

12　王・前掲注5書212頁。

13　王雲海「東アジアの死刑と社会」鈴木敬夫先生古稀『北東アジアにおける法治の現状と課題（アジア法叢書28）』（成文堂、2008年）308頁。

14　王・前掲注13書311頁。

15　王・前掲注13書311頁。

16　王・前掲注13書311頁。

17　王・前掲注13書312頁。

18　王・前掲注13書312頁。

(1) 問題点

王博士は、「社会特質」という視点から、権力的社会(中国)、文化的社会(日本)、法の支配する社会(アメリカ)という3つの社会類型を析出し、この類型論によってあらゆる社会現象は説明することができ、死刑もこのような社会現象の一つとして、このような関係の状況によって大いに左右されると主張する。

このような王博士の「社会特質論」は魅力的であり、共感するところも多く、東アジアの法文化研究において先駆的な価値があると言えよう。しかし、「社会特質論」には、いくつかの問題が考えられる。

①「社会特質」という視点の問題。「社会特質」という視点は、権力的社会(中国)、文化的社会(日本)、法の支配する社会(アメリカ)という3つの社会類型を析出し、割り切って異なる特徴のみ比較をしていることである。

また、②社会特質論の「固有文化」という位置付けの問題。王博士は、日本の死刑も、大きな文化的役割をしており、文化的正統性を維持するための最後の必要手段としている。要するに、日本社会において死刑は、権力が自らの正統性を誇示するための儀式として、事実上位置付けられていると王博士は鋭く指摘している。しかし、社会ないしは社会関係というトータルな現象において、その重要な構成要素として指定される「権力」「法」「文化」というものは、いずれの社会においても相対的な区分に過ぎないと思われるが、日本では特に、それぞれの概念の輪郭がはっきりしていないという特徴があるように思われる。[19]中国社会では、「権力」は権力機構がもつ「法」をつくり出す実体のあるものであり、「文化」という社会で一定共有されている価値観や行動様式とは明確に区別されているように思われるが、日本ではそのような区分は認識しにくいと[20]新倉先生も指摘している。

③物事を固定的に捉えているため、科学的見解や立証が難しいという問題があり、「流動的」歴史の動的部分である時間の流れを説明できないという問題がある。少なくとも、韓国社会を「文化権力社会」と位置づけるけれど、それは、必ずしも正鵠を射た分析とは言えないという疑問に残る。とりわけ、王博士は、「『朝鮮半島』という地理的、歴史的、現実的原因により、独自の性格を有している」ことを認めながら、韓国における「文化権力社会」という特徴づけと、日本社会における「文化社会」という特徴づけを比べると、両者の区別がはっ

19　新倉修=鄭裕靜「死刑廃止のための論点——日本における議論の起点および死刑の執行停止(モラトリアム)と廃止の展望」青山ロー13号(2017年)12〜13頁。

20　新倉=鄭・前掲注19論文13頁。

きりとみえてこない。単純に考えると、日本社会は「文化」＝「正統性」＝「死刑」という公式が成立すると言えるが、韓国社会が「権力」と「文化」の並列した社会であるとすれば、韓国における権力は、「相互排除と相互依存」と「権力の文化化」現象もあれば、「文化の権力化」現象もみられるとするので、「文化」＝「正統性」と「文化の権力化」＝「権力」は並列して作用するから、この二つの特徴は、どちらが優勢になるにせよ、死刑という手段を強く求めることとなり、「文化の権力化」の現象が現れた場合でも「正統性」ための「権力化」になる。このような論法は、ある特殊な社会現象を説明することはできるとしても、「韓国社会」を特徴づけるものとして「文化権力社会」という位置づけを与えるのはやや強引な議論であるという印象を持たざるを得ない。だからこそ、「社会特質論」によると、韓国の死刑停止は偶然なできことという結論にたどり着くしかない。言いかえると、韓国の死刑停止が22年間続いているという事実は、もはや、偶然だという安直な評価に親しまないのではないかという反論の余地があり、簡単に割り切れるものではないと言わざるを得ない。

　この問題を裏つけるように、新倉先生も「権力」と「支配文化」の関係性について、アメリカ社会について指摘しており、日本ではそのような区分は認識しにくいというのが、実感であるとし、また、アメリカ社会は、50の州と連邦政府からなる分権的な社会であって「権力」が「法」をつくる側面はもちろんあるけれど、「法の支配」という観念が行き渡っていることに示されるように、民主的なあるいは共和主義的な統治のシステム が活力をもっていて、マスコミや企業などの社会関与者による「文化」の形成は勢いがあるけれど、最終的には「法の支配」が優位するという統治構造が貫徹しており、これが アメリカの社会特質であると指摘している[21]。また、「権力」と「支配文化」の関係性において、特定の認識が優越性を有するのかという説明がないため、混乱してしまう側面もある。加えると、「権力」という性質は、ある意図を持って文化をつくることも可能であるから、そのような内容の説明が十分であると言えないし、権力は、すりこみ情報をコントロールして「支配文化」になることも可能であり、その要素を焚き付けるように「団体同調性の強調」という性質も大きい原因となるから、そもそも、このような傾向は、日本では明らかに目立っており、その証拠として日本政府は、死刑に関する情報は全く公開していない。

　④実質的方向性が欠如しており、「人類の目標・目的」の不在である。社会

21　新倉＝鄭・前掲注19論文13頁。

特質論は、ある一定の固定されている制度が維持する現象を説明する方法論としてはとても優れているものの、維持する現象を固定・固着しようとする結論を強引に導出しようとするため、すべての現象を説明するにはやや限界がみられる。

(2) 動的分析論の必要性

要するに、王博士が主張している「社会特質論」に立脚するならば、日本の場合「固有文化」という要素によって日本社会は死刑廃止という方向に変動する現象は、「ありえないこと」であり、日本社会のなかで死刑制度が廃止することは到底考えられない。しかし、この仮説に反する研究がある。

佐藤舞＝ポール・ベーコンの「世論という神話——望むのは「死刑」ですか？」研究報告と、ドキュメンタリー映画「望むのは死刑ですか——考え悩む"世論"」の内容をみると、情報提供と意見交換により、死刑の賛否に関する意見に「質的変化がみられる人々が多数存在」することが確認できた。この結果を踏まえると、もし、日本において死刑制度に対する「固有文化」というものが存在するならば「質的変化」が見られるということはありえないはずである。[22] これを受けて考えると、死刑存置論がよく挙げる「死をもって償うことは日本の文化」だという意見に反対する論拠の一つがここにあり、これをさらに突き詰めると、そのような文化が本当に存在するのか、そのようなものが証明できるのかという疑念を抱かざるをえない。また、佐藤教授らの研究結果から推測すると、日本国民において、政府の死刑制度に関する政策決定に最も重要な要素は世論であるという政府の見解に共感していない人たちが存在し、そうであれば、世論調査における意識変化の面に着目するだけではなく、むしろ一歩踏み込んで、意識変化の要素も考慮しなければならない。さらにもう一歩踏み込むと、今の日本社会が王博士の「社会特質論」を借りて「文化社会」の特徴が目立っていると仮定するならば、動的変動は表面的には見られない可能性もあり、この現象の原因となるものを推定すると、メディアの役割と機能の問題と、秘密主義による死刑執行に関するすべての情報遮断の問題が考えられる。すなわち、このような原因があって、ある現象が「支配文化」のようにすり替えられ、そのような状況に対して正確な情報を与えることで、集団主義

22　Mai Sato & Paul Bacon, The Public Opinion Myth: Why Japan retains the death penalty, The Death Penalty Project, 2015; Mai Sato, The Death Penalty in Japan: Will the Public Tolerate Abolition? Springer, 2014.; 佐藤舞「世論という神話——望むのは「死刑」ですか？」。

から生まれた同調の傾向（同調文化とも言えなくもない）という殻を破り、個人の「めざめ」という「個人意識の孵化」に移行する過程が想定できるのであって、これが日本文化の質的変動であると言える。つまり、「社会特質論」は静態的な分析方法としては優れているが、質的変化や構造的な変動によって死刑が廃止されたり減少したりする事象を分析することが難しいという難点がある。「死刑」に関連する社会現象が、単なる法制度としてだけではなく、法思想や法感情などの「心性」にかかわるものや、社会的に共有されている「価値」や「行動様式」にかかわるものも含めて、いわば総合的に把握する必要がある。

2　事実上死刑廃止国「韓国」から考える

　1764年イタリアで、これまでの刑法思想を一変させた思想家の本が出版された。周知のように、ベッカリーア（Cesare Bonesana Beccaria, 1738-1794）という若者が、啓蒙思想の影響のもとで書いた『犯罪と刑罰』という著書である。彼は、有罪か無罪かという問題は確実な真実だというわけではなく、真実らしさの程度という蓋然性の問題だから、誤った判断が行われた場合に、死刑には回復できない重大な欠点があると主張した。[23] つまり、人間が間違えて判断する可能性がある限り、死刑は、執行されてしまえば元に戻すことができないので、不当な仕打ちであって、また、人間の生命に対する権利は、誰も奪うことができないのだから、犯罪予防の効果がない死刑は、国民に対する国家による戦争であって、法の名を借りた殺人だと主張したのである。[24]

　ベッカリーアの死刑廃止の主張以降、その存廃に対する論争は現在まで続いている。しかし、19世紀や20世紀の前半まで、世界の中で実際に死刑が廃止された国はほとんどなかったと言えるであろう。ところが、20世紀半ば以降、第2次世界大戦が終わった後には、人間による集団的殺害、ナチスによる残酷な現実を目の前にした世界の国々は、公権力により消し去ってしまった人間の命に関して真剣に考えることになったのである。

23　Cesare Beccaria, Dei Delitti e delle Pene del Marchese Cesare Beccaria: Conapolon Apologia della Giurisprudenza romana…, Raccolta dei Classici Criminalisti dedicata al Sig. Conte Antonio Strigelli Vol. VII, 1869 March 5 bequest of James Augustus Dorr of New York, pp.140-143.; ベッカリーア（風早八十二＝五十嵐二葉訳）『犯罪と刑罰』（岩波文庫、1959年）90～91頁; 小谷眞男訳『犯罪と刑罰』（東京大学出版会、2011年）90～91頁; 한인섭 신역『체사레 벡카리아의 범죄와 형벌』(博英社、2009年) pp.111-112.

24　Ibid.

(1)　韓国の死刑執行停止の経緯と状況

　韓国も古朝鮮の時代から死刑制度は存在し続けており、時代が変わり西洋の法制を受け入れた後にも、死刑は刑罰として存在し続けてきた。その後、植民地時代を経て憲法を制定した後も、死刑制度は、軍事独裁政権を維持する目的のために、またある時は、政治的な理由によって悪用された。非民主主義及び権威主義に抵抗するために立ち上がった民主化運動とともに死刑廃止運動も芽生えており、1987年の第9次憲法改正によって民主化が確実になったことを迎え、本格化した。1989年から宗教団体と市民団体によって死刑廃止運動が始まり[25]、1999年には国会に「死刑廃止特別法案」が提出された。

　1997年12月30日に金泳三政府が23人(男性18人、女性5人)の死刑囚に対して死刑を執行した後、1998年2月には元死刑囚であった金大中大統領が就任した後、10年間、死刑は執行されず、2007年12月30日にはアムネスティは「事実上の死刑廃止国[26]」と命名したが、韓国では、公式的な死刑執行停止宣言(モラトリアム)がなく、死刑執行を行っていない「死刑停止」の状況が22年間続いており、「事実上の死刑廃止国」と呼ばれている。

　1948年に大韓民国政府が樹立されて以降、死刑執行された人数について、正式な統計が正確には確認されておらず、また米軍政時期の統計も知られていない。事実上確認できる情報を掲載した文献資料もいまだに発見されておらず、死刑が執行された人々がどれくらいあったのかも知られていない。また、軍事法廷で裁かれたケースは公表された統計から除外されており、死刑の大半が政治犯として執行され、その人数は多かったと推測されている。2009年に法務部が国会の国政調査に対して提出した資料によれば、それまで死刑執行を受けた人は923人と言われているが、この統計の数字も研究者によって論争が続いている。また、民主化運動が高まった1980年から1997年までに死刑が執行された人員は166人であると[27]、2012年の法務部国政調査法制司法委員会の資料では発表している。韓国政府が樹立した後の[28]公安事件事犯の比率をみると、李承晩政権が67.1％、朴正煕政権34.0％、全斗煥政権15.7％であっ

25　死刑廃止運動協議会設立。

26　アムネスティ・インターナショナルは、法的には死刑制度を存置しながら過去10年間死刑を執行しなかった国を「事実上の廃止国」「実質的廃止国」として廃止国のカテゴリーに分類している。

27　新倉＝鄭・前掲注19論文22頁参照。

28　1948〜1961年・李承晩政権、1962〜1979年・朴正煕政権、1980〜1987年・全斗煥政権、1988〜1992年・盧泰愚政権、1993〜1997年・金泳三政権。

たが、盧泰愚政権以降には公安事件事犯に対する死刑執行がなくなる[29]。この数字は、死刑制度は国家保安という名目で政治的に悪用されてきたということを裏付けるものである。過去の権威主義的体制は、政治的反対者を除去するために手段として死刑という制度をどれぐらい利用し濫用してきたのか。このような事実から、死刑制度そのものに対する批判的な意識が芽生え、その反映が「事実上の死刑廃止国」という結果に結びつくことになったのであろう。

　韓国が死刑の執行を行っていない原因を整理し３つ挙げると、①1998年に就任した金大中大統領が、公安事件で死刑確定判決を受けた経験から死刑を執行しなかったことが、今までの死刑停止状態に影響を与える転機となっており、②2003年に就任した盧武鉉大統領が人権弁護士として活動していた経験から引き続き死刑執行を行なってなかったことが、国際的かつ国内的にも注目に値する「事実上の死刑廃止国」として分類される契機を作った。最後に、③2008年に就任した李明博政権以降から、国際社会の視線と認識、経済的理由により死刑執行に歯止めをかけたことである[30]。とはいえ、国の次元での公式な執行停止宣言(moratorium)があるわけではなく、2004年に起きたユ・ヨンチョル連続殺人事件や相次ぐように起きたカン・ホスン連続殺人事件、児童を対象にした性暴力殺人事件などの発生は、人々に凶悪犯罪に対する怒りや嫌悪を感じざるを得ない動機を与えるには十分であり、このような感情は、死刑執行を求める意見や「国民感情」、いわば「世論」に多くの影響を与えるようになった。韓国政府と国会は、このような「国民感情」の悪化を理由に挙げて死刑廃止の決断を先延ばしにしている状況であった。とりわけ、2010年２月25日の憲法裁判所の決定は、このような状態をより固着させる一つの原因となっている。

　憲法裁判所の死刑の違憲性に関する判断については、1996年と2010年の判決があり、結論から言うと、両方とも「合憲」という判断をしている。1996年の判決は、殺人罪の法定刑として死刑を規定している刑法250条[31]に対する違憲訴願審判であり、死刑制度について裁判官７人が合憲意見、２人が違憲意

29　정태호「대한민국의 사형제 현형과 사형대체형에 관한 논의」『사형폐지를 위한 국가인권위원회 활동 보고서』(국가 인권위원회、2018) p.107 참조〈訳: ジョン・テホ「大韓民国の死刑制度現形と死刑代替刑に関する論議」『死刑廃止のための国家人権委員会の活動報告書』(国家人権委員会、2018年) 107頁参照〉。

30　新倉＝鄭・前掲注19論文24頁参照。

31　大韓民国刑法250条［殺人、尊属殺害］①人を殺害した者は、死刑、無期又は５年以上の懲役に処する。②自己又は配偶者の直系尊属を殺害した者は、死刑、無期又は７年以上の懲役に処する。(1995年12.29本項改正)

見を出しており、法廷意見は死刑制度の合憲性を認めている。2010年の判決では、刑法上の刑罰として死刑を明定している刑法41条1項[32]に関する違憲審判手続きにおいて、5人が合憲意見、1人が一部違憲意見、3人が違憲意見を出していることにより、多数意見によって死刑の合憲性を認めた。ここで示されているように、1996年に比べて2010年には合憲意見は減っており、一部違憲意見も含めて違憲意見が増え、その数は拮抗している。[33]

　しかし、韓国の現行憲法上には明らかに死刑を明示しておらず、禁止する規定も見当たらないが、憲法第110条第4項の規定には間接的に死刑制度を認めているような解釈の余地が残っている。[34] 憲法裁判所は、この110条4項ただし書きを引用し「現行憲法が死刑制度を間接的に認めている」と解釈している。[35] また、この条項は、法律によって死刑が刑罰として規定されているとし、この刑罰条項の適用として死刑が宣告されることを前提としているので、死刑を宣告した場合には非常戒厳下の軍事裁判であっても一審制として審判を受けることはできないし、司法手続きを通じて不服申し立てが保障されなければならないという趣旨の規定であるとしながら、死刑制度そのものによる生命権に対する制限が合憲として正当化できるかということも並行して審査している。とはいえ、憲法裁判所の合憲判断に対して違憲とする裁判官の意見は、110条4項ただし書きを死刑制度の合憲性の根拠として判断しておらず、ただし書きの採択背景や規定の脈略を考慮すると法律上存在する死刑の宣告を抑止し、最小限の人権を尊重するために規定されており、このただし書きを死刑制度の憲法的根拠として解釈することは難しく、なお、これらを死刑制度の憲法的根拠として認めることは憲法の最高価値である人間の尊厳を保障している憲法10条の意義を縮小解釈することであって不当であるとしている。[36][37]

32　大韓民国刑法41条［刑の種類］1．死刑　2．懲役　3．禁固　4．失格喪失　5．資格停止　6．罰金　7．拘留　8．料料　9．没収。

33　大韓民国憲法113条1項は、憲法裁判所が法律違憲決定をするために裁判官の9人のなか、6人の賛成が必要である。

34　大韓民国憲法110条［軍事裁判］④非常戒厳下の軍事裁判は、軍人・軍務員の犯罪及び軍事に関する間諜罪の場合と哨兵・哨所・有毒飲食物供給・捕虜に関する罪のうち、法律が定めた場合に限り一審とする。ただし、死刑を宣告した場合にはこの限りでない。

35　憲裁 1996.11.28 95헌바1, 判例集 8-2,537, 544-545; 憲裁 1996. 11. 28. 95헌바1, 判例集 8-2, 537, 544-545; 憲裁 2010. 2. 25. 2008헌가23, 判例集 22-1 상, 36, 56.

36　大韓民国憲法10条［人間の尊厳性と基本的人権の保障］すべての国民は、人間としての尊厳と価値を有しており、幸福を追求する権利を持つ。国家は、個人が有する不可侵の基本的人権を確認し、これを保障する義務を負う。

37　憲裁 2010. 2. 25. 2008헌가23, 判例集 22-1 상, 36, 78-80; 憲裁 2010. 2. 25. 2008헌가23, 判例集 22-1 상, 36, 92-93.

憲法裁判所の詳しい検討は、この小論ではなしえないところであってほかの機会に紹介するしかないが、要するに、110条4項ただし書きに間接的根拠があることを認めながら、死刑廃止を反対する「国民世論」が優勢な状況では、死刑制度の過剰禁止要件が明らかに憲法に違背していない限り、死刑制度の存廃問題は基本的に立法政策の問題であるという前提から判断をしたと思われる。[38]

死刑執行を停止しているとはいえ、未だに維持されている死刑制度は、悪用されていた歴史の前例が沢山あるにも関わらずモラトリアム宣言や死刑対象犯罪を縮小する努力をするより、凶悪犯罪による世論の批判が高まると凶悪犯罪に対する懲役刑の上限を引き上げ、特別刑法の制定や保護収容制度導入など厳罰化を拡大している。このような状況から、私にとって、一つの物語が思い浮かぶ。

正直な人物として知られている刑務官が、死刑判決を受けて刑の執行を待っている死刑囚に言う。「あなたは、来週の月曜日と金曜日の間に絞首刑が執行されるだろう。しかし、その日はあなたが予測できない日になるでしょう」。死刑囚は刑務官の言葉から自分に絞首刑が執行される日がおとずれることは決してないだろうと言い放ったと言う。死刑囚は、「金曜日に私の絞首刑が執行されることはないでしょう。なぜなら、私が木曜日までに生きていれば、かならず金曜日の死刑を予測できるはずですから。しかし、私は木曜日にも処刑されることはないでしょう。まず、私は金曜日にも執行ができないことを知っている。私が水曜日の夜まで生きていれば、死刑が執行する日は木曜日しか残ってないからである。したがって、私は、また木曜日にも死刑執行ができないでしょう。死刑執行官が私を火曜日の夜に絞首刑を執行しないと、水曜日もまた、死刑施行日になることはないでしょう。月曜日の夜になると火曜日しか残ってないが、これは火曜日も無事であることを意味する。最後に月曜日があるが、私は月曜日に絞首刑になることが予測できるので月曜日にも刑の執行ができないか、刑務官、あなたは私に偽りを言ったことになる」。しかし、木曜日の日が開けて死刑囚は死刑台に向かったという。死刑囚が「刑務官、あなたが私に言ったことは偽りである」と叫んだ。しかし、刑務官は「あなたは、自分の死刑が執行されないだろうと確信した。その結果、我々が刑の執行日をいずれの日になるとしても、あなたに言ったことは真実である」。

---

38 国家人権委員会・前掲注29報告書「2. 사형제폐지 국제 토론회 개최 자료」p.125 참조〈訳:「2. 死刑制度廃止の国際討論会開催資料」125頁参照〉。

これは、「パラドックス(Paradox)」を説明するとき「死刑囚の詭弁」という有名な話である。皮肉にも、矛盾と不条理を説明する上記の話が、実際に韓国の刑事司法が死刑制度の問題として抱えているパラドックスの状態を表しているとも言えよう。

　2007年から死刑受刑者の人員数は、毎年多少の差はみられるが平均して60人をキープしている。しかし、この約60人の死刑受刑者は、22年間という少なくない年月の中、上に紹介した物語の死刑囚のような状況に置かれている。また、凶悪犯罪に対する懲役刑の上限を引き上げ、保護収容制度導入など厳罰化が進んでいる状況の中で[39]、さらには、国民世論に敏感に反応する韓国の国会が、立法過程を通じて死刑制度を廃止することは容易ではない。つまり、物語の結末のように、韓国の死刑執行の可能性は予測できないという不安が常に残されていることも指摘しなければならない。死刑制度を廃止するためには、フランスのミッテラン大統領のように政治的決断による死刑廃止も全くあり得ない話ではないが、何よりも韓国において、現実的に死刑存否問題に影響を与える憲法裁判所の死刑違憲の判断は重要であろう。したがって『大韓民国憲法裁判所「刑法41条等違憲提請」(2010年2月25日2008헌가23)』の判決は、このような死刑というパラドクスという状態に大きい影響を与えたという批判は免れない。繰り返しになるが、憲法裁判所の判断は、当時の政権の死刑制度に関する立場と、凶悪殺人事件により揺れた国民世論を反映して出されたものと分析せざるを得ない。

　とりわけ、私たちの周辺には、極悪非道な行為をした者に対して人間として生きる権利などなく、そのような行為をした者に対して極刑を科すことこそ、まさに正義であるという意見も少なくない。少なくとも、このような理由により死刑制度が正義にかなうものとして遥か遠い国家の起源のときから存続してきたのかもしれない。しかし、悠久の歴史とともに存在してきた死刑制度には、純粋に凶悪に対する正義ではなく、支配者による原始的罪悪や欲望、暴力性がその裏に隠されてきたことも事実である。韓国の歴史からみても、死刑制度は、当時の治安と犯罪の深刻性によるものではなく、専制王権体制の維持や植民地支配の統制手段というものに利用されてきた。また、帝国主義の下では、強制併合に反対している民衆の抵抗や義兵活動者、独立運動家に執行されたことが

39　법무부 보도자료「법무부, 흉악범 재범막고 사회적응 돕는 법안 입법예고 – 아동성폭력범·상습성·폭력범·연쇄살인범 최대 7년간 보호수용-」2014.9,3〈訳:日本語訳　法務部報道資料『法務部、凶悪犯の再犯を防ぎ、社会適応を支援する法案の立法予告――児童性暴力犯・常習性・暴力犯・連続殺人犯　最大7年間の保護収容』〉。

死刑と正義｜373

多かったという事実が刻まれている。また、過去半世紀の死刑執行の歴史をみても、凶悪犯罪に対する応分の対価としての刑罰の執行という側面より、体制維持のための敵対勢力の除去のために死刑が悪用された事例が多かったことは、このような事情をよく説明してくれる。なお、今までの死刑の歴史を度外視するとしても、国家が反社会的犯罪から社会構成員を保護するという目的を掲げながら、犯罪に対する憎しみから殺人を犯した者を死刑によって殺害するという形でぶつけるという構図に着目すると、そのようなやり方から得られるものは何かあるのか。死刑制度そのものが国家権力の正統性に疑問を投げかけるのではないか。

つまり、犯罪発生率と死刑制度の有無に関して立証する資料はほとんど存在していない。証明しようとしても、犯罪予防効果を確実に証明できるわけではないであろう。むしろ、死刑制度の本質的機能は、実際に犯罪予防することよりも、国民統制のような政治的目的を果たすためのものであったことは否定できない。また、潜在的犯罪者の一部のみが刑罰による威嚇力に影響されるだけで、このような人も刑罰の程度によって威嚇を受けるのではなく、逮捕される危険性に最も威嚇される[40]。逮捕されないと信じるところがある場合、犯罪者は刑罰の威嚇にもかかわらず、犯行を敢行することになるが、現在の状況においては、刑罰が犯罪率の減少に影響を与えるよりもむしろ高い犯罪率が捜査機関の業務を加重させて事件解決の割合だけを減少させる率が高いという[41]、ならば、社会政策的な観点からみれば、ある社会的問題となる犯罪が発生した場合、世論が通常必要とするように刑罰の程度を強化する方法ではなく、警察の研修と訓練を強化する方法などにより犯罪の捜査を強化する方が一般的予防効果があるという結論になるのではないだろうか。

(2) 死刑執行再開否定論の根拠

1998年韓国の死刑執行が停止して以来、裁判所は死刑宣告について厳格な姿勢をみせており、国会は、第15代から第19代まで死刑制度廃止案を発議しており、2010年の憲法裁判所判決は、死刑廃止運動に水を差すような効果をもたらしたことは否定できない。それにも関わらず、死刑執行を停止して以降、いまだに死刑執行が再開されてない要因を考えると、ある意味で韓国国内の社

---

40 이천현「형벌의 본질과 목적 : 양형기준과 관련하여」(서울대법원、2008) p.11〈訳:イ・チョンヒョン「刑罰の本質と目的:量刑基準に関連して」(ソウル大法院、2008年) 11頁〉。

41 イ・チョンヒョン・前掲注40論文11頁

会的文化的変化も大きい影響を与えたとみられる。

　韓国の「死刑執行再開否定論」は、「犯罪人引渡に関するヨーロッパ条約(European Convention on Extradition)」を根拠としている。これは、2008年9月、ヨーロッパ評議会(Council of Europe)と結んだ「犯罪人引渡に関するヨーロッパ条約」が、2010年12月7日に国会の同意を得て、現在、国内法と同じ効力を持つようになり、当事国がこの条約に明示された規定と条件に従い、請求国の権限がある当局が犯罪に対して訴訟手続きをしている者、あるいは、その当局により刑の執行や拘禁命令の執行のために手配された者を引き渡すことを骨子としている。[42] つまり、2008年にEU(ヨーロッパ連合)との犯罪人引渡及び司法共助条約に加入することで、「国内犯罪者とヨーロッパ以外の国から引き渡された犯罪者のみ死刑を執行することについての衡平性の問題を十分認識しており、事実上韓国国内で死刑執行が難しいということを認識したことから論議された結果であるみえる。もし、死刑執行を再開することを仮定しても国が承認した国際規範を違反することになるし、さらに、EUとの自由貿易協定FTA(free trade agreement)の国際外交的状況なども韓国の死刑執行に対して歯止めの役割を果たしており、言い換えると、結果的に死刑制度が形式的に存置しているとしても、死刑執行そのものについての可能性は封鎖することになる。

　2017年、文在寅(ムン・ジェイン)大統領の政権がスタートしたが、ここ最近の動きとしては、目立った動向はみられない。しかし、文大統領が大統領候補のときにテレビ討論会で死刑問題に対し原則的に死刑廃止を賛成する立場を明らかにしており、アムネスティの「次期大統領が至急解決しなければならない8つの大人権議題」に対する答弁にも留保なし死刑制度廃止のための「自由権規約第二選択議定議定書(死刑廃止条約)(Second Optional Protocol to the ICCPR, aiming at the Abolition of the Death Penalty)」[43] を批准することを公約している。また、死刑廃止が世界的趨勢であり、このようなグローバルトレンドに合わせた方が望ましいとしている。なお、2018年3月に発議した大統領改憲案には、憲法110

---

42 この協約の11条死刑によると「引渡が請求された犯罪が、請求国の法によって死刑として処罰されるような犯罪か、そのような犯罪に関して、被請求国の法によって死刑に処罰されないか一般的に執行されない場合、請求国が被請求国に死刑が執行されないことを信じる十分な保障を提供しないかぎり、引渡請求は拒絶される」；新倉＝鄭・前掲注19論文24～26頁参照

43 自由権規約（1966年署名・1976年発効）6条1項：「すべての人間は、生命に対する固有の権利を有する。この権利は、法律によって保障される。何人も、恣意的にその生命を奪われない」について、韓国は、上記の規約の当事国として選択議定書の当事国になる資格があるにもかかわらず、自由権規約第二選択議定書（死刑廃止条約）および に加入していない。そのため、常に国際連合および国際人権機構から批判を受けてきた。

条4項ただし書を削除し、生命権を新設するなどの内容も含まれている。

とはいえ、2018年の国連人権理事会による普遍的定期審査(UPR, Universal Periodic Review)[44]では、死刑廃止の勧告を受けており、これに対する韓国法務部の返答は、「死刑制度の存廃及び執行の可否は、国家刑罰権の根本とかかわりがある重大な問題であるため、死刑の刑事政策的機能、社会現実、国民世論と情緒、国内・国外の状況など様々な側面を総合的に考慮し、慎重に決定する問題である。我が国の刑事罰の体系が死刑を中心として規定されていて、死刑廃止は刑事罰の体系の全体を変える問題なので、慎重で十分な研究と検討が必要とする」[45]として、事実上受け入れることはできないという意見を出している。

3　なぜ、世界は死刑廃止に注目するのか

世界の歴史をみると、犯罪抑制を目的とした死刑制度は19世紀までは一部の国を除いて、すべての国が施行していたが、死刑施行が効果的犯罪抑止手段としての効果よりも、最も重要である基本的人権である生命権を侵害するという認識が拡がり死刑廃止を選択する国々が増えている。繰り返しなるが、第2次世界大戦の大量死の時代をいくつも超えた後、その残酷な行為を行なった人々を扱うために設けられた東京裁判やニュルンベルク裁判などの国際裁判でも死刑が宣告され執行されていた。しかし、ここ最近、残酷な戦争や犯罪が起きた後、旧ユーゴスラビア裁判所やルワンダ裁判所やICCローマ規程など新しく設けられているが、これらの新しい国際刑事裁判所の特徴は、死刑を選択肢として置いていないという点にある。この事実から考えられるように、全地球的に、犯罪と処罰に関する理解は変わり続け、国際社会の死刑制度に対する認識は、史上最悪な犯罪をしている者であっても、国が計画的に犯罪者の死を承認する死刑は認められないという理解がグローバルスタンダードになりつつある。

世界が生命の尊貴に向き合い、1948年に採択された「世界人権宣言」をはじめとし、本格的に論議され、3条「生命への権利」を規定し、1966年「市民的及び政治的権利に関する国際規約」6条には生命権と恣意的死刑禁止を規定し、1989年に子どもの権利条約は児童に対する死刑を禁止しており、1989

44　韓国は、2008年5月に初めて審査を受け、2012年に2回目の審査を受けている。

45　법무부『유엔 인권이사회 국가별 정례인권검토(UPR) 후속 조치 현황』(과천 : 법무부) 2011〈訳： 法務部『UN人権理事会国家別定例人権検討(UPR)後続措置現況』(法務部、2011年) 50頁〉.

年に採択された自由権規約第二選択議定議定書(死刑廃止条約)は、平時におけ
る完全な死刑廃止を規定している。[46] また、1983年のヨーロッパ人権条約第6
議定書と1990年の死刑制度に関する米州人権条約議定書にも、平時の死刑廃
止を規定しており、2002年にヨーロッパ評議会のヨーロッパ人権条約第13
追加議定書には、戦時にも死刑はできないという規定をおいている。

　約70年前には、死刑廃止の国は10カ国にも満たない数であったが、現在は、
全世界の約80％の国々が死刑を執行していない。その方法をみると、フラン
スのように政治的リーダーシップを発揮する国、イギリスやカナダなどように
長い間の研究調査を行い、慎重な姿勢からモラトリアムを検討して段階的に廃
止する国、様々な紛争や戦争など多くの犠牲を払った苦しい経験の反省から新
しい未来に希望を託す願いで廃止を選択する南アフリカやドイツのような国も
ある。その方法としては様々であるが、全地球的に広く見わたすと、もはや、
死刑を存置している国は少なくなっている。このような現象は、死刑に対する
国際的な潮流のなかで「人類」という理解と「価値」というものに対し、すで
に変化し続けており、国連の死刑問題に対する扱いも人権問題として広く捉え
られていると思われる。

　国際社会の平和・人権の発展に力を尽くしてきた国連は、国際社会の平和を
前提となる人権の進展を目指し、2007年に国連人権理事会創立を転機に迎え、
国連が抱えている役割と責任、それらの比重にも少しずつ変化がみられるよう
になったと思われる。比重の順から安保・発展・人権であった序列は、いずれ
横並びの同列の順番になり、現在は「人権」に対する国連の役割と責任が増加
していることは明らかである。このような変化は、「死刑問題」にも直面して
おり、とりわけ国連は「生命に関する特別な思いに変化」がみられるようにな
っている。

　やや図式的な整理をすれば、人権の尊重を基調とする国際社会において、死
刑も人権問題としてとらえる考え方を「普遍主義」(universalism)という行方
だとすれば、これに対して、これまで控え目に特殊性なり独自性を主張して
きたところ、このような普遍主義に対抗して、文化的特質を強調する特質論
(particularism)ないし独自性論(claim for individuality)を押し立てて、内政不
干渉の原理(Theory of Nonintervention on Domestic Matters)にもたれかかるか

46　国家人権委員会・前掲注29報告書「정연길 [토론문6] 사형제 폐지 국제 토론회」p.234 참조〈訳:
　　ジョンヨンゴル [討論文6] 死刑制度廃止国際討論会234頁参照〉.

のような姿勢をあらわにしているように見える[47]。ここでの対向関係は、普遍主義か特質主義か、人権事項か文化事項かというふうに整理されるように見える[48]。

言いかえると、生命に関する特別な思いが変化している国連を「普遍主義」というならば、これに対抗し、文化的特質と独自性を強調しつつ「固着」という現象に重みをおいている「文化相対主義」との対立と言えよう。つまり、「死刑問題」が「人類」という普遍的な人間集団の単位についての理解や普遍的に承認され保護される「価値」のカタログの変化により進化する「普遍主義」に関わる問題だというならば、まさに死刑問題は「普遍的な人権」として認識が「生命への権利」の第一義的な保護へと変化し拡大している現状における最先端の問題であり、死刑問題に対する世界国々の関心と変化が、なぜ死刑廃止に注目をするのかがわかる。また、このような考え方からすると、進化をする「普遍主義」も「動的部分」と「質的変動と変遷」の性質があり、このような傾向は、どのような社会でも存在する要素であり、どのように変化して続けるのかが、われわれの関心を惹きつける核心になる重要なものである。

なお、「死刑問題」は「社会特質」という概念から全体を説明することは難しく、「普遍主義」と「文化相対主義」の対立でもあり、文化の変質や革命のような偶然的できたものでもなく、国や文化を超越する「人類の価値」にかかわるものであり、たとえ、死刑問題からみられる国連と日本の「温度差」[49]が「普遍主義」への移行に伴う「陣痛」過程でもありうるのであり、「普遍主義」によってはいまだ埋めることのできない「間隙」になることもありうる。さらにまた言うならば、「陣痛」という過程か「間隙」というものなのかという選択肢は、「温度差」により決定されるということも想定される。

国連の国際関心事(憲章1条の「目的」と2条「原則」参照)を3つの要素で区分すると、①普遍性と人権(憲章55条)、②勧告(憲章56条)、③各国に委ねる部分(憲章2条7項)に分かれる。「死刑問題」は、当初、世界人権宣言3条に定める「生命への権利」に関わるものであるが、その位置づけは必ずしも明らかではなかったところ、その後の国連でのさまざまな活動を通じて、生命に関する特別な思いに変化した「普遍主義」を前提とするものとなり、国連の加盟国との関係

---

47 新倉修「国連と死刑問題」青山ロー17号（2019年）116〜117頁。

48 新倉・前掲注47論文117頁

49 新倉・前掲注47論文;新倉先生は、死刑制度に対する国政上の姿勢の違いについて「温度差」と表現している。

では憲章9章「経済的及び社会的国際協力」にかかわるものであって、国連憲章55条との関係を検討しなければならない。国連憲章を承認・批准した国々は、前文にあるように、「われらの一生のうちに二度まで言語に絶する悲哀を人類に与えた戦争の惨害から将来の世代を救い、基本的人権と人間の尊厳及び価値と男女及び大小各国の同権とに関する信念をあらためて確認し……」、また、55条に「人民の同権及び自決の原則の尊重に基礎を置く諸国間の平和的且つ友好的関係に必要な安定及び福祉の条件を創造するために、国際連合は、次のことを促進しなければならない。……… c「人種、性、言語又は宗教による差別のないすべての者のための人権及び基本的自由の普遍的な尊重及び遵守」を定めており、これを受けて、加盟国の誓約に基づく義務とし、同56条に「すべての加盟国は、第55条に掲げる目的を達成するために、この機構と協力して、共同及び個別の行動をとることを誓約する」という規定があることを十分認識し、留意する必要がある。なお、今後、日本の「温度差」は、国際社会とも様々な分野において「間隙」という現象がますます増えていくだろう。[50]

4 「共益的正義」に立脚した動態的分析論の可能性について

ここでは、むすびにかえて更なる研究と検討の必要性から「共益的正義」に立脚した動態的分析論の可能性について論じることにする。

とりあえず、「共益的正義」に若干触れる必要がある。「共益的正義」とは、私(鄭)が提案するものであり、死刑が「正義論」の観点からいかにあるべきか、ということを論じることであり、社会的正義はいかに組み立てられるべきかという問題でもある。死刑における社会的正義とは何かを考えるときに、これまでの正義論で常識として論じられてきた「公平」ないし「公正」としての「正義」を狭く限定して考えて、「均分的正義」か「配分的正義」か、という選択の問題に矮小化してはならないものが含まれていることがわかる。これまで人々の意識の中で、なかば常識として受け取られていて、その存在を認知されているが、わかりやすい名称を付されていないために、いわば陰に隠れていたもう一つの「正義」の観念を呼び起こす必要がある、というのが私の問題意識である。

すなわち「共益的正義」は、「均分的正義」や「配分的正義」では十分解明

50　朝日新聞2019年3月25日「日豪部隊協定交渉死刑制度が壁」「廃止の豪　派遣隊員への適用懸念」。

することができなかった刑罰制度の改廃、つまり社会的悪である犯罪に対する応答として、どのような刑罰制度がふさわしいかという問題を解明する有力な手がかりを提供してくれるものである。その意味するところは、単純であり、「人間なら誰でも究極では受け入れることができる心性」である。[52]

ここで、佐藤舞＝ポール・ベーコン研究を簡潔に整理すると、死刑制度に関する世論調査と関連して、提供する情報や十分な意見交換により、対象になった人々の結果も変わっていく可能性が高いという「質的変化の存在」が確認されている。これは、国の政策に関わる指導者は、無論、世論に耳を傾けなければならないが、逆に指導者も世論に左右されてはならないということという教訓を含むものである。さらに言えば、世界の国々が様々な方法で死刑制度を廃止していることをみると、選択肢は多様であることがわかる。すなわち、フランスのように政治的リーダーシップにより廃止された場合、それによって逆に世論にも変化や動きがみられるという可能性を示唆している。また、世論に耳を傾ける前に、どのような情報を提供しているのかが最も重要であり、もし、日本政府が死刑制度に対する立場を変える場合を仮定すると、日本市民もこれを受け入れる可能性が高いということである。[53]佐藤舞＝ポール・ベーコン研究は、死刑制度研究において動態的分析論の可能性を幅広く開き、その必要性を十分に感じさせる貴重なものであり、ほかの国でも有効性が高い方法であることを示唆しているものであると(著者・鄭は)評価している。

しかし、動態的分析論に立脚した研究においては、いくつかの妨害要素とその背景について検討しなければならない。まず、①死刑制度と死刑執行の情報の遮断問題である。日本の死刑制度の現状を知るためには、死刑囚対する情報の開示は必要不可欠であるが、秘密主義によりほとんどの情報はシャットダウンされており、このような状況では、十分情報を提供することが前提とされている動態的分析は大きく制約され、一定の選択を強いられることになる。また、②教育全般に根深く根を張っている同調を求める教育は、同調の殻を分厚くする原因となっており、人と人との関係性が希薄している現代の日本社会において、さらに、社会問題の意見交換や討論のチャンスも少なくなっているし、

51　新倉＝鄭・前掲注19論文29頁。

52　新倉＝鄭・前掲注19論文29頁。

53　日本政府は日本国民の死刑存置意見が80.3％という数字から死刑廃止ができない理由として「国民世論」をあげているが、佐藤＝ポール・ベーコンの調査によると政府調査のように3つの選択案を提供したときに、死刑に対する支持率は83.3％であり、そこに5つの選択案を提供したら応答者の27％が死刑存置を主張し、83.3％の中の71％は政府が死刑を廃止したら政府の政策として死刑廃止を受け入れるという結果だった。

かつ、コミュニケーション能力そのものも停滞や衰退しており、これらは、盲目の民主主義(おまかせ民主主義)の原因となっている。また、現実的に同調の殻の中とか組織文化の中にいることに安心感を求める人々が増えており、外から変化が見られるとしても内からの安心感をより求め、変化というものに対する反発が広がる原因となっている。

　グローバル化した現代においては、一国一地方という狭い領域に閉じこもるのではなく、地球全体で考えられる大きな普遍性に立つという立場選択をした上で、その「大きな普遍性」とは「人類」全体であると理解するならば、まさに「共益的正義」こそ指導理念にふさわしいということになる。[54] つまり、共益の担い手は、広く地球的規模に生活する人類全体であって、その人類全体に益するという理念をいっそう明確にすることこそ重要であって、かつ、死刑制度をめぐる果てしもない論争に解決の光をかざす有益な足がかりになる。この正義の概念は、単に「共生」・「共存」ではなく、人々がどのように広く益する状態を実現するのかというように、普遍性を有する内容をもった正義概念である[55]。

　これらを踏まえて、「共益的正義」に立脚した動態的分析論の可能性について、簡略に整理すると、①類型論(類型化)の方法論は、あまりにも形態を重視したゆえに、方向性や質的変化を等閑視している。②静態的な類型論ではなく、動態的な類型の変動・変遷を理論的に解明することが必要である。③グローバルスタンダード、人権、民主主義の側面からも検討が必要である。④価値(Values)と「共益」を図る正義(ゼロ・サム関係を乗り越えるウィン・ウィン関係)(Communal Justice or Justice for Mutual Prosperity)を考えなければならない。

　ここで、質的要素を加えるという分析方法をとり、とりわけ「共益的正義論」という分析視角から、静態的な類型論ではなく、動態的な類型の変動・変遷を理論的に解明して、我々が進むべき展望を提示することが次の課題であることを確認して、本稿を閉じたい。

（じょん・ゆじょん／青山学院大学法学部非常勤講師）

54　新倉＝鄭・前掲注19論文30〜31頁。

55　新倉＝鄭・前掲注19論文31頁。

欧州人権条約3条と終身刑

田鎖 麻衣子

はじめに

1 終身刑の条約3条適合性①—Kafkaris v. Cyprus

2 終身刑の条約3条適合性②—Vinter and Others v. the
 United Kingdom

3 Vinter判決後の潮流

4 我が国の終身刑導入論への示唆

はじめに

　フランスをはじめとする欧州の刑事法や国際人権法にも通じた新倉修先生
は、死刑に関する論攷のみならず、「フランスにおける終身刑」を著されるな
ど終身刑にも造詣が深い。死刑を廃止した欧州においては、死刑に代わる新た
な「極刑」である終身刑に対し、厳しい目が向けられるようになっている。他
方、日本では、死刑制度を維持したうえで仮釈放の可能性のない拘禁刑すなわ
ち終身刑の導入を求める意見が根強く主張されている。

　言うまでもなく、日本における新たな刑事司法制度の設計は、日本が批准す
る人権条約による制約を免れないが、市民的及び政治的権利に関する国際規約
（以下「自由権規約」という）には、終身刑に直接言及する条文はない。他方で、
自由権規約7条は「何人も、拷問又は残虐な、非人道的な若しくは品位を傷つ
ける取扱い若しくは刑罰を受けない」と規定し、さらに同条は、「自由を奪わ
れたすべての者は、人道的にかつ人間の固有の尊厳を尊重して、取り扱われる」

1　新倉修「フランスにおける終身刑」犯非140号（2004年）81頁。
2　子どもの権利条約は「死刑または釈放の可能性がない終身刑は、18歳未満の者が行った犯罪につ
　いて科さないこと」を規定する（37条）。

(自由権規約10条1項)との規定によって補完される。この自由権規約7条とほぼ同様の文言をもって定められているのが人権及び基本的自由の保護のための条約(欧州人権条約)3条であり、同条が終身刑に対してとる態度は、わが国の終身刑をめぐる議論にも重要な指針となるといってよい。

そこで本稿では、欧州人権条約(以下単に「条約」ともいう)3条のもと、終身刑制度にはどのような問題があると指摘され、いかなる基準に服すべきとされてきたのか、欧州人権裁判所(以下「人権裁判所」)による近年の判例の展開を概観する。そして、これら判例法理に照らしたとき、わが国における終身刑導入の議論にどのような示唆が得られるのかを考えてみたい。

1　終身刑の条約3条適合性①—Kafkaris v. Cyprus

条約3条は、「何人も、拷問又は非人道的な若しくは品位を傷つける取扱い若しくは刑罰を受けない(No one shall be subjected to torture or to inhuman or degrading treatment or punishment)」と定める。自由権規約7条との違いは、「残虐な(cruel)」との文言が含まれていない点のみであるところ、「非人道的な(inhuman)」の文言がこれと同義を表しているため、この文言上の僅かな差異に重要性はないとみなされている[4]。

条約のもとでは、1980年代から主に英国における裁量的終身刑について、最低服役期間経過後の拘禁の継続が、恣意的拘禁を禁じる条約5条4項に適合するか否か問題とされていた。1990年代になり、旧東欧諸国が次々と死刑を廃止し代わりに終身刑を導入し、また既に死刑を廃止していた西欧諸国においても厳罰化傾向が強まると、終身刑が条約3条の禁ずる非人道的な刑罰ではないかが争われるようになった。そうしたなか、終身刑が条約3条に適合するためには、法律上及び事実上「縮減可能(reducible)」であるべきことを明らかにしたのがKafkaris v. Cyprus 判決(2008年)[5]である。

(1)　事案の概要

申立人Kafkaris は、被害者3名に対する予謀殺(premeditated murder)によ

3　自由権規約委員会一般的意見20(44)（7条、拷問、品位を傷つける取扱い）パラグラフ2。

4　Dirk van Zyl Smit 'Taking Life Imprisonment Seriously in National and International Law' (Kluwer Law International, 2002年) 9頁.

5　*Kafkaris v. Cyprus* [GC], no.21906/04, ECHR 2008.

り有罪とされ、終身刑を宣告された。キプロス刑法において、予謀殺に対する刑は必要的に終身刑とされていた。[6] 憲法上、大統領は、終身刑を含めたあらゆる刑について、司法長官の勧告に基づき刑の執行停止、免除ないし減刑を行う権限を有していた。[7] 人権裁判所大法廷は、17名中10名の多数によりキプロスの終身刑は3条に違反しないと判断した。[8]

(2) 多数意見

多数意見による判断の概要は以下のとおりである。

ア 終身刑の条約3条適合性の判断基準

条約3条は、民主社会において最も基本的な価値を規定するものであり、国家は、被拘禁者が人間の尊厳を尊重された状態で、かつ、拘禁に内在する不可避のレベルを超えた苦難に服させられることのないよう確保しなければならない。成人の犯罪者に終身刑を科すことは、それ自体が3条その他の条文により禁じられるものではないが、縮減不可能(irreducible)な終身刑は3条のもとで問題となる。そして、終身刑が縮減不可能といえるか否かは、受刑者に「釈放の見込み(prospect of release)」があるか否かにより判断される。国内法上、終身刑の減刑、免除、打切りや条件付きの釈放を目的とした審査(review)が可能な場合には、3条の要請を充足する。例えば人権裁判所は多くの事案で、終身刑の最低服役期間の経過後、仮釈放のための審査が行われる場合には、釈放の希望が奪われたとはいえない、と判断してきた。最低服役期間の定めがなく、かつ、仮釈放の可能性が限定的な事案においても同様であり、実際問題として終身にわたり服役するかもしれないという事実だけでは、「縮減不可能」とはならない。法律上及び事実上(de jure and de facto)、縮減可能であれば、3条の目的を充たす。

したがって、条約は、仮釈放の権利や刑の免除、打切りのための見直しを受ける権利を一般的に与えるものではないが、3条適合性の評価においては、釈放可能性を検討する制度の存在が、考慮されるべき要素となる。ただし、国家が具体的にどのような制度を選択するかは、制度自体が条約の諸原則に反しない限り、人権裁判所による審査の射程外である。

---

6 1983年の改正以前は、予謀殺に対しては必要的に死刑が科されるものとされていた。*Id*, §33.

7 憲法の規定上は大統領と副大統領が共同で行うものとされているが、副大統領はトルコ系から選出されることとなっていたため、1963年にトルコ系キプロス人が政権から離脱して以降、大統領の権限となっていた。*Id*, §37.

8 もっとも判決は7条違反を認め、申立人への賠償を命じた。*Id*, §§150, 179.

イ　キプロスにおける終身刑の条約3条適合性

人権裁判所はこれまで、欧州評議会加盟国の間で普及する刑事政策領域の基準、とりわけ、刑の見直しと釈放準備に関する基準を顧慮して判断を行ってきた。また、欧州評議会の多くの文書に表れている、長期の拘禁刑とくに終身刑に服する人々の処遇に対する懸念の高まりをも考慮してきた。

キプロスの法律上、終身刑とは、人生の残りの期間、拘禁されることを意味し、また、法律に最低服役期間の定めはなく、良好な行状や勤勉による刑の免除の可能性もない。しかし、憲法53条4項の規定により、大統領は、司法長官の勧告に基づき、終身刑を、服役期間に拘わらずいつの時点においても停止、免除、減刑する恩赦の権限を有し、これに基づき監獄法は、受刑者の条件付釈放を規定する。たしかに、終身刑受刑者は、大統領の裁量の範囲内で司法長官の同意がある場合にのみ釈放可能で、その可能性は限定的である。また、その手続や基準は公表されず、釈放を申請する受刑者に対して司法長官の意見を開示する義務もない。大統領は申請の棄却に際し理由を告知する必要はなく、実際にも告知されない。さらに、申請の棄却は司法審査の対象とならない。しかしながら、キプロスにおいて、終身刑は、法律上及び事実上、縮減可能なことは明らかである。憲法53条4項のもと、1993年には9人、1997年と2005年には各々2人の終身刑受刑者が釈放され、これらの受刑者は、1人を除きすべて必要的終身刑に服していた。加えて終身刑受刑者は、最低服役期間の制約なしに、いつでもこの規定により釈放され得る。したがって、申立人に釈放の見込みがないとはいえない。

申立人は、キプロスに仮釈放委員会制度(a parole board system)がないことを強調するが、釈放の実施方法を含む政策に関する問題は、刑事司法及び刑事政策領域において加盟国が有する権限に属する。現時点では、終身刑、とりわけその審査や刑の修正方法に関して、欧州評議会加盟国の間で明確かつ共通に受け入れられた基準は存在せず、釈放に関する制度や手続についての明らかな傾向も認められない。よって、3条違反は認められない。しかしながら、当裁判所は現行手続の欠陥を意識しており、かつ、近時、改革のため手段がとられていることに留意する。[9]

9　当時、仮釈放資格を得るための必要な最低服役期間の設定、独立の仮釈放委員会の設立、委員会がとる手続および受刑者の権利の詳細についての規定を内容とする監獄法の規定を改正する法案が提出されていた。*Id*, §92.

(3) 少数意見

 以上の多数意見に対しては、17名の裁判官のうち7名が反対し、うち5名が要旨以下のような反対意見を述べた[10]。

ア 3条は条約において根本的な規定であり、"人権及び基本的自由の保護という領域においてますます高度の基準が要請されることに応じ、民主社会の根本的価値の侵害の評価には、必然的に、より断固たる姿勢が求められる"(Selmouni v. France[GC], no.25803/94, ECHR 1999-V.) という当裁判所の明確なメッセージが繰り返されねばならない。

イ 多数意見が述べるように、申立人に科された終身刑に釈放の見込みが全くないかどうか、という点をまず判断することは、重要である。キプロスの制度の下、釈放の見込みは理論上存するが、実際には非常に限られている。たしかに、釈放の見込みが限定的であるとの事実だけでは、3条違反として十分ではない。しかし、限定的であれ、釈放の見込みが「事実上」存在する必要があり、「事実上」とは、真に釈放可能性があることを意味する。本件は、これと明らかに異なっている。

ウ 一般に恩赦は行政権の裁量によるが、恩赦の作用があらゆる種類の宣告刑の見直しや釈放にまで及ぶとなると、恣意性に対する適切なセーフガードがなければ3条の問題が生じる。加盟国による特定の制度の選択は、基本的には当裁判所による監視の射程外だが、無制約というわけではない。多数意見も認めるように、制度改革が見込まれているとはいえ、キプロスの現行制度には多くの欠陥がある。終身刑受刑者は、適用される基準や、申請が棄却される理由を知ることがなく、棄却決定は司法審査に服さない。このように、公正で一貫性があり透明性をもった手続の欠如は、終身刑に本来的に伴う苦悩と不安をさらに増幅させ、実務をとりまく不確実性がさらにこれを悪化させている。

 この点に関して我々は、欧州評議会により勧告されてきた条件付き釈放に関するセーフガードを重視する。それゆえ本件は、当裁判所が終身刑を3条に適合すると判断してきた他の事案——それらの刑事司法制度においては条件付き釈放について多くのセーフガードが伴っていた——とは区別される。

エ 多数意見は、現時点では、終身刑に関し、欧州評議会加盟国の間で明確かつ共通に受け入れられる基準は存在せず、仮釈放に関する制度や手続についても明確な方向性はない、というが、このような評価は、判決が引用する欧州評

---

10 Joint partly dissenting opinion of Judges Tulkens, Cabral Barreto, Fura-Sandström, Spielmann and Jebens. なお、Partly dissenting opinion of Judge Borrego Borrego も参照。

議会の関連文書に適合しない。30年以上にわたり、欧州評議会の閣僚委員会(the Committee of Ministers)および議員総会(the Parliamentary Assembly)は長期刑の問題に関心をもち、加盟国に対し、いまだ条件付釈放制度が整備されていない場合には法律により導入するよう呼びかけてきた。条件付釈放(仮釈放)に関する閣僚委員会勧告2003⑵[11]は、条件付釈放(これは恩赦や、より軽い刑ではなく、刑の執行方法である)が、"再犯を防止し再統合を促進する最も有効で建設的な手段のひとつ"であると認めている。2006年1月11日に閣僚委員会が採択した欧州刑事施設規則(the European Prison Rules)[12]は、この領域における欧州のコンセンサスを反映し、"とくに長期刑受刑者の場合には、自由な社会への漸次的な復帰を確保するために、手段がとられるものとする(107.2)"と言及する。そしてごく最近、2007年11月12日の声明において、欧州評議会の人権コミッショナー(the Council of Europe's Commissioner for Human Rights)は"終身刑の使用には疑問が呈されなければならない"と明言し、仮に、人生の最後まで一貫して釈放が拒絶され続けるのであれば、これは事実上の終身刑となる、と付言した。

　同様の潮流は欧州連合(EU)レベルでもみられる。欧州逮捕状に関する枠組決定(Framework Decision 2002/584/JHA on the European Arrest Warrant and the Surrender Procedures between Member States)[13]は、逮捕及び引渡のため他の加盟国で発せられた司法上の決定の執行について規定するが、重要なのは、その執行が、執行国で定められた一定の条件に服するという点である。すなわち、"欧州逮捕状の発給根拠となる犯罪が、終身にわたる自由刑若しくは保安処分によって処することができるとされる場合には、当該逮捕状の執行は、本人の請求により若しくは少なくとも20年経過したときには、科せられた刑罰若しくは処分の見直しのための規定を発給国の法体系の中に有すること、又は発給国の法若しくは慣行に基づき、刑若しくは処分の執行停止のために本人が恩赦を請求する権利を有することを条件とすることができる"(5条2項)。

　国際刑事司法においても同様のアプローチがみられる。国際刑事裁判所に関

11　Recommendation 2003⑵ of the Committee of Ministers to member states on conditional release (parole).

12　同規則については以下の邦訳がある。吉田敏雄「欧州刑事施設規則(1)」北園論135号（2008年）95頁、同「欧州刑事施設規則（2・完）」北園論136号（2008年）117頁。

13　欧州逮捕状枠組決定の訳は、北村泰三「欧州逮捕状枠組決定（仮訳）」中央ロー8巻3号（2011年）141頁によった。

するローマ規程[14]は、終身刑は、集団殺害犯罪、人道に対する犯罪、戦争犯罪、侵略犯罪で有罪とされた者に対して、"犯罪の極度の重大さ及び当該有罪の判決を受けた者の個別の事情によって正当化されるとき"にのみ科され得る(77条1項(b))とし、減刑のための条件を次のように規定する。"裁判所は、……刑期の3分の2の期間又は終身の拘禁刑の場合には25年間刑に服した時に、減刑をすべきか否かを決定するためにこれらの刑を再審査する"(110条)。

多数意見は、こうした文書に触れつつも、そこから何らの推論も導かず、基本的権利の保護の後退という危険を生じさせているのである。

オ 今日、国際レベルのみならず国内レベルにいても、刑罰は、応報目的のほか受刑者の社会への再統合を奨励するものであるべきことが受け入れられている。ほとんどの国で法律上、終身刑が規定されているが、たいていは刑を見直し、一定期間の後には釈放を認める制度がとられており、多数意見が比較法に言及しないことは遺憾である。イギリス議会における1964年の死刑廃止法案の議論が示すように、通常人が人格を崩壊させず、自立した市民として社会復帰するために耐え得る拘禁期間は、せいぜい9〜10年程度である。当裁判所が繰り返すように、刑の正当な要求に必然的に伴う苦しみを超える苦痛があってはならない。刑の正当な要求のなかに再統合が含まれるということを承認するのであれば、その目的を危険にさらす拘禁期間は、それ自体、非人道的で品位を傷つける取扱いとなり得ないかどうかが問われ得る。

カ よって、キプロスの現行手続のもとでは、申立人に現実の、具体的な釈放の見込みがあると認めることはできず、条約3条の違反があったとみなす。

(4) 小括

多数意見は、終身刑が「縮減可能か否か」という3条適合性の一般的な判断基準を示し、法律上及び事実上、釈放の見込みのない刑は縮減可能性がなく3条に違反すること、縮減可能性の判断にあたっては、釈放可能性を検討する制度の存在が考慮されるべきことを明らかにした。しかし、その基準のあてはめにあたっては縮減可能性を相当幅広く認め、キプロスの終身刑受刑者が大統領による裁量的な恩赦権限の行使によらなければ釈放されず、その可能性が限定的であることを認めつつ、過去の釈放事例の存在を挙げて釈放の見込みがないとはいえないとした。当時のキプロスにおいて、すでに制度改革に向けた具

---

14 和文及び英文のテキスト正文は以下の外務省ホームページに掲載 〈http://www.mofa.go.jp/mofaj/gaiko/treaty/treaty166_1.html〉。

体的な動きが出ていたことが多数意見に作用したと思われるが、いわば妥協的な結論に対しては少数意見から厳しい批判がなされた。そして少数意見と基盤を同じくする議論は、5年後の大法廷判決(Vinter and Others v. the United Kingdom)において多数意見として展開されることとなった。

2 終身刑の条約3条適合性②―Vinter and Others v. the United Kingdom

Vinter and Others v. the United Kingdom (2013)[15]は、終身刑の縮減可能性には、「釈放の見込み」及び終身刑の「審査(review)の可能性」の双方が必要であるとの判断基準を確立し、イングランド及びウェールズにおける終身服役命令の付された終身刑を、16対1で条約3条違反と認定した。

(1) 事案の概要[16]

申立人Vinter、Bamber、Moore は、いずれも複数の謀殺(murder)により英国で終身服役命令(a whole life order)を受け服役中の終身刑受刑者である。

イングランド及びウェールズでは、死刑の廃止後、謀殺に対してはすべて終身刑が科されるが[17]、2003年刑事司法法(Criminal Justice Act 2003)により、判決時に裁判官が、犯罪の重大性を考慮して最低服役期間を定めるものとされている[18]。最低服役期間が経過すると、終身刑受刑者は仮釈放(release on licence)を求めて仮釈放委員会(Parole Board)に申請することができる。しかし、裁判官が、当該犯罪が例外的に極めて重大であると判断した場合には、判決時に「終身服役命令(a whole life order)」を言い渡すことができる[19]。かつては、タリフ(tariff)と呼ばれる最低服役期間を行政職である内務大臣が定めていたが、これは公正な裁判を受ける権利を定める条約6条と合致しないとの司法判断がなされ[20]、内務大臣ではなく裁判官が最低服役期間を決定する制度へと変更された。

---

15 *Vinter and Others v. the United Kingdom* [GC], nos. 66069/09, 130/10 and 3896/10, ECHR 2013-III.

16 事案については拙稿「欧州人権裁判所、英国の終身刑を欧州人権条約違反と判断」、CPR Newsletter No. 76 (2013年) 5頁をもとに修正を加えている。なお、英国の終身刑制度については、吉開多一「英国の無期刑(1)(2)」國士舘49号 (2016年)、50号 (2017年) を参照。

17 Section 1(1) of the Murder (Abolition of the Death Penalty) Act 1965.

18 Schedule 21 to the Criminal Justice Act 2003.

19 ただし、犯行時に21歳以上であった場合に限られる。*Vinter*, §36.

20 *Anderson v. the Secretary of State for the Home Department* [2003] 1 AC 837.

しかし、変更前の制度では、終身タリフが決定された場合であっても、服役から25年が経過すると、なお終身タリフが正当化され得るか否かを内務大臣が判断していたところ、制度変更の際、25年服役後の終身服役命令の見直しは制度化されなかった。[21]

終身服役命令を受けると、所管の国務大臣の裁量による以外には仮釈放が許されない。この裁量権行使は、1997年犯罪（量刑）法(Crime (Sentences) Act 1997)30条により「同情すべき理由(compassionate grounds)」に基づく釈放を正当化する「例外的な事情」がある場合に限られており、その基準は行刑庁令(the Prison Service Order)に定められ、不治の病で間近に死が予想される場合や寝たきり状態若しくはそれに類似した状態にあることのほか、再犯の恐れが極めて少なく、拘禁の継続により死期が早まると考えられ、刑事施設外で適切な治療を行える用意があり、釈放によって受刑者ないしその家族が多大な恩恵を受ける、という要件がすべて充たされる必要がある。[22]イングランド及びウェールズでは2011年4月28日現在、謀殺罪による終身刑受刑者は4,900人であり、2013年7月のVinter判決時点では41人が終身服役命令を受けていたが、2000年以降、終身服役命令の受刑者が上記要件を充たして釈放された例はなかった。

申立人らは、終身服役命令による終身刑は縮減不可能な刑であり、3条に違反すると主張した。

(2) 終身刑受刑者の「釈放の見込み」と「審査の可能性」

判決は、まずKafkaris判決の示した基準を確認したうえで、Kafkaris判決においては、3条適合性の評価において釈放可能性を検討する制度の存在が、「考慮されるべき要素となる」とした点をさらに進め、「釈放の見込み」に加えて、「審査の可能性」が必要であるとした。

すなわち、受刑者は、罰、抑止、公共の保護及び更生といった正当な刑罰上の根拠なくして拘禁され得ないことは自明であるところ、こうした根拠は受刑の過程で変化し得るものである。ある適切な時点で、拘禁の継続が正当化されるか否かを審査することにより初めて、これらの要素やその変化が適切に評価

21　なお、制度変更に際して、2003年法の施行前に内務大臣がタリフを定めた終身刑受刑者は，そのタリフの見直しを高等法院に求めることが認められ，その場合，高等法院は最低服役期間を定めても，あるいは終身服役命令を出してもよいものとされた。*Vinter*, §40.

22　Prison Service Order 4700 chapter 12.

され得る。さらに、終身刑受刑者が「釈放の見込み」及び「審査の可能性」なしに拘禁されれば、科刑当時には適切な刑罰も、年月の経過と共に、正当性や均衡の面で問題を生じる可能性がある。

さらに、ドイツ連邦最高裁判所が述べたように、国家が、最低限、いつの日か自由を回復するチャンスすら提供しないまま人から強制的に自由を奪うことは、人間の尊厳に関する規定と整合しない。人間の尊厳を中心に掲げるいかなる社会においても、刑務所当局は終身刑受刑者の社会復帰に向け努力する義務を負い、かつ、社会復帰は憲法上要請される。人間の尊厳の尊重を最も重要な要素とする欧州人権条約制度のもとでも、同様の考慮がなされねばならない。現に、終身刑受刑者を含め、あらゆる受刑者は更生すれば釈放の可能性を与えられるという原則は、以下のとおり、欧州地域の法および国際法によっても明確に支持される。

ア　欧州においては、人権裁判所の先例において、拘禁の有する社会復帰目的が強調されている。[23]

また、欧州評議会の法律文書の中でも特に欧州刑事施設規則では、すべての拘禁は自由を奪われた者の自由社会への再統合を促進するべく運営されるべきこと（規則6）、刑務所の体制は受刑者が責任をもち、かつ、犯罪のない生活を送ることができるように設計されるべきこと（規則102.1）、受刑者には個人別受刑計画が策定され、その中には釈放に向けた準備が含まれるべきであり、こうした受刑計画は終身刑受刑者にも提供されるべきこと（規則103）が表明されている。

さらに関連する欧州評議会の文書として、長期刑受刑者の処遇に関する閣僚委員会決議76(2)[24]は、終身刑受刑者を含むすべての受刑者は、仮釈放の判断のために可能な限り早期に審査されるべきこと、終身刑受刑者の審査は拘禁開始から8年ないし14年後には行われ、その後も定期的になされるべきことを勧告する。刑務所当局による終身刑及びその他の長期刑受刑者の管理に関する閣僚委員会勧告2003(23)[25]は、終身刑受刑者が建設的な釈放準備の利益を享受すべきことを強調し、仮釈放の可能性が認められることを明言する。条件付釈放（仮

23　例として *Dickson v. the United Kingdom* [GC], no. 44362/04, § 75, ECHR 2007-V; 及び *Boulois v. Luxembourg* [GC], no. 37575/04, § 83, ECHR 2012を挙げる。

24　Resolution (76)2 on the treatment of long-term prisoners, adopted by the Committee of Ministers of the Council of Europe on 17 February 1976.

25　Recommendation 2003(23) of the Committee of Ministers to member states on the management by prison administrations of life sentence and other long-term prisoners.

釈放）に関する閣僚委員会勧告2003⒇もまた、終身刑受刑者は釈放の望みを奪われてはならないことを明らかにする。そして、ヨーロッパ拷問防止委員会（European Committee for the Prevention of Torture and Inhuman or Degrading Treatment or Punishment (CPT)）も同様の見解を表明し、直近ではスイスに関する報告書[26]において、釈放の現実的可能性がない終身刑は非人道的であり、終身(for life)の拘禁という概念を見直すよう勧告した。

イ　終身刑受刑者の社会復帰とその最終的な釈放可能性への取組みは、人権条約締約国の実務にも現れている。ドイツ連邦憲法裁判所の判例[27]及びイタリア憲法裁判所の判例[28]では、終身刑受刑者の社会復帰の可能性が明らかにされている。また、多くの欧州評議会加盟国において終身刑は存在せず[29]、終身刑が科され得る場合であっても、法定の最低期間の服役後に刑を見直すためのメカニズムが存在し、通常は25年間の拘禁後に刑の見直しを保障する制度が整えられている[30]。

ウ　同様の取組みは、より広い国際法分野でもみられる。国連の被拘禁者処遇最低基準規則[31]は、犯罪者の社会復帰を確実にすべくあらゆる資源を利用するよう刑務所当局に求めている[32]。自由権規約10条3項は、行刑の制度の基本的な目的は被拘禁者の矯正及び社会復帰であると規定し、10条に関する自由権

26　CPT/Inf (2012) 26.

27　1977年6月21日判決（45 BVerfGE 187）、1986年4月24日判決（72 BVerfGE 105）、2010年1月16日判決（BVerfG, 2 BvR 2299/09）。

28　1974年6月27日判決（204/1974）、1976年7月14日判決（192/1976）。

29　アンドラ、ボスニア・ヘルツェゴヴィナ、クロアチア、モンテネグロ、ノルウェー、ポルトガル、サンマリノ、セルビア、スペインの9カ国（パラグラフ68）。

30　こうしたシステムは32カ国にみられ、最低服役期間は以下のとおり：アルバニア（25年）、アルメニア（20年）、オーストリア（15年）、アゼルバイジャン（25年）、ベルギー（19年。ただし累犯者の場合19年ないし23年に延長）、ブルガリア（20年）、キプロス（12年）、チェコ（20年）、デンマーク（12年）、エストニア（30年）、フィンランド（12年）、フランス（通常18年、但し一定の謀殺は30年）、ジョージア（25年）、ドイツ（15年）、ギリシャ（20年）、ハンガリー（裁判所が別異の決定をしない限り20年）、アイルランド（一定の謀殺を除き初回の仮釈放審査は7年後）、イタリア（26年）、ラトヴィア（25年）リヒテンシュタイン（15年）、ルクセンブルク（15年）、モルドバ（30年）、モナコ（15年）、ポーランド（25年）、ルーマニア（20年）、ロシア（25年）、スロヴァキア（25年）、スロヴェニア（25年）、スウェーデン（10年）、スイス（15年。10年に短縮可能）、マケドニア（15年）、トルコ（24年、加重類型には30年ないし36年）（パラグラフ117、68）。

31　Standard Minimum Rules for the Treatment of Prisoners (Adopted by the First United Nations Congress on the Prevention of Crime and the Treatment of Offenders, held at Geneva in 1955, and approved by the Economic and Social Council by its resolutions 663 C (XXIV) of 31 July 1957 and 2076 (LXII) of 13 May 1977)。なお同規則は2015年に改訂された（ネルソン・マンデラ・ルールズ）〈http://www.ohchr.org/Documents/ProfessionalInterest/NelsonMandelaRules.pdf#search=%27standard+minimum+rules+for+treatment+of+prisoners+ohchr+revised%27〉。

32　（改訂前の）規則58－61、65、66。

規約委員会の一般的意見も、刑務所制度は単に応報的なものであってはならないとして同趣旨を強調する。[33]

　そして最後に重要な文書として、欧州評議会加盟国のほとんどが加入する国際刑事裁判所に関するローマ規程とその関連規則が挙げられる。同規程において最高刑は裁量的に科され得る「終身の拘禁刑」[34]であるが、裁判所は、25年の服役後、減刑をすべきか否かを決定するために再審査を行い[35]、最初の審査において減刑が不適当とされても(長くとも)3年ごとに再審査が要求される[36]。

(3)　判断基準

　以上を踏まえて法廷意見は、終身刑が3条に適合するためには、受刑者の変化が顕著で、そうした社会復帰に向けた進歩が受刑の過程でなされ、適法な刑罰という根拠によっては拘禁の継続がもはや正当化されないか否かを国内機関において考慮できる審査が存在する、という意味において、縮減可能性を要求する、と結論付けた。そして、人権裁判所は、このような審査がなされる形態や時期について決定する立場にはないとしつつも、比較法・国際法によれば、科刑から25年以内の審査と、その後の定期的審査を保障する専門の仕組みが支持されるとした[37]。

　また、国内法が終身刑の審査の仕組みや可能性を全く備えていない場合、終身刑受刑者が3条違反の主張をするためには服役期間の経過を待たねばならないとすることは、法の明確性にも、条約34条の規定する被害者の地位に関する一般原則にも反する。さらに、更生を基礎に釈放が考慮されるメカニズムが導入されるかどうかもわからない状態では、終身刑受刑者が更生に向け努力するとは想定できず、終身刑受刑者は、釈放につき検討してもらうためにはどのような条件(いつ審査が行われるか、ないし、審査を求めることができるのか、を含め)のもとで、何をしなければならないかを、受刑当初から知る資格がある。したがって、国内法が終身刑の審査の仕組みや可能性を全く備えていない場合には、終身刑の科刑時点において既に3条違反の問題が生じる、とした[38]。

33　一般的意見21(44)(10条、被収容者に対する適切な処遇)。
34　同規程77条1項。
35　同規程110条3項。
36　同規程110条5項、手続及び証拠に関する規則224条。
37　パラグラフ120.
38　パラグラフ122.

欧州人権条約3条と終身刑　393

⑷ イングランド及びウェールズにおける終身服役命令付終身刑の3条適合性

上記判断基準を定立したうえで人権裁判所は、申立人らが服する終身服役命令の付された終身刑について、以下のように3条違反を認定した。

ア 1997年犯罪(量刑)法30条は、国務大臣に対して終身刑受刑者を含む受刑者の釈放権限を与えるが、同時に国務大臣には、1998年人権法(Human Rights Act 1998)により欧州人権条約に適合する行動が義務付けられている。したがって、同条は、終身刑受刑者の拘禁継続が3条に適合しなくなったことが示される場合、国務大臣に権限を行使して終身刑受刑者を釈放する義務を課している、と解釈することも可能ではある。実際、英国の控訴院はR v. Bieber[39]、R v. Oakes and Others[40] 判決においてこのように解釈しており、これは基本的にはKafkaris 判決に適合する。

イ しかし、Bieber 判決にも拘わらず、国務大臣はその権限行使に関する方針を変えず、行刑庁令の定める条件は従前どおり実施され続けている。これは極めて制限的であり、釈放が単に塀の外で死ぬことを意味するにすぎないのであれば、Kafkaris のいう「釈放の見込み」ではない。

ウ さらに、行刑庁令は、行刑当局のみならず受刑者に対しても向けられたものであるが、1998年人権法や条約3条による効果(とりわけ、終身服役命令を受けた受刑者であっても釈放を求め得ること)については何も説明していない。

エ 現状において終身服役命令を受けた受刑者に適用される国内法の不明確さを考えると、申立人らが、拘禁継続はもはや正当化されず条約3条に違反することを示そうとする場合に、1997年犯罪(量刑)法30条が、申立人らに対して適切かつ十分な救済を提供しているとは認められない。もっとも、釈放を拒絶する行政判断が司法審査に服する過程で、国内法が明確化される可能性はあるが、現在の明確性の欠如を治癒するには十分でない。

オ 条約3条に適合するように控訴院が解釈した場合の犯罪(量刑)法30条の幅広い文言と、行刑庁令が示す厳格な条件との相違、および、終身服役命令の見直しに特化したメカニズムが存在しないことに照らすと、現時点では、申立人らの終身刑を縮減可能とみなすことはできない。よってこの点において条約3条の要請は、いずれの申立人についても満たされない。[41]

39　[2008] EWCA Crim 1601.

40　[2012] EWCA Crim 2435.

41　ただ一人Villiger 判事（リヒテンシュタイン）は反対意見を述べたが、それは条約3条違反の問題が科刑の時点で生じるとの点に対してであり、3条が前記のような審査の仕組を要請する点については異論を唱えていない。同判事は、欧州人権裁判所の判例においては、3条違反の問題が

⑸　小括

　Vinter 判決は、欧州評議会の諸文書、国際刑事裁判所に関するローマ規程を含む国際法分野、さらには各締約国の国内判例や法の規定をも参照したうえで、条約3条のもとで終身刑が縮減可能であるためには、「釈放の見込み」に加え、「審査の可能性」が必要であると明言した。Kafkaris 判決の少数意見は、多数意見が上記各文書に触れつつも、そこから何らの推論も導いていないと批判したが、その問題意識を全面的に共有した結果といえる。

　しかも、ここで必要とされる「審査」とは、「終身刑受刑者の変化が顕著で、そうした社会復帰に向けた進歩が受刑の過程でなされ、適法な刑罰という理由によっては拘禁の継続がもはや正当化されないか否かを国内機関において考慮できる審査」の仕組みであり、かつ、こうした審査の仕組みは終身刑の科刑時点で必要であり、終身刑受刑者は、釈放を考慮されるためにはいかなる条件下で何をなすべきかについて、受刑開始当初から知る資格がある、とされた。Vinter 判決自身は明言しなかったが、この要請を充たすためには、国家は受刑者に対し、釈放を考慮されるために必要な条件を明確化し、かつ、その前提として、受刑者が条件を満たし得る機会を提供する必要があることを意味する。実際、Vinter 判決の1年後、人権裁判所の小法廷は Harakchiev and Tolumov v. Bulgaria [42] 判決において、3条は、国家が終身刑受刑者に、たとえ遠い将来であってもいつの日か再び自由を得るチャンスを与えるよう求めているとし、こうしたチャンスが本物でかつ具体的なものとなるよう、国家は終身刑受刑者が更生するための現実の機会を提供しなければならないとした。

　国家がこのような機会を提供しない場合、仮に審査の仕組みが法的に存在し、法律上の縮減可能性は肯定されるとしても、事実上の縮減可能を否定する方向へと結論を導く。この点を明らかにしたのが、Murray v. the Netherlands 事件 [43] の大法廷判決(2016年)である。すなわち、精神障害のある終身刑受刑者が再犯の危険を理由に、恩赦の申請あるいは終身刑の定期的審査

生じるか否かは当該具体的事件におけるすべての事情によること、3条は "非人道的"、"品位を傷つける"、"拷問" という異なる基準を含んでおり、"非人道的" といえるため最低限度の深刻さが必要であること、こうした最低限度の評価は相対的なものであることが確認されてきたのであり、判示のような分析手法は、こうした基準と適合しないとしたうえで、Vinter の服役期間は約5年、Moore は約17年にとどまること、Bamber は約27年であるが複数の謀殺を犯したことを考えれば拘禁の正当化根拠がいまだ揺らいではいないとして、3条違反は認められないとした。

42　*Harakchiev and Tolumov v. Bulgaria*, nos. 15018/11 and 61199/12, ECHR 2014.

43　*Murray v. the Netherlands*, [GC] no. 10511/10, ECHR 2016.

において釈放を拒否され続ける一方、精神障害に対するアセスメントや治療は提供されなかった事案において、更生可能性を提供することは政府の義務であり、申立人にとっての治療は、更生に向けて進歩し、再犯の可能性を減少させるための前提条件であったのであるから、申立人の終身刑は事実上縮減不可能であったとして3条違反を認めた。

3　Vinter判決後の潮流

⑴　Vinter基準による救済対象の拡大

　Vinter判決の基準によって、終身刑制度が3条違反と判断される余地は大きく広がった。たとえば、László Magyar v. Hungary[44](2014年)判決の事案では、申立人には仮釈放の資格のない終身刑(whole life sentence)が科されていた。この終身刑は、大統領による恩赦(司法大臣による副署を要する)以外に釈放可能性がなく、恩赦の申請がなされた場合、第一審裁判所は、申請人に関し恩赦の判断に必要な情報を収集し、申請とともに事件記録を司法大臣に送付する。これを受けた司法大臣はさらに申請を大統領に送付するが、申立人に関する情報の収集及び申請の評価にあたって考慮されるべき基準や条件については、法律上なんら具体的に示されていなかった。また、大統領・司法大臣のいずれも、申請に関する決定について理由を付する義務を負わなかった。そして1999年の制度導入から、終身刑受刑者に対して恩赦が認められた事例はなかった。人権裁判所の小法廷はVinter判決の基準に則り、このような制度のもとでは、受刑者は、釈放のためにいかなる条件のもとで何を行うべきかを知ることができず、受刑者が社会復帰に向けていかに変化や進歩を遂げても、これを当局が適切に考慮することを保障するものではないとして、このような終身刑は縮減可能とはいえず、3条に違反するとした。[45]

　またVinter判決の基準は、終身刑を科される可能性がある国への犯罪人の引渡し行為自体が3条違反となるのか否かの判断にも影響を与えた。犯罪人引渡しと条約3条の関係については、死刑適用可能性のある国(とくにアメリカ

44　*László Magyar v. Hungary*, no. 73593/10, §57, 20 May 2014.

45　3条違反に関しては7人の裁判官全員一致の意見である。なお、その後、ハンガリーでは終身刑の審査について新たな法が制定され、40年の服役後に初めて恩赦のための審査が行われる仕組みが導入された。しかし欧州人権裁判所は、改革後の制度についても、40年間はあまりにも長すぎ、その他にも十分なセーフガードがないとして、3条違反とした (*T.P. and A.T. v. Hungary*, nos. 37871/14 and 73986/14, ECHR 2016)。

合衆国)への引渡しが早くから問題とされてきたが、近年は終身刑の適用可能[46]のある国への引渡しが3条に違反するか否かが争われるようになり、ついにTrabelsi v. Belgium 判決[47]は3条違反を認定した。すなわち、申立人(チュニジア国籍)は、陸軍基地の爆破未遂やテロ攻撃の共謀、武器の不法所持等の罪によりベルギーの刑務所で受刑中であったところ、2008年、アメリカ合衆国からベルギーに対して申立人の引渡しが要請された。申立人は、引渡しにより縮減不可能な終身刑を受ける可能性を含む条約3条違反を主張したが、2013年、アメリカに引き渡された。人権裁判所小法廷は、アメリカの連邦法によれば、終身刑を科された場合には仮釈放の可能性はなく、大統領恩赦のほかは、受刑者が自らの事件の捜査及び第三者に対する訴追に重要な貢献をした場合、及び、説得力のある人道上の理由がある場合に減刑が可能とされることを確認した。そのうえで、このような制度はKafkaris 判決が意味するところの「釈放の見込み」を示すものではあるが、終身刑が科される時点で、受刑者が正確に認識できる客観的で予め確立された基準に基づき、拘禁の継続がもはや適法な刑罰という理由によっては正当化されない程度にまで受刑者が変化し進歩したか否かを確認できる審査のメカニズムが存在する必要があるというVinter 判決の要請は充たさない、として3条違反を認定した。

(2) Hutchinson v. the United Kingdom判決とその影響

こうしてVinter 判決は、終身刑の在り方に大きなインパクトを与えた。もっとも、その後もイングランド及びウェールズでは、終身服役命令を付された受刑者が釈放されることもなければ、行刑庁令の改訂もなく、実務上の変化がまったくないまま1年半近くが経過した。そうしたなか、2015年12月、人権裁判所小法廷が、Hutchinson v. the United Kingdom 事件において3条違反の主張を退けたこと[48]は、衝撃をもって受け止められた。その後、事件は大法廷に回付されたが、2017年1月、大法廷判決もまた、17名中14名の裁判官による多数意見で3条違反はないと結論付けた[49]。その柱は、Vinter 判決後に

---

46 そのリーディングケースは*Soering v. the United Kingdom*, 7 July 1989, § 88, Series A no. 161. なお、犯罪人引渡と死刑の問題については、北村泰三『国際人権と刑事拘禁』(日本評論社、1996年) 305頁以下を参照。

47 *Trabelsi v. Belgium*, no. 140/10, ECHR 2014.

48 *Hutchinson v. the United Kingdom*, no.57592/08, ECHR 2015.

49 *Hutchinson v. the United Kingdom* [GC], no.57592/08, ECHR 2017.

出された英国内の控訴院判決[50]により、例外的な「同情すべき理由」に基づく大臣の釈放権限の行使は、3条に適合的に、社会復帰に向けた受刑者の顕著な進歩を考慮してなすべきことが確認され、よってVinter判決の指摘した法的な不明確性は解消された、というものである。これは、少数意見から厳しく批判され、とくにPinto de Albuquerque裁判官は、控訴院判決に3条適合性の根拠を見出すことはできず、多数意見は欧州における人権保障システムを揺るがすと指弾した[51]。判決の背後に、人権裁判所への反発を強める英国への配慮[52]があったという疑いは、払しょくできない[53]。

だが、ここで留意すべきは、Hutchinson判決自身が、Vinter判決が定立した基準を何ら変更してはいない、という点である。Hutchinson判決後も、Vinter判決による基準を適用したうえで、リトアニア[54]およびウクライナ[55]の終身刑制度につき3条違反を認定する小法廷判決が続いている。終身刑の3条適合性をめぐっては、イタリアやオランダなどの主要国の事案を含めて申立てが係属中であり[56]、今後の判断を注視する必要がある。

4 我が国の終身刑導入論への示唆

我が国では、2000年代に入ってからの一時期、死刑と無期刑との間の中間刑としての終身刑を導入すべきという国内議論が超党派の国会議員による法律案作成という形で活発化した。そこで提案される「終身刑」「重無期刑」とは、名称の如何を問わず、恩赦によって無期刑に減刑されない限り、仮釈放の可能性が生じないというものであり、一般的に、「仮釈放のない終身刑」という場

---

50 *R v. McLoughlin*, *R v. Newell*, [2014] EWCA Crim 188.

51 Dissenting Opinion of Judge Pinto de Albuquerque.

52 たとえば、ブライス・ディクソン（北村泰三訳）「欧州人権条約と英国最高裁判所」比雑48巻2号（2014年）16頁参照。

53 本件が仮に英国限りの判断であればダブルスタンダードであり、否としても締約国による幅広い解釈を認め人権裁判所の基準を弛緩させるとの指摘もある。Kanstantsin Dzehtsiarou, 'Is there hope for the right to hope?' (Guest Post on Grand Chamber Judgment in Hutchinson (2017)), available at ⟨https://echrblog.blogspot.com/2017/01/guest-post-on-grand-chamber-judgment-in.html⟩.

54 *Matiošaitis and Others v. Lithuania*, nos. 22662/13, 51059/13, 58823/13, 59692/13, 59700/13, 60115/13, 69425/13 and 72824/13, ECHR 2017.

55 *Petukhov v. Ukraine (No. 2)*, no. 41216/13, ECHR 2019.

56 これらの事案を含め、Kafkaris判決以降の主要な事件の情報（概要）については欧州人権裁判所プレスユニットにより公表されている⟨http://www.echr.coe.int/Documents/FS_Life_sentences_ENG.pdf⟩。

57 死刑廃止を推進する議員連盟による「重無期刑の創設及び死刑制度調査会の設置等に関する法律

合、恩赦による無期刑への減刑が釈放への唯一の途である刑罰を指している。人権裁判所による基準を参照したとき、このような刑罰はどう評価されるものであろうか。

　我が国の恩赦法は、恩赦の基準を何ら規定しておらず、恩赦法施行規則は、刑事施設に収容されている者から特赦、減刑又は刑の執行の免除の出願があった場合、刑事施設の長は、意見を付して中央更生保護審査会に上申をすることとし（1条の2）、上申書に添付しなければならない書類として、①判決の謄本又は抄本、②刑期計算書、③犯罪の情状、本人の性行、受刑中の行状、将来の生計その他参考となるべき事項に関する調査書類を規定する（2条）のみで、これらの資料がどのような基準により、どう判断されるのかを明らかにしていない。また恩赦は、中央更生保護審査会の申出があった者に対して（恩赦法12条）、内閣が決定するものであるところ（憲法73条7号）、恩赦法施行規則10条は、「中央更生保護審査会は、特赦、減刑、刑の執行の免除又は復権の上申が理由のないときは、上申をした者にその旨を通知しなければならない」（1項）、「前項の通知を受けた者は、出願者にその旨を通知しなければならない」（2項）とするのみで、出願者本人に理由を通知することは義務付けられず、実際にも通知されない。こうした現行恩赦制度が、"終身刑が科される時点で、受刑者が正確に認識できる客観的で予め確立された基準に基づき、拘禁の継続がもはや適法な刑罰という理由によっては正当化されない程度にまで受刑者が変化し進歩したか否かを確認できる審査のメカニズム"といえないことは明らかである。恩赦制度の存在は、法律上の縮減可能性を意味しない。なお、国会議員による提案では、重無期受刑者は刑の言渡しから15年経過後に恩赦の出願を可能としていた。[58]

　また、無期刑受刑者に対する恩赦の運用をみると、無期刑仮釈放者に対する刑の執行の免除を除き、1998（平成10）年から2007（平成19）年までの間に無期刑受刑者に対して中央更生保護審査会が恩赦（特赦、減刑又は刑の執行の免除）を相当とした事例はなく、全15件が不相当とされている。[59]その後2017年までの統計をみても、恩赦が相当とされた事案はいずれも刑の執行の免除と復権

案」（2003年）および「重無期刑の創設及び第一審における死刑に処する裁判の評決の特例に係る刑法等の一部を改正する法律案」（2008年）、量刑制度を考える超党派の会による「刑法等の一部を改正する法律案（終身刑導入関係）」（2008年）。

58　「重無期刑の創設及び死刑制度調査会の設置等に関する法律案」10条。

59　量刑制度を考える超党派の会事務局作成「終身刑の創設のための刑法等の一部を改正する法律案（仮称）基本想定問答（案）」掲載の「無期刑受刑者・仮釈放者の恩赦の状況（平成10年〜平成19年）」による。

のみであり、服役中の無期刑受刑者に対して恩赦がなされたことは伺われない[60]。こうした運用実態からは恩赦による事実上の縮減可能性も否定される。

　さらに、現行仮釈放制度の運用と併せ考えたとき、これらは人権裁判所の基準による「釈放の見込み」の欠如を意味するに留まらない。無期刑受刑者については刑の執行開始から30年を経て仮釈放審理を行う運用が定着する状況[61]では、仮に恩赦の上申が刑の言い渡しから15年間できないとすると、45年超を経過しなければ仮釈放審理すら受けられないことにもなりかねない[62]。また仮釈放の基準は、「悔悟の情及び改善更生の意欲があり、再び犯罪をするおそれがなく、かつ、保護観察に付することが改善更生のために相当であると認めるときにするものとする。ただし、社会の感情がこれを是認すると認められないときは、この限りでない」と定められる[63]。この基準自体は欧州人権裁判所の判例に照らして不明確とはいえないとしても、これらの基準を充たそうとする無期刑受刑者に対し、そのための「現実の機会」が提供されているであろうか。少なくとも、無期刑受刑者に特化した標準プログラムが存在しないうえ、どの時点でプログラムを実施するかも施設長の裁量による[64]という現状では、「現実の機会」を提供しているとは言い難い(むろん人権裁判所が要求するのは「機会の提供」であり「処遇の強制」ではない)。こう考えると、終身刑受刑者の釈放の見込みは絶無といっても過言ではない。

　釈放の希望のない刑罰は、「人間の固有の尊厳を尊重」(自由権規約10条1項)することとは相いれない。どれほど拘禁状況(処遇)を改善したとしても、釈放の見込みがなければ、それ自体が非人道的であるとの明確な思想に基づき、終身刑の人権条約3条適合性に関する判例法は発展してきた。もっともその発展は、死刑のない状況でこそ可能であったとの指摘はあろう。しかしここで、欧

60　保護統計「上申庁別常時恩赦の受理及び処理人員」による。なお、無期刑の場合は仮釈放とその後の刑の執行の免除で対応するので減刑が考慮されにくい、との指摘もあり得る。しかし、過去10年間で刑名・刑期を問わず常時恩赦としての減刑が1件もないという事実は重い。

61　「無期刑受刑者に係る仮釈放審理に関する事務の運用について」(平成21年3月6日法務省保観第134号保護局長通達) は、刑の執行開始日から30年が経過した日から1年以内に職権により審理を開始するものとするが、法務省保護局「無期刑の執行状況及び無期刑受刑者に係る仮釈放の運用状況について」(平成29年11月) によれば、平成23 (2011) 年から28 (2016) 年までに仮釈放審理を受けた無期刑受刑者156名のうち、判断時の在所期間が30年未満であった者は10名 (うち仮釈放許可は3名でいずれも29年超)、全員が年齢60歳代以上であった。

62　もっとも、無期刑が有期刑に減刑されたときは無期刑確定の日から刑期が起算され (団藤重光編『法律実務講座　刑事編(12)』(有斐閣、1957年) 2876頁[朝倉京一])、重無期刑も同様となる可能性もある。

63　「犯罪をした者及び非行のある少年に対する社会内における処遇に関する規則」(平成20年法務省令28号) 28条。

64　岡上雅美「終身刑」刑法52巻3号 (2013年) 523頁。

400

州全域において死刑廃止を推し進めた原動力もまた、人間の尊厳の尊重であったことを忘れてはならない。欧州評議会は、「人権は普遍的で不可侵のものであり、すべての社会が同意した理想に由来する。すなわち、人間の尊厳や人間の生命の神聖さといった理想である」としたうえで、「生命権と、拷問及び非人道的若しくは品位を傷つける取扱いまたは刑罰を受けない権利は、国際的及びヨーロッパの法的文書によって保障された基本的な基準である。……これらの基準は西欧に固有の考えではない」と説く。[65]欧州の経験は、死刑との関係において終身刑を議論する際、しばしば抜け落ちる重要な視点を、我々に提供してくれる。

(たぐさり・まいこ／一橋大学大学院法学研究科非常勤講師、弁護士・第二東京弁護士会)

---

[65] 欧州評議会人権理事会(村岡啓一訳)「死は正義ではない」(2001年)。邦語訳は下記に掲載〈https://www.nichibenren.or.jp/library/ja/committee/list/shikeimondai/data/deathpen.pdf〉。

犯罪をした人が「立ち直りやすい地域」をめぐる試論

高橋有紀

はじめに
1　更生保護施策における「地域」と社会政策
2　犯罪をした人の立ち直りにとっての「地域」
結びに代えて

はじめに

　犯罪や非行をした人（以下、「犯罪をした人」と表記）の大半は、やがて私たちの暮らす「地域」に戻ってくる。更生保護に関する種々の広報・啓発活動や施策ではそんな言葉を頻繁に目にする。日本の法律上、死刑以外のすべての自由刑や身柄拘束を伴う処分では、仮あるいは満期での出所・出院が想定されている以上、その言葉は至極、当たり前のことを言っているに過ぎない。とは言え、このことは多くの市民には簡単に受け入れられず、時に、更生保護施設の建設に対する大規模な反対運動すら巻き起こる。そして、それゆえに「地域」の人々の理解や協力を得ることの必要性は更生保護に関する施策において、今日、盛んに強調される。「立ち直りを支える家庭や地域をつくる。そのためには、一部の人たちだけでなく、地域のすべての人たちがそれぞれの立場で関わっていく必要があります」というのである。

　そして、こうした発想は近時の社会政策全般に見られるものでもある。社会保障・社会福祉の分野においては近時、厚労省が「『我が事・丸ごと』地域共

1　法務省ウェブサイト「第68回“社会を明るくする運動”——犯罪や非行を防止し、立ち直りを支える地域のチカラ」〈http://www.moj.go.jp/hogo1/kouseihogoshinkou/hogo_hogo06.html〉（最終閲覧日2018年7月31日）。

生社会」の名の下に、介護、子育て、高齢、障害、難病等の困難を抱える人々を「地域」で支えることが強調されている。確かに、犯罪をした人に限らず、あらゆる困難を抱える人々にとって、「地域」が「生活の本拠」[2]であることは間違いない。とは言え、何らかの困難を抱え暮らす人々はそれぞれに「地域」に何を求めているのであろうか。また、「地域」がどのような場所であれば、彼らはその地で自分らしく生きていけるのであろうか。実はこうしたことは、更生保護に関する施策においても、「『我が事・丸ごと』地域共生社会」の「改革工程」においてもほとんど言及されない。殊に、更生保護においては、あくまで「地域」の中で、犯罪をした人に偏見や不安の念を抱きがちな人々に更生保護を理解させるための方策に議論が偏りがちである。しかし、犯罪をした人一人ひとりが主体的に自分の人生を生きる先に、彼らの立ち直りとその反射的利益としての再犯減少があると考えると、彼ら自身が立ち直りやすいと感じるであろう「地域」とはどのような場所であるかに目を向ける必要性は高い。

　本稿は、そうした問題意識の下に、犯罪をした人にとって「立ち直りやすい地域」とはどのような場所であるのかを考察した試論である。以下、「1」では、「地域」を強調する近時の更生保護に関する種々の報告書や事例とともに、上述の「『我が事・丸ごと』地域共生社会」における議論を整理し、それらの問題点を指摘する。「2」では、犯罪をした人の立ち直りに重要であると思われる要素について、これまでどのような議論がなされてきたのかを中心に検討する。また、その中で、岡檀によって「生き心地の良い町」と紹介された、いわゆる「自殺希少地域」である徳島県の海部町(現在の海陽町の一部)に関する議論を検討し、「生き心地の良い町」は犯罪をした人にとって「立ち直りやすい町」なのかについても論じる。これらを通して、犯罪をした人にとって「立ち直りやすい地域」とはどのような場所であるのかについて、私見を示したい。

1　更生保護施策における「地域」と社会政策

(1)　近時の更生保護における「地域」の強調

　明治時代の民間の篤志家や宗教家による自発的な「出獄人保護」の取組みに由来する日本の更生保護は戦後も長く、保護司や更生保護法人(更生保護会)といった「地域」における市井の人々の厚意に支えられてきた。そして、その下

2　厚生労働省「我が事・丸ごと」地域共生社会実現本部『地域共生社会』の実現に向けて（当面の改革工程）」（2017年）2頁。

犯罪をした人が「立ち直りやすい地域」をめぐる試論　403

では「地域性」「民間性」を有する保護司と「専門性」を有する保護観察官との「官民協働」が強調されてきた。[3] 実際、保護司にはいわゆる「地元の名士」と呼ばれるような人が少なくない。こうした歴史的経緯にかんがみると、日本の更生保護は伝統的に、「地域」の理解や支えを十分に得て展開されてきたかに映ろう。実際、保護司や更生保護法人、更生保護女性会、BBS会、協力雇用主等、様々な形で、犯罪をした人を支えてきた市民がおり、その数は決して少なくない。とは言え、伝統的な更生保護においては、対象者の秘密保持、すなわち前科を知られずに「地域」での新しい生活にひっそりと移行していくことが重視され、保護司の中には自らが保護司であることさえ知られないようにする人も少なくなかった。そして、その結果、保護司やBBS会員等、何らかのきっかけで更生保護について知り協力したいと考えるに至った人は格別、そうでない市民の多くは、更生保護制度や「官民協働」でそれを支える人々の存在、ひいては「犯罪をした人の大半は、いずれ私たちの暮らす地域に戻ってくる」という当たり前の事実についてさえ、正しい知識と実感を伴った認識を持たずにいた。

　2000年代初頭の保護観察対象者らによる重大再犯事件を受けて設置された、「更生保護のあり方を考える有識者会議」はこうした状況を問題視し、改善の必要性を指摘した。同会議の報告書では、「問題の所在」のひとつ目として「更生保護の運用についての国民や地域社会の理解が不十分であること」を挙げ、「犯罪や非行は、地域社会で発生するものであり、犯罪や非行をし、服役するなどした人は、いずれ地域社会に戻ってくる。その意味で、これらの人の更生は、地域社会で完結するものである」ところ、「更生保護制度の役割や重要性が国民や地域社会に十分に理解されるに至ってはいない」とする。[4] そして、「保護司や更生保護施設等の民間のごく一部に負担を集中させるのでなく、国民一人一人が、地域社会における安全・安心の確保を自らの問題としてとらえ、更生保護への応分の寄与を果たすことによって、犯罪や非行に対する社会全体の強靭性が高まる」と指摘した。[5] こうした問題意識は、その後の更生保護施策においても頻繁に表明され、2010年から、更生保護の全国的な啓発活動である「社会を明るくする運動」のキャッチコピーとして「立ち直りを支える地域

3　詳細は、高橋有紀「1950年代から1970年代の更生保護制度における『官民協働』論の変容と継続―保護司への役割期待の本質」犯社38号（2013年）138〜152頁ほか。

4　更生保護のあり方を考える有識者会議「更生保護制度改革の提言——安全・安心の国づくり、地域づくりを目指して」（2006年）6頁。

5　有識者会議・前掲注4書7頁。

のチカラ」との文言が用いられるようになった。これらにおいては、「地域社会」「地域」といった言葉が多用されている点が特徴的である。

　他方で、2017年に公表された「再犯防止推進計画」では、「国民」の関心や理解の重要性やそれらを向上させるための「広報・啓発活動の推進」に加え、「地方公共団体との連携強化」が「重点施策」として盛り込まれている。これまで政府が「犯罪をした者等の抱えている課題の解消に向けて」行ってきた各種の取組みは、「原則として刑事司法手続の中に限られるため、刑事司法手続を離れた者に対する支援は、地方公共団体が主体となって一般市民を対象として提供している各種サービスを通じて行われることが想定されている」として、地方公共団体には「再犯の防止等に関し、国との適切な役割分担を踏まえて、その地方公共団体の地域の状況に応じた施策を策定し、実施する責務がある」というのである。また、同推進計画では、更生保護施設等の一時的な居住先から「地域社会における定住先」への移行や、非行少年らが「学校や地域社会においてふたたび学ぶ」ことを支援する方策についても論じる。そして、これらにおいても、地方公共団体への周知・徹底や「地方公共団体における学習相談・学習支援の取組の利用を促す」ことが掲げられている。このような点を上述の「有識者会議報告書」と比べると、「再犯防止推進計画」においては、単に「国や地域社会」といったいわば草の根レベルで更生保護への理解を向上させることにとどまらず、地方公共団体を――一般市民にも「サービス」として行われる支援の提供も含めた――「再犯の防止等」の重要な担い手として位置づける意図が看取されよう。

(2) 「反対運動」と「地域」の理解

　他方で、2000年代には全国各地で、更生保護施設の建設や移転・改築に際して、周辺住民らからの激しい反対運動が生じた。このこともまた、国民や「地域」に更生保護の意義や理念を理解させる広報や啓発の必要性が強調されるようになった一因と考えられる。実際、犯罪をした人の背景や事情、更生保護

6　「再犯防止推進計画」（2017年）4頁。

7　「再犯防止推進計画」・前掲注6書36頁。

8　「再犯防止推進計画」・前掲注6書14～15頁。

9　「再犯防止推進計画」・前掲注6書25頁。

10　同上。

11　高橋有紀「更生保護における『地域のチカラ』と『あるべき立ち直り方』」日本犯罪社会学会第42回大会報告要旨集（2015年）22～23頁。

制度に対する知識のなさ、あるいは誤った認識ゆえに、こうした反対運動に与する人も多いであろうことは容易に想像される。そのため、正しい知識や情報を折に触れて広報していく必要性は高い。他方で、こうした反対運動に直面した法務省関係者らが指摘するように、「反対派」の住民は必ずしも更生保護の理念を理解しないわけでも、それらに否定的な考えを有するわけでもないものの、自らの住む「地域」に犯罪をした人が住む施設が建つことに拒絶感を抱いている場合が多い。[12] 更生保護施設に対する反対運動が、他の「迷惑施設」への反対運動同様に「総論賛成各論反対」「NIMBY(Not In My Back Yard)」と評される所以である。[13]

とは言え、建設や移転・改築にあたって、ひとたびこうした反対運動が生じると、当該施設は「反対派住民」という「地域」の人々の理解を得る必要に迫られる。さもなければ、最悪の場合、建設や移転・改築を断念せざるを得ない。現に、上述の「有識者会議」でも設置が提案された国立の更生保護施設は、当初の建設予定地のうち、京都市と福岡市の２カ所で反対運動の激しさにより建設が断念されている。他方で、「反対派住民」という「地域」の人々との間に一定の妥協点を見出し、その妥協点を前提に施設を運営していこうとすると、いきおい性犯罪や放火、薬物事犯など「反対派住民」が特に嫌悪感を抱く犯罪をした人の入所を認めない、入所者らを「地域」の清掃活動に従事させる、入所者の外出等の行動を一部制限する、といった対応が取られることとなる。上述のとおり、反対運動の激しさにより建設を断念せざるを得ない「地域」が現に存在する以上、そのような事態を避け、一定の条件下であっても開設を目指すことには致し方ない面もあろう。

しかし、これらの妥協は様々な理由により、皮肉な結果をもたらしかねない。まず、性犯罪や放火のような大きな被害を生じさせる犯罪や薬物事犯をした人の中には、――統計上、必ずしも再犯率が高くはないとは言え――家族や知人らの元への帰住が難しく、更生保護施設のような場所を必要とする人も多いであろうことは容易に想像がつく。にもかかわらず彼らの入所を認めないことは、多くの住民が不安を感じるような犯罪をした人ほど、帰住先に窮し、場合によっては満期釈放で「地域」に戻り、何の補導援護も指導監督も受けずに

12　松岡千恵「自立更生促進センター等の現在」刑政126巻10号（2015年）59頁。尾崎泰之「自立更生促進センター構想の推進について」罪罰48巻１号（2010年）67頁。

13　尾崎・前掲注12論文・69頁。南元英夫「地域に支えられた立ち直り支援――反対運動からの考察」更生保護学研究12号（2018年）46頁。

暮らすことを意味する。また、国立の更生保護施設において、「地域」の子ども
や学生に配慮して行われているような入所者の出勤や外出時の職員らによる
送迎や付添は、ともすれば彼らの自律性や社会適応を阻害しかねない。さらに、
そのような行き過ぎとも言える監督を受ける我が身を「汚物のようだ」と自嘲
した入所者の例[14]が示すように、「反対派住民」という「地域」の人々への配慮は、
犯罪をした人の――もともと低い――自尊心を傷つけ、「犯罪者」という負の
ラベリングの内面化を強める場合もあろう。他方で、更生保護施設には、自律
性を失い社会情勢から取り残されがちな刑事施設での生活から社会での自立し
た生活への移行の準備をする機能もあることや、一般に犯罪をした人の中には
自己肯定感の低い人が多いことにかんがみると、上記のような「地域」への配
慮が、むしろ物心両面で入所者らの再犯リスクを高める方向に作用することさ
え懸念される。果たして、これが、「反対派住民」が、あるいは「反対派住民」
に与せずとも安心・安全な日常生活を望む住民らが求める「地域」なのであろ
うか。

　また、近時では、更生保護施設に対する反対運動や保護司の担い手不足が深
刻化する中で、更生保護における、より多くの人に受け入れられやすい側面や
事例が強調されることも多い。たとえば、近年の「社会を明るくする運動」や
2017年の第3回世界保護観察会議では、「元対象者」であった芸能人や青年が
多くの聴衆を前に、保護司らへの感謝や自らも更生保護に協力したいとの思い
を語るプログラムが見られた。かつて彼らを補導援護、指導監督する側であっ
た公的機関が彼らにそうした役割を与えることは、ある意味でMarunaの言う
「回復の儀式」[15]としての効果を持ち、同人に肯定的な影響を与えることも期待
できる。彼らの姿を見て、更生保護への理解を深め、協力したいと感じる市民
も少なからず現れるであろう。しかし、必ずしも犯罪をした人のすべてが彼ら
のように人前で自らの経験を語り、これから更生保護の対象となる人を支えた
いと感じているわけではないはずである。自身の生活で精いっぱいの人や前科
前歴を知られたくない人、更生保護における自らの経験を肯定的なものと感じ
ていない人も少なからずいることは容易に想像できる。とは言え、それでは彼
らが自らの過去の犯罪や非行を悔いることなく、再犯を繰り返しているかと言

14　木下裕志「福島自立更生促進センターでの経験から」更生保護学研究12号（2018年）43頁。

15　Shadd Maruna, Judicial Rehabilitation and the 'Clean Bill of Health' in Criminal Justice, *European Journal of Probation*,3⑴, 2011, p.109. Shadd Maruna, *"Making Good: How ex-convicts reform and rebuild their lives"*, American Psychological Association, 2001, pp.162-164.

えば、そうでない場合も多いであろうこともまた容易に想像される。そもそも、対象者をひっそりと「地域」での生活に移行させることを志向してきた伝統的な更生保護と、多くの人の前で自らの経験やかつての自分と同様の境遇にある人を支えたいと語る「元対象者」とは対極にあるとさえ言える。その中で、そうした「元対象者」の存在を前面に出す形で行う更生保護の広報や啓発活動は、ともすれば彼らのようになることが更生保護における「正しい立ち直り方」であり、そのような人でなければ「地域」に受け入れられないという機運を醸成しかねない[16]。

(3) 「地域」を強調する社会政策

　上述のとおり、2000年代以降の更生保護においては「国や地域社会」の理解や協力、「地方公共団体」の「再犯の防止等」への役割が強調される傾向にある。今日、同様のことは他の社会政策においても見て取れる。たとえば、社会保障・社会福祉の将来像を構想する厚労省「我が事・丸ごと」地域共生社会実現本部の報告書では、日本では伝統的に「地域の相互扶助や家族同士の助け合いにより、人々の暮らしが支えられてきた」[17]ところ、近時は「地域でのつながり」や「家族の機能」が弱体化しているとの認識の下、「地域を基盤として人と人とのつながりを育むことで、誰もが尊重され包摂を受けながら、その人らしい生活を実現できる社会を構築することにつながる」[19]とする。また、同報告書はわざわざ「なぜ『地域』なのか」という節を設け、「地域の暮らしにおける安心感と生きがいを生み出す」「地域の持つ可能性を拓く」「地域の課題に応える」「地域を基盤とした包括的支援体制を構築する」という4つの意義を挙げる[20]。「地域」を基盤とした「つながり」に基づく支援や相互扶助の仕組みこそが、高齢者から障害者、子どもまで多様な背景や困難を抱える人々はもちろん、「地域」そのものをも助け、支え、エンパワメントするというのである。

　他方で、三島は同報告書について、「『共生』『共助』の社会を支える『社会資源』の一部は、きわめて古い権力装置にルーツがある」[21]とし、「地域」には伝統的

16　高橋・前掲注11論文23頁。

17　厚生労働省・前掲注2書1頁。

18　厚生労働省・前掲注2書2頁。

19　同上。

20　厚生労働省・前掲注2書3〜4頁。

21　三島亜紀子『社会福祉学は「社会」をどうとらえてきたのか──ソーシャルワークのグローバル定義における専門職像』（勁草書房、2017年）145頁。

に、排除と「明文化されない強制力」による参加の促進が見られたことを指摘する[22]。実際、更生保護施設のみならず保育園や障害者施設の建設に際してさえ、各地でNIMBY的な反対運動が頻発していることからも明白であるように、今日の「地域」も「世代や背景が異なる人々が集い、ともに参加できる場である」[23]とは言い難い。また、同報告書が「公的な支援制度」について指摘する「『縦割り』の限界を克服する必要性」[24]は確かに重要であるとは言え、そうであればこそ、「縦割り」によらない公的なワンストップサービスを作り上げることも選択肢としてはあり得る。現に、民主党政権下では、生活困窮者支援施策において「パーソナルサポートサービス」や「オーダーメイド」の支援を提供する方法が模索されていた[25]。その意味では、「『縦割り』の限界を克服する」にあたって「地域」の「つながり」を追求することは論理必然とは言い難い。むしろ、「地域」の強調は「公的な」施策の一部を「地域」の人々の「つながり」や「支え合い」に委ねることを正当化しかねない。むろん、それにより「公的な」施策では取り残されがちな人々が「包摂」されるのであれば問題はない。しかし、上述のNIMBYの問題が象徴するように、排他的、自己中心的な機運が高まっている今日において「地域」を強調することは、「地域」の多数派にとって「つながり」たい人、「支え合い」たい人のみと助け合い、そうではない人々を切り捨てることをさえ正当化しかねないのではないか。

(4) 考察

ここまで見てきたように、「地域」は、他の様々な負因や背景を抱える人々同様、犯罪をした人にとっても立ち直りの基盤となる場所であり、だからこそ、「国民や地域社会」の理解や協力が重要であることは今日、頻繁に強調される。他方で、更生保護施設への反対運動が象徴するように、「地域」は彼ら——とりわけ、罪名や帰住先についてより多くの負因を抱えていると考えられる人——に対して排除的であることも否定できない。そもそも、三島が指摘するように、「地域」は本来的に排他性や一定の方向への強制的な動員力を内包した場でもある。その中で、「地域」に理解され、支えられる更生保護を追求

22　三島・前掲注21書149〜151頁。
23　厚生労働省・前掲注2書3頁。
24　厚生労働省・前掲注2書1頁。
25　有田朗「生活困窮者支援窓口における出所者への支援の課題」水野有香編『地域で支える出所者の住まいと仕事』(法律文化社、2016年) 33〜34頁。

することは、ともすれば、様々な事情を有する犯罪をした人のうち、「地域」の多数派が理解し、支えたいと思う人のみを受入れ、そうでない人には立ち直りの機会や支援の手を差し伸べないことを正当化しかねない。犯罪をした人に限らず、様々な事情や背景を抱える人との「共生」を掲げることと、彼らに一定の生き方を「強制」することは紙一重である。しかし、その結果もたらされる「地域」が「地域」の人々にとって真に安心できる場とはなり得ないことは上述したとおりである。

　また、更生保護における「地域」の議論と「我が事・丸ごと」地域共生社会実現本部の報告書との違いとして、支援の「受け手」への言及の有無が見て取れる。すなわち、前者においては、犯罪をした人がどのような「地域」に生きたいか、また、彼らにとってどのような「地域」が望ましいのかといった議論がなく「地域」の理解や支えを獲得する方策が論じられている。対して後者においては、「地域」における「人と人とのつながりや支え合い」こそが、「支援が必要な人を含め誰もが役割を持ち、それぞれが、日々の生活における安心感と生きがいを得ることができる」[26]、「安心してその人らしい生活を送ることができる」[27]場であるとされる。むろん、「地域」は、構造的にも実態としてもそのような場であると言い切れないことは上述したとおりである。とは言え、各人の過去や現在における負因にかかわらず「役割を持ち」、「安心してその人らしい生活を送ることができる」場の存在が、犯罪をした人の立ち直りにとっても有意義であることは否定できまい。デジスタンス研究において、その重要性が頻繁に指摘される向社会的なアイデンティティの獲得や安定的な信頼関係の構築は、そのような「地域」でこそ可能になるものとも言える。しかし、そのような「地域」とは実際にどのような場であり、また、そのような「地域」に必須の要素とはどのようなものなのであろうか。次節では、そうした問題意識の下、犯罪をした人にとっての「地域」について検討する。

2　犯罪をした人の立ち直りにとっての「地域」

(1)　「地域資源」と近接することの意義

　更生保護施設への反対運動においては、「人が多く住む場所」、「人の往来が多い場所」に施設を建設することが「地域」の住民らから問題視されることが

26　厚生労働省・前掲注2書2頁。
27　厚生労働省・前掲注2書3頁。

多い。「地域」の人が多く住み、子どもや高齢者を含む多様な人が行き来するエリアに犯罪をした人が住むことによる、再犯や治安の悪化を懸念するのである。しかし、犯罪をした人、とりわけ物心両面での支援の期待できる家族や知人の元に帰住することができず、更生保護施設をはじめとした一時的な居住施設や単身での生活を始める人にとって、他の多くの市民が生活の根拠とするような市街地や住宅地で生活することは重要である。と言うのも、まず、多くの場合、市街地や住宅地の方が就労先を見つけ通勤することが容易であるし、保護観察所や保護司宅、ハローワーク、市役所、病院、自助グループ等、様々な「地域資源」へもアクセスしやすい。そうした環境があることで、彼らが「地域」の中に生活の根拠を築くことが容易になることは想像に難くない。その意味で、他の多くの市民が生活の根拠とするような市街地や住宅地で生活することでこそ、彼らの円滑な「地域」移行が促進され、再犯リスクが低減できると言える。

　また、更生保護施設のような「施設」については、市街地や住宅地のようなアクセスが良く人が多くいる場所に立地することで、更生保護女性会やBBS会等の支援者と入所者が交流を持つことが容易になるほか、それらに属さない近隣住民との交流や接触の機会を得ることも期待できる。それにより、当該施設の入所者の中には、「地域」に確実に存在する彼らを支えたいと考える人々の厚意に触れ、改善更生への意欲を強める人も現れるであろう。実際、木下は福島自立更生促進センターでの経験を振り返り、もともと自己肯定感に乏しい入所者らではあるが、更生保護女性会員の「励ましや叱咤・激励といった働きかけにより、入所者が前向きに変わっていく」ことを指摘する。[28] 人の多い場所は、行政機関や医療機関等における「サービス」のみならず、「人」という「地域資源」にも多くアクセスできる場所でもある。他方で、「地域」の人々にとっても、「地域」にこうした施設があることで、犯罪をした人や彼らを支える更生保護について知り理解を深めるきっかけが得られる。「学校が多い市街地」に立地することが「反対派住民」から問題視された福島自立更生促進センターについて、「犯罪者の改善更生と社会の安全安心のため、更には子どもの健全育成のためにも『排除の論理』ではなく、『包摂の論理』が必要であるということを、諦めずに丁寧に伝えていく必要がある」とする南元の指摘は重要で[29]

28　木下・前掲注14論文43頁。
29　南元英夫「福島自立更生促進センターの開設をめぐって」日本犯罪社会学会第42回大会報告要旨集（2015年）19頁。

犯罪をした人が「立ち直りやすい地域」をめぐる試論　411

ある。更生保護施設や、犯罪や非行からの立ち直りを期す人々の存在は、それまでの人生でそれらについて知る機会のなかった——教育関係者やその児童・生徒らを含む——「地域」の人々にとって、まさに生きた教材であり「地域資源」であるとさえ言える。そうした身近な「地域資源」の存在により、犯罪をした人や更生保護への理解が深まることは、犯罪をした人にとって当該「地域」に生きることを幾分か容易にし、彼らの円滑な「地域」移行に資することになろう。

(2) 「人の多い場所」の功罪

また、多くの人が住み行き来する場所は、良くも悪くも各人の匿名性が高い環境にある。当該「地域」の成員が互いに他の成員のことを詳細に知らなくとも生活が成り立ち、当該「地域」への転入出が頻繁に見られる環境は、前科前歴を知られたくないと考える場合も多い、犯罪をした人にとって気が楽と感じられることも少なくないであろう。人が多い場所でこそ各種のサービスや人といった「地域資源」に接触しやすいという上記(1)とある意味で矛盾する、逆説的な物言いではあるが、犯罪をした人に限らず私たちは皆、人が多く「地域資源」に恵まれた便利な場所でこそ、「人知れず」生きていけることは否定できまい。そもそも、生島は、日本の更生保護は伝統的に「刑罰で白黒つけられて黒となった人間」を「ぼかし機能を働かせて」、「社会に紛れる」、「人知れず普通にやっていく」ことを支えるものであったと指摘する[30]。実際、たとえば更生保護施設の中には、入所者の事情を知らない雇用主や行政機関等から電話を受けることを見越して、電話を取る際に施設名を名乗ることを避けたり、施設の電話番号と入所者が「外向き」に伝える電話番号とを別にし、後者への電話には同人の下宿先の家人として応対したりする等の工夫をするところも見られ、「ぼかし機能」は更生保護の様々な場面で意識されてきたものと考えられる。「地域」に目を転じれば、多くの人の出入りのある匿名性の高い「地域」は、こうした「ぼかし機能」が元来に備わっていると言え、それゆえに犯罪をした人にとって立ち直りやすい場であると言える。

とは言え、犯罪をした人には、前科前歴を有するがゆえの苦悩や、そもそも「前科前歴を知られるかもしれないこと」への不安やストレスが存在することは古くから指摘されている。たとえば、1960年の伊福部の論稿は[31]、刑事施設

---

30 石川正興ほか「シンポジウム:『犯罪を行った者』を雇用するソーシャルファームの日本における展開可能性」更生保護学研究10号（2017年）78頁〔生島浩発言〕。

31 伊福部舜児「仮出獄者の再犯まで——主として"社会的期待"から」犯罪学年報1号（1960年）

の出所者らが再犯に至る経過を再犯時の同人や関係者らの供述調書や聞取り調査から検証する。そこからは、出所後のつつましくも真面目な社会生活が、同人の過去を知らない周囲の人間から評価されるにつれ、犯罪歴や刑事施設への入所歴を隠して過ごすことへの罪悪感や、過去を知られることにより現在の人間関係や地位を失うことへの不安を強め、それらによるストレスが再犯のきっかけになった人々の姿が見て取れる。「再犯」に至ったケースではないにしろ、「元少年Ａ」の『絶歌』[32]からも、同人が同様の状況で苦悩し思い詰めていく過程が窺える。社会に紛れて、人知れず生きていくこともまた、彼らにとって決して楽ではないのであろう。その中で今日、出所者らの就労支援施策や障害、高齢等のハンディを抱える出所者らの「特別調整」において基本的に、同人の前科前歴を相手方に伝えることへの同意を条件としていることの背景には、こうした点への配慮もあると考えられる。しかし、出所後の当座の就労先や福祉サービスといった、立ち直りのスタート地点で彼らの過去を理解し受け入れる者が存在したとしても、彼らがその後の人生を過ごす過程では、彼らの過去を知らない人に出会う可能性も大いにある。皮肉なことに、上述の伊福部の論稿に登場する再犯者や「元少年Ａ」の経験は、彼らの過去を理解し受け入れる人の助けをきっかけに、つつましくも真面目な生活を続ければ続けるほど、彼らの過去を知らずに彼らを受入れ評価する人と出会い、苦悩する結果となることを示すものでもある。その意味で、匿名性の高さは、犯罪をした人の立ち直りやすい「地域」の必要条件ではあっても十分条件ではないとも言える。

　また、そもそも、犯罪をした人は「地域」において人知れず生きなければならないのであろうか。むしろ、彼らに人知れず生きる選択肢しか与えない「地域」は、彼らに「犯罪者」という負のラベリングのみを付与し続けるものとも言え、改善更生の妨げにすらなり得る。他方で、犯罪をした人であっても、かつての自らの経験を糧に同様の境遇にいる人の役に立ちたいと考え行動する人の存在が、周囲の人間の更生保護への理解や関心を高め得ることは上述したとおりである。また、そうした人の存在は、刑事施設からの出所を控えた人や保護観察対象者らにとっても、良いロールモデルや安心できる相談先となり得る。殊に、上述のように、自らの犯罪歴に伴う悩みや「前科前歴を知られるかもしれないこと」への不安やストレスを抱える人にとっては、同様の経験を有

　　89～108頁。平野龍一編『日本の犯罪学(6)1970～1977（II対策）』（東京大学出版会、1980年）244～256頁。
32　元少年Ａ『絶歌』（太田出版、2015年）。

犯罪をした人が「立ち直りやすい地域」をめぐる試論　413

する人の存在がどれほど心強いかは容易に想像がつく。そうした人々の存在により、立ち直りたいと思いながらも様々な困難や挫折に直面した人による「悲しき再犯」が減少するであろうことは言うまでもない。もっとも、上述のように、Maruna の言う「回復の儀式」を制度化し、自らの経験を同様の境遇の人に役立てたいと考える人ばかりを過度に強調することは、そうでない人の排除をもたらしかねない。とは言え、犯罪をした人に一律に人知れず生きることを要求する「地域」より、自らの経験を糧に同様の境遇にいる人の役に立ちたいと考え行動する人を理解し支える余地のある「地域」の方が、彼ら自身にとっても、人知れず立ち直ろうと苦悩する人にとっても有意義であることも否定できない。

(3) 「自殺希少地域」から窺えること

ところで、犯罪をした人に限らず、様々な事情を抱えた人々が自分らしく生きやすい「地域」とはどのようなところであろうか。岡は、島嶼部を除いた日本の地方自治体の中で突出して自殺率が低く、地理、気候風土、経済水準、医療圏や警察管轄等において共通点を有する隣町と比較しても低い自殺率の認められる、徳島県の海部町(現在は合併して海陽町の一部)について、質量両面の調査を行い、「生き心地の良い」同町の「自殺予防因子」として以下の5つを指摘する。[34]第1に、住民間に、多様性を尊重し特定の価値観や行動を他人に強制しない態度が見られる。第2に、「人物本位主義」を貫き、出自や社会的地位よりも同人の能力や性格を重視する。第3に、住民が主体的に社会にかかわり、各人の自己効力感が強い。第4に、「『病』は市に出せ」との言い伝えに象徴される、積極的な援助希求を促す風潮がある。第5に、人間関係が固定せず、住民間に「ゆるやかな」つながりが見られる。これらが同町の「生き心地の良さ」につながっているというのである。

また、海部町は1990年代後半に、子どもたちが「地域」の魅力や「地域資源」に触れ学ぶことを意図した「ふるさと学習」、「ふるさと先生」の制度を導入したことにより教育関係者から注目を集めた町でもある。もっとも、この「学習」の中身そのものは、「地域」の高齢者や農業漁業等に従事する者の協力を得て、豊かな自然の中で動植物の観察や農作業、釣り、清掃活動等をしたり、

---

33 才門辰史「私は浪速少年院出院者だ」犯罪と非行170号（2011年）165頁。

34 以下、第1から第5の「自殺予防因子」に関する記述は、岡檀『生き心地の良い町——この自殺率の低さには理由がある』（講談社、2013年）より。

「地域」の祭りや伝統行事に参加したりするといった、山間部や過疎地の多くの小中学校で行われていそうなありふれたものではある。とは言え、教員免許保持者を町職員たる「ふるさと先生」として雇用し、——教科や学級を持たせずに——これらの「学習」をコーディネートする業務を専門に担わせた点は海部町の特徴的な点である。この「ふるさと先生」が「ふるさと学習」の中心[35]となって多くの住民を巻き込むことで、「行政主導のまちづくりといったイメージはかなり薄れ」、「地域社会における人間関係の活性化」が生じたというのである。また、その結果、住民の間に年齢や職業を超えた「多彩で重層的な」、[36]「豊かな人間関係」が醸成されたことも指摘される。こうした「豊かな人間関[37]係」は、岡の指摘するように「人間関係を固定しない」ことにつながるものと言えよう。

　一方で、岡が描写する同町の光景からは、同町の匿名性の低さも見て取れる。家々が密集して立地し、人々は「噂好き」で他人への興味が強いとされ[38]る。こうした町の特徴は、匿名性の高い「地域」で人知れず生活したいと考[39]える、犯罪をした人にとっては生きづらく感じられる可能性もあろう。このような「地域」で、自らの犯罪歴に伴う苦労や悩みといった「病」を「市に出」すのは難しいようにも思える。他方で、岡は「噂好き」な海部町の人々は同時に、他人に関する「噂」や否定的な評価にいつまでも囚われることなく、むしろ短期間でそうした「噂」に「飽き」て、各々が同人に対して抱いた評価や印象を口にするようになることも指摘する。多様性の尊重や「人物本位主義」[40]を貫くといった特長ともかかわることであるが、同町の人々のこうした姿勢からは、他者への評価を「噂」やマイナス評価されるに至った過去の特定の言動に由来するものに固定せず、その時々の姿や行動から同人を多面的かつ——周りに付和雷同するのではなく——主体的に評価する姿勢が窺えよう。奇しく

35　高橋勇悦「青少年問題と地域社会——徳島県海部町の事例を中心に」人間関係学研究1号（2000年）35頁。なお、岡・前掲注34書52頁によれば、一般に校長経験者らを自動的に充てることの多い教育長の選任に際し、海部町では「これからの教育には企画力が必要だから」という理由で、教育関係職の経験のない商工会の中堅職員が抜擢されたことがあったという。「ふるさと先生」の制度とこの教育長人事との関係は不明であるが、柔軟で斬新な教育行政は同町の特長のひとつであると考えられる。

36　高橋・前掲注35論文39頁。

37　同上。

38　岡・前掲注34書32頁。

39　岡・前掲注34書104〜108頁。

40　岡・前掲注34書112〜114頁。

も、岡は、このエピソードを紹介した節に「やり直しのきく生き方[41]」とのタイトルを付している。また、上述の「ふるさと先生」が、子どもたちの学びに有意義な様々な「博士」や「先生」を「地域」の中に見出し、子どもたちも彼らをそれぞれに豊富な知識、親しみやすい人柄等を有する人として受け入れるものとして機能したこともこれを象徴するものと言える[42]。

そして、互いに対するそのような姿勢が人々に、「市に出」した「病」のみによってラベリングされることはないという安心感を生み、自らの弱さや情けなさをも含む「病」を「市に出」すという援助希求を容易にしていると見ることもできよう。現に、海部町は隣町に比べ、うつ病受診率が高いとされ、岡はその理由を海部町には精神疾患や精神科病院への偏見が小さく、受診をスティグマと感じる住民が少ないからであると推察する[43]。このような機運が存在することは、犯罪歴のような一般に嫌悪されがちな事情を有する人にとっても、自らの今の姿を正当に評価したうえで、悩みに寄り添ってくれる人がいるかもしれないと感じさせる要素となり得る。岡はこのような海部町の人々の性質を、江戸時代に様々な場所から移住してきた多様な人によって作られた同町の成り立ちに由来するものとする[44]。しかし、そうした成り立ちを持たない「地域」であっても、他者の評価を一面的なものに固定しない態度を意識的に心がけることや、それを可能とする「豊かな人間関係」を生む仕掛けを「地域」の中に創り出すことにより、犯罪をした人にとって立ち直りやすい「地域」は可能となるのではないか。

(4) 考察

更生保護施設の立地やこれまでの更生保護の実際に関する議論にかんがみると、犯罪をした人にとって立ち直りやすい「地域」の必要条件として、「サービス」のみならず「人」という「地域資源」への近接性と匿名性の高さが挙げられよう。しかし、それらだけが存在すれば、犯罪をした人が立ち直ることが可能かと言えばそうではない。犯罪歴やそれに伴う困難といった、同人に犯罪歴があることを知らない人に対して気軽に相談しづらい悩みを抱える人にとって、匿名性の高い「地域」の中で人知れず生きることは決して楽ではない。ま

---

41 岡・前掲注34書112頁。
42 高橋・前掲注35論文37頁。
43 岡・前掲注34書79～82頁。
44 岡・前掲注34書87～90頁。

た、過去の犯罪を理由に、彼らに人知れず生きる選択肢しか与えない「地域」は、彼らにとっても他の住民にとっても望ましい場所とは言いがたいことは上述したとおりである。

　他方で、自殺率の低い「生き心地の良い町」とされる海部町においては、匿名性が低い反面、他者に対する評価を周囲の「噂」や過去の特定の言動に由来するものに固定せず、各人が主体的かつ多面的に評価する気質や積極的な援助希求を促す風潮が存在するとされる。また、こうした気質や風潮は相互に影響し合うものであるとも考えられることは上述したとおりである。そして、そうした環境は同町の人々に「豊かな人間関係」や「やり直しのきく生き方」をもたらしているのである。こうした海部町の姿からは、匿名性の高さは「やり直しのききやすさ」に必須の要件ではなく、むしろ、他者への評価を過去の特定の出来事に由来するものに固定せず、その時々の同人の姿を多面的に評価することこそが重要であると考えられる。

　もっとも、海部町に関する岡の研究は、海部町における「犯罪をした人の立ち直りやすさ」に言及したものではないし、岡以外の者によるそのような研究も散見されない。それゆえ、精神疾患や、住民間の相互扶助組織における若手のミスや失態、「夜ごと異なる男性と連れ立って歩く華やかな転入女性」[45]等にはスティグマを与えずにかかわるとされる海部町の人々であっても、犯罪、とりわけ一般に「地域」の人々が特に嫌悪するような重大犯罪や凶悪犯罪をした人に対して、「人物本位主義」を貫き、多面的に評価するかは定かではない。さらに、同町に特有の匿名性の低さは、犯罪歴のような事情を抱える人にとっては、息苦しさを覚えさせる可能性もある。その時々の同人の長所や暮らしぶりを評価する人がいてもなお、過去の犯罪歴が帳消しになるわけではない以上、何らかのきっかけで周囲の人間に過去が露見し、差別や排除を受けるのではないかという不安や苦悩もまた帳消しにはならない。そもそも、人種や性に関するマイノリティへの差別や排除については、それらを無知や偏見に由来するものとして非難し、彼らにマイノリティであることを恥じたり隠したりしなければならないと感じさせる社会のあり方を糾弾することが基本的に正当であるのに対し、犯罪歴については、それを恥じたり隠そうとしたりする人が存在することを一概に社会の無知や偏見の産物であると批判することはできま

45　岡・前掲注34書114頁。
46　岡・前掲注34書112〜114頁。

犯罪をした人が「立ち直りやすい地域」をめぐる試論　417

い[47]。誰もが過ちをし得る以上、あるいはすでに罪を償った以上、周囲の人間が他者を過去の犯罪歴よりも現在の暮らしぶりや言動に基づいて評価すべきであるということと、犯罪をした人が自らの過ちやそれに至った自らの弱さや卑劣さ、それによって多くの人を傷つけたこと等への自覚や悔恨ゆえに、そのような自らの過去を誰にも知られたくないと感じることとは位相が異なる。卑近な表現ではあるが、誰にでも——仮にそれを知った相手がその後も差別や偏見なく接してくれるとしても——「言えない過去」、「知られたくない過去」はある。それが犯罪歴のようなものであれば、なおさらである。そうである以上、匿名性が低く他人への関心の高い「地域」は、仮にある人の犯罪歴を知った人がその後も同人を評価し受け入れるとしても、「誰かに知られること」への不安やストレスを常に強く感じさせる場所であろうことは否定できない。

とは言え、「言えない過去」、「知られたくない過去」である犯罪歴を「誰かに知られること」への不安は匿名性の高い「地域」において、周囲の人間から受け入れられるに至った人にも同様に存在し得る。当該「地域」の匿名性の高低にかかわらず、一切誰ともかかわらずに生活することは不可能である以上、同僚や友人、恋人、隣人等誰かしらに対して、犯罪歴を知られたくないという思いと犯罪歴を隠し続けることへの罪悪感との間で揺れ動く機会が訪れることは不可避である。その意味では、そうした機会に直面した人がその悩みを安心して相談できる相手、援助を求められる場所の存在もまた、立ち直りやすい「地域」に必須であると言えよう。海部町について指摘されるような「豊かな人間関係」と援助希求が容易な気風のある「地域」であれば、日頃の生活の中で自ずと偶然に、そうした相手や場所に出会う可能性は高まる。また、必ずしもそういう「地域」でなくても、同じ「地域」に暮らす保護司や更生保護女性会員、刑事施設の出所者らによる自助グループ等がそうした存在となることもあろう。犯罪をした人が立ち直りやすい「地域」に最も重要な要素は、犯罪をした人を受け入れ、支える意思を「地域」に示し行動する人や場所の存在なのではないか。私たちの暮らす「地域」に、そうした人や場所がどれくらい存在し、犯罪をした人がそれらにアクセスすることがどの程度可能であるのか、また、私たち自身がそうした「人」や「場所」であるのかを今一度検討する必要があろう。

---

47 高橋・前掲注11論文23頁。

結びに代えて

　ここまで見てきたように、近時の更生保護においては「地域」の理解や協力を得ることの重要性が頻繁に指摘され、そのための広報・啓発活動も盛んである。更生保護施設への反対運動や保護司のなり手不足といった社会情勢に照らすと、その必要性は否定できない。しかし、犯罪をした人が「地域」で立ち直り、生きていくことを容易にするのは、「地域」における更生保護に対する抽象的な理解度や認知度の高さのみではない。また、「地域」の人々に更生保護一般への理解を求める広報・啓発活動は、ともすれば「地域」の多数派への「受けのいい」事例を強調することになりかねず、そこに当てはまらない人への排除を進めかねないことは上述したとおりである。それゆえ、「地域」に暮らす犯罪をした人でない人々への広報・啓発活動と並行して、犯罪をした人が「地域」で立ち直り、生きていくことの難しさに目を向け、思いを馳せて「地域」を論じることが不可欠である。また、そもそも「地域」には伝統的に、排除と特定の方向への動員を促進する契機が内在していたことも事実であり、そのこと自体を問い直す必要もある。

　本稿ではここまでそうした問題意識の下に、犯罪をした人が立ち直りやすい「地域」に必要と考えられる要素を様々な観点から検討することを試みた。もっとも、本稿で指摘した要素をすべて備えた「地域」が存在するのか、存在し得るのか、そして、本当にそれらがあれば、犯罪をした人のすべてが立ち直ることができるのかはより踏み込んだ検討が必要であることは言うまでもない。この点については今後の課題としたい。

〔付記〕

　本稿は、新倉修先生、福田雅章先生が共同代表を務める現代刑事法研究会の2017年1月の福島合宿にて報告した内容を基にしています。同報告の際には、新倉先生にも多くのご助言をいただきました。この場を借りて感謝を申し上げますとともに、今後も長く、同研究会で先生と議論できることを祈念いたします。

（たかはし・ゆき／福島大学行政政策学類准教授）

明治期における社会刑罰権論

安藤泰子

はじめに
1　学説
2　社会刑罰権論の系譜
3　社会刑罰権論の連続性
おわりに

はじめに

　明治期の我が国刑法学における刑罰理論として社会刑罰権論が存在した。これは、フランス刑法学の影響を受けた学説であったといえる。本稿は、社会刑罰権論およびその提唱者の一部に関する具体的な主張を概観する。このような考察を加える必要性は、社会刑罰権論として主張されていた個別研究者における見解を具体化して明確にすることが求められると考えるためである。以下においては、明治期における刑法の内実を社会刑罰権概念に即して概観することとする。すなわち、現在の国家刑罰権とは異なり社会に属する刑罰権に刑罰の基礎があり、社会がこれを行使すると解する社会刑罰権論が我が国において嘗て存在していた。この社会刑罰権論を主張していた刑法研究者の主張内容を明らかにすることが本稿の目的である。本稿では我が国において社会刑罰権論に立脚していた、または社会刑罰権論を批判的に捉えつつも社会刑罰権論を基礎として自らの見解を確立していった各論者の理論内容を具体的に明らかにすることにしたい。

　我が国において社会刑罰権論に立脚した論者として、髙木豐三、井上正一、宮城浩藏、井上操、磯部四郎、岡田朝太郎、古賀廉造ほかが挙げられよう。他方で、社会刑罰権論に立脚しながら、我が国の刑法理論をリードしていった松室致や北嶋傳四郎の刑法理論を紹介する文献は必ずしも多いとはいえない。そこで本稿においては、これまで松室や北嶋の刑法理論に関する解明が不充分で

あり、とりわけ松室の理論の全体に関する分析の不完全性を補うべく、松室刑法理論について可能な限り明らかにしてみたい。いうまでもなく本稿は、松室や北嶋の刑法思想や刑法理論のすべてを明確にすることを目的とするものではなく、松室や北嶋などが社会刑罰権論に立脚していた刑法理論に関する全体像を紹介するに過ぎない。

なお、本稿で使用する用語については、敢えて2019年現在我が国の刑法学において用いられる専門用語とは同一の用語ではなく、異なる文言を使用している。これは当時の社会刑罰権論を主張した論者の刑法思想を可能な限り顕現するために採った方法であり、原文を現代文にかえて表記する場合であっても、各論者の用いた文言を可能な限りそのまま反映させる趣意によるためである。また本稿に取り上げた各論者の主張については、時代とともにその内容に変容を来している場合もあることはいうまでもない。

1　学説

(1)　松室致

ア　概観

松室致は社会刑罰権論に立脚していた。松室は、『佛國訴訟法講義』(1888年)[1]、『日本刑法 總則之部』(1893年)[2]、『刑法 總則之部 完』(1894年、1896年)[3]、『刑法 完』(1895年)[4]、『改正 刑事訴訟法論』(1899年)[5]、『刑事訴訟法：漢文』(1907年)[6]、『改正 刑事訴訟法論 全〔第六版〕』(1908年)[7]の他、秋山雅之介・勝本勘三郎との共著として『和佛法律學校講義錄』(1900年)[8]など多くの著を残している。

「はじめに」でも示した通り、本稿は松室の刑法思想や刑法理論のすべてを明確にすることを目的とするものではなく、松室の社会刑罰権に関する刑法理論の全体像を把握するに過ぎない。このため、全体像を把握するために必要と

1　松室致『佛國訴訟法講義』(中央法學會、1888年)。

2　松室致『日本刑法 總則之部』(東京專門學校、1893年)。

3　松室致『刑法 總則之部 完』(東京專門學校、1894年、1896年)。

4　松室致『刑法 完』(東京專門學校、1895年)。

5　松室致『改正 刑事訴訟法論』(有斐閣・明法堂、1899年)。

6　松室致『刑事訴訟法：漢文』(法政大學、1907年)。

7　松室致『改正 刑事訴訟法論 全〔第六版〕』(有斐閣書房、1908年)。

8　松室致＝秋山雅之介＝勝本勘三郎『和佛法律學校講義錄』(和佛法律學校、1900年)。

思われる視点から、複数の著書のうち一先ず『刑法 完』(1895年)を基に松室の理論に迫っていきたい。

松室は上記に挙げた『刑法 完』において、社会刑罰権論を論じている。第一章「緒論」で、「刑法は社會の刑罰權を行ふことを規定せるものなり」[9]とするのがそれである。続けて犯罪について、「社會か有害と認むる所爲」と明示している。この点に関連し、刑法は人の所為を指すものであり、「人の思想には立ち入らす」[11]という点について特筆している。彼は随所で法律の「禁止又は命令」に背くことが制裁の根拠のひとつとなり得ることを主張している。[12] 松室は、犯罪たる所為に必要となる条件、それが変化する場合及び刑罰について規定する部分を総則として刑法を体系的に捉えた上で[13]、後述するように刑罰に関する理論的考察を加えている。

彼は刑罰に関し、「犯罪者に感せしむる所の苦痛なり」[14]とする。これに関し「犯罪者を苦むるには如何なる方法を以てすへき乎」[15]と自問し、これに「他なし犯罪者の幸福を奪ふか若しくは之を減少するを尤も可とす」[16]と答えている。続いて「然らば如何なる方法を以て犯罪者の幸福を奪ひ若しくは之を減少すへき乎」[17]と問う。これに対し、「他なし犯罪者の所有權を奪ふか又は公に有する社會上の權利を奪ふか、又は家族に對し有する權利を奪ひ、若くは犯罪者の自由又は生命を奪ふ如きは皆犯罪者の幸福を奪ひ苦痛を感せしむるものなり」[18]と論じている。

松室は古来に遡り、いずれの国においても刑罰主義は採られてきたが、次第に変化してきたことを指摘している。すなわち、昔時未開野蛮の社会では犯罪者に対する苦痛を貫徹するため厳酷をもっぱらとし過度の苦痛を与えてきた。しかし、開明社会においては過度の苦痛を避け、宥恕を主として犯罪と苦痛との調和を図るようになってきた事実について、幾つかの例を挙げ説明する。すなわち、未開社会においては、斬罪、磔殺又は竹踞挽、火刑、炮烙の刑などの

9　松室・前掲注4書1頁。
10　松室・前掲注4書2頁。
11　松室・前掲注4書2頁。
12　松室・前掲注4書2〜3頁。
13　松室・前掲注4書3〜8頁。
14　松室・前掲注4書8頁。
15　松室・前掲注4書9頁。
16　松室・前掲注4書9頁。
17　松室・前掲注4書9頁。
18　松室・前掲注4書9頁。

残酷刑を行ってきたが、現在の開明社会においては「一二の國を除くの外は斯る残酷の刑を廢した」[19]ことを指摘している。彼は、刑の適用方法において日に月に進歩している傾向について論じている。[20]そして、刑罰の種類について、身体刑、自由刑、財産刑という区別をもってなされることを論じている。[21]

松室は、国際公法――戦争の手段に関する法――が刑法か否かを問うのである。その前提として、先ずは第一章の後半部で私法と公法とを区別している。私法とは人民相互の関係から生じる権利義務を規定する法であることをいう。[22]他方、公法は人民と社会との間または社会と社会との間に生じる関係を規定する法をいうとする。[23]公法には内外の区別がある。外に対する公法とは、社会と社会との関係を規律するものであるが、この法は制裁を有していない。ゆえに、外に対する公法の違反があっても違反者を罰することはできない。刑罰を行うためには裁判所、すなわち公権を行う者がなければこれを可とすることはできない。

しかるに「社會と社會即ち國と國との間に於いては違反者を罰する裁別所なきか故結局兩國の爭を制裁すへき公權なきなり。去れは刑法は斯る制裁なき公法即ち國際公法の中に入らさるは勿論なり」[24]と論じ、刑法は裁判所があって科刑を行うものであり、したがって「萬國公法の如く戰爭を最後の手段とする」法に関しては同種のものではない、[25]すなわち刑法の範疇には入らないと論じている。松室によれば国内公法とは、公権と人民との関係を規定するものであるという。ここに、彼は国内公法について、憲法、行政法、刑法をいうとしている。

ところで、松室は、公法たる刑法における刑罰権の基礎、刑法の基礎は如何なるものであるかについて続けて問い、第二節「社會刑罰權の基礎」[26]へと続けている。

19　松室・前掲注4書10頁。
20　松室・前掲注4書10頁。
21　松室・前掲注4書10〜14頁。
22　松室・前掲注4書17頁。
23　松室・前掲注4書19頁。
24　松室・前掲注4書19頁。
25　松室・前掲注4書19頁。
26　松室・前掲注4書20頁。

イ　松室における社会刑罰権論

　松室は、社会刑罰権論を主張する他の論者と同様に、従来の学説紹介とこれに対する考察批判という形式で論を進めている。最初に、刑罰権は社会成立の時になした契約に基づくものであるとする契約説に対し、松室は以下の如く反論している。すなわち、契約説においては各人が自己の身体財産について防衛権を有しており、人類が社会を組織しそこに生存するときは人類の身体財産の安固を圖ため各自は固有の権利を社会に譲渡し、社会をしてこれを行わせるものとして捉える。

　彼は、刑罰権（行使の正当性）は社会契約に基づくものであるとするこの学説につき、二つの考え方が存在するとし、両者を分けて検討している。[27]契約説第一説として、人は自らの身体財産に対する防衛権を有するのみならず自らに害を加えた者に対しこれを罰する権利があるが、これを社会に譲渡しているという考え方がある。他方、契約説第二説として、人は社会で生存するために法律をもって秩序維持を図る必要がある。法律を執行するためには制裁を要する。社会をして制裁を行わせるため、人は各自の有する刑罰権を付与したものと考える説である。

　松室はこの点、両説に関し批判を加えている。[28]第一説に対しては、社会の成立にあたって人間が互いに契約をなした形跡は歴史上確認することができない。契約の証明がない以上、このような説を採ることはできない。次に第二説に対し、人間は自ら防衛権を有している。しかしながら、防衛権と刑罰権とは同一のものではない。刑罰権は危害が去った後といえどもこれを行使することができるものである。各人の防衛権が社会に移り刑罰権に変化するというようなことはあり得ない。松室は、このような理解を誤謬であると批判している。[29]加えて、社会には法律が必要とされ、法律を行うには制裁がなければならない。ゆえに人は刑罰権を社会に付与したという説に対しても、松室は「取るに足らす」[30]と批判を加えている。人が自ら放棄し得る権利は「獨り財産權」[31]のみであり、生命自由に関する権利を社会に付与することはできない。ゆえにこの説に従うことはできないという。すなわち、この説をもって刑罰権（の基礎づけ）を

27　松室・前掲注４書20頁以下。

28　松室・前掲注４書21頁。

29　松室・前掲注４書21〜22頁。

30　松室・前掲注４書22頁。

31　松室・前掲注４書22頁。

説明することはできないことを主張したのである。刑罰権はその必要性から求められるものであるという学説に対し、松室はこの説は一見至当なものの如く思われるという。しかしながら、必要をもって刑罰権の基礎とすることは過酷な刑罰を採用するおそれがあることを松室は指摘し、必要説に賛同することはできないとしている。[32]

　続いて、刑罰権は契約に基づくものではなくまた必要によるものでもない。「只天然自然の道理に基づく所のものなり」とする学説に対し、松室は以下の分析を行う。すなわち、道理をもって説明することは正当なことである。天理人道に背戻する行為を行う者に刑罰を科することは当然であるが、この説はなお完全な説明というには至っていない。道義に適する場合であってもなお法の方法として刑罰をなぜ社会が実行するかの点について、充分な考察には至っていないと松室は批判している。

　以上の考察を踏まえた上で、松室は以下の如く論じる。すなわち、必要説および天理人道(の違背)に基づき刑罰権を基礎づけるとする二つの説を折衷した見解をもって刑罰権の基礎とすることの妥当性を見出している。[33]松室によれば、社会が刑罰権を実行するのは、必要に基づいて説明せざるを得ないこと。社会が犯罪を終わらせるためには必ずこれを懲戒する、つまり懲戒するところの刑罰を行う必要があると主張する。天理人道(の違背)に基づき必要上刑罰を行う折衷説をもって松室は刑罰権の基礎としている。[34]

　既述したように、「刑法は社會の刑罰權を行ふ」[35]とし、「犯罪とは何そや社會か有害と認むる所爲即ち是なり」[36]と松室は論じていた。[37]

32　松室・前掲注4書22〜23頁。

33　松室・前掲注4書23〜24頁。

34　松室・前掲注4書23〜24頁。

35　松室・前掲注4書1頁。

36　松室・前掲注2書、特に2頁。

37　松室が社会刑罰権論に立脚していたことは、その著から理解し得るところであるが、他の論述とは異なった表現が用いられていることについては、なお注意を要し今後改めて検討しなければならない。すなわち、松室はその著『刑法 完』18頁において、「元来刑法の規定する所は……社会を害するものとして刑罰を加えるところにある」と論じている。これに続く説明で、松室は「而して其處罰の權は國家の有する所にして被害者」の有するものではないと記している。これを「國家に於いて有する所の權利なり」(同『刑法 完』1頁)と記しており、この点については1894年『刑法 總則之部 完』(18頁)、1896年『刑法 總則之部 完』(18頁)のいずれにおいても変わりはない。松室は社会刑罰権論から国家刑罰論へと持論を変更していったものと思われる。この点については、本論の目的ではないため、稿を改め後に精査していきたい。

(2)　北嶋傳四郎

　北嶋傳四郎は、その著『刑法新論』(1894年)[38]第三編「刑罰」の第一章で「社會刑罰權ノ基礎」についてこれを紹介した後[39]、17頁にわたる検討の後、自説に基づく刑罰論を展開している[40]。北嶋は、「社会刑罰権ノ基礎」の冒頭で刑罰につき、「公力ヲ以テ背法者ニ蒙ラシムル要報」[41]と説明している。北嶋もまた東西の歴史に遡り、人類社会には古今を問わず社会が現実として存在する以上、(刑罰権に関する)権利がないわけではないと主張する。しかし、「社會ハ如何ナル理由ニ因リ此權利ヲ保有スル者ナルヤ」[42]と問う。すなわち、如何なる理由によってその権利を保有するのかについては、未だに確立した定説が存在するわけではない。したがって、自説の表明に際しては、従来の学説を概観しこれを踏まえる必要があるとの立場から、先ずは従来の刑罰主義に関する学説の紹介を行っている[43]。

　第一に復讐主義を挙げる[44]。これは害悪をなす者に対し、社会は公衆に代わってその復讐権を実効するものであり、これをもって社会刑罰権の根基とするという考え方であるという。

　第二に損害賠償主義、すなわち、他人に損害を与えた者はそれを賠償する義務を負う。被害者は行害者に対し損害を求める権利がある。他方で、社会もまた同じく害を被るものであるため行害者に対して賠償を求める権利を有するものであり、これをもって社会刑罰権とするという主義であるとする[45]。

　第三に合約主義である。合約説は二つに大別される。(犯罪者が)法律を犯す場合、社会の処分を受けることを約束することによりこれをもって刑罰権の基礎とする合約甲説と、社会を組織するにあたり人は各人が有する正当防衛権を社会に委託する説、すなわち、(他人が権利を侵害された場合)社会は各人に代わってその権利を執行することを約束する、という合約乙説である。いずれかの考え方をもって社会刑罰権の基本とするというのが合約主義であるという[46]。

　第四に社会正当防衛主義である。この説は、人類は各自天賦の防衛権を有し

38　北嶋傳四郎『刑法新論』(國文社、1894年)。

39　北嶋・前掲注38書308〜314頁。

40　北嶋・前掲注38書314〜330頁。

41　北嶋・前掲注38書308頁。

42　北嶋・前掲注38書308頁。

43　北嶋・前掲注38書309頁以下。

44　北嶋・前掲注38書309頁。

45　北嶋・前掲注38書310頁。

46　北嶋・前掲注38書310〜311頁。

ている。社会もまた一個の無形人であることから同様の権利を有している。しかし、この権利を行う場合、一個人と社会との間には相違が認められる。加害者から緊急の暴行を受けた者は、他にこれを避ける方法がない場合、防衛権の行使が認められるが、社会は危害が去った後もこれを罰し得るのみならず、これをもって将来の加害者に対し予防（予戒）する権利を有しているという。北嶋はこの説に対し、既に危害が去った後において罰すること及び将来の加害者を予戒することを正当防衛とすることは「最モ不當ノ議論」であり、「刑罰ト正當防衛權ト全然同一ナラサルヲ自白シタルモノト云フヘシ」と論じている。[47][48]

　第五として緊要主義を挙げる。すなわち、社会に対して害悪を加える者に対しては、刑罰を設け、懲戒しなければならない緊要あるものといえる。緊要の事実こそ社会刑罰権の基礎であるという。[49]

　第六に命令主義である。この説は、社会は社会秩序を維持するため非行を戒める命令権を有する。ゆえに当該命令に従わない場合、刑罰権を認めるというものである。[50]

　第七に純正主義を挙げる。この説は、人は善悪邪正を区別する智力と善正を採って邪悪を避ける能力とを有するがゆえに人は天賦の特性に従って善正を行い、邪悪を避けるべき本来の義務を有している。したがって、その義務に反した場合には、相当の応報を受けるべきことは当然の理であり、社会はこれに対応する任務を有する。当該義務違反が社会に害ある場合、刑罰を加える利益があるか否かを論じることなく罰してはならない。非行者に法（の制裁）を与えること、これが社会刑罰権の根本であるという。[51]

　第八に折衷主義である。二種以上の刑罰主義を併合したものが折衷主義であると解し、オルトランやボアソナード等がこの考え方に立ったものであることを明らかにしている。諸氏における折衷説は、純正主義（をもって如何なる者を罰すべきかを認め）と社会防衛主義（をもって社会が犯罪者に刑を科す理を認める）とを併せ、両者の主義を折衷して刑罰権の基礎としたものであること、あるいは上の二説に命令主義を加える立場があることを論じている。[52]

　北嶋は従来の学説について以上の八つの学説を挙げるが、いずれも「刑罰權

47　北嶋・前掲注38書312頁。
48　北嶋・前掲注38書312頁。
49　北嶋・前掲注38書312頁。
50　北嶋・前掲注38書312頁。
51　北嶋・前掲注38書313頁。
52　北嶋・前掲注38書313〜314頁。

ノ一端ヲ云ヒ明シタルノミニ／全般ニ渉リタルモノナク其實皮相ノ議論タルニ
止リ」と批判し、上述したように第二款で「著者の刑罰主義」を明らかにする。

　北嶋の刑罰権論は、社会自保性にその基礎を置くものであることを述べ、自
らの考え方を社会自保主義と主唱する。北嶋は、以下の如く主張した。凡そ天
地間に散在する物体は有機物であると無機物であると論じなくても、一物以上
は現状の勢力位置を維持しようという性質を有するものであるがゆえに、他物
がもしこれを妨害するときは積極的な排撃を加える、または少なくとも多少の
抵抗をする傾向が認められる。人類の自保性は本能性の一種である。保存性は
初期にあっては無意識である本能に基づくものであるが、生長の経験教育を積
むにしたがって意識的動作により顕現するものである。君子危うきに近寄らず
が如きはその適例といえる(但し、生長後であっても無意識自保性がないわけでは
ない。以下、中略)。

　自保性が刑罰権の基礎であるがゆえに、社会を害する事態が未だ惹起されな
い以前においても、これを未然に防止する趣旨をもって刑罰を定め人民に予告
する。これが威嚇作用であり命令作用である。また、害悪が目前に切迫した場
合、これを防衛しなければならない、これが正当防衛の作用である。予備行為
や未遂犯処罰に関しては、これらの思想に基づくものである。

　社会は(害悪を加えられたことによる法益侵害が認められる場合には)損害を補う
趣旨、犯罪者を以降戒める(という特別予防の)趣旨、一般人を同様の犯罪から
防止する(という一般予防の)趣旨、命令実行の趣旨をもって犯罪者を罰しなけ
ればならない。これが賠償・懲役・予防作用である。このように刑罰権は諸種
の作用をもたらすが、その実体はもっぱら社会自保性に求められる。諸学者は
各自主張するひとつの作用をもって刑罰権の基礎と論断するが、それは一面的
検討であり多面的な考察が求められる。

　折衷論者は一主義をもって刑罰権を説明することが困難であることを認識
し、幾つかの作用を合併しようと試みるが、刑罰権の真相についてはこれを発
見するには至らない。その理由は、折衷論者は自保性作用の全部を網羅するこ
となく、上に挙げた二または三を合わせ説明しようとするものであるが、結局
のところ全体像を把握できない。そのため真相を捉えることができない。この
作用は、実体と別物である。この点、自保性は社会の進歩発達と共に諸種の作
用を出現するものであり、現在、これをすべて網羅し得ることはできないため

53　北嶋・前掲注38書314頁。

である。

　社会刑罰権は社会の自保をもって正当化されるものと説明する場合、社会自保のためという(名目をもって)過酷なる刑罰を設けるのみならず無辜の者をも罰する危険性が生じる。不正の暴行でなければこれを罰することができないという正当防衛主義における実害なくして罰しないという賠償主義は破徳行為ではない限り罰しないとする純正主義等は著者(北嶋)の自保主義に優るものという反対(意見)が加えられるであろう。しかし、こうした論者の反駁は、自保主義の真相を知らないためになされる主張である。自保性は、論者の指摘するような不完全なものではない。犯罪と刑罰の権衡を得るものである。北嶋は、人類社会の道徳は社会自存と併せて考慮しなければならないと論じている。

(3)　倉富勇三郎

　社会刑罰権論に関しては、倉富勇三郎も『刑法講義』(1892年)[54]のなかで、旧刑法がいわゆる折衷主義を採用していることに関連づけこれを説明している。すなわち、

　　復讐主義、
　　民約主義、
　　賠償主義、
　　防衛主義、
　　實利主義、
　　純正主義、
　　折衷主義、

の各説を紹介している。

　刑罰権に関する上の考えを略説し、自らも折衷主義を採りつつ社会刑罰権論に立脚することを主張した。「刑罰ハ社會ノ爲メニ行フ」[55]ものであり、(旧)刑法の起草者が「正理ト社會ノ利益」両者を刑罰権の基礎とする折衷主義をもって編成した旨の明言を了知すべきであるとするのがそれである。[56]倉富は、「正理」と「社會ノ利益」の「配合」について、社会の利益を護る場合であっても「正理ノ外ニ出ツルコトヲ得ス」[57]とする。処罰すべき行為の性質及び刑罰の性

54　倉富勇三郎『刑法講義』(監獄官練習所、1892年)。
55　倉富・前掲注54書8頁。
56　倉富・前掲注54書8頁。
57　倉富・前掲注54書8頁。

質等を総合的に考慮し、「正理ト社會ノ利益」の両者に準拠すべきことを主張した。[58]

2 社会刑罰論の系譜

(1) 時代的背景

　いうまでもなく我が国の刑法学は、フランス刑法の継受を中断し、ドイツ刑法を積極的に採り入れていくことになったといわれている。刑法草案の過程でフランス刑法の採り入れを止め、日本の刑法学をしてドイツ刑法学へと舵を変えさせたのは何であったのか。

　我が国が明治維新を迎える頃、世界最強国はイギリスであった。したがって、我が国もこれに従い各種国家制度を建設しようとした。無論、法の編纂や法制度もこれに倣って制定することが考えられた。しかし、イギリスは不文法の国であり、判例法を中心として法体系が形成されている。これは我が国の法文化に馴染むことの困難な制度であるため、我が国はフランスの法制度を採り入れることになったのである。当時、フランスの法制度は、多くの国において法制度整備のみならず編纂の範とされた。それは、フランスが当時においては最先端の、且つ、最も近代的な法であり、世界に先駆けて完成した成文法法典を制定した国家であったためである。多くの国家がフランス法を積極的に採り入れた理由はここに存在する。そして、あらゆるフランス法の基本を成す原則は、フランス革命の思想を受け継ぐ「自由」であったといえる。

　かくして、ボアソナードによって刑法典と治罪法典（共に、太政官布告、1880〔明治13〕年公布、1882年施行、1890年廃止）が草案され制定に至った。治罪法に焦点を当てれば、その後、同法の不備や欠陥を解決するため1890(明治23)年2月に裁判所構成法とともに、同年10月、明治刑事訴訟法が公布され、同年11月に治罪法が廃止されるに至っている。本改正によって社会における私人＝被害者である「民事原告人」が公訴を提起し得るという治罪法110条2項が削除された。

(2) 明治期における刑法の発展

　明治維新においては、不平等条約改正とともに近代国家の形成に向かって法

---

58 倉富・前掲注54書8頁。

430

の編纂や法整備の確立が要請された。この問題を克服すべく、フランスからリベロール、ブスケらが来朝し、司法省明法寮でフランス法学の教育に従事することになったのである。治罪法とともに1882年施行された明治13年太政官公布36号＝旧刑法は、元老院審議を経て公布されたものである。明治期におけるボアソナードの招聘はその重大な役割を担ったものであった。

　明治期において我が国の刑事法に採り入れた近代刑事法の諸原則、すなわち、フランス治罪法典や同国刑法典を中心に先進諸国の立法例を参考としながら導入された法原則は、明治維新以前のそれとはまったく異なるものであり、近代刑事法の確立をもたらせたものと考える。刑法典に限っていえば、幾つかの特筆されるべき原則が導入されたことである。すなわち、刑法典制定以前には確立されてなかった罪刑法定主義をその2条で「法律ニ正条ナキ者ハ何等ノ所為ト雖モ之ヲ罰スルコトヲ得ス」と明文をもって採り入れたことは、近代刑法への巨歩を印したものであったと考える。また旧来、新律綱領・改定律令の下においては科刑にあたり華士族に対する特別の優遇を認めるという刑法典自体に身分による科刑の差別制度を置いていた。これに対し旧刑法は、このような身分による差別を廃止した点で近代刑法の要素を採り込んだ法典であったといえよう。さらに旧刑法が責任主義を採用したことは、従来の結果責任を脱却しその責任について違法行為のみに限定したという点で刑法学上大きな前進であったといえる。[59]のみならず以降の刑法学においてもこれらの諸原則を綿々と継ぐこととなった「連続性」を持つ、普遍的原理を導入するものであったと考えている。フランス刑法は、当時近代刑法典の先端をゆくものであった。これを範として我が国の刑法典に採り入れるべく、明治期の短期間にこれが試みられ近代刑事法の大原則が導入されたのである。

3　社会刑罰権論の連続性

　本稿を通して確認してきたように、フランス刑法を母法として学んだ当時の研究者においては、刑罰権は社会が有し社会の代人たる検察官がこれを行使する(に過ぎない)。公訴権は被害者である私人とともに社会がこれを有し刑罰権はこれより生じるものである、と解する社会公訴権論に基づく社会刑罰権論が当時の刑事法思想を成すものであった。

59　この点に関しては、本稿の目的ではないため詳述しない。なお、西原春夫「刑法制定史にあらわれた明治維新の性格」『刑事法研究 第二巻』(成文堂、1967年) 231〜234頁を参照。

この点、一般的な公式説明では旧体制を脱却し集権的権力体制の確立へと向かうなかで、フランス刑法は衰退し代わってドイツ刑法を範とする刑法思潮が次なる時代に別なる学説を形成していくことになった(と説明されている)。周知の通り、その後我が国では本格的な近代化＝刑法の国家化に伴い、刑法学においては国家刑罰権を強調する刑法学が支配的になっていくという経緯を辿ることとなったといわれている。これが社会刑罰権論および社会公訴権論に代わって台頭する国家刑罰権を基礎とする刑法学および刑事訴訟法学である。

我が国の刑事法典編纂の過程で、とりわけ治罪法においては上で触れたように「民事原告人」の公訴提起に関する規定、すなわち110条2項が削除された。これは形式的にみれば、治罪法における公訴権概念の必要的転換を迫るものであったと考えることもできる。換言すれば、社会公訴権論の中核に置かれていた「社会における私人、社会における被害者」によって公訴が提起され得る、という私人訴追権の原型が排斥されたことを意味するものであるとも考えられよう。

しかしながら、本稿において明治刑事訴訟法は治罪法と基本的性格を同じくするもので本質は変わるところはなく、一般に説明される治罪法の「全面改正」によって生み出された法[60]と断言し得るところではないと考えている。実際、附帯私訴制度は依然として規定されていた(明治刑事訴訟法2条、4条)ことが、これを証するものといえる。刑事訴訟法上に民事的な訴訟規定を取り込み、刑事・民事を結合的に関連させた制度を併存させ続けることは、権力が私人の民事的権利行使を刑事裁判において保障することを意味するものと考えられるためである。このような観点から考察すれば、治罪法における社会公訴権の意義——被害者を訴訟制度の中心に置く訴訟制度の思想——は、明治刑事訴訟法においてもなお継続していたというべきであろう。

おわりに

本稿は、明治期における社会刑罰権論に立脚していた論者の具体的内容を明らかにしてきた。そのなかでは、社会が刑罰権を有し社会がこれを行使する、という社会刑罰権に基づく刑罰権論が展開されていた。その真髄は、被害者である私人を訴訟構造の中心に置き、検察官が公訴の提起をしない場合であって

---

[60] 小田中聰樹「刑事訴訟理論の歴史的概観」吉川経夫ほか編『刑法理論史の総合的研究』(日本評論社、1994年) 719頁。

も被害者自ら公訴を提起し得るというものである。このような私人訴追ないし公衆訴追の理念をもって訴訟構造を捉え、被害者である私人に訴権を認めていたのが社会公訴権論であり、社会公訴権に基づく刑罰論が社会刑罰権論であった。

　ドイツ刑法の影響を受けたといわれている我が国の刑事法学において、その後社会刑罰権に関する論考や検討は積極的には行われてはいない。だが、我が国刑事法の出発点であったフランス刑事法、とりわけフランス刑訴法理論[61]では訴権を誰が有し誰が行使するのか、という問題が現在でも最も重要かつ基本的な問題となっていること、またこれを巡って夥しい数の論文が書かれているという。[62]

　我が国では被害者について、「忘れられた人」といわれたように私人である被害者を訴訟構造の枠外へと置いてきた。現在、被害者に注目する訴訟手続が再論されている。現行刑事訴訟法における問題点の解決にあたっては、刑罰権論や公訴権論の原点に遡り、国民である私人、とりわけ被害者がどのように位置づけられるべきなのか、刑罰権ないし公訴権のゲネシス論に遡りこれを考察する必要があると考える。

＊　新倉修先生の古稀をお祝いするにあたり拙い論文しか献呈できないのはまことに心苦しい限りであるが、この点をご海容いただき先生のご業績に対する敬服の念を表し、祝賀論文の末席に加えさせていただくこととした。新倉先生のますますのご健康を心よりお祈りし今後のご活躍をせつにお祈り申し上げる次第である。

(あんどう・たいこ／青山学院大学法学部教授)

61　フランス刑事訴訟法については多くの文献があるが、網羅的にこれを精査している図書として、Gaston Stéfani（澤登佳人＝澤登俊雄＝新倉修訳）『フランス刑事法〔刑事訴訟法〕』（成文堂、1982年）がある。
62　沢登佳人「フランス刑事訴訟法は検察官と私訴原告人との協同による公衆訴追主義を採る」新潟16巻1号（1983年）96〜175頁、特に108頁。

国際刑事法における基本原理
国際刑事司法と罪刑法定主義

竹村仁美

はじめに

1 国際人権、法の一般原則としての罪刑法定主義

2 国際社会における罪刑法定主義:慣習国際法の位置づけをめぐって

3 第1次大戦後のヴィルヘルム2世訴追の試み、ニュルンベルク・東京裁判

4 安保理による旧ユーゴ、ルワンダ国際刑事法廷の設置:安保理決議の正統性の議論

5 国際刑事裁判所規程による罪刑法定主義の保障の意義と限界

おわりに

はじめに

　国際刑事裁判所規程が発効してから2017年7月には15年目を数え、2018年には、1998年7月のローマにおける同規程採択から記念すべき20年目を迎えた。その施設も常設施設へと移設された国際刑事裁判所は、今や揺籃期を終えようとしている。一方で、国際約束という多数国間条約に基づく常設の国際刑事裁判所の設立は、合意主義に根ざした現実主義的国際法を志向する立場から好ましい法の発展と捉えられる。他方で、人類の普遍性を背景とした世界法を志向する理想主義的立場からも、多数国間条約ゆえの普遍性の欠如等の欠点に目を瞑れば、国際刑事裁判所の出現は人間の尊厳と恒久平和の価値の体現[1]とも捉えられるであろう。

1　新倉修「国際刑事裁判所規程の批准と国内法整備の課題」法時79巻4号（2007年）26頁。

今日、国際刑事司法は、国内刑事司法と共に存在する。そして、国際刑事司法が現代社会において名実ともに定着したといえども、それは分権的主権国家並存の国際社会構造の下に存在しており、いわば水平的な関係性の国際社会においてどのように国際刑事司法の現実的枠組みを解明し、国際社会の刑罰権の理論的基礎を論ずるのかという課題が国際法学、刑事法学において注目を集めている。本稿は、国際刑事法における罪刑法定主義の意義の解明を通じ、その遠大な課題の一端に取り組もうとするものである。[2]

1 国際人権、法の一般原則としての罪刑法定主義

罪刑法定主義とは、刑法上、「なにが犯罪であるか、また、犯罪に対してどのような刑罰が科せられるかを法律をもってあらかじめ明示しなければならないとする大原則」である。[3] ラテン語でいえば「法律なければ刑罰なし(nulla poena sine lege)、法律なければ犯罪なし(nullum crimen sine lege)」という格言で知られ、ドイツの刑法学者フォン・フォイエルバッハの定式化したものであるといわれる。[4] 罪刑法定主義の淵源は、フランスにおいては1789年の人権宣言に求められるともいわれ、その8条は「何人も、犯罪に先だって制定公布され、かつ、適法に適用された法律によらなければ処罰されえない」と定めている。[5] したがって、罪刑法定主義の実質的根拠は社会契約説に基づく国民主権と天賦人権に存するともみなし得る。[6] この原則の派生原理として、事後法の禁止があり、行為後に制定した刑法を遡及適用して処罰することは禁止される。[7] 罪刑法定主義は、今や諸国の刑法に共通に見られる法原則となっており、国際法上、法の一般原則と評される。[8]

たとえば、世界人権宣言では、国内法上の罪刑法定主義だけでなく、国際法上の罪刑法定主義も示唆される規定ぶりとなっている。世界人権宣言の11条

2　本稿は、2015年日本刑法学会第93回大会第11ワークショップ「国際刑法における基本原理」でコメンテーターを務めた際の原稿を基にしている。新倉修先生から受けたご高配と学恩に感謝申し上げるとともに、古稀を心よりお祝い申し上げる。ワークショップのコーディネーターの安藤泰子先生、報告者の増田隆先生にも心よりお礼申し上げる。

3　大野真義『罪刑法定主義』(世界思想社、2014年) 3頁。

4　新倉修「罪刑法定主義と共同謀議」歴史地理教育586巻 (1998年) 17頁。

5　同上。

6　同上。

7　同上。

8　横田喜三郎『戦争犯罪論 (法学選書)』(有斐閣、1947年) 125頁。

2項は「何人も、実行の時に国内法又は国際法により犯罪を構成しなかった作為又は不作為を理由として有罪とされることはない。何人も、犯罪が行われた時に適用されていた刑罰よりも重い刑罰を科されない」と定める[9]。この「国際法により」という部分には当初、国際司法裁判所規程38条(c) に掲げられる「文明国の認めた法の一般原則」も含まれていたけれども、ニュルンベルク裁判と東京裁判の合法性の疑念を払拭するため、「国際法」の語に差し替えられたといわれる[10]。

　世界人権宣言の2年後、1950年に採択された欧州人権条約の7条1項も11条2項の文言を踏襲した。こうして、欧州人権条約の起草者も、世界人権宣言と国際人権規約を起草した国連人権委員会と同様に、ニュルンベルク裁判に対する批判を回避するために、国際法上の犯罪を罪刑法定主義の内容に含めたとされる[11]。他方で、欧州人権条約7条2項は、国際法上の刑事責任に対する罪刑法定主義の原則を明確化し、「本条は、文明国が認める法の一般原則により実行の時に犯罪とされていた作為又は不作為を理由として裁判し、処罰することを妨げるものではない」と規定している。この規定は法の一般原則を罪刑法定主義の例外の形で復活させたと評価し得る。また、後述の通り、欧州人権裁判所は不文法によっても罪刑法定主義が保障されると判断している。

　1966年に採択された自由権規約15条1項は、世界人権宣言11条2項の内容を踏襲した上で、「犯罪が行われた後により軽い刑罰を科する規定が法律に定められる場合には、罪を犯した者は、その利益を受ける」と規定する。この自由権規約の罪刑法定主義の条文を踏襲しているのが、1969年に採択された米州人権条約9条である。さらに、1981年に採択されたアフリカ地域の人権文書であるバンジュール憲章は、7条2項に世界人権宣言を踏襲した上で、「刑罰は、属人的なものであり、犯罪者に対してのみ科すことができる」という一文を付加した。

　これら人権条約の中の罪刑法定主義は、欧州人権条約15条2項、自由権規約4条2項、米州人権条約27条2項において、国家の緊急事態においても停

---

9 No one shall be held guilty of any penal offence on account of any act or omission which did not constitute a penal offence, under national or international law, at the time when it was committed. Nor shall a heavier penalty be imposed than the one that was applicable at the time the penal offence was committed.

10 Machteld Boot, *Genocide, Crimes Against Humanity, War Crimes: Nullum Crimen Sine Lege and the Subject Matter Jurisdiction of the International Criminal Court* (Intersentia, 2002) p. 129.

11 *Ibid.*, p. 157.

止できないいわゆる逸脱不可能な人権としての地位が与えられている。逸脱不可能な権利としての罪刑法定主義の位置づけは、戦時のような国家の緊急事態においても、罪刑法定主義は守られなくてはならないことを意味する。

罪刑法定主義は、国際人道法分野の国際法にも認められる法規範であり、たとえば、ジュネーヴ3条約（いわゆる捕虜条約）の99条も「捕虜は、実行の時に効力があった抑留国の法令又は国際法によって禁止されていなかった行為については、これを裁判に付し、又はこれに刑罰を科してはならない」と定めている。このジュネーヴ3条約の「国際法」という文言が条約のみを指すのか、慣習国際法を含むか否かについては、公式の注釈によっても明らかではない。

ただし、ジュネーヴ条約の注釈では「したがって、国内法で立法化されていない慣習国際法は、国内の軍隊で慣行上遵守されている場合に、国内の軍隊の規則に従ってのみ適用される」と記述されているので、慣習国際法の適用は排除されず、慣習法による処罰の禁止は予定されていないことがわかる。[12]

文民条約と呼ばれるジュネーヴ第4条約も占領国が行う裁判について67条で事後法禁止を謳い、「裁判所は、犯罪行為が行われる前に適用されており、且つ、法の一般原則、特に刑罰は犯罪行為に相応するものでなければならないという原則に合致する法令の規定のみを適用しなければならない。裁判所は、被告人が占領国の国民ではないという事実を考慮に入れなければならない」とする。

同様に、ジュネーヴ条約第1追加議定書75条4項(c)においても武力紛争に関して、罪刑法定主義の遵守が謳われている。[13] しかし、ここでもやはり国内立法化されていない慣習国際法を用いた処罰までは禁止されていないのか、という問題について、明文上、明確な回答は得られない。ただ、注釈においては、慣習国際法は国際法の一部を構成するので、国際法の法律主義は明文法だけでなく不文法も含むと書かれている。[14]

欧州人権条約、バンジュール憲章について見た通り、地域的条約、地域的人

12　Jean Pictet, *Commentary on the Third Geneva Convention* (the International Committee of Red Cross, 1960) p. 471.

13　75条4項「通常の司法手続に関する一般的に認められている諸原則を尊重する公平かつ正規に構成された裁判所が言い渡す有罪の判決によることなく、武力紛争に関連する犯罪について有罪とされるものに刑を言い渡すことはできず、また、刑を執行することはできない。これらの原則には、次のものを含む。（中略）(c)いずれの者も、実行の時に国内法又は国際法により犯罪を構成しなかった作為又は不作為を理由として訴追され又は有罪とされない（後略）」。

14　Yves Sandoz, Christophe Swinarski, and Bruno Zimmermann, *Commentary on the Additional Protocols of 8 June 1977 to the Geneva Conventions of 12 August 1949* (Martinus Nijhoff, 1987) para. 3104 p. 882.

権宣言においても、罪刑法定主義が謳われており、最も新しい地域的人権宣言である2012年11月のASEAN首脳会議において採択されたASEAN人権宣言は、世界人権宣言を踏襲する規定ぶりとなっている。[15]

国際人権法が罪刑法定主義原則を包摂したにもかかわらず、人道に対する犯罪や重大な戦争犯罪の処罰に関していえば、第2次大戦後のイスラエルのアイヒマン事件やカナダのフィンタ事件に見られる通り、国内裁判では戦争犯罪に対する遡及処罰の禁止の抗弁はことごとく否定されて来た。[16]また、欧州人権裁判所は、罪刑法定主義を緩やかに解釈し、不文法や裁判官の策定する法である(judge-made rules)判例法によっても、罪刑法定主義は保障されると判断しており、イギリスのような裁判官による法の発展という作業(judicial law-making)も、被告人にとって結果が合理的に予見可能である限りにおいて、罪刑法定主義の原則に反するものではないと判断されている。[17]

以上の通り、国際法上の責任と罪刑法定主義の関係性について、国際法違反に対する国内裁判においては戦争犯罪の重大性及び被告人の予見可能性を根拠として、[18]成文法主義という形式的議論を超えた展開を見せている点に留意する必要がある。

2　国際社会における罪刑法定主義：慣習国際法の位置づけをめぐって

次に、国際法の法源と罪刑法定主義について考える。国際法は、国内法とは異なり、分権的な国際社会を背景としている。国内社会における罪刑法定主義が三権分立の下での刑罰権の恣意的行使への牽制として機能するとすれば、国際社会には確立された三権分立の概念は存在しないし、主権国家平等の考え方からすればそもそも国家を差し置いて、他に国際社会に主権は存在しないこと

---

15 原文は、以下の通り。' (2) No person shall be held guilty of any criminal offence on account of any act or omission which did not constitute a criminal offence, under national or international law, at the time when it was committed and no person shall suffer greater punishment for an offence than was prescribed by law at the time it was committed.' 和訳につき、渡辺豊「ASEAN人権宣言」新潟47巻1号（2014年）161頁。

16 William A Schabas, *The International Criminal Court: A Commentary on the Rome Statute* (Oxford University Press, 2010) p. 404; William A Schabas, *The International Criminal Court: A Commentary on the Rome Statute* (Oxford University Press, 2nd ed., 2016) p. 540.

17 SW v. United Kingdom, Application no. 20166/92 (22 November 1995) paras. 35-36.

18 越境する犯罪の重大性と罪刑法定主義の停止による刑事国際法の貫徹について、ウルフリット・ノイマン（佐伯和也＝前嶋匠訳）「グローバル化された法世界における世界主義」ノモス18号（2006年）75頁。

になる。

　とはいいながらも、国際社会は第１次大戦後の動きを契機として、第２次大戦後、そして冷戦後と個人に対する国際刑事法上の刑事責任追及の仕組みを模索して来た。そこで、個人の国際法上の刑事責任、さらにそれと罪刑法定主義の関係とを考える前提として、国際法の性質に立ち返る必要がある。

　国際法の法源として国際法上参照されるものに、国際司法裁判所規程38条１項があり、そこでは、国際紛争を解決するための国際法として、条約、慣習国際法、文明国が認めた法の一般原則が掲げられる。こうして、そもそも国際法の法源に慣習国際法が存在することから、国際法上、罪刑法定主義が事後法の禁止について問題となることはあっても、国際社会において慣習刑法の禁止という厳格なところまで法律主義が要請されたり、問題になったりすることは少ないのが現状であるように思われる[19]。

　初期の裁判例において、旧ユーゴ国際刑事法廷の第１審裁判部も、次のように述べて、国際刑事法における法律主義の特殊性を強調した。「国際刑事法における法律主義は、国内法体系における法律主義とは適用や基準の観点で異なる。国際刑事法における法律主義は、被告人に対する正義及び公平の維持と世界秩序の維持との間のバランスをとるという明白な目的の点で際立っている。この目的のため、関係諸国は、特に、国際法の性質、国際法政策の欠如、技術的起草作業の事後的プロセス、国際刑事法は様々な国家の国内刑事法にやがて取り込まれるであろうという基本的な仮定を考慮に入れる必要がある[20]」。

　カッセーゼによれば、国際刑事法上の罪刑法定主義は、実体的正義の要請から、社会に対して害悪や危険を及ぼす行為について、当該行為が行為時に法的に犯罪化されていようがいまいが、法秩序がその行為の禁止と処罰を要請する[21]。他に、バッシウニやブルームホルといった国際刑事法研究者も、国際刑事法上の法律主義は、被告人に対する公平・正義の要請と、世界秩序の安定のバランスの上に成り立っているので、特殊な地位(sui generis)を占めると論じ

19　「国際刑法は重大な国際犯罪を犯した個人の刑事責任を追及する法であるが、後述するようにその原則である罪刑法定主義については、国内刑法における罪刑法定主義から求められる厳格性と同じ基準が求められてきたわけではない」。安藤泰子「罪刑法定主義の相対性（一）」青山ロー13号（2017）32頁。

20　*The Prosecutor v. Zejnil Delalić, Zdravko Mucić, Hazim Delić, Esad Landžo*, Judgment, Judgment, Case No. IT-96-21-T (16 November 1998) para. 405, p. 150.

21　Antonio Cassese, 'Nullum Crimen Sine Lege' , in *The Oxford Companion to International Criminal Justice* (Oxford University Press, 2009) pp. 438-439.

てきた。以上の立場からは、厳格な事後法の禁止が国際刑事法上求められる
ようになったのは近年のことであると指摘される。たとえば、国連安保理決議
によって旧ユーゴ国際刑事法廷規程が作成された際、国連事務総長は「罪刑法
定主義の要請により、国際法廷は、疑いなく慣習法の一部となった国際人道法
を適用しなくてはならない。これにより、特定の条約が全ての国家によって批
准されている訳ではないという問題は起こらない」と述べ、罪刑法定主義の保
障へ特別に言及した。厳格な事後法の禁止の要請の背景には、各国が罪刑法
定主義を定めた国際人権条約を批准し始めたこと、国際犯罪に関する条約が多
く作られるようになったこと等が影響しているのではないかと指摘される。
このような系譜の上に、国際刑事裁判所規程22条が位置づけられ、より形式
的な罪刑法定主義が要請されるようになって来ている。

3 第1次大戦後のヴィルヘルム2世訴追の試み、ニュルンベルク・東京裁判

　戦争の指導者に対する責任を追及しようという試みが、第1次大戦中の連合
国政府にあったことは、よく知られている。連合国政府は、敵国に対する連合
国国民の闘争心をあおるべく、ドイツを「犯罪国家」と名付けて、大々的な宣
伝戦を展開した。こうした連合国政府の動きによって、戦争指導者を戦後に
処罰することが連合国国民にとって受け入れやすいものとなったと考えられ
る。前ドイツ皇帝ヴィルヘルム2世(カイザー)の訴追は第1次大戦の講和会議
において講和会議議長から提案された。講和会議は、カイザー訴追のためにい
わゆる戦争責任委員会を設置した。しかし、フランスの法廷設置提案とアメリ
カのカイザー訴追反対という両極の意見が対立し、最終的にアメリカは、戦争
責任委員会の報告書に対して反対の留保を付しており、その反対の理由の一つ

---

22 M Cherif Bassiouni, *Crimes against Humanity in International Criminal Law* (Nijhoff, 1992) p. 112. Bruce Broomhall, 'Article 22 Nullum Crimen Sine Lege', in Otto Triffterer (ed.), *Commentary on the Rome Statute of the International Criminal Court: Observer's Notes, Article by Article* (C.H.Beck, Hart, Nomos, 2nd ed., 2008) pp. 717-718.

23 Report of the Secretary-General Pursuant to Paragraph 2 of Security Council Resolution 808 (1993), UN Doc. S/25704, para. 34 (1993).

24 Cassese, *supra* note 21, p. 439.

25 大沼保昭『戦争責任論序説――「平和に対する罪」の形成過程におけるイデオロギー性と拘束性』(東京大学出版会、1975年)39頁。同時に、大沼は「もっとも、連合国の中でも、国際法学者、刑法学者の間では、ドイツの戦争指導者の処罰を主張する者は必ずしも多数を占めた訳ではないと指摘する。同書61頁注13。

に罪刑法定主義があったといわれる[26]。結局、第1次大戦後のカイザー訴追は、カイザー亡命先オランダがその引渡しを拒否したため実現しなかった。

ニュルンベルク裁判では、罪刑法定主義との関係で、裁判所の事後的設置の合法性や、平和に対する罪と事後法の禁止が問題になった[27]。まず、裁判所の設置の合法性について、ニュルンベルク裁判は、2つの法的根拠を示した。第1に、裁判所は、ドイツが無条件で降伏した連合国によって、国際法上の主権的な立法権限に基づいて設置されていること、第2に、連合国は、既に存在する国際法を明文化して裁判所の適用する法規及び裁判所に関する規則を策定していることから、国際軍事裁判所条例は国際法に反しないとの見解を示したのである[28]。

ニュルンベルク裁判で、次に問題とされたのは、平和に対する犯罪という侵略戦争開始に対する個人の刑事責任を問う罪が事後法に反するのではないかという問題である。事後法禁止の主張に関して、ニュルンベルク裁判は、有名な一説として次の通り述べている。「法律なければ犯罪なしの格言は、主権の制限ではなく、一般に司法の原則である。条約や保障を無視して隣国を攻撃した者を処罰することは不正である、という主張は明らかに不誠実であり、このような状況では侵略者は彼が不正を行っていることを知っているべきだ。侵略者を処罰することは不正義どころか、不処罰にすることこそ不正義である。ドイツ政府での地位から、少なくとも被告人のうちの何人かは、国際紛争を解決するための戦争への依拠を不法としているドイツの署名していた条約を知っていたのであり、彼らが侵略の計画を完璧な議論の上で実施した際には、あらゆる条約に違反する行動をとることに気付いていたに違いない。この事例だけについていえば、現在の事実には(罪刑法定主義の)格言は妥当しない」と述べた[29]。

東京裁判について、裁判所設置を基礎づける極東国際軍事裁判所条例の発布が1946年1月であったことから、これも事後法に当たる[30]。連合国が日本の戦争責任者処罰を明示したポツダム宣言も1945年7月26日に出されており、事後法である[31]。

東京裁判においては、フィリピンの判事が罪刑法定主義は国際法上妥当しな

26 　同上62〜63頁注25。
27 　Boot, *supra* note 10, p. 189.
28 　ibid.
29 　Nuremberg Judgment, *American Journal International Law*, Vol. 41 (1947) p. 217.
30 　新倉・前掲注4論文18頁。
31 　新倉・前掲注4論文18頁。

国際刑事法における基本原理　441

いと述べた。[32]他方で、良く知られている通り、インド人の判事パルや、オランダ人判事レーリングは、平和に対する罪が事後法禁止に反すると示唆した。パルが裁判自体、勝者の裁きであるから被告人全員無罪と訴えたのに対して、レーリングは、事後法禁止は正義の要請ではなく法政策的原則に過ぎないとして、平和に対する罪についてのみ有罪となった被告人の死刑の不適用を訴えたのである。[33]

　結局、ニュルンベルク裁判も東京裁判も判決では自らの裁判の正当性を肯定し、平和に対する罪を含めて、有罪判決を下した。そして、判決後に、国連総会は、ニュルンベルク裁判で認定された内容を慣習国際法であったと裏書きするニュルンベルク原則の定式化を国連国際法委員会に求め、国連国際法委員会がこれを定式化して事後法の問題が事後的に克服されることとなった。[34]

　一方で、東京裁判において罪刑法定主義は踏みにじられていたとも評価できる。[35]他方で、ニュルンベルク裁判と東京裁判以前の戦後処理と比べ「東京裁判は、事後法によるとはいえ、侵略戦争の計画、準備、開始、実行を犯罪とし、その処罰を適切な手続のもとに行うことによって、侵略戦争の実相を明らかにして、責任の所在を明確化することによって、将来における侵略戦争を防止しようとする工夫をめぐらしたもの」と評価することもできる。[36]

4　安保理による旧ユーゴ、ルワンダ国際刑事法廷の設置：安保理決議の正統性の議論

　旧ユーゴ国際刑事法廷、ルワンダ国際刑事法廷は、安保理決議[37]により設置されたものではあるけれども、いずれも確立した国際人道法違反、すなわち慣習国際法となっている条約を適用するということを前提として大量人権侵害発生後に設立されたために、罪刑法定主義の問題は、管轄犯罪の慣習国際法性[38]、犯罪の明確性以外にはそれほど問題とされなかったといえよう。

32　Concurring Opinion of Judge Jaranilla, Member from the Republic of the Philippines, Tokyo Judgment.

33　Boot, *supra* note 10, pp. 202-201. Dissenting Opinion of Judge Pal, Tokyo Judgment. Dissenting Opinion of Judge Röling, Tokyo Judgment.

34　洪恵子「国際社会の処罰権と主権国家の役割」法時86巻2号（2014年）7～8頁。

35　小寺初世子「国際刑法と罪刑法定主義」広島平和科学5巻（1982年）102頁。

36　新倉・前掲注4論文19頁。

37　U. N. Doc. S/RES/827 (25 May 1993); U. N. Doc. S/RES/955 (8 November 1994).

38　William Schabas, 'General Principles, *Nullum Crimen* and Accountability for International

裁判所の設置自体の事後的な性格については、旧ユーゴ国際刑事法廷の初の事件として知られたタジッチ事件で、被告人タジッチが裁判所の設置は安保理の権限踰越であり、さらに人道に対する犯罪を国内紛争に適用することは罪刑法定主義にも反すると主張した[39]。第1審は安保理決議の正統性を国際刑事法廷自身が判断することは不能とし、国内的武力紛争に人道に対する犯罪を適用することも合法としたが、上訴審は、国連憲章第7章下で行動する安保理決議による裁判所の設置を合法と決定した[40]。

　なお、事後法の禁止について、旧ユーゴ国際刑事法廷では、規程中には、裁判の運営に対する犯罪いわゆる法廷侮辱罪(contempt)の規定がなかったにもかかわらず、人々を法廷侮辱罪で有罪とする国際実行が存在する。法廷侮辱罪は、旧ユーゴ国際刑事法廷の手続証拠規則の規則第77で定義、規定されているものの、法廷規程中には一切処罰規定が存在しなかった。上訴裁判部は、法廷侮辱罪についても罪刑法定主義が適用されると主張しつつも、手続証拠規則ではなく、通常の国際法の法源としての法の一般原則に処罰根拠を求めた。法廷侮辱罪に関する慣習国際法の成立如何を問題とせず、旧ユーゴ国際刑事法廷は、規程自体及び諸国の法原則から導かれる法廷侮辱罪の定義から処罰する権限を導いた[41]。この結論については、被疑者が行為時に法廷の手続証拠規則からその行為が犯罪であることを知り得たと言えたので、法廷は法の一般原則ではなく手続証拠規則に法律主義の根拠を求めるべきであったとの批判がある[42]。しかし、シエラレオネ特別法廷も、手続証拠規則にしか法廷侮辱罪を持たないため、法廷は旧ユーゴ国際刑事法廷の判例を踏襲して手続証拠規則ではなく、固有の処罰権限に言及しながら法廷侮辱罪処罰を認めることとした[43]。

　また、旧ユーゴ国際刑事法廷では、規程に明文規定のない法廷侮辱罪を、旧ユーゴスラビア紛争との関連のないジャーナリストへ適用し、法廷の手続に関

Crimes', in Carsten Stahn, Larissa van den Herik, Nico Schrijver (eds.), *International Law and the Protection of Humanity* (Brill Nijhoff, 2016) p. 497.

39　*The* Prosecutor v. Duško Tadić, 'Decision on the Defence Motion on Jurisdiction, Trial Chamber', Case No. IT-94-1 (10 August 1995) para. 77.

40　*The Prosecutor v. Duško Tadić*, 'Interlocutory Decision on the Defence Motion on Jurisdiction', Appeals Chamber, Case No. IT-94-1-A (5 October 1995).

41　*The Prosecutor v. Duško Tadić*, 'Judgment on Allegations of Contempt against Prior Counsel', Milan Vujin, Appeals Chamber, Case No. IT-94-1-A-R77 (31 January 2000).

42　Kenneth S Gallant, *The Principle of Legality in International and Comparative Criminal Law* (Cambridge University Press, 2009) pp. 310-311.

43　In *the Case against New TV S.A.L., Karma Mohamed Tahsin Al Khayat*, 'Decision on Motion Challenging Jurisdiction and on Request for Leave to Amend Order in Lieu of an Indictment', Contempt Judge, Case No. STL-14-05/PT/CJ (24 July 2014) paras. 26-35.

する情報を漏洩したことについて有罪とした事件も発生しており、被告人、弁護人、証人以外の者について、規程に明文のない法廷侮辱罪を適用することの合法性も問われている[44]。なお、国際刑事裁判所規程は、規程中の70条に裁判の運営に対する犯罪を設け、この問題を克服した。

事後法の禁止について、国際刑事裁判所規程に犯罪が含まれている事実を、同規程のローマ会議での起草作業が慣習法の法典化であるとみなした上で、犯罪の慣習国際法の証拠の一つとして認めたシエラレオネ特別法廷の事例もある[45]。シエラレオネ特別法廷上訴裁判部がシエラレオネ特別法廷規程[46]は、1998年7月の国際刑事裁判所規程の採択より後の2002年1月に発効しており、その管轄犯罪の4条(c)の「その他国際人道法の重大な違反」の中に、児童兵徴募という国際刑事裁判所規程において初めて戦争犯罪として明記された犯罪[47]を含んでいた。このため、シエラレオネ特別法廷で、弁護側が罪刑法定主義に基づき一部の犯罪の管轄権を争ったという事件である。関連して、国際刑事裁判所規程の文脈では、児童兵徴募の犯罪の慣習国際法性が争われたというよりも、罪刑法定主義の派生原則である類推解釈の禁止の規定（国際刑事裁判所規程22条2項）との関連で、弁護側が国際刑事裁判所規程8条2項(e)(ⅶ)の解釈を行う際に被告人に有利な解釈を行うよう求めたが、国際刑事裁判所第1審裁判部Iは弁護側の解釈を認めず、自らの解釈が規程22条2項に反しないと明言した[48]。

5　国際刑事裁判所規程による罪刑法定主義の保障の意義と限界

国際軍事裁判所条例、極東国際軍事裁判所条例、旧ユーゴ国際刑事法廷、ルワンダ国際刑事法廷、シエラレオネ特別法廷はいずれも罪刑法定主義、法律主

---

44 *The Prosecutor v. Irvica Marijaić and Markica Rebić*, 'Judgment', Trial Chamber, Case No. IT-95-14-R.77.2 (10 March 2006).

45 *The Prosecutor v. Sam Hinga Norman*, 'Decision on Preliminary Motion Based on Lack of Jurisdiction (Child Recruitment)', Appeals Chamber, Case No. SCSL-04-14-AR72(E) (31 May 2004) para. 33, p. 19.

46 The Statute of the Special Court for Sierra Leone, 2178 UNTS 138, 145; U. N. Doc. S/2002/246, Appendix II (8 March 2002).

47 この点、増田隆「児童兵犯罪の生成過程とローマ規程」帝京29巻2号（2015年）1頁参照。

48 *The Prosecutor v. Thomas Lubanga Dyilo*, 'Judgment pursuant to Article 74 of the Statute', Trial Chamber I, Case No. ICC-01/04-01/06 (14 March 2012) para. 620.

義を明文で定めていなかったが、[49]1998年に採択された国際刑事裁判所規程がこれを初めて定めた。

国際刑事裁判所は、条約でできており、国内での批准手続を経ることから、旧ユーゴ国際刑事法廷やルワンダ国際刑事法廷といった安保理設置の法廷よりも一見して、民主的正統性の基盤が強固ではある。ただし、国際刑事裁判所も、安保理によって国際の平和と安全の脅威と認定された事態につき、安保理から捜査を依頼される場合がある。安保理付託の場合、国際刑事裁判所は非締約国の事態を取り扱う可能性が高くなり、安保理の行為の民主的基盤に対する疑念の余地は残る。

もっとも、国際刑事裁判所は、ニュルンベルク、東京、旧ユーゴ、ルワンダ、シエラレオネと異なり、裁判所自体が事後的な設置ではない、という特徴があり、常設の国際刑事裁判所の規範はその発効後の行為、すなわち未来に向かって適用されることから、今までの国際刑事法廷が行って来たような慣習国際法の存在を常に確認するという作業を行う必要がないことになる。[50]

国際刑事裁判所規程は22条で「法なくして犯罪なし(nullum crimen sine lege)」を定め、23条で「法なくして刑罰なし(nulla poena sine lege)」の原則、24条で規程の不遡及を定めて、条約によって設置された国際刑事裁判所として、罪刑法定主義を明文化した。そして、国際刑事裁判所は規程の他に、構成要件の文書を策定しており、こうした文書も罪刑法定主義の要請に貢献している。構成要件文書については、国際刑事裁判所規程起草時の日本代表の次の発言、すなわち「罪刑法定主義に照らし、犯罪の構成要件を定義することが非常に重要である」という発言が策定を後押ししたものと考えられ、構成要件文[51]書は2002年の9月に国際刑事裁判所規程の第1回締約国会議において採択された。[52]

ただし、ローマ会議における罪刑法定主義の要請の高まりというのは、被告人の権利に関する国家の人権意識を反映しているという事情の他に、規程上、国家関係者が被疑者となることが想定されていて、国家自身が罪刑法定主義を

---

49 Kenneth S Gallant, *The Principale of Legality in International and Comparative Criminal Law* (Cambridge University Press, 2009) p.304.

50 Schabas (2010), *supra* note 16, p.406.

51 U. N. Doc. A/CONF.183/SR.2, para. 43.

52 Elements of Crimes of the International Criminal Court, ICC-ASP/1/3, pp. 108-155, U.N. Doc. PCNICC/2000/1/Add.2 (2000).

要請したという事情も背景にあるといわれている。[53]

　国際刑事裁判所規程で注意すべき点は、国際刑事裁判所規程は国家に対して規程上の犯罪の国内立法化の義務を課さない反面で、国家管轄権に対する国際刑事裁判所の補完性の原則という制度が採用されている点である。その意味では、国際刑事裁判所自体の罪刑法定主義の遵守如何が問題となる可能性は低く、むしろ、関係締約国における国際刑事裁判所の事項的管轄にある犯罪の国内立法化、処罰根拠と罪刑法定主義の関係が問題となる局面の方が多いことが予想される。

　また、国際刑事裁判所規程の22条は、必ずしも犯罪が国内法で犯罪とされていることを要請するとは解釈されておらず、国際刑事裁判所の判例上、22条は犯罪が慣習国際法上犯罪とされていることを要請しているものとも解釈されていない。[54]しかしながら、国際刑事裁判所を安保理が利用する等の場合、非締約国国民に対しても規程の犯罪で処罰される可能性があることに鑑みれば、そうした場合には特に、国際刑事裁判所規程上の犯罪が慣習国際法上の犯罪であることの証明が期待されるとの指摘もある。[55]

　国際刑事裁判所規程の22条2項は、罪刑法定主義の内容として、犯罪の定義が厳格に解釈されなくてはならず、類推による拡大解釈を禁じ、犯罪の定義が曖昧な場合には、被疑者、被告人に有利となるよう要請している。

　カタンガ事件においては、2度程、罪刑法定主義に関する問題が出現した。第1に、弁護側が、予審裁判部による本件のングジョロ事件との併合は、国際刑事裁判所規程の64条5項、手続証拠規則の規則第136の解釈上許されず、法律主義に反すると主張したものである。この点、上訴裁判部は予審裁判部の解釈は法律主義に反しないと結論した。[56]第2に、第1審判決において、裁判部は、規程22条2項に定められる厳格な解釈の要請に従いつつ、規程の解釈についてウィーン条約法条約に依拠すると述べ、規程22条2項の要請がウィーン条約法条約に基づく伝統的な条約解釈手段に優先するわけではないとの立場を示した。[57]

53　Schabas (2010), *supra* note 16 p. 408.

54　Broomhall, *supra* note 22, p. 719.

55　*Ibid.*, p. 720.

56　*The Prosecutor v, Germain Katanga and Mathieu Ngudjolo Chui*, 'Judgment on the Appeal Against the Decision on Joinder rendered on 10 March 2008 by the Pre-Trial Chamber in the Germain Katanga and Mathieu Ngudjolo Chui Cases' , Appeals Chamber, Case No. ICC-01/04-01/07 OA6 (9 June 2008) para. 9, p. 7.

57　*The Prosecutor v, Germain Katanga*, 'Judgment pursuant to article 74 of the Statute' , Trial

最後に、国際刑事裁判所規程22条3項は、「この条の規定は、この規程とは別に何らかの行為を国際法の下で犯罪とすることに影響を及ぼすものではない」と定めているため、国際刑事裁判所規程成立以前の、安保理設置の国際刑事法廷による慣習国際法に基づく個人の処罰という形式が今後もとられる余地を残していることになる。また、国際刑事法廷のみならず、この規定を根拠に、国内で慣習国際法、条約を根拠にして個人が刑事責任を問われる可能性も残していることになろう。その場合は、当該法廷地国における裁判所の罪刑法定主義の解釈がどの程度国際刑事法固有ともいえる罪刑法定主義の展開を考慮するかどうかが問題となる。

おわりに

以上、国際法上の罪刑法定主義について振り返るとき、そこには国際社会の良心の内に、正義の要請と人権尊重の要請の葛藤が常にあり、正に国際刑事法が何のために存在し、どのような普遍的人権を遵守しながら運営すべきかという最低基準の輪郭を示してきたのではないか。ニュルンベルク裁判、東京裁判、旧ユーゴ国際刑事法廷、ルワンダ国際刑事法廷、シエラレオネ特別法廷と大量虐殺後の事後的な法廷の設置について、裁判所は、国際社会の良心を震撼させたことに対する被告人の予見可能性を過大限評価しつつ、国際法に固有の曖昧さを背景として国際刑事法の明白性の程度について罪刑法定主義には反しないと判断して来た。このことは、シエラレオネ特別法廷の上訴裁判部の判事の反対意見にも表れている。[58]

Chamber II, Case No. ICC-01/04-01/07 (7 March 2014) paras. 53, 57, pp. 34-35.

58 *The Prosecutor v. Sam Hinga Norman*, 'Decision on Preliminary Motion Based on Lack of Jurisdiction, Dissenting Opinion of Justice Robertson', Appeals Chamber, Case No. SCSL-04-14-AR72E (31 May 2004) para. 13: 'The principle of legality, sometimes expressed as the rule against retroactivity, requires that the defendant must at the time of committing the acts alleged to amount to a crime have been in a position to know, or at least readily to establish, that those acts may entail penal consequences. Ignorance of the law is no defence, so long as that law is capable of reasonable ascertainment. The fact this his conduct would shock or even appall decent people is not enough to make it unlawful in the absence of a prohibition. The requisite clarity will not necessarily be found in there having been previous successful prosecutions in respect of a similar conduct, since there has to be a first prosecution for every crime and we are in the early stages of international criminal law enforcement. Nor is it necessary, at the time of commission, for there to be in existence an international court with the power to punish it, or any foresight that such a court will necessarily be established. In every case, the question is whether the defendant, at the time of conduct which was not clearly outlawed by national law in the place of its commission, could have ascertained through competent legal advice that it was contrary to

しかしながら、国際社会において、国際刑事法における罪刑法定主義のあり方が常に変わらないものとして存在するのではなく、人権尊重のために、内容を変化させていることにも注意しなくてはならない。

　水平的構造を有する国際社会において、国際人権規範という人類共通の普遍的価値の実現のために国際刑事司法の理念は生じている。したがって、権力による人権侵害を防ぐ罪刑法定主義の要請は、国際刑事司法においても妥当すべきであり、その要請が明記された国際刑事裁判所規程を得て、国際刑事司法も次第に罪刑法定主義の意味内容を充実させつつある。とはいえ、本来、権力の抑制原理は硬性を有すべきともいえる。常設国際刑事裁判所の実行を通じて、国際刑事司法における罪刑法定主義の規範内容の明確化と一層の安定化が図られることが期待される。

〔謝辞〕
　本研究はJSPS科研費17K03380の助成の一部である。

(たけむら・ひとみ／一橋大学大学院法学研究科准教授)

international criminal law'.

人道に対する犯罪

東澤 靖

1　はじめに

2　人道の概念の登場──「人道の法」とマルテンス条項

3　第1次世界大戦期の人道に対する犯罪の試み

4　第2次世界大戦後の人道に対する犯罪の成立

5　人道に対する犯罪の法典化の試み

6　冷戦後の国際刑事法廷における混迷

7　ICC規程における人道に対する犯罪の定義の問題点

8　おわりに──人道に対する犯罪における定義の多様性と合理性

1　はじめに

　新倉修先生のお名前は、早くから存じ上げていた。しかし、個人的に師事させていただくようになったのがいつからであったのか、はっきりとしたきっかけは記憶にはない。そうしたきっかけが不要なほどにいつの間にか後輩たちを取り込んでしまう大きな度量、それが新倉先生の真骨頂であるような気もする。いずれにしても、新倉先生と頻繁に接するようになったのは、一つには弁護士会での国際人権をめぐる活動、そしてもう一つは国際刑事裁判所(ICC)をめぐる活動であった。

　ICC設立のための条約であるローマ規程(ICC規程)は、1998年に日本を含む圧倒的多数の国々による賛同のもとに採択された。ICC規程を議論するローマでの国際会議に日本弁護士連合会(日弁連)から派遣された私は、全世界から集まった政府代表、国際機関代表、そして市民社会代表が共有する一つの思いに圧倒された。武力紛争や独裁体制のもとで繰り返されて来た、市民に対する大量の殺害や迫害。20世紀においては、そうした明らかな犯罪行為が、捜査されることもなく、訴追されることもなく、国際政治の現実の中で不処罰のまま

人道に対する犯罪　449

に放置され、また繰り返されてきた。そして被害者は、恐怖と恥を課されたままに、長い長い沈黙か、あるいは報復かという絶望的な状況を強いられてきた。そのような沈黙の歴史、あるいは不処罰と報復という負の連鎖を断ち切る、そうした思いがICCの設立を強く後押しした。そして、旧日本軍がアジア太平洋地域で広範かつ組織的に行った性奴隷制、あるいは「慰安婦」制度の生存者の、日本政府に対する訴訟に加わっていた私は、ローマでの国際会議を通じて、同じ思いを共有することとなった。

　ICCは、2002年に必要とされる批准国を獲得して発効した。そして、集団殺害犯罪(ジェノサイド)、人道に対する犯罪、戦争犯罪を裁くための常設の国際裁判所として、翌年からオランダのハーグで活動を開始した。しかし、ICC規程採択後の日本政府の関与は、とても消極的なものにとどまり、遅々として、それを批准し、あるいは加入しようとはしなかった。1998年のICC規程の採択の際には、賛成票を投じたにもかかわらず、その後は国内法が未整備であることを口実として、署名すら行わなかった。そうした日本政府の対応の背景には、ICCに反対し続けるアメリカの存在があった。アメリカ政府は、全世界に展開する自国の兵士を国際的な訴追から守るために、ICC規程の採択に反対し、さらには2001年に始まったブッシュ政権がICC加盟国に対して一定の場合に軍事援助を停止するとの脅しを加えていた。日本は、そうした脅しの対象国ではなかったが、ICCに対して沈黙を守り続けた[1]。

　新倉先生が代表を務めていた「国際刑事裁判所問題日本ネットワーク」(JNICC)は、全世界的な「ICCのためのNGO連合」(CICC)の日本におけるカウンターパートとして、日本政府のICC規程への加入を求めて力強い運動を展開していた。JNICCは、その後、国会の中に超党派の国際刑事裁判所議員連盟を設置させることにも成功し、次第に与野党を巻き込んだ機運を高めていった。折しも、ブッシュ政権は、2005年、当時国際的非難が高まっていたスーダンのダルフール地方の紛争を国連安全保障理事会がICCに付託することに反対しなかった。また、翌2006年には、前述の軍事援助停止措置を解除するなどICCへの態度を軟化させていった。そうした中で、日本政府は、2007年にICC規程への加入を実現した。新倉先生は、その後もICCの活動や日本がそれに加わる意義について、積極的な発言を続けている。

1　ICCと日本との関わりについては、拙著『国際刑事裁判所と人権保障』(信山社、2013年) の「第10章　国際刑事裁判所と日本の課題」を参照されたい。また、ICC全般については、拙著『国際刑事裁判所　法と実務』(明石書店、2007年)、村瀬信也＝洪恵子編『国際刑事裁判所——最も重大な国際犯罪を裁く〔第2版〕』(東信堂、2014年) を参照されたい。

ICCは、2010年には、前述の３つの犯罪類型に加えて、侵略犯罪への管轄権も起動させる改正を実現し、2017年から発効した。また、2012年以降数々の事件について、有罪・無罪の判決やICCの特色の一つである被害者のための賠償命令を行い続けている。他方で、アメリカ、ロシア、中国といった安保理常任理事国の不参加や、自ら執行権限を持たない性格などから、数々の困難にも直面してきている。[2]

他方で、ICCによって実現した最も重大な国際犯罪の訴追・処罰は、人類共通の犯罪として定着しつつある。特に、ICCによって初めて法典化されたとされる人道に対する犯罪は、ICCが国際法の発展に貢献した重要な要素だろう。それにもかかわらず、人道に対する犯罪の概念は、その生成過程のみならず、ICC規程の採択後においても、何をもって人道に対する犯罪とすべきなのかについて、少なからぬ問題を抱えている。ICC規程において法典化された犯罪概念は、あくまでも「この規程の適用上」とされる特定の条約のための国際立法に過ぎず、慣習国際法としてどのような行為が人道に対する犯罪と考えられてきたのかという問題とは区別されるからである。特に人道に対する犯罪は、戦争犯罪とは異なり、ナチスのホロコーストのように政府による自国民に対する行為についても成立する犯罪であるという一般的な理解はありつつも、実際の犯罪行為のリストに掲げられた殺人以下の具体的な行為は、通常の国内法によって国内犯罪とされてきた行為である。そのような国内犯罪と同様の行為をどのように定義づければ、「個人が国際法に基づいて直接に義務を負いその違反について刑事責任を科される犯罪」である国際法上の犯罪として承認されるのか。さらには、伝統的に国家主権の一機能とされてきた刑事管轄権を国際裁判所に委ねることが可能となるのか。

そうした問題意識を持ちつつ、本稿では、人道に対する犯罪概念の生成の過程に焦点をおきながら、人道に対する犯罪概念をめぐる問題点を探ることとしたい。

2　人道の概念の登場──「人道の法」とマルテンス条項

人道に対する犯罪が歴史上始めて登場したのは、後に詳しく触れるように、第２次世界大戦後に連合国が枢軸国の戦争指導者を裁くために定めた国際軍事

2　ICCが直面してきた困難については、「第１章　重大・組織的な人権侵害事態と国際刑事裁判所」拙著・前掲注１『国際刑事裁判所と人権保障』３～14頁を参照。

法廷(以下、「ニュルンベルク法廷」)においてである。しかし、それ以前の歴史において、人道と法、あるいはそれに類似する概念が、西欧の文明のみならずさまざまな文明の中で用いられてきた。

　その中でも人道に対する犯罪への系譜に連なる最初のものとして一般に言及されるのは、条約として締結された1868年のサンクトペテルブルク宣言である[3]。この条約は、戦時において重量400グラム未満の炸裂弾の使用を放棄することを約束するものであったが、その前文において、「人道の法」という概念を用いていた。すなわち、戦闘能力を失った者の苦しみを無用に増大させ、死亡を不可避とするような武器の利用を、「人道の法に反する」(contrary to the laws of humanity)と断じていた。このサンクトペテルブルク宣言の言及した「人道の法に反する」という考え方は、それ以後の戦争法の法典化の過程で繰り返し参考にされていった[4]。同時に、この宣言が言及する「人道の法」は、一般には、人道に対する犯罪という概念の歴史上の端緒として言及されるようになった[5]。

　無用に苦痛を増大させる兵器を禁止するという、サンクトペテルブルク宣言の規範は、その後、1899年と1907年の2度にわたるハーグ平和会議において採択された、「陸戦の法規慣例に関する条約」(以下、「ハーグ陸戦条約」)及び同規則に受け継がれていった[6]。ハーグ陸戦条約においては、そのことに加えて、後の戦争法に重大な影響を与える考え方が含められた。それが、1899年条約の前文に含められた「マルテンス条項」(Martens Clause)である。

　ハーグ陸戦条約は、同条約と規則において成文化された義務を締約国に課しただけではなく、成文化された義務以上の交戦国の義務をその前文において宣言した。すなわち、同条約に定められていないことがらであっても、将来により完全な戦争法規の法典が制定されるまでは、「文明諸国間で確立された慣行、人道の諸規則及び公共良心の要求より生ずる国際法の諸原則の保護及び支配の

3　Declaration Renouncing the Use, in Time of War, of Explosive Projectiles under 400 Grammes Weight, Saint Petersburg, 29 November / 11 December 1868. 宣言の内容は、国際赤十字委員会のウェブサイトから（最終アクセス2018年1月12日）。

4　藤田久一『国際人道法〔新版再増補〕』(有信堂高文社、2003年) 14頁。

5　Christopher K. Hall, 'Article 7 Crimes against humanity, ' in Otto Triffterer ed., "Commentary on the Rome Statute of the International Criminal Court: Observers' Notes, Article by Article, Second Edition," (2008), p. 166.

6　Convention with respect to the Laws and Customs of War on Land and its annex: Regulations respecting the Laws and Customs of War on Land, Hague II, 29 July 1899. Convention (Ⅳ) respecting the Laws and Customs of War on Land and its annex: Regulations concerning the Laws and Customs of War on Land, Hague, 18 October 1907. 無用・不必要な苦痛を与える兵器等の禁止については、両条約の付属規則の23条に定められている。

下に置かれる」としたのである。その部分が、後に、マルテンス条項と呼ばれることになる国際法上の規範である。マルテンス条項は、1907年の条約の前文においても維持されただけではなく、現在に至る戦争法規においても、表現を変えながらも取り入れられ続けている。マルテンス条項が用いる「人道の法」(laws of humanity)は、また、人道に対する犯罪という概念の形成にも大きな影響を与えることになる。

3　第1次世界大戦期の人道に対する犯罪の試み

　戦争や武力紛争において「人道の法」が諸国家の義務として存在するとしても、しかし、その義務に対する違反が国際法上の犯罪、言いかえれば個人の刑事責任につながるというのは、必ずしも当然の帰結ではない。また、諸国家間の戦争とは関連なく、「人道の法」が存在し適用されるのか、例えば、非国際的な武力紛争においても、あるいは諸国家の自国民に対する行為についても、「人道の法」が適用されるのか。そうした問題への解答は、サンクトペテルブルク宣言にもハーグ陸戦条約にも存在しなかった。しかし、第1次世界大戦期におけるいくつかの動きは、マルテンス条項とは別の側面から、人道に対する犯罪の形成を準備していくものとなった。

　第1次世界大戦期における、人道に対する犯罪を形づくる第1の契機としてあげられるのが、トルコ・オスマン帝国のアルメニア人虐殺に対する西欧諸国の反応であった。

　オスマン帝国による自国内のキリスト教住民であったアルメニア人に対する虐殺は、第1次世界大戦期以前においても繰り返されていたが、主要なものとして2つの事件が挙げられる。一つは、19世紀末(1894〜1896年)に行われたアルメニア人虐殺である。オスマン帝国が、アルメニア人の民族的、政治的覚醒を危険視して、同帝国内の6つのアルメニア人居住州において実施されたも

7　「一層完備した戦争法規に関する法典が制定されるまでは、締約国は、採択される規則に含まれていない場合においても、人民及び交戦者が、依然として、文明諸国間で確立された慣行、人道の諸法則及び公共良心の要求より生ずる国際法の諸原則の保護及び支配の下に置かれることを宣言するのが適当であると認める。」訳語は、江藤淳一「第2節　マルテンス条項——百年の軌跡」村瀬信也＝真山全編『武力紛争の国際法』(東信堂、2004年) 59頁による (ただし、用語についてフランス語原文の記載は省略)。

8　ジュネーブ傷病者 (第1) 条約63条3項、同海上傷病者 (第2) 条約62条3項、同捕虜待遇 (第3) 条約142条3項、同文民保護 (第4) 条約158条3項。ジュネーブ第1追加議定書1条2項、同第2追加議定書前文。

9　Hall, supra note 5, p.167.

人道に対する犯罪 | 453

のであり、その際に殺害されたアルメニア人は、10～30万人と推定されている。もう一つは、第1次世界大戦開始後、オスマン帝国末期に成立した、統一と進歩委員会(青年トルコ党)政権のもとで行われたアルメニア人の大量虐殺と強制移住である。同政権は、オスマン帝国内のアルメニア人の処遇に関して、ロシアを初めとする西欧列強の圧力を受ける中で、アルメニア問題を「最終解決」するために、第1次世界大戦勃発後の1915年から1916年にかけて、アルメニア人に対する虐殺や強制移住を行った。この時の虐殺や強制移住による犠牲者は、現在においても論争の対象であるが、各種の調査によって60万人から200万人と推定されている。

オスマン帝国は第1次世界大戦においてドイツやオーストリアとともに中央同盟国に参加していた。そしてそれに敵対して連合国を構成したフランス、イギリス、ロシアの3カ国は、この第1次世界大戦中のアルメニア人虐殺行為に対して、1915年に共同宣言を採択した。この共同宣言は、「それらのトルコの人道と文明に対する新たな犯罪(those new crimes of Turkey against humanity and civilization)」について、連合国として、虐殺に関与したオスマン政府のすべての構成員と代理人を「個人的に有責(personally responsible for these crimes)」であると宣明するものであった。

トルコを含む中央同盟国の敗戦とともに、アルメニア人虐殺の責任者に対する処罰は、実際にも第1次世界大戦の戦後処理の過程で、いったんは実現されるかに思われた。最初にトルコが連合国との間で署名したセーヴル条約(1920年)においては、第1次世界大戦勃発後に行われた虐殺について、責任者を訴追するために、連合国の法廷または国際連盟が設置する法廷に、容疑者を引き渡すことが定められた。しかし、この条約が実施される前に、トルコ国内での革命やトルコ＝ギリシア戦争でのトルコの勝利などの事件があり、連合国とトルコは、再度の戦後処理の条約を結ぶことになった。両者の間で最終的に締結されたローザンヌ条約(1923年)では、もはやアルメニア人虐殺に関する訴追

---

10 Armen J. Kirakossian, "The Armenian Genocide in Contemporary American Encyclopedias," Armenian Genocide Museum-Institute (2015), p. 39.

11 Kirakossian, op.cit, p.45.

12 'France, Great Britain and Russia Joint Declaration on 24 May 1915.' Armenian National Institute at 〈http://www.armenian-genocide.org/Affirmation.160/current_category.7/affirmation_detail.html〉（最終アクセス2018年1月12日）。Hall, supra note 5, p.167.

13 Treaty of Peace Between the Allied and Associated Powers and Turkey, Sèvres, 10 August 1920, art. 230. Hall（注5）p. 167.

や引渡しの条項は含まれていなかった[14]。

　このように自国民に対する国家の虐殺行為を、「人道と文明に対する犯罪」として犯罪化し、あわせて連合国が設置する国際法廷で裁くという試みは、結果的には実現しなかった。しかしながら、そうした国家の行為が、いったんは犯罪として確認され、国際法上の刑事責任の成立と訴追とが、条約という国際文書において定められたことは、人道に対する犯罪の生成史の中では画期的な出来事であった。加えて、そのような犯罪の成立と訴追は、直接には国家間の戦争行為として行われたものではなく、戦争法規の枠外において認められたという点も、戦争犯罪とは区別された、国際法上の犯罪の成立を予感させるものであった。

　第1次世界大戦期における、もう一つの契機は、ヴェルサイユ条約による戦争犯罪の国際的な訴追である。連合国・トルコの条約締結に先だって、連合国は、1919年のパリ平和会議で、「戦争開始者の責任と刑罰の執行に関する委員会」（以下、「1919年委員会」）を設置した。この1919年委員会での議論もまた、従来の国際法や戦争犯罪の枠内には収まらないものであった。

　1919年委員会は、その報告書において、戦争の法規慣例違反と並んで、「人道の法」に対する違反という概念を用いて、戦後処理として処罰されるべき犯罪について報告を行った[15]。さらにこの報告書は、それらの犯罪に責任ある者について、その地位にかかわらず国家の元首を含めて刑事訴追を受ける責任があること、そこで適用されるべき法は「文明化された諸人民の間に確立された慣行、人道の法及び公共良心の要求より生ずる国際法の諸原則」であるべきこと、そして、それを裁くために国際裁判所としての高等法廷(high tribunal)を設置すべきことなどを勧告していた[16]。

　1919年委員会の報告書が、適用すべき法として用いたのは、まさに前述のマルテンス条項の内容である。戦争法規として交戦国に適用されるべきマルテンス条項は、同報告書では、国際法のもとでの刑事責任と国際裁判所を設置するための根拠として用いられていた。そしてその刑事責任の対象とされていたのは、あくまで敵国に属する国民であるものの、その犯罪の対象は、交戦国や中立国の国民に対する犯罪には限定されず、文民に対する犯罪行為は、自国民

14　Treaty of Peace With Turkey, Lausanne, 24 July 1923. Hall, supra note 5, p.167.

15　Commission of the Responsibility of the Authors of the War and on Enforcement Penalties, Report Presented to the Preliminary Peace Conference, 29 March 1919, reprinted in The American Journal of International Law, Vol.14, No.1/2 (1920), pp.95-154.

16　*Ibid.*, pp.117, 122-123.

に対するものも含むとされていた。その意味で、1919年委員会の報告書がめ
ざそうとしていた「人道の法」違反による訴追は、その後の人道に対する犯罪
に、極めて類似した内容となっていた[17]。他方で、この報告には、国際裁判所
の設立や国家元首の処罰に対して、米国代表の反対意見と日本代表の留保意見
が付されていた[18]。

　しかしながら、連合国とドイツとの間で結ばれたヴェルサイユ条約(1919年)
は、先の委員会の勧告をそのまま取り入れることはなく、「人道の法」やマル
テンス条項に見られる法を根拠とした国際犯罪を定めることはしなかった[19]。
その代わりに同条約は、前ドイツ皇帝を「国際道徳と条約の神聖さに対する
最高の犯罪(supreme offence against international morality and the sanctity of
treaties)」によって、国際的に設置される特別法廷で訴追すること(227条)、
戦争犯罪(戦争の法規慣例違反)に責任ある者を連合国の軍事法廷で裁くこと
(228条)などの訴追条項を含むにいたった。だが、これらのヴェルサイユ条約
での訴追の枠組みは、結果的には失敗に終わった。前ドイツ皇帝は、敗戦とと
もにオランダに亡命しており、同国政府が連合国の引渡し要請に応じることが
なかったために、実際の訴追は行われず、国際法廷が設置されることもなかっ
た。また、連合国の軍事法廷で裁かれるはずの戦争犯罪人についても、当初連
合国は、895名の容疑者リストを提出した。しかし実際に訴追されたのは、そ
の20分の1の45名にとどまり、さらに行方不明や無罪判決を除き、最終的に
有罪判決を受けた者は、わずか6名にとどまった[20]。このことは、戦後処理に
おける司法手続の困難さを示した例として、記憶されていくことになった。

　このように第1次世界大戦期の試みは、マルテンス条項に見られる「人道の
法」を国際法上の刑事責任をとうための根拠として用いるにいたり、さらに、
その違反行為は、必ずしも国家間の戦争における行為だけではなく、トルコの
アルメニア人虐殺のような国家の自国民に対する行為に対しても適用しうる方
向性を示していた。しかしながらそうした試みは、この時期には結果的に挫折
することとなった。

17　*Ibid.*, pp. 114-115.

18　*Ibid.*, Annex II, pp. 127-151, Annex III, pp.151-152. Hall, supra note 5, p.167. 江藤・前掲
　　注7論文。

19　Treaty of Peace between the Allied and Associated Powers and Germany, 28 June 1919. 江
　　藤・前掲注7論文62～63頁。

20　それらの経緯は、清水正義『「人道に対する罪」の誕生——ニュルンベルク法廷の成立をめぐって』
　　(丸善プラネット、2011年) 49、50～53頁に詳しく記述されている。

4 第2次世界大戦後の人道に対する犯罪の成立

　人道に対する犯罪が、実際に国際犯罪として定められ、それに基づく訴追が行われたのは、第2次世界大戦後に連合国によって設置された国際軍事法廷、いわゆるニュルンベルク法廷である。1945年に連合国の条約として定められたニュルンベルク法廷の憲章(以下、「IMT憲章」)は、平和に対する犯罪や戦争犯罪と並んで、人道に対する犯罪を、その管轄に属する犯罪であると規定した。[21] しかし、IMT憲章が定められるまでの間には、人道に対する犯罪を犯罪類型に加えることや、またそもそも枢軸国の戦争指導者を司法裁判の形式で裁くことをめぐっても、連合国内において数々の論争が存在し、紆余曲折があった。[22]

　そもそも、ナチスの主要犯罪人を司法によって裁くという考え方について、連合国は、第2次世界大戦の末期にいたるまで明確な合意を形成していなかった。戦後の国際軍事法廷への方向性を示したとされるイギリス、アメリカ、ソ連によるモスクワ宣言(1943年10月30日)は、一方では、ナチスの数々の殺傷に参加したドイツ人に対して「三連合諸国は絶対確実に、地の果てまでも彼らを追跡し、告発者に手渡して、司法の裁きを受けさせる」として「司法の裁き」に言及していた。他方で、「その犯罪行為が特定の地理上の場所」を持たない主要戦争犯罪人については、この宣言は適用されず「連合国諸政府の共同の決定」によるとして司法の裁きの適用対象外とされていた。[23]

　さらにモスクワ宣言の直後(同年11月9日)に、イギリス首相ウィンストン・チャーチルが「戦犯処罰に関する覚書」で示した戦争犯罪人についてのプランは、50〜100人程度の主要犯罪人リストを作成し、見つけ次第、6時間以内に射殺するという略式処刑であった。[24] イギリスの政策当局は、ドイツの国家指導者を司法的に裁くことについて、一貫して無関心ないし敵対的態度を示し続けた。[25]

21　Charter of the International Military Tribunal, Annex to the Agreement for the prosecution and punishment of the major war criminals of the European Axis, 8 August 1945, Article 6(C).

22　ニュルンベルク法廷にいたる過程及び人道に対する犯罪の成立過程の詳細については、清水・前掲注20書を参照されたい。

23　清水・前掲注20書81〜83頁。モスクワ宣言の訳語は、清水による。

24　同上83頁。

25　同上9、75〜79頁。

清水は、このようなイギリスの対応の理由として、第1次世界大戦後の前ド
イツ皇帝らに対する司法的断罪の試みの失敗(歴史的拘束要因)、大戦前半期に
おいて戦犯処罰政策を明らかにすることによるドイツ軍からの報復の憂慮(軍
事的拘束要因)、司法的断罪の無意味さや戦後世論形成への悪影響の懸念(政治
外交的拘束要因)を挙げている。[26]

　他方でアメリカは、イギリスに1942年6月以来、ドイツの残虐行為を調査
するための連合国の委員会設置を提案していた。この連合国戦争犯罪委員会
(United Nations War Criminals Commission)は、前述のモスクワ宣言の直前
1943年10月20日になって、ようやく設置されることとなった。[27]ロンドンで
開催された連合国戦争犯罪委員会は、主要戦争犯罪人に対する処罰方針の内容
(司法手続か政治的決定か)や、裁判所の性格(条約に基づく常設の国際刑事裁判所
か占領軍の権限による連合国軍事法廷か)などをめぐって約1年間の議論を続け
た。その結果、同委員会は、法廷を設置するための結論を取りまとめ、1944
年9月30日に、「連合国戦争犯罪法廷設立協定草案」をイギリス政府に提出し
た。[28]

　この草案の構想は、いったんはイギリス政府の無視により挫折することにな
った。しかし、その後のアメリカによる処罰方針の変更とイギリスへの働きか
けによって事態が進展していった。[29]アメリカ自身、当初は、主要戦争犯罪人
の国際法廷での訴追には消極的であった。だが開戦前からのナチスによるユダ
ヤ人迫害を含めた訴追を求める、ユダヤ人団体の抗議の中で、訴追に消極的な
国務省や海軍省を、陸軍省が説得する形で、ナチスの主要戦争犯罪人の国際裁
判による処罰という方針が形成されていった。[30]そして、国際連合の創設を議
論した1945年5月のサンフランシスコ会議において、アメリカの提案する連
合国行政協定に基づく国際軍事法廷の設置が、ソ連の支持も受ける中で、最終
的にイギリスの受け入れるところとなった。[31]その結果、同年5月から8月に
かけて行われたイギリス、アメリカ、フランス、ソ連のロンドン会議を通じて、
国際軍事法廷の設立が決定された。

　以上のような国際軍事法廷の設立の動きの中で、人道に対する犯罪という犯

26　同上。
27　同上79～80、89～90頁。
28　同上92～103頁。
29　同上106～108頁。
30　同上112～138、148頁。
31　同上148～152頁。

罪概念が登場したのは、かなり遅い時期であった。

　前述の連合国戦争犯罪委員会の提出した連合国戦争犯罪法廷設立協定草案では、その18条(c)において、「文明諸国間で確立された慣行、人道の諸法則及び公共良心の要求より生ずる国際法の諸原則」が戦争犯罪の根拠法として適用されることとされていた。この内容は前述のハーグ陸戦条約のマルテンス条項を踏襲するものであった。他方で、国際軍事法廷を推進したアメリカ陸軍で作成された文書では、ナチスの犯罪を開戦後の戦争の中で犯された戦争犯罪だけでなく、ナチス体制が成立した1933年以後の犯罪を対象とすることを方針としていた。[32] その場合に当然問題となるのは、戦争が開始される以前のナチスの国内での行為を、国際軍事法廷が裁くことを可能にする、国際法上の根拠は何かということであった。

　この点についての清水の分析は、以下のようなものである。[33] すなわち、アメリカの提案する当初の行政協定案(1945年5月3日)は、人道に対する犯罪に相当する犯罪を「いずれかの国内法に違反してなされた虐殺及び犯罪」としていた。その場合、犯罪を国内犯罪として構成することは容易であるものの、国際犯罪としての性格や国際軍事法廷が裁く根拠を示すことは困難となる。その後、ニュルンベルク法廷のアメリカ首席検察官に選任されたロバート・ジャクソンは、トルーマン大統領宛の報告書(1945年6月6日)において、「人種または宗教的理由に基づく虐殺及び迫害を含む虐殺や攻撃」が犯罪であることが、1907年以降の国際法の一部となっていると説明していた。この考えは、連合国戦争犯罪委員会と同じように、ハーグ陸戦条約のマルテンス条項に依拠したものであったと考えられる。そして、アメリカ政府が改訂を加えて再提案した行政協定(1945年6月16日)では、「『国際法』は国家間の条約とともに文明諸国間で確立された慣行、人道の諸法則及び公共良心の要求より生ずる国際法の諸原則を含む」として、マルテンス条項そのものが用いられることになった。

　このアメリカの行政協定案に対し、イギリスは、同年6月末に、マルテンス条項の表現に代えて、「犯行地の国内法に違反すると否とを問わず、上記に言及された(侵略戦争の)共通の計画または企画の実施における、政治的、人種的もしくは宗教的理由に基づく虐殺、迫害、強制連行」という修正案を提起した。すなわち、侵略戦争の計画の実施における残虐行為という形で、国際犯罪性や、戦争開始前の行為を対象とすることの問題点を解消しようとしたのである。こ

32　同上152〜153頁。
33　同上152〜155頁。

人道に対する犯罪 | 459

のイギリス提案が、次に掲げるIMT憲章6条(c)の人道に対する犯罪の定義に
つながることとなった。

　　すなわち、実行された国の国内法に違反すると否とを問わず、この法廷
　の管轄権に属する犯罪の遂行として、若しくはそれに関連して、戦前若し
　くは戦時中にすべての文民たる住民に対して行われた殺人、絶滅させる行
　為、奴隷化すること、追放及びその他の非人道的行為、又は政治的、人種
　的、若しくは宗教的理由に基づく迫害。
　　【注】この訳語は、ICC規程の公定訳に用いられた訳語を基礎に筆者が
　新たに行ったものである。

　このような経緯から、人道に対する犯罪の成立における2、3の特徴を指摘
することができる。
　まず第1に、人道に対する犯罪は、交戦国・中立国の国民相互に適用される
戦争犯罪ではなく、ナチスドイツの自国民に対する残虐行為を裁くために設け
られた犯罪概念であった[34]。しかも、それは開戦後の行為だけではなく、ナチ
ス体制が成立した1933年以降の犯罪をも裁くことが意図されていたというこ
とである。清水によれば、ニュルンベルク法廷で用いられた「共同の計画又は
謀議(common plan or conspiracy)」の概念は、結果的に実際の裁判で多用さ
れたように侵略戦争の責任を追及するために考案されたものではない。むしろ
その概念は、戦争開始前の自国民に対するナチスの犯罪を、侵略戦争の計画・
企画の一部として裁くために、人道に対する犯罪に関わって考案されたもので
あった[35]。
　第2に注目すべきなのは、ナチスの自国民に対する行為を、連合国の設置す
る国際法廷が扱うことを正当化するための根拠をめぐっての迷走である。ナチ
スの自国民に対する行為を国際法廷が扱うことができるかという問題は、2つ
の問題を含んでいる。一つは、ナチスの残虐行為がそもそも犯罪として成立す
るのかという犯罪の成否の問題であり、もう一つは、その犯罪を連合国が設置
する国際法廷が裁くことを正当化できるのかという管轄権の正当化の問題であ
る。
　犯罪の成否という問題は、それが国内法の犯罪なのか、国際法の犯罪なのか

34　同上2頁。
35　同上129、167～168頁。

というさらに2つの側面を持つ。前述のようにアメリカの当初の行政協定案が意図したのは、ナチスの残虐行為を枢軸国や連合国の国内法に違反する犯罪として構成することであった。そのようにすれば、事後法の禁止という罪刑法定主義の問題に抵触することなく、ナチスの残虐行為を犯罪として成立させることができることになる。しかしこの方向性は、ナチスの残虐行為の多くは、ドイツの国内法によって法的根拠が与えられていたという事実を前に、間もなく放棄されることとなった。さらに、国内法違反の犯罪という構成は、ナチスの残虐行為が国際法のもとでの犯罪であること、そしてそれを国際法廷が裁くことを正当化することに向けての十分な論拠を与えることができない。そのためアメリカの最終的な行政協定案では、国内法違反という構成を捨てて、国際法が提供するマルテンス条項を根拠法として用いることとなったという[36]。

しかしマルテンス条項は、もともとは国家間の戦争において、相手国国民との関係で交戦当事者の国家に求められる国際法上の規範であり、その規範を国家の自国民の関係で求められる規範として用いること、さらにはその規範に違反する行為を国際法廷が裁くことを正当化するためには、法的な困難に直面することになる。

それに対してイギリスが出した修正案は、まさにそのような法的な困難を回避しようとするものであった。すなわち、ナチスの残虐行為を、「(侵略戦争の)共通の計画または企画の実施における」行為として、侵略犯罪と関連させることによって、ナチスの残虐行為を国際法違反の犯罪とし、国際法廷で裁くことを正当化しようとしたのである。このようにすでに国際犯罪として承認されうる犯罪と関連づけて、人道に対する犯罪を国際犯罪として承認し、国際法廷で裁くことを正当化しようとする考えは、実際のIMT憲章でも用いられた。IMT憲章は、前述のように同罪の定義において、「この法廷の管轄権の範囲内にある犯罪の遂行として、若しくはそれに関連して」という要件を課すことによって、人道に対する犯罪を、侵略犯罪や戦争犯罪といった国際犯罪の関連犯罪として位置づけた。人道に対する犯罪の成立のために、武力紛争との関連性を要求する要素をここでは「武力紛争関連要素」と呼称する。同時にIMT憲章は、「実行された国の国内法に違反すると否とを問わず」という文言を用いて、同罪が、国内法とは無関係に成立する犯罪であることも明確にした。

36　Roger S. Clark, 'History of Efforts to Codify Crimes Against Humanity From the Charter of Nuremberg to the Statute of Rome,' in Leila Nadya Sadat ed., "Forging a Convention for Crimes against Humanity," Cambridge University Press (2011), p. 11.

人道に対する犯罪は、IMT憲章だけではなく、同じ時期に連合国管理理事会(Allied Control Council)がドイツの分割占領地域で枢軸国の犯罪人を訴追するために定めた管理理事会法律第10号(以下、「CCL10号」)[37]や、日本を占領した連合国最高司令官が定めた極東国際軍事法廷(いわゆる東京裁判)の憲章(以下、「IMTFE憲章」)[38]にも引き継がれ、類似の定義が採用された。ただし、CCL10号においては上述の武力紛争関連要素は、除かれている。この違いは、占領国の法廷という国内管轄権の行使においては、人道に対する犯罪に該当する行為の処罰について、犯罪の成否や管轄権の正当化という国際法上の問題は生じなかったからであると考えることもできる。[39]他方で、IMTFE憲章は、武力紛争関連要素を含めて、IMT憲章における人道に対する犯罪の定義をほぼそのまま引き継いだ。[40]ただし、東京裁判においては、その焦点はあくまで平和に対する犯罪と戦争犯罪に置かれたため、人道に対する犯罪が、戦争犯罪と独立した訴因として用いられることはなく、また、朝鮮半島や台湾を含む自国民に対する犯罪の訴追のために用いられることもなかった。[41]

5　人道に対する犯罪の法典化の試み

ニュルンベルク法廷を経て、人道に対する犯罪は、いったんは法典化への途を歩むことになる。

それを実際に行おうとしたのは、国連の国際法委員会(ILC)であった。国連

---

37 Control Council Law No. 10, Punishment of Persons Guilty of War Crimes, Crimes against Peace and against Humanity, 20 December 1946, Article II(c).

38 Charter of the International Military Tribunal for the Far East, Special proclamation by the Supreme Commander for the Allied Powers at Tokyo, 19 January 1946, amended 26 April 1946, Article 5(c).

39 M. Cherif Bassiouni, "Crimes Against Humanity Historic Evolution and Contemporatry Application," (2011), p.133-134.　しかし、Bassiouniは、人道に対する犯罪の法源が国際法に由来する以上、そのような区別には矛盾があると批判している。

40 IMTFE憲章の人道に対する犯罪の定義において、IMT憲章の定義から除かれたのは、迫害の理由としての「宗教的」な理由と、「すべての文民たる住民に対して」という文言である。前者は、当初(1946年1月19日)公布されたIMTFE憲章においてすでに存在しなかった。しかし後者は、当初のIMTFE憲章には存在していたが、他の連合国の検事到着後の論議を経て、起訴状提出の直前(同年4月26日)に削除されて公布されたという。栗屋憲太郎『東京裁判への道(上)』(講談社選書メチエ、2006年)55頁。「すべての文民たる住民に対して」という文言の削除に対する評価には、連合国軍捕虜の虐待を含めようとしたという積極的なものと(栗屋・同書)、逆に、自国民に対する犯罪を除外しようとしたという消極的なもの(藤田久一『戦争犯罪とは何か』〔岩波新書、1995年〕122頁)とがある。

41 Neil Boister & Robert Cryer, "The Tokyo International Tribunal," Oxford University Press (2008), P.64.　藤田・同上。

総会は、その目的のひとつである「国際法の漸進的発達及び法典化を奨励する」(国連憲章13条1項(a))ために、1947年にILCを設置していたが、同年にニュルンベルク法廷の経験を踏まえて、2つの作業を命じた[42]。一つは、ニュルンベルク法廷の憲章や判決を国際法の諸原則として取りまとめることであり、この作業は、ILCが1950年に採択した「ニュルンベルク法廷の憲章と判決において承認された国際法の諸原則」(いわゆるニュルンベルク諸原則)として結実した[43]。ニュルンベルク諸原則においては、人道に対する犯罪が、平和に対する犯罪及び戦争犯罪とともに、国際法のもとでの犯罪として処罰可能であることが確認された(第6原則)。また、ニュルンベルク諸原則における人道に対する犯罪の定義は、若干の文章表現の変更はあったものの、武力紛争関連要素を含めてIMT憲章をそのまま踏襲するものであった。他方で、ILCは1954年に「人類の平和と安全に対する犯罪(offences)法典草案」(以下、「1954年ILC法典案」)を、そのコメンタリーとともに採択したが[44]、人道に対する犯罪に相当する2条(11)項にはIMT憲章が用いた武力紛争関連要素は用いられていなかった。1954年ILC法典案は、その代わりに、行為の主体を「国家の当局又は当局の扇動若しくは容認とともに行動する私的な個人による」として人道に対する犯罪についての国家関与要素、また、その行為が「社会的、政治的、人種的、宗教的若しくは文化的な理由に基づく」ことを求める差別的要素を要件に加えた。他方で国連総会は、同法典案に含まれる侵略犯罪の侵略に関する定義を問題として、その定義問題が解決するまで審理を延期する決定を行ったため[45]、法典化作業は事実上停止することとなった。

　その後30年近くを経た1981年になって、国連総会はILCの作業再開を認める決定を行った[46]。これを受けてILCの第二期の作業が再開され、ILCは、標題中の「offences」を「crimes」に変更し、1996年に「人類の平和と安全に対する犯罪(crimes)法典草案」(以下、「1996年ILC法典案」)を、そのコメンタリーとともに採択して国連総会に提出した[47]。最初の草案から約40年を経て採

42　G.A. Res 177, 21 November 1947.

43　International Law Commission, Principles of International Law Recognized in the Charter of the Nürnberg Tribunal and in the Judgment of the Tribunal, 1950.

44　ILC, 'Draft Code of offences against the Peace and Security of Mankind, 1954,' Yearbook of the International Law Commission, 1954, vol. II, pp. 149-152.

45　G.A. Res 897 (IX), 4 December 1954.

46　G.A. Res 36/106, 10 December 1981.

47　ILC, 'Draft Code of Crimes against the Peace and Security of Mankind, 1996,' Yearbook of the International Law Commission, 1996, vol. II, Part Two, pp. 17-56.

択された1996年ILC法典案は、IMT憲章にあった武力戦争関連要素を用いないという点では1954年ILC法典案を踏襲したが、その余においては「政府又は組織若しくは集団のいずれかによって扇動若しくは指揮された場合」として国家以外の「組織」によっても人道に対する犯罪が成立することを認め、最初の草案の国家関与要素を放棄した。また、併せて最初の草案で提示された差別的要素も放棄された。その代わりに用いられたのが、「組織的な態様又は大規模に行われ」る場合という要素であった。この新たな要素は、後に述べるICTR規程やICC規程において、「広範又は組織的な攻撃の一部として」という広範性／組織性要素に整理されていく。

このようにIMT憲章において人道に対する犯罪を国際犯罪たらしめるために用いられた武力紛争関連要素は、その後のILCの作業の中では放棄されていった。そのことは同罪が戦時・平時を問わず成立しうる犯罪であることが承認されていく発展であった。他方で同罪を、一般の国内犯罪から区別するための要素として、ILCはいったんは国家関与要素や差別的要素を採用としたものの、それらも結局は採用されずに、広範性／組織性要素に収斂していった。

6　冷戦後の国際刑事法廷における混迷

他方で人道に対する犯罪は、冷戦後に国連安全保障理事会が設けた国際刑事法廷において、新たな展開を見ることになる。旧ユーゴスラビアの解体を通じて勃発した紛争を前に、1993年に国連安全保障理事会(安保理)は、旧ユーゴスラビア国際刑事法廷(以下、「ICTY」)を設置し、また翌1994年には、ルワンダの民族間大量虐殺に対応するためにルワンダ国際刑事法廷(以下、「ICTR」)を設置した。安保理は、その設置決議において両法廷の基本文書となる規程をそれぞれ定めたが(以下、「ICTY規程」と「ICTR規程」)、その中には、両法廷が対象とする犯罪として、集団殺害犯罪や戦争犯罪と並んで「人道に対する犯罪」が含められた。

ICTY規程とICTR規程における人道に対する犯罪の定義は、IMT憲章のものとは形を異にし、人道に対する犯罪の頭書きとなる敷居要素(chapeau elements)と殺人などの具体的行為のリストに区別して定められている。それらは、しかし、わずか約1年の間隔をおいて採択されたにも関わらず、以下のようにまったく異なる敷居要素を持っていた。

ICTY 規程 5 条

　本国際法廷は、犯罪が、その性質において国際的若しくは国内的であっても武力紛争において行われ、かつ文民たる住民に対して向けられた場合に、次の犯罪に責任がある者を訴追する権限を持つ。

ICTR 規程 3 条

　本ルワンダ国際法廷は、犯罪が、国民的、政治的、民族的、人種的又は宗教的な理由に基づく、文民たる住民に対する広範又は組織的な攻撃の一部として、行われた場合に、次の犯罪に責任がある者を訴追する権限を持つ。

　すなわち、ICTY 規程においては、前述のILC の両法典案で放棄されていた武力紛争関連要素が、「国際的若しくは国内的であっても武力紛争において行われ」という形で用いられていた。他方で、ICTR 規程においては、武力紛争関連要素は採用されなかったが、ILC がいったんは採用し後に放棄することとなった差別的要素が「犯罪が、国民的、政治的、民族的、人種的又は宗教的な理由に基づく」という形で用いられることになった。併せてICTR 規程は、1996 年ILC 法典案が用いるようになる広範性／組織性要素を、同法典案とは異なって犯罪行為自体の属性ではなく、背景に存在する「攻撃」の属性として用いることとなった。このように犯罪の実行行為自体ではない、実行行為がその一部であるところの文脈に関わる属性は、今では人道に対する犯罪の文脈要素(contextual elements)と呼ばれている。

　このような相違があるにもかかわらず、ICTY 規程と ICTR 規程が採択される経過を見ると、それらは一つの国連文書に基づいていることがわかる。すなわち、国連安保理はICTY を設立するに際して、罪刑法定主義の要請を満たす、事件に先立って存在する慣習国際法についての報告を国連事務総長に求め、国連事務総長は、報告書を提出していた(以下、「1993年事務総長報告」)。[48]この報告書の人道に対する罪の部分は、先例に基づく国際法の説明部分とそれに基づいた具体的な規程案とからなっていたが(paras. 47〜49)、ICTY 規程は、提案された規程案をそのまま採用し、ICTR 規程は、むしろその説明部分に基づいて制定されたものであった。

48　Report of the Secretary-General Pursuant to Paragraph 2 of Security Council Resolution 808 (1993), S/25704, 3 May 1993.

しかし、ICTY 規程に存在する武力紛争関連要素に対し、ICTY は、その活動を開始した早い時期から、武力紛争関連要素には「何ら論理的又は法的な根拠はなく」、「人道に対する犯罪が国際的な武力紛争との関連性を要求していないことは、現在までに慣習国際法の確立した規則となっている」として、その意義を否定した。[49]また、ICTR 規程に用いられた差別的要素についても、ICTR はそれを文脈としての攻撃について要求する要素として適用したが、ICTY は、「関係する実行を注意深く精査すれば、慣習国際法は、すべての人道に対する犯罪について差別的意図を要求しているわけではないことが示される」として、その意義を否定した。[50]つまり、ICTY 規程と ICTR 規程の中で、意味のある敷居要素として意義を認められたのは、文脈要素としての広範性／組織性要素のみであった。[51]

7　ICC規程における人道に対する犯罪の定義の問題点

　1998 年に採択された ICC 規程の犯罪の定義は、これまで見てきた諸定義とは異なり、すでに発生した行為を裁くための慣習国際法としてではなく、将来に向けて「この規程の適用上」という限定を付された国際立法である。その意味では、そこで定められた人道に対する犯罪の定義は必ずしも慣習国際法の内容を示すものではなく、その定義を定めるに際してより大きな自由度を持っていた。しかし、実際には、すでに見てきたような武力紛争関連要素、国家関与要素、差別的要素を排して、ICTR 規程において到達した文脈要素としての広範性／組織性要素を採用することによって、従来の諸定義に比べて最も合理的な内容になったと考えられる。

　ICC 規程 7 条
　　この規程の適用上、「人道に対する犯罪」とは、文民たる住民に対する攻撃であって広範又は組織的なものの一部として、そのような攻撃であることを認識しつつ行う次のいずれかの行為をいう。

---

49 ICTY, Prosecutor v. Tadić, Appeal Chamber, Decision on the Defence Motion for Interlocutory Appeal on Jurisdiction, Case No. IT-94-1-AR72, 2 October 1995, para. 140-141.

50 ICTY, Prosecutor v. Tadić, Appeal Chamber, Judgment, Case No. IT-94-1-A, 15 July 1999, para. 251.

51 ICTY も解釈を通じて広範性／組織性要素を採用した。*Ibid*., Para. 248.

人道に対する犯罪の対象とされる殺人をはじめとする具体的な行為は、それ自体は国内刑法の対象とされる犯罪行為であり、その行為のみによっては、国際法上の犯罪と評価することはできず、さらには国際裁判所の管轄権を正当化する根拠は導かれない。また、個々の犯罪行為自体に、それらを正当化するに足りる規模や性質の悪質性を求めることは、人道に対する犯罪の成立範囲を著しく狭め、また、犯罪を証明する側に過大な立証を求めることになる。その意味で、人道に対する犯罪の規模や性質を個々の犯罪行為自体ではなくむしろ背景にある規模や性質に求め、その背景との関連性を前提に個々の犯罪行為を人道に対する犯罪と評価することは、理論的にも実務的にも合理的なものである。ICC 規程採択後に設立された特別法廷や混合法廷が、いずれもこうした文脈要素としての広範性／組織性要素を用いているのは、こうした合理性が一[52]つの理由であろう。

　しかしながら他方で、ICC 規程の人道に対する犯罪の定義には、それまでに存在しなかった追加的な要素が加えられた。一つには、前出の規程 7 条 1 項にある「そのような攻撃であることを認識しつつ」という認識要素である。また、この定義をめぐる交渉の中で、妥協として加えられた次の追加の定義規定がある。

　　ICC 規程 7 条
　　2 (a). 「文民たる住民に対する攻撃」とは、そのような攻撃を行うとの国若しくは組織の政策に従い又は当該政策を推進するため、文民たる住民に対して 1 に掲げる行為を多重的に行うことを含む一連の行為をいう。

　この追加の定義規定によって、人道に対する犯罪が成立するためには、「国若しくは組織の政策に従い又は当該政策を推進するため」という政策要素と、「多重的に行うこと」という多重性要素が必要とされることになった。このことが持つ問題は、次の通りである。すなわち、前出の 1 項の定義においては、犯罪行為の背景にある攻撃は、「広範又は組織的な」という択一的なものであ

52　Special Panels for Serious Crimes in East Timor, UNTAET Regulation No 2000/15 on the Establishment of Panels with Exclusive Jurisdiction over Serious Criminal Ofences, UNTAET/Reg/2000/15 (6 June 2000), para. 5.1.　Statute of the Special Court for Sierra Leone, 1 July 2002, art. 2.　Law on the Establishment of the Extraordinary Chambers, with inclusion of amendments as promulgated on 27 October 2004 (NS/RKM/1004/006), art. 5.

った。民族間や宗教間での自然発生的な攻撃など、組織性はないが被害が広範にわたる暴力行為、あるいは逆に広範な被害者に加えられるものではなくとも、組織的に行われる奴隷化や拷問なども、人道に対する犯罪を構成する行為である。ところが、追加的な政策要素と多重性要素が加重的に要求されることによって、実際には、組織性と広範性とが重畳的に人道に対する犯罪の必要条件となってしまうのである。[53] そうした問題があるため、ICC規程採択後になされたICTYやICTRの判決では、特に政策要素について、「このように、政策又は計画の存在は、明らかに関連するかもしれないが、この犯罪の法的要素ではないのである」としてそれを犯罪の成立要件とすることを拒んできている。[54]

8　おわりに──人道に対する犯罪における定義の多様性と合理性

　以上に見てきたように、人道に対する犯罪は、19世紀末から20世紀初頭にかけて戦争法規の中で確認されていった「人道の法」やマルテンス条項に起源をもち、2度の世界大戦を通じる中で、国際的な刑事規範として、戦争犯罪とは区別される形で登場した。そしてIMT憲章から現在にいたる国際刑事裁判の発展の中で、人道に対する犯罪は、独立の国際犯罪類型として定着してきている。しかしながら、人道に対する犯罪とは何か、何を以て人道に対する犯罪を定義するのか、という点についていえば、歴史の中で必ずしも単線的な発展を遂げてきたわけではなく、さまざまな変異がそこには存在する。

　それでは、今日において最も理に適った人道に対する犯罪の定義とはどのようなものか、そして広く国際社会に受け入れられて機能していくのか。残念ながら、本稿の限られた紙数ではそれらを検討することは不可能であるので、それらの作業は、別の機会や論稿に委ねることとしたい。[55]

53　William Schabas, "The International Criminal Court, A Commentary on the Rome Statute Second Edition," Oxford University Press (2016),151.

54　ICTY, Prosecutor v. Kunara ć et al., Appeal Chamber, Judgment, Case No. IT-96-23 & 23/1-A, 12 June 2002, para.98. Hall, supra note 5, p.236.

55　東澤靖「人道に対する犯罪の防止と処罰(1)(2・完)──国際条約化に向けた課題」明学104号(2018年) 105〜172頁・明学105号 (2018年) 1〜83頁。坂本一也「第3章　ICCの事項的管轄権の対象　2　人道に対する犯罪」前掲注1『国際刑事裁判所──最も重大な国際犯罪を裁く〔2版〕』102〜144頁。

折しもILCは、2014年から、人道に対する犯罪について、その防止と処罰のための条約草案の検討作業を開始した。[56]それは、同罪を国際刑事裁判のみならず、各国の国内法において犯罪化し、また捜査や訴追を円滑化するための国際司法協力の枠組を提示するための条約である。ICCなどの国際刑事裁判は、その性格と能力上、一部の指導者の訴追のみを対象とせざるを得ないのに対し、この条約案は、国内刑事法によって人道に対する犯罪の防止と不処罰の終了をめざすものである。2017年には、この条文草案がILCにおいて採択されて第一読会が完了した。そうした意味で、人道に対する犯罪については、単に個人の国際犯罪としてのみならず、諸国の共通利益を害する犯罪として、今後多くの議論が重ねられることになるだろう。

（ひがしざわ・やすし／明治学院大学法学部教授、弁護士・第二東京弁護士会）

56　〈http://legal.un.org/ilc/summaries/7_7.shtml〉（最終アクセス2019年5月7日）。

若年者事件における検察官の権限とその限界

「若年者に対する新たな処分」の検討を中心として

山口直也

---

1 序論

2 刑事司法手続における検察官の権限

3 少年司法手続における検察官の権限

4 若年者新処分手続における検察官の権限の限界

5 結論

---

1 序論

現在、法制審議会少年法・刑事法(少年年齢・犯罪者処遇関係)部会(以下、「部会」と略称する)においては、少年法適用年齢引き下げ及び非行少年を含む犯罪者処遇充実化のための法整備の在り方が議論されている。なかでも、特に、議論の出発点である少年法適用年齢の引き下げに関連しては、仮に引き下げられた場合に、従来の年長少年に対する少年保護の欠落を補う「若年者に対する新たな処分」(以下、「若年者新処分」とする)が部会第2分科会において集中的に議論された後、2018年11月には『検討のための素案』が部会第12回会議に提出され、議論は大詰めに入りつつある。

現在に至るまでの議論の基本的枠組みは、「18歳及び19歳の若年犯罪者」(以

---

1 法制審議会少年法・刑事法(少年年齢・犯罪者処遇関係)部会〈http://www.moj.go.jp/shingi1/housei02_00296.html〉。そもそも法制審議会の議論は、国民投票法投票権年齢、公職選挙法選挙権年齢、民法成年年齢がそれぞれ18歳以上とされたことから、少年法適用年齢を現在の20歳未満から18歳未満に引き下げようとする流れで始まったものである(安部嘉人=山崎恒「少年法適用年齢の引き下げについて考える」家庭の法16号〔2018年〕57頁以下等参照)。しかしながら、年齢設定の問題に加えて、自由刑の改革、社会内処遇制度の改革など犯罪者処遇全般に関わる大きな議論が多岐にわたって展開されているため、若年者に対する新たな処分が仮に少年法適用年齢を引き下げた場合の保護的代替策であるという点が見えにくくされている。あくまでも、少年法適用年齢を引き下げる必要性、相当性があるのかが議論のメインとされなければならないはずであるが、今回の法制審議会の議論はその点がかなり曖昧にされている。

2 『検討のための素案』法制審議会少年法・刑事法(少年年齢・犯罪者処遇関係)部会第12回会議配付資料21(2018年11月28日)24頁以下。

下、単に「若年犯罪者」とする)による比較的軽微な事件が検察官によって訴追を必要としないため公訴を提起しないこととされた場合には、家庭裁判所(以下、「家裁」と略称する)に係属させたうえで、家裁調査官の調査を経て、保護観察処分等の「新たな処分」に付して、「少年保護」の実質化を図ろうというものである。いかなる手続により、いかなる処分内容が決定され、犯罪被害者等の権利利益の保護はどう扱われるのか。また、刑事裁判所との関係はどうなるのか。これらの詳細の決定については、今後の議論を待つしかないが、現時点ではっきりしているのは、検察官が訴追を必要としないため公訴提起をしないことと判断した比較的軽微な事件が家裁での新処分の対象となるという点である。[3]もっとも、ここでいう「訴追を必要としないため公訴提起をしないこととの判断」が刑事訴訟法(以下、「刑訴法」とする)248条による起訴猶予処分を意味するのか、それ以外の措置を意味するのかは現時点では判然としないが、いずれの場合であっても検察官が事件を家裁に係属させる権限を有することには変わりはない。

　筆者は必ずしも若年者新処分制度の創設に積極的意義を見いだすものではない。むしろ、少年法適用年齢の引き下げ自体が不必要であるという立場にあるので、若年者新処分制度自体も不要であると考えている。[4]しかしながら、部会での議論も最終段階にさしかかり、若年者新処分の創設が既定路線となりつつある現段階においては、当該制度の理論上、実務上の課題について等閑視することはできない。

　そこで本稿では、若年犯罪者に対する新処分の手続過程で検察官が果たす役割及びその限界について、刑事訴訟手続及び少年保護手続の基本原則から検討しようというものである。具体的には、検察官の起訴猶予処分として刑事手続上の終局処分あるいはそれによらない送致処分を経て、若年犯罪者を家裁に係属させる措置の法的位置づけ、新処分手続の対象となる事件の範囲、家裁係属後の審判における検察官関与の許容性及び刑事公判手続から新処分手続への移送の可否を中心に検討することとしたい。

3　同・29頁。
4　元家裁裁判官の立場から少年法適用年齢の引き下げに疑問を呈するものとして、高麗邦彦「少年法の年齢引き下げについて考える――家裁の実務経験を踏まえて」家庭の法17号(2018年)4～9頁が説得的である。その他、守屋克彦ほか『少年法適用年齢引き下げは何をもたらすか』(日本評論社、2018年)、拙稿「少年法適用年齢引き下げに関する議論の在り方」犯刑26号(2017年)125～142頁等参照。また、須藤明「『若年者に対する新たな処分』の批判的検討」家庭の法17号(2018年)10～15頁は、若年者新処分制度を家裁の教育的保護的機能の観点から批判的に検討する。

以下では、まず、刑事司法手続における検察官の権限について確認したうえ
で、現在の少年司法制度の中における検察官の役割及びその権限について、捜
査段階、調査・審判段階及び検察官送致決定後の段階に分けて検討する。その
うえで、少年司法制度全体における検察官の関わりの意義及びその限界を確認
し、検察官が若年者新処分対象事件を家裁へ係属させることの限界及び新処分
制度の理論的課題を明らかにしたい。

2 刑事司法手続における検察官の権限

刑事司法手続における検察官の役割は、主として、捜査、訴追、立証、そし
て刑の執行指揮である。それぞれの段階において刑事訴訟法にその権限が明記
されている。

捜査については、犯罪に対する第1次的捜査権限は一般的に司法警察職員が
有しており(刑訴法198条2項)、その意味で検察官は第2次的捜査機関である
とされている。[5]もっとも、必要がある場合には検察官が第1次的捜査権限を
有する(刑訴法191条)。そのほか、捜査段階において検察官は、勾留請求権(刑
訴法204条)、証人尋問請求権(刑訴法226条・227条)等の諸権限が与えられてお
り、少年法上の勾留に代わる観護措置請求権(少年法43条1項)を除けば、犯罪
少年の事件であっても基本的には変わらない。

また訴追段階については、国家訴追主義を採用していることから、公訴権は
基本的に検察官のみが有している(刑訴法247条)。そのうえで、犯人の性格、
年齢及び境遇、犯罪の軽重及び情状並びに犯罪後の情況によって公訴を提起し
ない、いわゆる起訴便宜主義が採用されている(刑訴法248条)。しかしながら、
以下で検討するように、犯罪少年の事件については、捜査を遂げた後に、必ず
家裁に送致しなければならない(少年法42条)ので、少年事件の訴追裁量権はそ
の意味において制約されている。このことは家裁から検察官送致決定された事
件の送致を受けた後も基本的には変わらない(少年法45条5号)。もっとも、公
訴提起における訴因設定権限自体は検察官に帰属するので、家裁からの送致事
実と「公訴事実」の同一性を有する範囲で独自に訴因設定できる(刑訴法256条
3項)と解されている。[6]

そして公判段階では、検察官は訴訟追行の一方当事者として、証拠調べ請求

---

5 松尾浩也監修『条解刑事訴訟法〔4版補訂版〕』(弘文堂、2016年) 362頁。
6 田宮裕=廣瀬健二編『注釈少年法〔4版〕』(有斐閣、2018年) 468頁。

権(刑訴法298条)、証拠調べに関する異議申立権(刑訴法309条)を有し、訴因設定権限を前提として訴因変更請求権(刑訴法312条)を有している。また、協議・合意手続に付す権限(刑訴法350条の２)及び即決裁判手続申立の権限(350条の16)を有するとともに、上訴権(刑訴法351条)を有している。

さらに裁判の執行段階においては、裁判をした裁判所に対応する検察庁の検察官が裁判の執行をする権限(刑訴法472条)一般を有しており、自由刑の執行の停止権限(刑訴法480条・482条)を有している。

これらの一連の検察官の権限に関して、少年法上、犯罪少年に対する特別の規定を設けて同権限を制約しているのは、捜査段階において家庭裁判所への全事件の送致を義務づける少年法42条、勾留に代わる観護措置の請求を義務づける少年法43条１項、そして、逆送決定後の段階において起訴猶予裁量を認めずに起訴強制を義務づける45条５号の各規定である。

では、なぜ、刑事司法手続において上記のように検察官に広範な権限が認められているにもかかわらず、少年事件については司法手続の入り口の段階でその権限を大幅に制限したのか。

それは、言うまでもなく、精神的に未成熟であり、可塑性に富む少年については、一般的類型的に不利益処分である刑事処分を科す刑事手続に付するのではなく、手続の最初の段階から保護的教育的少年司法手続に付すことを少年法が選択したからである。それゆえに、刑事政策的判断を基軸に置く検察官の裁量権限を制約して、以下で検討するように、家庭裁判所による保護的教育的判断を優先することを少年法は明示したのである。

3　少年司法手続における検察官の権限

(1)　総説

少年司法手続の中でも、家庭裁判所が専権的に管轄権をもって事件を扱う少年保護手続の部分を除けば、基本的には、刑事訴訟法の手続によって刑事事件として扱われ、そこには捜査官、訴追官として公益の代表者たる検察官が関与するのは論を俟たない。一方で、純粋な少年保護手続については、検察官関与の可否、要否、そして適否について種々の議論はあるものの、2000年改正少年法により、審判協力者としての検察官の部分関与を肯認し、現在に至ってい

7　刑事処分の不利益性については、最判平９・９・18刑集51巻８号571頁で承認されている。

る。以下では、各手続段階における検察官の権限とその限界について確認しておきたい。

(2) 少年事件捜査における検察官の捜査権とその限界

ア 検察官の捜査権限

先にも触れたとおり、少年事件の捜査は基本的には刑事訴訟法の規定に則って行われ、犯罪少年については検察官が第2次捜査権限を有している。一方で、警察官は、刑事訴訟法上、犯罪少年についての捜査権限を有しているのはもちろんのこと、少年法上、触法少年についての調査権限(少年法6条の2)も有しており、法的根拠は明確ではないもの、ぐ犯少年の調査活動(少年警察活動規則27条)も行っている。[8] すなわち、警察官が非行少年による事件全般に捜査あるいは調査の権限を有しているのに対して、検察官は、犯行時14歳以上20歳未満の犯罪少年の捜査権限のみを有しており、その意味においては、当初より、少年司法手続の限定された領域においてその権限を付与されている。[9]

イ 公訴提起を前提としない捜査の在り方とその限界

さらに犯罪少年の捜査活動において、逮捕後の身柄拘束が必要な場合であっても、勾留請求の要件が加重されてその権限が制約されており、原則として保護的性質を有する勾留に代わる観護の措置を請求しなければならない。少年鑑別所への身柄の拘束も最長10日間に限定されており、身柄拘束の必要性が消滅した場合には検察官の権限で釈放できる。[10] また、少年の取調べにおいては、検察官自らがその情操に配慮して取調べを行わなければならないことはもちろんであるが、警察における取調べが根拠法令(犯罪捜査規範204条、207条、少年警察活動推進上の留意事項第5)を遵守した取調べであることを確認したうえで、少年法42条の全件送致主義の趣旨に則り、少年保護に遅延を生じさせないように適時に捜査を終結させる法的義務を負っている。[11]

---

8 警察実務上は警察法2条を根拠にぐ犯調査を行っている(大塚尚『少年警察ハンドブック』〔立花書房、2018年〕228頁等)が、本条を行政作用の根拠にすることには根本的に疑問がある。

9 少年法42条におけるぐ犯送致は、ぐ犯少年に対する調査権限を前提としたものではなく、あくまでも犯罪捜査の中でぐ犯事由・ぐ犯性を発見した場合の少年法6条類似の送致義務を定めたものに他ならない。

10 田宮ほか・前掲注6書461頁。

11 この点について判例は、捜査機構、捜査官の捜査能力、事件の輻輳の程度、被疑事件の難易等の事情から捜査に長期の日時を要して家裁送致できなくても、それだけで少年法の趣旨に反して違法とは言えないが、適時に捜査が完了しないときは家裁の審判の機会が失われることを知りながら殊更捜査を遅らせ、あるいは、特段の事情もなく徒に事件処理を放置しそのため手続を設けた趣旨が失われる程度に著しく捜査の遅延を見る等、極めて重大な職務違反が認められる場合には違法となるという立場を採っている(最判昭44・12・5刑集23巻12号1587頁、最判昭45・5・

このように少年事件における検察官の捜査は、起訴、不起訴を振り分けるための捜査活動の終了時点を見据えたものではなく、対象となっている少年が少年法1条に規定される健全育成による少年保護の機会を失することがない時間的制約の中で、家庭裁判所における審判開始あるいは不開始、そして審判段階での事実認定に資する資料を一件記録として提供することにその主眼がある。その意味で、少年事件において検察官が目指すベクトルは成人の刑事事件のそれとは大きく異なる[12]。

(3) 少年保護手続における検察官の役割

ア 検察官関与の段階

基本的に少年保護手続において検察官が関与することは想定されていない。以下で検討するように、刑事司法手続における公訴提起にあたる審判開始決定は家庭裁判所の専権事項であって検察官が関与することはなく、審判開始後の調査段階でも関与することはない。もっとも、審判手続における事実認定の段階においては、2000年改正法によって、事実認定の適正化が強く要請され得る法定刑3年以上の罪の事件で事実が争われる事例について、家裁の合理的裁量で検察官を関与させることが可能にはなった[13]。しかしながら、要保護性決定段階において検察官が関与することはない。このように少年保護手続において、検察官はごく限られた局面で裁判所の許可を得て関与できるにとどまっており、その役割は限定的である。

イ 家庭裁判所における審判開始決定の意義

全件送致主義に基づいて事件送致を受けた家庭裁判所は、当該事件について審判を開始するか否かの決定をしなければならない。いわば家庭裁判所が当該事件について、その管轄権に基づいて事実認定を行い、処分決定をするか否かを篩い分ける判断を行うのである。これは刑事司法手続で言えば、検察官が刑訴法247条、248条に基づいて起訴、不起訴を決定する手続に相当する。刑事

29刑集24巻5号226頁、最判平25・6・18刑集67巻5号653頁)。

12 もっとも、全件送致主義に基づいて事件を家庭裁判所に送致する場合でも、逆送による刑事裁判を見据えて送致書に刑事処分を相当とする処遇意見を付することはできる（少年審判規則8条3項）が、もとよりこの処遇意見は裁判所が参考にする程度のもので拘束力はなく、刑事処分相当性は家庭裁判所の調査、審判を経てその合理的裁量に基づいて判断されることは言うまでもない（団藤重光＝森田宗一『新版少年法〔2版〕』〔有斐閣、1984年〕362頁等参照)。その意味において家裁送致時において、検察官の少年保護手続への関与は断絶させられていると言ってよい。

13 検察官関与制度に至る経緯及びその理論的課題については、斉藤豊治「検察官の関与」斉藤豊治＝守屋克彦『少年法の課題と展望(2)』（成文堂、2015年）48〜69頁等参照。

事件については、刑訴法1条の刑罰の適正な実現の目的にしたがって検察官がこの刑事政策的役割を担うのは当然であるが、少年事件については、少年法1条の健全育成目的に則って、家裁裁判官が保護教育的な観点から審判を開くか否かを決定するのである[14]。ここに検察官先議権を排して家裁先議権を採用した意味がある。

ウ　事実認定段階における検察官関与の意義

　では、検察官の審判関与についてはどうか。

　少年保護手続において明確に検察官が関与するのは、家庭裁判所が、事実認定のために検察官を関与させることの必要性を認めた場合に限られる（少年法22条の2）。本条が設けられたのは、「少年審判に検察官を関与させることにより、証拠の収集、吟味における多角的視点の確保や裁判官と少年側の対峙状況を回避させるとともに、事実認定手続を一層適正化することによって、少年審判における事実認定手続に対する被害者をはじめとする国民の信頼を確保」[15]するためである。したがって、検察官は、現行少年法が採用する職権主義の審判構造の中で、事実認定の適正化のために多角的視点の提供者として手続に関与することしかできない。刑事訴訟において被告人の処罰を求める訴追官・原告官としての活動とはまったく異なる。少年の健全育成という少年法の目的規定の中で、あくまでも裁判所の審判協力者として、裁判所の許可を得て事実認定段階においてのみその関与が許される存在でしかない。要保護性認定の段階において関与することは想定されていないわけであるから、当然のことながら、逆送決定審判に関与する場合であっても、事実認定において関与することはあっても、刑事処分相当性判断の審判段階において検察官が関与することは許されない。このように見てくると、少年審判段階において検察官は、非行事実を立証する原告官的役割を担っているわけでもなければ、適正な処分を実現する刑事政策的役割を担っているわけでもない。

エ　検察官による抗告受理申立の意義

　このような観点から検察官による上級審への再審査の申立の機会も、少年同様に法令違反、事実誤認又は処分不当を理由とする抗告権を認めるのではな

14　審判不開始決定の場合でも、非行事実を「認定」したうえで保護的措置を行うことがあるので、当然のことながら裁判権（管轄権）は及んでいる。刑事司法手続で言えば、公判が開かれない略式手続に類似すると言えるだろう。

15　甲斐行夫＝岡健太郎ほか『少年法等の一部を改正する法律及び少年審判規則等の一部を改正する規則の解説』（法曹会、2002年）124頁、廣瀬健二『裁判例コンメンタール少年法』（立花書房、2011年）229頁、田宮ほか・前掲注6書275頁等参照。

く、あくまでも法令違反又は事実誤認に限って抗告受理の申立を認めるにとど
めたのである。審判の当事者ではないことからストレートに抗告権を認めるの
ではなく、裁判所の手続主権に服しつつ、高等裁判所に抗告審としての係属
の判断を委ねることで、審判協力者としての地位と矛盾しないようにしたわけ
である。[16] 当然のことならが、要保護性を前提とする保護処分の当不当につい
て不服を申し立てることは想定されていない。

(4) 検察官送致決定後の検察官の裁量権

　すでに触れたように、検察官は、家裁送致前の捜査段階において、少年保護
に遅れることがないように捜査を遂げたうえで、当該少年を家裁送致する法的
義務を負っている。ここでは検察官固有の訴追裁量権を行使する余地は残され
ておらず、検察官は捜査機関であると同時に送致機関であるに過ぎず、潜在的
に公訴権は担保されているものの、訴追機関としての役割は制限されている。

　これに対して、逆送後は、再び捜査段階に戻ることになり、検察官は捜査を
経たうえで、刑訴法247条に基づいて事件を刑事裁判所に公訴提起することに
なる。その意味において訴追機関としての役割を果たすことになる。もっとも、
少年法45条5号が検察官に原則として公訴提起することを強制していること
から、検察官は刑訴法248条に基づいて当該事件を起訴猶予処分にすることは
許されない。この点において検察官の訴追裁量権はやはり制限されている。少
年法がこのように起訴強制の制度を置いたのは、逆送後の起訴、不起訴の決定
についても、検察官の刑事政策的な判断よりも専門的・科学的な調査を経た家
裁裁判官の判断に委ねる方が少年の健全育成に資すると考えたからである。[17]
ただし、示談成立、被害者の宥恕など送致後の情況等により検察官独自の判断
で公訴を提起しないことはできるが、その場合であっても、事件は家裁に再送
致しなければならない。[18] なお、刑訴法256条の訴因設定権限は検察官固有の
権限であるから、家裁の送致罪名に拘束されることなく、「公訴事実の同一性」
の範囲内で設定することは可能となる。

(5) 小括

　少年法は、全件送致主義を採用し、限定的な審判関与のみを許可し、そして

16　甲斐ほか・同上書192頁以下等参照。

17　田宮ほか・前掲注6書468頁。

18　同。

逆送後に起訴強制を行わせることによって、少年保護手続における検察官の関与を大きく制限している。これは、犯罪少年の事件については少年法1条の健全育成目的にしたがって家裁裁判官が保護教育の観点からその処遇を決定することに主眼を置き、公益の代表者である検察官が刑事政策的観点から事件処理することを制約する趣旨である。すなわち、少年保護と検察官の刑事政策的判断は相容れないものと考えられているのである。このことは、事実認定のためだけに家庭裁判所の裁量で審判に関与することしか認められていない点からも明らかである。

　精神的に未成熟で可塑性に富む少年の健全育成を目的とする少年司法手続の枠組みの中で、このように検察官の権限が制約されている点を踏まえると、同じく、精神的に未成熟で教育的措置を必要とする若年者新処分の決定手続において、検察官がいかなる役割を果たし得るかは慎重な検討を要する。

4　若年者新処分手続における検察官の権限の限界

(1)　若年者新処分制度の概要

　現在議論されている若年者新処分制度とは、検察官が訴追を必要としないと判断した事件を家庭裁判所に係属させ、家庭裁判所の調査、審判を経たうえで、家庭裁判所が対象者の要保護性に応じて「保護観察処分」などの教育的な処分を科す制度として構想されている。もともとは18歳、19歳の成人の刑事事件として検察官が受理して起訴猶予等の判断をする刑事事件を、家裁の手続を経て保護処分に類似する新処分を科すわけであるから、実体面、手続面双方において理論的に様々な問題を生じうる。

　以下では、本稿の中心課題である検察官の裁量権の観点から、新処分制度の理論的課題を特に手続面に焦点をあてて検討する。

(2)　家庭裁判所への公訴提起の可否

　家庭裁判所が刑事事件について裁判権を有するかについては、裁判所法31条の3第1項はこれを否定している。[19]したがって、検察官が成人である若年

19　2008年改正少年法によって、少年の福祉を害する成人刑事事件を直接家庭裁判所に公訴提起することができるとする37条が廃止され、それにともなって家庭裁判所の裁判権（管轄権）を規定する裁判所法31条の3第1項4号が削除されたことから、家庭裁判所が刑事事件について裁判権を有することはなくなった。久木元伸＝小田正二ほか『少年法等の一部を改正する法律（平成19年法律第68号・平成20年法律第71号）及び少年審判規則等の一部を改正する規則の解説』

犯罪者の刑事事件を家庭裁判所に公訴提起できないのはもちろんのこと、若年者新処分についても、その法的性質が刑罰である場合には、家庭裁判所において調査、審判のうえ、処分決定することは、現行法上は許容されない。

(3) 若年者新処分の法的性質

そもそも、18歳、19歳の若年者成人に一定の教育的保護を行う若年者新処分の法的性質をどのように考えるべきであろうか。これについて、部会の議論においては、その性質を刑事処分とする意見と応報を目的としない改善更生目的のための刑罰とは異なる性質の処分とする意見の対立があり、未だにいずれであるのか、あるいはいずれでもないのか、その法的性質は明確にされていない。明らかであることは、家庭裁判所が専権的管轄権を有したうえで「保護観察処分」またはその当否は別にして「少年院送致処分」が想定されるものであることから、刑事処分(刑罰)と観念するのは困難であるという点である。[20]

では、新処分を保護処分と捉えることは可能であろうか。仮に保護処分と捉える場合には、少年法上の保護処分と同質の処分と観念することになるので、少年法の健全育成目的が及ぶ保護の対象であることが前提とならざるを得ない。これについては、新処分制度による処分の客体が若年者成人であるという限り、現行法上の年長少年と同質に扱うことは背理であると言わざるを得ない。また、以下で検討するように、仮に検察官が公訴提起しないで家庭裁判所に送致するという手続過程を経るのであれば、検察官による保護処分と刑事処分の篩い分けのための調査過程が必要となるように思われるが、捜査機関である検察官が要保護性にかかわる「社会調査」を行うことが妥当だとは思われない。

したがって、少年法上の健全育成の目的と類似した「保護教育」目的が及ぶ若年犯罪者のための新処分を科すためには、若年者「保護」を目的とする別個の法的枠組みによって処理する他はないように思われる。そのうえで、「準刑[21]

（法曹会、2011年）164頁等参照。

20 『法制審議会少年法・刑事法 (少年年齢・犯罪者処遇関係部会) 第2分科会第2回会議議事録』(PDF版・2017年10月24日) 17頁〔加藤幹事発言〕、『法制審議会少年法・刑事法 (少年年齢・犯罪者処遇関係部会) 第2分科会第3回会議議事録』(PDF版・2017年11月22日) 13〜14頁〔川出委員発言〕等。

21 この点について部会では、日弁連の山﨑健一委員が「新たな法律、あるいは新たな制度を作るときの目的について、少年法の『健全育成』という目的に代わる目的をどう設定するのか、ということも考えなければならない」(『法制審議会少年法・刑事法 (少年年齢・犯罪者処遇関係) 部会第10回会議議事録』〔PDF版・2018年10月11日〕32頁) と発言しているが、他の委員からの応答がないまま議論が進んでいる。

事処分」としての法的性質を有する若年者新処分を少年法を準用したうえで、家庭裁判所の調査、審判手続を経て若年犯罪者に科すという論理構成をとらざるを得ないように思われる。いずれにしても、この手続は純粋な保護手続ではなくなるわけであるから、少年の保護事件の審判について裁判権を有すると規定する裁判所法31条の3第1項3号は改正せざるを得ないことになる。

(4) 若年犯罪者訴追事件における検察官の役割

　では、そもそも若年犯罪者の対象事件はいかなる法的手続を経て家庭裁判所に係属することになるのか。若年犯罪者事件処理に関する検察官の役割との関係で明らかにしておく必要がある。

　すでに見たように、刑訴法248条による起訴猶予処分は、訴訟条件を具備しており、かつ有罪判決を獲得できる見込みが客観的な証拠資料から合理的に根拠づけられる理由が備わっている場合であっても、犯人の性格、年齢及び境遇、犯罪の軽重及び情状並びに犯罪の情況により訴追をしないと検察官が判断した場合に、公訴を提起しない不起訴処分である。そしてその法的性質は、検察権を有する検察官による行政処分であるとともに、準司法処分的な意味を持っている。したがって、起訴猶予処分においては、捜査の結果、犯罪の嫌疑の程度としては有罪の見込みが十分ではあるが、刑事罰に付する必要性が低いと判断されたことになる。

　以上を踏まえて、検察官が起訴猶予処分とした若年者事件を新処分手続によって家庭裁判所に係属させた場合の法的意義について検討する。

　当該若年者事件については、刑事手続の中では起訴猶予処分として処理されるわけであるから、事件再起の可能性が残されてはいても、基本的には刑事事件として終結していることになる。したがって、検察官から家庭裁判所に当該事件が係属させられるとしても、少年法42条のように、検察官が捜査機関として未解決の少年事件を家庭裁判所に「送致」することとは性質が異なることになる。ここでは、すでに検察官の「送致」権限は失われていると考えなければならない。

　では、少年法6条のように、家庭裁判所の管轄権がおよぶ事件として「通告」することができるか。これについても、すでに起訴猶予処分により刑事政策的

22　河上和雄ほか『大コンメンタール刑事訴訟法(5)〔3版〕』(青林書院、2013年) 56〜57頁〔吉田博視執筆部分〕。

23　河上ほか・同上書66頁。

480

意味において刑事事件として最終処理されている「事件」である点を踏まえると、事実認定も含めて事件処理全般を新たに家裁にゆだねる「通告」が適切であるかについては疑問が残る。

　結局、刑事事件としてではなく、家庭裁判所が新たに管轄権を有する事件として若年者事件の係属をその裁量権によって開始するという法的構造を構想するとすれば、当該事件の前処理を行った検察官が、刑事事件とは異なる新たな法的性質の「事件」処理を家裁に委ねるべく、当該事件の「申立」を行う制度として設計するのが理論的帰結であるように思われる[24]。

　一方で、起訴猶予処分ではなく、公訴を提起しない措置として、刑事事件としての最終処理を留保したうえで、当該事件を家庭裁判所に係属させる場合には、検察官が起訴猶予裁量権限とは異なる権限によって、事件を家庭裁判所に送致することになろう。この場合には、若年者「保護」を目的とする別個の法的枠組みあるいは刑事訴訟法上に同権限に関する規定を設ける必要性があるように思われる。

(5)　新処分手続の対象事件

　では、新処分手続ではいかなる事件を対象とすることができるのか。ここでは、公訴提起された事件を「余罪」として扱うことができるかが問題とされている。すなわち、一部の事件について刑事事件としての立件が十分に可能でその必要性もあって公訴提起した場合、起訴猶予処分対象の残余の事件を切り分けて新処分手続として家裁に申し立てることが許されるかである。

　すでに触れたように、刑訴法247条及び248条は検察官のみに訴追権限及びその裁量権限を与えている。被疑者が複数の犯罪を行っている場合に、検察官がその合理的な裁量によって一部の事件のみを起訴猶予処分とすることは可能である。しかしながら、新処分手続として家裁に申立をしない起訴価値がある事件を起訴する限り、当該事件は起訴猶予処分対象となる事件の「余罪」として扱われるのではなく、むしろ本罪として成人の刑事事件の処理が優先されたと解すべきである。この場合、起訴猶予処分対象となった事件が混在していたとしても、当該事件に新処分手続が適用されるわけではない。その意味で検察官は、起訴猶予処分をした場合であっても必ず新処分手続に付さなければなら

24　医療観察法は、心神喪失等により不起訴、無罪等になり刑事手続のために身柄を拘束する必要性が消滅した者に、医療を受けさせるために検察官に対して裁判所への申立義務を課している（33条１項）（日本弁護士連合会刑事法制委員会編『Ｑ＆Ａ心神喪失者等医療観察法解説』〔三省堂、2005年〕51頁等参照）。この点はまさに新処分制度の構造に類似しているものと思われる。

若年者事件における検察官の権限とその限界　481

ないわけではない。したがって、新処分手続を申し立てるか、申し立てないか
については、検察官が合理的裁量権を有していると解すべきである。従来の年
長少年事件で審判不開始、不処分にあたるような若年者事件で起訴猶予処分に
された事件については、当該若年犯罪者に対する過度の保護的介入を回避する
うえでも、検察官が新処分手続を申し立てない裁量権を行使することは妨げら
れないように思われる。

⑹　新処分手続における検察官関与の適否

　次に、新処分手続に付されて審判が開始された場合に、検察官が当該審判に
関与することの適否についてはどう考えるべきであろうか。

　第2分科会における議論では、若年者新処分に関する手続が家庭裁判所の非
公開の審判手続で行われ、家裁調査官の社会調査を経て「要保護性」が判断さ
れ、少年事件における保護処分とは異なる「新処分」が科されるということに
異論はない。問題はその審判手続が何を審判対象とし、誰が審判手続に関与し、
いかなる内容の「新処分」が科されうるかということである。「新処分」の内
容が施設収容処分まで含みうるのか[25]、その前提として「要保護性」とは何を
指すのか[26]、要保護性判断に資する「社会調査」は少年保護事件の社会調査と

25　新処分は比較的軽微な事例について、その行為責任を上限として科される準刑事処分である。し
　たがって、一般的に行為責任の上限を超える施設収容処分は選択肢には含まれないと考えるべき
　である。性被害者が公判出席を拒むために検察官がやむなく起訴猶予処分にする事例などは行為
　責任が減じていないから施設収容処分もあり得るとする意見（『法制審議会少年法・刑事法（少
　年年齢・犯罪者処遇関係）部会第10回会議議事録』〔PDF版・2018年10月11日〕28頁〔川出
　委員発言〕）もあるが、その場合でも、準司法官的性格を有する検察官が起訴猶予処分をしたと
　いうことが行為責任に影響を与えないとは言えないように思われる。

26　少年保護手続における要保護性は、通説的には、累非行性（犯罪的危険性）、矯正可能性及び保
　護相当性をその内実とする（平井哲雄「非行と要保護性」家月6巻2号〔1954年〕18〜19頁）が、
　新処分手続における「要保護性」は、新処分がそもそも保護処分ではないので保護相当性の概念
　は基本的に入らないと説明されている（『法制審議会少年法・刑事法（少年年齢・犯罪者処遇関
　係部会）第2分科会第6回会議議事録』〔PDF版・2018年3月6日〕15〜17頁〔保坂幹事・川
　出委員発言〕）。この観点からすると新処分手続における「要保護性」は若年犯罪者の犯罪の危険
　性を中心に、保護処分とは異なる「保護観察処分」による矯正の可能性を判断することになると
　言える。そして、この「要保護性」判断の基礎となる「社会調査」自体が、従来の少年保護手続
　における社会調査とは質的に異なることにも留意する必要がある（全司法労働組合少年法対策委
　員会『「若年者に対する新たな処分」について』〔2018年11月4日〕〈http://www.zenshiho.net/
　shounen/26.pdf〉等参照）。

は異なるのか、処分決定のための収容鑑別は許容されるのか、新処分として[27]の「保護観察」の処遇の見直しのための収容鑑別を設けるのか、遵守事項に[28]違反した場合に施設収容処分を認めるのか[29]については、理論的に重要な課題[30]であることは言うまでもないが、本稿における焦点は、検察官の権限の所在であるので、これらの点についての詳しい検討は他日を期すことにして、以下では、検察官が新処分手続に関与することの理論的根拠の有無について検討することとしたい。

第2分科会の議論を前提にすると、新処分手続において事実が争われたときに、少年法22条の2におけるような事実認定のための検察官関与が必要となるかが問題とされている。

いずれにしても、新処分手続における検察関与の必要性を論じるうえで、まず、現行の少年保護手続における検察官関与の意義において確認すると、これは上述したように、捜査手続を経て全件送致主義に基づいて家裁に送致された

---

27 家裁調査官による調査、鑑別所における心身鑑別は、いずれも、重要な社会資源である保護者が観念できない社会調査になるので、BPS（生物・心理・社会）モデルによる社会調査のSocioの部分、特に、生活史における保護者の役割、今後の監護予測（累非行性抑止の程度）など重要な調査対象が脆弱になり、少年鑑別所におけるMJCA（Ministry of Justice Case Assessment tool）による非行予測など、対象者本人の心理的特性に偏った社会調査（処遇意見）になるおそれがある。BPSモデル調査については、畔上早月ほか「生物－心理－社会モデルを踏まえた少年調査票記載に当たっての留意点」家裁調査官研究紀要20号（2015年）1〜71頁等、MJCAについては、西岡潔子「法務省式ケースアセスメントツール（MJCA）の開発について」刑政124巻10号（2013年）58〜69頁参照。

28 訴追の必要性がないとして、起訴猶予処分あるいは家裁送致処分で事件を家庭裁判所に係属させる場合には、通常は、非常に軽微な事例（従来の年長少年の少年審判であれば、不開始、不処分決定相当事例）が対象となるわけであるから、そもそも、収容鑑別の必要性は低いと考えられる。在宅のまま、面接、各種心理検査を複数回実施することは可能なはずである。行為責任が重い事件で起訴猶予にしなければならない事案（性被害者の協力が得られなくて検察官がやむなく起訴猶予にしたような事案）がまれにあるとしても、一度、起訴猶予処分とした者を施設収容することは対象者に無用な加重負担を強いることになり、やはり妥当ではない。

29 新処分として科される「保護観察処分」は行為責任において上限を画された準刑事処分であり、社会調査の段階ですら収容鑑別を認めないわけであるから、「保護観察」の処分見直しのための収容鑑別は否定されることになる。仮に、保護観察処遇見直しの措置を執る場合であっても、保護観察所長が家裁の「許可」を得て少年鑑別所長に鑑別を求める「簡便な」手続をとるべきではない。対象者の身分に重大な変動を生じる措置であるから、少年法26条の4におけると同様に、最低でも、家裁がその調査過程で「観護措置」を執る手続に準じるべきである。

30 ここでの「保護観察」は施設収容に紐付いていない（2号乃至5号観察とは異なる）処分であるから、1号観察類似の遵守事項違反による施設収容処分ができるかが問題となっているが、この処分は採用できない。なぜなら、少年法26条の4（更生保護法67条2項）は、更生保護法上の遵守事項違反という新たな「非行」を根拠に少年院送致処分を決定するものであり、少年法の健全育成目的から正当化されているものだからである。本「保護観察」処分は行為責任で上限を画されたものであるので、原犯罪との関連を離れて独立に施設収容処分を科すことは困難である。仮に、要保護性の変動を根拠に施設収容処分を正当化しようとする場合（『法制審議会少年法・刑事法（少年年齢・犯罪者処遇関係部会）第2分科会第8回会議事録』〔PDF版・2018年5月17日〕23〜24頁〔川出委員発言〕）も、基礎事実は遵守事項違反であり、行為責任の観点から重視されるべき原犯罪を離れて犯罪的危険性を認定することになるので妥当ではない。

一定の法定刑の事件について事実が争われる場合に、事実認定の適正化及び少年の健全育成の観点から設けられた制度であることに争いはない。検察官は審判協力者として家裁の裁量によって審判に関与することが許されるのである。すなわち、ここでは、捜査機関である検察官が、審判開始あるいは不開始の判断も含めて司法判断としての事実認定のすべてを家裁に委ねる手続構造をとっており、事実判断も含めて訴追の必要性がないとして起訴猶予処分あるいは家裁送致処分を経たうえで家裁に事件を係属させる新処分手続とは法的性質が異なるのである。検察官による起訴猶予あるいは家裁送致の判断の際に少年が事実を否認しているような場合には、そもそも起訴猶予処分あるいは家裁送致処分にして新処分手続に付されることはないと考えられるが、問題は家裁における新処分手続段階で少年が事実を否認した場合に、法的性質の異なる少年法22条の2の準用を認めるかどうかである。この点については、起訴猶予処分が準司法的処分として事実認定も含めて刑事事件を終結させる手続であることに鑑みれば、刑事事件とは性質が異なる新たな新処分手続で前提となる犯罪事実自体を否認する状況に至った場合、家裁が独自に事実認定手続を行うべきではなく、事件を検察官に戻すことが理論的帰結であるように思われる。また家裁送致処分の場合も同様である。この観点からすれば、新処分手続における検察官関与の必要性はないと言わなければならない。

もっとも、検察官に事件が戻されて再起され、公訴提起するということになれば、結局、刑事処分に付されて、若年者に対する保護に欠けることになり相当でないとも考えられる。したがって、若年者が家裁の審判段階で事実を否認した場合にいかなる措置を講じるのかは、やはり問題となる。これについては、若年犯罪者の事件がそもそもは刑事事件であるという点に着目すれば、事実認定上の争いがある場合には、対審構造の刑事手続において被告人の適正手続上の権利保障を十全ならしめたうえで黒白をつけ、そのうえでしかるべく処分を科すのが妥当であるように思われる。その意味で、刑事公判において少年法55条に相当する手続を設ける必要性はある。

(7) 刑事公判段階における家庭裁判所への移送手続

では、いかなる場合に刑事公判の段階から家庭裁判所への移送手続を経て新処分手続に付することが相当と考えられるか。

新処分手続は刑事事件として刑罰を科す必要性及び相当性がない事件として検察官が起訴猶予処分あるいは家裁送致処分にした事件が対象とされている。

したがって、実質的には、刑訴法248条の要件である犯人の性格、年齢及び境遇、犯罪の軽重及び情状並びに犯罪の情況によって判断されることになる。この観点からすれば、上述のように、仮に事実認定に関する判断を刑事公判で行ったとしても、いったん訴追の必要性がないとして起訴猶予処分あるいは家裁送致処分とした根拠となるその他の事情に必ずしも大きな変化が生じるとは思われないので、あらためて新処分手続に付すことの必要性及び相当性は失われないと考えられる。また、同様の観点からすれば、当初は起訴猶予処分あるいは家裁送致処分ではなく公判請求した場合であっても、従来の少年法55条移送決定の際の情況同様に、示談成立、被告人の反省情況や要保護性の変化など被告人を取り巻く環境が大きく変わったときには刑事罰を必要としないわけであるから、検察官が新処分手続を選択する必要性及び相当性はあると言わなければならない。もっとも、少年法55条相当の移送手続を設けるにしても、移送決定は裁判所が行うことになるので、その判断は裁判所の合理的裁量に委ねることが想定され得る。その意味では、起訴猶予処分あるいは家裁送致処分に伴う新処分手続の選択がそもそも検察官の専権事項であることからすれば、検察官による新処分手続移送申立あるいは送致について法的拘束力を持たせることも不当とは思われない。いずれにしても、公判手続に付された若年者事件はそもそも起訴猶予処分あるいは家裁送致処分とならなかった事件であるから、理論的に少年法55条類似の手続で家庭裁判所に移送されることはないとする主張[31]には、若年犯罪者に対して必要とされる保護的教育的処分としての新処分の本質を十分に考慮していない点で問題があるように思われる。

5　結論

現行少年法における年長少年に対する保護手続、処分を実質的に代替する保護的教育的機能を有する若年者新処分制度を創設する場合、検察官の権限は、少なくとも以下の点において制約される。

第一に、検察官が刑事事件でも保護事件でもない若年者新処分対象事件を起訴猶予処分を前提として家裁に係属させる場合、すでに刑事事件としての処理は終了しているので、家裁送致処分あるいは通告は行えないということである。仮に、検察官が当該事件の処理を家庭裁判所に申し立てる場合には、刑事

---

[31] 『法制審議会少年法・刑事法（少年年齢・犯罪者処遇関係部会）第2分科会第7回会議議事録』（PDF版・2018年3月28日）22頁〔加藤幹事発言〕。

訴訟法、少年法以外の新たな法的根拠が必要となる。

　第二に、若年者新処分手続として少年法を適用あるいは準用する場合であっても、全件送致主義に基づく少年保護手続を前提とする少年法22条の2がそのまま適用あるいは準用されることにはならないということである。検察官が事実関係の「認定」も含めて、一旦刑事事件として最終処理した若年者新処分対象事件の事実認定に、再び少年法の枠組みの中で関与することは理論的整合性に欠けるからである。仮に検察官が関与することが認められるとすると、それは起訴猶予処分を行わない場合に限定される。

　第三に、検察官は若年犯罪者の刑事事件について若年者新処分に付するか付さないかの権限を有していることから、一旦公訴提起して公判手続に進んだ事件であっても、被告人の情状(要保護性)の変動にともなって新処分手続に移行させることができる。その場合の家裁係属を少年法55条類似の移送手続によるのか、公訴取消、起訴猶予を経てあらためて新処分対象事件として家裁に申立るかは、対象者の手続的負担という観点から前者とされるべきである。

　以上が本稿の結論である。

（やまぐち・なおや／立命館大学大学院法務研究科教授）

保護処分の要件たる要保護性について
上位規範に照らした再検討を通して

岡田行雄

はじめに

1 保護処分をめぐる状況変化

2 要保護性概念についての従来の議論

3 上位規範に照らした犯罪的危険性と矯正可能性の問題点

4 従来の問題点への取り組みと積み残されている課題

5 社会調査や鑑別の在り方から導き出される要保護性

6 結びに代えて

はじめに

　少年法に基づいて、家庭裁判所が少年に対して保護処分決定を言い渡す要件として、非行事実と並んで要保護性が挙げられる。

　この要保護性の明確な定義は少年法ではなされてはおらず、それゆえ、その内容については議論が積み重ねられてきた。

　しかし、非行少年に対する刑事処分の拡大に向けた少年法改正が重ねられてきた中で、とりわけ重大事件に走った非行少年への少年院送致決定をむしろ歓迎するかのような状況が生じ、日本国憲法、子どもの権利条約、さらには障がい者の権利条約に照らして問題が数多く残されている少年院送致のような保護処分を限定する解釈論の展開が進んでいないように見受けられる。

　そこで、本稿においては、このような状況を踏まえて、保護処分を言い渡す要件としての要保護性の中でも、とりわけ犯罪的危険性と矯正可能性に焦点をあてて、日本国憲法などの上位規範に照らして、それらにどのような問題点があり、従来の議論にどのような課題が積み残されているのかを明らかにすることに取り組む。この取り組みを通して、上位規範が要請する、あるべき要保護性解釈に向けた課題を提示することが本稿の目的である。

1 保護処分をめぐる状況変化

(1) 少年法「改正」以降の保護処分をめぐる近時の状況変化

　要保護性に関する検討に入る前に、近時の保護処分をめぐる状況変化を、少年院送致と保護観察に絞って確認しておこう。[1]

　2000年に、少年法第一次「改正」がなされて、20条2項が、「原則逆送」規定と実務上解されるようになるなど、[2]逆送の可能性が飛躍的に高まった。それと相前後する形で、少年院への収容期間が長期化した。[3]この長期化は、非行少年への教育を充実させる体裁を取りつつも、少年院送致に、犯罪に対する応報刑に似た懲罰的色彩を纏わせるものと言える。[4]また、2003年から翌年にかけて起こった、14歳未満の少年による殺人事件を契機の一つとした2007年の少年法第二次「改正」によって、14歳未満の者に対しても、特に必要がある場合に少年院送致決定が可能となった。[5]

　その後、2009年に広島少年院における被収容少年への虐待事件が顕在化したことを契機として設置された有識者会議の提言を踏まえて、それまでの少年院法が改正された。確かに、被収容者側からの不服申立の規定の整備がなされるなど、被収容者の権利を保障した側面はある。しかし、それ以上に、被収容

1　近時、服部朗は、要保護性を再考する前提として、保護処分における保護の淵源を検討している。服部朗「要保護性再考」愛学58巻1・2号（2017年）165〜181頁参照。

2　少年法20条2項をめぐる解釈論については、守屋克彦＝斉藤豊治『コンメンタール少年法』（現代人文社、2012年）252〜255頁参照。

3　1970年代の少年院における過剰収容を背景に少年院の運営が強権的になり、収容期間も長期化したことから、少年院送致決定が激減し、11庁の少年院が収容業務停止になるという事態に至った。刑事司法及び少年司法に関する教育・学術研究推進センター編『少年法適用年齢引き下げは何をもたらすか』（日本評論社、2018年）68〜69頁参照。そこで、法務省は1977年の通達によって、少年院における収容期間を原則2年とし、収容期間を延長する場合には、家庭裁判所の許可を必要とするようにした。ところが、この通達は、いわゆる神戸事件を契機とした、1997年の新通達に取って代わられ、2年を超える少年院への収容が容易になったことが、現在に至る少年院収容期間の長期化の背景にある。1997年の新通達の問題点については、土井政和「少年院・教護院と保護・更生」法セ517号（1998年）55〜56頁参照。

4　本庄武は、少年院収容期間の長期化が少年法第一次「改正」以降に進展したことを確認した上で、それが、少年院送致を教育としてではなく制裁として用いる傾向によってもたらされている側面を示唆している。本庄武「少年法改正と少年院収容の課題」葛野尋之編『少年司法改革の検証と展望』（日本評論社、2006年）310頁参照。なお、家庭裁判所による処遇勧告に基づく傷害致死事件での少年院収容期間の長期化によって、少年院でいくら頑張ってもいつまでも仮退院できなくなる少年が不平を募らす問題点も指摘されている。廣田邦義「『原則逆送』事件における社会調査のあり方」高松少年事件研究会『事例から学ぶ少年非行』（現代人文社、2005年）97頁参照。

5　14歳未満の非行少年に少年院送致決定がなされる場合、非行が重大であるとともに、ほとんどの少年に少年院送致までに保護処分歴がないという傾向があることが指摘されている。大熊直人「14歳未満の少年に対する少年院における処遇の実情について」家月64巻9号（2012年）18頁参照。こうした少年院送致決定も、懲罰的な色彩が濃いように見受けられる。

者の義務、職員の権限等に関する規定の整備、矯正教育等の内容・方法に関する規定の整備などに重きが置かれているように見受けられる[6]。

　次に、保護観察については、2007年の少年法第二次「改正」によって、保護観察処分を受けた少年が遵守事項違反の警告を受けたにもかかわらず、なお遵守事項違反があり、その程度が重く、かつ保護観察によっては本人の改善及び更生を図ることができないと家庭裁判所が認めるときは、少年院送致等の施設収容の保護処分決定を行わねばならなくなった(少年法26条の4)。これは、少年法における保護処分としての保護観察の性格を、より強制的、権威的なものに変えるものと言える[7]。

　加えて、2007年に成立した更生保護法が、再犯防止をその目的として掲げたことによって、少年に対する保護処分としての保護観察においても、自由制限や監視ばかりが強調される素地が整えられた[8]。

　このように保護処分としての少年院送致や保護観察において自由制限など非行少年の人権制約としての性格が強められる中で、18歳未満に少年年齢を引き下げた上で、保護手続・処分の対象から外される18歳、19歳の者に保護処分に準じた「新たな処分」の検討が進められている[9]。しかし、刑事処分としての性格を持つ「新たな処分」が積極的に活用されるようになれば、それは少年への保護処分にも刑事処分としての色彩を強める影響を与えることが懸念される。

(2) 上位規範に照らした保護処分の問題点

　周知のように、日本国憲法11条は、日本国民はすべての基本的人権の享有をさまたげられないと定め、同13条は、すべて国民は、個人として尊重され、

6　武内謙治は、2008年から翌年にかけて法務省矯正管区内で開催されている「少年院法の現状と課題等に関する研究会」で検討事項として挙げられた、職員の権限に関する検討が、「少年院法改正要綱素案」に大いに反映している可能性が高いと指摘している。武内謙治「少年矯正法の系譜と新法の課題」内田博文古稀『刑事法と歴史的価値とその交錯』(法律文化社、2016年)559頁参照。

7　武内謙治は、この「改正」の実現によって、保護観察制度のみならず、少年司法制度の本質が失われると示唆している。武内謙治「保護観察の制度改革と少年の教育」葛野尋之編『少年司法改革の検証と展望』(日本評論社、2006年)344頁参照。

8　内田博文は、更生保護法が再犯防止に偏ったものとなり、犯罪被害者対策の実行が棚上げにされ「絵に描いた餅」に陥れば陥るほど、更生保護が再犯防止に傾斜する流れが形成されると指摘している。内田博文『更生保護の展開と課題』(法律文化社、2015年)394頁、405頁参照。

9　少年法における成人年齢の引き下げの動きの契機については、後藤弘子「成人年齢の引下げ」法教423号(2015年)30頁参照。2017年1月に始まった法制審議会少年法・刑事法部会における議論の問題点については、刑事司法及び少年司法に関する教育・学術研究推進センター・前掲注3書2～3頁参照。

生命、自由及び幸福追求に対する国民の権利は最大の尊重を必要とすると定めている。従って、保護処分が非行少年にとって利益な側面を有しているとは言え、自由を制約するものである以上、それは必要最小限度に限定されねばならない。

加えて、子どもの権利条約3条は、非行少年に対する措置であっても、その最善の利益が主として考慮されねばならないこと、そして、同条約6条は、非行少年であっても成長発達権が最大限保障されねばならないこと、さらに、同条約37条bは、非行少年に対する拘禁は最終手段とされねばならないことを要請している。従って、子どもの権利条約からは、保護処分といえども、少年の最善の利益に適い、少年の成長発達権を保障するものでなければならないことが帰結される。そして、少年院送致は最終手段でなければならないことも帰結される。

また、近時、日本も批准した障がい者の権利条約1条[10]は、いわゆる社会モデルで障がいを捉え[11]、同条約5条は、そうした意味での障がいによる差別を禁止し、障がい者が他の者と平等にすべての人権及び基本的自由を有し、又は行使することを確保するための合理的配慮の提供を要求している。さらに、同条約14条1項bは、いかなる場合においても、自由の剥奪が障がいの存在によって正当化されないことも定めている。従って、同条約によれば、医学的には、重い障がいとは言えないものであっても、少年の生育歴において適切な援助を受けられなかったことなどによって、その障がいは重いものとなるが、そうした障がいによる差別は禁止され、それを理由とした少年院送致は正当化されえないことになる。

既に触れたように、少年院法が大幅に改正され、被収容者が受けている処遇などに対しても苦情があるときは、法務大臣に救済を申出ることができるようになった(少年院法120条)。しかし、少年院における被収容者への教育や処遇には、上位規範に照らすと様々な問題点が残っていると言わざるをえない。例えば、子どもの権利条約に掲げられた、成長発達権や意見表明権の保障といった点が少年院法に明文化され、被収容者の教育や処遇に内在化したわけではな

---

[10] 2014年に日本にも条約の効力が発生した。なお、国連における本条約採択から発効の経緯については、長瀬修＝東俊裕＝川島聡編『増補改訂　障害者の権利条約と日本——概要と展望』(生活書院、2012年)13頁以下参照。

[11] 医学モデルとは、障がいを個人の問題であり、病気・外傷等から直接に生じるものと捉えるモデルであり、社会モデルとは、障がいを社会によって作られた問題とみなし、障がいは個人に帰属するものではなく、その多くが社会環境によって作り出されるものと捉えるモデルとまとめることができる。長瀬＝東＝川島・前掲注10書38頁以下参照。

いからである。[12] こうした問題点は、保護観察についても妥当する。

　しかも、少年院送致や保護観察は、上で見たような状況変化に曝され、上位規範の要請とは逆に、少年の自由を制限する不利益性が強められ、少年の意見表明を抑圧し、少年を単なる処遇の客体とする方向へと変化することが懸念される。従って、上位規範に照らすと、こうした保護処分の拡大は望ましいことではなく、むしろ少年に対する刑罰と同様に限定されねばならないのである。

2　要保護性概念についての従来の議論

(1)　要保護性論の出発点

　これを踏まえて要保護性についての検討に移ろう。そもそも要保護性とは、少年審判の対象として激しく論じられてきた。それでは、要保護性が、なぜ少年審判の対象とされたのかと言えば、少年審判において保護処分決定を言い渡す際の要件の一つとして、これが挙げられたからである。

　すなわち、少年法24条1項は、まず、保護処分決定をしなければならない場合として、不処分決定にしない事件を挙げており、この不処分決定は、少年法23条2項によれば、非行事実が認められないなどの保護処分に付すことができないときに加えて、保護処分に付する必要がないと認めるときにもなされる。つまり、少年法の規定を素直に読めば、保護処分決定の言渡しには、少年審判にかけられた少年について、非行事実が認められた上で、保護処分に付する必要がないと認められるときに当らない、言い換えれば、保護処分に付する必要があると認められることが論理必然的に導き出されるのである。

(2)　要保護性概念をめぐる従来の争い

　ところで、保護処分に付する必要があるという意味での要保護性の内容については、論者によって様々に説かれてきた。

　しかし、保護処分決定言渡し要件としての要保護性については、一般に、犯罪的危険性、矯正可能性、および保護相当性の3つの概念からなると指摘され

12　確かに、新たな少年院法には、在院者の最善の利益を考慮して、その者に対する処遇がその特性に応じたものとなるようにしなければならないとの規定（15条2項）が設けられた。しかし、それが子どもの権利条約における子どもの最善の利益原則に適うものとして実際の処遇に具体化されなければならない。なお、子どもの権利条約に照らした少年院法改正の課題については、高内寿夫「子どもの権利条約からみる少年院法の改正について」国学院49巻3号（2011年）45〜47頁参照。

保護処分の要件たる要保護性について　491

ている。[13]

　このうち、まず、犯罪的危険性とは、非行少年が、その性格や環境に照らして、将来、犯罪ないし触法行為を行う可能性があることを意味する。

　次に、矯正可能性とは、保護処分によって、当該非行少年の犯罪的危険性を除去しうる、つまり、非行少年を矯正する可能性が存在することを意味する。

　最後に、保護相当性とは、少年の処遇にとって保護処分が最も有効、適切な手段であることを意味する。「したがって、犯罪的危険性がある少年につき、保護処分による矯正可能性が認められたとしても、例えば、児童福祉法上の措置や刑事処分など、他の手段をとることがより適切である場合には、要保護性が欠け、保護処分に付すことはできないことになる」[14]のである。

　この最後に挙げた、保護相当性をも、要保護性に含めることについては、根強い批判がなされてきた。澤登俊雄は、保護相当性が要保護性概念の要素に加えられたために、非行少年への処遇決定に当たって、犯罪事実の軽重やその社会的影響を考慮することが理論的に正当化されたことを問題視し、非行事実の軽重やその社会的要素が裁判官の価値判断に委ねられるため、要保護性はもはや保護処分要件としての客観性を喪失していると批判した。[15]また、武内謙治は、保護相当性を要保護性に含めることによって、社会感情の考慮を安易に認めることは、本人が抱える問題に見合った処遇選択を難しくし、結果としてエビデンスや効果のない再非行リスクが高い処遇を選択させ、社会を危険に陥れる事態を生じさせると批判している。[16]

　このように、少年が犯した罪が重大である場合には、社会が保護処分決定を許さないので、保護相当性が欠如するとして、要保護性を認めないという帰結をもたらすという意味での保護相当性を要保護性概念に含めるべきか否かが、従来から争われてきたと言って良い。

　しかし、犯罪的危険性と矯正可能性については、必ずしも激しく争われてきたわけではないように見受けられる。この二つには、全く問題はないのであろうか。

13　川出敏裕『少年法』（有斐閣、2015年）95頁参照。なお、要保護性概念に関する諸見解の内容を簡潔にまとめたものとして、荒木伸怡「要保護性の概念とその機能」警察研究59巻10号（1988年）3頁以下がある。

14　川出・前掲注13書95頁。

15　澤登俊雄『少年法入門〔6版〕』（有斐閣、2015年）145頁参照。

16　武内謙治『少年法講義』（日本評論社、2015年）111頁参照。

3 上位規範に照らした犯罪的危険性と矯正可能性の問題点

(1) 上位規範に照らした犯罪的危険性の問題点

　少年法における保護処分の要件としての要保護性も、もちろん上位規範からの要求を満たすものでなければならない。このような観点から見ると、犯罪的危険性と矯正可能性が認められ、本来ならば保護処分が言い渡されるべき、重大な非行に走った少年への刑事処分を相当とする、上で取り上げた意味での保護相当性は、この場合の刑事処分が少年に様々な害悪を与え、その成長発達をむしろ妨げるために、上位規範の要請に反するものであり、到底妥当なものとは言い得ない。

　ところが、それ以前に、保護処分の要件としての犯罪的危険性にも以下のような問題があると言わなければならない。

　そもそも犯罪的危険性とは、非行少年が、その性格や環境に照らして、将来、犯罪ないし触法行為を行う可能性があることを言うのであるから、審判に付された非行事件がいわゆる一過性のものであって、将来、犯罪ないし触法行為を行う可能性がない場合には、もちろん、犯罪的危険性は認められず、保護処分に付されてはならないことになる。

　しかし、少年司法の現場における一般的な事件では、いわゆる段階処遇の考え方が採られていると言われる。[17] 例えば、初回の窃盗事件が家庭裁判所に係属しても、通常は審判不開始で終局し、2回目の窃盗事件が家庭裁判所に係属して、少年審判が開始されるという運用がそれである。そうすると、既に窃盗が2回も犯されているという事実を前提にする限り、その非行を一過性と言うことはできないであろう。従って、少年審判が開始される多くの少年事件について、およそ一過性の少年事件であって犯罪的危険性がないとは言えないであろう。逆に言えば、審判にかけられた少年について、将来、犯罪ないし触法行為を行う可能性がないと認定することの方がはるかに難しいであろう。人間一般について、将来罪を犯す可能性が全くないと認定することはおよそ不可能だからである。このように考えると、犯罪的危険性は、上位規範から求められる、少年の人権を制約する保護処分を必要最小限度のものとするという役割を果たし得ないことは明らかである。

17　廣田邦義「処遇論からのアプローチ」岡田行雄＝廣田邦義＝安西敦編『再非行少年を見捨てるな』（現代人文社、2011年）79頁参照。

保護処分の要件たる要保護性について　493

⑵　上位規範に照らした矯正可能性の問題点

次いで、矯正可能性についても、上位規範に照らすと、以下のような問題点があると言わざるをえない。

そもそも、矯正可能性とは、非行少年に犯罪的危険性があることを前提に、保護処分によるその犯罪的危険性の除去可能性を言う。これが認められない場合として、かつては「治癒する可能性のない精神病者、矯正の望みなき精神病質人、犯罪性の甚だしく強度にして個別的特殊教育を施すもなお矯正しえないであろう様な兇悪人等々」が挙げられていた。[18]

しかし、矯正可能性を要保護性の内容として挙げた見解において例示された例は、いずれも極めて例外的なものに過ぎない。これを前提としたとしても、非行少年に矯正可能性が否定される場合はおよそないと言えよう。加えて、保護処分によって、非行少年が立ち直る、言い換えれば、成長発達する可能性が全くないと認定することも、およそ不可能と考えられる。なぜなら、上で挙げられた精神障がいがある非行少年の場合にも、第三種少年院における教育や治療を通して、その障がいが完治するかどうかはさておき、少なくとも、当該少年が成長発達する可能性は否定され得ないからである。このように考えると、矯正可能性も、犯罪的危険性と同様に、少年の人権を制約する保護処分を必要最小限度のものとするという役割を果たし得ないことは明らかである。

このように、上位規範に照らすと、従来、要保護性の内容として、それほど争われてきたわけではない、犯罪的危険性や矯正可能性にも、それが少年の人権を制約する保護処分を必要最小限度のものとするという役割を果たし得ないという問題点があると言わざるをえないのである。

4　従来の問題点への取り組みと積み残されている課題

⑴　犯罪的危険性と矯正可能性の問題点への従来の取り組み

もちろん、このような問題点が、従来の要保護性に関する議論において全く意識されていなかったわけではない。

例えば、荒木伸怡は、犯罪的危険性という概念には、過去に罪を犯した少年に厳しい制裁を科さずに放置すれば将来再び罪を犯すであろうから少年を施設内に拘束すべきだという秩序維持的観点が含まれており、[19]「要保護性の内容に

18　裾分一立「要保護性試論」家月5巻4号（1953年）32頁。
19　荒木・前掲注13論文13頁参照。

将来犯罪を犯す危険性を含めることは必ずしも当然ではない」[20]と指摘した。

　また、矯正可能性についても、犯罪的危険性の除去のために必要な具体的手当が明らかにされねばならないが、他方で少年法上の各関係機関の処遇能力には事実上の限界があるので、少年の犯罪的危険性除去のために必要な手当と現実の執行機関の処遇能力との適合性を見極めて処遇選択が行われねばならないとして、その問題点が指摘された[21]。

　このような指摘においては、犯罪的危険性および矯正可能性という要保護性の内容が、必ずしも保護処分を適切に限定することに役立っていないという問題意識を窺うことができよう。

(2)　要保護性の質の重要性

　他方で、要保護性が有無や高低として表現される傾向の問題点を指摘し、要保護性判断にあたって質的な観点の重要性を説く見解も現れた。正木祐史によるものがそれである。

　正木は、要保護性判断にあたっては、非行少年が、新たな非行に至る可能性があるとしても、どのような負因を抱えており、少年を取り巻く環境にどのような負因があるかが測定される必要があり、当該非行少年にどのような解消されるべき要保護性があるのかが明らかにされることが重要であると指摘した[22]。従って、要保護性は単純な有無や高低で捉えられてはならない概念と言うことになる。そして、こうした正木の要保護性の理解からは、処分の選択は、「要保護性を解消して社会復帰をしていくためにはどのような処遇が必要で有効なのかという観点から」[23]決定されることになる。

　正木の指摘は、子どもの権利条約が日本でも批准されたことを踏まえて、日本国憲法13条に子どもの成長発達権保障の趣旨も読み込んだ上で、同26条も子どもの成長発達権を支えるものとして把握し、少年が参加し、意見表明できる手続において、少年の多様なニーズが顧慮されねばならないという脈略の中でのものである[24]。その意味で、日本国憲法や子どもの権利条約の要請に応え、不必要な少年への人権制約を可能な限り避けようとの問題意識に裏打ちされた

20　荒木・前掲注13論文9頁。
21　澤登俊雄＝谷誠＝兼頭吉市＝中原尚一＝関力編『展望少年法』（敬文堂、1968年）313頁参照。
22　正木祐史「20条2項送致の要件と手続」葛野尋之編『少年司法改革の検証と展望』（日本評論社、2006年）34〜35頁参照。
23　正木・前掲注22論文35頁。
24　正木・前掲注22論文31〜33頁参照。

ものと言える。

⑶　積み残されている課題

　確かに、上で見たような取り組みにおいて、要保護性の要素である、犯罪的危険性ないし矯正可能性に、それぞれ問題点があること、あるいは、要保護性が有無や高低といった量的概念として捉えられがちであって、それぞれの保護処分がなぜ必要で有効なのかという点が明らかにされねばならないことは指摘されてきた。

　しかし、いずれの取り組みにおいても、少年の自由を制約する保護処分を必要最小限度のものとする要保護性の具体的な内容まで明らかにされているわけではないと言わざるをえない。

　例えば、犯罪的危険性の問題点を指摘した荒木は、要保護性の内容から犯罪的危険性を排除し、家庭裁判所調査官を担い手とする社会調査によって明らかとされる次の２つの観点を以て要保護性と解している。

　第一は、少年に対して更に保護処分を課すことが必要か、すなわち、少年に対する処分として、不開始・不処分ではなく保護処分を課すことが、少年法の目的である少年の健全育成のために適切な保護手段であるか否か(保護相当性)という観点である。第二は、どのような内容の保護処分を課すことが、すなわち、どのような内容の矯正教育を行うことが、少年の素質上・環境上の負因を除去するために有効であるか(矯正可能性)という観点である。[25]

　この見解における保護相当性は、一般に理解されているものとは異なり、矯正可能性と同様に、その有無・程度は、行動諸科学上の法則を具体的な非行少年に当てはめて判定されるものとされている。[26] しかし、正木が指摘するような、個々の保護処分が必要かつ有効な場合までも明らかにしているわけではなく、この点に限界があると言わざるをえない。

　次に、矯正可能性の問題点を指摘する見解を支持する論考においては、要保護性の内容として、犯罪的危険性と、その除去のために必要な具体的手当が現実の執行機関の処遇能力に適合するという意味での保護適合性とが挙げられている。[27] しかし、保護適合性の具体的な内容はやはり明らかにされておらず、やはりこの点に限界がある。

25　荒木・前掲注13論文14頁

26　荒木・前掲注13論文14頁参照。

27　澤登＝谷＝兼頭＝中原＝関・前掲注21書313頁参照。

最後に、正木の見解も、2000年の「改正」少年法を踏まえた刑事処分相当
性を検討する論考の中で示されたものであるため、要保護性の質の具体的な内
容までは明らかにされてはいないという限界がある。

　従って、これらの取り組みを踏まえても、日本国憲法などの上位規範の趣旨
に合致した要保護性の具体的内容を明らかにするという克服されるべき課題は
積み残されているのである。

5　社会調査や鑑別の在り方から導き出される要保護性

(1)　社会調査や鑑別と上位規範

　このように要保護性概念における犯罪的危険性と矯正可能性には問題点や克
服されるべき課題がある。

　ところで、前出の荒木は、かつて、要保護性判定の担い手について以下のよ
うに指摘している。

> 　「現行少年法が家庭裁判所に行動諸科学の専門家である家庭裁判所調査
> 官を配して調査前置主義を採っていること、調査の方針について「なるべ
> く、少年、保護者又は関係人の行状、経歴、素質、環境等について、医学、
> 心理学、教育学、社会学その他の専門的智識特に少年鑑別所の鑑別の結果
> を活用して、これを行うように努めなければならない」と規定しているこ
> とに照らして、要保護性の中心的内容が法的なものではなく行動諸科学に
> よる解明を要するものであること、および要保護性の有無・程度の判定が、
> 形式上はともかく実質上は、家庭裁判所裁判官ではなく家庭裁判所調査官
> の役割であることを否定できないのである」[28]。

　荒木は、少年法9条に基づく科学主義が要保護性の判定には妥当する以上[29]、
その最終的な担い手は家庭裁判所調査官であることを明示している。実は、一
般的理解による保護相当性概念を要保護性の要素とすることを批判する見解に
おいては、こうした諸科学活用の専門家として養成された家庭裁判所調査官に

28　荒木・前掲注13論文12頁。
29　少年法9条に基づく科学主義の一般的理解については、田宮裕＝廣瀬健二『注釈少年法〔4版〕』（有
　斐閣、2017年）141頁参照。

保護処分の要件たる要保護性について　｜　497

よる事実判断を可能な限り尊重しようという志向がある。[30]

　しかし、そもそも、家庭裁判所調査官に、諸科学を活用すべき旨を定めた科学主義に基づき犯罪的危険性及び矯正可能性を判定させることは、上位規範から見て妥当なのであろうか。さらに言えば、家庭裁判所調査官による要保護性の判定は事実判断に尽きるものなのであろうか。

　こうした疑問は、科学が常に発展途上のものであり、両刃の剣という性質を持つ[31]点から発している。武内謙治も、「過介入を許さないほどに人間行動科学の知見が確実性を現在持つことができているのかが問題になる」[32]と指摘している。そうであるならば、そもそも科学主義に基づき犯罪的危険性及び矯正可能性を家庭裁判所調査官に判定させること自体が、上位規範に照らして妥当かどうかが検討されねばならないように思われる。そして、この点の検討にあたっては、科学が誤った方向で活用されないようにするための規範的な歯止めを、科学主義に基づく社会調査や鑑別における判定に内在させることを根拠づける諸事実が存在することが忘れられてはならない。ドイツのナチス期における少年司法、及び日本の「らい予防法」のように、「科学」の名の下に、人権侵害がなされてきた事実がそれである。[33]

　また、科学主義に基づく要保護性の判定は、全てが事実判断というわけではない。例えば、心理テストや知能テスト一つとっても、これまでの科学的な積み重ね上に成り立つものとは言え、そこでの判定結果は事実ではなく、検査に基づく評価に他ならないからである。このように社会調査や鑑別における判定が事実判断に尽きず、対象となった少年のある部分に関する評価をも含む以上、その誤りの危険性を踏まえた上で、科学主義に基づく社会調査等において、事実判断と捉えられてきた犯罪的危険性や矯正可能性を判定されることが妥当なのかが改めて検討されねばならないのである。

30　例えば、澤登は、家庭裁判所調査官の科学調査の対象である要保護性を「評価概念」とすることは誤りであるとした上で、基本的には、要保護性に関する判断と処遇方法の提示をその内容としている調査官の処遇意見に基づいて処分形式が決定されるべきとしている。澤登・前掲注15書129頁、145頁参照。

31　団藤重光＝森田宗一『新版少年法〔2版〕』(有斐閣、1984年) 101頁参照。

32　武内・前掲注16書113頁。

33　ナチス期少年司法における「科学」の名の下での人権侵害については、岡田行雄『少年司法における科学主義』(日本評論社、2012年) 74〜76頁参照。「らい予防法」におけるそれについては、内田博文『ハンセン病検証会議の記録――検証文化の定着を求めて』(明石書店、2006年) 173頁以下参照。

(2)　上位規範に基づく科学主義

　そこで、上の点を検討するにあたって、まず、科学主義が社会調査や鑑別に要請することを明らかにする必要がある。

　もともと、科学主義については、その内容が自覚的に議論されてきたわけではない。とはいえ、社会調査や鑑別において、経験諸科学を活用して、少年が非行に至った諸要因のメカニズムを解明し、当該少年の人格や環境の問題点と、その問題点の解消に向けた非行少年に対する処遇選択を明らかにする点に、その意義はあったと言えよう[34]。

　しかし、経験諸科学を用いてその問題点を明らかにすることは可能であるとしても、その解消に向けた最適な処遇を必ずしも明らかにできるわけではない[35]。家庭裁判所調査官による処遇意見は、少年に関わる問題点に比べるとボリュームが極端に少なくなるとも指摘されている[36]。そうすると、経験諸科学は、少年などのプライバシーへの深い立ち入りという憲法上疑義を孕む行為によって、その問題点ばかりをクローズアップさせるだけに終わる。そして、少年をいたずらに長期間社会から隔離することを招き、むしろ少年の主体的な非行克服を妨げるツールとなってしまう。従って、こうした内容の科学主義は、日本国憲法、子どもの権利条約、さらには、障がい者の権利条約に照らして妥当なものとは言えない。

　それでは、これらの上位規範に基づく科学主義とはどのようなものであるべきか。まず、日本国憲法及び子どもの権利条約からは、経験諸科学の活用が少年及び関係者のプライバシー等に深く立ち入るものである以上、それがプライバシー等への深い立ち入りに釣り合うほどの価値を実現すること、すなわち、それが非行少年の自由制約を必要最小限度とする手段によって当該少年の主体的な非行克服をもたらすことが求められるはずである[37]。

　また、経験諸科学の活用による判断が予測を伴うものである以上、必然的にその誤りが生じる可能性は、事実認定に比べて高いものとなる。加えて、少年が非行に至ったメカニズムを鑑別で解明しようとしても、観護措置などの限られた期間でそれを完全に解明することは極めて困難である。従って、そうした誤りや限界による過剰な人権制約も避けられねばならない。つまり、たとえ諸

34　岡田・前掲注33書19頁参照。

35　岡田・前掲注33書108〜113頁参照。

36　日本弁護士連合会など編『第18回全国付添人経験交流集会報告集』(日本弁護士連合会、2008年)10頁参照。

37　岡田・前掲注33書115〜119頁参照。

保護処分の要件たる要保護性について　｜　499

科学活用に誤りや非行のメカニズム解明に限界があったとしても、その誤りが非行少年の人権制約を大きくさせることは避けられねばならず、できる限り、人権制約を小さくするように方向づけられねばならないのである。それゆえ日本国憲法や子どもの権利条約に基づく科学主義とは、経験諸科学の活用によって、少年が非行に至った要因となる問題点を主体的に克服できる処遇のうち、最も少年の人権制約が小さいものを解明する点に、その基本的内容があると解されねばならない。

さらに、障がい者の権利条約に照らせば、経験諸科学を活用し非行少年の障がいの有無及び程度を判定するにしても、それを社会モデルで捉えることが求められる。そして、たとえ非行少年に社会モデルで捉えられる障がいがあるとしても、それを理由とする自由剥奪処分は許されないのであるから、経験諸科学の活用も、障がいがある非行少年が、平等にすべての人権及び基本的自由を有し、又は行使することを確保するための合理的配慮の一環でなければならない。[38] やはり、障がい者の権利条約に照らしても、経験諸科学の活用は、障がいのある非行少年にも、他の非行少年と同様に人権や基本的自由が保障されるためのものでなければならないのである。従って、障がい者の権利条約に基づく科学主義とは、経験諸科学の活用によって、非行少年が抱えている障がいを社会モデルによって把握し、当該少年が他の非行少年と同様に、主体的に非行を克服し、全ての人権や基本的自由を行使できるようになるための合理的配慮となる処遇のうち、最も少年の人権制約が小さいものを解明する点に、その基本的内容があると解されねばならない。

以上のように、上位規範の要請に照らせば、少年司法における科学主義の内容は、諸科学の活用によって、障がいの有無にかかわらず、非行少年が主体的に非行を克服できる、最も人権制約が小さい処遇を、可能な限り解明しなければならないこととまとめられる。そのためには、経験諸科学を用いて、非行少年をめぐる問題点以上に、当該少年が最も人権制約が小さい処遇によって主体的に非行を克服できることに役立つ、少年を取り巻く社会資源や人的資源、少年の長所ないし潜在能力などの解明がなされなければならない。こうした、いわば少年の財産とも言えるものが解明されなければ、最も人権制約が小さい処遇によって、非行少年が主体的に非行を克服することは実現し難いからであ

---

38 障がい者の権利条約に基づく社会調査の在り方については、岡田行雄「少年司法における虐待被害」熊法133号（2015年）62〜63頁参照。

る。[39]

(3) 科学主義に照らした犯罪的危険性判定の妥当性

　それでは、上で明らかとなった科学主義の趣旨に照らして、犯罪的危険性を家庭裁判所調査官に経験諸科学を活用して判定させることは妥当なのであろうか。

　確かに、犯罪的危険性が全くないことが経験諸科学の活用によって解明されることは、保護処分の不要性を直ちに帰結するので、科学主義の趣旨に照らしても望ましいことではある。ところで、近時の社会調査や鑑別においては、リスクアセスメントの知見を参照しようとするもの[40]や、非行に至る諸要因のメカニズム解明に向けて「生物 - 心理 - 社会モデル」の有用性を説くものなど[41]、新たな動向も見られるけれども、既に見たように、少年審判が開始される少年事件については、本格的な社会調査に加えて、観護措置中に鑑別までなされる以上、それらによって解明された少年の生育歴、生育環境、及び資質などから犯罪的危険性が皆無という帰結が導かれることはおよそ考えられない。

　加えて、家庭裁判所調査官が、諸科学活用による社会調査や鑑別の結果に基づいて、犯罪的危険性があると判定したとしても、そこから、直ちに非行少年が主体的に非行を克服できる、最も人権制約が小さい処遇まで解明されるわけではない。リスクアセスメント等の手法が採られたとしても、あくまで犯罪的危険性の判定は、当該少年が様々な問題に直面していることを明らかにするに過ぎないからである。

　さらには、いかに最新の手法が採られたとしても、犯罪的危険性の判定に誤りがあることは避けられない。既に指摘したように、本格的な社会調査が行われるケースについて犯罪的危険性が皆無であると家庭裁判所調査官が判定することは、まずありえないであろうから、誤りは、犯罪的危険性をより大きく判定する方向に傾かざるをえない。そうすると、経験諸科学に基づく犯罪的危険

39　岡田・前掲注33書124頁参照。

40　社会調査においては、いわゆる「調査支援ツール」において、リスクアセスメントの手法を取り入れる傾向が顕著である。田川二照ほか「非行類型に応じた少年事件調査の充実に向けて(1)」家月63巻10号（2011年）81頁以下等参照。少年鑑別所では、2013年より、法務省矯正局と各少年鑑別所によって独自のリスクアセスメントツールとして開発された法務省式ケースアセスメントツール（MJCA）が本格的に運用されている。これについては、西岡潔子「法務省式ケースアセスメントツール（MJCA）について」刑政124巻10号（2013年）58～59頁参照。

41　樋口竜也ほか「粗暴事案における非行メカニズムの解明の在り方」家裁調査官研究紀要15号（2012年）1頁以下参照。

性の判定の誤りは、どうしても非行少年の人権制約を大きくする処分をもたらさざるをえないのである。

このように、上位規範に基づく科学主義に照らすと、家庭裁判所調査官に犯罪的危険性を判定させることは妥当とは言えない。たとえ、これまで犯罪的危険性と呼ばれてきたものが経験諸科学の活用によって正しく解明されるとしても、当該非行少年が直面している様々な問題を明らかにするに過ぎず、むしろその誤りは、非行少年の人権制約を大きくすることに直結し、当該少年にとっての最善の利益や合理的配慮とは言い得ない、不必要な保護処分だけでなく、刑事処分さえももたらすからである。

(4)　科学主義に照らした矯正可能性判定の妥当性

次に、矯正可能性を家庭裁判所調査官に経験諸科学を活用して判定させることの妥当性を検討しよう。確かに、ある非行少年について、社会調査や鑑別の結果を踏まえて、少年院における短期処遇による矯正可能性があると家庭裁判所調査官が処遇意見をまとめることは、それが最も人権制約が小さい処遇で、当該少年が非行を克服できるものであるならば、妥当のようにも見える。

しかし、上で挙げた条件が、そもそも諸科学活用によって満たされうるものなのかについて疑問が残る。保護観察による矯正可能性ということそのものに文言上の無理があることをひとまず棚上げにするとしても、少年院における[42]短期処遇による矯正可能性があるという以上、諸科学活用を通じて、保護観察では、当該少年が直面していて、犯罪的危険性を裏づける諸問題を解消ないし克服できないと判定することが前提となるはずであるが、その判定には無理があると言わざるをえない。矯正可能性が不利益性を有する保護処分を限定する概念となりえないと指摘した際に示したように、保護観察を通した諸問題の解消ないし克服の可能性は否定され得ないはずだからである。

そうすると、最も人権制約が小さい保護処分による非行少年の主体的な非行克服可能性が絶えず誤って判定されることになる。つまり、論理的には、より人権制約が小さい保護処分による非行少年の主体的な非行克服可能性は否定されないにもかかわらず、その保護処分よりも人権制約が大きな保護処分による矯正可能性ありという判定に基づいて、保護処分が選択されてしまうからであ

---

[42]　服部朗は、児童自立支援施設における暮らしの教育は矯正ではなく、保護観察は、遵守事項と生活行動指針を守って生活しようとする本人の自発性に依拠して、社会の中で通常の生活を営ませながら処遇を行うものであり、矯正とはアプローチが異なるので、矯正可能性という表現は適切ではないと指摘している。服部・前掲注1論文191頁参照。

る。

　従って、上位規範に基づく科学主義に照らすと、家庭裁判所調査官に矯正可能性を判定させることも妥当とは言えないという帰結になる。

(5)　上位規範に基づく科学主義を出発点とする要保護性論

　もちろん、このような帰結に対しては、従前の科学主義の理解に立ち、家庭裁判所調査官が、非行少年が当該非行に至った要因を経験諸科学活用に基づいて解明し、その要因を根拠とする犯罪的危険性の判定を行い、そうした要因を特定の保護処分によって解消できるという意味での矯正可能性の判定を行うことは、上位規範に反するものではなく、妥当であるとの反論がありえよう。

　しかし、こうした従前の科学主義を前提として、社会調査や鑑別の手法として注目されるようになったリスクアセスメントには、近時、次のような根本的な疑問が提起されている点が注目される。この手法が前提としているリスク管理モデルには、再犯をする原因と、再犯をしない原因を同一と考えるなどの問題があるという津富宏による指摘がそれである。[43]　津富の指摘を敷衍すれば、再犯をする原因としての犯罪的危険性が社会調査や鑑別によって明らかとされたとしても、実際には、再犯をしない原因は、それとは無関係に存在しうる。そうすると、経験諸科学によって解明された非行少年の犯罪的危険性を基礎づけるリスク要因となる事情が解消されないとしても、再非行をしないことも大いにありうることになる。[44]　従って、再非行ないし再犯防止が最重要であるという前提に立ったとしても、リスクアセスメントに基づく犯罪的危険性そのものを社会調査や鑑別を通して判定させること自体に、大きな意義はないと言わざるをえないのである。

　また、再非行ないし再犯防止が最重要であるという前提に立ったとしても、犯罪キャリアからの離脱に関する説得性が高い研究[45]によれば、犯罪者が犯罪キャリアを止めるにあたって重要な出来事とは、元犯罪者が自分より大きく力

43　津富宏「犯罪からの離脱──リスク管理モデルから対話モデルへ」浜井浩一編『犯罪をどう防ぐか』（岩波書店、2017年）253～257頁参照。

44　非行少年の保護者に養育能力がない、あるいは、少年本人に発達障がいがあるというのは、再非行のリスク要因と言えるであろうが、これらの要因に変化がなくとも、少年本人が周囲の他の人々にその能力などが認められることを契機に立ち直り、再非行をしなくなるということなどが好例と言えよう。

45　シャッド・マルナによる研究がそれである。その説得性の高さの詳細については、津富宏「監訳者はしがき」シャッド・マルナ（津富宏＝河野荘子監訳）『犯罪からの離脱と「人生のやり直し」』（明石書店、2013年）vi頁参照。

保護処分の要件たる要保護性について　　503

強い者とつながり、自らに自信を持つようになることであり、このつながりの契機となるのは、誰かが元犯罪者を信じて、この元犯罪者に、本当は、自分には自分なりの価値があると気づかせてくれることとされる。[46] そして、こうした事実は、日本における非行キャリアを積み重ねてきた者の非行キャリアからの離脱に関する研究においても同様に挙げられているのである。[47]

こうした、いわゆる離脱研究の成果からは、非行少年が適切な他者と出会い、社会における自らの存在意義、あるいは、その長所ないし潜在能力などが肯定的に評価されることこそ、非行少年が非行を繰返さないようになる契機となる事実であることが帰結される。つまり、犯罪的危険性や矯正可能性が暗黙の前提としている、非行少年の性格などの問題点を矯正することが再非行をしなくなる唯一の道という思考方法が絶対的に正しいとは言えないのである。

そうすると、やはり、家庭裁判所調査官に経験諸科学を活用して、犯罪的危険性や矯正可能性を判定させることは妥当ではないということになろう。

それでは、社会調査や鑑別によって要保護性が解明されるとして、どのようなものが要保護性の中核となるべきなのであろうか。

少なくとも、上位規範に基づく科学主義に照らせば、諸科学の活用によって、障がいの有無にかかわらず、非行少年が主体的に非行を克服できる、最も人権制約が小さい処遇を、可能な限り解明することが社会調査や鑑別に求められる。そして、その処遇が特定の保護処分である場合に、初めて、当該保護処分の必要性は根拠づけられると言えよう。

そうなるためには、非行少年の生育歴、生育環境、及び資質を対象とした社会調査や鑑別がなされるにしても、それを通して、当該少年を取り巻く人的・社会的資源、並びに少年の長所ないし潜在能力といった少年の財産とも言える側面がまず解明されねばならない。加えて、生育歴において、当該少年が不適切な養育を受けてきたり、少年が有する障がいに誰も気づかずに、合理的配慮が欠けた対応がなされてきたりしたことなどといった少年の不遇な側面が明らかになったとしても、その事実は、これまでに少年になされてこなかった適切な養育や対応、さらには障がいがある少年への合理的配慮を解明する基礎とされなければならない。

---

46 Cf. Marna, Shadd., Making good : how ex-convicts reform and rebuild their lives, American Psychological Assosiation 2001, p.96. マルナ・前掲注45書135頁参照。

47 非行克服支援センター『何が非行に追い立て、何が立ち直る力となるか 「非行」に走った少年をめぐる諸問題とそこからの立ち直りに関する調査研究』(新科学出版社、2014年) 202頁、257頁参照。

こうした、上位規範に基づく科学主義に照らして解明が求められる事実こそが、あるべき要保護性概念を考究していく上での出発点とされるべきであろう。

6　結びに代えて

本稿において明らかとされた点をまとめると以下のようになる。

第一に、日本国憲法などの上位規範に照らすと、非行少年に対する刑罰と同様に、限定されなければならない保護処分の要件たる要保護性の内容については、保護相当性以外の、犯罪的危険性と矯正可能性にも、保護処分を適切に限定できないという問題があること。

第二に、要保護性の内容とされてきた犯罪的危険性と矯正可能性をめぐる従来の議論にも、上位規範に照らして保護処分を適切に限定するという点ではそれぞれに限界があること。

第三に、要保護性を解明するものと位置づけられてきた調査や鑑別に妥当すべき、上位規範に基づく科学主義に照らせば、家庭裁判所調査官に非行少年の犯罪的危険性や矯正可能性を判定させることは妥当でないこと。

しかし、本稿においては、上位規範に照らした、あるべき要保護性の具体的内容については、その議論の出発点までしか提示できなかった。保護処分の要件たる要保護性はいかにあるべきかについて、さらに検討を重ねることが今後の課題である。

〔付記〕

本稿は、2018年度科研費基盤研究(C)「粗暴犯少年の同種再非行を効果的に防止する処遇ないし措置に関する基盤的研究」（課題番号：18K01318）の成果の一部である。

（おかだ・ゆきお／熊本大学人文社会科学研究部教授）

フランス少年司法における権利保障

吉中信人

はじめに
1　フランス少年司法の最近の動向
2　少年司法特有の権利保障
3　少年刑法における適正手続と人権保障
4　若干の検討──フランス少年司法の構造と権利保障
おわりに

はじめに

　フランスの少年刑法(droit pénal des mineurs)は、成立いらい幾度となく改正を重ねられながら、その柱となる法源は、現在もなお、1945年2月2日のオルドナンス(以下単に45年オルドナンスという)に求められる[1]。その古さゆえに、時代遅れであるという、疼くような批判も加えられているが、既に成立時に存在した条文がそのまま残っているものは少なくなっており、そのような批判は的を射ていない[2]。フランスの少年刑法は、近年の度重なる改正にもかかわらず、いぜん非行少年に対する保護主義を維持しており、それは、裁判管轄の専門化原則と[3]、とりわけ強制的な処分を受ける際などに、傷つきやすい少年に対する保護が強化されていることによく表れている。これらはつまり、いわば専門性の高い保護主義の下における、少年の権利保障ということになり、

1　Ordonnance n° 45-174 du 2 février 1945 relative à l'enfance délinquante. Version consolidée au 26 août 2018. 以後、本稿において特に法令名を記さない場合は、この45年オルドナンスの条文を表す。

2　M. Mestrot, G. Roussel et F.-X.Roux-Demare, L' ambivalence de la protection pénale des mineurs, Revue Pénitentiaire et de Droit Pénal, n° 2 avril / juin 2017, p.272.

3　Ibid. フランス少年司法の特徴が、特にその専門化に求められることについては、既に、吉中信人「フランスの少年司法制度」広法20巻1号 (1996年) 88頁。フランスの少年司法に関する近年の論考として、赤池一将「フランスの少年司法」比較法研究76号 (2014年)、井上宜裕「フランス少年法制の現代的変容」山口直也編著『新時代の比較少年法』(成文堂、2017年)、高内寿夫「フランス少年司法における年齢設定」山口直也編著『子どもの法定年齢の比較法研究』(成文堂、2017年) 等参照。

成人に比して特別の考慮が要請される側面である。

　一方で、純粋な少年処遇の専門性とは異なる側面において、少年に対する人権保障が十分考慮されなければならないことも確認しておく必要がある。こちらは、少年処遇に特化されたものというよりは、むしろ成人に対する適正手続に代表される人権保障が、少年の専門性確保との関係で、どう少年司法に接合されるべきかという課題である。とりわけ、公正な裁判原則との関係では、ヨーロッパにおいてしばしば議論されてきたところである。[4]

　従来、フランス少年司法においてこの問題は、非行少年に対する特別処遇の優位という傾向によって特徴づけられてきたが、公平原則とのバランスのとり方について、一定の進展がみられる。すなわち、被告人の年齢や再教育の利益を考慮して、専門化された同じ裁判官が手続の異なった段階で介入することは、少年が独立公正な裁判の利益を受けることの障害とはならないとされ、少年係裁判官の専門性は予審と裁判の役割分離原則に対する例外として正当化されるという判断が、もともと1993年4月に破棄院によってなされていた。[5]そして、同年8月には、ヨーロッパ人権裁判所も、オランダの少年係裁判官が同様の役割を兼務することについて、人権条約6条に違反しないと判示していたのである。[6]

　しかるに、2011年、憲法院が、役割兼務を承認する裁判所構成法典L.251-3条は、公平原則の見地から違憲であるとの判断を下したため、[7]2011年12月26日法によって同条は改正され、「少年裁判所に事件を送致した少年係裁判官は、その裁判所の裁判長となることはできない」と改正された。これにより、少年係裁判官の専門的特徴としての、少年処遇に対する継続的関与という点においては、公平性の見地から一歩後退したとの評価も可能であろう。[8]公平であることは、その少年をよく理解しているということよりも優先されたのである。もっとも、控訴院管轄に属する裁判所の他の少年係裁判官については許容されているので、兼務による専門性は廃されたとしても、制度と

4　主に成人刑事手続における最近の論稿として、水野陽一「刑事手続における適正手続と公正な裁判の意義」徳山大学総合研究所紀要38号（2016年）125頁以下参照。

5　Cass.crim., 7 avr.1993, Bull.crim., n° 157. ランス上訴法院が、予審を担当した少年係裁判官が少年裁判所の裁判長になることが、独立公正な裁判を規定したヨーロッパ人権条約6条1項に違反すると判示したことに対する。Voir, Gaz.Pal.19-20 mars 1993, p.16.

6　CEDH,24 août 1993 ; Nortier c/ Pays-Bas, série A , n° 267.

7　Cons.const.,8 juill. 2011, n° 2011-147 QPC.

8　吉中・前掲注3論文88頁。なお、①継続性のほかに、②非公式性、③多様性、もその特徴として指摘される。

しての専門性は、なお維持されているとみることも可能である[9]。

いずれにせよ、これまで、専門性と公平性の調和点について、ほぼ異論なく専門性の方に傾いて理解されていたフランス司法に対し[10]、一定の少年司法政策上の転換傾向が看取されるのであり、少年の権利保障ないし人権保障がどのような影響や変容を受けてきているのか、これら少年司法の動向を視野に収めた上で検討していく必要がある。そこで、本稿では、抽象論というよりも、先ずフランス少年司法の重要な改正動向を瞥見し、続いて専門性を通じてもたらされる権利保障と、刑事手続上の人権保障について具体的に確認した後、フランス少年司法における権利保障について総括的な検討を行い、私見を述べる。

1　フランス少年司法の最近の動向

近年の動向の一つとしてしばしば言及されるのが、保護ないし教育の後退という現象である。一般刑法の地平においても、治安と被害者保護の観点から、2000年にはこうした傾向は胚胎していたとされる[11]。少年刑法においては、2002年9月9日法(以下2002年法という)が、刑法122-8条を改正し、少年の是非弁別能力を認め、その刑事責任を明確に宣言したことは、10歳から賦課可能となる「教育的制裁」の導入によって、少年法制上に4つの年齢区分ないし細分化を生じさせ、保護主義後退への一つの転機となった[12]。すなわち、この改正は、少年の人格と特殊性に焦点を合わせた刑法の放棄を加速させ、客観的な行為と刑事責任の確定、遂行された犯罪の重さに対応する刑法のあり方を起動したのである。そこでは、社会化や社会復帰への教育的展望は、個人的責任の承認へ道を譲り、少年特有の傷つきやすさをさほど考慮に入れないものであった。P・ボンフィスは、これを「教育モデル」と「純粋刑罰モデル」の間の、「混合モデル」の導入であるとしている[13]。「教育的制裁」は正に、教育と制裁の両者の性質を併有するのであり、このモデルの象徴として理解されるが、それまで制裁の対象とはされていなかった、10歳以上13歳未満の少年に対しては、

9　M. Mestrot, G. Roussel et F.-X.Roux-Demare,op.cit.,p.279.

10　吉中・前掲注3論文88頁。

11　X.pin, Droit pénal général ; 5ème éd., Dalloz, Coll. «Cours Série droit privé», 2012, p.18.

12　①10歳未満、②10歳から13歳未満、③13歳から16歳未満、④16歳から18歳未満、の4区分である。なお、2002年法については、吉中信人「フランス少年刑法における責任概念」町野朔古稀記念『刑事法・医事法のあらたな展開（下）』（信山社、2014年）436～438頁参照。

13　P. Bonfils, «La réforme de l'ordonnance de 1945 par la loi prévention de la délinquance», AJ pénal 2007, p.209.

彼らの行動に対峙することによる「責任化」が招来され、制裁方向への拡大がなされたのである[14]。なお、2002年法によれば、刑事法上完全無答責となるのは、十分な是非弁別能力を欠くために帰責性が排除される幼児のみであることとなり、国連児童の権利条約40条3項a号に規定される刑事責任年齢における最低年齢の設定を欠くことが顕在化したことは、同条約を批准しているフランスにとって、大きな課題の一つである[15]。さらに、犯罪予防に関する2007年3月5日法[16]、成人および少年の再犯予防強化に関する2007年8月10日法[17]によって、16歳以上18歳未満少年に対する刑罰強化、再犯加重、刑の下限設定、刑事未成年減軽の排除といった、一連の重罰化政策が行われてきた。

しかしながら、2002年法を契機としたこうした一連の流れは、最近、若干の揺り戻しともとれる法改正によって、複雑な状況を呈することとなった。すなわち、刑の個別化と刑事制裁の有効性強化に関する2014年8月15日法(以下2014年法という)は、責任緩和の「例外を」取り除くこと、刑の下限を撤廃することを規定したほか、21世紀司法の現代化を企図した2016年11月18日法(以下2016年法という)は、刑事司法と少年裁判への市民参加に関する2011年8月11日法によって創設された少年軽罪裁判所を、2017年1月1日より廃止することとしたほか、16歳以上少年に対する無期懲役の宣告を禁止し[18]、さらに、刑事制裁に加えて教育処分の併科を可能とした(2条)。この最後の点は、従来、「処分不併科原則」の例外をなすのが、保護観察処分でのみであったことからすると、非常に重要な転換であるといってよい[19]。いずれにせよ、制裁強化の方向で創設された少年軽罪裁判所を廃止することや、16歳以上の無期懲役禁止、刑事処分に付加できる教育処分等は、教育次元の強化を企図するものであり、2002年からの重罰化の方向性とは異なる動きが看取されるのである[20]。この動向には、立法者が、古典的な保護モデルと再び関係を結ぼう

14　「責任化」および「刑罰許容性」の概念について、吉中・前掲注12論文439〜441頁参照。

15　吉中・前掲注12論文437頁参照。

16　L. n° 2007-297, 5 mars 2007, relative à la prévention de la délinqunce.

17　L. n° 2007-1198, 10 août 2007, renforçant la lutte contre la récidive des majeurs et des mineurs.

18　少年裁判所では甘いという批判に応えるために創設されていたが、ほとんど機能せず、係属事件の1％しか扱われていなかった。Voir, M. Mestrot, G. Roussel et F.-X.Roux -Demare, op.cit.,p.266. 吉中・前掲注12論文442頁（注62）参照。

19　吉中・前掲注3論文79頁参照。保護観察については、吉中信人「フランスの少年保護観察制度―保護観察の形態に関する研究序説(1)(2)（3・完）」一研19巻1、2号・20巻1号（1994年、1995年）参照。

20　もっとも、刑事制裁と教育処分の併科は、結局のところ刑罰がその範囲を広げ、教育処分を害して刑罰認定が優先されることになるものであり、こうした政策は、一見教育次元の強化を印象付

としたとの印象を与えるが、いわゆる後見的保護モデル(modèle protectionnel tutélaire)は、今日、社会の側の教育責任を問うのみで少年の側の無責任化を招来することや、少年の権利問題の性質を十分顧慮していないなどの批判が加えられており、非行少年処遇に関する「責任化」という新たな認識をもたらしている。[21]

　そして、この「責任化」動向、すなわち後見モデルから新たなパラダイムへの進展という流れの背景にあってこれを鼓舞しているのが、勤労福祉制度いわゆるワークフェア(workfare)と、アクティヴェイション(activation)の概念である。社会参加への可能性を支援するという点で両者は共通するが、特に勤労を支援することによるワークフェアの考え方が、みずから責任を果たそうとする少年に対して福祉的・後見的な支援を与えるという、いわば自助責任化の論理と共通するのであろう。それは、社会的に脆弱な状況の被害者という見方から、責任ある個人として少年を見立てることにより、少年に権利を与えるものともされるのである。[22]　もっとも、こうした「責任化」の思考は、既に新社会防衛論によって唱えられていたともいえるが、本稿での主要なテーマから逸れるため、これ以上立ち入らない。[23]

　少年刑法上の責任概念の進展と、近年現れたワークフェアなどの社会経済的ないし社会保障制度的な思考との相互関係にはなお慎重な検討が必要であるが、両者ともに、従来の一元的な後見的保護モデルからの進展、すなわち、「混合モデル」的少年司法への脱皮を支える哲理となっていることは間違いがない。そして、この新しいパラダイムないしモデルは、一方で制裁強化という方向性を持ちながらも、他方で少年の権利強化をもたらす可能性があるとも評価でき、とりわけ、上述した2014年法、2016年法のような、重罰化への歯止めをもたらす法改正を踏まえて考えると、古典的な保護モデルを超克した、新たな少年司法への胎動と捉えることも可能である。

　そこで、以上のようなフランス少年司法の動向を踏まえた上で、少年の権利ないし人権が具体的にどう保障されているか、確認していくこととしよう。

けつつ、実は狡猾に刑罰強化を図るものであるとの批判もある。Voir, M. Mestrot, G. Roussel et F.-X.Roux-Demare, op.cit.,p.266. しかし、後述するように、刑罰権は刑事制裁に吸収されるので、理論的には、併科された教育処分の教育性はむしろ高まるとの評価も可能であろう。

21　Id., p.267.

22　Ibid.

23　Id., p.268. 吉中・前掲注12論文438頁参照。

2　少年司法特有の権利保障

　1989年国連児童の権利条約を、フランスは1990年7月7日の法律によって批准しており、この条約が定める児童の権利を保障しなくてはならないが、非行少年に対する権利保障制度の重要な柱は、司法的な専門性の継続的確保ということであり、その重要性はとりわけ、身柄拘束を伴うような、強制的処分において意義をもつものであるといえる。そこで、これらを順に検討してみよう。

(1)　専門性の制度的保障と少年の権利保障

　フランス少年司法において、少年の権利保障を支える主役は、少年係裁判官(juge des enfants)である。少年係裁判官は、真実の究明と少年の人格把握、さらに彼の再教育にとって適切な手段に達するために有用ないかなる要請や調査も行うのであり(45年オルドナンス8条1項)、調査だけでなく、その実施・適用においても専門性を発揮する。そして、正式な捜査においても、個人的自由への重大なあるいは侵害的な行為以外においては、一般法である刑事訴訟法における形式性を尊重することからは免除されている。[24] また、予審と本案裁判の役割兼務禁止原則の例外として、少年係裁判官は、刑罰宣告を伴わない軽罪・違警罪事件の本案裁判の裁判官ともなる。すなわち、これらの事件は、少年裁判所に係属するまでもなく、少年係裁判官の執務室で終局処理がなされることとなる。この点、本案決定にかかる権限は限られたもので、16歳以上で7年以上の懲役に処せられるべき少年の事件には及ばず、また、釈放すること、刑の免除、戒告、再教育処分、家族や第三者への委託、司法保護へ付すること、寄宿舎、教育施設への収容、社会奉仕処分の言渡しができるなど、軽微な処分に限定されている。[25]

　もっとも、2004年3月9日の法律は、既に有している社会内処遇における権限に加え、少年と、少年に対する裁判機関によって有罪認定された21歳に至るまでの成人に対する施設内処遇について、刑罰適用裁判官が有していた役割を少年係裁判官に回復させた。この権限拡大は、少年に対する刑罰適用の統一性に寄与するものであった。これに加え、予審段階の専門性担保として、少年裁判所が属する大審裁判所の予審判事には、少年事件にかかわる専門の予審

24　Id., p.272.
25　Id., p.273.

判事が少なくとも1名以上配置されており、特に最も重い事件や、少年が成人と関わった事件に対応している。[26]

　次に、少年裁判所の地平においても、少年の刑事責任における専門性の考慮を優先した構成となることにその意義が認められ、少年係裁判官の専門性はもとより、市民参審員も青少年問題に関心を有する者が目立ち、しばしば行動科学の専門家である元教育士(éducateur)が選任されるなど、専門性を通じた少年の権利保障に配意がなされている。そして、少年重罪法院においても、陪席裁判官には、それが不可能である場合の外は、少年係裁判官の中から選任が行われる。上訴院においても、少年の刑罰適用に専門化された特別部が上訴を認め、権限を行使する。[27]

　近年、少年司法における検察官の役割が、訴追率の上昇や権限の拡大とともにクローズアップされており、少年司法における主役の座を、少年係裁判官から奪うまでに専門性の程度を高めてきているといわれる。[28]

　こうして、少年司法に関わる裁判機関等が、一貫して少年に対する専門性を高めることにより、少年固有の権利保障とその実現を企図していることが、フランス少年司法においても看取できる。そこで、次に、強制的な処分において、これを具体的に確認してみよう。

(2) 強制的処分における少年の権利保障

　45年オルドナンスの規定を中心に、刑事手続にかかる少年の権利保障について、概観してみよう。総じて、少年に対する強制的処分の期間は、成人に比して短縮されるだけでなく、少年の年齢と犯罪の重さに応じて変わるが、例えば現実には、16歳以上の少年被疑者については、しばしば成人の期間に近いものとなる。[29]

　警察段階において、警察留置(garde à vue)、いわゆるガルダヴューは、1993年1月4日の法律いらい、13歳以上にしか認められず、延長の条件も、成人に比べて厳しくなっている。13歳以上16歳未満の少年についても、5年以上

26　Ibid.

27　Ibid.

28　Id.,p.270,273,274. こうした傾向は、既に1990年の少年刑法改正草案においても、その方向性が打ち出されていた。吉中・前掲注3論文68頁（注42）。

29　M. Giacopelli, «Les dispositions procedurales de la loi n° 2002-1138 du 9 septembre 2002 applicable aux mineurs et majeurs délinquants : Continuité ou rupture ?», JCP 2003, 1, 139.

512

の拘禁刑に当たる軽罪を犯したと疑われなければ、延長は認められない。延長が認められる場合、少年は処分執行場所の共和国検事又は予審判事のもとへ連れてこられなければならない。破棄院によれば、こうした規定は、犯行時の是非弁別能力の程度の問題ではなく、審問時に予想される少年の傷つきやすさから彼を守ることを企図しているのだとされる[30]。16歳以上の少年は、確かに組織犯罪の場合に警察留置の延長が認められるけれども、一人以上の成人と共同で行ったことが疑われるときに限られている。10歳以上13歳未満の少年は、留置(rétention)の対象となりうるにすぎない。この留置は、司法警察職員によって決定される警察留置と異なり、そのように若い少年の個人的自由をより良く保障するために、司法官の事前の同意を必要としている。その期間も司法官が決定するが、警察留置よりもさらに短縮され、12時間を限度としている。同じ期間の延長が認められ、その場合は警察留置に近接することになる。

　少年に適用される勾留の期間も、成人に比して短い。軽罪事件の場合、成人被疑者が、5年未満の拘禁刑に当たり、過去に重罪または軽罪で有罪判決を受けていないときは、その期間は4月を超えることができないが、少年被疑者においては、7年未満の拘禁刑に当たるときは1月、それ以上のときでも4月が限度となる。重罪事件の場合、13歳以上16歳未満の少年被疑者は、成人であれば1年のところ、6月しか収容しえない。しかも、公共の秩序を混乱させる罪では、1度も延長をすることができない。16歳以上18歳未満の場合、少年被疑者は成人被疑者とほとんど同様に取り扱われ、最長期間が嫌疑のかかる犯罪が何であれ最大2年となる外は、勾留期間は同じである。但し、例外として、2016年7月21日法は、テロリスト事件について、多くの少年が関わっていることから、勾留期間を、軽罪の場合2年、重罪の場合は3年まで延長することを認めた。

　期間だけでなく、収容場所についても、少年に対する特別な権利保障はなされている。少年に対する勾留がなされるのは、拘置所の特別区画であり、少年に対する特別の刑事施設においてである。13歳以上16歳未満の少年については、成人収容者との完全な分離がなされなければならない。

　45年オルドナンスは、少年の法定代理人に関する手続的保障にも配意している。警察段階、とりわけ警察留置から、そして手続の全段階において、両親又は他の代理人は、少年の情報について情報提供を受けなければならない(4-Ⅱ

30　Cass.crim., 25 oct.2000, n° 00-83.253, RSC 2001, p.407.

条および10条）。彼らは少年の弁護士を選任することができ、また、少年に対してなされた決定に対して上訴権を行使することができる(24条4項)。起訴猶予の際には、呼び出され、さらに、その代替として提案された処分に同意を与えなければならない。とりわけ刑事和解(composition pénale)についてはそうである(7-1条、7-2条)[31]。これらの処分は、司法官等にとって、しばしば両親と子どもとの関係を見定める一つの機会となる。

　警察留置における聴取については、視聴覚機器による録音・録画が、既に2000年6月15日の法律いらい重罪については行われてきたが(刑事訴訟法64-1条)、少年については、ついに、軽罪についても必要的とされた。少年の場合、重罪、軽罪の区別を設けないのは、その年齢上の配慮から、傷つきやすい少年被疑者の保護を企図するからである。判例によれば、やむを得ない事情によって正当化されないこの義務の懈怠は、手続の実質的な無効理由の一つにまでなり得るとして、録音・録画の重要性を承認している[32]。

　それでもやはり、少年被疑者に対する主要な保障は、弁護人による制度的援助であることは明らかである。このことは、とりわけ国連児童の権利条約37条d号および40条2項b号に合致して、フランス法において認められている[33]。45年オルドナンス4-1条は、訴追された少年は弁護士の援助を受けなければならないとし、少年が自身を守るためのあらゆる可能性は、手続の最初の段階から排除されないと定める。これはすなわち、犯罪・非行のレベルや年齢を問題にしないということであり、警察留置の最初から弁護士の援助を受けるべきことを謳っている。少年が弁護士の援助を要請しなかった場合、この要求は、警察留置を通知された際に情報提供を受けなければならない法定代理人によっても同様になされ得る。もし少年も法定代理人も弁護士を選任しないときは、司法官がその指定を求めて、弁護士会会長に連絡をとらなければならない(4-IV条及び4-1条2項)。こうした弁護士の関与は、組織犯罪の場合でさえ同様に保障される(4-VII条)。2016年法は、この弁護士の援助について、45年オルドナンス4-IV条の文言中の「できる」を「しなければならない」に自動的に変更することをもたらした。かつては、少年は弁護士による援助をただ求める

---

31 刑事訴訟法41-2条、41-3条に規定され、5年以下の刑に当たる軽罪および違警罪で、罪を認めている場合に、和解金納付、社会奉仕作業、免許証返納、被害者への賠償等、様々な代替処分を賦課するものである。過失致死や政治犯等、一定の例外がある。この制度については、成人に対する一般法との関係で、次章で述べる。

32 Cass.crim.,3 avr.2007, n° 06-87.264, D.2007,p.2142.

33 フランスは、1990年7月2日の法律（n° 90-548）によってこれを批准している。

514

ことができるに過ぎなかったが、「警察留置の最初から、少年は弁護士の援助を受けるものとする」とされたのである。このことは、警察留置段階における少年の防御権強化をもたらした。そして、警察留置に付された少年に対し、司法官によって指定された医師による診断が義務付けられ、同時に健康保護の確保ももたらされたのである(4-Ⅲ条)。

このような、警察留置に付された少年擁護の保障に対する重要性は、もともと、任意聴取における脆弱な保護の下で少年被疑者の陳述を聴くことを判例が禁じてきたことに由来する[34]。2013年11月6日の破棄院決定によれば、警察官によって警察署に連行され、警察留置に付された少年は、手錠を使用されてなくても、必然的に強制された状態にあると認められる[35]。この決定は、少年の本質的な傷つきやすさを考慮して、警察留置における保障を行うべきことをも判示した。

少年の傷つきやすさやその将来を守ることの理念に鑑みると、少年裁判機関における審問の非公開と出版物による氏名の公表禁止が帰結される(8条及び14条)。ヨーロッパ人権裁判所によれば、この非公開は、少年が平静に弁論することをもたらし、特に有害な公表を避けるものとして理解される[36]。

以上のように、若い非行少年の傷つきやすさに適応し、そして更生目的に指導された刑事手続の観点からすれば、少年司法は、刑事犯罪に対する必要な刑罰の適用を認めつつ、少年の利益を擁護するものであることが明らかとなる。しかしながら、立法者は、時に、このような特質の何がしかを失わせることに向かうような、いくつかの楔を手続の中に打ち込んだともいわれる[37]。そこで、以下では、少年に対する特別な権利保障が、成人に対する一般法規定との関係でどう変容を受け、または受けないで人権保障が図られているのか、検討してみよう。

3　少年刑法における適正手続と人権保障

刑事手続において、被疑者・被告人の人権が保障されるべきことは当然であり、そのことは一般刑事手続法の問題として、主に刑事訴訟法に規定されてい

34　M. Mestrot, G. Roussel et F.-X.Roux-Demare,op.cit.,p.276.

35　Cass.crim., 6 nov. 2013, n° 13-84.320, RSC 2014, p. 138.

36　CEDH, 16 déc. 1999, V. c/ Royaume-Uni, n° 24888/94.

37　M. Mestrot, G. Roussel et F.-X.Roux-Demare,op.cit.,p.276.

る。しかし、既に見た少年特有の権利保障との接合を図る上で、少年被疑者・被告人が対象となる場合には、両者の調整が必要となる。通常は、特別法が一般法を破る関係にあるといってよいが、具体的な制度に照らして、以下順に、手続の段階に応じて確認してみよう。

(1) 公訴提起前[38]

それほど重くない軽罪に対しては、手続と処遇の面で少年裁判管轄の流れをスムーズにさせる必要性がある一方で、ある程度重い犯罪に対しては、刑罰適用を促進していく必要性から、立法者は、成人に対する一般法を修正している[39]。

前者の手当てとして、刑事和解に関するものがある[40]。この手続は、刑事訴訟法41-2条に規定され、より重い刑罰が見込まれる刑事訴追の代替として、原則、罰金または5年以下の拘禁刑に当たる軽罪の被疑者に対して利用可能であり、1999年6月23日の法律によって導入され、検察によって頻繁に使用されてきている[41]。被疑者が罪を認めた後に、共和国検事は、しばしば司法警察員を介して、社会奉仕の作業や研修、あるいは和解金(amende de composition)の支払いを提案する。これが同意されて不起訴となる場合、本来の主刑である罰金や、付加刑である公益作業に非常に類似した、別の「処分」が賦課されることになるが、その執行は公訴権を消滅させ、犯罪人記録に登載される(刑事訴訟法41-2条19号)。この手続は2007年3月5日の法律いらい、13歳以上の少年に対しても認められており、少年に特別の代替処分が規定されている。すなわち、公民教育の履修、学業や職業教育への恒常的な参加、精神科医や心理学者の診察を受けること、日中における活動の実行と達成等である。これらは、1年を超えることができない(7-2条)。共和国検事による提案が受け入れられると、刑事和解の処分は少年係裁判官によって承認されるこ

---

38 フランスにおいては、私訴(action privée)も存在するが、基本は公訴であるので、本稿では、主に公訴提起との関係について言及する。

39 このような二極分化的性質は、もともとフランス少年司法が有してきたものであり、保護中心の政策が、決して刑罰の不使用を意味するものではなく、むしろ一種の、刑罰との共生関係の中で維持されてきた歴史的経緯に合致している。この点に関し、吉中信人「フランス少年司法の比較法的考察——英米法国の視点」一橋論叢116巻1号(1996年)155頁参照。

40 わが国の刑事手続における刑事和解制度は、公判過程において弁論終結までに申立てが行われるのであるが(犯罪被害者等の権利利益の保護を図るための刑事手続に付随する措置に関する法律19条参照)、フランスにおける刑事和解(composition pénale)は、検察官におけるダイヴァージョンの一形態として位置づけられるといってよいであろう。

41 M. Mestrot, G.Roussel et F.-X.Roux-Demare,op.cit.,p.277.

516

とになる。従ってこの刑事和解は、刑事訴追の「刑罰代替物」であり、犯罪
訴追なくして制裁を認めるものとなる。この制度の活用は、非行傾向がそれ
ほど進んでいないような少年に対して比較的適していることは明らかである
ものの、少年係裁判官により主宰される予審の原則に対する逸脱といってよ
く、少年係裁判官を二次的な立場に追いやることにもなる。もっとも、少年
係裁判官は、処分を承認しないでその適用を止めることもできるので、事前
に検察官と協議することが求められる。しかし、この手続の一番の問題性は、
それが罪の自認(reconnaissance de culpabilité)を要求していることである。
1989年児童の権利条約40条は、少年による自己負罪を禁じていると解され
るからである。[43]すなわち、少年が事実を認め、処分を受け入れるに当たって
は、処分に対する法定代理人の同意、少年の弁護人の立会いが国際法に照ら
して不可欠なはずである。この問題性を意識して、立法者は、罪の有罪答弁手続
(comparution sur reconnaissance préalable de culpabilité=CRPC)の適用から少
年を必然的にはっきりと排除している(刑事訴訟法495-16条)。[44]

　訴追の点では、少年係裁判官による予審を経由しないで少年裁判所の事件
係属が認められる可能性が増大してきている。犯罪予防に関する2002年9
月9日法、2007年3月5日法、2011年8月10日法は、当初「短縮期間判決
(jugement à délai rapproché)」と呼ばれ、後に「少年裁判機関への即時出廷
(présentation immediate devant la juridiction pour mineurs)」と呼ばれた手続
を創設し、少年に対する取扱いを、成人のそれに近づけた。この手続は、成
人よりも科されるべき刑の条件が上げられているが、成人に対する即時召喚
(comparution immédiate)に他ならない(5条および14-2条)。[45]現行犯の場合は1
年以上、その他の場合は3年以上の拘禁刑に当たる、16歳以上18歳未満の少
年被疑者に対して、さらに、5年から7年の拘禁刑に当たる13歳以上16歳未
満の少年被疑者に対して適用可能である。青少年司法保護局によって過去12

---

[42]　P. Bonfils, «Les dispositions relative au droit pénal des mineurs délinquants dans la loi
prévention de la délinqunce», D.2007, chron, 1027. この場合、検察官による訴訟行為を裁判
官が承認することにより、国家刑罰権は、理論的にも公式に完遂されることになる。裁判機関が
国家刑罰権の担い手を完全に排除して刑罰権の帰趨を終局的に決定できる制度においては、その
目的から合理性を説明できる場合であっても、三権分立原則との関係では理論的になお困難な課
題が残るであろう。

[43]　M. Mestrot, G.Roussel et F.-X.Roux-Demare,op.cit.,p.278.

[44]　コモンロー諸国における有罪答弁取引 (plea bargaining) に対応するもので、2004年3月9日
の法律によって導入された (刑事訴訟法495-7～495-16条)。成人刑事手続においては、刑事事
件の迅速な処理の観点から重要な役割を果たしている。

[45]　即時召喚は、検察官に、被疑者が警察留置の後、直ちに軽罪裁判所に出廷させることを認める手
続きである (刑事訴訟法395条以下)。

カ月間にわたって行われた人格調査が既に完遂されている場合は、事案が判決を受ける状態にある限り可能であり、あくまで制裁賦課の迅速性が優先されることとなっている。さらに、2011年8月10日の法律も、事実については全く調査を必要としないが、過去12カ月の間に少年に対し人格調査が実施されていた場合は、少年裁判機関に直接出廷させる可能性を導入した（5条および8-3条）。但し、13歳から15歳の少年については、少なくとも5年の拘禁刑に当たる罪でなければならず、16歳以上の場合は、既に刑事手続の対象になったことがなければならない一方で、3年以上の刑に当たるときである必要がある。

　2011年に憲法院は、司法警察員による出頭手続に従って共和国検事が少年を少年裁判所に訴追することを許容しなければならないとしている治安対策法41条を非難していたが、[46]2016年11月18日法は、45年オルドナンスに、これを少年係判裁判官への訴追に限るとして再導入した（5条3項）。そして、裁判官が少年の人格に関する最新の情報を活用できないリスクがあるとの新たな非難を避けるために、この人格調査が不十分であると確認すれば、非公開の審問手続に事件を再送することができるとしている（8-1条3項2号）。

　このように、少年係裁判官への係属と予審を避けるような手続規定が増加している。[47]

(2)　予審および判決段階

　少年刑事司法の主要な特徴がその裁判管轄の専門性にあるとしても、フランスの憲法院は、前述のごとく、少年係裁判官の専門性や役割兼務を排して、非専門の裁判官に委ねることに好意的であるように見える。先ず未決勾留についてみると、2000年6月15日法いらい、成人刑事手続にならって、少年の未決勾留における収容決定は、自由拘束裁判官（JLD=juge des libertés et de la détention）によってなされている。自由拘束裁判官は、市民の自由制限や自由剥奪に関して権限を有する裁判官であり、刑事手続との関係では、特に公訴提起後の未決勾留について問題となるが、2017年9月1日いらい、少年係裁判官や予審判事同様、専門化がなされたとされる。[48]しかし、特に少年問題の専

---

[46]　Cons.const., 10 mars 2011, n° 2011-625 DC, consid. 34.

[47]　M. Mestrot, G.Roussel et F.-X.Roux-Demare,op.cit.,p.279.

[48]　〈http://www.justice.gouv.fr/organisation-de-la-justice-10031/lordre-judiciaire-10033/juge-des-libertes-et-de-la-detention-25302.html 〉(le 29 octobre 2018). 他にも、電子監視施設の指定や司法監督処分の収容、外国人の留置、同意がない場合の第三者の請求に基づく、又は職権による精神医学上の世話などについて権限を有する。

門家という訳ではなく、これはやはり少年処遇の専門性というよりは、公平性ないし公正性の観点から説明がなされるべき事柄である。確かに、少年刑事司法においては、少年の人格把握という観点から、役割兼務は特徴づけられてきたのであるが、予審と未決勾留収容との分離は、収容決定の公平性ないし公正性を担保するという点において重要であるということになる。そもそも予審制度の糾問性は、その権限の集中、なかんずく捜査権限すなわち嫌疑形成権限と公正な裁判確保のための身柄拘束権限が、司法官という名のもとに一つの機関・裁判官に集約されていることであり、その機能分離を図ることは、弾劾的な制度を確立し、公平かつ公正な裁判を実現するためには不可欠な手当てであるとも考えられる。そのため、審級間の事件係属に関しても、既に見たように、ヨーロッパ人権裁判所の判断にもかかわらず、2011年憲法院は、同じ少年係裁判官の継続的な役割兼務を否定し、これが2011年11月26日法に繋がったのである。

　なお、4級以下の違警罪に対する判決については、もとより専門性は重視されていない。すなわち、一般法の違警罪裁判所の管轄に属し、違警罪が成立すれば、単に少年を譴責するか、法に規定された罰金刑を宣告する。13歳未満の少年については譴責の対象にしかならない。専門性は欠如しているが、宣告しうる罰金も僅かな金額であるため少年に対する侵害は少なく、財布に負担はかかるものの、一応個別化もなされている。

　このような文脈において、憲法院は、2011年8月10日法によって創設された少年軽罪裁判所は、適正手続の要請に応えているとして非難しておらず、他方でこれを少年処遇の専門性にも適うものとは考えていなかった。非難されていたのは、少年再犯者に対してあまりに甘やかした裁判を行うとされる少年係裁判官や少年裁判所なのであった。少年軽罪裁判所は少年係裁判官が主宰し、3年以上の拘禁刑に当たる16歳以上の少年再犯者を対象とし、軽罪および軽罪と関連する違警罪、成人との共犯にまで管轄権を拡大していたが、前述のように2016年11月18日法29条によって廃止され、少年裁判所を、軽罪にかかる少年刑事司法の中心に再び据えることとなった。

　こうしてみると、憲法院における司法モデル的な傾向を一応指摘することが可能であるが、最近のフランス少年司法全体の状況は、従来の司法モデルや重罰化政策で一括できるほどには単純ではなく、「保護か刑罰か」といった従来の二者択一的なモデルでは説明できない様相を呈している。そこで、以下、これまでの内容を踏まえながら、フランス少年司法における権利保障について総

括してみよう。

4　若干の検討——フランス少年司法の構造と権利保障

　英仏海峡の彼方、すなわちイギリスにおいては、遅くとも1990年代の初頭には司法モデル的な少年司法が成立していたが、当時福祉モデル的な少年司法として理解されていたフランス少年司法は、その後も福祉優先制度を維持し、外国の研究者からも高く評価されていた[49]。しかし、保護ないし教育という理念の後退、あるいは刑罰強化の潮流は、ある種世界的な傾向でもあり[50]、フランスにおいても2000年頃からこの傾向は看取され、2002年法によって是非弁別能力判断の復活、教育的制裁の導入が行われ、2007年法等によっても一連の重罰化政策が展開された。そして、この流れの中で、2011年には、少年裁判所の甘さを克服するための少年軽罪裁判所が創設されたのである。

　ところが、本稿でみたように、その後2016年法は少年軽罪裁判所を廃止し、16歳以上の少年に対する無期懲役刑を禁止し、教育処分の併科を可能とするなど、保護ないし教育的政策の強化がみてとれる。しかし、2016年法は、同時に少年が弁護人の援助を受ける権利も強化しているのであり、これは古典的な保護モデル、すなわち後見的保護モデルへの回帰というよりは、新たな「混合モデル」的少年司法への進化と考えることも可能であろう。もっとも、P・ボンフィスがいう「混合モデル」には、なお一種のアンビヴァレントな含意が存在し、相矛盾する二律背反的な理念のコアビタシオン(共存、同居)という側面があるが[51]、保護・教育理念と司法モデル的な刑罰モデルとがはたして本当に常に相矛盾するのかは、なお検討を要する事柄であるだろう。つまり、刑事司法的な方向での改革は、なるほど、刑罰強化といった側面を際立たせ易いが、実はデュープロセスの保障という観点から、少年の人権保障をも着実に強化してきたこともまた事実なのである。そして、本稿でみたようなフランス少年司法の展開は、古典的な保護モデルが、「猛烈なパターナリズム」[52]によって、ある意味、少年の人権保障の不十分性を糊塗してきた点を改め、少年特有の権利

49　吉中・前掲注39論文142頁以下参照。

50　N.Yoshinaka, Recent Changes in Youth Justice in Japan, The Hiroshima Law Journal, Vol.33 No.4 (2010), p.27.

51　M. Mestrot, G.Roussel et F.-X.Roux-Demare,op.cit.,p.263 以下は、基本的に二律背反的な理念の共存というトーンで貫かれている。

52　吉中・前掲注39論文152頁参照。

の承認と、成人に妥当する人権保障の強化をビルトインした、新しい、「保護・刑罰共生モデル」とでもいうべき領域に到達したとの評価も可能である。近年のこのモデル発展の背景には、ワークフェアやアクティヴェイションといった自助責任化の論理が存在しているであろう。パターナリスティックな保護の客体という少年像から、みずからの権利を確保しながら、正に権利主体として自律的に成長発達する少年像は、古典的な保護モデルを超克する、あたらしいフランス少年司法の形態を支えるものとなっている。

　そして、この新しいモデルが、伝統的な「処分不併科原則」から脱却したことは、重要な意味を持っている。フランス少年司法は、ドイツなどと同様に、まぎれもない「少年刑法」体系なのであり、その審判対象は、刑罰権の存否及びその範囲に関係づけられている。従って、検察官先議制度が採られ、国家刑罰権請求の代替物として刑事和解などが行われ、あるいは教育処分や刑罰が賦課されると、国家刑罰権は完遂される。しかし、理論的には、教育処分も刑罰も、少年刑法上の制裁の一形態であるから、その内容や性質は害悪の賦課という刑罰の本質を免れることはできない。そして、教育処分と刑罰がオルタナティブになっているという構造は、相互に代替可能であり、選択可能であることを意味する。従って、この法律効果を二重に賦課するということになれば、これは正に二重処罰であって、刑事責任の大原則を揺るがすこととなる。こうして、処分の不併科は当然の如く維持されてきたのである。しかし、実は、既に保護観察がそうであったように、教育処分や刑罰に併科される処分は、刑罰要請の論理とは異なる、要保護、要福祉的な要請から、純粋に対象者の利益に奉仕する処分として構想・把握することが可能となる。そうした処分は刑罰作用の代替物とはならないので、その内容は害悪の賦課とならず、少年の要保護性・要援助性に従って処遇内容を構想することが可能となる。刑罰権に汚染された処分では、どうしても制裁作用を払拭することはできない。刑罰権を主たる教育処分や刑罰が吸収することにより、併科された残りの処分は、少年に対する豊富な処遇内容を提供することができるであろう。また、フランスでは、様々な社会内処遇の形態が発達したことにより、実際上も施設内処遇と社会内処遇の併科が行いやすくなったという点も指摘できよう。

　いずれにせよ、刑罰要請とはかかわりなく、少年特有の権利は保障されなければならず、他方、刑罰要請がかかる刑事司法制度の問題としては、刑事処分賦課のための適正手続保障と人権保障は十分に保障されなければならない。そして、フランス少年司法が、教育処分と刑罰のいわば、適切な均衡と分業を行

うことで、少年刑法として国家刑罰権を処理しつつ、少年の権利、特に成長発達権を保障することができる構造を有していることは、実は、元々フランス少年司法に内在する原理であり、決して、刑罰のアボリッショニズムやユートピア的な保護一元主義を志向するものではない。[53]

　その意味で、わが国では、しばしば、少年に対する逆送や刑罰賦課は嫌忌され、ともすると極端な保護原理主義が主張されることもあるが、制度論として、保護は保護だけでは存続できないこと、刑事処分や刑罰の賦課可能性の存在が実は裏から保護主義を支えているという論理が理解されることはあまりないようである。少年法という名称によって思考停止し、保護処分優先主義という考え方に従うならば、犯罪少年の犯罪性が消えてなくなるわけではない。誰も見たくないものを見ようとはしないのである。しかし、目を逸らしても、刑罰権が残存していれば、それは正に「亡霊」となって保護処分や不処分の懲罰性に影響を与えることになる。少なくとも、フランス少年刑法においては、刑罰性の問題を正視しており、これと教育処分や少年の権利保障をどう矛盾なく整合させるかという点から、これまで様々な改正や議論がなされてきたのであるし、今後も、この刑罰権の問題から逃避することはないであろうし、構造上もそれはできないであろう。わが国のように、検察官に実質的な裁量権が伴わない家庭裁判所全件送致主義のもとにおいては、ともすると、この手続に刑罰権が潜在していることが忘れられがちである。このような手続構造の下で、どのように少年の成長発達権を含む権利実現を図っていくかということが重要な課題である。

おわりに

　保護と刑罰のバランスと調和の最適化を模索し続けるフランスの少年司法は、かつての古典的な後見的保護主義から脱皮し、今や、両者の「共生」を企図した、あたらしい「保護・刑罰共生モデル」とでもいうべき形態に進化してきたと評価することができる。[54] これをアンビヴァレント

53　吉中・前掲注39論文146頁「福祉優先制度を支えるもの」以下、特に155～156頁参照。

54　その意味で、後見的保護モデルによる一元的な説明は終焉を迎えたといってよいであろう。わが国においても従来型の保護主義一元的な少年法解釈でよいのか、それとも、もっと権利論によって止揚された、あたらしい少年法モデルを考えていくべきなのか、今後の課題である。少なくとも、「保護か刑罰か」といった観念的で二者択一的な紋切り型の議論に陥ることなく、少年や少年を取り巻く社会の状況や実態をも十分考慮したモデルを考える必要があるだろう。また、こうした状況は、わが国と他国では異なるのであり、個人主義的且つ自律的な人間像を理想とする外

な、分裂的ないし二律背反的な矛盾モデルと評価することも不可能ではないが、少年特有の権利保障や刑事手続における詳細な適正手続保障を整備することにより、教育思想の強化と権利保障の強化を高い次元で調和させているようにもみえる。もっとも、こうした展開が、理論的・理念的な脈絡で起こってきたのか、あるいは単なる政治的な原因や影響により生じたものかは、今後より詳細な検討が必要である。しかし、仮にそれが政治的な様々のバランシングの産物であったとしても、理念論との整合的解釈は可能であるし、また理論的に必要なことでもあるだろう。

　なお、フランス少年司法において特徴的なことは、非行少年の被害者性という観点からの分析であり、この点を権利論・人権保障論として検討していく必要性を自覚しているが、紙幅の関係もあり、これらは今後の課題として、ひとまず稿を閉じることとしたい。

（よしなか・のぶひと／広島大学大学院社会科学研究科教授）

国のモデルが必ずしもわが国の少年像に当てはまるとは限らないであろうから、人権概念の普遍性は前提とされつつも、よりわが国の社会的・文化的実態に適合的なモデルが模索されるべきであるものと思われる。

新倉修先生履歴・主要業績(2019年8月15日現在)

学歴

1949年1月1日・東京都に生まれる
東京文化学園小学校、中野区立桃園第三小学校、私立桐朋学園中学校・高等学校を経て、
1972年3月・早稲田大学法学部卒業、1974年3月・同大学院法学研究科修士課程修了、
1978年3月・同博士後期課程単位修得退学

職歴

【常勤】
1978年4月・國學院大学法学部に着任（専任講師、1981年・助教授、1988年・教授、1989年・
大学院法学研究科担当）
2001年4月・青山学院大学法学部に着任（教授および大学院法学研究科教授。2004年・大
学院法務研究科教授）、2017年3月・定年退職
2000年9月・弁護士登録（東京弁護士会）

【非常勤】
1985年4月〜1993年3月・早稲田大学法学部（刑法演習、フランス法演習）
1990年4月〜1991年3月・国士舘大学法学部（フランス法）
1990年9月・國學院短期大学（少年保護論／半期集中）
1997年4月〜2018年9月・早稲田大学法学部（刑事法演習2年）
2000年9月・國學院短期大学（法学入門Ⅰ・Ⅱ／集中講義）
2000年10月〜2001年3月・山梨学院大学法学部（刑事訴訟法、少年法）
2001年4月〜2010年3月・國學院大学大学院法学研究科（刑法特殊研究）
2003年4月〜2004年3月・国士舘大学法学部（フランス法、外国法C）
2008年4月〜2010年3月・国士舘大学法学部（刑法総論）
2010年9月〜2012年9月・東北学院大学法学部（少年法／夏季集中）
2017年4月〜2019年3月・青山学院大学法学部および大学院法務研究科（刑法A及びB・
　少年法・刑事政策）

在外研究歴

1982年4月〜1984年3月・パリ第1大学

国内研究歴

1991年4月〜1992年3月・早稲田大学、北海道大学、甲南大学

研究員歴

1995年4月〜1999年3月・國學院大学日本文化研究所兼担教授（陪審裁判の比較法文化論）
2005年4月〜・龍谷大学矯正・保護研究センター嘱託研究員
2015年4月〜・沖縄国際大学法政研究所特別研究員

1985年～1988年・文部省科学研究費補助金「少年法と国際準則」（比較少年法研究会・代表：澤登俊雄）

1989年～1992年・文部省科学研究費補助金「少年法制の比較研究」（比較少年法研究会・代表：澤登俊雄）

1994年～1997年・文部省科学研究費補助金「少年司法と適正手続」（比較少年法研究会・代表：澤登俊雄）

1995年～1999年・日本文化研究所共同研究「陪審裁判の比較法文化論」（代表：新倉修）

1995年～1998年・井上梧陰記念基金研究奨励金「フランスにおける近代の創生と近代日本」（カンバセレス文書研究会・代表：新倉修）

1997年～1999年・文部省科学研究費補助金・基盤研究C(1)「欧米における生命倫理に関する法制：先端生命科学技術に対する法的規制」（生命倫理研究会・代表：新倉修）

1998年～2001年・文部省科学研究費補助金・基盤研究B(1)「変動する社会における刑罰の実態分析とその改革のマスタープラン：刑事処遇の総合的検討」（刑事立法研究会・代表：村井敏邦、後藤昭）

1999年～2000年・総合研究開発機構NIRA「クローン等研究会」（代表：川井健）

2000年～2003年・文部省科学研究費補助金・基盤研究A(1)「少年司法の歴史的発達に関する先進諸外国との比較研究」（比較少年法研究会・代表：前野育三）

2008年～2009年・青山学院大学総合研究所課題別研究部門「歴史の記憶と記録」（代表：平田雅博）

2013年～2014年・青山学院大学総合研究所領域別研究部門・社会科学部門「国際刑事法の形成と日本法の受容・発信についての基礎研究」（代表：新倉修）

2013年～2015年・住友生命健康財団「コミュニティー・スポーツ」（代表：片山徒有）

社会活動

日本国際法律家協会・理事（1984年～）、事務局長（1993年～2005年）、会長（2005年～2011年）

日本民主法律家協会・常任理事（2000年～2019年）、副理事長（2019年～）

国際民主法律家協会（International Association of Democratic Lawyers, IADL）・執行委員（1996年～）、事務局長（2010年～2014年）

民主主義科学者協会法律部会・理事、関東甲信越支部運営委員（1998年～）、同支部長（2008年～2010年、2019年～）

日本刑法学会・理事（1994年～2000年、2009年～2012年）、常務理事（2000年～2003年）

日本法社会学会・理事（2005年～2007年）

日本犯罪社会学会・常務理事（1999年～2005年）、編集委員（1986年～1993年、1997年～2005年）

国際人権法学会・理事

日本学術会議・16期～18期刑事法研究連絡委員会委員（2000年～2009年）、19期～23期連携会員（2009年～2018年）

人道的刑事政策のための国際社会防衛協会（Société internationale de défense sociale pour une politique criminelle humaniste, SIDS）・理事（2002年～2016年）

検察官関与に反対し、少年法を考える市民の会・代表、事務局長（1998年～2001年）

民主的司法を考える会・運営委員（1999年～）

子どもと法・21・共同代表（2001年～）

国際人権活動日本委員会・代表委員（1995年～）、第10次国連要請団団長（2001年）

国際刑事裁判所問題日本ネットワーク（JNICC）・共同代表（2002年～）

市民の裁判員制度をつくろう会・事務局長、世話人（2000年～2004年）

Human Rights Now・発起人（2006年）、顧問（2006年～2008年）、理事（2010年～2018年）

平和の灯を!! ヤスクニに・呼びかけ人

グローバル9条キャンペーン・呼びかけ人（2005年～）

9条世界会議日本実行委員会・共同代表（2005年〜2008年）
被害者と司法を考える会・常任委員（2001年〜）
南京事件70周年国際シンポジウム実行委員会・委員（2007年〜2009年）
再審・えん罪事件全国連絡会・代表委員（2010年〜）
東京憲法会議・専門委員
冤罪・布川事件国家賠償請求訴訟を支える会・共同代表（2011年〜）
陪審裁判を考える会・代表（2018年〜）
9条世界会議関西日本実行委員会・共同代表（2010年〜2013年）

大学役職

【國學院大学】
学生部長（1993年〜1995年）
評議員（学部選出、1999年〜2001年）
法学部第二部長（1999年〜2001年）など

【青山学院大学】
人権教育委員（2001年〜2003年）、同委員長（2003年〜2004年）
公開講座委員（2005年〜2017年）
図書館委員（2008年〜2017年）など

弁護士会役職

【日本弁護士連合会】
刑事法制委員会委員（2006年〜）
刑事拘禁制度改革実現本部委員（2006年〜）
行刑改革プロジェクト・バックアップ委員（2003年〜2005年）
法務省法制審議会少年法・刑事法部会バックアップ委員（2017年〜）
共謀罪対策ワーキンググループ（現・秘密保護法・共謀罪法対策本部）委員（2013年〜）
国際刑事立法対策委員会委員（2006年〜2018年）
国連コングレス・プロジェクトチーム委員（2014年〜2015年、2016年〜）
死刑廃止検討委員会（現・死刑廃止及び関連する刑罰制度改革実現本部）副委員長（現・副本部長）（2012年〜）
憲法委員会（現・憲法問題対策本部）委員（2014年〜）
外国人労働者受入れ問題プロジェクトチーム委員（2014年〜）
人種的憎悪を煽る言動などについての検討プロジェクトチーム委員（2014年〜）
国際人権（自由権）規約問題ワーキンググループ（現・国際人権条約委員会）委員（2010年〜）
国際人権問題委員会幹事（2000年〜）
国内人権機関実現委員会委員（2012年〜）
人権擁護大会2011年第1分科会（犯罪にどう向き合うか――裁判員裁判を経験して死刑のない社会を構想する）実行委員会副委員長
人権擁護大会2015年第3分科会（放射能とたたかう――健康被害・汚染水・汚染廃棄物）実行委員会委員
人権擁護大会2019年第1分科会（取調べ立会いが刑事司法を変える――弁護人の援助を受ける権利の確立を）実行委員会委員
民事司法改革推進本部（現・民事司法改革総合推進本部）幹事（2019年〜）
民事・行政裁判への市民参加プロジェクトチーム委員（2019年〜）
法科大学院カリキュラム検討委員（2000年〜2004年）

【東京弁護士会】
刑事拘禁制度改革実現本部委員（2006年〜）
死刑制度検討協議会委員（2014年〜）

【東京三弁護士会】
刑事施設調査委員会委員（2014年〜）

国際会議への参加

1981年・第9回国際社会防衛会議（テサロニカ）
1982年・第14回国際刑法学会第1議題準備会議（ウルビノ）
1983年・国際犯罪学会（ウィーン）
1984年・第14回国際刑法学会（カイロ）、第12回国際民主法律家会議（アテネ）
1986年・第10回国際社会防衛会議（ブエノスアイレス）
1991年・第11回国際社会防衛会議（パリ）
1992年・法律家ベトナム訪問団（ハノイ／ホーチミン）
1996年・国際民主法律家会議（ケープタウン）、第12回国際社会防衛会議（イタリア・レッチェ）、第14回国際民主法律家会議（パリ）、第1回訪米要請団（サンフランシスコ／ワシントン／ニューヨーク）
1997年・国際民主法律家協会執行部会議／ナショナルロイヤーズギルド総会（ワシントン：国際セミナー「国際労働権」共同座長）、第9回国際被害者学シンポジウム（アムステルダム）、国際民主法律家協会執行部会議（パリ）、第2回訪米要請団（ワシントン／ニューヨーク）
1998年・第3回訪米要請団（ニューヨーク）、国際民主法律家協会執行部会議（東京）
1999年・国際民主法律家協会執行部会議（ブリュッセル）、世界市民平和会議（ハーグ：「コソボ爆撃抗議声明」起草委員）、第16回国際刑法学会（ブダペスト：第2分科会決議起草委員・会場発言）、第3回アジア太平洋法律家会議準備会議（ハノイ）、国際民主法律家協会執行部会議（ニューデリー：国際セミナー「グローバリゼーションと発展」会場発言）
2000年・第15回国際民主法律家会議（ハバナ：第1分科会共同座長・決議起草委員）
2001年・国際民主法律家協会執行部会議（ソフィア：国際セミナー「経済封鎖と国際法」共同座長）、社会権規約委員会（ジュネーブ：国際民主法律家協会を代表してNGOヒアリングで発言、「小泉首相の靖国参拝抗議声明」の起草）、第3回アジア太平洋法律家会議（ハノイ：運営委員・大会決議起草委員・第2分科会発言）、国際民主法律家協会執行部会議（ハノイ）
2002年・少年司法調査（パリ／マルセイユ／エクス・アン・プロヴァンス）、国際民主法律家協会執行部会議・セミナー（ロンドン）、第14回国際社会防衛会議（リスボン）、国連人権小委員会第54会期（ジュネーブ）、第1回国際刑事裁判所締約国会議（ニューヨーク）、国際民主法律家協会執行部会議（バルセロナ）
2003年・国連人権小委員会第55会期（ジュネーブ）、日本国際法律家協会訪韓団（ソウル）
2004年・国際民主法律家協会執行部会議（ベルリン：セミナー「イラク戦争」報告）、国連人権小委員会第56会期（ジュネーブ）
2005年・国際民主法律家協会第16回大会（パリ：第6分科会共同座長）、第4回アジア太平洋法律家会議（ソウル：第3分科会共同座長）
2006年・グローバル9条キャンペーン・ヨーロッパ第1次訪問団（パリ／グルノーブル／ジュネーブ）、国際民主法律家協会執行部会議（インド・コーチン）
2007年・フィリピン全国人民法律家連合〔National Union of Peoples' Lawyers：NUPL〕創立総会（セブ）、パリ第5大学博士号審査（パリ）、第15回国際社会防衛会議（トレド）
2008年・世界人権宣言60周年記念シンポジウム（パリ）
2009年・第9回非公式アジア欧州会合人権セミナー（ストラスブール）、第17回国際民主法律家大会／総会（ハノイ）、第5回アジア太平洋法律家会議国際準備会（マニラ）、国際民

主法律家協会執行部会議（ロンドン）

2010年・国連犯罪防止刑事司法委員会（ウィーン）、国際民主法律家協会執行部会議／ストックホルム・アピール60周年記念国際会議（パリ）、第5回アジア太平洋法律家会議／国際民主法律家協会執行部会議（マニラ）

2011年・世界社会フォーラム（WSF）／国際民主法律家協会執行部会議／「アフリカにおける進歩的法律家の役割」シンポジウム（ダカール）、日本弁護士連合会ノルウェー調査団（オスロその他）、国際民主法律家協会評議会／執行部会議（コスタリカ・サンホセ）

2012年・国際民主法律家協会執行部会議（ブリュッセル）、国際移民問題人民法廷（ケソン・フィリピン大学ロースクール：判事）

2013年・日弁連死刑制度廃止検討委員会・大阪弁護士会「アメリカ・テキサス州終身刑調査団」（オースティン、ハンツビル及びヒューストン）、日弁連オーストラリア国内人権委員会調査団（シドニー）、Engaging Peace and Sovereignty, Building Peoples' Solidarity: A Conference on U.S. Pivot to Asia Pacific, U.S. Militarism. Intervention and War（マニラ）、International Conference for Human Rights and Peace in the Philippines, ICHRPP（ケソン）、国際腐敗防止条約第5回締約国会議ICAC-COSP5（パナマ）

2014年・日弁連死刑制度廃止検討委員会「アメリカ・カリフォルニア州死刑・終身刑調査団」（サンフランシスコ）、国際民主法律家協会第18回大会（ブリュッセル：第1分科会共同議長・決議委員会委員）、国際民主法律家協会ビューロー会議（イスタンブール）

2015年・日弁連死刑制度廃止検討委員会「アメリカ・シカゴ死刑・終身刑調査団」（シカゴその他）、日弁連国内人権機関実現委員会「ニュージーランド調査団」（オークランド及びウェリントン）、三井生命保険健康財団助成事業「スポーツと矯正社会・韓国調査」（代表・片山徒有：ソウルその他）、現代刑事法研究会「台湾矯正施設訪問調査」（台北／高雄）、第6回国連腐敗防止条約会議（日弁連国際刑事法制委員会派遣、サンクトペテルブルク）

2016年・日弁連死刑廃止検討委員会「死刑調査団」（イギリス・ロンドンその他）

2017年・国連核兵器禁止条約会議第1セッション（ニューヨーク）、第26回国連犯罪防止刑事司法委員会（ウィーン）、国連核兵器禁止条約会議第2セッション（ニューヨーク）

2018年・第27回国連犯罪防止刑事司法委員会（ウィーン）、日弁連死刑廃止関連刑罰制度改革実現本部「死刑及び終身刑調査団」（イギリス・ベルギー）、日韓少年非行問題研究会議（ソウル）

2019年・第7回死刑廃止世界会議（ベルギー）、日弁連「人権擁護大会第1分科会調査団」（ベルギー・オランダ・フランス・ドイツ）、第28回国連犯罪防止刑事司法委員会（ウィーン）、日弁連「人権擁護大会第1分科会調査団」（韓国）

主な研究業績その他

【修士論文】
1974年
「戦後日本における過失犯論」（早稲田大学大学院法学研究科）

【単著・共著】
1983年
刑法理論研究会『現代刑法学原論（総論）』三省堂
1987年
刑法理論研究会『現代刑法学原論（総論）〔改訂版〕』三省堂
1990年
村井敏邦＝大出良知＝川崎英明＝高田昭＝白取祐司＝新倉修『現代刑事訴訟法』三省堂
1991年
浦田賢治＝新倉修＝吉井蒼生夫編著『いま日本の法は──君たちはどう学ぶか』日本評論社

1995年
　浦田賢治＝吉井蒼生夫＝新倉修編『いま日本の法は〔2版〕』日本評論社
　西原春夫＝新倉修＝山口厚＝井田良＝松宮孝明編著『刑法マテリアルズ──資料で学ぶ刑法総論』柏書房
　新倉修＝佐々木光明責任編集『ハンディ新刑法』現代人文社
1996年
　刑法理論研究会『現代刑法学原論（総論）〔2版〕』三省堂
1998年
　村井敏邦編著『現代刑事訴訟法〔2版〕』三省堂
　植村勝慶＝鹿野菜穂子＝新倉修編著『バージョンアップ法学入門』日本評論社
1999年
　田島泰彦＝新倉修編『少年事件報道と法』日本評論社
2000年
　新倉修＝横山實編『少年法の展望──澤登俊雄先生古稀祝賀論文集』現代人文社
　新倉修ほか著『導入対話による刑法講義（総論）』不磨書房
2001年
　浦田賢治＝新倉修＝吉井蒼生夫＝中村芳昭編『いま日本の法は〔3版〕』日本評論社
　新倉修編『少年「犯罪」被害者と情報開示』現代人文社
　新倉修監修／子どもと法・21編著『もう一度考えよう「改正」少年法』現代人文社
2003年
　新倉修編『裁判員制度がやってくる』現代人文社
2002年
　新倉修＝酒井安行＝高橋則夫編／西原春夫監修『刑事法の理論と実践──佐々木史朗先生喜寿祝賀』第一法規出版
2003年
　新倉修ほか著『導入対話による刑法講義（総論）〔2版〕』不磨書房
2004年
　堀部政男＝石井光＝酒井安行＝新倉修＝保倉和彦編『刑事司法への市民参加──高窪貞人先生古稀祝賀記念論文集』現代人文社
　青山学院大学人権教育委員会『人権を護る、人権を薦める──人権委員会の役割と課題』（2003年12月15日公開国際シンポジウムの記録）
2009年
　9条世界会議国際法律家パネル編『9条は生かせる──世界の法律家は訴える』日本評論社
2016年
　新倉修研究代表『国際刑事法の形成と日本の受容・発信についての基礎研究──青山学院大学総合研究所社会科学部研究成果報告論集』

【分担執筆】
1983年
　「賭博罪」西原春夫＝宮澤浩一＝阿部純二＝板倉宏＝芝原邦爾編『判例刑法研究(7)』有斐閣
　「犯罪の国際化と犯罪対策の国際化」澤登俊雄＝所一彦＝星野周弘＝前野育三編『刑事政策』蒼林社
1987年
　「片面的共犯」「共謀共同正犯」岡野光雄編著『刑法演習(1)総論』成文堂
　「使用窃盗」「虚偽公文書作成罪の間接正犯」岡野光雄編著『刑法演習(2)各論』成文堂
1991年
　宮崎繁樹＝五十嵐二葉＝福田雅章編著『国際人権基準による刑事手続ハンドブック』青峰社
　澤登俊雄＝比較少年法研究会編著『少年司法と国際準則』三省堂

澤登俊雄編著『世界諸国の少年法制』成文堂
1993年
「業務妨害罪」阿部純二＝板倉宏＝内田文昭＝香川達夫＝川端博＝曽根威彦編『刑法基本講座(6)各論の諸問題』一粒社
「捜索場所の特定」「接見等禁止のある場合における弁護人からの差入れ」村井敏邦＝後藤昭編『新令状実務研究』日本評論社
「犯罪の国際化と犯罪対策の国際化」澤登俊雄＝所一彦＝星野周弘＝前野育三編『新・刑事政策』日本評論社
「国防と治安」奥島孝康＝中村紘一編『フランスの政治──中央集権国家の伝統と変容』早稲田大学出版部
1995年
星野周弘＝米川茂信＝荒木伸怡＝澤登俊雄＝西村春夫編集代表『犯罪・非行事典』大成出版社
1996年
「もうひとりの主役・刑務所職員」刑事立法研究会編『入門・監獄改革 beyond the prison』日本評論社
1997年
「通貨偽造」大塚仁＝川端博編『新・判例コンメンタール刑法(4)』三省堂
1998年
『子どもの権利事典』エムエル出版
澤登俊雄＝斉藤豊治編著／比較少年法研究会『少年司法と適正手続』成文堂
1999年
新ガイドラインを考える会編『周辺事態法Q＆A』岩波ブックレット
検察官関与に反対し少年法を考える市民の会『少年法わたしたちはこう考える──厳罰化では解決しない』現代人文社
「米軍基地撤去の国際行動をめざして」ＨＡＰ99日本法律家実行委員会『非軍事平和思想を国際規範に』
佐々木光明＝新倉修「改革は捜査のあり方の見直しから──山形マット死事件から学ぶ」団藤重光＝村井敏邦＝斉藤豊治ほか著『ちょっと待って少年法「改正」』日本評論社
2000年
新倉修＝森川恭剛「刑事法からの検討──米軍基地の犯罪処理・地位協定・軍事高権」浦田賢治編著『沖縄米軍基地法の現在』一粒社
「第1章　商法罰則・第1節　特別背任罪（486条）総説」「第6節　会社荒らし等に関する贈収賄罪（494条）総説」佐々木史朗編『判例経済刑法大系(3)刑法』日本評論社
「第2章　横領罪・序説」「第5章　贈収賄罪・序説」佐々木史朗編『判例経済刑法大系(1)商法罰則・証券取引法』日本評論社
2001年
「第2章　不正競争防止法・序説」「第6章　商標法・序説」佐々木史朗編『判例経済刑法大系(2)経済法関連』日本評論社
「陪審について」民主主義科学者協会法律部会編『だれのための「司法改革」か──「司法制度改革審議会中間報告」の批判的検討』（法の科学特別増刊30号）日本評論社
「国際人権規約からみた長崎事件」長崎事件弁護団編『検証・長崎事件／なぜ痴漢えん罪は起こるか』現代人文社
2002年
「第12次国連要請団の意義──われわれは何を求めているか」国際人権活動日本委員会
2003年
青山学院大学人権教育委員会『青山学院大学人権教育委員会主催：人権影響アセスメントに関する学内公開セミナー「人権・鵜の目鷹の目」──人権について語ろう！記録報告書（2002年12月2日開催）』
岡野光雄編『演習ノート刑法各論〔全訂2版〕』法学書院
三井誠＝町野朔＝曽根威彦＝中森喜彦＝吉岡一男＝西田典之編『刑事法辞典』信山社
秋元美世＝大島巖＝芝野松次郎＝藤村正之＝森本佳樹＝山縣文治編『現代社会福祉辞典』

有斐閣

劣化ウラン研究会『放射能兵器劣化ウラン：核の戦場　ウラン汚染地帯』技術と人間

2004年

『シティズンシップと法教育――2003大阪経済法科大学法学部公開シンポジウム』大阪経済法科大学

2005年

「罰則」総合研究開発機構＝川井健編『生命倫理法案――生殖医療・親子関係・クローンをめぐって』商事法務

2007年

「第6章　犯罪被害者」日本弁護士連合会『国際人権（自由権）規約に基づき提出された第5回日本政府報告書に対する日本弁護士連合会報告書』

2008年

「国際法律家運動と日本国憲法」『改憲・改革と法――自由・平等・民主主義が支える社会をめざして』（法律時報臨時増刊）日本評論社

「会長の追記」日本国際法律家協会『日本国際法律家協会の歩み1957～2007　民主的法律家の国際連帯運動の50年』

「国際刑事裁判所における刑事手続法と被告人の権利」日本弁護士連合会編『国際刑事裁判所の扉をひらく』現代人文社

櫻田嘉章編『記録「グローバル化と法」分科会』日本学術会議

「使用窃盗」「被害者の盗品等の取戻し行為」「窃盗罪と器物損壊罪の区別」「封印委託物の占有」「殺害後の財物奪取」「窃盗罪と親族間の特例」「強取」「債権者の殺害と二項強盗」「事後強盗罪」岡野光雄編『演習ノート刑法各論〔4版〕』法学書院

「特別フォーラム2：国際法律家パネル」「9条世界会議」日本実行委員会編『9条世界会議の記録』大月書店

2009年

日本弁護士連合会『改革迫られる日本の人権保障システム――国際人権（自由権）規約委員会第5回政府報告書審査をふまえて――個人通報／国内人権機関／死刑／代用監獄／女性・少数者差別』

『総研共同研究調査報告書――ポーランド・ドイツの調査旅行について』青山学院大学総合研究所

2010年

「憲法9条を世界に生かす」日本科学者会議編『憲法と現実政治』本の泉社

「戦争の記憶と戦争犯罪の追及――公衆の追憶と公的追及の狭間について」松尾精文＝佐藤泉＝平田雅博編著『戦争記憶の継承――語りなおす現場から』（青山学院大学総合研究叢書）社会評論社

2013年

日本弁護士連合会国内人権機関委員会編著『オーストラリア人権委員会およびニューサウスウェールズ州オンブズマン調査報告書』

日本弁護士連合会死刑廃止検討委員会『テキサス州終身刑調査報告書（2013年2月22日～3月1日）』

2014年

日本弁護士連合会死刑廃止検討委員会『カリフォルニア死刑および終身刑調査団報告書』

2015年

日本弁護士連合会国内人権機関実現委員会『ニュージーランド視察報告書（2015年8月22日～26日）』

2016年

「完結にあたって」西原春夫＝吉井蒼生夫＝藤田正＝新倉修編『旧刑法』（日本立法資料全集）信山社

「派遣される自衛隊員の法的地位」飯島滋明＝清末愛砂＝榎澤幸広＝佐伯奈津子編著『安保法制を語る！　自衛隊員・NGOからの発言』現代人文社

2018年

「外国軍事基地の国際法と人権」沖縄国際大学公開講座委員会編『法と政治の諸相』（沖縄

国際大学公開講座27）編集工房東洋企画

【翻訳書】
1980年
　フィリッポ・グラマティカ（森下忠編訳）『社会防衛の原理』成文堂
1981年
　ガストン・ステファニ＝ジョルジュ・ルヴァスゥール＝ベルナール・ブーロック（澤登俊雄＝澤登佳人＝新倉修訳『フランス刑事法──刑法総論』成文堂
　ガストン・ステファニ＝ジョルジュ・ルヴァスゥール＝ベルナール・ブーロック（澤登佳人＝澤登俊雄＝新倉修訳）『フランス刑事法──刑事訴訟法』成文堂
　ガストン・ステファニ＝ベルナール・ブーロック＝B・ジャンビュメルラン（澤登俊雄＝新倉修訳）『フランス刑事法──犯罪学・行刑学』成文堂
1989年
　ジャック・ゴデショ（瓜生洋一＝新倉修＝長谷川光一＝山崎耕一＝横山謙一訳）『フランス革命年代記』日本評論社
1991年
　ラムゼイ・クラーク（日本国際法律家協会訳）『被告ジョージ・ブッシュ有罪』柏書房
1992年
　ラムゼイ・クラーク編著（戦争犯罪を告発する会訳）『アメリカの戦争犯罪』柏書房
1994年
　法務大臣官房司法法制調査部司法法制課編（共訳）『フランス新刑法典』法務資料451号
1995年
　法務大臣官房司法法制調査部司法法制課編（共訳）『フランス新刑法典〔改訂版〕』法務資料452号
　ヒューマン・ライツ・ウォッチ／アジア＝ヒューマン・ライツ・ウォッチ・プリズン・プロジェクト（刑事立法研究会訳）『監獄における人権／日本──1995年』現代人文社
1996年
　ピナル・リフォーム・インタナショナル（PRI）（村井敏邦監訳／葛野尋之ほか訳）『刑事施設と国際人権──国連処遇基準実施ハンドブック』日本評論社
　（中村紘一＝新倉修＝今関源成監訳／Termes juridiques 研究会訳）『フランス法律用語辞典』三省堂
1998年
　セイムアー・ウイッシュマン（梅沢利彦＝新倉修＝田中隆治訳）『陪審制の解剖学』現代人文社
　国際行動センター・劣化ウラン弾教育プロジェクト（新倉修監訳）『劣化ウラン弾』日本評論社
1999年
　イェシェック・ヴァイゲント（西原春夫監訳）『ドイツ刑法総論〔5版〕』成文堂
2001年
　J・P・ベルト（瓜生洋一＝新倉修＝長谷川光一＝松嶌明男＝横山謙一訳）『ナポレオン年代記』日本評論社
2002年
　（中村紘一＝新倉修＝今関源成監訳／Termes juridiques 研究会訳）『フランス法律用語辞典〔2版〕』三省堂
2012年
　（中村紘一＝新倉修＝今関源成監訳／Termes juridiques 研究会訳）『フランス法律用語辞典〔3版〕』三省堂

【論文】

1977年
「戦前日本における経済統制刑法」早大法研論集15号

1978年
「フランス刑法と罪刑法定主義」早稲田法学会誌28巻

1979年
所一彦＝沢登俊雄＝荒木伸怡＝新倉修「現代日本の刑罰論に関する調査研究」刑法雑誌24巻3＝4号

1981年
「フランスの警察──街頭における警察活動の断層面（警察官の職務執行と市民）」ジュリスト733号
「フランスの検察（外国の検察事情）」法学セミナー増刊・総合特集シリーズ『現代の検察』日本評論社

1982年
「スパイ防止法要綱の批判的検討──スパイ防止法決議をめぐって（特集・改憲問題と地方自治体）」法と民主主義166号
「刑法改正作業と国際刑法（上）（下）」國學院法学20巻2号・3号

1983年
「フランスは死刑を廃止した（特集・死刑制度のあり方）」ジュリスト798号

1984年
「刑事法的視点(1)（シンポジウム・臓器移植の比較法の研究──「承諾」要件の分析）」比較法研究45号

1985年
「罪と罰──複雑化する犯罪と刑罰をめぐる社会情況(特集・刑法入門・講義にそなえて)」「罪刑法定主義──国家と市民との関係を規定する根本原理（同）」法学セミナー30巻4号

1986年
「刑法総論はむずかしい？」法学セミナー31巻2号
「不作為に関する刑事責任について(1)──第13回国際刑法会議第一議題をめぐって」國學院法学23巻4号
「捜索場所の特定（令状実務の諸問題4）」法律時報58巻9号
「フランスにおける秘密保護法制（特集・国家秘密法案の検討）」法と民主主義205号

1986年
「フランスにおける刑事政策の現代的課題（特集・市民的安全と市民的自由──フランスの苦悩）」「新しいフランス刑法の光と影──フランス刑法学会『新しい刑法の諸側面』議論から（同）」法律時報58巻12号

1987年
「フランスにおける犯罪統計──刑事司法の真の計器盤をめざして（特集・刑事政策の基礎──「犯罪白書」を読む）」法学セミナー32巻2号
「刑法からみる国家秘密法の問題性（特集・国家秘密法と民主主義）」法律時報59巻5号
「生命の保護と刑法（特集・刑法各論のキーポイント──report & discussion）」法学セミナー32巻7号
「死刑をめぐる各国の状況（最近の死刑論・死刑事情2）」JCCD43号

1988年
「留置施設法案は変わったか（特集・再上程された拘禁2法案）」自由と正義39巻1号
「接見等禁止のある場合における弁護人からの差入れ（新・令状実務の諸問題6）」法律時報60巻8号
「国際化と被拘禁者の人権（監獄法と被拘禁者の人権）」法学セミナー増刊・総合特集シリーズ『監獄の現在』日本評論社

1989年
「自由と規制の狭間」林瑞枝編著『いま女の権利は』学陽書房
「拘禁2法はなぜ必要なのか──代用監獄の存廃が焦点」法学セミナー34巻2号
「国際人権法と代用監獄──NGO報告書『警察留置所での拘禁──1989年2月パーカー・

ジョーデル報告書』を読む」國學院法学27巻2号

「フランス人権宣言と刑事立法改革」長谷川正安ほか編『講座・市民革命と法（1）』日本評論社

1990年

「非行少年の人権と少年審判手続き」法律時報62巻2号

1991年

「現代フランスにおける刑事政策の転換と展開──分析枠組みをめぐって」柏木千秋先生喜寿記念論文集『近代刑事法の理念と現実──フランス革命二百年を機に』立花書房

「脳死臨調『中間報告書』は何を語るか？──脳死・臓器移植をめぐる現状（現代の視点）」法学セミナー36巻10号

1992年

「序説・陪審制の歴史と理念（特集・陪審制をめぐる歴史・理念の検討）」法律時報64巻5号

「報告IV・第三者機関その他（特集・刑事拘禁法の諸問題）」刑法雑誌32巻3号

「もうひとりの主役（フォーラム・もうひとつの『監獄法』8）」法学セミナー37巻9号

1993年

多田元＝新倉修「大高緑地アベック殺害事件──控訴審の中間報告（少年事件研究会レポート10）」法律時報65巻2号

新倉修＝酒井安行「バトンルージュ殺人事件──日米比較で考える刑法（特集・甘いか、辛いか、苦いか──自分流のたべ方を発見しよう）」法学セミナー38巻4号

「第二報告・子どもの権利条約と非行少年の人権──少年法・刑法の見地から（シンポジウム・子どもの権利を考える──日仏比較の視点から）」北大法学論集44巻1号

「特集・刑法を学ぶ・刑法を教える：第II部　刑法の教え方を考える　④外国の刑法教育（学習）事情：フランス──刑法教育メトードの模索」月刊法学教室153号

「死んだら、おわびはできない」法学セミナー38巻10号

1994年

編著「特集・バージョンアップ法学入門◇イントロダクション，攻略法＋ステージ1セットアップ＋ステージ2セットアップ＋ステージ3セットアップ＋ステージ3の刑法ワールド」法学セミナー39巻4号

「フランス新刑法典概観（フランス新刑法典の研究1）」法律時報66巻7号

新倉修「特集・シミュレーション陪審裁判：はじめに──陪審裁判とは何か」法学セミナー39巻7号

「フランスの刑事司法制度の動向と基本的特徴」法と民主主義285号

1995年

「戦略的陪審論」陪審裁判12号〔陪審裁判を考える会〕

「刑事法から見たオウム報道」現代人文社編集部編『検証！オウム報道──今回だけが例外なのか？』現代人文社

新倉修「特集・なぜ少年たちは二度裁かれるのか──少年保護と適正手続」法学セミナー40巻10号

「フランスの新刑法典」刑法雑誌35巻1号

1996年

「刑事法って何だ（事件から学ぶ刑事法入門──震災・「オウム」を素材として）」法学セミナー41巻6号

「刑法改正」アエラ・ムック16『法律学がわかる』朝日新聞社

池田眞規＝新倉修「核兵器はどう裁かれたか──国際司法裁「勧告的意見」を検討する 」世界627号（所収：岩垂弘編『日本原爆論大系(6)』日本図書センター、1999年）

「少年犯罪（特集・これからの刑事法をどうする◇女子高生集団暴行事件）」法学セミナー41巻10号（502号）

「『いま日本の法は』を振り返って（民科法律部会の50年）」法の科学25号

1997年

新倉修＝佐々木光明「山形マット死事件から学ぶ──少年司法改革は捜査のあり方の見直しから（特集・いま、少年法を論ずる──問われているものは何か）」法学セミナー43巻

1号

「なぜ、組織的犯罪対策立法に反対するか」破防法研究会編『憲法』（ムック・コンドル5号）
アール企画

「いまなぜ組織的犯罪対策法か（特集・何が問題か！「組織的犯罪対策法」）」法と民主主
義320号

1998年

「OECDの外国公務員買収対策条約をどうみるか（ロー・ジャーナル）」法学セミナー43
巻9号

「集団犯罪類型の立法論的考察」『西原春夫先生古稀祝賀論文集(4)』成文堂

「諸外国における非配偶者間の体外受精と立法――フランスの立法を中心に」法律のひろば
51巻9号

「少年事件報道と少年の人権（特集・表現の自由と少年の人権）」「フランス／まとめ（同・
共同研究・『少年事件報道と法』の国際的動向）」法律時報70巻11号

「寺西裁判官懲戒処分について思うこと――リスク情報の提供は職務上の義務（特集・寺西
裁判官懲戒処分）」法と民主主義332号

「癒しの過程としての少年非行（特集・「少年非行」）」犯罪心理研究5号

「罪刑法定主義と共同謀議（特集・東京裁判――いま何が問題か）」歴史地理教育586号

1999年

「刑事法のパラダイム転換と被害者の権利（特集・犯罪被害者の権利）」法律時報71巻10
号

「宗教と犯罪（特集・現代犯罪事情――犯罪学の手法で読み解く）」法学セミナー539号

2000年

「少年法と陪審裁判」澤登俊雄先生古稀祝賀論文集『少年法の展望』現代人文社

「少年審判の情報公開と被害者の保護（特集・少年司法改革の諸問題）」刑法雑誌39巻3
号

「刑法の課題としての被害者」宮澤浩一先生古稀祝賀論文集(1)『犯罪被害者論の新動向』
成文堂

2001年

「刑事法から見た規制論（生命科学の発展と法）」NIRA政策研究14巻6号

「少年事件報道とその問題点（特集・少年非行）」更生保護52巻11号

2002年

「国際法をふみにじる米イラク攻撃の無法（特集・ブッシュ政権の暴走と小泉内閣）」前衛
758号

2003年

「民主的裁判員制度をつくろう――「市民の裁判員制度つくろう会」から」法と民主主義
375号

「特別企画・シンポジウム『アジアと日本の戦後処理を考える』」治安維持法と現代2003
年春季号

「武力攻撃事態法案ではなく、『平和の課題』に取り組もう」Interjurist 142号

2004年

「人道に対する罪、捕虜・難民について（特集2・検証アフガニスタン国際戦犯民衆法廷）」
法学セミナー49巻3号

「国民主権の精神に基づく司法に向けて不可欠な裁判員の負担軽減策」時事トップ・コン
フィデンシャル11133号

「裁判員制度の可能性と展望」高窪貞人教授古稀祝賀記念論文集『刑事司法への市民参加』
現代人文社

「裁判員法の成立について（法律時評）」法律時報76巻8号

「フランスにおける終身刑（特集・主要各国の終身刑の実情）」犯罪と非行140号

「裁判員制度が発足――裁判員制度、何が良くって何が問題？（特集・司法・行政への市民参
加）」世界週報85巻22号

「特集にあたって（特集・シリーズ・改憲阻止『ピーストゥモロウ』平和に生きる権利）」「国
連と日本国憲法9条（同）」法と民主主義390号

「不処罰の空洞をふさぐ国際刑事裁判所——第3回締結国会議、ハーグで開催」世界週報85巻34号

2006年

「未決拘禁法のゆくえ——代用監獄は廃止できる？（法律時評）」法律時報78巻5号

「紛争と法の現在——人類の岐路をどう見透すか」青山法学論集48巻1＝2合併号（平松紘教授追悼号）

「国民の司法参加——裁判員制度の評価と期待（『司法改革』の総決算）」法の科学36号

2007年

「国際刑事裁判所規程の批准と国内法整備の課題（特集・国際刑事裁判所の将来と日本の課題）」法律時報79巻4号

「市民の司法改革をどのように進めるか（特集・検証：激変する司法制度の現状と問題点——第39回司法制度研究集会から）」法と民主主義417号

「九条を国際的視野でとらえよう（連続掲載・9条世界会議をめざして1）」法と民主主義420号

2008年

「日本のICC加入とアジアの人権状況（特集・アジアのなかの日本2）」軍縮問題資料327号

「9条世界会議——『人類を戦争から解放する』ために」軍縮問題資料329号

「死刑廃止に直面するヨーロッパの経験」日仏文化74号

「犯罪被害者の刑事裁判参加へのひとつのアプローチ（ミニシンポジウム2・被害者の手続参加と刑事裁判の変容）」法の科学39号

「司法『改革』は被害者のためになるのか（特集・何のための司法「改革」？）」季刊ピープルズ・プラン44号

2009年

「人権国家モデルは人権制約条件を乗り越える——総括所見を活用して（特集・日本の人権状況を検証する——自由権規約委員会の最終見解をどう活かすか）」法と民主主義436号

2010年

「日本におけるフランス法研究——刑事法（日仏法学会創立50周年記念シンポジウム・日本におけるフランス法研究——回顧と展望2」ジュリスト1396号

「さまざまな刑事司法制度における人権——アジア・ヨーロッパ会合第9回非公式人権セミナー（2009年2月18日〜20日、フランス、ストラスブール）」青山法務研究論集創刊号

「公訴時効論(1)〜（6・未完）——公訴時効の廃止・再延長と遡求適用」青山法学論集51巻1号〜53巻4号（2012年）

「自由権規約委員会の『2008年総括所見』を受け止めて（ミニシンポジウム・国際人権基準と日本の変革）」法の科学41号

「鯨肉は誰のものか——グリーンピース鯨肉裁判青森地裁判決の検討」世界811号

2011年

「刑事事件における普遍的管轄原則の動向(1)（2・完）——2010年国連事務総長報告（A/65/181）について」青山法学論集52巻4号・53巻2号

「ベッカリーア再訪」村井敏邦先生古稀記念論文集『人権の刑事法学』日本評論社

「刑事司法と人権(1)（2・未完）——アジア欧州会合第9回非公式人権セミナーバックグラウンド・ペーパー（クマラスワミ＋ノヴァック著）『さまざまな刑事司法制度における人権』をどう生かすか」青山法務研究論集3号・4号（2012年）

「創立20周年記念特別研究プロジェクト《研究成果》市販本『戦争記憶の継承——語りなおす現場から』（社会評論社）」青山学院大学総合研究所報19号

2012年

「刑事法教育におけるグローバル化への対応：2　国際刑事法教育の現状と課題（特集・グローバル化時代における法と教育）」学術の動向：SCJフォーラム17巻3号

「国際刑事司法の新しい到達点——テーラー元大統領に有罪判決（世界の潮）」世界833号

「少年の刑事事件における量刑——アメリカ連邦最高裁判所Miller事件判決をめぐって」斉藤豊治先生古稀記念論文集『刑事法理論の探求と発見』成文堂

「マネー・ロンダリング規制と組織犯罪対策（9月号特集補遺・国際社会におけるルール

形成と国内法）」法律時報1052号
2013年
「法律家の国際連帯――どこまで来たか、何が可能か」清水誠先生追悼論文集『日本社会と市民法学』日本評論社
2014年
「市民の司法参加と犯罪論体系」『曽根威彦先生・田口守一先生古稀祝賀論文集（上）』成文堂
「上官の刑事責任と共謀共同正犯の理論」『野村稔先生古稀祝賀論文集』成文堂
2015年
「石井光教授と修復的司法」青山法学論集56巻4号（石井光教授・芦沢斉教授退職記念号）
「憲法と刑法の交錯――立法過程の考察」青山法務研究論集10号
「法律家の国際連帯と平和への権利」広渡清吾先生古稀記念論文集『民主主義法学と研究者の使命』日本評論社
土本武司＝新倉修＝徳田靖之「死刑問題シンポジウム長崎（特集・死刑制度を考える・下）」判例時報2266号
2016年
「ニュージーランドにおける人権保護のための国内機関の協働」青山法務研究論集11号
2017年
新倉修＝鄭裕靜「死刑廃止のための論点――日本における議論の起点および韓国における死刑執行停止（モラトリアム）と廃止の展望」青山法務研究論集13号
「刑事立法過程の比較法」宮澤節生教授古稀記念論文集『現代日本の法過程（上）』信山社
「共謀罪は条約加入に必要か（特集・共謀罪と『監視国家』日本）」世界896号
2018年
「国連と死刑問題(1)（2・完）――Moving Away from the Death Penalty: Arguments, Trends and Perspectivves, New York, 2015」青山法務研究論集15号・17号（2019年）
「江藤价泰先生と国際連帯運動」江藤价泰先生追悼論集『日本の司法――現在と未来』日本評論社
「平和への権利宣言と核兵器禁止条約――『世界を再び平和にする』ための真の方策」日本の科学者609号

【欧文論文】

Politique pénale de dé-incarcération au Japon, Revue internationale de droit pénal et pénitentiel, 1982.

"Achieving International Joint Action for the Closure of U.S. Military Bases," Japan Lawyers National Committee for HAP 99, An Appeal from Japan' s Lawyers for HAP' 99, Making the Philosophy of Nonmilitary Peace an International Norm, 1999, p. 26-29.

Speeches : UN Committee on Economic, Social and Cultural Rights, August 13, 2013; Appeal, August 15, 2001; UN Committee on Economic, Social and Cultural Rights, August 20, 2001.

Speeches: "Asian Cooperation to Establish Basic Criminal Rights", "Second Commission on Human Rights", "Final Remarks" , in The Third Conference of Lawyers in Asia and the Pacific, COLAP-3, Hanoi, October 19-20, 2001.

"Welcoming a New Turn in the Human History: The Establishment of International Criminal Court," April 12, 2002, Interjurist 138.

"IADL Statement on the Establishment of the International Criminal Court," June 25, 2002.

IADL Statement against a draft resolution of the UN Security Council tabled by the United States on the Immunity of peacekeeping forces," July 1, 2002.

JNICC Statement, "Welcoming the Coming into Force of the Statute on the Establishment of International Criminal Court," July 1, 2002.

JNICC Statement, "Celebrating the Fourth Anniversary of the Treaty for Establishing an International Criminal Court," Japan Network for ICC, July 17, 2002.
JALISA Statement, "We Oppose the U.S. Preemptive Attack Strategy, and Call for Scrapping Contingency Legislation".
IADL Statement, I" ADL Appeal in Opposition to the US Tactic to Evade ICC Jurisdiction," October 27, 2002.
Opening Remark at Lunch Briefing of the Japanese Workers' Committee for Human Rights at UN Geneva, August 5, 2003.
Opening Remark at Lunch Briefing of the League Demanding State Compensation for the Victims of POML at UN Geneva, August 8, 2003.
Statement against the Japanese Law on Military Dispatch in Iraq, August 12, 2003.
« L' association japonaise de juristes démocrates JALISA communiqué », La Lettre de DROIT-SOLIDARITE, le 13 février 2004, n° 4.
Protest Letter on Armitage's statement to US President and Deputy Secretary of State," March 3, 2004.
Mr. Yorio SHIOKAWA's oral statement on behalf of IADL and JALISA in the Commission on Human Rights, item 19, March 15 to April 23, 2004.
Appeal against Any Deterioration of the Constitution of Japan, For Adherence to Article Nine, TO Fully Use the Constitution of Japan for the sake of World Peace, Interjurist 147, p.20.
Japanese Workers' Committee for the Human Rights, Written Statement to the UN Sub-commission on the Promotion and Protection of Human Rights : Agenda 4 Economic, social and cultural rights, July 2, 2004, "Vox populi 2004".
Speech at the Lunch Briefing of the Union Demanding the State Compensation for the Victims of Public Order Maintenance Law, Geneva, Sub-Commission on the Promotion and Protection of Human Rights, August 4, 2004.
Press Conference at Press Room 2 of the ACANU (Association des Correspondants Accrédités aux Nations Unies), United Nations Headquarters in Europe, August 4, 2004.
Activities Report from JALISA : Round-up and Wind-up: Waves are High, IADL Bulletin, May 2005.
"In Celebrating the Foundation Congress of the National Union of People's Lawyers, Cebu City, the Philippines, September 15-16, 2007," The National Union of Peoples' Lawyers (NUPL) Founding Congress Proceeding.
Comment: International Federation for Human Rights, "The Death Penalty in Japan: The Law in Silence: Going against the International Trend, International Fact-finding Mission," n° 505a, October, 2008.
Commentaire: Fédération international des ligues des droits de l' homme, « La peine de mort au Japon : la loi du silence : A contre-courant de la tendance internationale, Mission internationale d' enquête », n° 505f, octobre 2008.
Address by Mr. Shoji UMEDA, in the Problems of the Contemporary International Legality and The Lessons of Tokyo and Khabarovsk Trials, Interjurist 161.
Nous Avons Besoin du Droit Sacre et Inalienable des Peuples a la Paix: La Conference Mondiale de l' Article 9 pour l' Abolition de la Guerre, le Droit des Peuples a la Paix et le Declaration Universelle des Droit de l' Homme, IADL Conference on the 60th Anniversary of the Universal Declaration of Human Rights, Paris, Décembre 11-12, 2008 (Bourse du Travail).
Shigeaki Matsui, Opening Speech on behalf of the Japanese Delegation, The 3rd Conference of Lawyers of Asia and the Pacific (COLAP-3), Hanoi City, June 6, 2009.
On behalf of Motoo Hirayama (Chair of NGO Movement to eliminate U.S. Bases), A Real Essence of the Constitution of Japan resides in a ruling by the Tokyo District Court over "unconstitutionality of the US military presence in Japan" A Secret Story

of US Interference into Judiciary Independence in Japan. Hanoi, June 8, 2009.
Statement on the Arrest of Prof. Peter Erlinder by the Government of Rwanda, JALISA, June 1, 2010.
Celebrating the 2010 World Conference against A- and H-Bombs: We Can Make a World Peaceful without Nuclear Weapons, International Association of Democratic Lawyers, IADL, 2010 World Conference against A and H Bombs in Hiroshima and Nagasaki, August 4-6 & 8-9, 2010.
Embracing the 2008 Concluding Observation of the Human Rights Committee: Mini-Symposium 3: International Human Rights Standard and Changes in Japan.
Elimination of Nuclear Weapons and Weapons of Mass Destruction, Part of the Human Right to Peace, Report at the International Conference to Celebrate the 60th Anniversary of Stockholm Appeal for Peace 1950-2010, Bourse du Travail, June 18, 2010.
COLAP5, Manila, the Philippines, September 19, 2010 ("Keynote Remarks 2: Impact and Implication of Global Economic Crisis and Conflicts to Peace and Human Development in Asia-Pacific" , "We Need Remedy for 'Red Purge' Victims" , "Manila Declaration from the 5th Conference of Lawyes in Asia and the Pacific", "Closing Remarks to the COLAP5").
"Speech to Celebrate the Second General Assembly of the NUPL," Manila, the Philippines, September 20, 2010.
International Solidarity to Eliminate Nuclear Weapons: Revisited Scope of the ICC Rome Statute and a Draft Fundamental Treaty to Punish Use or Threat of Use of Nuclear Weapons, Aoyama Law Journal, vol. 2.
« Les Bandes d' adolescents à l' école au Japon d' aujourd' hui », Association Internationale Droit et Santé Mentale, 2ème Seminaire franco-japonais sur la Délinquence juvenile: La Violence à l' École, 25-26 Mars 2011, Toulouse.
Written Statement to the Human Rights Council, Item 5: Human Rights bodies and mechanisms, "Welcoming the Progress Report of the Advisory Committee on Right of Peoples to Peace with additional requests, on behalf of the International Association of Democratic Lawyers, IADL," May 16, 2011, Human Rights Council A/HRC/17/NGO/53, 25 May 2011.
IADL Bureau Resolution on People Suffering from Nuclear Power Disaster in Fukushima, Japan, Hôtel Le Bergerac, San José, Costa Rica, September 24-25, 2011.
(Yorio Shiokawa), To codify the right of peoples to peace and its impact to Japan: Message to the Parallel Event in the 18th Session of the Human Rights Advisory Committee, September 27, 2011.
"A Jane's Case," paper to the press conference at the Foreign Correspondants' Club in Tokyo. March 9, 2012.
Elimination of Nuclear Weapons and Weapons of Mass Destruction, Part of the Human Right to Peace, IADL, International Review of Contemporary Law: Revue Internationale de Droit Contemporain, New series: vol. 1, No.1, February 2012, p. 50-52.
IADL Message to the Peace Loving People in Jeju, Korea, IADL Bureau Meeting in Brussels, March 15-17, 2012.
JALISA, The First Call for Rally: Global Article 9 Conference Part-II, Now in Osaka, October 13-14, 2013" (Original concept proposed by Shoji Umeda, Vice President of JALISA & Chair of Kansai Chapter), March 8, 2013.
The 18th IADL Congress: Lawyering for the People, Vrie Universteit de Brussels ou Université Libre de Bruxelles, April 15-19, 2014., "Report of the Commission 1 on the Right to Peace and the Crisis of International Law", "Comment on the Final Declaration of the 18th IADL Congress proposed by Mr. Richard Harvey", "Draft Resolution: Fukushima Nuclear Disasters", "Draft Resolution: Right to Peace and

新倉修先生履歴・主要業績（2019 年 8 月 15 日現在） 539

Crisis of the Peace Constitution of Japan", "Draft Resolution: Okinawa and Jeju".
Death Penalty: Example of Japan, International Seminar on the Death Penalty, Fondation René Cassion, June 24, 2016.
"Key Note Report: Can the Death Penalty Survive the Sustainable Criminal Policy?" The 28th Session of the Commission on Crime Prevention and Criminal Justice, UNODC, Vienna, May 23, 2019.

【欧文訳】

Haruo Nishihara, Rapport national (Japon) : Délits d' ommission et responsabilité pour ommission, Actes du Colloque Préparatoire au XIIème Congrès International tenu à Urbino (Italie), 7-10 Octobre 1982, Revue internationale de Droit Pénal, 3e et 4e trimestres 1984, pp.753 à 770.

Japan Federation of Bar Association, "Report on Okinawa Military Base Human Rights Problems" June 16, 2000.

Chapter 6, Crime Victims, in Japan Federation of Bar Associations, Alternative Report to the Fifth Periodic Report of Japan on the International Covenant on Civil and Political Rights, December 2007, p.143 -144.

Okinawa Declaration for the establishment of the Right to Peace, December 7, 2011／沖縄人権協会総会記念講演会「平和への権利の確立を求める沖縄宣言」2012年1月13日。

Written Statement submitted by the International Association of Democratic Lawyers (IADL), a non-governmental organization in special consultative status, A/HRC/AC/8/NGO/3, February 13, 2012; Distribution general, February 15, 2012. Item 2(a)(vi) of the provisionary agenda, Requests addressed to the Advisory Committee stemming from Human Rights Council resolutions: Promotion of the right of peoples to peace. "Opinion for the draft declaration on the right to peace," p.1-3.

Oral Statement to the Advisory Committee, submitted by the International Association of Democratic Lawyers (IADL), item 2 (a)(vi) of the provisional agenda, (Jun Sasamoto + Luis Roberto Samora).

Traduction française "France : La justice pénale plus compréhensible pour les jurés ou citoyens en y participant"

English Translation: Hiroshi Miyasaka (Secretary General, JALISA) "Right to Live in Peace Can Be Achieved: What Article 9 Tells Us" (Speech at the World Social Forum Tunisia, March 24-30, 2013) / March 8, 2013.

Questionnaire, Exposé du But de Recherche: Institut National d' Etudes Judiciaires, Erklaeren / November 4, 2014/p.1-7.

翻訳「IADL広島・長崎原爆投下70周年に際して核兵器の廃絶を求める声明 (2015年8月9日)」Interjurist 186 (August 20, 2015 released in a Press Conference at Hibiya Library Museum, Studio+)/August 30, 2015.

We Condemn Forcing a Vote on Security Bills: The Right to Collective Defense Encroaches the Right to Peace, September 19, 2015.

【翻訳】

1980年

「フランスの刑法典改正委員会・一九七八年刑法草案総則（確定稿）」國學院法学17巻4号

「フランスの刑法典改正委員会・一九七六年刑法草案総則（未定稿）」國學院法学18巻2号

渡辺卓郎解説／新倉修訳「国際民主法律家協会ベトナム調査団報告」法律時報52巻2号

新倉修＝辻山昭三訳「国際民主法律家協会ベトナム調査報告」法と民主主義143号

1984年

「フランスの刑法典改正委員会・一九八三年の刑法草案総則」國學院法学21巻4号
1985年
「フランスの刑法典改正委員会・一九八〇年の刑法草案各則」國學院法学22巻4号
1990年
　新倉修ほか訳「フランス刑法典総則規定の改正法案に対する元老院法務委員会報告書——1989年4月27日のいわゆるリュドルフ報告書(1)〜（8・完）」國學院法学27巻3号〜30巻2号（1992年）
1991年
　「フランス刑法典総則規定の改正法案に対する国民議会法務委員会報告書——1989年10月2日のいわゆるマルシャン第一報告書(1)〜(8)」國學院法学29巻1号〜31巻4号（1994年）
　新倉修ほか訳「フランス刑法典総則規定の改正法案に対する元老院法務委員会第二報告書——1989年4月27日のいわゆるリュドロフ第二報告書(1)（2・完）」國學院法学31巻3号・4号
1996年
　新倉修＝上野芳久＝岡上雅美訳「フランス刑法典第3部改正法案に関する元老院法務委員会第1報告書（1991年10月23日）——財産に対する重罪および軽罪の処罰に関する刑法典の規定の改正をもたらす法案に関する元老院法務委員会の名においてなされた報告書——いわゆるリュドロフ第1報告書」比較法学30巻1号
　新倉修＝上野芳久＝岡上雅美訳「フランス刑法典第3部改正法案に関する国民議会法務委員会第1報告書（1991年12月12日）——財産に対する重罪および軽罪の処罰に関する刑法典の規定の改正するための元老院で採択された法案を検討する憲法的・法律・一般行政委員会の名による報告書——いわゆるイエ第1報告書（その1）（その2）」比較法学30巻1号・2号
1998年
　「OECDの国際商取引における外国公務員の買収対策条約（仮訳）」國學院法学36巻2号
1999年
　ICC研究会訳「国際刑事裁判所規程(仮訳)(1)（2・完）」國學院法学37巻2号・4号（2000年）
2002年
　ICC研究会訳「国際刑事裁判所規程〔仮訳改訂版〕」アムネスティ・インターナショナル日本支部編『入門国際刑事裁判所』現代人文社
2007年
　ニルーファー・バグワット「9条と人類全体の擁護のために（連続掲載4・「9条世界会議」）』法と民主主義423号
2008年
　ロビン・アレクサンダー（UE国際部長）「平和と連帯——アメリカ電気、ラジオ、機械労働者連合（UE）の展望（連続掲載7・9条世界会議をめざして）」法と民主主義426号
　ジテンドラ・シャーマ（IADL会長）「9条と平和（連続掲載⑧9条世界会議をめざして）」法と民主主義427号
　オーギュスタン・ケマジュー（アフリカ・アンティーユ等仏国弁護士協会会長）「9条世界会議：独立から得たアフリカ」9条世界会議・国際法律家パネル（2008年5月5日、幕張メッセ）
　（英訳）鈴木麻子「日本における9条の意義　The Significance of Article 9 in Japan」9条世界会議・国際法律家パネル（2008年5月5日、幕張メッセ）
　「ベルギーの国際人道法の重大な違反に関する法律案」青山法学論集50巻3号
2011年
　ジテンドラ・シャーマ（岡村みちる＝新倉修訳）「アジア太平洋法律家会議（COLAP）——その歴史と存在根拠（第5回アジア太平洋法律家マニラ会議）」Interjurist 170号
　ロメオ・カプロン「フィリピンにおける公益訴訟——課題、困難、展望（第5回アジア太平洋法律家マニラ会議）」Interjurist 170号
　「資料：平和に対する人民の権利に関する人権理事会諮問委員会経過報告　A/HRC/17/39」Interjurist 171号
　マジョーリ・コーン「リビアおよびコートジボワールへの攻撃と「保護する責任」——ア

メリカ国際法学者の見解」Interjurist 171号

カルロス・ビヤン・デュラン「平和への権利セミナー——平和への権利宣言運動について」Interjurist 171号

「IADL声明：福島原発事故と国際連帯」（2011年9月21日、11月26日）

「IADL声明：福島に連帯する」日本国際法律家協会総会（2011年12月17日）

2012年

「平和への権利に関する東京宣言」「諮問委員会に提出したIADLの文書発言：人権諮問委員会第8会期、議題2（人民の平和への権利）」Interjurist 173号

「人権理事会決議（口頭修正）」、監訳「平和への権利促進決議の投票にあたって各国の意見表明」「平和への権利に関するIADLの発言」「IADL声明：パラグアイの憲法上の大統領フェルナンド・ルゴ氏の解職に関するIADL声明」「IADL声明：裁判外、略式または恣意的な執行に関する特別報告者ヘインズのフォローアップ報告についてのIADL声明」Interjurist 174号

2013年

ルイシト・M・ポンゴス＜ブッチ＞「困窮する移住民のために法的支援を：フィリピンの準法律職従事者の日本での任務」Interjurist 177号

2014年

ジーン・マイラー「9条世界会議開会のための演説」InterJurist 179号

メアリ・アン・ライト「2013年10月　9条世界会議」InterJurist 179号

IADL第18回大会ブリュッセル宣言「大会決議1：平和、とりわけ日本の平和憲法の破壊に反対するため必要とされる国際連帯行動に関する決議」「大会決議2：福島原発惨事に関する決議」「大会決議3：沖縄および済州島（Jeju）に関する決議」「分科会7報告：不処罰と国際司法」「フィリピンの新軍事協定：6月2日集会報告」Interjurist 181号

ロラン・ヴェイユ「世界に広がる9条・海外ゲストスピーチ」、ジーン・マイラー「全体会発言」9条世界会議関西2013実行委員会編『9条世界会議2013報告集』

2015年

「IADLのイスラム国に対する声明」Interjurist 185号

2016年

翻訳校閲「国連人権規約（自由権）委員会第6回日本政府報告最終所見仮訳」日本弁護士連合会編『自由権規約第6回日本政府報告審査の記録——危機に立つ日本の人権』現代人文社

2018年

ロラン・ヴェイユ「朝鮮半島と国連憲章」、「西太平洋平和地帯に関する国際会議　バリ宣言」「IADL代表が国際刑事裁判所検察官団と会談」「パレスチナ人民に対する犯罪の捜査と訴追を求める国際法律家キャンペーン」Interjuritst 197

齋藤哲ほか訳「沖縄の民事陪審(1)(2)(3)」獨協法学107号～109号（2019年）

【その他】

1976年

「R・ランドン『裁判——一司法官は証言する』（仏）（外国文献紹介）」法の科学4号

1977年

「盗聴令状における被盗聴者の特定」判例タイムズ339号

「公判廷における被告人側の証拠開示義務」判例タイムズ341号

1978年

「被告人に有利な証拠に関する検察官の開示義務」判例タイムズ355号

1979年

「死刑事件における判決前調査報告書の開示と適正手続条項」判例タイムズ360号

「主観的減軽事情に関する被告人の挙証責任と適正手続条項」判例タイムズ384号

1980年

「死刑の裁量的宣告制度と修正第8条・第14条」判例タイムズ414号

1984年
　芝原邦爾＝瀬川晃＝山口厚＝日高義博＝新倉修「座談会・刑法の学習と教育──東西比較」法学教室45号
　「《安全と自由》法の改廃」「犯罪被害者に対する損害の填補」日仏法学13号
1985年
　「独禁法における告発の要式とその効力──石油カルテル事件（昭59・2・24最二判）」『昭和59年度重要判例解説』ジュリスト臨時増刊838号
1986年
　「裁定合議決定の取消しに対する不服申立ての許否（昭和60・2・8最三決）」『昭和60年度重要判例解説』ジュリスト臨時増刊号862号
1987年
　「報復的起訴と適正手続」判例タイムズ647号
1988年
　「再公判による不利益変更と適正手続」判例タイムズ655号
1988年
　「フランスにおけるコンピュータ犯罪(1)～(5)」國學院法学25巻3号～26巻3号
1989年
　「フランス犯罪社会学の現状(2)」國學院法学26巻3号
1990年
　「フランスにおけるコンピュータ犯罪(7)」國學院法学27巻3号
1991年
　「礼拝所不敬罪における不敬行為」芦部信喜ほか編『宗教判例百選〔2版〕』有斐閣
1992年
　西原春夫＝吉井蒼生夫＝藤田正＝新倉修監修『刑法草按注解（上）（下）（日本立法資料全集8・9）』信山社
1993年
　西原春夫＝吉井蒼生夫＝藤田正＝新倉修監修『旧刑法(1)(2)Ⅰ・Ⅱ(3)Ⅰ（日本立法資料全集29～32）』信山社
　「ヨーロッパにおける行刑改革(3)」警察研究64巻2号
　「フランス刑事法の新動向(3)」國學院法学31巻2号
1997年
　フランス刑法研究会「フランスにおける生命倫理と法(1)～(4)」國學院法学34巻1号～35巻4号（1998年）
1998年
　「検察官送致と前審関与」田宮裕編『少年法判例百選』有斐閣
　「フランスにおける生命倫理三法──ブレバン報告書(1)」國學院法学36巻2号
　「名護から世界へ」美ら海ちゅらうみ通信7号（名護ヘリポート基地に反対する会）
　「いわゆるコントロールド・デリバリーの実施と関税法上の禁制品輸入罪の成否──最一判平成9年10月30日刑集51巻9号86頁（判例研究）」國學院法学36巻3号
1999年
　「NATAによるユーゴスラビア空爆とコソボ問題」「IADL評議会（ブリュッセル）およびCOLAP-Ⅲ準備会議打ち合わせ報告」Interjurist 127号
　「訪米活動の意義と今後の課題」Interjurist 128号
2000年
　「少年法改正問題をめぐって」NCCD JAPAN 92号
　「人権実現のため国際的に活動する法律家レノックス・ハインズ教授に聞く（特別インタビュー）」法学セミナー46巻2号
　前野育三＝山田由紀子＝井上博道＝新倉修（司会）「座談会・迷走する少年法『改正』論議をこえて──厳罰化より修復的司法へ（特集・少年法論議で何が問われているか）」法と民主主義352号
2001年
　「公正な世界秩序を求めて－第12回全米法律家大会および国際民主法律家協会第15回総会

（ハバナ、2000年10月16日〜20日）Interjurist 133号

「司法制度改革と痴漢えん罪裁判」法と民主主義358号

「テロに対する戦争に反対する（時評）」法と民主主義364号

2002年

「ハノイ会議の課題—「失敗か、成功か」「閉会式に臨んで」Interjurist 136号

「フランス議会資料を読む」青山学院大学図書館報 AGULI57号

「ローマ規程発効、いよいよ設立をむかえる国際刑事裁判所」日弁連新聞341号

「国際刑事裁判所と人権（私の研究テーマ）」青山学院論集2002年

「国際刑事裁判所条約に日本はどう対応するか（日本の針路）」『力と意志』サンラ出版

毛利甚八＝新倉修＝中島宏編『少年問題メルマガ』（「家庭裁判所調査官・はじめに」創刊号、「付添人」2号、「身びいき書評：鮎川潤『少年犯罪』平凡社新書」2号、「投書にお答えして」3号、「身びいき書評：石井小夜子『少年犯罪と向き合う』岩波新書3号）

「国際刑事裁判所の設立を祝って」Interjurist 139号

大橋豊（兵庫のレッドパージ者）『生きている間に必ずレッドパージ者の名誉回復を：国連人権委員会ではじめて発言——ジュネーブを訪ねた3週間報告書(II)-II』

2003年

「模擬裁判から学ぶ・知る・提案する（巻頭言）」市民の裁判員制度つくろう会編『500人の裁判員——全員参加で模擬裁判——正当防衛は成立するか？　ドメスティック・バイオレンス報告集』

2004年

「米国の戦争犯罪とは対極——憲法が示す新たな世界像（憲法と私）」社会新報4293号

「裁判員（読書欄）」日本経済新聞（2004年4月24日）

2005年

「原則を踏まえて（ごけん・私流）」法と民主主義395号

「国際刑法（日本刑法学会第82回大会ワークショップ）」刑法雑誌44巻3号

2006年

「新任のあいさつ：新会長　「平和のための結集」をよびかけて」Interjurist 152号.

「今を読み解く：裁判員制度（読書欄）」日本経済新聞（2006年3月12日朝刊）

2007年

「巻頭言：国際連帯の50年　〜　年頭に思う」Interjurist 156号.

新倉修＝木村元彦＝寺中誠＝綿井健陽「座談会・戦犯を裁く「国際刑事裁判所」その意義と、日本加盟で見えた問題点」サイゾー2007年12月号

「国際刑事裁判所設立から5年　法の支配する国際社会へ」SAITAMA ねっとわーく271号（日本機関紙協会埼玉県本部）

「9条世界会議のめざすもの（時評）」法と民主主義425号

2008年

「巻頭言：春は来ぬ——『人類を戦争から解放する』9条世界会議」「JALISA 声明2008年2月15日：沖縄における米海兵隊員の少女暴行事件に抗議する」「日本国際法律家協会創立50周年に寄せて」Interjurist 159.号

「九条世界会議をめざして」日本と朝鮮773号

「今を読み解く：裁判員制度、理解進まず／生活者の視線不可欠（書評）」日本経済新聞（2008年3月9日）

「世相診断・施行が目前に迫る『裁判員制度』」倫風5月号

「国際刑事法（日本刑法学会第85回大会ワークショップ）」刑法雑誌47巻3号

字幕監修「DVD カルラのリスト」アップリンク

「ニュースを読み解く：9条世界会議」経済科学通信（2008年4月25日）

「講演要旨・司法の正義と一事不再理の原則〜国際法、合衆国憲法、カリフォルニア州刑法に照らして（三浦さん逮捕に怒る緊急集会、2008年3月20日）」人権と報道連絡会ニュース236号

山際永三＝弘中淳一郎「座談会・矛盾浮かび上がる／ロス市警の強行逮捕：三浦和義さん、サイパンで長期勾留」週刊金曜日2008年7月11日号

「少年法は三度目の『改正』をうけたが」子どもと法・21通信93号

544　新倉修先生履歴・主要業績（2019年8月15日現在）

2009年
「第17回国際民主法律家協会ハノイ大会を終えて」「全体大会と分科会の報告：第2分科会（司法の独立）」Interjurist 164. 号
「図書館あれこれ」青山学院大学図書館報AGULI84号
「国際刑事法（日本刑法学会大会ワークショップ）」刑法雑誌48巻3号
「藤田勇『自由・民主主義と社会主義』を読む（民科法律部会学術総会コロキアム）」法の科学40号
「イギリス——ホールデン社会主義法律家協会（海外動向）」法の科学40号
「保安拘置と触法精神障害対策——保安拘置及び精神障害を原因とする刑事責任無能力の宣告に関する2008年2月25日の法律第174号（立法紹介・刑事法）」日仏法学25号
「喜連川社会復帰促進センター（刑事拘禁制度改革実現本部ニュース34）」リブロ Libro 9巻12号（東京弁護士会）
2010年
「今を読み解く：遅れてきた取り調べの可視化（読書欄）」日本経済新聞（2010年2月7日）
「虐殺を止めろ！止めさせろ！フィリピンでの虐殺事件について」「国際民主法律家協会（IADL）の現状と課題」Interjurist 166号
「ピーター・アーリンダーとルワンダ試練に立つ弁護活動と国際人権」Interjursit 167号
2011年
「COLAP V会議全体の特徴と総括」「ピーター・アーリンダー氏からの手紙」「声明：普天間基地返還、米海兵隊基地県内・国内移設反対に向けて」「声明：朝鮮半島における砲撃問題について」「マニラ宣言」Interjurist 169号
「どんなに長い夜でも、明けない夜はない。（巻頭エッセイ）」再審・えん罪事件全国連絡会ニュース53号
「普遍的管轄の課題と展望（日本刑法学会大88回大会ワークショップ）」刑法雑誌50巻3号
「声明：リビアに関するIADLとELDHの共同声明」「世界社会フォーラムおよびIADL執行部会議・ダカール会議に出席して」「第5回アジア太平洋法律家会議：グローバル化した経済危機と法律家」Interjurist 170号
「グローバル化とローカル——ハワード・ジン『民衆のアメリカ史』と私たち　Howard Zinn, The People's History of the United States」青山学院大学図書館報90号
2012年
「年頭に際して——えん罪は克服すべき人災！」再審・えん罪事件全国連絡会ニュース54号
「三つの震撼すべきことと法律家の国際連帯（次世代へのメッセージ）」『法と民主主義』461号（創立50年記念号）
「重罪再犯リスク軽減法——重罪再犯のリスクを軽減し、刑事訴訟のさまざまな規定をもたらす2010年3月10日の法律242号（立法紹介・刑事法）」日仏法学26号
「国際刑事裁判所時代の平和的生存権」前田朗＝笹本潤編『平和の権利を世界に——国連宣言実現の動向と運動』かもがわ書房
新倉修＝笹本潤「地域人権機構の取り組みから考える——ヨーロッパとアフリカの人権機構（特集・アジアの人権を考える——アジア人権機構を目指して）」自由と正義62巻7号
「麓刑務所」リブロ Libro11巻12号
「平和への権利を世界に！」婦人通信641号
「国連人権理事会に『平和への権利の法典化』について意見書提出」Interjurist 171号
「ガザIADL宣言と平和への権利」「邦訳：ガザIADL宣言」法と民主主義472号／Interjurist 175号
「布川事件の国賠訴訟は勝てる」冤罪・布川国賠ニュース2号（布川事件国賠訴訟を支援する会）
2013年
「年頭に当たって——新しい年の、新しい気持ち」再審・えん罪事件全国連絡会ニュース60号
「刑事司法を持続可能にするのは何か？——ノルウェーと日本の対話（シンポジウム記録）」

青山法務研究論集 4 巻 1 号

「危機の時代と大学——危機とグローバル化」青山学院大学総合研究所 NEWS SOKEN 12 巻 2 号

「第 18 回 IADL ブリュッセル大会について」Interjurist 177 号

「フィリピンの反基地運動国際シンポジウムおよびフィリピン人権国際会議」「IADL 第 18 回大会および総会に向けて」Interjurist 178 号

「平和への権利宣言をめぐって（海外動向）」法の科学 44 号

「時効不適用条約 45 周年に際して」治安維持法と現代 2013 年 4 月 30 日号

2014 年

「えん罪再審請求事件の運動のために」再審・えん罪全国連絡会ニュース 68 号

『いまこそ知りたい平和への権利——48 の Q ＆ A』合同出版（分担執筆：「30 そもそも国連とはどのような組織なのですか？」「32 国連総会で宣言が採択されれば安全保障理事会を制限できますか？」「3 3 宣言が採択されるとすぐに法的な拘束力が発生しますか？」「34 平和への権利が実現すれば各国の軍事行動に反対して裁判を起こせるそうですが？」「35 宣言が採択されると個人も裁判を起こせるようになるのでしょうか？」）

少年問題ネットワーク声明「重大事件の少年審判手続に関する要望書」（井垣康弘＝毛利甚八＝片山徒有／2014 年 8 月 14 日司法記者クラブ）

「社会科学、とりわけ法学の場合（特集・研究条件の現状と課題）」青山学院大学総合研究所 NEWS SOKEN 14 巻

「滋賀刑務所参観記」リブラ LIBRA 14 巻 11 号（東京弁護士会）

日英声明「パレスチナ人民に連帯し、イスラエルによるガザ侵略に抗議する声明(JALISA Statement for Solidarity with Palestine People and Condemning Invasion of Israel into Gaza)」Interjurist 182 号

2015 年

「新しい年に」再審・えん罪全国連絡会ニュース 70 号

「刑事再審——確定有罪判決の再審・再審理手続きの改正に関する 2014 年 6 月 20 日の法律第 640 号（立法紹介・刑事法）」日仏法学 28 号

2016 年

「一歩を拓く——協働の力を」再審・えん罪事件全国連絡会ニュース 76 号

「未来の図書館は『知』の集積回路」青山学院大学図書館報 AGULI 93 号

「図書館のこれまで・これから——未来志向でも、図書館は大学のいのち」青山学院大学図書館報 AGULI100 号

「終身刑を考える——死刑の代替としての可能性（パネル・ディスカッション記録）」東京弁護士会主催／日弁連・関東弁護士会連合会・第一東京弁護士会・第二東京弁護士会共催

「坂田雅子監督——わたしの、終わらない旅（映画紹介）」Interjurist 185 号

「国際刑事法の形成と日本法の受容・発信についての基礎研究」青山学院大学総合研究所報 24 号

「冤罪は国際人権とどうかかわるか」記念出版編集委員会編『再審に新しい光を！ 冤罪救済への道「白鳥決定 40 周年」』日本評論社

2018 年

「人類の夢は現実に！（時評）」法と民主主義 525 号

執筆者一覧

五十嵐 二葉(いがらし・ふたば)弁護士・東京弁護士会

関 哲夫(せき・てつお)國學院大學法学部教授

中村悠人(なかむら・ゆうと)関西学院大学大学院司法研究科准教授

甘利航司(あまり・こうじ)國學院大學法学部教授

高橋則夫(たかはし・のりお)早稲田大学法学部教授

中野正剛(なかの・せいご)沖縄国際大学法学部教授

小野上 真也(おのがみ・しんや)清和大学法学部准教授

岡上雅美(おかうえ・まさみ)青山学院大学大学院法務研究科教授

酒井安行(さかい・やすゆき)青山学院大学名誉教授

安部祥太(あべ・しょうた)青山学院大学法学部助教

山下幸夫(やました・ゆきお)弁護士・東京弁護士会

後藤 昭(ごとう・あきら)一橋大学名誉教授

四宮 啓(しのみや・さとる)國學院大學法学部教授、弁護士・東京弁護士会

岡田悦典(おかだ・よしのり)南山大学法学部教授

本庄 武(ほんじょう・たけし)一橋大学大学院法学研究科教授

赤池一将(あかいけ・かずまさ)龍谷大学法学部教授

小川原 優之(おがわら・ゆうじ)弁護士・第二東京弁護士会

鄭 裕靜(じょん・ゆじょん)青山学院大学法学部非常勤講師

田鎖 麻衣子(たぐさり・まいこ)一橋大学大学院法学研究科非常勤講師、弁護士・
　　第二東京弁護士会

高橋有紀(たかはし・ゆき)福島大学行政政策学類准教授

安藤泰子(あんどう・たいこ)青山学院大学法学部教授

竹村仁美(たけむら・ひとみ)一橋大学大学院法学研究科准教授

東澤 靖(ひがしざわ・やすし)明治学院大学法学部教授、弁護士・第二東京弁護
　　士会

山口直也(やまぐち・なおや)立命館大学大学院法務研究科教授

岡田行雄(おかだ・ゆきお)熊本大学人文社会科学研究部教授

吉中信人(よしなか・のぶひと)広島大学大学院社会科学研究科教授

編集委員

酒井安行(さかい・やすゆき)青山学院大学名誉教授

中野正剛(なかの・せいご)沖縄国際大学法学部教授

山口直也(やまぐち・なおや)立命館大学大学院法務研究科教授

山下幸夫(やました・ゆきお)弁護士・東京弁護士会

◎本書は沖縄国際大学研究成果刊行奨励費助成により出版する。

新倉修先生古稀祝賀論文集

国境を超える市民社会と刑事人権

2019年9月14日　第1版第1刷

編集委員　酒井安行、中野正剛、山口直也、山下幸夫
発行人　成澤壽信
編集人　北井大輔
発行所　株式会社現代人文社
　　　　〒160-0004　東京都新宿区四谷2-10八ツ橋ビル7階
　　　　Tel: 03-5379-0307　Fax: 03-5379-5388
　　　　E-mail: henshu@genjin.jp（編集）　hanbai@genjin.jp（販売）
　　　　Web: www.genjin.jp
発売所　株式会社大学図書
印刷所　株式会社平河工業社
装　幀　Malpu Design（陳湘婷）

検印省略　Printed in Japan
ISBN978-4-87798-735-0　C3032
ⓒ　2019　Y.SAKAI, S.NAKANO, N.YAMAGUCHI, Y.YAMASHITA.

◎本書の一部あるいは全部を無断で複写・転載・転訳載などをすること、または磁気媒体等に入力することは、法律で認められた場合を除き、著作者および出版者の権利の侵害となりますので、これらの行為をする場合には、あらかじめ小社または著者に承諾を求めて下さい。
◎乱丁本・落丁本はお取り換えいたします。